中国农村研究报告

2016

农业部农村经济研究中心

中国财经出版传媒集团
中国财政经济出版社

图书在版编目(CIP)数据

中国农村研究报告.2016/农业部农村经济研究中心编.—北京:中国财政经济出版社,2017.8

ISBN 978-7-5095-7575-8

Ⅰ.①中… Ⅱ.①农… Ⅲ.①农村经济-研究报告-中国-2016 Ⅳ.①F32

中国版本图书馆 CIP 数据核字(2017)第 162055 号

责任编辑:刘五书　　　　　　责任校对:刘　靖

封面设计:郁　佳

中国财政经济出版社 出版

URL：http：//www.cfeph.cn

E-mail：cfeph@cfeph.cn

(版权所有　翻印必究)

社址:北京市海淀区阜成路甲 28 号　邮政编码:100142

营销中心电话:88190406　北京财经书店电话:64033436　84041336

北京财经印刷厂印刷　各地新华书店经销

787×960 毫米　16 开　38.25 印张　519 000 字

2017 年 8 月第 1 版　2017 年 8 月北京第 1 次印刷

定价:95.00 元

ISBN 978-7-5095-7575-8

(图书出现印装问题,本社负责调换)

本社质量投诉电话:010-88190744

打击盗版举报热线:010-88190414　QQ:447268889

前 言

农业部农村经济研究中心自1990年7月成立以来，秉承其前身国务院农村发展研究中心的优良传统，站在我国农村经济发展和政策咨询研究的前沿，围绕着我国农村改革与发展中的一系列重大问题，孜孜以求、大胆探索，不断取得一些新的研究成果。1998年，农业部农村经济研究中心出版了《中国农村研究报告》（共三册），收录了中心研究人员在1990年至1998年期间的重要研究成果。同时决定，自1999年起，中心每年出版一本研究报告选集。摆在读者面前的这本书，是中心2016年的研究报告选集，收录了这一年取得的可以公开发表的主要研究成果。

2016年，农业部农村经济研究中心围绕贯彻落实党中央、国务院和农业部的重大决策部署，按照农业部党组的要求，立足自身职能，谋划选题，大力开展重大"三农"问题和政策研究咨询工作，取得了一些重要研究成果。本书收录了各类研究报告和论文33篇，共计30余万字。内容涉及产业体系与技术经济、农产品市场与对外贸易、农村改革与农村政策、农业可持续发展等四个领域。有些文章已经公开发表过，有些文章则是第一次公开发表。

我们出版本书的目的，不只是在于对过去一年的研究工作进行自我记录和总结，更重要的是要将这些研究结果拿出来和大家进行交流和讨论。由于我们自身知识结构和学术水平的限制，本书的一些研究成果还存在着不足之处，欢迎各位同仁批评指正。我们衷心希望这本书中一些有价值的观点和结论，会对推动我国农业和农村的改革与发展起到积极的作用，我们愿以这一目标与同仁共勉。

最后，值此本书出版之际，我们要特别感谢对我们的研究工作给予资金支持的有关机构，为我们开展调研活动提供过帮助的地方有关部门的同志和农民朋友们，农业部有关司局的领导和同志们，以及长期关心和支持我们的经济学界同仁！

宋洪远

2017年3月

目 录

综 合

中国农业政策的新目标 …………………… 杜志雄 金书秦（3）
我国农业农村发展面临的问题与思考
　　——基于董家涝坡村驻村蹲点调研 ………… 孙 昊（15）
我国农村金融支持政策及执行效果分析 ………… 张 莹 龙文军（28）
老龄化是否影响我国农业生产？
　　——基于三大粮食品种的观察 ……………… 刘景景（52）

产业与技术经济

现代农业产业体系建设路径研究
　　…………………… 曹 慧 郭永田 刘景景 谭智心（67）
我国家庭农场适度规模经营研究综述 ……………… 陈艳丽（79）
农户组织化对农业技术扩散的影响研究
　　——基于11省1022个农户调查数据的实证分析
　　………………… 吴 比 刘俊杰 徐雪高 张 振（96）
中国畜牧业产业体系的发展现状及问题研究 …… 王 莉 张 斌（111）
中国农产品加工业发展的现状、问题及对策 …… 何安华 秦光远（134）
我国畜产品加工业发展特点、问题及建议 ……… 张 斌 王 莉（149）

我国乡村旅游发展未来展望 …………………………………… 刘年艳（163）
乡村旅游发展应以农业为本、文化为核 ………………………… 刘　洋（178）

农产品市场与贸易

2016年重要农产品和农资市场形势分析与2017年展望
　　……………………农业部农村经济研究中心产品分析预警小组（187）
新疆青贮玉米发展：现状、模式与建议
　　………………………… 习银生　吴天龙　张灿强　张　杰（277）
关于山东省玉米市场情况的调研报告 …………………… 调研组（288）
中国稻谷全要素生产率的时空变异与特征比较
　　——基于省级面板数据的 DEA Färe – Primont 指数及其分解
　　…………………………………… 朱满德　张　振　李　剑（295）
消费者生鲜农产品网购行为调查 ……… 刘景景　王晓睿　袁　航（315）

可持续发展

农业化肥投入如何做好"减法" ……… 张灿强　刘志仁　姜志德（331）
农业面源污染趋势、政策评述和防治建议 ………………… 金书秦（337）
畜禽粪便资源化政策存在的几个问题 ……………………… 金书秦（348）
江苏畜禽粪便资源化利用现状、问题及建议
　　………………………………………… 郑微微　沈贵银　李　冉（356）
农业文化遗产的多功能价值及其产业融合发展途径探讨
　　……………………………………………………… 张灿强　沈贵银（366）
农业文化遗产保护目标下农户生计状况分析
　　……… 张灿强　闵庆文　张红榛　张永勋　田　密　熊　英（382）
文化元素丰富美丽乡村内涵
　　——以浙江省平湖市鱼圻塘村为例
　　……………………………… 王佳星　龙文军　刘年艳　任　倩（399）

目 录

海南羊山古荔枝群多功能性研究 ………………… 吴天龙 张灿强（407）

农村改革

农业供给侧改革对政策性金融的要求和赋予的发展机遇
　　……………………………………………… 郭永田 吴　比（421）
农业供给侧结构性改革与合作社创新发展 ……… 高　强 张照新（426）
合作社引领农业供给侧结构性改革的案例分析
　　——以河南省荥阳市新田地种植专业合作社为例
　　……………………………………………… 张　璟 闫　辉（443）
农村土地承包经营权确权登记中妇女权益保护政策评估
　　——山东省泰安市岱岳区和德州市陵城区调研 ……… 杨　丽（450）
当前家庭农场发展存在的问题及政策完善建议 ……… 宁　夏（459）
大豆目标价格补贴试点政策效果分析及未来政策走向研究
　　………………… 翟雪玲 王慧敏 张雯丽 原瑞玲（468）
棉花目标价格补贴试点政策：进展、问题及完善思路
　　………… 翟雪玲 原瑞玲 李　冉 王胜民 李　想（482）
农村网格化管理
　　——乡村治理方式的创新 … 王佳星 龙文军 刘年艳 刘　洋（495）
乡村治理模式创新研究
　　——以广东省云浮市自然村乡贤理事会为例 ……… 调研组（505）
保险促进畜牧业转型升级的实践和启示 ……………… 龙文军（519）

比较与借鉴

发达国家促进农民增收政策综述 ……………… 吴天龙 习银生（529）
我国农业对外直接投资是否存在生产率悖论
　　——基于2005—2014年省级面板数据的实证分析
　　……………………………………………… 张　振 马永良（540）

国际合作社联盟原则演变及对我国发展联合社的启示 …… 谭智心（558）
美国农产品目标价格差额补贴政策：演变逻辑、
    实施经验和启示 ………………………… 徐雪高　齐皓天（574）

附录一　农业部农村经济研究中心简介 ………………………（592）
附录二　2016年农业部农村经济研究中心课题项目一览 …………（594）
附录三　2016年农业部农村经济研究中心书目一览 ……………（598）

Contents

Comprehensive Study

New Objectives of Agricultural Policy in China
　·· Du Zhixiong & Jin Shuqin (3)
Problems and Thinking of Agricultural and Rural Development in China
　—Based on Research in Dong Jia Lao Po Village ········ Sun Hao (15)
China's Rural Financial Support Policy and Its Implementation
　Effect Analysis ······························ Zhang Ying & Long Wenjun (28)
Does Aging Affect Agricultural Production in China?
　—Based on the Observation of Three Grain Varieties
　··· Liu Jingjing (52)

Industry and Technology

Study on the Path of Modern Agricultural Industry System
　················ Cao Hui, Guo Yongtian, Liu Jingjing & Tan Zhixin (67)
Summary of Research on the Moderate Scale Management of
　Family Farms in China ··· Chen Yanli (79)

Research on the Influence of Farmers' Organization on Agricultural
 Technology Diffusio—Based on an Empirical Analysis on the Survey
 Data of 1022 Farmers in 11 Provinces
   ·················· Wu Bi, Liu Junjie, Xu Xuegao & Zhang Zhen (96)
Research on the Present Situation and Problems of Animal Husbandry
 Industry System in China ···················· Wang Li & Zhang Bin (111)
Present Situation, Problems and Countermeasures of Agricultural
 Products Processing Industry in China
   ·································· He Anhua & Qin Guangyuan (134)
Characteristics, Problems and Suggestions on the Development of
 Animal Products Processing Industry in China
   ······································· Zhang Bin & Wang Li (149)
Prospect of Rural Tourism Development in China ········· Liu Nianyan (163)
The Development of Rural Tourism should Take Agriculture as the
 Foundation and Culture as the Core ························· Liu Yan (178)

Market and Trade of Agri-product

Review of China's Important Agri-product and Agricultural Means of
 Production Market of 2016 and Outlook for 2017
   ················· Product Analysis and Early Warning Team (187)
Development of Silage Corn in Xinjiang: Current Situation, Pattern
 and Suggestion
   ········ Xi Yinsheng, Wu Tianlong, Zhang Canqiang & Zhang Jie (277)
Investigation Report on Corn Market in Shandong ····· Research Team (288)
Temporal and Spatial Variation and Feature Comparison of Total Factor
 Productivity of Rice in China—Based on DEA Färe-Primont Index of
 Provincial Panel Data and Its Decomposition
   ································ Zhu Mande, Zhang Zhen & Li Jian (295)

Contents

Investigation on Consumer's Online Shopping Behavior of Fresh
   Agricultural Products ⋯ Liu Jingjing, Wang Xiaorui & Yuan Hang (315)

Agricultural Sustainable Development

How to Reduce the Input of Agricultural Chemical Fertilizer
   ⋯⋯⋯⋯⋯⋯⋯⋯ Zhang Canqiang, Liu Zhiren & Jiang Zhide (331)
Trends, Policy Review of and Recommendations of Agricultural
   Non-point Source Pollution ⋯⋯⋯⋯⋯⋯⋯⋯⋯⋯ Jin Shuqin (337)
Some Problems in the Policy of Utilization of Livestock Manure
   ⋯⋯⋯⋯⋯⋯⋯⋯⋯⋯⋯⋯⋯⋯⋯⋯⋯⋯⋯⋯⋯ Jin Shuqin (348)
Present Situation, Problems and Suggestions on Utilization of Livestock
   Manure in Jiangsu ⋯⋯⋯⋯⋯ Zheng Weiwei, Shen Guiyin & Li Ran (356)
Research on the Multi-function Value of Agricultural Cultural Heritage
   and Its Way of Industrial Convergence
   ⋯⋯⋯⋯⋯⋯⋯⋯⋯⋯⋯⋯⋯⋯ Zhang Canqiang & Shen Guiyin (366)
Analysis of Farmers' Livelihood under the Protection of Agricultural
   Heritage ⋯⋯⋯⋯ Zhang Canqiang, Min Qingwen, Zhang Hongzhen,
                    Zhang Yongxun, Tian Mi & Xiong Ying (382)
Cultural Elements Rich the Connotation of the Beautiful Countryside
   —Take Yuqitang Village of Pinghu City in Zhejiang Province
     for Example
   ⋯⋯⋯⋯ Wang Jiaxing, Long Wenjun, Liu Nianyan & Ren Qian (399)
Study on the Multi-function of Yangshan Ancient Litchi Group in
   Hainan Province ⋯⋯⋯⋯⋯⋯⋯⋯ Wu Tianlong & Zhang Canqiang (407)

Rural Reform

Requirement and Development Opportunties for Policy Finance in
   Agricultural Supply Side Reform .... Guo Yongtian & Wu Bi (421)
Agricultural Supply Side Structural Reform and Cooperatives Innovation
   Development .... Gao Qiang & Zhang Zhaoxin (426)
A Case Study of Cooperative Leading Agricultural Supply Side Structural
   Reform—Taking Xintiandi Planting Cooperatives in Xingyang City,
   Henan Province as an Example .... Zhang Jing & Yan Hui (443)
Evaluation of Women's Rights Protection Policy in the Registration of
   Rural Land Contractual Management Right—A Research on Daiyue
   District of Tai'an City and Lingcheng District of Dezhou City in
   Shandong Province .... Yang Li (450)
Current Problems in the Development of Family Farms and Suggestions
   for Policy Improvement .... Ning Xia (459)
Effect and Future Direction Analysis of Pilot Policy on Soybean Target
   Price Subsidy
      .... Zhai Xueling, Wang Huimin, Zhang Wenli & Yuan Ruiling (468)
Cotton Target Price Subsidy Pilot Policy: Progress, Problems and
   Improvement Ideas .... Zhai Xueling, Yuan Ruiling, Li Ran,
                                        Wang Shengmin & Li Xiang (482)
Rural Grid Management: Innovation of Rural Governance
      .... Wang Jiaxing, Long Wenjun, Liu Nianyan & Liu Yang (495)
Research of Rural Governance Model Innovation—Take Xiangxian
   Council of Ziran Village in Yunfu City, Guangdong Province as an
   Example .... Research Team (505)
Practice and Enlightenment of Insurance to Promote the Transformation

Contents

and Upgrading of Animal Husbandry ·················· Long Wenjun (519)

Comparison and Reference

Summary of the Policies of Developed Countries on Promoting Farmers'
　Income Increase ························· Wu Tianlong & Xi Yinsheng (529)
Is There a Productivity Paradox in China's Agricultural Direct Investment?
　—Based on an Empirical Analysis of Provincial Panel Data of
　　2005 – 2014 Years ·················· Zhang Zhen & Ma Yongliang (540)
Evolution of the Principle of International Cooperative Alliance and Its
　Enlightenment to China's Cooperatives Union Development
　··· Tan Zhixin (558)
Target Price Differential Subsidy Policy of Agricultural Products in
　America: Evolution Logic, Implementation Experience and
　Enlightenment ······························ Xu Xuegao & Qi Haotian (574)

Appendix 1　A Brief Introduction to Research Center of Rural
　　　　　　Economic, Ministry of Agriculture, P. R. China ······ (592)
Appendix 2　Project list of Research Center of Rural Economic,
　　　　　　Ministry of Agriculture, P. R. China, 2016 ············ (594)
Appendix 3　Bibliography of Research Center of Rural Economic,
　　　　　　Ministry of Agriculture, P. R. China, 2016 ············ (598)

综合

综合

中国农业政策的新目标

杜志雄　金书秦

内容提要：保持农业发展可持续性已经成为与增产、增收并列的农业发展政策新目标。这既是顺应农业发展转型的主动选择，也是全面保护农业多功能性的理性回归。家庭农场等新型农业经营主体为代表的迅猛发展、其行为特征与政策目标的一致性以及成功实践，都将使新型农业经营主体成为实现农业政策新目标的"合意"主体。实现农业政策新目标，首先要加强新目标的宣传落实，使之深入人心；其次要在政策上提供指引，激励资源节约、环境友好行为；最后要重点扶持家庭农场等新型农业经营主体，加快使其成为农业政策新目标的"合意"主体。

农业具有多功能性。第一，农业本身作为农民的一种生计手段，承载着几亿农户家庭的就业和发展，发挥着重要的经济功能；第二，农业生产的粮食和其他农产品，满足了社会经济发展最为基础、也是最不可替代的需求，是社会稳定的压舱石，因此具有重要的社会和政治功能；第三，农业是最接近自然的生产，其生产资料和产品有许多是自然的一部分，具有重要的生态环境功能；此外，农业还具有历史文化的传承功能。过去，我们对于农业的需求主要是基于吃饭、穿衣、就业的需求，因此农业的经济和社会功能被强化,而经济功能的过度张扬、农业严重的生态透支还直接导致了其环境功能的退化。当前,随着温饱问题的解决,人们对于农业的其他方面——特别是环境方面的功能提出了更高的要求。综合起来,就是要实现农业的可持续发展,全面保护农业的多功能性。这势必对农业发展政策提出新的要求。

一、中国农业政策新目标的形成

自古以来,农业都是中国的立国之本。作为世界上第一人口大国,足够的粮食产量一直是中国农业政策的基本核心。我国农业发展首当其冲的目标是养活世界上最庞大的人口群体,因此农产品产量是长久追求的主要目标;逐渐地,人们越来越注重农产品的质量,农业发展的目标不仅是让人们吃饱,也要吃好,因此提出优质的要求;随着环境问题的突出,公众环境意识的觉醒,在吃饱、吃好的情况下,要求资源投入更加高效,生态环境得到保护,因此高效、生态、安全也成为现代农业的基本要求。所以,党的十七届三中全会明确提出,发展现代农业,必须按照高产、优质、高效、生态、安全的要求,加快转变农业发展方式。

习近平总书记2013年11月视察山东时,对山东,也对全国"三农"工作作出的重要指示里明确要求:"以解决好地怎么种为导向,加快构建新型农业经营体系;以缓解地少水缺的资源环境约束为导向,深入推进农业发展方式转变;以满足吃得好吃的安全为导向,大力发展优质安全农产品。"2014年中国农业继续稳定增长,但农业面临的严重"产能生态透支"现象更加凸显;同时农业连年增产背景下进口连增、农业国际竞争力不足、国内外价格倒挂现象也受到全社会更大关注。有鉴于此,2014年的中央经济工作会议和农村工作会议以及2015年"中央一号文件",都明确提出了要通过深化改革,坚定不移加快转变农业发展方式,尽快转到数量质量效益并重、注重提高竞争力、注重农业技术创新、注重可持续的集约发展上来,走产出高效、产品安全、资源节约、环境友好的现代农业发展道路的方针。这一方针的提出表明我国农业农村工作总目标已由过去的"保障农产品供给、增加农民收入"的双目标向"保障农产品供给、增加农民收入和保持农业可持续性"的三目标的转变[①]。2015年10月，农业部部长韩长赋更是用通俗的语言指出，"十三五"农业发展的三项任务就是"搞饭、搞钱、搞绿"，搞饭、搞钱指的是国家粮食安全和农民收入，"搞绿"就是保护农村生态环境维持农业发展的可持续性，这意味着主管农业生产的部门都已经将保护生态环境内化为部门工作目标，而生态环境的改善无疑是可持续发展的原动力。而当前，粮食安全保障能力的提高为政策新目标的实现提供了空间。

可以说，在过去相当长一段时间，粮食增产、农民增收是我国农业发展政策目标的两大主题，并且在强农惠农政策的支持下，实现了连续十一年增产增收。近年来，随着农业资源环境约束的日益显现，保持农业发展的可持续性已经成为农业政策的第三大目标。政策目标的转变，也符合了农业发展的一般规律，即从原始农业、传统农业，到现代农业，进而向生态农业的演进脉络（李周，2004）。诚然，政策的新目标与已有的增产、增收目标并不矛盾，毕竟中国要成为一个生态文明国家，首先要在食物上自给（小约翰·柯布，2015）。

二、保障农业发展可持续性目标的政策体现

可持续发展并不是一个新的概念，过去也频繁被提及，但是在农业领域，过去的可持续发展具有工具性，也就是说，过去讲农业可持续发展，往往是服务于增产、增收两个目标的，而现在，保持农业发展的可持续性已经成为与增产、增收并列重要的第三大目标，在政策实践上集中体现为一系列以保护农业生态环境为核心目标的政策出台，尤其是自2014年以来，以农业资源环境保护为核心、旨在实现农业可持续发展的政策频出。

[①] "农业可持续性"含有农业可持续增长和发展的思想，但农业可持续增长和发展不简单地等同于农业可持续性。根据我们以往的思想，"可持续性"可以分为经济社会技术和管理四个纬度（张晓山、杜志雄、檀学文，2009）。我们这里所强调的"农业可持续性"更多强调的是技术纬度的可持续性问题，亦即，施加于农业生产资料（如土地）上的任何技术措施（如化肥、农药、种子、机械等等技术）既不对农业生产资料及其产品质量本身、也不对农业以外的生态环境系统产生破坏性影响（负外部性），从而使农业作为一个整体成为可以连续和重复的过程的状态。

2014年1月,《畜禽规模养殖污染防治条例》正式生效,这是农业污染治理领域第一个专门的国家性法规,对于我国的农业环境治理而言具有里程碑式意义。此外,2014年修订通过、2015年正式生效的《中华人民共和国环境保护法》,新增了较多关于农业环境治理的内容,集中体现在第三十三、第四十九、第五十条,作为环境保护基本法,这些条款为农业环境治理体系建设提供了依据。此外,在新的《中华人民共和国食品安全法》(2015年)中也有对农产品中农药残留、安全使用农药、肥料等投入品的有关规定。在农业部门层面,围绕"一控两减三基本"目标,农业部出台了《农业部关于打好农业面源污染防治攻坚战的实施意见》,并迅速发布了化肥农药零增长行动方案(全称为《到2020年化肥使用量零增长行动方案》、《到2020年农药使用量零增长行动方案》)。针对农药包装废弃物的环境污染问题,环境保护部组织起草了《农药包装废弃物回收处理管理办法(试行)》,该管理办法已经于2015年4月公开向社会征求意见。

对于保障农业发展可持续性的而言,最具有标志性意义的是2015年3月18日国务院常务会议审议通过《全国农业可持续发展规划(2015—2030年)》(以下简称《规划》),2015年5月正式由农业部牵头,国家发展和改革委员会、科技部、财政部等八部委联合印发。自此,我国农业可持续发展有规可循,未来三个五年的农业发展,都将在本《规划》的框架下展开。《规划》与过去几乎所有涉农规划的最显著区别在于强调资源环境的可持续利用和保护。《规划》中基本看不到"传统"的农业发展目标,例如粮食产量、农民收入等;贯穿《规划》通篇的是对农业生产"元能力"的保护,主要包括水土资源保护、生态修复和环境治理(表1所示)。

表1 《全国农业可持续发展规划(2015—2030年)》主要可量化指标

任务	类别	指标	2020年	2030年
优化布局、稳定产能	农业生产能力	农业科技进步贡献率	60%以上	
		主要农作物耕种收综合机械化水平	68%以上	

续表

任务	类别	指标	2020年	2030年
保护耕地	耕地面积*	耕地面积保有量	18亿亩	18亿亩
		基本农田	15.6亿亩	15.6亿亩
	耕地质量	集中连片、旱涝保收高标准农田	8亿亩	
		全国耕地基础地理提升	0.5个等级	1个等级
高效用水	水资源红线	农业灌溉用水量	3720亿方	3730亿方
		农田灌溉水有效利用系数	0.55	0.6
	节水灌溉	农田有效灌溉率	55%	57%
		节水灌溉率	64%	75%
		高效节水灌溉面积	2.88亿亩	
治理污染	农田污染	测土配方施肥覆盖率	90%	
		化肥利用率	40%	
	养殖污染**	农作物病虫害统防统治覆盖率	40%	
		养殖废弃物综合利用率	75%	90%
修复生态	林业生态	森林覆盖率	23%	
		农田林网控制率	90%	95%
	草原生态	草原综合植被盖度	56%	60%
	水生生态系统	水产健康养殖面积占比	65%	90%

注：本表为作者根据《全国农业可持续发展规划（2015—2030年）》做的总结，仅供参考。

1. 没有提具体年份，18亿亩耕地和15.6亿亩基本农田可以理解为长期红线。

2. 2017年底前，关闭或搬迁禁养区畜禽养殖场（小区）和养殖专业户，京津冀、长江三角洲、珠江三角洲提前一年。

与《全国农业可持续发展规划（2015—2030年）》几乎同时着手制定和实施的是《农业环境突出问题治理总体规划（2014—2018年）》，在该规划中明确了今后一个阶段重点要解决的七大农业环境突出问题。2015年7月30日，国务院办公厅印发《关于加快转变农业发展方式的意见》明确指出要推动农业发展由数量增长为主转到数量质量效益并重上来，由主要依靠物质要素投入转到依靠科技创新和提高劳动者素质上来，由依赖资源消耗的粗放经营转到可持续发展上来，走产出高效、产品安全、资源节约、环境友好的现代农业发展道路。以上这些政策文本，均是以整体性文件的形式突出强调农业可持续发展这一个方面，这是与以往政策文本只是零星提及的显著差异。

值得指出的是，把"保持农业可持续性"并列为与增产、增收同等重要的现代农业发展的第三目标，体现的是可持续发展由工具理性向（目标）价值理性的升华。同时，既然将其作为目标，就不再是可有可无，更不是权宜之计；不是将其作为解决其他问题的工具、实现另两个政策目标的手段和措施，而是理论上由农业产业发展自身的内在要求决定、实践中必须确保实现的政策目标之一。这也使得农业可持续性保持变得与农业增产、农民增收一样，成为农业农村工作的考核指标之一，成为部门和国家整体经济工作的硬约束。

三、中国农业新政策目标的实现和承载主体

尽管国家政策频出，但农业各项政策目标的达成仍有赖于农业生产主体，因为他们是农业生产的资源占有者和使用者。也就是说，无论政策多好，地总归要农民来种。因此，农业生产者一定是农业政策目标的承载主体。

目前，除传统的小规模农户以外，我国的新型农业经营主体主要包括专业大户、家庭农场、农民专业合作社、农业企业等，它们是发展现代农业的微观基础。中国未来的农业生产主体应该是坚持家庭经营的家庭农场或者专业大户形式，换言之，一定还是要以农民为主体。家庭农场作为多元化新型农业生产经营主体之一，顺应了现阶段中国农业生产的新变革，既坚持了农业家庭生产经营的传统优势，又有助于破解保持中国未来农业经营主体稳定性和持续性难题，将成为引领中国现代农业和先进生产力的发展方向。并且，当前家庭农场也正在成为农产品供给特别是粮食供给的重要主体，正在成为保障农产品质量安全的有效载体，正在成为推进科教兴农的有效途径，正在成为培育新型农民的有效手段（王新志，杜志雄，2014）。家庭农场所具有的实现多元化目标的工具价值，使其日益成为符合中国农业发展新政策目标的"合意的"农业生产经营主体，具体表现

在以下四个方面。

第一，家庭农场发展迅速，已经成为我国农业经营的重要力量，且潜力巨大。到2014年11月底，全国已有平均种植规模200亩的家庭农场87.7万家[①]，并且在相关政策的鼓励下家庭农场的数量呈快速增长态势。例如，湖北省截至2014年11月底的家庭农场总量达到48370家，增幅达到112.8%。浙江全省经工商注册登记的家庭农场15763家，比2013年底增长了71.5%。从政策的导向来看，家庭农场可能成为我国农业经营的最主要主体。例如农业部于2014年2月25日下发了《关于促进家庭农场发展的指导意见》（以下简称《意见》），从生产经营劳动力主体、经营范围和经营能力、土地规模与生产效率等方面明确了家庭农场区别其他农业经营主体的基本特征，强调了家庭农场在保障粮食安全、促进现代农业发展中的重要地位，并从土地流转、政策扶持、社会化服务和人才培养等方面提出了相应的发展支撑和保障条件。《意见》对家庭农场的健康发展有着重要的导向作用。与此同时，一些中央部委、行业部门也陆续出台了支持家庭农场发展的行业性支持政策，例如，中国农业银行于2013年8月出台的《专业大户（家庭农场）贷款管理办法（试行）》，中国人民银行于2014年2月出台的《关于做好家庭农场等新型农业经营主体金融服务的指导意见》。在地方层面，全国几乎所有的省也都出台了更加详细的促进家庭农场发展的指导意见。政策所提供的激励，必然会带动家庭农产的蓬勃发展。

第二，家庭农场主从业经历丰富，年轻且受教育程度高，对于新事物、新理念的接受意愿和能力更强，且相当一部分是具有生态自觉的"新农人"（杜志雄，2015）。根据2014年全国家庭农场监测调查系统对全国2826个家庭农场的监测结果显示，53%的家庭农场主曾经是专业大户；22%的家庭农场主曾经是合作社主要负责人；5%的家庭农场主有企业管理层的工作经历；15%的家庭农场主曾经是村干部（含大学生村干部）；26%的家庭农场是个体从业者；15%的家庭农场主曾经是农机手。

---

① http://opinion.caixin.com/2015-02-02/100780667.html.

值得指出的是，还有6%的家庭农场主是刚毕业的大中专学生，8%的家庭农场主是进城务工返乡人员。受调查农场主平均年龄为46岁，相对全国农业从业人员平均水平较为年轻；文化程度较高；接受培训的比例较高。已有的文献表明，年龄老化、文化程度低、接受农技指导的机会少，是农户过度使用化肥、农药等化学投入品，从而导致农业污染的重要原因（例如Jin et al.，2015；栾江等，2013），家庭农场主克服了普通农户的以上缺陷，这使得他们采取环境友好行为的可能性大大增加，有利于保持农业的可持续性。

第三，家庭农场经营目标与农业发展政策新目标具有一致性。家庭农场主与土地有着天然的依存关系。家庭农场主基本上来源于本土的自然人，2014年中国家庭农场监测调查结果显示，81.78%的家庭农场主户籍为本村，户籍为本乡的占到近92%。因此家庭农场主和土地之间有着非常浓厚的情感，恋土情结根深蒂固，土地不仅是他们基本的生产资料和安身立命之本，而且还蕴含着对家庭祖宗认同的血缘亲情意识，体现着他们的价值信仰、精神寄托和一种源远流长的人文精神；同时，他们与农场所在地具有较强的地缘关系，熟悉当地自然与社会环境并对其保持高度的认同感和生命共同体的体认，对保护当地自然和人文环境实现可持续发展有着高度的道德责任感。因此，家庭农场主的行为除了受经济法则的约束之外还受到基于地缘血缘关系、生命共同体的道德约束。这些是家庭农场区别于其他农业经营主体尤其是工商资本企业的一个重要特征。此外，即使是租地的家庭农场主，由于租期较长，也更加愿意采取更加可持续的生产方式。上述调查还显示，在有土地转入的1932个家庭农场中，超过66%的家庭农场的租期超过5年，超过63%的租期在10年以上。

第四，许多家庭农场主的实践表明，在采取可持续农业行为的同时，是能够实现增收的。许多家庭农场开始选择生态农业生产方式，既提高了产出效益，也保护了农业生态环境。例如，湖北省种养结合型家庭农场中不乏种养结合生态循环型。该省潜江市、监利县等地的家庭农场，利用自然禀赋优势，采用稻、虾连作模式，每亩除单产300—350公斤有机稻外，还能产100公斤左右的小龙虾，每亩纯利润都在3000元以上，效益极为

综　合

可观。另外，该省不少家庭农场还通过推广秋播二麦、绿肥和深翻"三三制"轮作，推进秸秆还田，改进了肥料使用技术和效率，减少了化肥使用量，也达到改善农业生态环境的效果。

综上判断，家庭农场将成为承载农业发展政策新目标的主体。当然，家庭农场能否成为"合意的"农业生产经营主体不仅在于其是否能够确保实现多项农业发展的总目标，更重要的还在于生产经营者的微观目标，即是否能使微观主体真正成为有竞争力的市场主体；是否有助于高效农业产业体系的形成，实现更高的农产品附加值和加工收益，从而增加收入，让农业生产者更好、更充分地共享增长成果，实现小康。显然，从上述几个目标看，要使家庭农场真正成为"合意的"农业生产经营主体还有很长的路要走。

除了家庭农场等农业生产主体之外，还应充分发挥合作社、土地托管服务等农业生产服务主体在确保中国现代农业第三目标实现上的主体责任。山东供销社系统开展的土地全托管和半托管服务，在减少化肥农药用量、建构新的农业生产和服务的产业链条关系，从而促使保持农业可持续性增强等方面的成功实践，也使得农业服务主体在保持农业可持续性方面的功能凸显。

四、中国农业政策新目标的实现路径

把保护和增强农业可持续性作为现代农业发展的三大核心目标之一已成为我国现代农业发展方向和行动纲领，同时它也必将成为"十三五期间"我国现代农业发展的主旋律。

政策目标反映的是政府和社会意愿，但政策目标的实现有赖于各类政策参与主体的协同作用。我国农业政策新目标的正式确立时间不长，首先要对新目标进行有力的宣贯，使之深入人心；其次是要在具体政策上对农业生产主体提供方向指引，使其行为自觉转向资源节约、环境友好；再次是重点扶持家庭农场，加快使其成为农业政策新目标的"合意"主体；最后是实施农业供给侧改革，切实祛除不利于农业可持续性增强的产能。

第一，进一步明确宣示农业政策新目标，尤其是强化农业生产主体意

识。相比规划而言,"中央一号文件"在农业生产者中更具有熟识度。自1982年发布第1个,尤其是2004年以后,中央连续发布12个以农业为主题的"中央一号文件",使得党和国家的惠农政策深入人心。从过去的"中央一号文件"来看,其主题几乎覆盖"三农"问题的方方面面,唯独缺乏专门针对农业资源环境保护的文件。建议近年内以农业资源环境保护作为"中央一号文件"的主体,着重突出保持农业可持续性的政策目标,使之深入人心。从长期来看,要强化保持农业发展可持续性的国家意志,未来择机修订《中华人民共和国农业法》、《中华人民共和国环境保护法》等基本法时,将保持农业发展可持续性作为基本原则。还应着手研究出台《农业资源环境保护管理条例》的必要性和可行性,为农业发展政策新目标保驾护航。

第二,在财政资金投入方向,引导农业生产者采取环境友好行为。应当立即调整和新设一批农业环境经济政策,包括调整农业补贴方向,将已有的农资综合直补重点向有机肥、缓释肥、低毒高效低残留农药、生物农药等领域倾斜,加大对测土配方施肥的推广力度;在西北、新疆等缺水地区率先启动农膜以旧换新补贴示范,在东北、中部等粮食主产区启动秸秆还田补助试点;继续加大和完善对规模养殖场沼气建设、有机肥的补贴,引入市场机制,推行养殖小区粪污的第三方集中处理;建立农业生态补偿基金,从土地出让收益中提取一部分比例用于土壤质量保护工作。

第三,健全农业社会化服务体系,强化针对家庭农场等新型主体农业生产发展的服务支撑。家庭农场的经营规模和集约经营的水平受制于社会化服务体系。要加快构建以公共服务机构为依托、合作经济组织为基础、龙头企业为骨干、其他社会力量为补充,公益性服务和经营性服务相结合、专项服务和综合服务相协调的新型农业社会化服务体系。采取政府订购、定向委托、奖励补助、招投标等方式,引导经营性组织参与公益性服务,大力开展农技推广、农机作业、抗旱排涝、统防统治、产品营销、农资配送、信息提供等各项生产性服务,满足家庭农场对社会化服务的需求。要积极引导和扶持家庭农场组建农业合作社,为家庭农场提供产前、产中、产后服务,使其成为家庭农场连接市场的纽带。大力培育农业产业化龙头企业,为家庭农场提供良种、农机、植保以及农产品加工、储运、销售等一体化服务。

第四,启动农业供给侧改革,去除不利于农业可持续性目标实现的产能及生产方式。进入21世纪以来,中国农业特别是粮食生产成就显著,粮食实现十二连增,农业整体营利性也由于相关支持政策得到增强。在取得这些成就的同时,我国农业也面临着生产量、进口量、库存量"三量齐增"以及农业发展过于注重数量增长,导致土壤肥力和地下水资源过度消耗、资源环境硬约束正在加剧自然和经济风险等不利于农业可持续性保持的局面。要通过调整农业结构,提高农业供给体系质量和效率,使农产品供给数量充足,品种和质量契合消费者需要,真正形成结构合理、保障有力的农产品有效供给。要退出25度以上坡耕地的农业用途以及退出部分严重依赖生态透支为支撑的农业生产产能。同时,要加速农业生产方式转化,大力推进生态农业生产方式。通过上述这一系列调结构、去产能、转方式的措施,确保农业可持续性增强的第三政策目标得到实现。

参考文献

[1] Jin S, Bluemling B, Mol APJ. Information, trust and pesticide overuse: Interactions between retailers and cotton farmers in China. NJAS – Wageningen Journal of Life Sciences. 2015 (72—73): 23—32.

[2] 杜志雄:"'新农人'引领中国农业转型的功能值得重视",《世界农业》2015年第9期。

[3] 李周:"生态农业的经济学基础",《云南大学学报(社会科学版)》2004年第2期。

[4] 栾江、仇焕广、井月等:"我国化肥施用量持续增长的原因分解及趋势预测",《自然资源学报》2013年第11期。

[5] 檀学文、杜志雄:"食品短链、生态农场与农业永续:京郊例证",《改革》2015年第5期。

[6] 王新志、杜志雄:"我国家庭农场发展:模式、功能及政府扶

持",《中国井冈山干部学院学报》2014年第5期。

［7］小约翰·柯布,王伟:"中国的独特机会:直接进入生态文明",《江苏社会科学》2015年第1期。

［8］张晓山、杜志雄、檀学文:《可持续食品供应链:来自中国的实践》,黑龙江人民出版社2009年版。

综 合

我国农业农村发展面临的问题与思考

——基于董家涝坡村驻村蹲点调研

孙 昊

内容提要：2016 年 7 月，笔者在山东省莒南县涝坡镇董家涝坡村进行为期一个月的驻村蹲点调研，深入考察当地农业与农村社会经济发展情况。通过调研发现，近年来当地粮油种植业经济效益不佳，原因有三：一是农田水利基础设施不够，靠天吃饭，产量不稳；二是人多地少，农户经营规模小，劳动生产率低；三是农业生产资料成本上涨快，压缩了种粮收益。近年来当地庭院生猪养殖经济效益较好，生猪收购市场价格上扬是主要原因，而价格风险与环境风险是生猪规模化养殖业发展的制约因素。农用地管理政策在执行中面临着三方面问题：一是"增人不增地，减人不减地"阻碍了"耕者有其田"；二是以"合并分田"为代表的修正补充政策产生了新的矛盾；三是土地附着物折算难制约了农业投资积极性。宅基地管理政策执行中面临着两方面问题：一是农村子女成家无地可以建新房；二是老人去世宅基地无法被收回，导致大量房屋空置。农村集体建设用地管理中面临的问题主要是，村集体建设用地指标管理不灵活制约了农村地区非农经济发展，降低了农村居民就地实现城镇化的可能。通过蹲点调研，笔者形成了如下思考：目前城镇化背景下，农民增收不在农业，农业增收不在粮食种植业，而人多地少与规模化经营程度低，是制约农业经营效益提高的一个重要因素。农业现代化应以坚定加快人口城镇化转移速度，推动人地关系发生质变为前提，但应意识到农业规模化与现代化是一个历史过程，不可能一蹴而就，需要改革的耐心。目前土地制度与政策调整没有全面跟上农村社会发展的实际情形，还不能完全满足基层政府与群众的政策诉求。在今后土地政策的制定中，应妥善处理好公平与效率的关系，注重盘活存量土地资源，提高使用效率，强调权利义务对等并重。

山东省莒南县涝坡镇共下辖44个行政村，西涝坡村是其中之一。西涝坡村由董家涝坡、唐家涝坡和翟家涝坡等三个自然村组成，是涝坡镇较贫困的行政村，2013年被认定为省级贫困村。相对而言，董家涝坡村是三个村中经济发展整体情况较好的一个自然村。

一、全村基本情况

董家涝坡村有常住居民102户、268人，劳动力人口118人。全村耕地面积376亩，并有桃园50亩、桑园20亩以及6亩蔬菜大棚。本村没有生产合作社，也没有新型经营主体，农业以一家一户微小规模分散经营为主。统计部门数字显示，该村年人均纯收入接近10000元，但据村干部、村民估算，年人均真实纯收入仅在3000—5000元。村民收入的主要来源是外出务工收入，每家都有青壮劳力在外常年打工。根据估算，外出打工的年轻人年纯收入平均可达1万至2万元，中年人年纯收入在5000元左右。居民收入分化程度高，很多人不愿意露富，所以难以获得居民收入的准确判断。"真正有钱人都搬到城市居住了"，因此年平均3000—5000元收入是可信的。

目前留守村庄人口约100人，全为老幼妇孺。农户家庭农业收入以花生种植与庭院养猪为主，家家户户都种花生，约一半数量家庭在自家庭院进行生猪养殖，留守人口中的中老年人与年长的家庭妇女是农业生产活动的主力人群。目前，全村有70岁以上老人21位，60—70岁年龄段人口20位。

综 合

西涝坡村党支部委员、董家涝坡村负责人董义波，今年40岁，2013年被村民选举为党支部委员，是董家涝坡村实质上的"村长"。很想带领群众脱贫致富，为老百姓做些实事，但也感慨村集体收入太少，巧妇难为无米之炊。据介绍，本村集体经济收入包括三个部分：桃园承包费、桑园承包费、和蔬菜大棚承包费。50亩桃园承包给本村15户村民，年承包费为每亩200元，合计10000元；由于近些年桑蚕收入偏低，劳动强度较大，20亩桑园中仅有一户农民承包了其中的4亩，村集体为鼓励积极性没有向该户收取承包费用；6亩蔬菜大棚承包给9户村民，年承包费为每亩500元，合计3000元。这样三块收入每年可使村集体获得收入1.3万元，这也是村集体的全部账面收入。本村集体收入不如村里一般农户家庭的收入水平，仅能用于维持一般性的村务费用支出，例如街道清理员每人每天60元的工资。村负责人、计生主任的工资一半由县财政转移支付解决，一半由村集体发放，而报账员（村会计）的工资完全由村集体收入支出。三人作为村民委员会成员，由村集体支付的工资部分很少被足额兑现过。目前，村负责人每月到手工资526元，计生主任到手300元，报账员工资由于村集体收入不佳仍处于拖欠状态。集体经济收入薄弱，无力承担村庄的公共设施建设，所有公共投入均来自于上级政府的项目支持与转移支付。

二、农业发展情况

（一）花生种植业

小麦与花生为本村最主要的农作物，花生是农户必种的经济作物。少数村民在夏季花生种植的同时，会选择辟出部分耕地种植玉米，但小麦主要用于口粮、玉米用于喂猪，商品化程度均较低，花生是农户用来贩售增收的最主要农作物。村民普遍反映，近三年来本地花生生产经营很不景气，花生产量上不来，"种花生入不敷出"是农户种植户的真实写照。按目前生产情况看，中等水平或较为瘠薄的耕地，亩产花生米在100公斤以下。该镇常年花生收购价格在每公斤1.5—2元，那么普通农户一亩地毛收入仅600—800元。而每亩种子、化肥、农药、灌溉等各项物质投入费用需要 350—500 元，折算下来种花生一亩地纯收入仅 300 元左右。本村户均耕地面积为 3 亩左右，那么农户一年辛苦种三亩花生，纯收入仅可获得约 1000 元，这其中并未统计家庭劳动力投入的体力智力等难以估计的花费支出。村民普遍表示无奈："现在花生一种就赔，把地白送给人家种，还要赔着笑脸。"目前农户种植花生无收益，勉力维持是常态，"收入虽然少了，但庄户人家总不能将地荒了"村民如是说。

花生生产经营效益上不去，有几个方面的原因。一是本地花生生产多靠天吃饭，近三年气候不好造成减产。2014—2015 年，本地天气偏旱，几个关键的农时，雨水都不及时；而 2016 年雨水偏多，很多田地出现了内涝，将势必造成减产。二是人多地少，农户经营规模太小，生产资源太少。本村户均耕地面积为 2—3 亩，人均耕地面积约 1 亩，导致收入能否提高完全取决于亩产水平。往往这两三亩土地，由于需兼顾地力差别与公平，在分地时并不集中在一起，而是割裂分布于二至五个地方。欲实现规模生产，需牵涉许多农户，自发流转集中的难度大，制约了种植经营实现规模效益。三是农资价格不断攀升，而农产品价格徘徊不前，挤压了种植收益空间。一方面，近年来农业生产资料价格迅速提高。村民表示，农资价格上涨，5 年前每亩农药花费仅 7—8 元，而现在则需要花费 40—50 元。目前，化肥每亩投入需 300 元，覆盖地膜每亩需花费 60 元，都是无法压缩的硬成本，农资价格的攀升令农户负担的生产成本显著增加。另一方面，花生收购价格常年低迷。本地花生价格区间为 3.7—4.7 元，10 年没有明显变化。这样，不变的收购价格与快速上升的成本对微小规模农户的经营效益造成严重挤压，挫伤了农户的生产积极性。气候反常、人多地少、农资上涨是本地花生种植业近三年来效益不佳的原因。

（二）生猪养殖业

通过与养猪户座谈，我了解到养猪业经济效益很好，农户对收入均表示满意。于是，我走访了一个普通农民家庭，详细调查了生猪养殖的经济效益。被访农户女主人 55 岁的姓卢，子女已成家在外地居住，丈夫常年在外打工，家里的口粮地共三亩，全由她一人管理。她将自家庭院中的厢房改为猪圈，2016年养了两头老母猪。猪圈直通院外沼气池，既实现了粪便的无害化处理，沼气还可用来做饭。卢大姐为我算了一笔2016年养猪的账：如果直接买入一头有生育能力的老母猪，需6000元；如果买入一头小母猪从小繁育，需花费1700元，这属于一次性的固定投入。流动成本方面，养猪最主要花费是饲料，母猪的饲料基本全为自家地里生产的玉米，而仔猪的繁育则需要购买饲料。一头仔猪一天需耗费2公斤饲料，成长期6个月共需要精饲料约360公斤。市面上猪饲料规格为40公斤一袋，每袋130元，这样一头仔猪长为成猪的需消耗9袋饲料，共花费1170元。一头生猪出栏时平均可长到120公斤左右，按目前每公斤16.86元的价格，一头生猪可收入2023元，扣去饲料成本，可获得纯收入853元。出栏时需向中间商与猪贩子按一头猪20元的价格缴纳介绍费，那么每头生猪纯收入为833元。一头母猪一年可抱窝两栏，每栏仔猪8—10只，两头母猪一年可出栏生猪约40头，2016年共提高纯收入约3.4万元。

卢大姐表示，近两年来由于生猪价格较高，庭院养猪的收入真赚到了些钱。2015年，生猪价格持续走高，最高接近每公斤20元，进入2016年以来价格走低跌至每公斤16元，但仍然有利可图，每年养猪纯收入在3万元以上。在目前的养殖成本下，若生猪价格保持在12元/公斤以上，养猪是有经济效益的。从劳动强度上看，庭院养猪并不算累，仅需一天喂食3次，较勤劳的农妇一人可家养老母猪3—4头，保持生猪出栏终年不断。目前，养猪的收入与外出务工的收入接近，农妇愿留在家中，既免去了外出务工的奔波辛苦，又可将自家的花生地管理起来不至撂荒，还能就近照料好家庭。近几个月来，生猪价格已显出走低的态势，养殖户希望能趁着较高价格时候再多赚些钱。

本村养殖业面临的主要困难在于难以形成规模化养殖，始终是一家一户的各自为战。村中普通养殖户完全是市场价格的被动接受者，始终面临着较高的市场价格风险。虽然近两年养猪挣钱了，但仅是"光看贼吃肉，未见贼挨打"，不少人挣的钱只是弥补前些年价格不景气时形成的亏空。无法形成规模化养殖的原因主要在于本村东面紧邻河流，地处全县水源地上游，县农业与环保部门处于保护环境角度考虑，将全村规划为"禁养区"，不允许发展规模养殖场。尽管很多农户近些年从养殖业中获利，积累了不少发展养殖业的成功经验，也有扩大规模的意愿和经济基础，但在政策约束下只能服从大局，维持一家一户的经营格局。

三、农村土地问题

（一）农用地管理中面临的问题

一是"增人不增地，减人不减地"阻碍了"耕者有其田"。为确保农民土地权益，稳定农民土地承包关系，中央于20世纪80年代末提出"增人不增地，减人不减地"的土地制度。该制度将人口与土地承包的关系进行固化，在承包期内不再根据人口的变动重新调整承包地，打破了集体成员天然拥有集体土地的惯例，从制度上割断了新增人口与土地的联系，这无疑是对土地集体所有制的重大创新。这一时点边界的划定对于已获得土地承包的农民来说好像吃了一颗定心丸，他们对土地的投入与生产有了长久稳定的预期，因不断分地而产生的土地细碎化现象得到遏制，减少了调地成本与麻烦，抑制了"多子多福多生"的生育意愿，有利于人口控制。但这一制度从试验到全面实施至今，一直存在另一种担心，即对于该时点以后新产生的无地人口来说，他们在承包期内无法再通过调地来获得土地，会影响集体内部土地利益的分享，在传统农区会造成农户之间收入分配的差距。为此，在许多村庄仍存在要求调地、分地的呼声。

本地区农户需要调地的呼声同样迫切，在坚持制度原则，尊重村民意愿的前提下，政府采取了一些调地手段满足土地调整需求。例如，为满足婚嫁产生的调地需求进行跨村的增减挂钩调剂：甲村姑娘出嫁到乙村，允许婆家所在村庄给新媳妇分地，而娘家村庄相应的会将土地收回。但是，若婆家村庄补不上土地，那么娘家土地也不便收回（根据《中华人民共和国土地承包经营权法》第四节三十条规定："承包期内，妇女结婚，在新居住地未取得承包地的，发包方不得收回其原承包地"）。这样导致了问题，即娘家由于女儿出嫁，自家土地虽富余而父母年迈无法耕种，邻家儿子迎娶媳妇，却无地分给新人。若无法建立流转关系，娘家土地则只能荒芜，出现相邻两户人家一墙之隔，这边有女儿出嫁的家庭，田地荒芜，那边有儿子新婚的家庭却无地可种的尴尬局面。

此种现象在每个村都多少存在，产生的原因在于婚嫁导致的土地增减挂钩难以顺利落实，不能成为有效缓解调地压力的有效举措。一是村集体普遍缺乏足够机动地进行调地周转。《中华人民共和国土地承包法》要求发包方（村委会或村民小组）保留不超过全部耕地面积的5%作为机动地；不够5%的，不得再增加；超过5%的，超过部分在个别户调整时优先使用；其他土地必须分田到户，作为切实落实第二轮土地承包的政策举措。但此后，经过十年时间，随着婚嫁添人并口调地需求增加，几乎全部村庄所辖机动土地指标均已分配到户，造成了婆家无新地可分，则娘家的旧地无法收回，进而娘家所在村无法向本村新人进一步增减挂钩分地的局面。二是土地流转成本高，制约了村民之间自发土地调剂。首先，流转费用高。目前一亩地流转费用在1000元左右，而种粮食每亩纯收益最多不过1000元，如果自家耕地农户还有积极性经营，若租入土地经济上显然不划算。其次，集中连片难。由于分地的时候出发点以公平优先，一户的承包地往往质量不等，面积各异，且分散多处，若不能通过流转形成连片，通过规模经营提高种粮效益，农户鲜有意愿转入土地。目前许多年纪大无劳动能力的农民有转出土地意愿，但自家土地若不连片，予人耕种还要倒贴钱，只能荒芜。有转入需求者与有转出需求者的土地恰好连片，这样的情况少之又少，因此自发流转很难成为缓解户间土地资源分布不均的有效手段。

30年前制定土地政策，没有结合当今人地关系实际情况更新细化，束缚了生产力进一步解放，是造成目前局面的重要原因。而基层干部作为政策执行者虽了解情况，但缺乏灵活执行便宜行事的权限，打破束缚创见型开展工作的能力不足，也制约了土地资源有效使用。另外，我国土地政策的出发点，首要在于公平，其次兼顾效率，若不存在帕累托改进的可能，则不鼓励因改进效率而牺牲公平性，是我国土地承包分配政策"重公平，轻效率"，但后续政策有效配套不够，引发了新的不公平。

二是作为补充修正的"合户分地"政策产生了新的弊端。无论第一轮承包还是第二轮承包，分地时首要目标在于保持公平。这就需要将土地质量与面积结合起来作为公平分配的主要依据，代价是造成了土地人为细碎化，牺牲了土地使用的规模效率。以董家涝坡村为例，本村土地质量被划为 8 等，通过常年每亩小麦产量折算代表土地质量。农户人均 1 亩耕地，却往往由 3—5 块质量不等、分散多处的地块构成，给农户耕种造成了诸多不便。

为解决土地过度人为破碎化的难题，村集体采取了合户分地的办法协调。本来父亲与儿子已经分家，在户籍上成为两户，但承包地发包时合并为一家参加分地，这样可以获得较大面积的地块。此种方法的实质在于将可能的不公平性内化于亲缘关系中化解，避免了人为造成土地破碎化，提高了土地规模使用程度，是分地时兼顾效率的举措。但遗留的问题在于，随着父亲母亲的去世，亲族农户自行消亡，"增人不增地、减人不减地"的政策已不再适用，发包方有权收回其名下承包土地。但由于土地的不可分割性，难于将亲族土地从子族农户中分离出来（子族也不会有自愿返还土地的意愿），因此亲族土地被子族农户无偿占有了。在实际中，发包方缺乏强制性的土地退出举措，难以迫使子族农户向发包方交还亲族土地。缺乏公信力的政府在舆论上处于弱势地位，在没有法律明确支持的情况下，任何可能的强制性行为都会被视为倚强凌弱侵犯农民权益，成为引发社会稳定问题的导火索。村集体无法寻求合法正当途径收回土地，便没有足够机动地用于土地增减调剂，造成了另一种农户间的占地不公平。

三是土地附着物折算难，打击了农业投资积极性。至 2028 年第二轮承包 30 年期限面临到期仅剩下 12 年的时间，到时候土地政策会发生何种变化，无论是乡村干部还是农民心中均没底。到时候是否还能够获得目前土地的承包经营权？若不能获得承包经营权，目前地面投资物的价值如何进行折算返还？政策的不确定性，导致农户特别是土地流转承租户，对于设施建设投入态度消极。很多城市周边农村土地被房地产开发商或工商业资本介入，以高价流转集中，表面上修建农业产业园却行圈地之实，实际上也实在押宝土地政策将发生变化。

(二) 宅基地管理中面临的问题

一是孩子成家无地可以建新房。目前莒南县政府不允许新批宅基地指标,这样许多农村家庭为儿子迎娶媳妇,只能居住在父母所在的老宅中,两代人住在一起。农户多会选择将猪圈推倒,翻建成一间配房,作为婚房供一对新人居住。如果家里经济条件较好,可以选择在镇上买房上楼居住,而经济条件更宽裕者则可以选择搬迁至县城买楼居住。政府拒批宅基地指标,则出于两方面考虑:一是控制土地指标,防止建房乱占基本农田;二是引导鼓励农民进城买楼,推进城镇化。普通农民城镇买楼成本较高,农民负担较重,因此购买意愿低。若在莒南县城买房需花费近 40 万元,若在临沂市买房则需花费 70 万元,而在有宅基地指标的情况下自建住房,五间房(正房三间,东西配房合两间)只需花费 15 万—18 万元,自建住房成本远低于在城镇买楼的花费,经济基础决定了农民不愿迁入城镇。此外,农村居民上楼居住意愿很差。农民上楼居住不利于开展种植养殖业,也失去了开展庭院经济的机会,没有脱离农业生产的农户普遍抵触上楼居住,这也是当地社区整体搬迁工作难以推进的重要原因。新人结合,父亲与儿子常年外出打工,婆婆与儿媳妇留守家中带孩子,成为本地村落中最常见的景象。

对于普通农户家庭,平生积蓄在于准备两件大事:一是子女上学;二是给儿子娶媳妇买房。平时打工兼务农,若没有外账,吃穿不愁,大钱没有,小钱不断,上学、结婚、盖房、买房是农户夫妻一生经济主要负担来源。两件大事之后,就怕生病花钱,无病则已,大病一场,家庭便面临破产的危机,这是本地普通农户经济状况的真实写照。因此,现阶段农民总体的经济收入水平不足以支撑快速步入城镇化,农民家庭两代人翻建老宅蜗居是无奈之选。

无地建婚房背后还有一个突出现象值得关注,即本地很多男青年即使家庭经济条件较好也娶不上对象。当地农村光棍多,年轻女性少。一是长期严格的计划生育政策导致人口比例失调。二是市县区域城镇化带给女性的机遇相比男性更好更多。因为服务业娱乐业发展,为女孩在城镇提供了更多的就业机会。三是女性远嫁外地，往往转移脱离农村更快更彻底，但男性没有此类转移渠道。据调查，目前本地农村地区男女比例失调，年轻男女比例在140∶100左右。农村"女孩不愁嫁，男孩娶不起"成为了城镇化快速发展的背景下农村社会的新现象，值得进一步思考。

二是老人去世宅基地无法被收回，导致大量房屋空置。2000年以后，农村外出务工者增多，返乡种地不但舟车劳顿影响务工增收，而且土地需缴纳三提五统，经济负担重，因此很多农户将自家承包地无偿赠予他人耕种，一心进城打工。但2004年以后，全面取消农业税，并依据土地面积享有生产补贴，越来越多的人看到了土地的潜在经济价值，于是近些年来很多已常年外出打工者纷纷返回农村，争夺土地上的利益，这已成为农村的常见现象。而更有甚者，将目标盯在宅基地继承方面，以此作为谋财谋私的手段。农村孤寡老人，没有直系子女，晚年由国家赡养，民政部门用纳税人的钱为他们养老送终。但在去世后，孤寡老人却"重血缘"，选择将自家的宅基地，通过过继方式，交由生时无甚往来的旁系远方晚辈亲属继承。结果导致，一方面少数人名下继承了多处农村房产，或长年空置闲置，或出租牟利；而另一方面，很多农村青年却面临结婚无房可居，长年与父母蜗居。宅基地与房产在农村地区面临着分布不均衡，间接加剧了农村居民经济收入的分化，进一步造成了农村社会阶层分化，只是还没有到动摇社会稳定的阶段。基层政府想要收回宅基地，或出面进行调整，但苦于没有政策依据，不受法律保护，只能眼看少数人堂而皇之占有老人去世后遗留的宅基地与房产，成为"地主"。

基层干部表示，现有土地政策过于强调承包关系长久不变，但宅基地与口粮地管理中，退出机制方面不够明确，为少数人钻政策漏洞谋取私利提供了空间。而大的政策环境下对农民利益过度保护，"只有犯错的政府，没有犯错的农民"，也使得打击遏制不良现象的社会管理难度增大。在土地制度方面，基层干部表示分出去的地不能收回来，村集体没有机动地进行必要土地调整，贫困村没有集体财产用以发展产业以带动农民增收。"农村土地冒公有制之名，行私有制之实，土地集体所有制已名存而实亡"。但也有村民反映，村干部在机动地分配上暗箱操作，过程不够透明，土地被集体收回可能会为少数干部权力寻租提供机会，搞成"村干部所有制"。

（三）农村集体建设用地管理中面临的问题

农村集体建设用地指标管理不灵活制约了农村地区非农经济发展，堵塞了居民就地实现城镇化的渠道。董家涝坡村养猪业仍停留在一家一户养殖，仅辟出有限面积的土地租与6户进行规模养殖业。养殖业难以规模发展的原因，固然在于靠近水源地上游，处于禁养限养区域，另外在于村庄没有一般农田以及建设用地指标（全部为基本农田），不允许发展规模养殖业。2016年本有两个商人有意向在村庄建立小型手工业代工厂，一方面帮助农村留守人口就业，实现本地务工增收；另一方面可扩大村集体收入用于扶贫建设，但也由于村庄没有建设用地指标而作罢。村庄没有一般农田指标与建设用地指标的主要原因在于，本村大部分两类土地指标，被县委政府统筹与县城郊区村庄基本农田指标相置换，用于县城扩张建设，而全镇有限的建设用地指标已被集中规划到镇政府周边用于发展了。通过这种统筹方式，基层政府既保证了全国18亿亩基本农田的红线不被触犯，又确保了城镇区域扩张的建设用地指标需求，却牺牲了农村地区可能的非农产业发展机遇。表面上用地指标的调整服务于城镇化发展的整体趋势，但实际上剥夺了农村地区就地城镇化的机会，并且指标置换带来的经济发展好处也未曾令农村居民受益。山东省各级政府，力推社区整体搬迁，动员农民上楼居住的一个重要现实好处，便是可以借此辟出大量的建设用地指标，通过进一步置换到城市周边，实现在保持基本农田总数不变的情况下的城市向外扩张。指标置换使农村地区的基本农田遍布，制约了村庄非农经济的发展，也使基本农田质量下降。目前很多所谓基本农田，实际上是岐坎沟壑，难被用于农业生产经营，这是土地指标置换政策造成的弊端。

四、思考与政策建议

在农业发展情况的调研考察中，我形成了三点体会：

一是农民增收不在农业，农业增收不在粮食种植业。被访农户均表示，外出务工的收入是目前家庭收入的主要来源。一个常年在外务工的青壮年劳动力可给家庭带回 1—2 万元收入，如果在县城周边打短工，人均一天可收入 100 元；若在乡镇打零工，一人最差每天也可获得 60 元收入，劳动强度比种田低，收入远较种田收入高。由于本地传统花生种植产业近年来效益低下，已很少有外地务工的劳动力在农忙时节赶回家中帮忙，原因在于种地带来的收益一年下来千元左右，竟不能弥补往返乡里产生的交通费用，还空耗精力瞎折腾。

二是人多地少，规模化程度低，是农业经营效益不佳的重要制约因素。人均耕地面积的破碎狭小，较高的人地比例，使得本地农村维持一家一户小规模农业生产经营的格局。加之地处水源地上游，担负环境保护的责任，当地实现规模化经营无论是在种植业还是养殖业中条件都不成熟。花生种植业不景气是因为风雨不调，生猪养殖业收益可观是因为行情向好，农户的经营效益非自身可主导，始终被自然与市场等外力"牵着走"。总之，小农家庭分散经营的传统模式，面临着较高的自然风险与市场风险，对不确定性的缺乏必要的抵抗能力，是当地农业经营效益不佳的根本原因。

三是城镇化发展是农业实现现代化的基础，农业规模化与现代化不能一蹴而就。董家涝坡村贫困的原因在于村域经济发展长期依靠农业，特别是传统的种植业与养殖业，劳动生产率与产业附加值较低。人多地少，人均农业资源较低，是制约农业规模化与现代化发展的重要原因。提高农业发展水平的途径在于，应坚定不移的加快劳动力向城镇地区转移的速度，坚决防止人口的逆城镇化，在改变本地资源禀赋特征的基础上，结合自身条件发掘潜力推进农业现代发展。但应意识到，城镇化与农村劳动力向外转移，是一个需经历几代人的，较长期的历史过程，这注定了城镇化背景下的农业现代化过程不能超越城镇化阶段在短期内实现。目前在农村地区，20 世纪 80 年代出生的年轻人即使居住在村庄，普遍不会种田也不愿意种田；70 年代出生的人多在外地务工；安土重迁进行农业生产的人群基本为 50 岁往上的中老年人。70—80 年代出生的农村人，不愿留守农村，其农村生活方式已明显的趋于城市化。由此可预见，保持目前的城镇化速度，再经过一个代际的时间，本地农村的人均资源禀赋将会发生根本变化，农业规模化与现代化的条件也将趋于成熟。

笔者对当地土地政策执行中面临的问题有三点思考：

一是土地制度与政策调整，没有及时跟上农村社会发展的实际情形，还不能完全满足基层政府与群众的政策诉求。在乡镇信访工作中，基层难以就地化解矛盾，多来自于政策瓶颈，而其中土地制度的相关矛盾最多。我国土地制度以公平性为出发点，为了保持绝对的公平性，部分牺牲了土地作为生产资料的使用效率；过于保护迁就农民权益，却淡化权益来源的合理与合法性。

二是政策探索中应妥善处理好公平与效率的关系，注重盘活存量土地资源的使用效率。土地流转、确权登记政策，无疑极大提高了土地的使用效率，但如何进一步在保持公平的基础上最大化土地资源的使用效率？土地都分了，也没有土地指标，现行政策将自有的资源"锁死"，贫困村庄村集体难以凭借自身资源禀赋独立实现经济成长，只能将心思花在"等、靠、要"上，不但加重了财政转移支付的压力，也助长了新的权力寻租，造成了资源利用的无效性。此问题需从集体产权制度与土地制度两方面入手来解决。

三是政策制定中，应对各方权利义务并重强调。农民群体固然属于社会的弱势地位应予以保护，但权利与义务本应是一体的，没有义务的权力，如无本之木无源之水，结果会纵容弱势群体中少数分子打擦边球的违法行为，最终对社会秩序产生危害。强调保护农民权益，不意味着取消他们所应尽的义务。总之，土地政策应及时跟上社会经济发展的步伐，应成为促进生产力发展与推动社会进步的工具。

我国农村金融支持政策及执行效果分析

张 莹 龙文军

内容提要："三农"的发展离不开农村金融的支持。目前，我国已经形成较为完整的农村金融支持政策体系，但仍存在政策受惠面有限、条款设计不合理、门槛设置过高、实施期限过短、缺乏立法保障、落实保障机制不健全等问题。本文通过对我国农村金融支持政策及其执行情况、执行效果、存在问题等进行深入研究，提出了进一步完善我国农村金融支持政策的对策建议。

我国金融业整体发展较快，但农村金融却是短板，农户和农村中小企业"贷款难"、"贷款贵"等问题较为突出。只有金融活，"三农"的"任督二脉"才畅通，考虑到经济社会发展的全局，农村金融这个短板必须尽早补齐。近年来，国家高度重视推进农村金融改革，制定了一系列推动金融支持"三农"发展的政策措施。经过各方面的共同努力，当前农村金融环境明显改善，农村金融体系更加完善，农村金融服务水平明显提高，农村资金大量外流的趋势初步得到扭转，农村金融对"三农"发展的支持力度明显加大。本文首先从财税扶持政策、货币信贷政策、支农服务监管政策三个方面系统阐述了当前农村金融支持政策及其执行情况，其次对农村金融支持政策实施效果进行了分析,并在此基础上剖析了当前农村金融政策存在的主要问题,最后提出了完善我国农村金融支持政策的对策建议。

一、农村金融支持政策和执行情况

目前,我国农村金融支持政策体系的框架基本清晰,形成了财税扶持政策、货币信贷政策和支农服务监管政策相结合的系统的扶持政策体系。下面重点就2014年以来的农村金融支持政策及其执行情况进行分析。

(一) 财税扶持政策

1. 县域金融机构涉农贷款增量奖励范围扩大

针对县域金融不断萎缩的问题,为激励金融机构加大支农力度,提高金融机构加大涉农贷款投放的内生动力,引导更多信贷资金投向农村,自2008年起,财政部开始实施县域金融机构涉农贷款增量奖励政策。2014年,县域金融机构涉农贷款增量奖励试点范围进一步扩大。根据《关于进一步扩大财政县域金融机构涉农贷款增量奖励试点范围的通知》(财金〔2014〕4号),2014年起福建、山西、海南、重庆、贵州、青海和西藏7省(区、市)被新纳入试点范围。至此,县域金融机构涉农贷款增量奖励政策已覆盖全国25个省(区、市),包括全部粮食主产区和绝大多数中西部地区。

根据现行规定,在奖励条件和对象上,主要包括试点省(区、市)内年度涉农贷款平均余额同比增长超过15%,且贷款质量符合规定条件的县域金融机构(不含农发行)。而年末不良贷款率不符合相关规定要求的县域金融机构,不在奖励补贴范围之内。在奖励标准上,是对年度涉农贷款平均余额超增的部分给予2%的奖励。在奖励资金财政分担比例上,东、中、西部地区采取差异化的财政分担机制,东、中、西部地区的中央和地方财政分担比例分别为3:7、5:5和7:3。

从政策执行情况看,全国25个试点省(区、市)较好地贯彻落实了县域金融机构涉农贷款增量奖励政策,为县域内银行业金融机构加大当地贷款投放提供了更大动力。截至2014年年底，中央财政累计向试点地区1.74万家次县域金融机构和小额贷款公司拨付奖励资金115.34亿元，其中2014年中央财政拨付奖励资金26.03亿元，比上年增长24.5%。

2. 农村金融机构定向费用补贴资金管理更加规范

针对农村基础金融服务薄弱和"空白"的问题，为使农民能够享受"存、贷、汇"这些最基本的金融服务，自2008年起，财政部开始对符合条件的村镇银行、贷款公司和农村资金互助社等三类新型农村金融机构给予定向费用补贴，以减轻其财务压力，调动其到偏远地区设立网点、拓展服务的积极性。2010年，中央财政又将西部12省（区）的2255个基础金融服务薄弱乡镇的银行业金融机构网点也纳入其中。2014年，为巩固和扩大政策效果，财政部出台了《农村金融机构定向费用补贴资金管理办法》（财金〔2014〕12号），进一步细化和完善了农村金融机构定向费用补贴政策，对农村金融机构享受政策的期限进行了明确规定，同时严格政策执行要求，突出支农支小导向，农村金融机构定向费用补贴资金管理得以进一步加强和规范。

根据该管理办法的相关规定，在补贴条件和对象上，目前财政部门对当年贷款平均余额同比增长且当年涉农贷款和小微企业贷款平均余额占比超过70%的贷款公司和农村资金互助社，对符合上述条件且年均存贷比超过50%的村镇银行以及西部2255个基础金融服务薄弱乡镇的银行业金融机构网点给予补贴。在补贴标准上，是按当年贷款平均余额的2%给予补贴。在补贴资金分担比例上，东、中、西部地区采取差异化的财政分担机制，中央和地方分担比例分别为7∶3、8∶2、9∶1。在补贴享受期限上，东、中、西部地区农村金融机构分别是自该机构开业当年（含）起的3年、4年、5年内。如果开业时间晚于当年的6月30日，则补贴享受期限从第二年开始算。如果开业时间超过了规定的年数，就不再享受补贴，而不管有没有获得过补贴。

从政策执行情况看，地方金融机构、财政部门和财政监察专员办事处严格执行该管理办法规定，中央和财政资金能够按时按量发放。截至2014年年底，中央财政累计向5062户次农村金融机构拨付补贴资金

103.45亿元，其中2014年中央财政拨付补贴资金26.19亿元。

3. 农业保险保费补贴力度增强

针对农业生产抵御灾害能力弱的问题，为解决农村金融发展面临的"后顾之忧"，促进农业防灾减灾方式由"政府救济"、"事后救灾"向"保险理赔"、"事前防灾"转变，2007年以来，财政部贯彻落实党中央、国务院有关精神，按照"政府引导、市场运作、自主自愿、协同推进"的原则，实施了农业保险保费补贴政策，在农户和地方自愿参与的基础上，为投保农户（包括规模经营主体）提供一定的保费补贴，引导和支持其参加农业保险，并逐步加大支持力度。目前，我国已建立了覆盖全国所有省份、覆盖农林牧渔的农业生产风险保障体系，构建了"中央支持保基本，地方支持保特色"的农业保险保费补贴政策框架。

中央财政保费补贴范围上，由最初试点的6省（区）稳步扩大到全国所有省份，各地均可在自主自愿的基础上，自主开展并申请中央财政补贴；补贴品种上，由最初的5个种植业品种扩大至种植、养殖、林业3大类21个品种，基本覆盖了关系国计民生和粮食安全的主要大宗农产品；补贴标准上，结合农业保险发展状况、不同区域和不同险种工作实际，实施了差异化的保费补贴标准，加大了对粮食主产区、中西部地区以及关系国计民生和粮食安全的大宗农畜产品保险的保费补贴支持力度。如中央财政种植业保险保费补贴比例由25%提高至中西部40%、东部35%；养殖业为中西部50%、东部40%；森林为公益林50%、商品林30%。目前，中央、省级、市县财政分别提供了30%—50%、25%—30%、10%—15%的保费补贴，各级财政合计保费补贴比例已超过75%，较试点初期大幅提高。地方特色优势农产品主要由地方给予保费补贴。

从政策执行情况看，各级政府积极开展农业保险保费补贴工作，各省、市、县结合当地实际，先后制定了相关实施方案，确保各级补贴资金按时按量发放。农业保险保费补贴政策有力促进了农业保险持续健康发展，为服务"三农"发挥了积极作用。截至2014年年末，中央财政累计拨付保费补贴资金632.7亿元，其中2014年共拨付144.52亿元，同比增加13.9%，有效带动我国农业保险保费收入达到325.7亿元，为2.47亿户次参保农户提供风险保障1.66万亿元,承保主要农作物突破11亿亩。

4. 税收优惠政策逐步完善

针对涉农贷款成本高、风险大的特点,为了消除金融机构对发放涉农贷款可能导致亏损的顾虑,财政部出台了诸多关于农村金融机构和特殊涉农业务税收优惠的政策,主要涉及营业税和企业所得税。一是对涉农金融机构的税收优惠政策。根据财政部《关于延续并完善支持农村金融发展有关税收政策的通知》(财税〔2014〕102号)中的规定,自2014年1月1日至2016年12月31日,对县域农村金融机构收入中的金融保险业收入在征收营业税时,可以减少到按3%的税率进行征收。根据财政部《关于金融企业涉农贷款和中小企业贷款损失准备金税前扣除有关问题的通知》(财税〔2015〕3号)中的规定,自2014年1月1日起至2018年12月31日,金融企业缴纳企业所得税之前,可以将涉农贷款和中小企业贷款按规定要求计提的损失准备金进行税前扣除。根据财政部《关于中国农业银行三农金融事业部涉农贷款营业税优惠政策的通知》(财税〔2015〕67号)中的规定,自2015年5月1日至2015年12月31日,在中国农业银行纳入"三农金融事业部"改革试点的县域支行范围内,关于农户贷款、农村企业以及农村各类组织贷款所取得的利息收入在征收营业税时,可以减少到按3%的税率进行征收。

二是对特殊涉农业务的税收优惠政策。根据财政部《关于延续并完善支持农村金融发展有关税收政策的通知》(财税〔2014〕102号)中的相关规定,自2014年1月1日至2016年12月31日,对于金融机构农户小额贷款的利息收入给予免征收营业税的优惠,在计算企业所得税应纳税额时,给予按90%的比例进行计算的优惠;对于保险公司种植业、养殖业保险保费收入,在计算企业所得税应纳税所得额时,给予按90%的比例进行计算的优惠。同时,针对农户贷款需求主要集中在5万元到10万元的情况,将享受税收优惠政策的农户小额贷款限额,从5万元提高到10万元。

从政策执行情况看,国家的涉农税收优惠政策得到了较好的贯彻落实,给涉农银行业金融机构带来了较大实惠,有效提高了他们的经济效益和金融产品竞争力,也为农民增收和现代农业发展提供了更大动力。

(二) 货币信贷政策

1. 执行差别化存款准备金率政策

为进一步增强金融机构支持"三农"的能力,发挥存款准备金政策引导信贷资源投向"三农"的积极作用,中国人民银行对农村金融机构、涉农金融机构执行差别化的存款准备金率政策。2014年以来,中国人民银行根据形势变化适时调整差别准备金动态调整机制的有关参数,并进一步完善了差别准备金动态调整规则,根据有效信贷需求状况,在参数调整上向支农支小较多的中小金融机构以及中西部和欠发达地区金融机构倾斜,更有针对性地鼓励和引导金融机构提高对小微企业、"三农"及中西部、欠发达地区的贷款比例,引导信贷合理增长。

从政策执行情况看,2014年以来,中国人民银行先后多次降准,并针对性地对农村金融机构和"三农"事业金融机构实施了三次"定向降准",分别是:下调县域农村商业银行存款准备金率2个百分点;下调县域农村合作银行存款准备金率0.5个百分点;对符合审慎经营要求且"三农"或小微企业贷款达到一定比例的商业银行,下调人民币存款准备金率0.5个百分点;对农信社、村镇银行,额外降低存款准备金率1个百分点,下调农村合作银行的存款准备金率,使之与农信社降为同一水平;对符合审慎经营要求且"三农"或小微企业贷款达到一定比例的国有银行和股份制商业银行,执行比同类金融机构法定水平低0.5个百分点的存款准备金率;对"三农"贷款比例符合定向降准要求的城市商业银行、非县域农村商业银行,下调存款准备金率0.5个百分点;对"三农"贷款比例或小微企业贷款比例符合定向降准要求的国有大型商业银行、股份制商业银行以及外资银行,下调存款准备金率0.5个百分点;对县域农村商业银行、农村合作银行、农村信用社和村镇银行等农村金融机构,额外降低准备金率0.5个百分点。

2. 改进和完善支农再贷款管理

为引导和促进金融机构加大涉农信贷投放,国务院办公厅出台《关于金融服务"三农"发展的若干意见》(国办发〔2014〕17号),明确提出"加大支农再贷款、再贴现政策力度"。根据国务院关于金融支持"三农"发展的方针政策,中国人民银行充分运用支农再贷款政策,不断改进和完善支农再贷款管理,以引导农村金融机构加大"三农"贷款投放比例、降低"三农"融资成本、推动农村机构发展。一是适时增加支农再贷款额度,支持金融机构做好春耕备耕金融服务,扩大"三农"信贷投放,引导降低社会融资成本。二是调整信贷政策支持再贷款发放条件和利率。《关于完善信贷政策支持再贷款管理 支持扩大"三农"、小微企业信贷投放的通知》(银发〔2014〕396号)规定,调整信贷政策支持再贷款发放条件,要求金融机构借用的再贷款全部用于发放小微企业和涉农贷款,小微企业和涉农贷款增量高于借用再贷款额度的1.5倍,且使用再贷款发放的涉农和小微企业贷款年利率最高不超过6.85%和6.35%。下调支农、支小再贷款利率,明确量化标准,对信贷政策支持再贷款业务管理进行全面规范完善。三是开展信贷资产抵押再贷款试点。信贷资产质押再贷款试点地区中国人民银行分支机构对辖内地方法人金融机构的部分贷款企业进行央行内部评级,将评级结果符合标准的信贷资产纳入中国人民银行发放再贷款可接受的合格抵押品范围,以信贷资产质押方式发放信贷政策支持再贷款,从而提高货币政策操作的有效性和灵活性,解决地方法人金融机构合格抵押品相对不足的问题。

从政策执行情况看,2014年以来,在增加支农再贷款额度上,中国人民银行先后共增加400亿元,首先为贯彻落实2014年中国人民银行工作会议和货币信贷工作会议精神,发挥信贷政策支持再贷款促进优化信贷结构的作用,增加部分省(区、市)200亿元的支农再贷款额度,以此支持金融机构做好春耕备耕金融服务工作;接着又增加部分分支行200亿元的支农再贷款额度,用于鼓励金融机构支持"三农"和小微企业的能力。在调整支农再贷款利率上,中国人民银行分别下调支农、支小再贷款利率0.25个百分点、0.4个百分点。在推广信贷资产抵押再贷款试点上,2014年在中国人民银行在山东、广东开展试点,初步形成了可复制可推广的经验,取得了预期效果。2015年,为贯彻落实国务院关于加大改革创新和支持实体经济力度的精神,按照2015年中国人民银行工作会议要求,中国人民银行将试点地区又进一步扩大到上海、天津、辽宁、江苏、湖北、四川、陕西、北京、重庆等9省(市)。在支农再贷款发放上,截至2014年12月末,全国支农再贷款余额2154亿元,比上年同期增加470亿元;当年累计发放支农再贷款3102亿元,比上年增加599亿元。在支农再贷款用途上,主要用于涉农贷款比例较高的粮食主产区和西部地区。根据中国人民银行相关统计数据显示,截至2014年年底,全国支农再贷款余额中粮食主产区以及西部地区所占比例已经超过了90%,支农再贷款对引导扩大粮食主产区和西部地区的涉农信贷投放发挥了积极作用。

3. 继续发挥再贴现引导优化信贷结构功能

作为一种重要的货币政策工具,在中国人民银行更加注重运用结构性政策以后,再贴现政策的运用力度得到进一步加大。2014年以来,中国人民银行完善相关管理,继续发挥再贴现政策引导优化信贷结构的功能。一是优化再贴现支持对象。对于符合宏观审慎要求的地方中小金融机构给予流动性支持,优先办理其再贴现业务。二是明确再贴现支持重点。重点对"三农"、小微企业相关票据再贴现业务,给予优先办理,500万元以下面额的票据再贴现业务也可以优先处理,以此支持"三农"和小微企业信贷。同时要求对分支行新增的再贴现额度均要用来支持金融机构开展"三农"、小微企业信贷。三是优化再贴现额度分布。要求全国各地区分支行要加大对辖区内再贴现额度的调剂,优化再贴现额度的地区分布,对"三农"和小微企业等融资需求较大的地区适当增加再贴现额度。四是引导银行业金融机构降低贴现利率。要求金融机构办理"三农"、小微企业再贴现票据的贴现利率应不高于同期同档次贴现的加权平均利率,以此促进降低"三农"和小微企业社会融资成本。五是加强再贴现投向监测评估。要求建立监测评估机制,加强对再贴现票据类型、行业及企业情况的监测分析,定期开展再贴现业务使用情况、实施效果和风险防控的检查与评估,保障再贴现政策发挥服务"三农"、小微企业等国民经济薄弱环节的作用。

从政策执行情况看,2014年以来,中国人民银行共增加120亿元再贴现额度，并且为继续发挥再贴现政策引导优化信贷结构的功能，新增再贴现额度全部用于支持金融机构"三农"、小微企业再贴现业务。截至2014年12月末，全国再贴现余额为1372亿元，与上年同期相比，增加了235亿元，该年累计发放3858亿元。

4. 涉农信贷投放和服务不断创新

涉农信贷投放和服务的创新是金融支农的重要抓手。2014年以来，涉农信贷投放和服务创新主要有以下三点：一是强化金融政策和产业政策的协调配合，突出不同类型金融机构的精准服务。中国银行业监督管理委员会（以下简称中国银监会）出台的《关于金融支持农业规模化生产和集约化经营的指导意见》（银监发〔2014〕38号）中规定，各类金融机构应形成分工协作机制。中国农业发展银行要强化政策性金融服务职能，加大对农业开发和农村基础设施建设的中长期信贷支持；大型国有商业银行、股份制商业银行和城商行要单列涉农信贷计划，加大县域信贷资源配置力度，重点满足农业产业化龙头企业和农业社会化服务组织等涉农大客户；农村信用合作社要在继续做好农户服务基础上，把符合规模化、专业化、标准化要求的联户经营、专业大户、家庭农场、农民合作社等农业规模经营主体作为支持重点；村镇银行要坚持经营的专业化和服务的差异化，强化对农村社区和小微企业的金融服务。

二是加大对新型农业经营主体的金融支持力度。根据《关于做好家庭农场等新型农业经营主体金融服务的指导意见》（银发〔2014〕42号），家庭农场、专业大户、农民合作社、产业化龙头企业等新型农业经营主体由于类型、经营规模等方面的不同，融资需求也存在差异。各银行金融机构要根据差异化的资金需求，提供多样化的金融服务产品，创新贷款抵押物。同时，对信用水平良好、资金实力较为雄厚的新型农业经营主体适当提高信贷额度。具体来看：首先，针对从事粮食作物种植的，应重点研究农机具抵押，存货抵押，大额订单质押，涉农直补资金担保，土地流转收益保证贷款等；其次，针对从事经济作物种植的，应重点探索种植大棚、经济林权、现金流水、应收账款等贷款抵押物产品；再次，针对从事畜禽养殖的，要重点创新养殖场、养殖产品和水域滩涂使用权等贷款抵押物；最后，针对从事产业化经营的，要探索开展全产业链金融服务。

三是拓宽涉农贷款抵押担保物范围。针对农村缺少有效抵押担保物的现实，探索开展承包土地经营权、宅基地使用权、住房财产权抵押担保试点。2015年，《关于授权国务院在北京大兴区等232个试点县（市、区）、天津市蓟县等59个试点县（市、区）行政区域分别暂时调整实施有关法律规定的决定（草案）》明确提出：在北京市大兴区等232个试点县（市、区）行政区域，允许以农村承包土地的经营权抵押贷款；在天津市蓟县等59个试点县（市、区）行政区域，允许以农民住房财产权抵押贷款。这些调整在2017年12月31日前试行。《关于开展农村承包土地的经营权和农民住房财产权抵押贷款试点的指导意见》（国发〔2015〕45号）中进一步明确，开展承包土地经营、住房财产权抵押担保试点，要坚持依法有序、自主自愿、稳妥推进、风险可控的原则，按照"所有权、承包权、经营权"三权分置和土地经营权流转的有关要求，以农民自主自愿为前提，从赋予农民更多权利为出发点，稳步推广承包土地经营和住房财产权抵押贷款业务。盘活农村资源、资金和资产，逐步解决农户和农村中小企业贷款可抵押物较少等问题，确保农业生产资金来源稳定，为促进"三农"发展提供金融"支援"，同时也为下一步开展其他类型抵押贷款业务提供经验和模式。

5. 政策性农业信贷担保体系开建

建立由财政支持的农业信贷担保体系，既是引导推动金融资本投入农业，解决农业"融资难"、"融资贵"问题的重要手段，也是新常态下创新财政支农机制，放大财政支农政策效应，提高财政支农资金使用效益的重要举措。《关于调整完善农业三项补贴政策的指导意见》（财农〔2015〕31号）中明确提出，要将支持建立完善农业信贷担保体系作为促进粮食生产和农业适度规模经营的重点内容。

2015年，财政部、农业部、中国银监会研究制定了《关于财政支持建立农业信贷担保体系的指导意见》（财农〔2015〕121号），提出财政支持建立农业信贷担保体系要坚持"地方先行、中央支持、专注农业、市场运作、银担共赢"五大原则，以建立健全省（自治区、直辖市、计划单列市，以下简称省）级农业信贷担保体系为重点，逐步建成覆盖粮食主产区及主要农业大县的农业信贷担保网络，推动形成覆盖全国的政策性农业信贷担保体系，并对加快建立省级农业信贷担保机构确立了时间表，力争用 2 年时间建立健全省级农业信贷担保机构。《关于进一步做好财政支持农业信贷担保体系组建工作的补充通知》（财农便〔2015〕383号）中进一步明确，政策性农业信贷担保体系必须以农业为专注点，不以盈利为目标，充分体现对农业的政策性支持。在前期摸索阶段，要谨慎对待社会资本进入、要以种养业为主，特别是要突出对粮食适度规模经营的支持。

从政策执行情况看，各省都在积极筹备设立政策性农业信贷担保机构。以重庆市为例，该市加速完善政策性农业信贷担保体系，计划完成市级、区县级二级担保机构体系。一是支持市农业担保公司建成以农业信贷担保为基础，互联网农业金融、新型农业经营主体（农民合作社）创业股权投资为补充的政策性、独立性、专业性的市级农业信贷担保机制。支持市兴农担保公司、市乡镇企业担保公司业务转型，专注粮食生产经营和现代农业发展。二是支持市农业担保公司依托秀山、梁平等区县完善 4 个区域性分公司，辐射城市发展新区、渝东北生态涵养发展区、渝东南生态保护发展区。建设与主要农业区县农业部门协议共建的农业信贷担保代办处（农业金融联络站），确保农业信贷担保服务全覆盖 33 个主要农业区县。市农业担保公司和 33 个主要农业区县共建农业信贷担保风险保证金[1]。

（三）支农服务监管政策

一是不断加强农村金融机构风险管控。2014 年以来，中国银监会出台了多项政策文件来加强对农村金融机构的监管。首先，《关于加强农村中小金融机构非标准化债权资产投资业务监管有关事项的通知》（银监会〔2014〕11 号）中规定，要规范农村中小金融机构的非标准化债权资产投

---

[1] "重庆市加速完善政策性农业信贷担保体系"，重庆市政府网站，http://www.cq.gov.cn/zwgk/zfxx/2015/12/2/1405361.shtml。

资业务。首先，明确了此类业务的管理方式，即不论是通过银行、证券公司、保险公司，还是通过信托、基金、资产交易等平台开展的非标准化债权资产都要纳入全行资产负债管理。其次，规定了开展此类业务的条件。即使用自有或同业资金开展此类业务的，要满足银监会监管评级的二级（含）以上要求，且机构资产规模不低于200亿元，业务规模不超过本行同业负债的30%，投资总余额要低于上年度审计报告披露的总资产的4%。接着，为了加强对农村合作金融机构资金业务的监管，中国银监会又发布《关于加强农村合作金融机构资金业务监管的通知》（银监会〔2014〕215号），明确了农村合作金融机构（主要是农村商业银行、农村信用社、农村合作银行等）支农信贷的主业，要求农村合作金融机构在充分满足"三农"服务要求的前提下开展资金业务，同时严格规范了其资金业务开办品种与办理条件。此外，还强化了省联社资金业务的服务性，并就服务范围、服务方式、收益分配和风险防控等方面提出了具体的要求。之后，中国银监会专门针对农村商业银行出台了《关于印发加强农村商业银行"三农"金融服务机制建设监管指引的通知》（银监办发〔2014〕287号），要求农村商业银行持续提升支农服务的特色化、专业化和精细化，在经营管理上要做到"不脱农、多惠农"，要建立从股权结构、组织架构、治理结构，到发展战略、业务拓展、人才队伍，再到风险管理、绩效考核和监督评价在内"三农"金融服务机制，保障"三农"金融服务业务的持续发展。

二是加强评估，完善正向激励机制。第一，继续实施信贷政策导向评估。中国人民银行发布了《关于做好2013年度涉农和小微企业信贷政策导向效果评估有关事项的通知》（银办发〔2014〕36号），积极完善各项指标评分标准，加强对评估结果的综合运用，推动评估结果与再贷款、再贴现、同业拆借准入和限额调整、债券市场备案等有效结合。第二，加强对县域法人金融机构将新增存款一定比例用于当地贷款的考核，对新增存款投放当地达到标准的县域法人金融机构执行较低的存款准备金率，并适当给予优惠利率的支农再贷款支持。同时，加强对农村信用社改革进展情况的动态监测，充分发挥支农再贷款、再贴现等政策工具的激励作用，促进农村信用社改善农村金融服务。

从政策执行情况看,2014年以来,中国银监会先后三次对不同类型的农村金融机构实施了差别化的监管政策,并通过与财税政策、货币信贷政策的有效衔接,引导更多信贷资金投向"三农":一是整顿农村中小金融机构(包括农村商业银行、农村合作银行、农村信用社、村镇银行、贷款公司、农村资金互助社等)非标资产,且对非标资产投向进行了严格规定,并要求于2014年年底完成相关整改;二是整顿农村合作金融机构(主要是农村商业银行、农村信用社、农村合作银行等)的资金业务和债券投资行为,并要求在2015年1月底之前完成省联社资金业务内控建设及清理整改的进展汇报工作;三是创新农村商业银行"三农"金融服务机制建设监管方式,将服务机制建设与市场准入、监管评级、标杆行评选、高管人员履职评价相挂钩,且加强了同其他金融监管机构和各级地方政府相关部门之间的沟通与协调,有力促进了农村商业银行"三农"金融服务机制建设取得实效,金融服务水平得以提升。

二、农村金融支持政策的执行效果

近年来,随着农村金融改革的稳步推进,我国农村金融支持政策扶持力度不断加大,政策执行情况总体良好,执行效果逐步显现,主要表现在以下几个方面:

(一)涉农贷款投放持续增加

近年来,在农村金融政策的引导下,金融机构投放涉农贷款的积极性显著提升,"三农"信贷资金投放持续增加。截至2014年年末,全国银行业金融机构本外币农村(县及县以下)贷款余额达到19.4万亿元,与上年同比增长12.4%,较2010年年末增加4.9万亿元,年均增加7.5%。全口径涉农贷款余额23.6万亿元,同比增长13.0%,与2010年年末相比增加11.8万亿元,年均增加19%,高于各项贷款总额年均增速4.8个百分点。其中,农户贷款余额为5.36万亿元,同比增长19.0%,比2010年年末增加2.75万亿元,年均增加19.8%,与各项贷款总额年均增长率相比，高了5.5个百分点；而农林牧渔业贷款余额为3.4万亿元，同比增长了9.7%，比2010年年末增加1.03万亿元，年均增加9.7%（见表1）。

表1　　　　　　　2014年全国金融机构涉农贷款情况

	2014年年末（万亿元）	同比（%）	较2010年年末增加量（万亿元）	年均增长率（%）
本外币农村贷款余额	19.4	12.4	4.9	7.5
全口径涉农贷款余额	23.6	13.0	11.8	19.0
其中：农户贷款余额	5.36	19.0	2.75	19.8
农林牧渔业贷款余额	3.34	9.7	1.03	9.7

数据来源：中国人民银行：《2014金融机构贷款投向统计报告》、《中国农村金融服务报告（2014）》。

（二）农村金融服务网络覆盖面扩大

全国偏远农村地区基础性金融服务全覆盖工作持续推进，农村金融服务网络覆盖面不断扩大，乡镇基础金融服务水平有效提高，城乡基础金融服务差距有所缩小。截至2014年年末，全国金融机构空白乡镇减少到1570个，与2009年的2945个相比，减少了1375个；实现乡镇金融机构和乡镇基础金融服务双覆盖的省市增加到25个，与2009年的9个相比，增加了16个，年均增幅达到22.7%。除了乡镇基础金融服务业务之外，中国银监会又启动了基础金融服务"村村通"工程，并出台了《关于推进基础金融服务"村村通"的指导意见》（银监办发〔2014〕222号），引导和鼓励各银行业金融机构力争用3~5年的时间总体实现基础金融服务行政村的全覆盖。截至2014年年末，以设立村级标准化网点、开展简易便民定时定点服务、布设自助服务终端等多种服务形式，金融服务已实现52万个行政村基础金融服务的覆盖。农民获得基础金融服务的便利性明显提高，费用支出得以下降。

（三）新型农村金融机构蓬勃发展

我国农村地区金融机构准入政策的调整放宽，涉农金融机构扶持政策的逐渐增多，特别是农村金融机构定向费用补贴政策的逐步细化规范，不仅增强了农村金融机构财务的稳健性，而且调动了它们到偏远地区设立网点、拓展乡镇级甚至村级服务的积极性，使得村镇银行、贷款公司和农村资金互助社等新型农村金融机构蓬勃发展，并逐渐成为服务"三农"、支持小微的生力军。截至2014年年末，全国共设立1296家新型农村金融机构，其中，村镇银行、贷款公司和农村资金互助社数量分别为1233家、14家和49家。以村镇银行为例，全国已有1045个县（市）核准设立村镇银行，县域覆盖率54.6%，共组建村镇银行1233家，同比增加15.1%，其中批准开业1153家，同比增加14.3%。村镇银行各项贷款余额达到4862亿元，与上年相比，增长了1234亿元，同比增幅达34.0%，其中，农户贷款、小微企业贷款余额分别为2111亿元、2405亿元，两项贷款余额总和占各项贷款余额的比例为92.9%。村镇银行各项存款余额为5808亿元，与上年相比，增长了1176亿元，同比增幅为25.4%。全国村镇银行资产总额7973亿元，与上年相比，增长了1685亿元，同比增长幅度为26.8%（见表2）。

表2　　　　　　　　　2014年全国村镇银行发展情况

	2014年	同比（%）
组建数量（家）	1233	15.1
其中：批准开业（家）	1152	14.3
各项贷款余额（亿元）	4862	34.0
其中：农户贷款（亿元）	2111	45.1
小微企业贷款（亿元）	2405	31.8
各项存款余额（亿元）	5808	25.4
资产总额（亿元）	7973	26.8

数据来源：根据中国人民银行《中国农村金融服务报告（2014）》、银监会统计数据、中国银行业协会统计数据整理。

（四）正向激励扶持政策体系逐步形成

经过多年的努力，农村金融财税、货币信贷、监管政策相结合的正向激励扶持政策逐步形成体系。财税政策上，财政部着力找准财政与金融的结合点，奖励、补贴、税收优惠等多种支持政策力度逐年稳步加大，有效引导了金融资源向"三农"倾斜；货币信贷政策上，中国人民银行综合利用存款准备金、再贷款、再贴现等多种货币政策工具，引导金融机构调整优化信贷结构，重点领域和薄弱环节的信贷支持不断加大，农村金融机构资金来源不断拓宽；支农服务监管政策经历了从无到有，基本建成了"事前有承诺、事中有监测、事后有考核"的农村金融服务监管体系。这些支持政策在一定程度上调动了金融机构支农、支小的积极性，对支持现代农业发展、促进农民增收等方面做出了巨大贡献。

三、目前农村金融支持政策存在的问题

农村金融体制改革创新的不断深化以及正向激励扶持政策的不断完善，对信贷资金更多地投向"三农"发挥了重要引导作用。但也要看到，农村"融资难、融资贵"等问题仍然是当前各方面反映比较强烈的问题。2014年，涉农贷款的增量低于上年，增速低于各项贷款平均增速，这是一个很不好的苗头。主要原因是农村金融的政策扶持体系还不完善，制约农村金融创新发展的深层次体制机制障碍仍然存在，农村金融供给还不能有效满足农业农村的现实需求。

（一）政策受惠面有限，资金支持力度有待加强

目前，我国农村金融政策的制定还处于初级摸索阶段，有些政策甚至在2014年才开始试点实施，覆盖范围较窄，导致全国涉农金融机构受惠面有限。如县域金融机构涉农贷款增量奖励政策，虽然2014年，该项政策进一步将福建、山西、海南、重庆、贵州、青海和西藏7省（区、市）纳入试点范围，但目前尚未实现全国省（区、市）全覆盖。又如农村金融机构定向费用补贴政策，目前该项政策只对村镇银行、贷款公司、农村资金互助社三类新型农村金融机构和西部部分基础金融服务薄弱乡镇的金融机构网点进行补贴，而对于农村信用社、农村合作银行而言，它们开展农村金融服务的时间更长，且在农村金融机构变革中历史遗留问题更多，

困难更大，但却没有得到此类补贴。另一方面，资金扶持力度有待加强。尤其是对粮食主产区和老少边穷等困难地区、农村信用社以及农业产业链前端生产环节等领域的资金支持力度上还需要继续提高。此外，对于金融机构开展特定类型、特定主体业务的资金支持也有待进一步加强，如农户小额贷款业务、小微企业贷款业务、新型农业经营主体贷款业务、农业种养业贷款业务等。

（二）政策条款设计不合理，缺乏细则与整合

一是各项政策对相同概念的内涵与外延界定不清晰，在理解和执行上会造成一定的偏差，同时也为金融机构的操作留下一定的空间。以涉农贷款为例，在涉农贷款增量奖励政策中，涉农贷款特指《中国人民银行中国银行业监督管理委员会关于建立〈涉农贷款专项统计制度〉的通知》（银发〔2007〕246号）中"涉农贷款汇总情况统计表"（银统379表）内的"农户农林牧渔业贷款"、"农户消费和其他生产经营贷款"、"农村企业及各类组织农林牧渔业贷款"和"农村企业及各类组织支农贷款"等4类贷款；而在金融企业涉农贷款和中小企业贷款损失准备金的企业所得税税前扣除政策中，涉农贷款是指《涉农贷款专项统计制度》（银发〔2007〕246号）统计的农户贷款和农村企业及各类组织贷款，包括"农户农林牧渔业贷款"、"农户消费和其他生产经营贷款"、"农村企业及各类组织农林牧渔业贷款"、"农村企业及各类组织支农贷款"、"农村企业及各类组织其他生产贷款"等5类贷款。根据银发〔2007〕246号文件，涉农贷款除了农村贷款（农户贷款、农村企业及各类组织贷款）外，还包括城市企业及各类组织涉农贷款。二是现行的农村金融扶持政策有些兑付、奖励条件设置有些笼统；有些程序性规定不甚明了，犹欠细则与整合，特别是缺乏源于基层贷款主体的民主监督及汇总申报考核确认的制度建设；有些则审查、审批程序复杂，各级各部门理解不一致，反复较多，执行成本较高。以上这些都影响到农村金融业务的引导与激励政策的有效实施。此外，由于我国农村金融政策主要由财政部、中国人民银行、银监会等金融相关部门牵头制定，在政策制定过程中，这些部门大多从本部门

职能角度出发，部门之间缺乏统一协调，政策的整体效应与综合效应也有待进一步发挥。

（三）部分政策门槛设置较高，影响农村金融机构积极性

如县域金融机构涉农贷款增量奖励政策和农村金融机构定向费用补贴政策的实施都强调遵循"政府扶持、商业运作、风险可控、管理到位"的基本原则，并由此设置了一系列补贴条件，比如农村金融机构定向费用补贴仅"对当年贷款平均余额同比增长且当年涉农贷款和小微企业贷款平均余额占全部贷款平均余额的比例高于70%的贷款公司和农村资金互助社，上年贷款平均余额同比增长、年均存贷比高于50%且当年涉农贷款和小微企业贷款平均余额占全部贷款平均余额的比例高于70%的村镇银行，按其当年贷款平均余额的2%给予补贴"。涉农贷款增量奖励政策仅"对县域金融机构上年涉农贷款平均余额同比增长超过15%的部分，按2%的比例给予奖励。对年末不良贷款率不符合要求的金融机构不予奖励。"前者规定了贷款增长的要求，后者更是设置与贷款增长、不良贷款率挂钩两个门槛。由于农村金融成本高、效率低、收益慢的特点，这样的门槛设置容易削弱金融机构支持"三农"发展、提升农村金融服务质量和水平的积极性，也不符合政策制定的初衷。

（四）部分政策期限过短，激励作用发挥不充分

部分政策还存在期限过短的问题，导致政策激励作用发挥不充分。如保险公司农业巨灾风险准备金企业所得税税前扣除政策自2011年实施，到2015年12月31日就要到期；中国农业银行三农金融事业部涉农贷款营业税优惠政策的有效期限也是截至2015年12月31日；对金融机构农户小额贷款利息收入和保险公司种植业、养殖业保险保费收入的最新税收优惠政策自2014年1月1日起至2016年12月31日止执行，仅有两年的有效期。

（五）农村金融政策实施缺乏立法保障

目前，我国城市金融市场竞争十分激烈，而农村金融市场前景广阔，

再加上国家大力支持农村金融市场发展，出台了一系列政策措施推动金融资源更多地向农村倾斜，对各银行业金融机构而言，农村金融市场有着巨大的吸引力。但是，由于农村金融立法缺失，各方利益相关者的权利无法得到保障，违法、违规行为也不能得到及时地制止与惩罚，在一定程度上延缓了银行业金融机构开展涉农业务的力度和进度。无法可依已经成为限制农村金融进一步发展的重要制约因素。长此以往，农村金融将难以持续发展。农村金融立法迫在眉睫。此外，在2015年"中央一号文件"中也明确提到了要积极推动农村金融立法。这还是国家第一次在"中央一号文件"中提及农村金融立法问题，但恰恰充分说明了农村金融立法的必要性和紧迫性。

（六）农村金融支持政策落实保障机制尚不健全

近年来，我国农村金融虽然得到了较快发展，农村金融支持政策执行情况总体良好，但影响农村金融持续发展的体制机制障碍依然存在，政策落实保障机制尚不健全，政策执行效果难以保障，容易受到影响。一是组织体制障碍。目前我国虽已初步建立了包括商业银行、政策性银行、农信社、村镇银行、贷款公司和农村资金互助社等各类金融机构在内的农村金融组织机构体系，但各银行业金融机构涉农业务分工不清、职能定位不明。二是服务保障机制障碍。由于涉农业务风险大、成本高，多数涉农金融机构涉农业务管理粗放，支持"三农"事业的激励机制不够健全，农村金融网点及其从业人员不足、法人治理结构不完善等问题较为突出，一定程度上会影响农村金融政策的实施效果。此外，适度竞争是优化我国农村金融生态环境的一个方面，而我国农村金融市场没有形成有效的竞争机制。没有竞争，服务水平就无法提高，政策执行的效果也容易打折扣，对解决农户和农村中小企业"贷款难、贷款贵"等问题十分不利。

四、完善我国农村金融政策的对策建议

目前，我国农村金融政策还存在受惠面有限、支持力度弱、设计不合理、缺乏立法保障、落实保障机制不健全等一系列问题，为此，建议要继

综 合

续推进农村金融改革创新,完善金融支农政策扶持和保障体系,确保"涉农贷款增量不低于上年、增速不低于各项贷款平均增速"的要求不折不扣落到实处。

(一)扩大政策受惠范围,加强资金支持力度

继续综合运用财税、货币、信贷等政策,加强窗口指导,推动信贷资金更多地投向"三农",进一步扩大政策受惠范围。对于普惠型的农村金融支持政策,争取早日实现政策受惠全覆盖。加强资金支持力度,建议各级财政对各类涉农贷款担保基金提供一定比例的资金配套,尽可能提高这些基金对涉农贷款的担保能力;对各类农村资金互助组织按互助股金等比例配股,股金交由合作社管护,尽可能扩大互助合作的受益面;对各类新型农村金融组织,比照农村信用社给予货币政策、税收政策等优惠,对其发放涉农贷款给予相应的奖励和补助,并提供相应的业务指导和帮助。同时加强对农村信用社改革进度的动态监测,给予改革成效显著的农村信用社更大的再贷款、再贴现额度支持力度。

(二)完善政策条款设计,促进政策整合效应的发挥

针对政策设计不合理的问题,要进一步完善农村金融支持政策条款设计。一要科学界定相关概念。对相同的概念尽可能做到统一界定,不能统一的,要给予特殊说明,防止金融机构的概念混淆,确保其理解上的准确性。二要出台实施细则。对那些条款设置模糊、操作程序复杂、容易引发争议的政策出台实施细则,进一步细化规定和程序,确保金融机构操作上的正确性。三要适当降低政策门槛。对农村金融机构可享受到的支持政策的门槛给予适当降低。建议对连续两年以上符合享受支持政策条件的金融机构给予额外奖励,提高其信贷业务向"三农"倾斜的积极性。四要合理设置政策有效期限。政策期限过短不利于发挥支持"三农"发展的作用,建议将政策有效期限提高到3—5年,针对即将到期的支持政策,要根据实际执行效果,尽快作出延长或取消的决定。此外,建议尽快成立农村金融支持政策综合协调小组。可以将财政部、中国人民银行、中国银监

会、中国保监会等金融相关部门全部纳入其中，设置综合协调小组专员，加强政策制定过程中多部门利益的综合考量，促进协调统一。当前重点是系统梳理已有支持政策，提高政策扶持的协调性和针对性，促进支持政策整体效应与综合效应的长期性发挥。

（三）加强监管政策引领，完善差异化监管框架

各级监管部门应根据农村金融市场的发展实际，不断丰富监管方式方法，完善支农服务监管框架，促进农村金融市场的稳健发展。一是加强监管政策引领作用。探索实施监管评级指引与市场准入要求、"三农"信贷资金投放"双挂钩"的政策，提高支农监管政策的引领金融机构增加涉农信贷资金投放、创新农村金融产品、增加基层服务机构网点的作用。二是强化差别监管。适当提高对涉农不良贷款的容忍度，尤其是对因灾害原因导致无法按期还款的贷款，可在出具相关证明的前提下，办理展期，延长还款期限，同时不纳入年度信用评级考核内。对涉农贷款占比较高的县域法人金融机构实施弹性存贷比要求，允许其在涉农贷款旺季时突破存贷比指标，并最大限度向粮食主产区、经济薄弱地区倾斜。放宽涉农金融机构信贷资金来源，允许符合相关条件的各银行业金融机构探索多种合法渠道增加信贷资金，如发行"三农"金融债券融资等。优先开展涉农贷款的资产证券化试点和资产流转试点。

（四）开展农村信用评级，提高信贷融资的可获得性

农户和农村小微企业等农业经营主体面临信贷约束的主要原因是缺乏财务信息和信贷历史记录，与金融机构之间存在信息不对称。因此，建议完善农户和农村小微企业等农业经营主体的信用信息采集与应用机制，稳步推进农业经营主体电子信用档案建立和信用评价工作，建立覆盖全国农村地区的农户和小微企业征信系统，继续组织开展"信用户"、"信用村"、"信用乡（镇）"创建，降低金融机构的信息评估成本。推动地方政府出台以信用为基础的相关政策措施，增进农业经营主体的信用价值，提高其融资的便利性。鼓励各银行业金融机构对涉农贷款按期还款者给予简

化贷款手续、降低贷款利率上浮幅度等正向激励。完善失信惩戒制度和信息披露制度，提高违约成本，约束农村融资主体按时按期还款。降低金融机构对农户、小微企业的信贷配给程度，提高其信用贷款的可获得性。

（五）研究推动农村金融立法，创造良好的法律制度环境

我国农村金融市场的持续发展，离不开农村金融立法。美国、日本等发达国家较为完备的农村金融法律体系也给我国提供了良好的经验借鉴。因此，建议进一步加强农村金融法制建设，为提高农村金融支持政策执行效果、促进农村金融业务开展提供有力保障。一是加强农村金融立法工作。目前，我国只有《商业银行法》这一条法律来约束农村金融市场，没有针对农村合作金融机构等其他农村金融机构的法律，应考虑制定专门的农村金融促进法和监管法，就农村金融性质、金融机构支农责任和各项农村金融支持、促进政策以法律形式固定下来。重点就稳定支农资金来源，破除农村财产抵（质）押法律障碍，遏制县域资金外流，建立涉农贷款风险补偿机制，将金融基础知识普及纳入九年义务教育体系等问题，开展立法的可行性研究。二是加强农村金融执法工作。依据有关农村金融的法律法规，加大对违法行为的执法力度，改善农村金融法治环境，严厉打击逃废债行为，维护农村金融秩序。

（六）建立健全政策落实保障机制

完善的政策落实保障机制，有利于提高政策的执行力。为提高我国农村金融支持政策执行效果，建议建立健全政策落实保障机制。一要完善农村金融组织体系。深化农业银行"三农"金融事业部改革，强化农业发展银行政策性功能定位，创新国家开发银行服务"三农"融资模式，突出农村信用社省联社"三农"服务功能，统筹发挥商业性、政策性、合作性金融的比较优势，实现农村金融组织体系的分工合理化、投资多元化、功能完善性以及服务高效性。二要健全农村金融机构服务保障机制。鼓励和引导各涉农金融机构在资金供给、人才引进等方面向"三农"领域倾斜，切实做到不脱农、多惠农。三要提升农村金融竞争的充分性。丰富农村金融服务主体,积极促进新型农村金融机构向全国性方向发展。在区域布局上,继续向中西部和老少边穷地区以及小微企业聚集区倾斜;在业务拓展上,重点支持农户和农村小微企业等农业经营主体,创新探索支农支小商业模式;在股权架构上,拓宽民间资本进入渠道,探索建立多元化的股权机构。其中,在农村资金互助社培育上,可重点选择当地运转规范、效益良好、辐射带动效果强的农民专业合作社,促进其转型发展。

参考文献

[1] 曲哲涵:"补齐农村金融短板'三农''任督二脉'才畅通",中国社会科学网,http://orig.cssn.cn/zx/shwx/shhnew/201602/t20160222_2877333.shtml。

[2] 李海平:"论我国农村金融政策支持体系的建设",《中央财经大学学报》2008年第5期。

[3] 郭兴平:"构建普惠型农村金融政策支持体系的思考",《农村经济》2011年第1期。

[4] 覃兆雨、陈前总:"当前我国农村金融扶持政策探讨",《区域金融研究》2010年第7期。

[5] 赵贞淑、李香淑、崔龙植:"农村金融税收政策执行中存在的问题及建议——以吉林省延边州龙井市为例",《吉林金融研究》2012年第5期。

[6] 冯才华:"当前我国金融支持新农村建设的障碍与对策",《黑龙江对外经贸》2010年第1期。

[7] "农村金融机构税收优惠政策存在的问题及建议",财政部网站,http://www.mof.gov.cn/mofhome/ningbo/lanmudaohang/dcyj/201209/t20120926_684895.html。

[8] 陈磊:"完善农村金融体系 提高农村金融服务水平",中国经济网,http://finance.ce.cn/rolling/201205/08/t20120508_16870785.shtml。

[9] 乔瑞:"从政策演进看农村金融改革",《中国金融》2013年第

13 期。

[10] 彭玉镏、曾繁荣:"三方面着力推进农村金融改革 健全支持'三农'激励机制、加大农村金融产品创新力度、增强农村金融政策与其他政策配合",《证券日报》2012 年 10 月 13 日。

[11] 孙延滨、贾军福:"农村金融产品与服务创新存在的问题应予重视",《金融时报》,2012 年 9 月 6 日。

[12] 农业银行河北分行:"加快立法 化解农村金融服务矛盾",和讯网,http://news.hexun.com/2015-02-11/173275658.html。

[13] 陈锋:"农村金融发展的机制障碍和政策思考",《金融与经济》2013 年第 9 期。

[14] 中国人民银行农村金融服务研究小组:《中国农村金融服务报告(2014)》,中国金融出版社 2015 年版。

[15] 农业部:《2014 中国农业发展报告》,中国农业出版社 2015 年版。

[16] 重庆市政府:"重庆市加速完善政策性农业信贷担保体系",重庆市政府网站,http://www.cq.gov.cn/zwgk/zfxx/2015/12/2/1405361.shtml。

老龄化是否影响我国农业生产?
——基于三大粮食品种的观察*

刘景景

内容提要:本文基于全国农村固定观察点的农户数据,统计分析了当前我国农业劳动力年龄的分布情况,比较了老年农户和中青年农户在农业劳动时间、农业经营规模和粮食产量等方面的差异。研究表明,老年农业劳动时间占家庭农业总劳动时间的比例呈平稳上升趋势。老年农户经营规模化程度低于中青年农户,户均粮食产量和粮食播种面积逐渐接近并超过中青年农户。老年农户的优势品种为水稻,中青年农户为玉米。从现有观察结果来看,老龄化暂时没有表现出对粮食生产的负效应。

近年来国内关于人口老龄化影响的讨论越来越多。李旻等(2009)和陈锡文等(2011)认为,老龄化会影响农业生产;胡雪枝等(2012)、林本喜等(2012)的研究表明,劳动力年龄对农业生产和土地利用效率的影响并不显著。贺雪峰(2012)甚至提出"老人农业有效率"的观点。

---

* 基金项目:本研究课题得到农业部农村经济研究中心青年研究基金"老人农业现象及对农业发展的影响"(编号:2014QN06)资助。

综 合

老龄化是否影响粮食生产，还需要用数据做进一步分析和讨论。

一、我国农业劳动力老龄化现状

（一）农村老龄化进程快、老龄化程度高于城市

根据全国第三、四、五、六次人口普查数据计算，1982年至2010年近三十年的时间里，我国人口老龄化程度增长了4个百分点，其中城市增长了3%，镇增长了3.7%，乡村增长了5%。农村老龄化进程发展尤其迅速，特别在最近十年更为突出，1990年农村老年人口比重较1982年增长了16%，而2010年比2000年增长了34%，老龄化进程不断加快。截至2012年年底，我国60岁及以上人口为1.94亿人，占全国总人口数的14.3%，其中，农村老年人口约为1亿人。2012年全国人口变动情况抽样调查数据显示，农村65岁及以上人口占老年人口比例为10.61%，而该比例在城市和镇分别为8.14%和8.61%，农村人口老龄化程度明显高于城镇（图1）。从年龄在20—39岁区间的人口比重来看，城镇要明显高于乡村，这也说明了人口流动的方向，大量农村劳动力向城镇转移加剧了农村人口的老龄化。

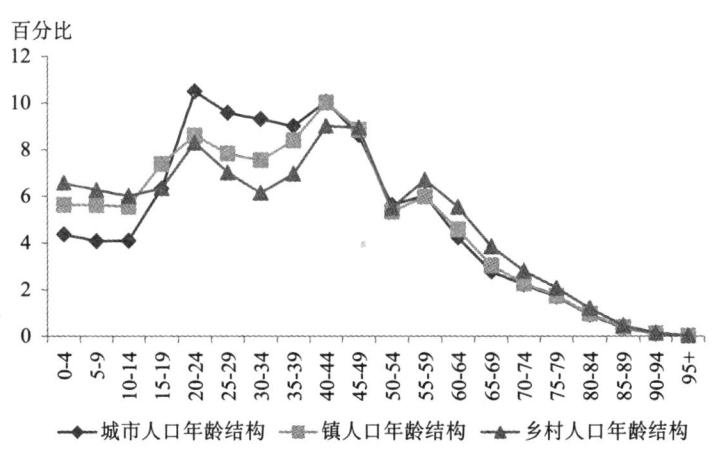

图1 城市、镇和乡村人口年龄结构

（二）老年农业劳动力比重呈逐年递增趋势

按照国际劳工组织的规定，老年劳动力是指劳动年龄人口中超过45岁（含）的劳动力。根据国家统计局的指标解释，劳动力被划分为两大部分：年满18周岁到50周岁的男性和年满18周岁到45周岁的女性被划分为整劳动力；年满16周岁未满18周岁的劳动人口以及年满51周岁到60周岁的男性和年满46周岁到55周岁的女性被划分为半劳动力。为了更加直观地说明农业劳动力老龄化问题，结合我国农村的实际情况，本文将年满16周岁主要从事第一产业的劳动力列为统计分析对象，而老年农业劳动力的判定标准为主要从事农业生产的年满50岁的劳动力。

为了更好地说明"老人农业"现象，本文统计并分析了主要从事第一产业的劳动力年龄分布情况（表1）。2003年50岁以下劳动力占农业劳动力的比例为63.4%，50岁以上劳动力所占比例为36.6%，到了2011年50岁以下劳动力占农业劳动力比例为49.2%，50岁以上劳动力所占比例为50.8%，提高了14.2个百分点，且比重呈逐年上升的趋势。目前农村约有一半的劳动力年龄超过50岁，预计将来这一比例还要继续增大。农业平均从业年龄从2003年的44.9岁提高到2011年的49.4岁，也呈现逐年递增的趋势。由此可见，农业劳动力不仅表现出显著的老龄化现象，而且老龄化程度还在进一步加剧。

表1　　　　农业劳动力年龄分布比例（%）

年份	2003	2004	2005	2006	2007	2008	2009	2010	2011
16—20岁	3.8	3.2	2.7	2.4	2.3	1.8	2.2	1.8	1.5
21—30岁	13.7	13.0	12.3	11.7	11.7	10.3	11.5	10.7	10.3
31—40岁	18.6	17.9	17.2	17.1	16.8	15.4	14.7	13.9	13.6
41—50岁	27.2	26.4	25.6	24.8	23.8	23.0	23.3	23.7	23.9
51—60岁	25.0	26.6	28.4	29.2	29.5	32.1	30.6	30.2	29.4
60岁以上	11.6	12.9	13.7	14.8	16.0	17.8	17.8	19.7	21.4
合计	100.0	100.0	100.0	100.0	100.0	100.0	100.0	100.0	100.0
平均从业年龄	44.9	45.5	46.3	46.8	47.2	48.4	48.0	48.8	49.4

注：根据样本中当年从事产业为第一产业的劳动力数量计算得到。

二、我国农业劳动力老龄化成因

农业劳动力老龄化的出现,从时间上来讲,应该是从20世纪90年代开始逐步形成的,它的成因比较复杂,既有人口本身的老龄化趋势影响,也有农村青年劳动力向城市和第二、第三产业转移及农业机械替代等外因的作用。

(一)人口出生率下降

受人口自然出生率下降的影响,我国人口开始出现老龄化现象。我国农村人口基数大,新中国成立初期,为了响应国家号召加之没有科学的节育手段,农村人口增长迅速。20世纪70年代开始,我国在全国范围内大举实施计划生育政策,加上年轻人的生育理念也发生了巨大改变,人口自然出生率随之呈现下降趋势。得益于医疗条件改善、生活水平提高和社会保障体系的完善,我国人口死亡率也逐年下降。在死亡率和出生率双下滑的共同影响下,我国65岁以上人口所占比重越来越高,老龄化程度也越来越严重,但出生率下降相比死亡率下降对老龄化的影响作用明显要强,预计这种影响趋势将一直贯穿于我国人口老龄化进程直到21世纪中叶[①]。

(二)农业劳动力转移

农业剩余劳动力向城市和非农部门的大量转移是造成农业劳动力老龄化甚至是高龄化的关键因素。农业生产技术的进步使农村劳动生产率大幅提升,农村土地流转和城镇化进程加快导致人均耕地面积逐渐缩小,城乡户籍制度改革打破了过去城乡人口流动的壁垒,加上城乡二元结构的存在导致农村出现大量的剩余劳动力。改革开放以来,大量农村青年劳动力外出务工,向城市和非农部门流动,农村中老年人口所占比重越来越大。另

---

① 李术君:"我国农村人口老龄化对农村劳动力影响与对策",河北大学硕士毕业论文,2008年。

外，受到农业比较效益下降的影响，越来越多的农业劳动力选择进入收入水平更高的非农领域。根据国家统计局发布的农民工监测数据，2012年我国西部地区外出打工的农民平均年收入超过两万元，而通过对西部地区12个省份同期家庭经营性收入进行计算，以四口之家为例，2012年农民家庭经营性总收入不到13000元，还不如一个人外出打工一年的平均收入①。

由于自身素质限制，农民工外出就业往往选择进入门槛较低、文化水平要求不高、收入保障较差的建筑行业和制造服务行业。年轻农民工可选择的余地还大一些，老年农民工随年龄增大就业机会日益稀少，最终只能返回农村务农，新生代农民基本没有参加过农业劳动，对待土地也没有父辈们那种天然的感情，短时间回流农村的可能性不大。在高龄农民工回流和新生代农民工弃农的双重作用下，农业劳动力老龄化还将继续发展。

（三）农业机械化水平提高

随着我国农业机械化程度不断提高，农业基础设施建设不断完善，农业生产劳动强度得以大幅降低，这在很大程度上提高了劳动生产效率。2014年全国农作物耕种收综合机械化水平达到61.6%，比2004年提高27个百分点，增幅相当于之前35年的总和。三大粮食作物耕种收综合机械化率均超过75%，小麦生产基本实现全过程机械化。与此同时，农机社会化服务水平也在飞速提高，2014年全国农机作业服务组织达到175.12万个，农机服务合作社4.94万个，服务农户超过4500万余户②，这为有效解决农业生产中出现的劳动力短缺提供了重要保障。农机化水平提高改变了以往传统的耕作方式，劳动力被极大地解放出来，青壮年劳力可以走向城市选择收入更高的行业，留守在家的老年农民则可以通过服务外包形式完成大部分农业生产活动。因此，农业机械化的发展一定程度上缓解了

---

① 李澜、李阳："我国农业劳动力老龄化问题研究——基于全国第二次农业普查数据的分析"，《农业经济问题》2009年第6期。

② 农业部：《2015年中国农业发展报告》，中国农业出版社2015年版。

老龄化带来的不利影响,也从客观上成为农业劳动力老龄化的助推剂。

三、劳动力老龄化对农业生产的影响

为了说明老龄化对我国农业生产的影响,本文利用全国农村固定观察点 2003—2011 年的农户数据,用以考察我国农业劳动力的年龄分布以及不同年龄段农户在粮食生产方面的差异。

(一) 对农业劳动时间的影响

在分析老龄化对农业生产的实际影响之前,有必要先对老年农民的务农时间进行统计,以观察农村老年人的劳动参与情况。参考李旻(2009)的研究方法,首先,计算以农户为单位的所有家庭成员在本乡镇内从事农业劳动的时间(日),即家庭农业劳动时间;其次,再计算农户家庭中年龄在 50 岁以上的劳动力的农业劳动时间(日),即老年农业劳动时间。在此基础上,计算老年农业劳动时间占家庭农业劳动时间的比例,即老年农业劳动时间÷家庭农业劳动时间,将此比例作为后续农户分类的依据。其中,老年农业劳动时间占家庭总农业劳动时间比例在一半及以上的农户划分为老年农户,低于一半的划分为中青年农户。

通过老年劳动力务农时间比例的变化来看,家庭平均农业劳动时间总体呈下降趋势,由 2003 年平均 284 天减少到 2011 年的 204 天,每年约下降 9 天。但家庭中老年劳动力的务农时间却呈上升趋势,最终结果是老年劳动力的务农时间比例由 2003 年 27.4% 增长至 2011 年的 34.2%,提高了 6.8 个百分点,这说明我国农业劳动力老龄化的程度在不断加深,农村老年人的劳动参与率不断上升。

(二) 对农业经营规模的影响

本文统计的经营耕地面积和块数包括所有粮食作物、经济作物和园地作物,通过计算得出,2003 年老年农户经营耕地面积为 5.92 亩,低于中青年农户的 7.80 亩,随着时间推移,两者差距逐渐缩小,2011 年老年农户平均经营耕地 6.38 亩,仅比中青年农户少种 0.1 亩耕地。老年农户的

耕地面积总体呈上升趋势，而中青年农户经营耕地面积震荡下滑，与2003年相比，2011年中青年农户户均耕地面积减少了1.32亩。从耕地块数来看，2003年老年农户经营的耕地块数与中青年农户基本一致，规模经营程度的提高使得两者的经营块数都呈下降趋势，但老年农户的下降幅度较小，2011年老年农户平均耕地块数为4.22块，比2011年减少0.56块，而中青年农户平均每户的耕地面积下降到3.32块，平均减少1.45块。如不计地块大小，老年农户平均比中青年农户多种约1块地。总之，中青年农户的平均经营规模略大，但经营总面积和块数在逐年下降，而老年农户的平均经营规模略小于中青年农户，耕地细碎化程度更高（表2）。

表2　　　　　　　　农户耕地面积和地块数量

年份	户均耕地面积（亩）			户均耕地块数		
	户平均	老年农户	中青年农户	户平均	老年农户	中青年农户
2003	7.24	5.92	7.80	4.77	4.78	4.77
2004	7.10	6.04	7.61	4.62	4.64	4.60
2005	7.15	6.08	7.73	4.53	4.66	4.46
2006	6.94	6.05	7.47	4.36	4.58	4.24
2007	6.80	6.17	7.20	4.14	4.48	3.92
2008	6.72	6.13	7.12	4.00	4.49	3.67
2009	6.64	6.20	6.94	3.91	4.38	3.59
2010	6.37	6.30	6.41	3.82	4.39	3.42
2011	6.44	6.38	6.48	3.68	4.22	3.32

（三）对粮食生产的影响

从粮食生产情况来看，在粮食总产量逐年上升的背景下，老年农户的粮食生产情况相比中青年农户总体上并没有显现出劣势。2003年老年农户户均粮食总产量为2070.04千克，中青年农户平均产量2410.55千克，两类农户的户均粮食产量差距逐年缩小，2009年老年农户在户均粮食产量上首次超过中青年农户，老年农户平均比中青年农户多生产了66.79千克粮食。此后两年老年农户也在粮食生产上保持着对中青年农户的优势，并且优势逐年拉大。2011 年，两者之间的差距增加到 209.59 千克。2011 年，老年农户粮食产量已占到粮食总产量的 42%，近十年的时间里这一比例提高了 14 个百分点。

两类农户粮食种植面积的变化趋势与粮食产量的变化基本一致。2003 年老年农户户均粮食种植面积为 6.30 亩，中青年农户为 7.52 亩，此后两类农户的户均粮食种植面积差距逐年减小。从 2010 年开始老年农户在户均粮食种植面积上实现了对中青年农户的超越，并且将这种优势逐步扩大。2011 年老年农户的户均粮食种植面积为 6.77 亩，此时的中青年农户为 6.41 亩，老年农户粮食面积已占到粮食总面积的 42%。不管从粮食种植面积还是产量的变化，都可以发现老年农户在粮食生产中扮演着重要的角色，对保障我国粮食安全至关重要，并且这种趋势还在不断增强。由此我们也得出结论，农业劳动力老龄化对粮食产量总的影响在现阶段还没有明显体现（图 2）。

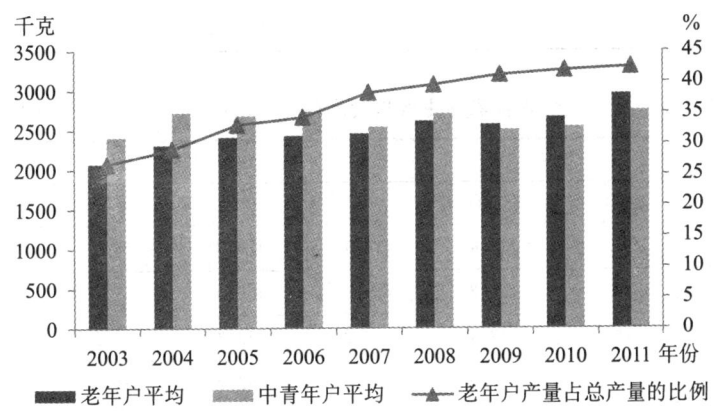

图 2　2003—2011 年两类农户户均粮食产量变化

注：此处统计的粮食包括小麦、水稻、玉米、大豆和薯类。

（四）对不同粮食品种的影响

前面分析都是基于总规模、总量的整体分析，下面本研究将选取小麦、水稻和玉米三大主粮，分别统计两类农户在单产水平和种植面积上的差异。由于大豆和薯类受政策和市场调整的影响较大,历年种植面积变化大,此部分分析不再考虑(表3—表5)。

表3　　两类农户主要粮食品种的户均总产　　单位:千克

年份	小麦		水稻		玉米	
	老年	中青年	老年	中青年	老年	中青年
2003	897.7	1011.9	1619.7	1855.3	1531.7	2322.3
2004	1042.0	1298.3	1804.0	2057.2	1770.6	2594.6
2005	1077.0	1269.1	1886.5	1983.2	1889.0	2795.1
2006	1118.8	1325.2	1902.3	2110.0	2080.4	3154.9
2007	1247.1	1510.5	1956.0	2124.6	2098.7	2998.1
2008	1319.4	1527.6	2034.4	2155.3	2295.8	3599.2
2009	1314.3	1614.9	2032.9	2165.4	2207.8	3610.0
2010	1330.0	1631.4	2018.3	2125.9	2455.4	3762.9
2011	1466.7	1769.8	2077.2	2266.2	2958.8	4499.7

表4　　两类农户主要粮食品种的户均单产　　单位:千克

年份	小麦		水稻		玉米	
	老年	中青年	老年	中青年	老年	中青年
2003	283.3	279.4	413.7	419.8	358.5	374.3
2004	328.2	331.8	467.3	457.6	417.8	421.0
2005	325.5	317.4	443.2	433.7	411.3	414.3
2006	335.2	330.9	455.8	442.9	416.3	425.5
2007	345.9	351.4	473.6	459.6	418.7	420.7
2008	363.2	365.8	488.0	475.8	463.6	478.7
2009	362.8	366.2	485.2	472.2	442.5	452.6
2010	364.8	370.4	473.8	466.4	441.8	450.6
2011	389.0	388.6	495.7	485.5	468.8	479.8

综 合

表5 两类农户主要粮食品种的种植总面积 单位：亩

年份	小麦			水稻			玉米		
	老年	中青年	老年农户面积占比	老年	中青年	老年农户面积占比	老年	中青年	老年农户面积占比
2003	3471	6713	34.1%	5626	13447	29.5%	5694	17760	24.3%
2004	3325	6424	34.1%	6322	12876	32.9%	6395	17632	26.6%
2005	4097	6323	39.3%	7546	12150	38.3%	7334	17577	29.4%
2006	4214	6169	40.6%	7345	11702	38.6%	8108	17589	31.6%
2007	4659	5764	44.7%	7592	10290	42.5%	9150	17679	34.1%
2008	4602	5167	47.1%	7663	9170	45.5%	8717	15902	35.4%
2009	4580	5133	47.2%	7755	8973	46.4%	9247	15997	36.6%
2010	4495	4953	47.6%	7526	8177	47.9%	10468	16446	38.9%
2011	4488	4921	47.7%	7066	7562	48.3%	11502	17611	39.5%

在小麦生产上，老年农户平均总产低于中青年农户，单产与中青年农户差别不大，种植面积逐年增多。2003年老年农户平均总产量为897.7千克，比中青年农户少了114.21千克，到了2011年两者差距拉大到303.15千克，而两类农户在小麦产量上的比重变化并不明显，农年农户由2003年的47%下降到2011年的45%。虽然在总产量上老年农户整体不如中青年农户，但在单产上老年农户与中青年农户基本持平，其中，2003年、2005年、2006年和2011年老年农户平均单产略高于中青年农户，其余年份均较之略低。2012年我国小麦耕种收综合机械化水平已达到93.21%，基本实现了生产全过程机械化，因此在单产水平上老年农户与中青年农户并未出现很大差异。在种植面积上，老年农户所占比重逐年增加，由2003年的34%扩大到2011年的48%，增长了14个百分点。

从水稻生产来看，老年农户平均总产低于中青年农户，单产上老年农户优势明显，种植面积上老年农户接近一半。2003—2011年老年农户平均总产均低于中青年农户，两类农户对水稻总产的贡献率基本保持不变，其中，老年农户由2003年的47%增长到2011年的48%。在水稻单产上，老年农户的优势非常明显，除2003年单产低于中青年农户5.13千克外，此后8年间老年农户平均单产均超过中青年农户，两类农户在单产产量上总体保持上升趋势。目前我国水稻生产的农业机械化程度还不高，2012年全国水稻机械种植和机收水平分别为31.67%和73.35%。在水稻这种农机替代率还相对较低、人工要求较高的粮食种植上，老年农户体现出其精耕细作的生产优势。2003年老年农户的水稻种植面积不足三成，此后逐年增加，到2011年时已接近一半，达到48%。

就玉米而言，老年农户在总产量上明显低于中青年农户，单产上中青年农户略有优势，老年农户的种植面积占四成。与小麦类似，玉米生产的机械化水平也很高，2012年全国机械种植水平达到82.3%。机械化程度的提高使得两类农户的单产水平差异并不是很大。2003年老年农户玉米平均单产358.48千克，中青年农户为374.35千克，此后单产水平逐年提高，2011年老年农户玉米平均单产增加到468.75千克，中青年农户增加到479.76千克，中青年农户略占优势，但两者差异不是太大。从种植面积上看，中青年农户在玉米种植面积上比重逐年降低，2011年较2003年下降了16个百分点，但仍占到六成左右。

四、结论与几点政策启示

总的来说，农业劳动力老龄化在现阶段并没有对粮食生产造成明显的负影响。随着机械化水平提高和农业社会化服务改善，粮食生产需要的劳动力投入逐渐下降，老年农户和中青年农户在粮食生产方面的差异趋于缩小，老年农户户均粮食产量和播种面积分别于2009年和2010年实现了对中青年农户的超越。老年农户对粮食生产的贡献作用逐年加大，2011年已达到全国粮食总产量和总面积的42%，未来老年农户所占比重还将继续加大。从两类农户不同粮食品种的单产水平对比来看，在农业机械化水平较高的玉米种植上，中青年农户具有一定的优势，而对人工劳动强度要求较高和机播水平偏低的水稻而言，老年农户更具生产优势。

我国是农业大国，要实现农业现代化，保障粮食生产和农民增收，首先要解决好农业发展的劳动力问题。虽然从现阶段农业生产实际来看，农业劳动力老龄化还没有影响粮食产量，但不得不警惕的是，老龄化会成为一种常态并可能影响我国农业未来的发展。要避免或减轻农业劳动力老龄化带来的预期不利影响，应从以机械替代劳力、提高现有劳力素质及留住适龄劳动力的视角出台相应政策。

一是要大力推广农业机械。我国现阶段农业劳动力老龄化没有对农业生产造成显著负影响的一个重要原因就是农业机械化水平大幅提高，而老龄化的一个必然结果就是导致留守在农村的老龄农民在种植决策上更加倾向于那些省时、省力、劳动强度不高又便于管理的作物。因此目前最现实也最为迫切的要求就是大力推广农业机械化，提高农机化水平，在农业生产的各个环节实现农业机械化。目前来看，我国农业机械化水平还有很大的进步空间，例如，广大山区和丘陵地带的农业机械化率还普遍较低，政府应加大对这些地区的农机补贴政策倾斜，并提高农机研发的技术和资金支持，大力研发适合山区和丘陵作业的中小型农用机械，以更好地应对农业劳动力老龄化带来的劳动力短缺问题。

二是积极培育新型农民。农民的文化水平很大程度上决定了农业科技进步带来的成果能否又快又好地转变为实际的农业生产力。由于越来越多的新生代农民一出校门就直接进入城市或是非农部门，而留守农村的大多是妇孺老弱，依靠这些农民推广农业现代化进程显然有些力不从心。因此，建立青年农民培养计划，培育新型职业农民成为发展现代农业、提升农业劳动生产率的当务之急。如何留住农村适龄劳动力甚至让已经外流的青壮年农民回流，成为当前迫切需要解决的问题。针对目前留在农村的青壮年劳动力，应大举实施农业实用技能培训和科学文化知识的教育，通过知识的学习和技能的培训，使他们掌握先进的农业实用技术并将之转化为现实效益。只有让农民见到实惠，改变农业比较效益低下的现实，才能真正从源头上遏制农业适龄劳动力的流失。与此同时，依托新型农民培育的机遇，各地政府应当大力支持大学生到农村创业，在国家层面出台更有针对性的惠农政策向中青年农民和农村创业人员倾斜，为我国农业的可持续发展建立实用人才储备。

参考文献

[1] 李旻、赵连阁:"农业劳动力'老龄化'现象及其对农业生产的影响——基于辽宁省的实证分析",《农业经济问题》,2009。

[2] 陈锡文、陈昱阳、张建军:"中国农村人口老龄化对农业产出影响的量化研究",《中国人口科学》,2011年第2期。

[3] 胡雪枝:"老龄化对种植业生产影响研究",南京农业大学博士论文,2012年。

[4] 林本喜、邓衡山:"农业劳动力老龄化对土地利用效率影响的实证分析——基于浙江省农村固定观察点数据",《中国农村经济》,2012年第4期。

[5] 贺雪峰:"老人农业有效率",http://www.szhgh.com/article/roots/roots/9735.html,2012年7月5日。

[6] 李术君:"我国农村人口老龄化对农村劳动力影响与对策",河北大学硕士毕业论文,2008年。

[7] 李澜、李阳:"我国农业劳动力老龄化问题研究——基于全国第二次农业普查数据的分析",《农业经济问题》,2009年第6期。

[8] 农业部:《2015中国农业发展报告》,中国农业出版社2015年版。

[9] 沈茂英:"四川农业劳动力老龄化与农村政策调整",《西北人口》,2013年第1期。

[10] 侯东民:"国内外思潮对中国人口红利消失及老龄化危机的误导",《人口研究》,2011年3期。

产业与技术经济

产业技术经济

产业与技术经济

现代农业产业体系建设路径研究*

曹 慧 郭永田 刘景景 谭智心

内容提要：构建现代农业产业体系是推进我国农业现代化建设的重要举措。本文首先从理清现代农业产业体系、生产体系、经营体系的关系入手，系统归纳了现代农业产业体系的概念和内涵；其次概括了21世纪以来我国建设现代农业产业体系的主要成效，分析了当前仍存在的困难和挑战，并参考现代农业的评价指标，测算了我国现代农业产业体系的发展水平；最后提出了我国加快构建现代农业产业体系的路径和建议。

---

* 基金项目：农业部发展计划工作十大重点问题调研方案（农办计【2016】8号）：现代农业产业建设路径问题研究。本课题在研究中得到农业部计划司张辉司长、张永江处长、杨军副处长，农业部农研中心张照新研究员等领导和专家的指导和帮助，谨在此表示感谢。

曹慧，农业部农村经济研究中心产业与技术研究室主任，副研究员，博士；研究方向：粮食市场及调控政策研究、农产品价格形成研究、农业产业化等。

郭永田，农业部政策法规司副司长，研究员，博士；研究方向：农业投资计划与项目管理、农业发展战略与规划研究、农业农村信息化。

刘景景，农业部农村经济研究中心产业与技术研究室副主任，助理研究员，博士在读；研究方向：渔业经济与政策研究、农业劳动力与农民收入等。

谭智心，博士，农业部农村经济研究中心，副研究员，博士；研究方向：农村合作经济，农业政策分析。

习近平总书记在 2015 年"两会"期间参加吉林代表团审议时指出，推进农业现代化，要突出抓好加快建设现代农业产业体系、现代农业生产体系、现代农业经营体系三个重点。现代农业产业体系与现代农业生产体系、经营体系共同组成了我国现代农业的"三大支柱"。"三大体系"各有侧重，但又相辅相成。现代农业产业体系重在解决农业资源要素配置和农产品供给效率问题，现代农业生产体系重在解决农业的发展动力和生产效率问题，现代农业经营体系重在解决"谁来种地"和农业经营效益问题①。其中，现代农业产业体系是"三大体系"的核心，指引着农业发展的方向，现代农业生产体系和经营体系共同支撑着现代农业产业体系的发展。目前围绕现代农业产业体系的地位、概念、特征、构建模式、实现路径等方面，国内学者已经展开了一些研究（李炳坤，2007；曹利群，2007；张克俊，2011、2015；刘涛，2012），但仍需进一步深化，对我国现代农业体系发展水平的评价也较为缺乏。本文在明晰现代农业体系的概念和内涵的基础上，通过梳理我国现代农业产业体系的发展现状，衡量其发展水平，提出了加快构建现代农业产业体系的路径选择和政策建议。

一、现代农业产业体系的概念和内涵

目前，理论界对现代农业产业体系的概念和内涵尚未形成统一的认识。分析国内外现代农业发展实践，笔者认为，理解现代农业产业体系的内涵，可以从三个不同视角来把握：一是农产品产业体系。这是基于横向视角，包括粮食、棉花、油料、畜牧、水产、蔬菜、水果等各个产业；二是农业产业链体系。这是基于纵向视角，包括农产品生产、加工、市场流通以及农业服务业等上下游产业体系；三是农业多功能产业体系。这是基于功能拓展视角，主要包括生态保护、休闲观光、文化传承、生物能源等密切相关的循环农业、特色产业、生物能源产业、乡村旅游业等。因此，现代农业产业体系的概念可以概括为：以现代农业经营理念为指引，基于

---

① 张克俊："现代农业产业体系的主要特征、根本动力与构建思路"，《华中农业大学学报（社会科学版）》2011 年第 5 期。

现代生产要素投入、科学组织方式和高效市场运作,以纵向产业链延伸和横向多部门拓展为支撑架构的有机整体,是一个各产业融合协调、有效衔接、产出高效、竞争力强的综合产业系统。

与传统农业产业体系不同,现代农业产业体系具有"现代"的特征。一是完善的现代产业组织体系。这种产业组织体系是一个由许多专业化、社会化主体按照一定的分工和联系共同构建起来的系统。专业化使得各种类型的农业经营主体专门从事现代农业发展中的生产、加工、销售、服务等某一环节的工作,发挥专业优势,并通过合作形成各种类型的经济组织,节约交易成本,获得更多的经济效益[1]。二是先进的生产要素投入。除了传统生产要素外,现代农业产业体系更注重通过金融资本、科学技术、先进装备、组织管理等现代生产要素的集约投入和深度开发,形成新的要素组合方式,促进全要素生产率和农业综合素质的稳步提升。三是高效的市场化运作。能够及时对市场需求做出反应,提供符合消费者需要的农产品是现代农业产业体系的重要特征之一。有效且成规模的市场不仅可以帮助企业降低生产成本,还有利于维持产业内部的良性竞争,建立公平合理的利益分配机制[2]。四是合理的产业布局。注重以区域资源禀赋为基础、以市场需求为导向、以发挥各地比较优势为核心,合理调整资源利用方向,逐步建立起各具特色的优势产带区,形成专业化的农业产业布局。五是多元化的产业功能。除了承担吃穿等基础经济功能外,现代农业产业体系还承担着社会、文化、生态保护等多方面的功能。通过把农业自身内在的多功能潜质转变为现实的产品和服务,充分提升农业的增值空间。

二、我国现代农业产业体系发展现状、水平与问题

(一) 发展现状

进入 21 世纪以来,随着现代农业建设加快推进,我国初步形成了区域化布局、专业化生产、产业化经营的现代农业产业格局,产业体系建设

---

① 张克俊:"现代农业产业体系的主要特征、根本动力与构建思路",《华中农业大学学报(社会科学版)》2011 年第 5 期。

正由单纯追求资本、技术要素替代逐步转向要素有机融合的新阶段。

1. 主要农产品产业体系基本成型

目前我国现已形成了比较健全的农产品产业体系，世界各类主要农产品在我国均能生产且大部分品种生产规模居世界前列。从农产品各产业生产规模看，2015年，我国粮食产业规模6.2亿吨、棉花产业规模560万吨、油料产业规模3537万吨（不含大豆）、糖料产业规模1.25亿吨、蔬菜产业规模7.85亿吨、水果产业规模1.75亿吨、肉类产业规模8625万吨、禽蛋产业规模2999万吨、牛奶产业规模3870万吨、渔业产业规模6699万吨，其中谷物、肉类、禽蛋、蔬菜、水果和水产品等产业生产规模稳居世界第一。

2. 现代农业产业化经营组织快速发展

完善的产业组织体系是现代农业产业体系的重要特征之一，近年来我国农业产业化经营组织发展迅速。截至2015年年底，全国各类产业化组织总数达到38.6万个，其中各级龙头企业12.9万家，销售收入达9.2万亿元；全国在工商部门依法登记的农民合作社达157.3万家，家庭农场超过87万家。各类产业化组织以订单、合同、合作等方式辐射带动农户1.26亿户，户均增收3380元。农业产业化已成为对接分散小生产与社会化大市场的重要途径，为推进农业转型升级和农民增收致富发挥了重要作用。

3. 农产品加工流通体系不断健全

目前我国已初步形成了东北和长江流域水稻加工、黄淮海优质专用小麦加工、东北玉米和大豆加工、长江流域优质油菜籽加工等产业集聚区。2015年，我国规模以上农产品加工企业达到7.8万家，完成主营业务收入20万亿元。农产品市场体系建设不断完善。目前，我国农产品批发市场4469家，年交易额亿元以上的农产品批发市场1790家，其中专业性市场1101家[1]。农产品流通模式日益多样化。"农超对接"在农产品流通中的占比已达15%，超过1000家连锁企业与约1.6万个农民合作社实现对接；农产品电子商务交易额超过870亿元。

---

[1] 《全国农产品产地市场发展纲要》，农市发〔2015〕2号。

4. 社会化服务体系初具规模

农业社会化服务能够促进资本、技术、管理等现代生产要素集约投入，提高农业规模化经营水平，是现代农业产业体系的重要组成。近年来，我国以农机服务为代表的农业生产作业发展迅速。截至2015年年底，农机化作业服务组织达到18.25万个。其中农机合作社5.4万个，服务总面积达到7.12亿亩，约占全国农机化作业总面积的12%，服务农户数达到3887万户。生产性服务逐渐向产前、产后服务延伸。部分地区鼓励农民合作社、农业生产性服务公司等通过承接服务外包方式，由最初的提供生产、技术服务为主向农资供应、良种引进及培育、病虫害防治防疫、农产品加工、质量标准、品牌包装、基地认证、农产品销售和服务信息等产前、产后链条延展。

5. 区域化优势产业带逐步形成

农业区域布局日益细化和特色化，由简单的契合资源禀赋优势的专业化向融合了地区特色、文化特色的特色产品延伸。近年来，我国相继出台了《特色农产品区域布局规划（2006—2015年）》和《特色农产品区域布局规划（2013—2020年）》，结合《全国主体功能区规划》中"七区二十三带"农业布局，规划已细化到县，有力地推动了特色农产品优势区发展。区域特色农产品产业快速发展，重点特色农产品优势区基本形成，专业化生产水平进一步提高。目前已建成一批现代农业产业基地强县，优势产业带（区）规模化、专业化、市场化水平显著提升，对周边地区的辐射和带动能力明显增强。

（二）发展水平

为衡量我国现代农业产业体系的发展水平，本文选择日本、韩国、美国、加拿大、澳大利亚等基本实现农业现代化的国家作为参照，并假设这些国家的现代农业产业体系均达到了较为发达的水平。那么，我国现代农业产业体系发展水平的标准可以近似等于这五个发达国家各项指标的算术平均值。将我国现代农业产业体系的单项指标的实际值与标准值进行比较，可以大致确定我国现代农业产业体系的发展水平，最后可根据现代农业产体系各项指标发展水平的算数平均值确定现代农业产业体系的综合发展水平。

目前对现代农业产业体系的衡量指标尚没有相关研究,本课题参考现代农业的衡量指标,并考虑各国数据的可获得性,最终选择三类指标来衡量我国现代农业产业体系的发展水平:一是衡量农业在国民经济中的发展阶段,主要选取农业就业占总就业的比重、农业增加值占 GDP 的比重、食品(含饮料、烟草)占制造业的比重等三项具体指标;二是衡量农业内部结构的合理性,选取畜牧业产值占农业总产值的比重作为衡量指标;三是衡量我国农业的生产效率,选取农业劳动生产率、土地产出率等两项指标。具体计算公式为[1]:

第一步,测算现代农业产业体系单项指标的发展水平

正向指标:$MAI_i = \dfrac{Ind_i}{InS_i} \times 100\%$

逆向指标:$MAI_i = \dfrac{1}{(Ind_i + InS_i)} \times 100\%$

第二步,测算现代农业产业体系综合发展水平

$$MAI = \dfrac{\sum_{i=1}^{8} MAI_i}{8}$$

公式中,MAI_i 代表现代农业产业体系发展水平,Ind_i 代表指标 i 的实际值,InS_i 代表指标 i 的标准值(表1)。

表1 　　我国现代农业产业体系发展水平测算结果

国家	农业就业占总就业的比重(%)	农业增加值占GDP的比重	畜牧业产值占农业总产值的比重(%)	农业劳动生产率(美元/千人)	土地产出率(千克/公顷)	食品、饮料、烟草占制造业的比重(%)	总体发展水平
中国	31.4	9.4	29.3	2256	5889	11.8	45.2%
日本	3.7	1.2	54.6	7769	6105	12.8	63.6%

---

[1] 张宝文:"加快构筑我国现代农业产业体系问题研究",转引自农业部课题组:《现代农业发展战略研究》,中国农业出版社 2008 年版。

续表

国家	农业就业占总就业的比重（%）	农业增加值占GDP的比重	畜牧业产值占农业总产值的比重（%）	农业劳动生产率（美元/千人）	土地产出率（千克/公顷）	食品、饮料、烟草占制造业的比重（%）	总体发展水平
韩国	6.1	2.3	46.3	6837	6480	6.1	51.8%
美国	1.5	1.5	44.3	114186	7340	14.7	94.0%
加拿大	2.2	1.5	35.0	100450	4167	16.5	78.5%
澳大利亚	2.6	2.5	52.3	94254	1992	23.6	82.8%

数据来源：世界银行，《中国统计年鉴》。

依据测算结果可知，目前我国现代农业产业体系的综合发展水平在46%左右。假设从0到33%属于现代农业产业体系建设的起步阶段，从34%到66%属于发展阶段，67%以上属于成熟阶段，当前我国现代农业产业体系的建设已经跨过起步阶段，刚刚步入发展阶段，离成熟阶段还有较大差距，未来发展的空间和潜力仍然很大。

从指标结构看，不同指标的发展水平差异较大：土地产出率得分最高（112.9%），说明我国单位面积谷物产出已经处于较高水平，与美国、日本、韩国等发达国家水平相近；食品（含饮料、烟草）占制造业的比重指标得分也较高（80%），说明近年来我国农产品加工业发展成效显著；畜牧业产值占农业总产值的比重指标得分为63%，说明我国畜牧业生产发展水平仍处于中级阶段。从数据上可以看到，近年来我国畜牧业产值占农业产值的比重整体呈现波动下降的趋势，2008年曾达到35.5%，为改革开放以来的最高水平，到2014年降至28.3%；农业就业占总就业的比重、农业增加值占GDP的比重两项指标得分较低。克拉克认为，人均国民收入越高的国家，农业劳动力在全部劳动力中所占的比重相对来说就越小。我国农业增加值占GDP的比重为9.4%，而农业就业人数占总就业的比重却高达31.4%，就业人口比例与GDP的贡献份额相差较大，说明我国农业劳动生产率十分低下。这从农业劳动生产率指标上也能看出，该项指标得分仅为3.5%。为实现农业现代化，我国尚需扬长避短，在稳定土地生产率的基础上大幅度提高农业劳动生产率。

(三) 主要问题

虽然我国现代农业产业体系建设取得明显进展,但仍存在着各产业发展协调性不够、产业链条短、可持续发展能力不足、与发达国家现代农业产业体系发展水平差距大等问题。这些问题既验证了构筑现代农业产业体系的必要性和迫切性,也显示了未来建设现代农业产业体系的努力方向。

1. 农业产业结构协调性有待增强

现代农业产业体系是包含谷物、油料、棉花等多个子产业在内的有机复合体,需要在产品总量、产业结构、资源结合等方面统筹协调发展。但目前我国农业各产业发展的协调性不够,与市场需求、资源匹配等也有待加强。突出表现为农产品品种和品质结构存在失衡,玉米阶段性供大于求,而大豆、棉花等供求缺口逐年扩大;高品质的牛羊肉、奶类、果蔬等农产品生产与消费需求有较大差距。农业生产资源错配日益严重,资源环境硬约束与生产发展的矛盾日益凸显。东北黑土地质量下降、部分地区耕地重金属超标、地下水超采、"北粮南运"与水资源时空分布不匹配等问题突出。

2. 农业产业链体系发展失衡

长期以来,我国农业产业体系中产中环节比较发达,而产前、产后环节建设比较薄弱,流通、加工体系发展严重滞后。在产后初加工环节,大量农产品生产基地缺乏储藏、保鲜、加工等设施设备,产后耗损较大;在流通环节,普遍存在农产品冷链配送难、成本高的问题。我国食品冷链运输率只有10%左右,而发达国家的食品冷链运输率达80%—90%。由此造成了大量损耗和高成本。据统计,我国果蔬流通腐损率达30%,每年损失1000亿元以上,流通成本是世界平均水平的2—3倍;在加工环节,大多数农产品加工企业仍以原料供给型、资源消耗型为主,规模小分布散,缺乏产业带动和行业牵动力,掣肘了整个产业发展。

3. 农业社会化服务体系难以满足现代农业发展需求

随着我国农业发展进入新阶段,农业发展模式与增长方式已发生转变,专业大户、农民合作社和家庭农场等新型经营主体成长迅速,当前的农业社会化服务体系难以满足新型经营主体在服务方式和内容等方面的新要求。主要表现在,公益性农业社会化服务体系普遍存在硬件建设能力不足、人才缺乏、体制不顺等问题,与农民实际需求不能有效对接;经营性农业社会化服务滞后于产业发展,农业技术、信息服务及金融服务满足不了产业需求;社会化服务市场主体发育不足,公共平台建设滞后,服务质量和效率总体偏低,影响农业效益和竞争力的提升。

4. 现代农业产业组织体系发育水平低

我国农业生产经营主体中,现代新型农业经营主体只占少数,大量、分散经营的小规模农户仍然是"养活中国"的主要力量。目前,我国农村有2.52亿户农户,户均耕地仅为7.3亩,远低于发达国家水平。农民组织化程度不高,参加农业产业化经营和加入农民专业合作社的农户分别仅占35%和13%[5],已有的龙头企业和农民专业合作社带动农户的能力也还比较弱,利益联结机制有待健全。

三、构建我国现代农业产业体系的路径选择

现代农业产业体系建设是一项复杂的系统工程,在路径选择上要从我国国情出发,遵循农业产业和市场经济规律,从资源、要素、技术、市场、制度等方面形成我国现代农业产业体系的支撑框架和动力机制。总体看来,现代农业产业体系可以采取多维立体式的构建路径,通过结构优化、功能拓展、链条延伸、产业融合等方式,提高农业整体素质和竞争力,逐步建立起与"农业现代化取得明显进展"相适应的现代农业产业体系。

(一)在横向上优化农业生产结构和区域布局

在建设路径上,既要强调提高传统农业的科技水平、转变农业发展方式,也注重促进农业与其他产业(如农业与文化、旅游业)相融合,形成集生产、生活、体验和生态功能于一体的复合产业。首先,突出技术创新的支撑作用。大力提高现代农业产业体系的科技含量,加快推动农业生

产、农产品加工及农产品流通仓储技术进步，不断提高农业产业体系各环节的技术贡献率和技术支持水平，实现农业产业发展由资源驱动型向资源和技术双轮驱动型转变，逐渐建立起以技术为主导因素的现代农业产业体系；其次，推进产业结构逐步优化。在确保谷物基本自给、口粮绝对安全的前提下，扩大粮改饲试点，大力发展特色经济作物，优化畜禽养殖结构，促进渔业转型升级，形成与市场需求相适应的现代农业生产结构；再次，促进区域合理布局。发挥区域比较优势，提升主产区产能，因地制宜调减非优势区，逐步形成与资源禀赋相匹配的现代农业区域布局。

（二）在纵向上推动农业产业链条向产前、产后延伸

在建设路径上，重点依托农业产业化组织，以农业生产为中心向前、向后延伸，将种子、农药、肥料供应与农业生产连接起来，将农产品加工、销售与生产连接起来，形成上下游各环节紧密衔接、各主体共同参与产业运行的完整产业链。首先，加快推动农产品加工业转型升级。支持农产品加工设备改造提升，建设农产品加工技术集成基地。加强规划和政策引导，支持粮食主产区发展粮食深加工。坚持资源化、减量化、可循环发展方向，促进秸秆等农业副产物的循环利用、加工副产物的全值利用、加工废弃物的梯次利用。其次，积极完善市场流通体系。完善鲜活农产品收集、加工、运输、销售各环节的冷链物流体系。加快培育各类农产品批发和零售市场，加强农产品电子商务平台建设，提高流通效率，促进产销衔接；最后，健全农业社会化服务体系。加快构建以公共服务机构为依托、合作经济组织为基础、龙头企业为骨干、其他社会力量为补充，公益性服务和经营性服务相结合、专项服务和综合服务相协调的新型农业社会化服务体系。发展生产资料供应、种子种苗繁育、病虫统防统治、农机作业、农业废弃物无害化处理和循环利用等农业生产性服务业。推广合作式、订单式等服务方式，推进农业生产全程社会化服务创新。

（三）在空间上促进农村第一、第二、第三产业融合发展

在建设路径上，重点是着力推进农业与农村第二、第三产业之间相互

渗透、相互交叉，深度挖掘农业的多功能性，加快打造产业融合一体、协调发展的格局。首先，大力促进信息产业与农业融合发展。推进移动互联、大数据、物联网等现代信息技术与农业深度融合，积极发展基于信息化和互联网的现代新产业、新业态、新模式，实现农业现代化与信息化的同步发展。在生产领域打造智慧型农业，提高农业的自动化、智能化水平。在流通方面大力发展电子商务，包括农产品和农业生产资料的电子商务，提高流通效率和农业竞争力。其次，加快农业多功能拓展。要在实现经济功能的基础上，挖掘农业的生态功能、社会功能与文化景观功能，促进农业与环保产业、旅游产业、文化体育产业的融合发展，实现综合效益的提升。最后，强化利益连接机制。通过发展订单农业、股份合作、利润返还等有效的利益联结机制，使生产者、加工者、销售者和服务者之间有机联结在一起，重塑价值链，让农民共享产业融合发展的增值收益。

四、加快构建现代农业产业体系的政策建议

构建现代农业产业体系，应将补齐短板作为政策的主攻方向，在着力推动现代农业产业体系供给侧结构性改革的基础上，"放"、"管"结合，激活有效市场。加强政府宏观调控能力，发挥好政策"指挥棒"和"导航仪"的作用，建立健全政策执行体系和保障措施，形成支撑有力、保障有效的现代农业产业政策体系。

（一）完善要素市场，激发要素活力

要素市场是现代农业产业体系有效运行的基础。健全要素市场要首先要加快推进农村土地制度改革，完善土地市场机制，统筹解决各类新型经营主体用地问题；其次要创新农业金融和保险制度，加快建立健全覆盖全国的农业信贷担保体系，逐步实现粮食生产功能区、重要农产品生产保护区和产粮大县谷物保险面积全覆盖；最后要加强新型农业经营主体和新型职业农民培育，促进农村劳动力市场转型升级。加快建立新型农业经营主体培育政策体系，推动建立健全职业农民扶持制度，壮大职业农民队伍。

（二）完善支持政策，加强组织管理

健全的支持政策和高效的组织管理是现代农业产业体系有效运行的保障。首先要完善农业支持政策，加快建立与现代农业产业体系相适应的农业补贴政策体系；其次要完善贸易调控，健全与国内生产、需求相适应的农产品贸易调控机制，加强国内产业安全保护；再次要加强组织领导，逐步推进农业大部制改革，按照决策、执行、监督三者相互协调、相互制约的原则构建政府组织结构；最后要加强顶层设计，切实落实各项农业发展规划，建立健全部门之间的协作机制。

（三）完善公共服务，优化发展环境

公共服务是现代农业产业体系正常运转的基本条件。优化公共服务首先要增加公共产品有效供给，发挥财政政策导向功能和财政资金杠杆作用，鼓励和引导金融资本、工商资本、社会资本更多投向农业产业体系；其次要积极搭建仓储物流、融资担保、检验检测、劳动用工、出口代理等公共服务平台；最后要完善农业社会化服务，强化农业公共服务机构能力建设，形成分工合理、运行高效、覆盖农业生产全程，公益性和经营性相结合的农业社会化服务新机制。

参考文献

[1] 张克俊："现代农业产业体系的主要特征、根本动力与构建思路"，《华中农业大学学报（社会科学版）》2011年第5期。

[2] 曹利群："现代农业产业体系的内涵与特征"，《宏观经济管理》2007年第9期。

[3] 张宝文："加快构筑我国现代农业产业体系问题研究"，转自农业部课题组：《现代农业发展战略研究》，中国农业出版社2008年版。

[4]《全国农产品产地市场发展纲要》，农市发〔2015〕2号。

[5] 农业部：《2015年中国农业发展报告》，中国农业出版社2015年。

产业与技术经济

我国家庭农场适度规模经营研究综述

陈艳丽

"谁来种地、怎样种地"是当今社会各界广泛关注的热点问题,它直接关系到农村基本经营制度的巩固和完善,关系到亿万农民的切身利益,是推进我国农业现代化的核心问题。2013年"中央一号文件"提出发展家庭农场,从全世界看,20世纪以来家庭农场已成为农业生产经营的普遍方式,其规模化趋势得到进一步加强,适应农业发展规律。家庭农场在建立在土地私有制基础之上的西方发达国家早已有之,其与我国农村集体土地所有制特殊条件下的家庭农场有何区别?在我国土地制度和农业生产经营机制发生重大变革的进程中,我国家庭农场不同阶段不同时期独特的内涵和特征是什么?作为弱势产业需要国家扶持因而对行政具有一定依赖性,并且与我国的城镇化、农村剩余劳动力转移紧密相关的国情下,家庭农场该以何种规模和速度健康发展?家庭农场与种植大户、合作社和农业企业之间的关系如何协同发展?尤其在出台《关于完善农村土地所有权承包权经营权分置办法的意见》后,土地产权制度逐渐明晰,为家庭农场发展扫除了障碍,家庭农场会以什么样的态势发展,其未来发展路径与前景如何,发展家庭农场对我国推进农业现代化具有什么样的影响?都是需要研究和关注的问题。

21世纪的今天,家庭农场的重要性正在被重新发现认识。我国家庭农场的发展与我国农村土地制度、人口流动等制度大变迁紧密相随,以历史的角度研究"经济学"问题在研究中国的农村经济问题时显得格外重要。中国特色就是中国长期历史发展形成的传统,柏金斯(Dwight Perkins)说:"中国经济成功的一个先决条件是经验的'积累'或者'经验与复杂的组织和制度的预先积累'"。中国改革的历史就充分证明了这一点,实行农业家庭联产承包责任制是一种对历史的回归,这个回归使得被压抑的生产力得以释放,可见正确认识历史和国情是何等的重要。

我国幅员辽阔,农业资源种类多样,并且区域发展差异悬殊,不同地域的城市化、工业化水平不一样,农民转移的速度也有差异,家庭农场的发展水平也不可能相同,多种类型的农业家庭经营在我国的存在具有一定的必然性。单就土地资源供给来说就涉及两方面影响因素:一是自然环境的影响。中国南方和北方的土地供给有着很大的偏差,总体上,北方平原地带能够供给更好更大面积的土地,而南方由于山川丘陵较多,可利用土地较为分散,不利于集中作业和机械化生产。二是中国城镇化进程中,农民市民化、土地流转和相对集中影响着家庭农场的土地供给。同样的政策在中国不同的地方可能带来非常不同的效果。如果我们把今天的情况和两百年前的情况作一比较可以清楚地看到,19世纪初中国富裕的地区,今天仍然是富裕的地区,19世纪初中国贫困的地区,大多数在今天仍然是贫困的地区。由于有了这个历史基础,一旦其他条件具备,长江三角洲经济当然能够成为中国经济发展的领头羊,正如它在19世纪以前繁荣的一样。历史总在新的情况下以新的形势复出,今天我们研究家庭农场必须重视对历史的考察,既要讲整合、讲回归、利用模型,但也必须重视从社会制度、文化习俗和社会背景等方面提供更广阔的视野。

尽管国内外对农业规模经营大小所带来的经营效率仍有争议,但从国内政策研究看,基本认同规模经营是现代农业发展的方向,而家庭农场将成为规模经营的重要模式选择。对于如何实现农业规模经营;另一种观点认为需要通过土地扩张实现农业规模经营,另一种观点则强调通过组织化实现农业规模经营。从国家宏观层面看,家庭农场的经营规模一要能够使农民获得与城市居民基本相同的收入水平；二要实现粮食总产的最大化，保障粮食安全；从区域来看，家庭农场经营规模的大小要有利于实现区域城乡居民同时实现充分就业；从企业微观层次来看，家庭农场经营规模的大小要实现企业利润的最大化。这三个层面的标准实际上存在一定的矛盾，因此，我国家庭农场要真正做到良性发展的适度规模经营，就不能放弃或忽视三个层面的结合，应从农业规模经营的本质出发，力求多种类型农业规模经营方式与不同农业生产方式的最佳结合，而不是单纯着眼土地的经营规模，应该将上述国家和区域层面的标准作为测度家庭农场利润最大化目标函数的约束条件。

家庭农场作为一种新型农业经营组织，既保持了家庭经营在农业中具有优势的制度内核，同时又是对小农经营模式的一种扬弃，它是建立在家庭联产承包责任制基础上的农村基本经营制度的又一次创新，但新制度的生成有其特定环境条件与约束，如何在局限条件下使家庭农场的推进对农村和农民真正有效率是个亟需研究的问题，家庭农场能否有效运行还取决于与它所处的特定自然、经济、政治、文化等外部环境相适应的状况。我国的家庭农场虽然正处在起步阶段，但却承载着许多历史责任和社会经济发展的职能，这就客观上要求家庭农场的发展从一开始就要步入一个健康的轨道，动态的不断扩大的适度规模经营就是家庭农场健康持续发展的基本路径。以种粮家庭农场来说，适度规模经营缓解了耕地抛荒问题，促进了机械化水平的提高，然而在规模化进程中也暴露了一系列矛盾和问题严重制约了生产效率的提高，主要表现在两方面：传统耕作方式和不断扩大的规模之间的矛盾；有限的家庭资源和不断扩大的经营规模之间的矛盾。解决前一矛盾的途径在于经营主体自身对传统耕作方式的调整使其适应于大规模生产，解决后一种矛盾的途径在于对新的外部资源获取以补充家庭资源的不足。无论从资源配置的角度，还是从经济效益的角度看，家庭农场都存在一个适度规模经营的问题，不仅仅是规模的问题，更重要的是要素的均衡性问题，是土地、劳力、资本及智力四大要素的最佳配置。

近年来，家庭农场的发展受到国家的高度重视，政府连续出台了相关的优惠政策来引导其发展，但政府的政策是否达到了预期效果？家庭农场的经营是否有效率？不同规模、不同区域的家庭农场的效率差异何在？根源是什么？针对效率不高的情况如何改进，以进一步实现规模经济？所有这些问题，都值得深入研究。对家庭农场的适度规模经营效率研究，旨在为家庭农场主提升经营效率，为家庭农场走上适度规模经营的健康道路，为政府部门制定并实施相关政策提供理论依据，这将有利于提高农业对外的国际竞争力和对内的产业竞争力，有利于农业先进技术的应用和社会化服务的实施，有利于农业标准化体系的建设和应用提高政府监管的有效性，有利于促进农村耕地的有序流转和规模经营，增加农民收入，缩减与城市居民的收入差距，发展现代农业，促进城乡协调发展，保障粮食安全。

国内外学者们对于家庭农场的研究和探索从未停止，对家庭农场发展的必然性、基础理论、内涵、特征、问题等方面进行了大量的探讨，综述如下。

一、从理论和实践看，家庭经营发展有其必然性

（一）马克思、列宁、毛泽东、邓小平关于农业集约经营的理论判断

马克思主义经济学认为，生产力与生产关系的基本矛盾运动推动了社会发展，当生产关系与生产力相适应时，社会经济发展迅速；当两者不适应时，则阻碍社会经济发展。马克思小农生产方式理论认为，小农生产方式的产生基础是小块土地所有制，其性质排斥社会劳动生产力的发展，"生产条件越来越恶化和生产资料越来越昂贵是小块土地所有制的必然规律"。马克思社会主义生产方式理论从理论上描述了一条地主——资产阶级——农业雇佣工人的资本主义农业生产方式演进之路。但从实践看，20世纪以来世界农业的发展并未沿着这条路演进，社会主义农业集体化运动也遭遇了挫折，但家庭农场却成了世界各国农业生产经营的普遍形式。有人据此认为马克思的农业生产方式理论已经过时，甚至主张恢复到传统小农生产方式，但其发展实质并没有脱离马克思的农业生产方式理论。

列宁的农业社会主义改造理论从马克思基本原理出发，结合苏维埃俄国实际提出了农业社会主义改造的一整套计划，他指出"尽管农业极端落后，然而工业和农业的演进规律却非常一致；无论在工业中还是在农业

中，小生产都受到排挤"。列宁认为，小农是没有出路的，继承了马克思关于资本主义制度下小生产者必然破产的论断，对小农进行社会主义改造的实现途径大体经历了共耕制和合作制两种农业合作制。

毛泽东继承了马克思主义关于农业社会主义改造的基本思想即优先发展农业生产力，但由于时代背景和国情等差异，毛泽东和列宁在农业社会主义改造认识上有很大不同。在改造原则上，毛泽东也强调群众自愿原则，但他认为中国农民不光具有两面性，而且具有易变性，因此更注重加强党对农民的领导。他认为，"对于农村的阵地，社会主义如果不去占领，资本主义就必然会去占领"。毛泽东也认为在改造路径上要通过农业合作化走上社会主义道路。

邓小平关于农业"两个飞跃"的思想。1990年3月邓小平首次明确指出："中国社会主义农业改革和发展，从长远的观点看，要有两个飞跃。第一个飞跃是废除人民公社，实行家庭联产承包为主的责任制，这是一个很大的前进，要长期坚持不变。第二个飞跃是适应科学种田和生产社会化的需要，发展适度规模经营，发展集体经济。这又是一个很大的前进，需要很长的过程"。1980年5月，邓小平论述了在实行家庭联产承包责任制，即实现"第一个飞跃"后，未来实现"第二个飞跃"需要具备四个条件，即"机械化水平提高、管理水平提高、多种经营发展、集体收入增加且在整个收入中比重提高"，科学预见了家庭联产承包责任制在发展过程中遇到的困难，要解决这个困难，需要完成第一个飞跃向第二个飞跃的转变，这对指导我国发展家庭农场具有重要意义。

从技术路线看，家庭农场可以适应多层次农业生产力，具有旺盛的生命力和广泛的适应性，既可以适应传统手工业劳动为主的农业生产方式，又不完全排斥先进科学技术与生产手段为主的现代农业生产方式。从生产关系看，农业家庭经营是中性的，既可以存在于封建社会、资本主义社会，也可以存在于社会主义社会，这已经得到了历史的验证，也正在得到现实检验。

（二）从实证和理论角度验证家庭经营发展的必然性

恰亚诺夫分析了在土地价格、资本利息、劳动供给等宏观经济因素中的农民家庭农场特征后，指出农民家庭农场具有对资本主义巨大的抵抗力和坚固的历史稳定性。他认为，在从国家资本主义向社会主义制度过渡中，农民家庭农场具有合理的存在性，在生产力没有变革时，个体家庭农场比大规模土地集中经营更具有优越性，农民发展应走以纵向一体化为主的合作制道路。任何时候家庭经营都是农业生产最基本经营形式（尹成杰，2013）。林毅夫通过测算得出家庭联产承包责任制对1978—1984年的中国农业增长贡献率达46.89%。家庭经营有决策自主权，信息共享，成员分工合理，可有效降低外部不利影响，避免计量、结算和监督等成本，共担风险，共享收益，劳动和报酬形成正向激励，可提高农业生产效率（蔡昉、王德文，2008）。向国成、韩绍凤（2007）运用杨小凯等的间接定价理论，指出家庭农场应该重点发展，因其产生内生交易费用最少。相对于大规模机械化农场，中国农业未来出路是"小而精"的适度规模家庭农场，其具有劳动和资本双重密集型，节约土地，更适合我国地少人多的基本国情（黄宗智，2014）。贺雪峰甚至强调小农户是今后农村种地主力，应重新认识小农经济（贺雪峰，2013）。家庭农场保留了家庭经营内核，稳定了家庭经营基础性地位，完善了家庭承包经营制，并提高了市场效率和组织化水平，可作为未来农业经营制度创新方向（苏昕、王可山，2014）。广大承包户仍然是农业产业尤其是种植业的基本经营主体，种养专业户、家庭农场具有旺盛的生命为，应作为种养环节主要培育主体（陈晓华，2014）。培育有特色的家庭农场，实现农业最佳规模效益，是发展现代农业的重要途径（董亚珍，2009）。张义珍、张素罗（2001）对比了国外农业合作社和农协两种模式，得出农业家庭经营可以与现代农业发展相容，农业组织化是发达国家实现农业现代化的必然选择。

二、我国农业制度变迁与家庭农场发展演进过程

（一）我国农村土地制度大变革与国营农场变迁

拉坦（Vernon W. Ruttan）认为，制度变迁来源于个人理性，制度的供给也就是新的制度安排会带来原制度得不到的利益。制度变迁分为诱致性和强制性制度变迁两类型，前者一般由基层自下而上推动，渐进式变

化,手段较温和;后者一般由政府自上而下推动,变化较激进,手段较强硬。我国家庭农场还处在初期发展阶段,从20世纪80年代出现家庭农场的早期雏形如种养大户等算起也就二三十年时间。在我国农村土地集体所有制基础上发展的家庭农场与我国农村土地制度的变迁是密不可分的。新中国成立后,我国农村土地制度经历三次大变迁,1953年以前实行农村土地私有制,1953—1978年之间是在集体土地所有制基础上的农业合作社与人民公社制度,在1978年之后实行的是集体土地所有制基础上的家庭联产承包责任制,随着土地制度这三次变迁,农村土地流转相应出现了政策法律上的"允许——不允许——再允许"三个阶段。最初为了解决改革开放前国营农场存在的农场吃国家、职工吃农场的两个"大锅饭"现象,在大包干的基础上国营农场开始发展职工家庭农场。1984年"中央一号文件"明确指出:"国营农场要继续改革,实行联产承包责任制,办好家庭农场"。家庭农场概念第一次出现在"中央一号文件"中,但主要针对国营农场,并不针对农村集体土地。文件中明确规定土地承包期一般要在15年以上,在稳定农民土地预期的同时,鼓励土地向种田能手集中,这是我国农村土地流转政策一个大突破。到1984年年末,全国各地已经兴办23万个家庭农场。

(二) 家庭联产承包责任制后对家庭农场发展从引导到鼓励

20世纪80年代初,我国农村经济体制改革,实行家庭联产承包责任制,一些地方开始大胆探索建立和发展家庭农场,当时称之为"种养大户"而不是"家庭农场",如山西省阳泉市等地在政府的引导和支持下,一些家庭承包经营户集中承包耕地,比一般农户多得多,家庭农场雏形初现。到1985年山西省共建立438个家庭农场,其中64户承包经营面积超过200亩(黎东升,2000)。1987年在中央出台的《把农村改革引向深入的决议》文件中指出:"过小的经营规模影响农业进一步提升积累水平和技术水平,有条件的地区可发展适度规模的家庭农场,探索土地集约经营",这是中央首次明确提出在集体土地上开办家庭农场。自此家庭农场出现在上海、苏南等地的集体土地上,至1987年年底,浙江省发展416

个家庭农场,每个农场平均承包耕地面积53亩,劳动力平均产粮8157公斤,全年劳均纯收入达到或超过外出务工工资平均水平。1991年,《中共中央关于进一步加强农业和农村工作的决定》,提出"完善双层经营体制,家庭承包经营不只是'分田单干',集体统一经营也不是'归大堆';两个经营层次相互依存,相互补充,相互促进,忽视任何一个方面,都不利农村经济的健康发展"。1997年党的十五大报告提出"积极发展农业产业化经营,形成生产、加工、销售有机结合、相互促进机制,推动农业向商品化、专业化、现代化转变"。

随着工业化、城镇化的加快推进,农村劳动力大量转移,凸显农户兼业化、村庄空心化等问题,"谁来种地"、"怎么种地"问题日益突出。2008年10月,《中共中央关于推进农村改革发展若干重大问题的决定》,指出"允许农民以出租、转包、互换、转让或股份合作等形式流转土地承包经营权,发展多种形式适度规模经营","有条件地方可发展家庭农场、专业大户、农民专业合作社等规模经营主体"。根据我国工业化、信息化、城镇化、农业现代化同步推进的要求,党的十八大报告提出,"坚持和完善农村基本经营制度,构建专业化、组织化、集约化、社会化相结合的新型农业经营体系"。2013年,"中央一号文件"时隔30年再次提出"家庭农场"这一概念,指出:"鼓励、支持承包地向专业大户、家庭农场及农村专业合作社流转,培育新型经营主体,发展种养大户、专业合作社,构建集约化、组织化、专业化和社会化为一体的新型农业经营体系"。2014年"中央一号文件"进一步指出:"支持发展新型农业经营主体,按照自愿原则,开展家庭农场登记"。2015年的"中央一号文件"再次提出,"加快构建新型农业经营体系,坚持农民家庭经营主体地位,鼓励发展规模适度的农户家庭农场,完善粮食生产规模经营主体的支持服务体系"。2016年的"中央一号文件"进一步提出:"坚持家庭经营为基础,积极培育专业大户、家庭农场、农民合作社等新型农业经营主体。"2016年10月,中共中央办公厅、国务院办公厅印发《关于完善农村土地所有权承包权经营权分置办法的意见》,顺应农民保留土地承包权、流转土地经营权的意愿,将土地经营权分为承包权和经营权,实行三权分置并行，这是继家庭联产承包责任制后农村改革又一重大制度创新，建立了清晰的土地产权制度，为家庭农场发展扫除了障碍。

三、关于家庭农场适度规模经营问题

中西方对家庭农场概念定义不同，"家庭农场"（Family Farm）来自于欧美，在西方，不管面积大小凡属一个经营单位的土地统称农场，中国农场主要是指可用机器进行大规模农业作业的单位，强调一定的规模、面积和技术含量，以区别于一家一户的散户。20世纪80年代David Lehmam（1982）发现拉美地区农业形成了独特的资本主义农业企业——小农户的双重结构，小农既没有如马克思主义经典作家描述的那样，被农业资本主义彻底消灭沦为农业雇佣工人，也没有像恰亚诺夫理论描述的维持在劳动—消费均衡的简单再生产状态，而是融入农业资本主义体系，并成为农业发展主导力量，莱曼称之为"资本主义式家庭农场"（Capitalized Family Farm），但他并没有对这一概念做出明确界定。2012年美国农业调查局认为：农场的大部分经营事务应由农场主或与农场主有关的经营者管理，且年出售商品价值应在1000美元以上，主要劳动力和经营者是家庭成员。俄罗斯《家庭农场法》规定，家庭农场是在土地私有制基础上，由农民及其家庭成员组成，从事农业生产加工销售，并享有法人权利的独立经营主体。我国家庭农场认定标准主要是以家庭成员为劳动力，从事农业规模化、集约化、商品化生产经营，并且家庭收入应以农业收入为主。

（一）农业经营规模与农业生产效率之间的关系

1. 农业经营规模与农业效率成反向关系研究

舒尔茨认为，小农生产是有效率的，少见生产要素配置效率低下。Sen（1962）和Bardhan（1973）通过研究印度、俄罗斯等国发现农业规模经营并不会导致农业生产率提高，两者之间是反向关系。Berry & Cline（1979）、Heltberg（1998）和Carter（1984）通过研究巴西、巴基斯坦、印度等国发现农业净收益与农业生产规模之间是负相关关系。Newell，Pandya & Symons（1997）和Reardon，Kelly & Crawford（1996）的实证研

究也证实了这一结果。Juliano J. Assunção 和 Maitreesh Ghatak（2003）认为，农场土地收益递减可解释这一相反关系，也可利用能力异质性解释规模效率与生产效率的相反关系。Thomas Masterson（2007）通过对巴拉圭运用参数与非参数方法，得出效率衡量指标，进而得出小规模农场经营经济效率和技术效率要高于大型农场。李谷成（2010）认为，只从农户土地单产效率说，小农户土地生产率确实优于大农户。刘凤芹（2006）研究得出"大规模土地经营并没有显示出比小规模家庭农户可察觉到的单位产量优势和全要素节约优势"。

2. 农业经营规模与农业生产效率的正向关系研究

Deolalikar 认为，较高技术水平下，两者反向关系是不成立的（1981）。Cornia（1985）通过研究秘鲁、泰国、孟加拉国等国发现农场规模和农业生产率呈正相关关系。Moreno－Perez（2011）认为，美国大农场经营效率比较高，3 人就可经营 1200 多公顷农场，年产值超过 200 万美元。Roy Prosterman & Tim Hansidade（1996）通过对江苏吴县调查发现农地规模大户农业产量要高于普通农户。

3. 农业规模与效率的其他关系

Carter & Wiebe（1990）认为，两者之间关系是"U"形。Townseng, Kirsten & Vink（1998）认为，农业规模与效率之间关系不显著。Hoque（1988）认为，孟加拉国 7 英亩农地规模是最优规模。Hall 和 LeVeen（1978）认为，在美国加利福尼亚中等规模农场在成本节约方面最优。Anne Booth & R. M. Sundrum（1985）认为，农场经营取得最高单位面积产出必须有一个适度的经营规模，过大和过小都不行。K. Hadri, J. Whittaker（1999）对英国西南地区 35 家农场 1987—1991 年数据利用随机生产前沿链接测算，得出技术效率与农场规模呈正相关关系，废弃物利用却与农场规模呈较弱负相关。对希腊农场规模进行时间序列分析得出农场最适规模由平均成本曲线最低点决定（MED，1980）。在一定规模范围内，农地规模与粮食生产效率呈 U 形曲线变动（张忠明 钱文荣，2010），不能只从成本收益去追求"大规模"，需坚持适度规模。由于家庭农场的特性，决定了过大规模养殖数量会造成农场雇工增加，雇工增加的工资会把农场节约的劳动成本耗费殆尽,所以农场规模不可能过大(黄宗智,2000)。但养殖规模过小,生产资料、农场劳动力等资源就不能达到最大利用,农场难以获取最佳收益,因此农场适度规模应与实际劳动投入、化肥投入及机械相适应(罗芹,2009)。

(二) 家庭结构决定了家庭经济活动规模的上限与下限——恰亚诺夫消费均衡理论

恰亚诺夫用静态分析法建立农民家庭农场的"微观理论"劳动—消费均衡理论,"农民劳动自我开发程度取决于需求满足程度和劳动艰苦度之间的某种关系"。随着农场经营者收入增长,边际效用下降,当增长到一定水平,就会达到一个由边际劳动耗费辛苦等于主观评价的价值总量的边际效用的平衡点,所以任何家庭农场产值都有一个限度。如果不考虑工资,农民家庭农场内在的基本经济均衡条件使得它能接受非常低的单位劳动报酬,这也是使得它能够在资本主义农场几乎陷于毁灭的恶劣条件下维持生存。农民家庭农场劳动力的状况完全取决于家庭里能够从事生产的成员数量,而"农场经济活动能否最大规模取决于家庭劳动力是否能以最大强度和最高利用率去劳动,农场经济规模下限取决于家庭维持生存所绝对必需的物质利益的数量"。农民家庭农场规模和各部分构成间的关系确定需是家庭劳动力自我开发的最优程度和各生产要素间技术上的最优组合。对超出劳动力开发程度的生产资料或者超出技术最优组合水平的土地的过度占有,都将成为农场经营的额外负担,它不会带来农场规模的扩大,因为超出了家庭劳动力自我开发程度的劳动强度是家庭所不能接受的。资本的密集程度提高并不会带来劳动生产率的提高。恰亚诺夫认为,"农场经营家庭规模最主要制约因素是家庭的年龄,这受制于生物学规律,受家庭经济状况的影响较小"。尽管恰亚诺夫的小农家庭农场理论存在着内在的理论缺陷,回避了生产关系矛盾,农场"经济活动量"只受劳动供给,不受土地、资本等其他因素制约的假定也很难满足,但他关于农民家庭农场生产与消费行为理论,关于农民农场应适宜规模,农业要走"纵向一体化"以及合作化道路等理论,对于我国发展家庭农场具有重要借鉴意义。

日本学者速水佑次郎认为，理论上农户租地经营只有土地经营规模较大的农户单位面积收入大于土地经营规模较小的农户时才会出现。我国农场经营规模上限是现有生产技术水平能承载的最大规模，下限是满足家庭成员消费需求（朱启臻，2013）。家庭农场经济利润需要考虑机会成本以及经营者自身劳动成本等（Hal R. Varian，2005），农户在不计较工资的情况下，哪怕是亏本农民也无怨无悔耕种土地，但在城镇化、城乡一体化过程中，农民耕种土地有了机会成本，那就是隐性成本——工资，如果农民打工超出了耕种土地的收入，哪怕是再没有文化的农民也会选择打工，所以家庭农场的收入必须高于一般工资水平才能发展下去。现代家庭农场利润最大化是其追求的主要目标，也是农场得以发展的内驱动力。

四、国外家庭农场经营规模发展趋势并不是一味追求规模扩大

从全世界看，20世纪以来家庭农场已成为农业生产经营的普遍方式，其规模化趋势得到进一步加强，适应农业发展规律。发达国家家庭农场大都有上百年时间，发展比较成熟，以家庭农场为基本单位，发展农业合作社，是很多理论家的科学预见，也是发达国家家庭农场的通行做法。截至2014年，全球约有5.7亿家庭经营农场，在全球农业中占重要地位（Lowder, S.K., J. Skoet and S. Sigh, 2014）。人少地多的美国农业99%的农场是家庭经营（傅晨，2001）；人多地少的日本家庭农场占农场总数99%；人地规模相当的法国80%农场靠家庭劳动力经营；发展中国家的巴西农业也是以家庭经营为主，小土地所有者及自耕农生产了80%的农产品。世界各国家庭农场发展模式主要有三种：一是美国、加拿大和澳大利亚等为代表的大型家庭农场发展模式，地多人少劳动力资源紧张，平均经营规模几百上千英亩，有的甚至上万英亩，土地经营规模很大；二是日本、荷兰等为代表的小型家庭农场发展模式，地少人多，耕地有限，土地经营规模很小；三是以德国、法国等为代表的中型家庭农场发展模式，资源禀赋介于前两类国家之间，土地经营规模也介于大小型家庭农场之间。

（一）美国家庭农场规模发展的"双峰结构"

美国农业生产的基本单位一直都是家庭农场，1862年通过"宅地法"实现"耕者有其田"，这是家庭农场发展的土地制度基础。美国农场定义广泛，并具有高度的生产经营专业化、机械化（石油农业）和规模化。从经营规模看，家庭农场发展趋势为农场数目减少但平均经营规模变大，数量从1935年681.4万个减少为1989年214.3万个，农场平均用地从1920年147英亩增加到1989年457英亩。美国家庭农场规模经营趋势呈现了"双峰结构"，大型（500英亩及以上）与小型（1—49英亩）家庭农场的数量与比重出现不同幅度增加，中型（50—499英亩）家庭农场数量与比重出现明显下降趋势。这是美国农业自身特点和发展规律以及农业科技进步、政府财税制度和农业补贴等多因素共同起作用的结果。

（三）日本小规模家庭农场以及农协

日本全国耕地面积454.9万公顷，人均耕地面积0.54亩，典型人多地少。第二次世界大战后，日本开展了以"均田制"为核心的农地制度改革，废除封建半封建土地所有制，代之以"耕者有其田"的自耕农制度。1952年通过《农地法》严格限制农户拥有土地的最大面积以及土地的出租和买卖行为，防止土地重新集中在少数人手中，形成了以小规模家庭经营为特征农业经营方式。1950年户均耕地面积仅0.8公顷，耕地面积在1公顷以内、1—2公顷以及2公顷以上的农户分别占77.5%、9%和13.5%（朱博文，2005）。20世纪60年代，日本工业化、城市化进程加快，离开农业人口剧增，农民兼业化普遍，农民高龄化、抛荒现象严重，日本放弃平均地权政策，通过1961年的《农业基本法》提倡土地转让和相对集中，推进农地规模经营，把小规模农场转变为其收入能与非农户相匹敌的适存农场。1962年，对《农地法》进行第一次修改，放宽农户拥有耕地上限，允许符合条件的农业生产法人购买农地，又于1970年、1980年对《农地法》进行第二次修改，主要内容仍是进一步放宽农地转让和租赁限制，鼓励扩大农业经营规模，但政策着力点从促进农地所有权转让转向支持和鼓励农地使用权流转（朱博文，2005）。但由于土地刚性需求、耕地资源有限、土地细碎化严重等，农户"兼业化"现象仍然严重，没有出现土地大量转让或流转，没有打破小规模兼业农户占主导的格局，日本促进家庭农场规模经营的政策举措没有取得预期效果。但具有半官方半民间性质的日本农协发挥了重要作用，99%以上农户加入农协，极大维护了农民利益，弥补了小规模分散经营的缺陷，适应了社会化大生产要求。

（二）法国家庭农场要监督和控制农场规模

法国从20世纪50年代中期通过出台《农业指导法》、《农业指导补充法》，成立"乡村设施和农业治理协会"、"土地整治与农村安置公司"和"调整农业结构社会行动基金"，通过财政资金高价收购农民零碎土地，给予自愿退出耕地农民离农补贴，发放离土终身补贴及规定家庭农场主合法继承人只能有一个，其他继承人只能得一笔继承金等一系列经济、法律措施促进土地集中，扩大家庭农场规模。中小家庭农场仍占主导地位，主要是土地所有者直接经营和租赁经营。1997年年底法国共有68万家庭农场，经营面积从15公顷到150公顷不等，50公顷以下中小家庭农场占总数的83%，平均经营面积41.7公顷。但是其家庭农场政策在21世纪发生重大调整，2000年1月颁布《农业发展方向法案》，提出监督和控制农场规模，防止经营规模无节制扩大，要发挥中小家庭农场在降低失业率、吸纳劳动力就业等方面的重要作用（赵鲲，2001）。最近几年来，国际市场农产品竞争日趋激烈，农业生产成本不断提高，法国家庭农场出现了发展农工商一体化经营和以兼并的形式扩大规模的趋势，主要以合同形式、合作社和农业共同经营集团（GAEC）三种形式。

五、家庭农场适度规模经营的内外部影响因素分析

（一）技术水平与规模关系

从文献看，企业规模对技术的作用有些研究，但技术变化如何影响企业规模变化则较少。熊彼特于1942年提出企业规模与技术创新关系问题，

但许多学者得出观点并不一致。Markham（1965）、Scherer（1965）等提出企业规模与技术创新关系是非线性，Scherer 采用自变量为销售收入及其平方和立方，因变量为 R＆D 人员，研究得出企业规模与技术创新关系呈倒"U"形（Secherer，1965）。对适度规模绩效的评价，张文渊（1999）发现土地适度规模经营能带来资本投入增加，从而提高产出水平。李文明（2015）认为，在劳动力"过密化"下，适度规模经营可提高劳动生产率。

（二）家庭农场融资难问题

一方面现代农业具有资本化特性，需要大量资本投入；另一方面要坚持农业家庭经营主体地位。马克思指出："资本是死劳动，它像吸血鬼一样，只有吮吸活劳动才有生命，吮吸的活劳动越多，它的生命就越巧盛"。由于农业的特殊性，生产时间的继起性，无法迅速实现资本增值，很大程度上成为农业资本主义发展障碍，但却成为家庭农场至今仍存在的条件。以农民为主体的家庭农场等农业经营主体发展，有利于抵制工商业资本进入农业，挤占农民利益，但同时也面临最大的困难即融资困境。主要原因是融资渠道单一，资本供给不够，融资信用缺失严重且容易发生逆向选择；现行农村金融制度建设明显滞后，农户经营市场风险较大，收益不够稳定，金融机构信贷资产遭受损失风险较大，贷款违约也较高，因此不愿贷款给家庭农场。

（三）家庭农场与土地流转和机械化水平关系

土地流转是家庭农场发展的重要决定因素，没有土地流转就难以实现机械化。关于土地流转的文献已经数不胜数，但专门针对家庭农场与土地流转之间关系，家庭农场土地需求供给的文章少之又少。我国农业户均耕地面积过小，仅为 5.4 亩，仅是日本的 1/17，阻碍了农业机械化发展。目前土地规模是衡量农业经营规模的常用指标，一种观点认为土地规模大，越具有资源、市场、技术以及抗风险等优势，也更能获得规模经济效益。但也有相反观点认为，土地生产率和农场土地经营规模之间存在负相关性。西奥多·舒尔茨（1999）通过对拖拉机等生产要素伪不可分性的分析否认了大农场一定比小农场效率高，此后国内外大量计量经济研究得出与制造业和服务业相比，在农业中技术和组织上的规模经济微不足道。乔瓦尼·费德里科对世界众多有关农业规模经营研究的评述："在表明某一特定类型的农场（小的或大的，家庭农场或公司农场）在结构上优于其他农场这点上，无论是理论方面还是实证方面都没有真正令人信服的证据"。

（四）农民素质与家庭农场经营关系

1979年舒尔茨在《改革传统农业》中反驳了农民愚昧无知的观点。舒尔茨认为"传统农业中生产要素配置效率低下比较少见"。舒尔茨的收入流价格理论解释了传统农业停滞落后的根本原因是资本收益率低，即收入流来源价格高，就引进现代生产要素改造传统农业着重论述三问题：（1）建立一套适合传统农业改造的制度；（2）从需求和供给两方面为引进现代生产要素创造条件；（3）对农民进行投资。他认为，农民面对市场所作的决策和资本家是同样理性的，在是否经营、生产规模调整、采取何种模式经营等方面都体现了决策的理性。当种植收益低于外出务工收益，他们理性选择外出；当城镇生活成本和个人感情成本比回乡创业成本高，则会返乡创业；当农场收益大于其他产业，就愿意承担其他产业的机会成本去经营农场；当农产品市场变化不利于农场经营结构时，经营者会以最快速度调整决策，优化资源配置，追求更高利润。舒尔茨的改造传统农业理论对指导我国家庭农场发展仍有重要意义。

此外，许多外部宏观因素对家庭农场发展影响也很大。农业的重要意义、资源禀赋、相关因素比重、结构因素、农业贸易条件等对农业生产经营都有显著影响（Anastasios v. Semos, 1993）；卢旺达人口密度大，单个农场经营面积相对较小，通过回归得出人口与土地比率、产权确定、非农就业机会和信息充分等因素会影响农场经营效率（C Bizimana, WL Nieuwoudt & SRD Ferrer, 2004）。刘传江、李雪（2002）提出，农业规模经营的决定性因素包括人地比例和耕地面貌、农业生产工具类型、农业企业采用的技术、社会分工水平、土地经营制度和政策、文化技术素质和经营水平以及市场经济程度等七个。刘守英（2013）经过测算得出，如果取消政府补贴后，按两个劳动力，松江家庭农场人均年收入仅为18183元，户均年收入仅为36366元，取消补贴农户经营家庭农场的意愿会大大降低。郑风田（2013）阐释了家庭农场与非农就业的关系，认为城镇化速度与非农就业决定了家庭农场的发展速度，不能人为促进家庭农场发展速度超越非农就业与城镇化速度。

  无论是从先哲理论到如今的实证研究，还是从国外土地私有制基础上家庭农场到国内的土地集体所有制基础上的家庭农场实践，无论从家庭农场与外部因素之间的协同发展还是家庭农场内部微观经营效率来说，家庭农场理论就是在从经验出发到理论再返回经验的不断演进过程中得到升华，只有通过经验与理论之间的反复印证，才能真正认识到其真实状况，发现并修正理论与实践的相悖之处。

农户组织化对农业技术扩散的影响研究[*]

——基于 11 省 1022 个农户调查数据的实证分析

吴 比 刘俊杰 徐雪高 张 振

内容提要： 农业科技进步是中国农业转型升级的重要推动力量，而农业技术扩散的效果决定着科技成果转化效率的高低。本文以全国 11 省 1022 位农户微观数据为基础，分别从农户加入合作社和与龙头企业合作的角度，利用 Biprobit 模型实证分析了农户组织化对农业技术扩散的影响。研究发现，农户无论是加入专业合作社，还是与龙头企业合作，都对农业技术扩散具有正向推动作用。同时，通过与龙头企业合作等实现产业化经营的形式，比加入合作社对农业技术扩散作用更大。但从对农户新技术投入的角度来看，农民组织化对其影响并不显著。本文还发现，以"科技特派员"为代表的公共技术推广体系对技术扩散具有显著的正向作用，但效果明显小于农户组织化的作用。

一、前言

发展现代农业、实现农业转型升级，科技进步是重要影响因素之一。

---

[*] 项目来源：本文得到农业部软科学研究项目（编号：201613—1）资助。

但在现实中，从农业技术创新到农户广泛采用，需要漫长的过程，甚至存在重重障碍，使得技术进步与实际应用之间往往脱节。农业科学技术转化为现实生产力，转化率的高低和形成产业化的比例大小，要仰仗农业技术扩散体系的作用。从这一角度讲，技术扩散要比技术创新更为重要。然而，我国长期以来都是以政府为主导推行农业科技应用，在农业技术扩散中发挥了不可磨灭的作用，但是随着现代农业发展的需要，依靠市场机制的技术扩散体系的重要性日益显现。目前，通过农户加入合作社或与农业龙头企业合作等组织化手段，是实现中国农业产业化经营，提高农业市场化程度的有效途径。在这一过程中，农户组织化对农业技术扩散的影响和作用值得探讨。本文基于这一出发点，以农户的视角，实证分析其加入专业合作社或与农业龙头企业合作，对是否采用新型农业技术行为的影响，从而得出农户组织化对农业技术扩散的作用，具体结论对中国构建多层次、多元化的技术推广体系具有重要的政策含义。

二、文献回顾

在农民组织化方面，较多学者对农户参与合作社行为决策的影响因素进行了分析（徐志刚，2011 郭红东等，2004；张广胜等，2007；朱红根等，2008；卢向虎等，2008），发现户主的文化程度、农户的合作需求、产品商品化程度和当地经济发展水平等因素对农民专业合作组织意愿影响较为显著。部分学者对已加入合作社的成员的合作意愿进行了分析。蔡荣等（2012）利用实地调研的山东348户苹果种植户数据，发现已入社的成员中，风险态度、苹果种植面积和质量对参与合作社的程度具有正向效应。孙亚范等（2012）则从计划行为理论为基础，对合作社成员的合作意愿的影响因素进行了分析，发现农民专业合作社成员在参与合作中缺乏入股和扩大生产规模的强烈意愿。在农户与农业龙头企业合作等产业化经营方面也以对参与意愿的影响因素分析为主。赵凯等（2013）对农户参与"公司+农户"和"公司+农民专业合作社+农户"两种农业产业化经营模式意愿的影响因素进行了实证分析，发现农技培训和服务频数、农户专业化程度等因素的作用较为显著。程爱华等（2011）认为，农户教育程度、家庭规模及技术指导等因素对农户参与农业龙头企业合作意愿的影响显著为正。

目前，研究农业技术扩散影响因素的学者较多，发现很多因素对农业技术扩散影响较大，包括技术因素本身、自然环境因素、区域发展特点、农户家庭特征、推广模式和体系等方面（刘笑明等，2008；旷浩源等，2012；常向阳等，2005；李俊利等，2011；王永强等，2009；朱萌等，2015）。在农业技术推广体系和模式方面，现有文献主要关注农业技术推广体系的制约因素和存在的问题，并提出相应的改进和创新（常向阳等，2004；赵桂荣，2004）。有学者提出农业技术扩散模式主要有政府诱导农户采取新技术，以及农户在市场压力之下主动采用新技术等模式（刘佛翔等，1999；齐敦品，2005）。

多数文献都认为要构建政府、科研机构和市场等多元化的技术扩散体系和模式。通过农户加入合作社和与农业企业合作等组织化形式是以市场为主体推广农业技术的主要途径。但是目前聚焦农户组织化与农户技术采用行为关系的实证研究尚不多见，多数研究聚焦在农户个体的新技术采用的行为上，对农业企业和合作社等农民组织化行为和农户之间的技术扩散方面研究非常少。张晓山（2004）、李建军（2010）等认为，在我国农业农村发展转型升级的背景下，新型农村合作组织对农户的组织功能将会日渐明显。其中，农户通过加入合作社或与农业企业合作，形成组织化的结构主体，将在农业技术扩散中发挥巨大功效。已有学者尝试探讨专业合作社和农业龙头企业在农业技术扩散中的作用（韩国明等，2010；张志鹏等，2008；张广胜等，2007），也有学者提出从农业产业链角度重构农业技术扩散体系（常向阳等，2004）。李小建（2009）认为，加入组织的农户对农业新技术扩散有正向作用，农业产业化、专业化生产形成的外部竞争氛围也迫使农户需要不断吸收和采纳新技术。马雨雷等（2013）对农业龙头企业与农户间技术知识转移绩效影响因素进行了分析，发现龙头企业技术转移意愿、转移能力、农户学习意愿和能力等对绩效存在正向影响。总体来看，现有文献多从农业技术扩散影响因素分析，缺乏系统性实证分析农户组织化对农业技术扩散影响的分析。

二、研究方法和模型

农民采取新技术和选择组织化的影响因素较多，通过联立方程对两者的关系实证分析，可以有效剥离开其他因素影响，化繁为简地考察二者之间的影响机制。联立方程模型可以同时估计包括农户是否组织化、是否采取新技术以及其他因素的所有样本信息，从而避免了有偏估计。

农户组织化和农户采取新技术之间有四种关系"加入组织，采取新技术"、"加入组织，未采取新技术"、"未入组织，采取新技术"、"未入组织，未采取新技术"。我们用 y_z 来表示加入组织的决策行为，用 y_j 来表示采取新技术的决策行为。分别用 y_z^* 和 y_j^* 表示加入组织和采取新技术的隐藏变量，有表达式如下：

$$y_z^* = X_z\beta_z + \varepsilon_z, \quad y_j^* = X_j\beta_j + \varepsilon_j$$

式中 X_z 和 X_j 分别为影响农户组织化和采取新技术行为的外生变量，β_z 和 β_j 是待估计参数。同时假设误差项 ε_z 和 ε_j 服从联合二维正态分布，$\varepsilon_z, \varepsilon_j \sim BVN(0, 0, 1, 1, \rho)$，其中 ρ 是 ε_z 和 ε_j 的相关系数。由于农户的组织化和采取新技术行为较为复杂，影响因素较多，故 y_z^* 和 y_j^* 是不可观察的，设定他们与 y_z 和 y_j 有如下规则：

$$y_z = \begin{cases} 1 & y_z^* > 0 \\ 0 & y_z^* \leq 0 \end{cases} \quad y_j = \begin{cases} 1 & y_j^* > 0 \\ 0 & y_j^* \leq 0 \end{cases}$$

$y_z = 1$ 表示农户加入组织，$y_z = 0$ 表示农户未加入组织；$y_j = 1$ 表示农户采取新技术，$y_j = 0$ 表示农户未采取新技术。所以农户组织化与采取新技术的关系存在四种可能，简单表述为（1,1）、（1,0）、（0,1）、（0,0）。首先，我们最关心的是前两种情况，即当农户组织化后对采取新技术行为变化，即农民加入专业合作社或与龙头企业合作后，是否采取新技术的概率更高，可表示为：

$$\Pr(y_z = 1) = \Pr(y_z^* > 0) = \Pr(\varepsilon_z > -X_z\beta_z)$$

$$\Pr(y_j = 1 | y_z = 1) = \Pr(y_j^* > 0) = \Pr(\varepsilon_j > -X_j\beta_j)$$

在数据中，农户是否组织化（即加入专业合作社或与龙头企业合作）

以及是否采取新技术行为可观察，故对上式采用极大似然法进行联合估计，其对数似然函数表示如下：

$$\ln L(\beta_1, \beta_2, \rho) = \sum_{i=1}^{N} \{y_z y_j \ln F(X_z\beta_z, X_j\beta_j, \rho) + y_z(1-y_j) \ln[\Phi(X_z\beta_z) - F(X_z\beta_z, X_j\beta_j; \rho)] + (1-y_z) \ln \Phi(-X_z\beta_z)\}$$

其中 $\Phi(\cdot)$ 是一元累计正态分布函数。

另外，我们还关心当农户有采用新技术需求时，对其加入专业合作社以及与龙头企业合作的影响。设 y_{dj} 为农户对新技术需求，y_{dj}^* 为农户对新技术需求的潜变量，类似的我们有：

$$y_{dj} = \begin{cases} 1 & y_{dj}^* > 0 \\ 0 & y_{dj}^* \leq 0 \end{cases}$$

所以，我们对以下两式进行联合估计：

$$\Pr(y_{dj} = 1) = \Pr(y_{dj}^* > 0) = \Pr(\varepsilon_{dj} > -X_{dj}\beta_{dj})$$

$$\Pr(y_z = 1 | y_{dj} = 1) = \Pr(y_z^* > 0) = \Pr(\varepsilon_z > -X_z\beta_z)$$

综上，我们将主要验证如下两个命题。

命题1：农民组织化以后，更易采取农业新技术。

命题2：农民对新技术需求，是其选择组织化的重要正向影响因素之一。

三、数据与变量

本文数据来自农业部农村经济研究中心2013年组织的"'三农'政策执行情况评估"调查，用于了解农户采取新技术的相关情况。该调查利用农村固定观察点调查体系，在全国观察点系统内随机抽取了11个省[①]的1300位农户，最终有效样本为1022户。

（一）因变量

在农民组织化方面，考虑到目前农民主要组织化方式为加入专业合作

[①] 具体是河北、辽宁、江苏、安徽、福建、江西、山东、湖南、湖北、四川、陕西，共11个省份。

社和与龙头企业合作两种模式,所以我们选择"是否加入专业合作社"和"是否与龙头企业合作"两项作为农民组织化的代理变量。

在农民采取新技术方面,把"是否采取过新技术"作为主要因变量。另外考虑到农户对新技术衡量标准不同,故利用"每年在引进新品种、新技术和获取科技信息方面的资金投入"(以下简写为"每年采取新技术投入")作为辅助因变量(表1)。

表1　　　　　　　　　　因变量解释和描述

变量类型	变量名称	变量解释	Min	Max	Mean
农民组织化	是否加入专业合作社	是=1,否=0	0	1	0.0489
	是否与龙头企业合作	是=1,否=0	0	1	0.0224
农户采取新技术	是否采取过新技术	是=1,否=0	0	1	0.3601
	每年采取新技术的投入	0—500元=1;501—1000元=2;1001—5000元=3;5000元以上=4	0	4	1.2292

(二) 自变量

我们考虑加入了农户家庭层面和所在村层面的变量,如户主教育年限、户主年龄、家庭经营类型、本村经济发达程度、所在村地势等变量,具体见表2。

表2　　　　　　　　　　主要自变量解释与描述

变量名称	变量解释	Min	Max	Mean
户主教育年限	农户家庭户主的受教育年限(年)	0	13	7.1947
户主年龄	户主年龄数	0	93	40.9666
家庭外出务工系数	$\sum_{i=1}^{n}(lof_i + oe_i)/365n$,$lof$代表在本乡镇内从事非农业劳动时间(日),$oe$代表外出从业时间(日),$n$为家庭常住人口数	0	0.8982	0.3029

续表

变量名称	变量解释	Min	Max	Mean
家庭经营主要类型	家庭经营主要行业：农业为主（包括种植、养殖、种养结合）=1，休闲农业为主（包括休闲农业与种植、养殖结合的形式）=2，外出务工为主（包括外出务工、非农产业等）=3	1	3	1.2877
家庭经济地位	农户家庭收入与本村平均收入比值	0.1233	16.4828	1.9820
地势	农户所在村的地势：平原=1，丘陵=2，山区=3	1	3	1.8200
经济发达程度	农户所在村经济发达程度居所在县（市）水平：上等=1，中上等=2，中等=3，中下等=4，下等=5	1	5	3.2691
所在行政村是否有科技特派员	是=1，否=0	0	1	0.1468
是否本村村民	是=1，否=0	0	1	0.9912
是否需要技术支持	是=1，否=0	0	1	0.4110
是否需要资金支持	是=1，否=0	0	1	0.3278
是否需要农产品销售渠道支持	是=1，否=0	0	1	0.3894

（三）识别变量

本文采取联立方程模型（局部可观察的双变量 probit），在模型识别方面根据 Rothenberg（1970）提出的标准以及 Poirier（1980）的阐述，我们选用是否需要资金、市场渠道等需求信息来识别农民组织化方程，因为农户对资金、农产品市场渠道等的需求要独立于农户是否采用过新技术，但是对农户组织化选择具有重要影响，他们是农民选择加入合作社或与龙头企业合作的重要动机。选用"所在行政村是否有科技特派员"对农户采取技术方程进行识别，因为所在村是否有科技特派员不会影响农户加入合作社或与龙头企业合作，但是科技特派员对当地农户获得新技术的信息和新技术的应用具有显著影响。

四、实证结果

先看表 3 的农户采取技术方程。农户是否加入合作社对其采取新技术具有显著的正向影响,加入合作社的农户采取新技术的概率要显著高于未加入合作社的农户,而且该变量的系数为 1.7 明显大于其他变量的估计系数。通过加入专业合作社,经过组织化后的农民对农业生产经营更加系统,标准化程度更高,对采取新型农业技术的需求和要求也就更高。从结果来看,所在村有科技特派员的农户对采取新技术的概率也更高,可以看出公共技术推广服务体系发挥了作用,但估计系数小于"加入专业合作社"这一变量的估计系数,说明与通过加入合作社或与龙头企业合作等组织化途径,比公共技术推广途径更为有效。其他的控制变量中,农户的教育程度对其采取新技术具有显著的正向作用,教育程度越高的农户采取新技术的概率会更大。经济发达的地区的农户更易采取新技术,相比于贫困地区,经济发达县(市)在技术推广体系、现代农业发展水平、信息来源渠道等都更具有优势,对新技术认知程度也会更高。从地势角度来看,平原地区的农户要比丘陵和山区的农户更易采取新技术,这一点与经济发达程度这一变量的机理较为相似。另外,本地村民采取新技术的概率也更高。

表 3 中农民组织化方程的结果显示,影响农民加入合作社的影响因素中,个体特征均不显著。地势变量系数为正,所在村在丘陵地区加入合作社的概率要大于平原地区,可能地处丘陵和山区的农产品销售渠道、技术获取途径等较平原地区困难,农户需要通过合作社来拓展信息来源。结果显示,本地村民加入合作社的概率更大,农户选择加入合作社或合作社接纳其为成员,需要双方相互信任和了解,显然如果农户为本地村民,比非本地村民更易取得合作社的信任。从合作需求角度来看,对技术和农产品销售渠道有需求的农户加入合作社的概率更大,对资金需求变量的系数不显著。

表 3　　　　　　　　　农户加入合作社与采取农业新技术

解释变量	农民组织化方程 (y=是否加入合作社)			农户采取技术方程 (y=是否采用过新技术)		
	估计系数	标准差	P>|Z|	估计系数	标准差	P>|Z|
户主年龄	-0.0026	0.0032	0.421	0.0004	0.0020	0.841
户主教育程度	0.0248	0.0219	0.256	0.0362	0.0159	0.023
家庭经济地位	0.0201	0.0360	0.576	-0.0400	0.0253	0.115
家庭经营主要类型	0.0525	0.1153	0.649	-0.0731	0.0581	0.209
家庭外出务工系数	-0.2950	0.3075	0.337	-0.1820	0.1999	0.363
经济发达程度	0.0870	0.0826	0.292	-0.1934	0.0573	0.001
地势	0.2611	0.0850	0.002	-0.1243	0.0556	0.025
是否本地村民	4.2068	0.1503	0.000	0.8419	0.1207	0.000
是否需要技术支持	0.2383	0.1376	0.083			
是否需要资金支持	-0.1468	0.1369	0.283			
是否需要农产品销售渠道支持	0.2574	0.1556	0.098			
是否加入专业合作社				1.7030	0.5670	0.003
所在村是否有科技特派员				0.8419	0.1207	0.000
常数项	-6.9154	0.5033	0.000	-0.3818	0.6049	0.528
最大似然函数值	-805.4888					
Rho	-0.4949	0.2490				
athrho	-0.5425	0.3297	0.100			
Number of obs	1019					
Wald test of rho=0:	chi2(1)=2.70717			Prob>chi2=0.0999		

　　表4是农民与龙头企业合作的组织化行为的估计结果，与龙头企业合作的农户比其他农户有更高的概率采取农业新技术，这与表3中的结果相同，说明估计结果比较稳健，即农户通过加入合作社或与龙头企业合作等组织化形式后，采用农业新技术的概率更高，而且相比于"科技特派员"等公共技术推广渠道效率更高。需要说明的是，本处的农户是否加入龙头

企业,并未区分"公司+农户"和"公司+合作社+农户"的情况,即与龙头企业合作并未排除加入合作社的情况,但可以预想的通过龙头企业的合作,使得农户的产业化程度更高,在技术、资金、管理等方面要更有优势,毕竟中国目前并不是所有合作社都发挥了应有的作用。其他控制变量与表3结果较为类似,不同之处主要在于,在农民组织化方程中,"是否需要技术支持"变量的估计系数不显著,但农产品销售渠道需求对是否与龙头企业合作的影响更大。无论在组织化方程还是采取技术方程中,户主年龄的估计系数都较为显著,户主年龄越大与龙头企业合作概率越低,但年龄越大更易接受农业新技术,尽管这种影响非常小。

表4　　　　　　　　农民与龙头企业合作与采取农业新技术

解释变量	农户组织化方程 (y=是否加入合作社)			农民采取技术方程 (y=是否采用过新技术)		
	估计系数	标准差	$P>\|Z\|$	估计系数	标准差	$P>\|Z\|$
户主年龄	-0.0102	0.0046	0.025	0.0005	0.0021	0.002
户主教育程度	-0.0057	0.0316	0.858	0.0406	0.0156	0.009
家庭经济地位	-0.0245	0.0470	0.603	-0.0322	0.0240	0.179
家庭经营主要类型	0.0952	0.1355	0.482	-0.0727	0.0596	0.223
家庭外出务工系数	-0.9055	0.4952	0.067	-0.1504	0.1994	0.451
经济发达程度	0.3193	0.1242	0.010	-0.1939	0.0555	0.000
地势	0.5199	0.1180	0.000	-0.1091	0.0548	0.047
是否本地村民	3.8953	0.2379	0.000	0.6558	0.5390	0.224
是否需要技术支持	-0.1703	0.1735	0.326			
是否需要资金支持	-0.0808	0.1935	0.676			
是否需要农产品销售渠道支持	0.4106	0.1946	0.035			
是否与龙头企业合作				1.8429	0.5936	0.002
所在村是否有科技特派员				0.8477	0.1151	0.000
常数项	-7.5050	0.6433	0.000	-0.4522	0.6028	0.453

续表

解释变量	农户组织化方程 (y＝是否加入合作社)			农民采取技术方程 (y＝是否采用过新技术)		
	估计系数	标准差	$P>\|Z\|$	估计系数	标准差	$P>\|Z\|$
最大似然函数值			-721.74505			
Rho	-0.8237	0.1780				
athrho	-1.1681	0.5534	0.035			
Number of obs			1018			
Wald test of rho＝0:		chi2(1)＝4.45588		Prob＞chi2＝0.0348		

表 5 是农民组织化对农户技术投入影响的实证结果。其中因变量是采用过新技术的农户"每年采用新技术的投入",分别对农户"加入专业合作社"和"与龙头企业合作"两个变量进行了 OLS、Oprobit 和 Ologit 回归,回归时加入了相同的控制变量。最终结果如表 5 所示,我们发现无论是农民加入专业合作社还是与龙头企业合作,两个自变量的回归系数都不显著,没有发现农民组织化行为对其采用新技术投入的影响,可能是农户加入专业合作社或与龙头企业合作对农业生产的技术要求相对稳定,有的生产资料甚至通过供应链的形式无偿赊销,农户对采用新生产技术并未直接投入。研究还发现,户主的年龄对采用新技术的投入呈现负相关,而户主教育程度则正相关。如果所在村有科技特派员,对农户的技术投入的影响较为显著,可以看出现有的"科技特派员"制度对技术扩散作用较大。同时还发现,丘陵和山区比平原地区的农民对采用新技术的投入要高。

表 5   农民组织化对农户技术投入影响

解释变量	y＝每年采用新技术的投入					
	OLS	Oprobit	Ologit	OLS	Oprobit	Ologit
是否加入专业合作社	0.3950 (0.1235)	-0.1700 (0.2668)	-0.1841 (0.4574)			
与龙头企业合作				-0.1839 (0.2619)	-0.4719 (0.5455)	-0.7312 (0.8680)

续表

解释变量	y = 每年采用新技术的投入					
	OLS	Oprobit	Ologit	OLS	Oprobit	Ologit
户主年龄	-0.0039**	-0.0084**	-0.0144**	-0.0041**	-0.0090**	-0.0157**
	(0.0019)	(0.0042)	(0.0074)	(0.0019)	(0.0043)	(0.0075)
户主教育程度	0.0331**	0.0895***	0.1769***	0.0342**	0.0949***	0.1898***
	(0.0149)	(0.0338)	(0.0600)	(0.0149)	(0.0343)	(0.0612)
家庭经济地位	-0.0347	-0.0649	-0.1312	-0.0376	-0.0745	-0.1537
	(0.0255)	(0.0533)	(0.0934)	(0.0257)	(0.0543)	(0.0960)
家庭经营主要类型	-0.0897	-0.2598*	-0.5641*	-0.0917	-0.2639*	-0.5743*
	(0.0567)	(0.1437)	(0.2935)	(0.0564)	(0.1432)	(0.2938)
家庭外出务工系数	0.2435	0.4542	0.8453	0.2461	0.4757	0.8842
	(0.1935)	(0.4134)	(0.7201)	(0.1928)	(0.4130)	(0.7181)
经济发达程度	0.0094	0.0067	-0.0053	0.0139	0.0100	0.0036
	(0.0571)	(0.1282)	(0.2135)	(0.0576)	(0.1290)	(0.2151)
地势	0.2239***	0.4800***	0.8114***	0.2262***	0.4843***	0.8349***
	(0.0530)	(0.1147)	(0.1962)	(0.0521)	(0.1138)	(0.1965)
是否本地村民	-0.7741	-1.4716	-2.6095	-0.7768	-1.4922	-2.6419
	(0.6187)	(1.0765)	(1.6643)	(0.6179)	(1.0753)	(1.6621)
所在村是否有科技特派员	0.2376***	0.3872**	0.6576**	0.2330***	0.3751**	0.6320**
	(0.0823)	(0.1737)	(0.3021)	(0.0820)	(0.1747)	(0.3039)
常数项	1.6718**			1.6624**		
	(0.6764)			(0.6750)		
Log likelihood		-196.1527	-193.8522		-194.4383	-191.8775
Pseudo R2		0.1152	0.1256		0.1172	0.1289
R-squared	0.1583			0.1601		
Adj R-squared	0.1262			0.1279		
Number of obs	273	273	273	272	272	272

注：*、**、***分别表示在10%、5%和1%的显著性水平上拒绝原假设。

五、结论

本文以全国 11 省 1022 户农户微观数据为基础,从农户加入合作社和与龙头企业合作的角度,实证分析了农户组织化对农业技术扩散的作用。研究结果显示,农户加入合作社比未加入合作社的农户具有更高的概率来采用农业新技术;以及与龙头企业合作对采用农业新技术具有显著的正向推动作用。同时,通过与龙头企业合作等实现产业化经营的形式,比加入合作社对农业技术扩散作用更大。总体上,可以得出农民组织化对农业技术扩散具有显著的正向推动作用。但从对农户新技术投入的角度来看,农民组织化对其影响并不显著。

我们还发现,"科技特派员"的公共技术推广体系对技术扩散具有显著的正向作用,但作用效果明显小于农户加入合作社或与龙头企业合作等组织化的作用,但科技特派员制度对农户采取新技术的投入具有显著的正向影响。研究结果还显示,农户对加入合作社或与龙头企业合作的需求,主要在于农产品销售信息或渠道,需求强度大于对技术和资金的需要。

参考文献

[1] 程爱华、孟全省:"农户参与农业龙头企业合作意愿影响因素实证分析",《广东农业科学》2011 年第 7 期。

[2] 蔡荣、韩洪云:"农户参与合作社的行为决策及其影响因素分析——以山东省苹果种植户为例",《中国农村观察》2012 年第 5 期。

[3] 常向阳、姚华锋:"我国农业技术扩散的障碍因素分析",《江西农业大学学报(社会科学版)》2005 年第 3 期。

[4] 常向阳、赵明:"我国农业技术扩散体系现状与创新",《生产力研究》2004 年第 2 期。

[5] 郭红东、蒋文华:"影响农户参与专业合作经济组织行为的因素分析",《中国农村经济》2004 年第 5 期。

[6] 韩国明、安杨芳:"贫困地区农民专业合作社参与农业技术推广

分析——基于农业技术扩散理论的视角",《开发研究》2010年第2期。

[7] 旷浩源、应若平:"社会网络中的技术支持对农业技术扩散的影响分析",《安徽农业科学》2012年第3期。

[8] 卢向虎、吕新业、秦富:"农户参加农民专业合作组织意愿的实证分析——基于7省24市(县)农户的调研数据",《农业经济问题》2008年第1期。

[9] 刘佛翔、张丽君:"我国农业技术创新与扩散模式探讨",《农业现代化研究》1999年第5期。

[10] 刘笑明、李同升:"小尺度地域范围内距离因子对杨凌农业技术创新扩散的影响研究",《科技进步与对策》2008年第3期。

[11] 李俊利:"我国资源节约型农业技术扩散的问题与对策研究",《生态经济》2011年第1期。

[12] 李小建:《农户地理论》,科技出版社2009年版。

[13] 李建军、刘平:《农村专业合作社组织发展》,中国农业大学出版社2010年版。

[14] 马雨雷、李宗璋、文晓巍:"农业龙头企业与农户间技术知识转移绩效影响因素分析",《科技进步与对策》2013年第3期。

[15] 齐敦品:"加快构建农业技术扩撒新机制",《江苏农业科学》2005年第2期。

[16] 孙亚范、余海鹏:"农民专业合作社成员合作意愿及影响因素分析",《中国农村经济》2012年第6期。

[17] 王永强、朱玉春:"农业技术扩散过程中的障碍因素分析",《中国科技论坛》2009年第1期。

[18] 徐志刚、张森、邓衡山、黄季焜:"社会信任:组织生产、存续和发展的必要条件",《中国软科学》2011年第1期。

[19] 张晓山:"促进以农产品生产专业户为主体的合作社的发展——以浙江省农民专业合作社的发展为例",《中国农村经济》2004年第11期。

[20] 张广胜、周娟、周密:"农民对专业合作社需求的影响因素分

析——基于沈阳市200个村的调查",《农业经济问题》2007年第11期。

[21] 朱萌、齐振宏、邬兰娅、李欣蕊、唐素云:"新型农业经营主体农业技术需求影响因素的实证分析——以江苏省南部395户种稻大户为例",《中国农村观察》2015年第1期。

[22] 朱红根、陈昭玖、翁贞林、刘小春:"稻作经营大户对专业合作社需求的影响因素分析——基于江西省385个农户调查数据",《农业经济问题》2008年第12期。

[23] 赵凯、魏珊、毕影:"农户加入不同农业产业化经营模式意愿的影响因素分析",《华中农业大学学报(社会科学版)》2013年第3期。

[24] 赵佳荣:"中国基层农业技术推广体系及其运行机制创新研究",《湖南农业大学学报(社会科学版)》2004年第6期。

中国畜牧业产业体系的发展现状及问题研究

王 莉 张 斌

　　大力推进农业现代化，必须着力强化物质装备和技术支撑，着力构建现代农业产业体系、生产体系、经营体系。畜牧业是农业不可或缺的一部分，专业化、产业化、组织化水平也比较高，应该全面推进畜牧业三大体系的建设，推动畜牧业在农业当中率先实现现代化。产业体系是三大体系之首，必须为生产体系和经营体系提供战略指导。本文在厘清畜牧业产业体系内涵的基础，对中国畜牧产业体系的发展现状进行全面梳理和总结，深入分析存在问题，据此提出政策建议。

一、畜牧业产业体系的内容

　　畜牧业利用畜禽等已经被人类驯化的动物或者一些野生动物的生理机能，通过人工饲养、繁殖，使其将牧草和饲料等植物能转变为动物能，以取得肉、蛋、奶、毛、绒、皮张、蚕丝和药材等畜产品。随着畜牧业商品化、专业化、规模化的不断发展，不同畜种逐步形成了相对独立的细分产业，同时为畜牧业生产提供投入品和服务的相关产业也发展壮大，从而逐渐形成畜牧业产业体系。

　　具体来说，畜牧业产业体系主要包括以下四方面内容：（1）畜牧业的整体特征。也就是狭义上的畜牧业，大牲畜、生猪、家禽等动物的存栏、出栏、单产等养殖情况。(2) 畜牧业与种植业的联系。农业包括农、林、牧、副、渔等产业，其中畜牧业是仅次于种植业的第二大部门。畜牧业与种植业既有互补关系，又存在一定的竞争关系。种植业为畜牧业提供饲草料等重要原料，畜牧业废弃物的资源化利用又可以为种植业提供养分来源。种植业和畜牧业如果形成良好循环，还可以发挥重要的生态效益。同时，由于土地、劳动力、资本等农业生产要素总量是一定的，所以在种植业、畜牧业等不同部门的投入会存在此消彼长的现象。(3) 畜牧业的内部产业结构。畜牧业内部按不同畜种形成相对独立的各种细分产业，如生猪产业、肉牛产业、肉羊产业、奶牛产业、蛋鸡产业、肉鸡产业、兔产业、蜂产业等，这些产业可看做是畜牧业产业体系的横向结构。(4) 畜牧业的纵向融合程度。侧重于养殖环节的狭义畜牧业，与产前、产后等相关产业的纵向融合程度。相关产业包括养殖机械设备、兽药、饲料等支持产业以及畜产品屠宰加工、制造、批发零售业等（图1）。

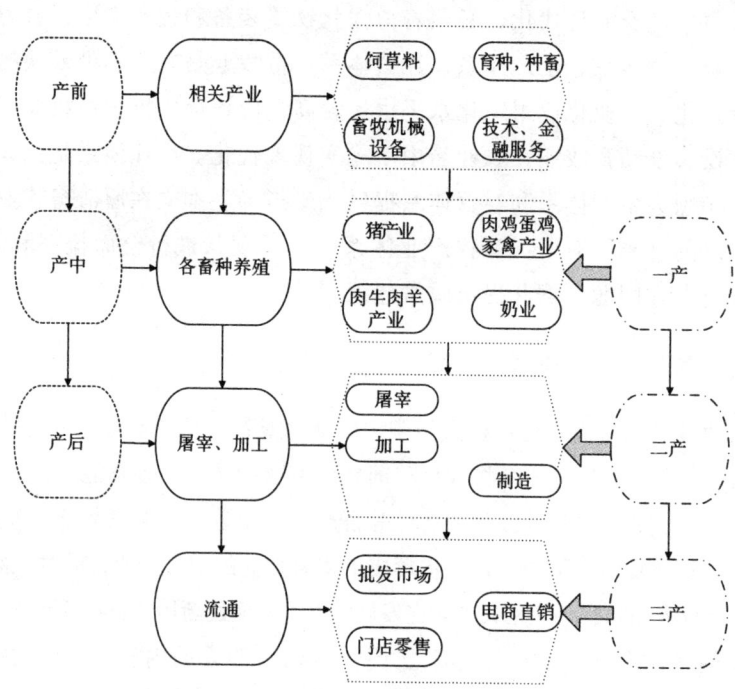

图1 畜牧业产业体系示意图

二、中国畜牧业产业体系的演变及现状

我国是世界上畜牧业发展最早的国家之一，畜牧业生产发展历史悠久。改革开放以后，畜牧业生产快速发展，畜牧业内部品种结构不断丰富，畜产品屠宰、加工、制造、流通等第二、第三产业也不断壮大，逐渐形成畜牧业产业体系。

（一）从家庭副业发展为农业支柱产业

新中国成立初期，虽然采取了一些政策措施鼓励畜牧业发展，但是这一时期农业是"以粮为纲"，优先发展粮食生产，以解决人民群众的温饱问题，因此，发展畜牧业主要是为粮食生产提供农业畜力和肥料来源。全国提倡家家养猪、户户积肥。在1950年颁布的《家畜保护暂行条例》中规定，凡可供使役和繁殖用家畜一律严禁屠宰，否则人民政府视情节轻重予以处罚。畜牧业从属于家庭副业，在农业中处于补充地位的现象一直持续到改革开放前。农业以种植业为主，种植业以粮食为主，粮食生产又以高产作物为主。种植业与林牧副渔业的结构比始终维持在7∶3左右。与1952年相比，1978年种植业占农业总产值的比重仅下降了6.9个百分点，畜牧业比重上升了3个百分点，渔业则仅提高了1.3个百分点。

改革开放以后，农业生产全面恢复，畜牧业也逐渐发展壮大。1985年牧业总产值达到800亿元，是1978年的4倍，占农林牧渔业总产值的比重达到22%，比1978年提高了7个百分点。此后，随着粮食生产能力的持续提高和改革开放的深入推进，畜牧业继续保持良好发展势头。1995年畜牧业产值超过6000亿元，占整个农业产值的比重达到30%，显著高于林业和渔业所占比重，成为大农业的支柱产业。

进入21世纪，尽管面临加入世界贸易组织的冲击，但是中国的种植业、畜牧业等农业依然保持快速发展，畜牧业产值在农业（农、林、牧、渔业）总产值中的份额稳定上升，地位不断加强。到2008年，畜牧业产值超过2万亿元，占农林牧渔业总产值的比重高达35.5%，创历史最高水平。在某些省（市、自治区），畜牧业已经成为当地农业发展的核心和

主导。北京、内蒙古、吉林、辽宁、西藏、青海、四川7省畜牧业产值占农业产值的比重均超过40%,青海省则在50%以上(图2)。

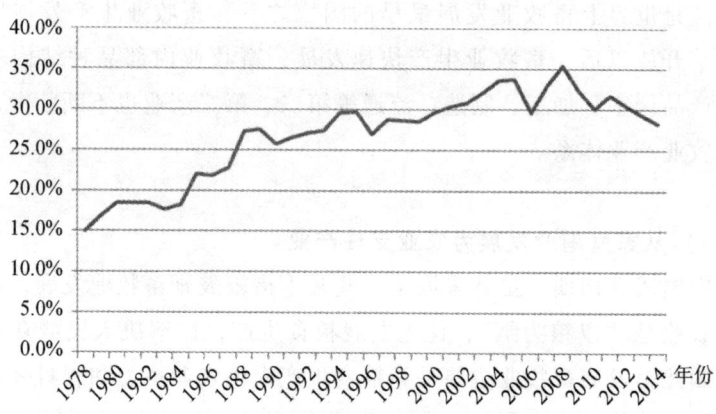

图2 牧业产值占农林牧渔业总产值的比重

数据来源:国家统计局。

(二)生产能力显著提高

新中国成立时,我国的畜牧业生产力降到历史最低水平。在政府的一系列支持政策和措施下,我国畜牧业生产能力逐渐恢复到历史最好水平。1957年,我国大牲畜存栏头数达到8382万头,比1949年增加2380万头,增长39.65%;猪存栏数为14590万头,比1949年增加8815万头,增长152.6%。猪、牛、羊肉总产量达到398.5万吨,人均占有量为6.16公斤,比1949年增长50.24%。

1958—1977年,我国相继经历了"大跃进"、人民公社化运动、三年灾害和"文化大革命"等事件,畜牧业发展时起时落,畜牧业处于曲折徘徊阶段。1961年,我国大牲畜存栏量为6949万头,比1957年的减少1433万头,下降了17.1%,猪存栏量为从7552万头,比1957年减少7037万头,下降了48.2%。1962年起,我国逐步开始纠正"左"的错误思想,实行国民经济调整,鼓励发展畜牧业,使农业生产逐步恢复发展。然而,1966年"文化大革命"运动开始,在经济领域大批"唯生产力论"，在农业方面搞"以粮为纲，战备夺粮"、"割资本主义尾巴"，严重挫伤了农民的生产积极性，整个农村经济因此停滞不前，刚刚复苏的畜牧业经济又遭受破坏。

改革开放以后，农业生产经营管理制度发生重大变革，畜牧业飞速发展，迅速壮大。1979年，党的十一届四中全会通过了《中共中央关于加快农业发展若干问题的决定》，鼓励家庭养畜和大家畜的养殖；1980年，国务院批准了农业部《关于加速发展畜牧业的报告》，农民开始有了生产经营的自主权。同时，我国草原地区还实施了以家庭承包经营为主要形式的"草畜双承包"责任制，实行"牲畜归户，私有私养，自主经营，长期不变"和"草场公有，承包到户，自主经营，长期不变"的政策，明确了草原保护建设和发展畜牧业生产的责、权、利，实现了"草有其主"。特别是1985年国家完全放开猪肉、蛋、禽和牛奶等畜产品价格，加之我国处于经济短缺时代，畜产品需求旺盛，养殖业利润丰厚。农民发展畜牧业的积极性空前高涨，主要畜产品产量大幅增长，总量上实现了供求平衡、丰年有余。1999年，大牲畜年底存栏数达到15025万头，其中牛存栏12698万头，均是历史最高水平；肉类总产量达到5949万吨，禽蛋产量2135万吨，跃居世界首位，人均占有量超过世界平均水平。

20世纪90年代后期，畜牧业发展在取得举世瞩目成就的同时也出现了结构性、地区性的相对过剩、产品质量安全、环境压力加大等一系列问题，同时生产受国内外市场的影响越来越明显。我国畜牧业发展进入结构调整的阶段。从2000年起，大牲畜的存栏量呈现逐步下降趋势；生猪存栏量在2000—2007年间，在4.3亿头水平徘徊；家禽保持稳步发展；奶牛养殖快速扩张，牛奶产量显著增长。2008年"三鹿婴幼儿奶粉事件"爆发，对奶业生产经营造成巨大影响，也将畜牧业发展方式转型升级推到一个重要位置。随着农业行业标准专项制修订计划的启动、一系列促进畜牧业发展的政策措施的颁布，畜牧业发展从数量增长转为质量效益齐增阶段。

为了对畜产品的供给增长进行综合审视，这里根据不同产品的蛋白质含量标准，将各种畜产品的产量折算成蛋白当量，再进行加总，从而得到所有畜产品总体的供给变化情况。1985年我国畜牧业产出的蛋白当量仅有250万吨；1985—1995年经历了快速增长阶段，绝大部分年份的增长率在两位数之上，1995年达到709万吨；从20世纪90年代中后期起，畜产品生产速度放缓，进入结构调整阶段，1996—2005年的年均增长率达到4%，2005年蛋白当量达到1058万吨；随后十年（2006—2015）畜产品生产继续进行提质增效的转型升级，保持2%的年均增长率的平稳提高，到2015年蛋白当量达到1327万吨（图3）。

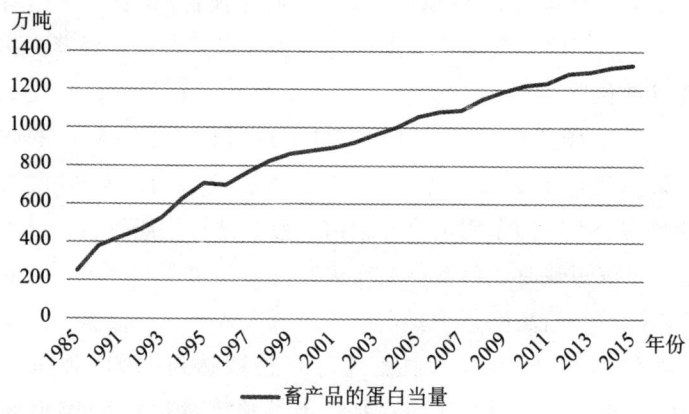

图3 近30年中国畜产品的供给变化

注：数据来源于国家统计局网站，http：//data.stats.gov.cn/easyquery.htm？cn＝C01，再根据各产品的蛋白当量标准计算得到。

（三）产品结构不断细分

改革开放初期，畜牧业生产基本上以生猪为主。猪肉产量超过1000万吨，占肉类总产量的94%。牛的年末存栏量达到7000万头，但主要是役畜，出栏量在300万头左右，牛肉产量不足30万吨。另外，有45万吨的羊肉和18万吨的羊毛。其他畜产品产量微乎其微。

进入20世纪80年代，畜牧业全面快速发展的同时，家禽业出现快速发展。到1985年全国禽肉产量达到160万吨，超过牛羊肉的产量，占肉类总产量的比重达到8.3%，同年猪肉所占比重下降到90%以下，为86%。此后，家禽、肉牛肉羊的发展进一步加快。

产业与技术经济

90年代中期，牛羊肉、禽肉产量显著增长，在肉类总产量的比重显著提高，猪肉比重进一步下降。1995年牛肉、羊肉、禽肉产量分别达到415万吨、202万吨和724万吨，合计占肉类产量的四分之一，同年猪肉产量的比重下降到70%以下，一统天下的局面有所改观。此外，90年代期间我国蛋鸡产业进入了新的发展阶段，增长速度加快。禽蛋产量突破1000万吨和2000万吨大关，多数年份保持两位数速度增长，个别年份增长率甚至高达25%。

进入21世纪，各种肉类产品的生产增速逐步放缓，结构较为稳定。从2000年到2006年，猪肉产量占肉类总产量的比重保持在66%；2009—2013年，猪肉比重均为64%，2014年还提高一个百分点。奶牛产业成为新世纪以来畜牧业生产的新亮点。随着《全国奶业"十一五"发展规划和2020年远景目标规划》、《奶牛优势区域发展规划（2003—2007年）》、《奶牛优势区域布局规划（2008—2015年）》等管理政策出台，我国奶牛养殖业迅速发展，生产能力不断提高。2010年，全国奶业生产跃上新台阶，奶牛存栏数量首次突破1400万头；2012年，奶牛存栏数量达到历史最高峰，为1493.90万头，是2000年的3.06倍，2000—2012年年均增长9.8%。在存栏数量和单产水平双重提升的推动下，牛奶产量迅速增加，2000—2008年期间，全国牛奶产量由827.40万吨提升至3555.80万吨，年均增长率高达19.2%，远远高于同期全球奶类产量年均增长2.1%的水平（表1）。

表1　　　　　　　　改革开放以来主要畜产品产量增长　　　　　　单位：万吨

年份	猪肉	牛肉	羊肉	禽肉	兔肉	牛奶	禽蛋	绵羊毛	蜂蜜
1980	1134	27	44			114		18	10
1985	1655	47	59	160		250	535	18	16
1990	2281	126	107	323	11	416	795	24	19
1995	3648	415	202	724	24	576	1677	28	18
2000	3966	513	264	1191	41	827	2182	29	25
2005	4555	568	350	1344	54	2753	2438	39	29
2010	5071	653	399	1656	73	3576	2763	39	40
2014	5671	689	428	1751	83	3725	2894	42	47

资料来源：国家统计局。

到目前，我国各种畜牧品种产业全面发展，不仅肉、蛋、奶产业发达，而且羊毛、羊绒、兔毛、鸭绒、蜂蜜等产业也逐步发展壮大，多元化的产品结构基本能够满足人们多元化的消费需求。

（四）纵向产业链逐渐延伸

新中国成立后，国家通过建立食品公司，实现畜产品的流通，畜牧业产后环节有所发展，不过主要集中在屠宰、批发、零售等环节，加工水平比较低。改革开放以来，特别是20世纪80年代中期全面开放畜产品市场之后，畜产品国家独营的格局被打破，集体、个人多种经济成分和多种经营方式快速发展，畜产品屠宰加工业不断扩大，畜牧产业链不断延伸。目前，畜产品加工业已经发展成为涵盖肉类加工、蛋品加工、乳制品制造、皮革等畜副产品加工等众多产业的大产业，在国民经济中占有重要地位（图4）。

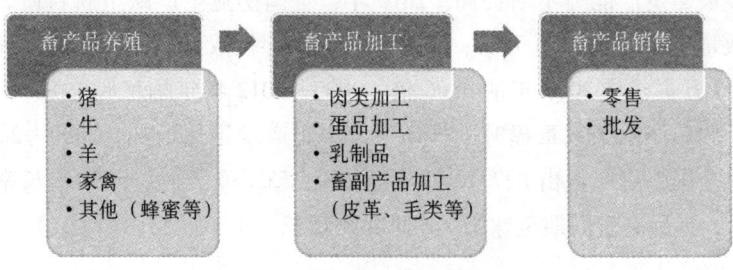

图4　畜产品加工业上下游产业链

近年来，我国畜牧产品综合加工能力不断增强。市场集中度日益上升、区域布局逐渐优化、产业融合度有所提高。到2014年，规模以上肉类工业企业、蛋品加工企业和乳制品制造业企业的资产总额分别达到6246亿元、105亿元和2321亿元。山东、河南、辽宁、四川、江苏等东部、中部省份逐步发展为畜牧加工业大省，区域布局不断优化。畜牧业"产加销"一体化、第一、第二、第三产业融合发展势头加快推进，形成了"企业+农户"、"企业+合作社""企业+基地"等形式多样的产业化生产经营模式。2014年，畜牧业国家级农业产业化龙头企业达583家，占全国农业产业化龙头企业总量的47%，比2004年增加了401家。一些畜产品屠宰加工企业尝试进入养殖环节，开展牲畜饲养，逐渐形成全产业链模式。

三、中国畜牧业产业体系存在的问题

经过几十年的快速发展，目前我国畜牧业产业体系基本建立，产能充沛、部门齐全、产品多样，发展成效显著，但是依然存在一些问题。

（一）产业地位没有得到充分重视

在大农业中，尽管畜牧业已经成为仅次种植业的重要支柱产业，但是在农业中的地位依然不高。从历史来看，国家对于畜牧业发展的重视一般都是出现种植业产品供过于求，进行结构性调整的时候。20世纪80年代中期，粮食连续增产，多个粮食品种产量创下历史最高水平。对此，1985年"中央一号文件"提出"大力帮助农村调整产业结构"，提出"国家将以一定的财力物力支持粮棉集中产区发展农产品加工业"。同时，中央还决定"拿出一批粮食，按原统购价销售给农村养殖户、国营养殖场、饲料加工厂、食品加工厂等单位，支持发展畜牧业、水产养殖业、林业等产业"。20世纪90年代末，粮食生产再次出现明显供大于求的情况，对此1998年《政府工作报告》指出："要以市场为导向，调整和优化农业结构，在不放松粮食生产的同时，积极发展畜牧业、水产业和林业，促进农业向高产、优质、高效方向发展。积极稳妥地发展农业产业化经营，拓宽流通渠道，推动农产品生产、加工和销售环节的有机结合和相互促进，使农民不仅从生产中得到收益，也能分享加工和销售环节的利益。"

进入21世纪，我国对农业生产的财政支持力度不断加强，但是支持保护的对象侧重于种植业。农业支持保护补贴、农机购置补贴、农业技术推广和服务补贴等，累计金额接近2000亿元，仅农资综合补贴、种粮农民直接补贴和农作物良种补贴等三项补贴资金就超过1000亿元。涉及畜牧业的主要有生猪大县奖励政策（35亿元）、畜牧良种补贴政策（12亿元）、畜牧标准化规模养殖支持政策（25亿元），动物防疫补贴政策

(7.8亿元)、振兴奶业支持苜蓿发展政策（3亿元），支持金额总计不到100亿元。

此外，粮食价格支持政策还对畜牧业产业发展造成一定影响。2004年以来，我国在放开粮食购销市场的同时，逐步建立了以最低收购价、临时收储和目标价格为主的价格支持政策体系。以玉米为例，2004—2014年，我国连续四次提高玉米临时收储价格，累计增长49%，政府"托市"收购价格远高于市场均衡价格，从而造成大量粮食以储备形式退出市场，政府收购挤压市场自由交易，严重干预了正常市场机制发挥作用。受价格支持政策影响，国内外价格倒挂且差距持续扩大。2015年1—8月，玉米国内批发市场价格比配额内进口到岸税后价格每吨高765元。玉米是重要的饲料原料，玉米价格的连续上涨对畜牧业产业发展造成一定的影响。从2010年到2014年，畜牧业产值从2.1万亿元增长到2.9万亿元，增长幅度不到40%，比种植业的增长幅度少9个百分点，因此占农林牧渔业总产值的比重从30%下降到28.3%，只相当于20世纪90年代中后期的水平。

（二）产业整体竞争力不强

国际贸易状况是反映产业竞争力的重要指标。进入21世纪，我国畜产品的贸易格局发生重大变化，在世界畜产品出口的比重不断下降，进口比重显著增加，国内产业竞争力的提升跟不上消费需求的增长。根据联合国粮农组织（FAO）的贸易数据，世界畜产品贸易主要肉产品（Meat and Meat Preparations）和乳蛋（Dairy Products + Eggs）两大类。从2000年到2013年，世界肉产品总出口额增长了2.23倍，中国的仅增长了1.45倍，中国肉产品出口额占世界的比重从2.82%下降到2.14%；世界肉产品进口额增长了2.64倍，中国的则增长了8.21倍，中国肉产品进口额占世界的比重从4.54%增加到11.47%，成为世界第四大肉产品进口大国。乳蛋类产品的进出口贸易表现出现同样的变化趋势。出口增长幅度不大，占比下降；进口增长速度较快，占比显著增加，并且幅度更大。2013年中国乳蛋类产品进口额是2000年的24倍，成为仅次于德国、意大利的世界第三大进口国（图5）。

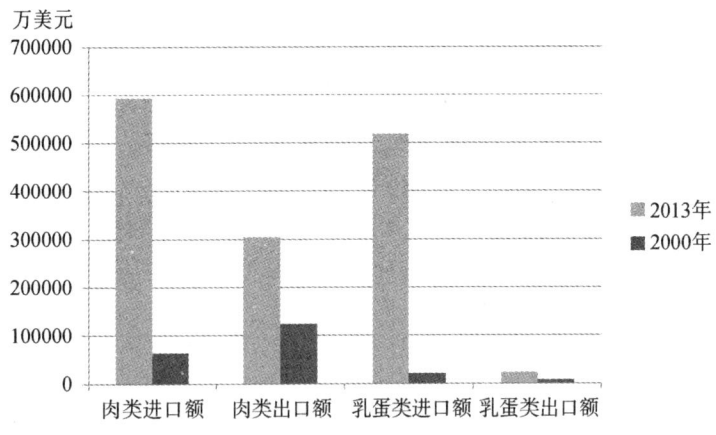

图5 中国主要畜产品国际贸易形势变化

（三）不同产品产业的发展存在较大差异

我国生猪、家禽产业发展较早，专业化、规模化、产业化水平提高较快。2007—2014年期间，年出栏50头以下的养殖场（户）数量由8010万个持续下滑至4689万个，降幅达41.5%。同时，年出栏3000—9000头的养殖场数量快速增长。2014年规模化比重达到70.8%（新标准为41.8%）[①]。2015年，大约有500万养殖散户退出养殖业，全国养猪户减少到4000万户以下，规模化养殖场成为生猪饲养主体。2007年肉鸡养殖年出栏1万只以上、5万只以上、10万只以上、50万只以上、100万只以上的规模比重分别为55%、22.0%、12.8%、6.8%、4.9%，到2014年这一比重分别提高到73.3%、44.7%、31.8%、19.2%和13.6%，中大型规模的肉鸡养殖已成为我国未来肉鸡饲养的主要模式。

规模化水平的提高带来较强的生产能力和市场竞争力。我国猪肉、禽肉、禽蛋的自给率都较高，基本能够满足国内消费需求。2008年以前，我国猪肉不仅能够满足国内需求，而且还能出口近30万吨到国际市场，近年来尽管猪肉进口增长幅度较大，但是绝对量相对较小，不足100万吨，不到

---

① 调整前的生猪规模化标准，即年出栏50头以上养猪场户出栏生猪所占比重。调整后的新标准为年出栏500头以上。

国内总产量的2%，因此我国猪肉依然保持较高的自给率。禽蛋和禽肉的自给率都在100%以上，不仅能够满足国内需求，而且还能保持少量的出口。

牛羊肉产业发展相对滞后。"十二五"期间，中国牛肉产量以年均1.4%的速度增长，较"十一五"期间下降了1.4个百分点。供求矛盾推动近年来牛肉价格显著增加。我国牛肉集市均价从2000年的12.63元/公斤上涨到2015年的63.24元/千克，价格连涨14年，上涨了四倍。同时，牛肉进出口逆差逐年扩大，2015年牛肉进口连续第四年增长，且增速明显。规模化、产业化、组织化发展缓慢是导致肉牛产业竞争力下降的主要原因。2014年我国肉牛年出栏50头以上规模养殖比重仅为27.6%。散养户及小规模养牛户仍占主体，这种分散的小规模养殖，绝大部分是粗放式的饲养管理与经营方式，养殖环境差，科技能力不足，高耗低效，造成肉牛育肥效率低、牛肉品质差，并导致非定点屠宰和集贸市场销售为主导的流通方式，无法形成具有较强市场竞争力的肉牛产业体系。肉羊也存在类似的问题。

相比之下，奶制品产业竞争力最弱。根据中国农业展望报告（2016—2025年）的分析和预测，2015年我国奶制品的自给率只有78%，2020年和2025年将进一步下降到73%和71%。这主要是由于国内奶制品的生产发展跟不上消费增长。我国奶业从种牛、冻精、饲草饲料、饲养设备等整个产业链的关键环节均高度依赖进口，且奶业发展方式仍然落后，单产水平相对较低，单位奶产量的成本明显高于世界其他奶业主产国。此外，乳制品是我国近年来安全事件最为频发的食品之一。从2004年的安徽阜阳"毒奶粉"事件，2008年的"三聚氰胺"事件，2012年的光明"质量门"事件，到2013年的新西兰奶粉有毒物质事件等。频频发生的食品安全事件严重打击了消费者对国产乳制品的消费信心，城乡居民对国产乳制品的信任度明显降低。

（四）产业各环节发展不均衡

总体来看，我国的畜牧业产业体系中，育种、养殖等产前产中环节发展水平不高，而加工、制造、流通、销售等产后环节发展水平相对较高。

畜牧业良种繁育体系薄弱。育种技术还比较落后。人工授精技术还未全面推广，牛羊繁育还是以本交为主。生产性能测定规模小，并且中心测定为主、场内测定为辅。遗传信息的登记、保管、发布以及利用工作还很粗浅，不能为育种提供有力支撑。国内真正有影响力、能被国内外众多生产企业所引用认可的品种不多，其国内品种的种用指标还远低于国外品种，生产性能存在较大差距，从而导致种畜大量进口。

产中环节，一些畜种的养殖规模较小，生产率和效益较低。在肉牛养殖环节，散养户及小规模养牛户仍占主体，主要采取粗放式的饲养管理与经营方式，养殖环境差，科技能力不足，高耗低效，造成肉牛育肥效率低、牛肉品质差、产品缺乏竞争力。在奶牛养殖环节，2015年我国奶牛的平均单产水平为6.0吨，散养和小规模奶牛养殖场的平均单产为5.3吨，远远低于美国、以色列等国家平均单产高于9吨的水平。

四、世界畜牧业产业体系的发展经验

（一）当前世界畜牧业产业体系

1. 畜牧业的产业地位

在世界不同区域，种植业与畜牧业的比例关系存在较大差异。欧洲地区和大洋洲农业以畜牧业为重，畜牧业产值超过种植业；美洲地区，以种植业为主，畜牧业产值只有农业产值的三分之一；亚洲地区，畜牧业比重较低，平均不足30%；非洲地区，基本是种植业，畜牧业比重仅为22%[①]。

在欧洲内部，不同地区国家的农业产业结构也存在较大差异。英国、挪威、丹麦、瑞典等北欧国家畜牧业比重较大，2013年畜牧业产值比重达到65%；法国、德国、荷兰等西欧国家畜牧业比重也超过种植业；相比之下，东欧地区畜牧业比重有所下降，南欧地区畜牧业比重则明显小于种植业（表2）。

---

① 根据联合国粮农组织农业数据库的产值统计数据。其中，农业只包括了种植业和畜牧业，而林业和渔业是单独统计，与农业并列的。这与我国的统计有所区别。我国广义的农业包括农林牧副渔五业。

表 2　　　　　　　世界主要地区畜牧业地位比较

地区	畜牧业产值比重	地区	畜牧业产值比重	地区	畜牧业产值比重
北欧	65%	中亚	44%	北美	36%
西欧	57%	西亚	36%		
东欧	43%	东亚	28%		
南欧	30%	南亚	22%		
大洋洲	57%	非洲	22%	南美	38%

数据来源：根据联合国粮农组织 FAO 数据库提供的各行业产值数据计算，为 2013 年数。

说明：该数据中的"农业产值"仅包括种植业和畜牧业，不包括林业、渔业和副业，因此计算结果与我国的情况有一定偏差。

在亚洲地区，乌兹别克斯坦等中亚国家畜牧业产值比重略高，超过 40%；土耳其等西亚国家畜牧业产值比重有 36%；中国在内的东亚国家，畜牧业产值比重不足 30%；印度等南亚国家，地处热带，畜牧业以热作种植业为主，畜牧业比重非常低，20% 左右。

在美洲地区，无论是美国、加拿大等北美国家，还是巴西、阿根廷等南美国家，还是以种植业为主，畜牧业约占农业的三分之一。澳大利亚、新西兰等大洋洲国家草场资源丰富，畜牧业比重较大，畜牧业产值比重达到 57%。非洲地区由于有相当一部分面积是沙漠地区，因此农业发展受到影响，整个非洲地区的农业总产值还小于北美地区，畜牧业产值比重更小，仅为 22%。

2. 畜牧产业地位呈动态变化

世界绝大多数国家的农业发展基本上是，种植业率先发展，满足人们的基本谷物需求，随着经济发展和农业生产率的提高，畜牧业逐渐发展，满足人们对肉、蛋、奶等更高层次的营养需求。畜牧业内部品种结构不断丰富，纵向产业链逐渐延伸，逐渐形成产业体系，在农业的地位不断提高。日本，从 20 世纪 60 年代初到 21 世纪初的经济快速发展过程中，畜牧业产值占农业总产值的比重从 6% 增加到 15%，之后基本保持在这一水平。巴西，从 20 世纪 60 年代初畜牧业产值比重不足 20%，进入 21 世纪基本上稳定在 40% 水平。印度，以种植业为主，比重非常大，但是畜牧业也有所发展，从1961年畜牧业产值比重从14%增加到至今的21%。

3.产业地位将趋于稳定

经过一段时间的发展变化后，农业产业结构将逐渐稳定下来，种植业与畜牧业的比例关系将保持变化。美国，从20世纪80年代中期至今的近20年间，畜牧业产值占农业总产值的比重基本上保持在35%—40%之间。德国，进入20世纪70年代畜牧业产值比重超过60%，之后至今一直保持在该水平之前，但不超过70%；法国，从1975年至今，畜牧业产值比重在45%—50%之间小幅度波动，非常稳定。

（二）畜牧业产业体系内部的特点

1.结构均衡，品种丰富

根据联合国粮农组织的生产数据，全球主要肉产品有猪肉、鸡肉、牛肉、羊肉等，其中猪肉产量最高，鸡肉其次，牛肉第三。2013年这三种肉的产量占肉类总产量的比重分别达到38%、32%和21%。如果加上水牛肉的产量，牛肉的比重达到22%。此外，绵羊肉和山羊肉合计要占到肉类总产量的5%（图6）。

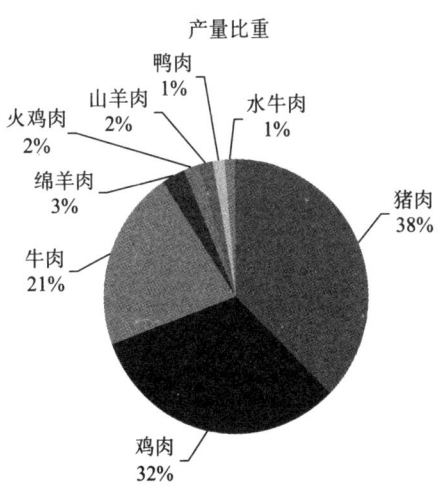

图6 2013年全球肉产品结构状况

数据来源：FAO数据库。

从世界人均消费量来看，我国在牛肉、牛奶方面与其他国家存在较大差距。阿根廷、新西兰、澳大利亚、美国、加拿大、乌拉圭等国家是牛肉消费大国，前三个国家人均牛肉消费量均在 30 千克/年以上。与世界平均水平相比，我国人均牛肉消费量不高。2013 年我国人均牛肉消费量为 5.12 千克/年，仅是世界平均水平的 56%，阿根廷的 9%，澳大利亚 19%。世界牛奶人均消费量达到 53 公斤，我国人均消费量只占其一半左右。

此外，发达国家的畜产品加工流通业发达，产品丰富。从产品形态看，冷鲜肉具有高安全性、高营养价值、高保鲜性等特点，因此发达国家 90% 以上是冷鲜肉，但中国仅为 30%，2/3 左右是热鲜肉和"冻转鲜"。同时，对产品特别是牛肉进行精细分割。如在美国，由八大企业控制着 90% 的屠宰量，其中 75% 的牛由最主要的 4 家企业加工，并制成高端产品。肉鸡深加工程度也比较高。美国 1997 年宰杀后整鸡的销售已小于 15%。目前中国的鸡肉制品加工程度仅为 5.8%，远低于发达国家鸡肉制品的加工程度（30%）和世界的鸡肉平均加工程度（20%）。国外蛋制品主要是液态蛋、冷冻蛋、浓缩蛋、分离蛋、干燥蛋等现代蛋制品，其中大多数是以半产品形式利用其热凝固、起泡性、乳化性用于烧烤制品、糕点、糖果、蛋黄酱和沙拉的调制，人造奶油、肉制品、水产品的生产方面。在乳制品中，液态奶只是其中一部分，奶粉在乳品中所占比重也相对较小，主要作为特殊功效产品，或对外出口商品，大部分乳制品为干酪、奶油。

2. 因地制宜选择适合的产业形态

从世界各国畜禽养殖业发展历程来看，由于资源、技术、经济发展水平和发展阶段的不同，呈现出不同的发展模式。土地资源丰富、劳动力相对短缺的美国，采取了大规模机械化的发展道路；人多地少的日本和韩国，采取了资金和技术密集的集约化发展道路；经济发展水平较高、人口和资源相对稳定的欧洲国家，普遍采用适度规模农牧结合的发展道路；草地资源丰富的澳大利亚和新西兰，采取围栏放牧，资源、生产和生态协调的现代草原畜牧业发展道路。

不同的发展道路，决定了不同产业形态。美国形成了"公司+规模化农场",农场和企业之间采取合同制进行利益联结的产业化模式;欧洲在经历几百年的发展后形成了"农户+专业合作社+专业合作社企业",农户和企业利益共享、风险共担的产业化模式;日本则采取了"农户+农协(综合性合作社)+公司",重点通过农协保护农民利益的模式。无论哪一种产业形态都对这些国家的畜牧业可持续发展起到了巨大的推动作用。

3. 组织化产业化水平较高

在美国,畜牧产业体系的产业化水平普遍较高,养殖企业与加工企业通常形成较为紧密的利益链接机制。例如在20世纪90年代,美国通过推广合约养殖模式促进了南部的北卡罗来纳州和西部的俄克拉荷马州生猪产量的急剧扩张。猪肉加工企业和生猪养殖企业订立委托代养合同能够降低与调查、协商、转让有关的交易费用,减少两类企业之间猪肉质量信息的不对称,加强猪肉供应链各节点企业之间的协同性,降低生猪养殖企业和猪肉加工企业的经营风险。委托代养合同有助于增加猪肉产业供应链各节点企业物资资本投入,扩大经营规模,并降低生产成本。美国肉鸡产业经过多年的发展,逐步形成了高效、成熟的产业模式,以屠宰加工业或大型流通业为主导、产加销整合的纵向一体化经营模式。目前美国肉鸡99%以上都是由合同生产一体化和公司纵向一体化生产,肉鸡产业已经成为美国食品和农业部门中产业化程度最高的分部门之一。

在土地和劳动力资源相对稀缺的西欧地区,尽管以适度规模的家庭农场为畜牧生产主体,但是通过农工商一体化的农民合作社,依然形成较为紧密的畜牧产业链。在荷兰,农户都须加入至少一家农业合作社,所有产品也都卖给合作社。荷兰农业合作社是"社员所有、社员控制、社员受益"的企业。合作社本身是不以营利为目的,也就是说,合作社的所有收益,除了扣除约30%作为合作社机构运行资金及抵御风险资金之外,其余都将分配给社员。农民合作社在生产、销售、加工服务、供应服务和信贷服务等方面发挥了很大作用,把畜牧业生产的产、供、销紧密连接起来,是畜牧业产业一体化的重要组成部分。

丹麦的生猪产业具有很强的国际竞争力,这主要得力于具有高度组织化的合作经营体制。在农业委员会、熏肉和肉制品委员会、养猪协会及农业协会等合作社基础上合并成立的农业和食品理事会①，是农业初级产品生产者、各类合作社和相关产业的代言人，在布鲁塞尔、伦敦、北京和东京均设有代表处。理事会从生猪育种、饲养、屠宰到产业规划、市场营销、疫病防控、猪舍建设，提供一体化、专业化服务，确保动物卫生、食品安全、可持续发展等理念和标准在全产业链的共同遵循和执行。产业链上各类主体互为股东，形成利益共享和风险共担机制，有效避免市场风险。如，皇冠集团由大量养猪场持股，养猪场养一头生猪利润为 120 克朗，年终屠宰环节还会按照每头猪 10 克朗返还分红。

在澳大利亚、新西兰这样地域宽广、养殖户规模较大的国家，也通过各类合作组织和中介组织提高产业的组织化程度。以肉羊产业为例，澳大利亚的肉羊合作组织拥有自己的仓储设施和销售渠道，负责产品的统一定价、仓储、加工、运输、销售等。牧场主则以会员身份向合作组织交售产品，委托合作组织在交易市场拍卖产品，公平交易。合作组织还为牧场主提供生产过程中的产前、产中、产后所需的各种服务，帮助其及时了解掌握先进技术和信息、调整生产结构。并且，一些基础性和技术性工作，如围栏建设、播种施肥、病虫害防治、牲畜配种等，都有专门的公司帮助完成。新西兰的肉羊产业社会化服务体系也很健全，充分为农场主提供肉羊生产经营服务。政府各类部门和民间组织定期向牧场主提供市场最新信息，帮助牧场主以最快的速度了解市场变化，及时调整生产方向；牧场主生产的产品可以直接国内销售或送到港口出口，也可以通过固定的收购公司销售；所需的农药、化肥、种子等生产资料和技术咨询，可以通过电话或网络顺利完成。

（三）畜牧业的产业发展政策

1. 产业规划

产业体系的形成离不开政府的长远规划。以绒毛主产国为例，均对本

---

① 张滢："以合作社为核心的丹麦猪肉产业组织体系：组织架构、制度特性与经验借鉴"，《中国农村经济》，2016 年第 1 期。

国绒毛产业的发展具有明确的产业规划。如澳大利亚着力从完整的羊毛产业链各环节进行设计，新西兰则是注重先进技术的运用和加强绒毛产业自我发展能力的培育，阿根廷更是专门制订了全国养羊振兴计划促进本国绒毛产业的发展。从绒毛主产国产业发展规划的内容看，各国均按照各自的资源环境特点、产业发展现状及前景等，从生产、流通、加工、销售各环节构建完整的政策支持体系。在生产方面，促进农牧户使用优良的品种和先进的生产养殖方式，为农牧户提供必要的标准化基础设施，改善绒毛生产的技术装备，特别是在羊毛收获环节，推广更加科学的剪毛收获技术。在流通方面，促进优质羊毛质量维持较高的价格，确保绒毛质量在流通过程中得到控制，同时，加强与加工企业的合作，了解加工企业对绒毛原料的具体要求，改进绒毛纤维的质量，开发更加适合加工的绒毛产品。特别是在绒毛检验方面，构建规范、公平的质量检验体系，改进检验技术手段，促进检验过的绒毛进入市场后信息及时披露，成为绒毛交易的参考标准。在销售方面，加强对绒毛作为天然纤维的市场宣传，改善羊毛、羊绒制成品的质量标准，迎合现代消费者的消费习惯等。

2. 收入支持

欧盟畜牧产业的发展很大程度上得力于共同农业政策（CAP）的支持。包括一是提供优惠贷款，从信贷方面支持农业产业化经营。二是实行价格补贴，对农业生产经营进行保护。1992年和2000年，共同农业政策经过两次大幅度改革之后，欧盟各成员国对农业的主要补贴形式不再与产量挂钩，改为依据不同作物的面积补贴和对牲畜的头数补贴，其绿箱政策的属性越来越强。

美国通过"农业方案"以法律形式确保对畜牧产业在内的农业支持政策。例如，奶业为例，1933年颁布第一部农业法以来实施了一系列奶业支持政策，经历了"价格支持—收入补贴—利润保障"三个阶段，2008年开始实施牛奶利润保障保险（LGM－D），基于牛奶价格和饲料价格两个方面综合考虑来保障奶农的基本收益。

受土地、饲料、劳动力等资源约束，日本畜牧产业并不具备发展需要的诸多优势条件。但是，日本的肉牛、奶业生产水平却居世界先进行列，主要得益于其政府制定的一系列保护政策和发展措施。以奶业为例,日本1961年《农业基本法》的实施推动了其奶业的快速发展,奶业主产区逐渐形成,西方发达国家的经营模式被引入,奶业结构逐步调整,规模化、集约化、标准化趋势初露端倪。同时,颁布实施了《畜产品价格稳定法》和《加工原料奶生产者补助暂定措施法》,保证了原料奶价格的稳定,保障了日本奶业的持续稳定发展。

从绒毛主产国实施的各项政策看,价格政策是促进绒毛生产效果最直接的政策措施。澳大利亚、新西兰等世界先进养羊大国均在本国羊毛价格低迷、羊毛产业发展低谷时期实行过最低羊毛保护价政策,政策的实施避免了市场价格过低给绒毛生产者带来的损失,迅速刺激了绒毛生产,当绒毛生产能力提高、绒毛产业发展相对稳定后,这些国家又纷纷取消价格支持政策,转向其他方面的政策促进绒毛产业发展。

3. 环境治理引导与补贴

在美国,要求规模化养殖场要制订全面的肥料管理计划,养殖企业必须要有符合联邦标准的存储和处置肥料的计划,包括适当规模的土地来处理肥料、符合气体发散限制的指导方案和确保氮磷最低流失率的控制措施。生猪养殖企业需要将此做成文件并报告给环境保护组织的监督员。"环境质量激励计划"规定,生猪养殖者可以自愿参加补贴申请。在生猪养殖者采取环保措施后,政府通过事后的环境评估,提供以下两方面的补贴:一是分担环保工程措施实施成本的75%;二是激励补贴,主要是通过补贴,鼓励农牧民的生产活动达到政府的环境标准。按照"环境质量激励计划"提供环保工程设施成本75%的政策规定,联邦政府对生猪养殖场沼气池的补贴超过了2500万美元。

20世纪90年代,由于牛奶产量的过快增长,日本奶业也出现了乳制品阶段性供应过剩、生产者补贴财政负担过重、环境污染等问题,日本政府迅速采取措施加以干预,推进了奶业生产再调整,出台《废弃物处理与消除法》、《家畜排泄物法》等相关法律法规,加强畜牧业经营环境保护,鼓励养殖户(场)投资建设环境保护设施,国家和地方政府支付费用的75%,养殖户(场)支付25%。

新西兰政府非常重视保护草场资源，为了避免过度放牧，规定 1 英亩土地上只能放牧 1 头牛或 4 只羊；为了防止草原退化，鼓励采用分栏式放牧。新西兰政府一直重视生态保护，2003 年，"乳业与河流清洁法令"颁布实施，要求所有奶牛场的废水及排泄物都符合当地环保部门规定；2004 年起，新西兰政府对牛、羊、鹿等畜产品养殖按头征收"屁税"，每头牛约 54—72 新西兰分。这些政策的实施在保证奶业发展的同时，也保护了新西兰的生态环境。

4. 贸易协助

为扩大农产品出口，美国政府制定了"扩大出口计划"，并采取了一系列措施。如美国政府通过乌拉圭回合多边谈判，以消除国际间的贸易壁垒为借口，在政府层次上为美国农畜产品出口开辟了良好的国际环境。例如，美国采取的肉鸡扶持政策有隐性补贴、交易援助贷款和贷款缺额补贴、贸易保护政策和出口补贴、特设灾害援助计划、作物和收入补贴保险、鼓励使用循环设备的税收优惠及其他地方性相关补贴项目等。

五、完善畜牧业产业体系的政策建议

应该着力构建"与资源环境承载力相匹配，与市场需求相吻合，横向拓展和纵向延伸有机统一"的现代畜牧业产业体系。具体来说：根据整个农业发展规划，兼顾资源环境承载力，合理定位畜牧业，加快推进粮经饲统筹、农林牧渔结合、种养加一体，形成畜牧业与种植业等其他产业协同发展的格局。畜牧业发展方式实现转型升级，标准化、专业化、规模化水平明显提升，质量安全有保障，产业竞争力明显提升。畜牧业内部结构多元化，生猪、家禽生产保持稳定，牛奶、牛肉、羊肉等草食畜产品快速发展，基本满足国内鲜食消费需求。畜牧业加工业结构优化，市场集中度提高，产业链延伸，产品附加值增加，养殖与加工环节形成紧密的利益链接机制。

（一）合理定位畜牧业，加强行业规划和政策支持

充分认识畜牧业发展在优化农业结构、满足食物需求、实现农民增收的重要作用，真正改变只有当粮食供过于求的时候才重视畜牧业的现状。统筹考虑种养规模和资源环境承载力，以消费需求为导向，兼顾国内外比较优势，提前合理规划畜牧业发展。随着经济发展和收入水平的提高，畜产品在食物消费中将占有重要比重，主要畜产品的市场供给必须立足国内生产。从国际市场的适当进口主要用于平抑市场波动，和弥补小部分空白市场。要以畜牧业规划为基础，制定良种、饲料、饲料粮、牧草等相关产业的行业规划。

（二）提高生产效率，提升产业整体竞争力

当前，小规模畜牧业生产仍然具有低成本优势，但是生产效率不高的劣势日益显现，中大型畜牧业生产的效率较高，但是资金投入和环保成本较大，因此中国畜牧业发展处于一个关键的转型时期。要因地制宜，发展适度规模养殖，探索多种生产经营方式。要加快推进畜禽良种繁育和推广，建设标准化、规模化、集约化经营为主导的产业发展格局，着力提高产仔量、日增重、产奶量等单产水平，降低单位成本，提高产品质量安全水平，从而提升畜牧业产业的整体竞争力。加大畜禽粪污处理和资源化利用的模式和技术的创新，加快技术推广，出台相应的补贴政策，降低环保压力，促进畜牧业生产方式的转型升级。

同时，应以相应的产业支持政策和国际贸易政策相配合，为产业比较优势的形成提供过渡时期。一方面，对畜牧业转型升级提供产业支持政策，包括标准化、规模化基础设施建设补贴、机械购置补贴、粪污处理补贴等以及在担保、抵押、利息等方面的金融优惠政策。另一方面，在多边和双边贸易谈判中，要注意保留对畜产品市场的适当保护；当发生严重市场冲击和产业损害时，要采取技术壁垒、特殊保障等措施维护产业安全；严厉打击走私牛肉、羊肉的行为，维护质量安全和公平竞争。

（三）推进草食畜牧业发展，优化产业内部结构

保持生猪生产稳定、猪肉基本自给。促进南方水网地区生猪养殖布局调整，贯彻落实环保政策，加快不合格养殖场（户）的退出速度，积极

培育有实力、有基础，又符合环保的养殖场发展，进一步提高规模化比重。促使中小散养户组建合作社，提高组织化水平。加大建立健全中央与地方相结合的猪肉储备制度，完善进出口调节机制，降低猪肉市场波动的幅度，延长波动周期。对肉鸡等家禽行业，应开展养殖场专项整治和清理工作，设立专项整治队伍和资金，关停一批、改造一批、搬迁一批。挤掉一部分投机泡沫，减轻行业波动。鼓励兼并重组，提高市场集中度。加快生产方式的转型升级，发展环保型和福利型生产模式。

加快发展草食畜牧业。抓住"粮改饲"的契机，加大振兴奶业苜蓿发展行动的力度，夯实草食畜牧业发展的物质基础。加强品种改良和推广，完善良种补贴政策，扩大奶牛、肉牛、肉羊标准化养殖补贴覆盖面，显著提高牛羊生产性能。统筹资源、产业、技术和市场等因素，结合全国种植业结构调整，科学确定草食畜牧业发展重点和空间布局，因地制宜选择推广适当的养殖模式和组织方式。

（四）促进产业纵向整合，提振消费信心

大力发展畜牧业加工业，延长产业链、提升价值链。根据不同畜种的养殖方式、产品加工程度、市场消费特点，选择合适的产业组织方式和产业链形态，推动第一、第二、第三产业融合发展，提高畜牧业的国际竞争力。加强畜产品质量安全监管，建立健全质量安全追溯体系。加大科技创新，加强新产品的研发，优化产品结构。

提振国内畜产品的消费信心。加强媒体宣传，鼓励乳制品、牛羊肉等草食畜产品消费。加强畜产品质量安全信息的官方报告，严厉打击虚假炒作信息，恢复和增强消费者对国内畜产品的消费信心，刺激国产畜产品的市场需求。多元化渠道拉动消费，研究通过发放消费券或优惠券的形式，提高城乡特殊人群和低收入群体的消费能力，增加居民对畜产品特别是奶制品、禽蛋禽肉高蛋白食品的消费需求。

中国农产品加工业发展的现状、问题及对策[*]

何安华　秦光远

内容提要： 现阶段中国农产品加工业的发展呈现出九大特征：农产品加工业总体快速发展，但在工业中的地位下降；占轻工业的比重及与农业产值之比不断上升；出口值呈增长态势，但出口份额下降；就业结构、产值结构和出口结构的行业差异明显；加工企业规模逐渐扩大；企业经营状况良好，行业间经济效益不均衡；集聚态势明显，具有行业差异和空间分布差异；加工机械品种初步满足需求，工艺技术水平不断提高；外资进入并从加工环节向上下游扩张。近10余年中国农产品加工业虽取得长足发展，但仍存在一些问题。为促进农产品加工业发展，建议实施地区和产业差别化政策，优化财政投入机制，支持企业更新加工装备和工艺技术，加快完善农产品加工业税收政策，大力创新金融服务方式，鼓励发展农产品加工业行业协会和完善相关配套政策及措施。

---

[*] 项目来源：农业部司局课题"我国农产品加工业扶持政策体系研究"；2016年度农业部软科学项目"我国农民涉农创业的理论与精准扶持政策研究"（项目号：201602）。
何安华，博士，农业部农村经济研究中心副研究员，研究方向：农业经济、合作经济；秦光远，博士，北京林业大学经济管理学院讲师，研究方向：林产品市场与贸易。秦光远为通讯作者。

产业与技术经济

农产品加工业将成为 21 世纪中国农村经济起飞的发展极（张润清、李崇光，2004）。农产品加工业横跨农业、工业和服务业三大领域，具有投资少、周期短、效益好的特点，是广大发展中国家工业化初中期应当优先发展的产业。发达国家和我国经济发达地区的实践表明，农产品加工业具有延长农业产业链条、提高农产品附加值和增加农民收入的作用，是带动现代农业发展的"引擎"，是减少农产品产后损失的重要途径，是推进农业产业化的核心。我国有较为充足的农产品原料和大量农村剩余劳动力，这为发展农产品加工业创造了很好的条件。目前，我国已进入工业化中期阶段，具备了"工业反哺农业"的财力支撑，在此背景下发展农产品加工业成为实现农业增效、农村繁荣、农民增收目标的重要举措。

一、我国农产品加工业的发展现状与特征

本文采用《中国工业经济统计年鉴》的统计数据分析我国农产品加工业的发展现状。该年鉴提供了农产品加工业 12 个行业的规模以上工业企业的统计数据[①]。以下分析所用数据仅包括规模以上工业企业。

（一）农产品加工业持续快速发展，但在工业中的地位略有下降

从企业数量看，农产品加工企业由 2000 年的 60753 个增加到 2014 年的 129367 个，增长了 112.94%，年均增长 5.55%。同期工业企业数量由 162885 个增加到 377888 个，增长了 132.00%，年均增长 6.20%，增速略快于农产品加工企业。农产品加工企业占工业企业的比重持续下降，但下降速度非常慢。从从业人员数量看，农产品加工企业的从业人员数由 2000 年的 1623.36 万人增加到 2014 年的 2924.67 万人，增长了 80.16%，年均增长 4.29%，而同期工业企业的从业人员数增长了 71.87%，年均增长 3.94%。农产品加工企业从业人员数量占整个工业企业从业人员数量

---

① 根据中国国家统计局的分类，我国农产品加工业主要包括 12 个行业，分别为：农副食品加工业，食品制造业，酒、饮料和精制茶制造业，烟草制品业，纺织业，纺织服装、服饰业，皮革、毛皮、羽毛及其制品和制鞋业，木材加工和木、竹、藤、棕、草制品业，家具制造业，造纸和纸制品业，印刷和记录媒介复制业，橡胶和塑料制品业。

的比重大体上经历了先升后降的过程，由 2000 年的 27.96% 上升到 2005 年的 32.38%，随后持续下降，到 2014 年降到 29.31%。从工业销售产值看，农产品加工企业的销售产值由 2000 年的 22423.31 亿元增加到 2014 年的 253253.70 亿元，同期工业企业的销售产值则由 83678.17 亿元增加至 1092197.99 亿元，前者占后者的比重总体上是下降的。总体而言，农产品加工企业数量增速略低于工业企业，但其从业人员数量增速略高于工业企业，这一定程度上说明，近 10 余年来农产品加工企业的边际就业吸纳能力稍高于总体工业企业。农产品加工业已成为我国开发就业岗位、缓解就业压力的重要渠道。

（二）农产品加工业在轻工业中的比重及与农业产值的比值在不断上升

就总产值而言，农产品加工业在整个工业中的比重呈下降趋势。由于农产品供给增加、城乡居民收入增加引起居民对农产品加工品需求的扩大和多样化、农产品卖难推动农产品加工业发展等多种因素的综合作用（杨刚强，2012），农产品加工业总产值占工业总产值的比重在缓慢下降。据统计，农产品加工业的产值比重从 2000 年的 26.96% 下降到 2011 年的 21.90%，下降了约 5 个百分点①。但农产品加工业总产值占轻工业总产值的比重却在持续小幅上升并趋于稳定，其变化趋势与占工业总产值的比重呈相反方向。到 2011 年，农产品加工业总产值占轻工业总产值的比重达到 77.78%，已占据轻工业的大半壁江山。2000 年以来，我国农产品加工业产值与农业产值的比值在逐渐提高，从 2000 年的 0.93∶1 上升到 2005 年的 1.46∶1，到 2009 年突破 2∶1，达到 2.08∶1，2011 年进一步提高到 2.27∶1。总体上看，农产品加工业产值与农业产值之比仍呈上升趋势。

（三）农产品加工出口呈现增长态势，但出口所占比重已大幅下降

出口对农产品加工业的发展非常重要。从年度数据看，我国农产品加

---

① 《中国工业经济统计年鉴》从 2012 年起不再提供工业总产值数据。

工业出口交货值是持续增加的,从 2000 年的 5035.76 亿元增加到 2014 年的 23649.14 亿元,不考虑价格因素,14 年间增长了 369.62%。同期的工业企业出口交货值从 14575.03 亿元增加至 118414.25 亿元,增长了 712.45%。可见,农产品加工出口的增长态势要弱于整个工业产品的出口。考察出口交货值占销售产值的比重,发现工业产品的出口比重由 2000 年的 17.42% 增加到 2004 年的 20.47%,随后持续下降,到 2014 年为 10.84%,2004—2014 年共下降了 9.62 个百分点。农产品加工业出口交货值占销售产值的比重自 2000 年以来呈逐年下降态势,从 2000 年的 22.46% 持续下降到 2014 年的 9.34%,14 年间共下降了 13.12 个百分点。农产品加工业出口交货值占工业出口交货值的比重大体上也呈下降态势,这一比重在 2000 年为 34.55%,到 2014 年已下降到 19.97%。这说明我国农产品加工业发展的出口拉动作用在逐渐减弱。

(四)农产品加工业的就业结构、产值结构和出口结构的行业差异明显

从农产品加工业内部看,企业构成和就业结构存在明显差异。2014 年,农产品加工业企业数量最多的四个行业依次为农副食品加工业(占 19.20%)、纺织业(占 16.09%)、橡胶和塑料制品业(占 14.02%)、纺织服装和服饰业(占 12.23%),这四个行业的企业数量共占到农产品加工业企业总数的 61.55%。企业数量最多的四个行业同时也是从业人员数量最多的行业,从业人员数排前四位的行业分别为纺织业(占 16.76%)、纺织服装和服饰业(占 15.80%)、农副食品加工业(占 15.03%)、橡胶和塑料制品业(占 11.69%)。将产值结构和就业结构综合起来看,2014 年,占销售产值 3.60% 的烟草制品业,其就业份额只占 0.74%,而占销售产值 5.47% 的皮革、毛皮、羽毛及其制品和制鞋业,其就业份额却高达 10.39%,这说明农产品加工业中的资本密集型行业和劳动密集型行业有着很大差异。从出口结构看,2014 年,纺织服装和服饰业的出口交货值最高,占到农产品加工业出口交货值的 20.70%,其次为橡胶和塑料制品业,所占比重为 16.32%。此外,出口交货值所占比重超过 10% 的行业还有纺织业(占 16.27%)、皮革、毛皮、羽毛及其制品和制鞋业(占

14.41%）和农副食品加工业（占 12.35%）。这 5 个行业都是典型的出口导向型农产品加工行业。总体上，纺织服装和食品行业仍是我国农产品加工出口的主导力量。

（五）农产品加工企业规模逐步扩大，但仍小于工业企业的平均规模

从经营规模看，我国农产品加工企业的规模是逐渐扩大的，但仍小于工业企业的平均规模。2000—2014 年，我国农产品加工企业的平均从业人员数量经历了先降后升的过程，从 2000 年平均每个企业的从业人员数 267.21 人减少为 2009 年的 178.47 人，到 2014 年恢复到 226.08 人，这 14 年间出现了多次反复。农产品加工企业的平均销售产值则大体上保持了增加趋势，从 2000 年的 3690.90 万元增加到 2010 年的 9385.03 万元。由于 2011 年规模以上企业的划分标准由年主营业务收入 500 万元提高到 2000 万元，2011 年农产品加工企业的平均销售产值大幅提高，达到 15964.95 万元，到 2014 年为 19576.38 万元。农产品加工企业的平均从业人员数量、平均销售产值均呈现出扩大趋势。然而，与工业企业相比，2014 年农产品加工企业的平均从业人员数量仅相当于工业企业的 85.63%，平均销售产值仅为工业企业的 67.73%。

（六）农产品加工企业经营状况良好，行业间经济效益不均衡

通过考察亏损企业占企业总数的比重去粗略比较农产品加工企业和工业企业的经营状况，发现农产品加工企业的经营状况比工业企业还要好。2000—2014 年，按企业数量计算，工业企业的亏损率在不断下降，由 23.36% 下降为 11.50%，其中 2011 年达到最低值为 9.35%，14 年间下降了 11.86 个百分点。同期，农产品加工企业的亏损率也在不断下降，且下降幅度比工业企业还要大，企业亏损率从 2000 年的 23.34% 下降到 2014 年的 9.17%，共下降了 14.18 个百分点。2000 年以来，农产品加工亏损企业占工业亏损企业的比重也在持续下降，2000 年这一比重为 37.28%，到 2005 年降为 34.68%，2010 年进一步降为 32.26%，2011 年已跌破 30%，到 2014 年为 27.30%。此外，通过总资产贡献率、资产收益率、

资产负债率、成本费用利润率、流动比率和流动资产周转率等指标去分析农产品加工业各行业企业的经济效益，发现农产品加工业总体经济效益已达到甚至超过工业平均水平，但农产品加工业各行业的经济效益很不均衡。

（七）农产品加工业仍具空间集聚态势，但行业和空间分布差异明显

农产品加工业具有显著的地理集聚特征（邓宗兵等，2014），而且地理集聚对农产品加工业的成长有着显著影响（秦建军等，2010）。以销售产值为计算依据，2014年我国农产品加工业的CR5值为50.06%，12个行业中有8个行业的CR5值超过50%[①]。纺织业，纺织服装、服饰业，皮革、毛皮、羽毛及其制品和制鞋业的集聚程度最高，其CR5值都在60%以上，分别为68.63%、66.74%和66.84%；其次为橡胶和塑料制品业，家具制造业，造纸和纸制品业，印刷和记录媒介复制业，木材加工和木、竹、藤、棕、草制品业，其CR5值在50%—60%。农副食品加工业，食品制造业，酒、饮料和精制茶制造业，烟草制品业的产业集中度较低，均在40%—50%。以从业人员数为依据计算的各行业产业集中度结果跟以销售产值为依据的计算结果大体相当。从地理空间分布看，农产品加工业的区域分布不均衡，各行业的地理集聚主要在东部地区。从省份尺度看，2014年，东部地区的山东、江苏、广东、浙江是主要集聚地，四省合占农产品加工业销售产值的42.60%；农产品加工业从业人员数最多的五省为广东、山东、江苏、浙江和福建，均在东部地区，出口交货值最多的也是上述五省。

（八）机械品种初步满足加工业基本需求，工艺技术水平不断提高

农产品加工装备一直是我国农产品加工业的"瓶颈"。随着市场经济的发展，农产品加工企业不断壮大推动了农产品加工装备制造业的快速发

---

① 产业集中度CRn是衡量产业绝对集中度最常用、最简单易行的指标，该指标表示行业中产值最大的前n个地区所占总产值比重之和，取值范围在0—10，取值越大表示行业集中度越高。

展,通过技术引进、消化、吸收、创新的发展方式,我国农产品加工装备水平、生产效率和产品质量得到稳步提高,主要农产品加工领域已初步形成了比较齐全的国产化加工机械品种,部分装备更是实现了从进口到出口的根本转变(丛福滋,2010)。例如,主食加工国产化设备以中小型为主,设备门类齐全且基本实现国产化,品种基本满足加工业需求;国产化的肉类加工机械品种占到常规肉类加工设备的 90% 以上(彭宝良等,2013)。可以说,农产品加工国产装备的品种和数量基本可以满足加工需求。从农产品加工的工艺技术看,农产品加工已能广泛应用机电一体化、自动化等先进技术,且国产技术的适用性和可靠性也有了大幅提高,技术应用正由单项技术向集成技术方向转变、由初加工向精深加工方向转变。

(九)外资以农产品加工业为主要突破点,从加工环节向上下游产业扩张

当前,外资进入中国农产品加工业的步伐在加快、压力在加大(刘明国、张海燕,2015)。中国的食品加工业有着 14 亿人口的巨大市场,粮油、饮料、乳品、肉类等加工行业倍受外资青睐。当前,外资以农业跨国公司为主要载体,选择我国商品率高、附加值高、国内市场潜力大、产区相对集中的农产品加工环节为投资重点(蔡琳、张永霞,2010),向上游和下游扩张,最终控制整个产业链(丁玉、孔祥智,2014)。某些农产品加工行业已经出现了外资占有多数控制权的现象,例如外资参股或独资的大豆加工企业占领国内市场份额最高时达到 85%,参股或独资的乳制品企业占领了 1/3 以上市场(吕勇斌,2009;李蒙,2011)。纵观近年来外资进入我国农业的进程,发现外资以我国资金实力薄弱的农产品加工业为突破口,通过控制加工环节向上下游环节渗透,已表现出较强的产业整合和战略布局特征,产能过剩的加工行业日益成为外资进入的热点。这在我国的油脂、乳品、肉类加工行业最为明显。

二、我国农产品加工业发展存在的问题

我国农产品加工业在近 10 余年虽取得了长足发展,但仍处于初级发展阶段，还存在不少亟待解决的问题。

（一）资源综合利用率偏低，产品加工不足和过度加工并存

我国农产品加工仍以初加工占多数，加工副产物综合利用不足的现象非常普遍。发达国家农产品综合利用率高达90%，而我国只有40%左右，造成资源的严重浪费（鲁德银，2005）。据报道，2013年我国粮油、果蔬、畜禽、水产品加工副产物约为5.8亿吨，其中60%被作为废物丢掉或简单堆放；粮食加工副产物中，稻壳利用率不足5%，米糠不足10%，碎米为16%；其他类农产品加工副产物的综合利用情况，油料在20%以上，果蔬不到5%，畜类为29.9%，禽类为59.4%，水产类在50%以上。[①] 在多数农产品或其副产物加工开发不足的同时，少数农产品又存在过度加工问题，突出表现为粮食的过度加工。粮食碾磨加工中，大米出品率应在70%—75%，小麦面粉应达到80%以上，但由于片面追求"精、细、白"的产品外观，我国大米、小麦面粉平均出品率仅在65%左右。[②] 粮食过度加工每年损失150亿斤以上，这不仅带来了营养损失，更是造成了粮食资源浪费。

（二）装备研发投入不足，工艺与装备匹配性不高

加工装备研发投入不足，科技储备弱，技术创新能力不强，工艺和装备脱节等问题一直是制约我国农产品加工装备业发展的重要症结。由于研发能力和投入不足，整个加工装备的创新能力不强，突出表现在缺乏创新平台和创新主体，这也导致了加工装备行业的产品低水平重复现象较为严重，低水平、低档次的产品泛滥。许多小型加工装备制造企业仍停留在仿制外国产品的阶段，拥有自主知识产权的产品较少。此外，农产品加工工艺技术的开发也存在不少问题，特别是近年来国家对农产品深加工投入基

---

① 数据来自"农产品加工副产物损失惊人 综合利用效益可期"，《农民日报》，2014年8月9日。
② 数据来自"持续增长压力大 结构性调整迫在眉睫——2013年谷物磨制业监测分析与预警报告"，《农业工程技术（农产品加工业）》2014年第6期。

本是以加工工艺为主，装备为辅，过度偏向工艺开发，使得部分新工艺超前于新装备的研发，工艺和装备脱节。一些加工工艺技术虽被开发出来，但缺少相应的装备与之配套或配套装备的成本太高，加工企业往往对这些技术和装备望而却步。

（三）缺乏高素质专业人才，人才流失严重

专业技能人才匮乏是制约我国农产品加工业发展的"瓶颈"之一。农产品加工企业不仅需要专业的技术人才和管理人才，还需要专业的财会人员和营销人员等。由于农产品加工企业以小型规模企业为主，多数农产品加工企业很难为所需专业人才提供有竞争力的工资待遇和优越的工作、生活条件，对专业人才的吸引力非常有限，面临高素质人才"引不来，留不住"的问题。缺乏技术、管理、营销等人才，农产品加工企业的可持续发展将得不到有效保障。总体而言，我国多数小型农产品加工企业还没有聚拢到太多的专业人才，人才社会意识程度比较低。同时，已聚拢到专业人才的农产品加工企业也面临着人才流失严重的问题。优秀人才流失问题普遍存在于经济发达地区和经济欠发达地区。

（四）质量监管体系不健全，加工农产品存在质量安全隐患

当前，我国农产品加工业正从快速增长阶段向质量提升阶段转变，但由于多数农产品加工企业的加工设备陈旧、技术水平低，而农产品加工行业又缺少相应的行业标准，产品质量监管体系又不健全，这必然加大了农产品加工产品的质量安全隐患。农产品的生产、加工、运输、储藏、销售等环节都可能产生污染，其中，一些农产品加工企业收购原料产品时因缺少必要的检测工序或检测设备，不能在加工环节之前有效识别出农产品的质量问题，以致农产品加工产品出现质量安全问题之后，产生各环节相互推诿责任的现象。再者，我国尚未建立起严格的农产品加工质量监管体系，更做不到全面监控农产品的生产加工过程。以乳品加工企业为例，"三聚氰胺"事件后，伊利、蒙牛等少数大型乳品企业对加工、运输环节进行了全程质量监控，但多数小型乳品企业却很难做到全程质量监控。

(五) 空间集聚出现分散化趋势,上下游主体尚未建立有效利益联结机制

相关研究表明,2008 年至今,农产品加工业地理集中程度相对较低,空间布局趋于分散化,呈现出自东向西转移的趋势,导致各地区的专业化水平显著下降(马子红等,2015)。农产品加工业东强西弱的产业布局格局已发生明显改变,中西部及东北地区与东部地区的发展差距显著缩小(冯伟等,2016)。与发达国家相比,我国农产品加工业的地理集中程度明显偏低。2008—2012 年,除了饮料制造业和烟草制品业外,我国农产品加工业的其他 10 个行业均呈现空间分散趋势,其中,橡胶制品业、家具制造业、皮革、毛皮、羽毛(绒)及其制品业及纺织服装、鞋、帽制造业等劳动密集型产业的分散幅度尤为明显。目前各地已创建出一批农产品加工产业集聚园区,但因产业链条短,受原材料、加工技术等因素的制约,集聚园区内的加工企业仍以单一性生产行为占主导,对原材料供应商和市场销售商的依赖性较高,尚未跟农民、合作社、生产基地、批发市场、超市等建立长期和稳定的利益联结机制,很容易诱发区域内加工企业因争夺原材料或市场而开展无序甚至恶性竞争。

(六) 加工农产品整体竞争力不强,出口拉动作用减弱

当前我国农产品加工产品的国际竞争力依旧不够强。1996—2011 年,我国加工农产品贸易额占总贸易额的比重在不断下降,同时加工农产品贸易逆差日趋加深(刘馨阳等,2014)。随着我国加入 WTO,加工农产品的竞争空间范围不断扩大,已从产品质量、价格的竞争延伸到品牌、包装、服务、信誉等营销能力的竞争。而品牌营销能力弱也正是当前我国农产品加工企业的发展"短板",尤其是国际驰名品牌塑造更是仅有寥寥数家农产品加工企业。此外,我国加工农产品出口交货值占销售产值的比重由 2000 年的 22.46% 下降到 2013 年 9.87%,这一方面反映出我国农产品加工业的发展主要是满足内需,另一方面也表明加工农产品的出口拉动作用正在减弱。

(七) 外资大肆进入农产品加工领域,冲击着我国农业产业安全

外资通过对国内部分加工企业的兼并收购和资金注入,解决了这些企业的融资难题,同时也引入了先进技术和经营管理理念,逐渐淘汰小规模加工作坊,带动众多中小型加工企业转变生产方式,使国内其他企业大为受益,推动了我国农产品加工业整体技术水平和生产效率的提高。但外资进入最大的威胁在于冲击我国农业的产业安全。目前,外资对我国农业某些产业的并购已构成了安全威胁,较为典型的是大豆产业。外资进入我国大豆产业后,重点投资并控制了居于产业链中端的加工环节,以此为中心,向大豆产业链的两端进行控制性扩张,在上游控制了进口大豆的采购权,确保大豆加工原料渠道稳定,进而挤压我国国产大豆的发展空间;在下游控制食用油的市场销售,获取了大豆油的市场定价权。因此,外资进入我国农产品加工业所引发的最大负面效应就在于外资以加工环节为关键节点渗透和控制整个行业产业链。

三、促进我国农产品加工业进一步发展的建议

进一步促进我国农产品加工业发展,不仅有利于我国农业结构调整和现代农业建设,更是促进农民增收和繁荣农村经济的重要方向。

(一) 积极实施差别化政策

现有的农产品加工业支持政策在区域、加工行业、农产品品种、企业销售市场等方面还没有表现出很强的差别化对待,这不利于引导我国农产品加工业向重点区域和重点产业发展。《农产品加工业"十二五"发展规划》虽明确了重点区域和重点产业,但差别化政策尚未跟进出台。对此,应从地区差异出发,结合农产品加工业呈现出向中部地区集聚的趋势,鼓励东部地区的资本向中部流动,解决中部地区农产品加工业发展的资金瓶颈,加快中部地区基础设施建设和物流业的发展,为中部地区承接东部产业转移提供条件。根据农产品加工行业甚至农产品品种出台更有针对性的加工扶持政策,例如制定主食加工业扶持政策、小麦加工扶持政策等。对

国内农产品原料丰富、加工利用比重较低的农产品加工给予特殊支持。对以出口为主的农产品加工企业提供出口便利，简化程序，加大出口退税支持力度。

（二）建立和优化财政投入机制

优化财政投入机制，增加财政对农产品加工业的有效投入，明确提出财政支农资金对农产品加工业的投资比例，其中食品加工业应是农产品加工业财政扶持的主要方向。整合现有涉农项目资金，适当向农产品加工企业倾斜。根据中央部署，重点培育农产品加工业的主导产业，整合国家及各级财政支农专项资金向主导产业倾斜。财政扶持资金应覆盖更多的中小微农产品加工企业，降低竞争型财政扶持项目的申报门槛。一些以增加农民收入为政策目标的项目应考虑以中小微农产品加工企业为承担主体，在贫困地区专门为农产品加工企业设置广覆盖的普惠型财政项目。

（三）引导支持农产品加工企业更新机械装备和工艺技术

着力加强农产品产地初加工技术的引进、研发、创新和示范推广，对农产品加工企业用于技术创新的其他费用应当按实际发生额计入管理费用全额扣除。支持农产品加工企业购买更新加工技术，政府给予补助。建立健全农产品加工机械更新报废经济补偿制度，对企业采用资源能源消耗低、环境污染少的加工机械装备给予财政补贴或信贷支持。允许农产品加工企业享受一次性税前扣除、缩短折旧年限、选择双倍余额递减法或年数总和法加速固定资产折旧的税收优惠政策，适当放宽条件限制，鼓励农产品加工企业更新加工机械装备。

（四）加快完善农产品加工业税收政策

调整和完善农产品加工业税收政策要明确减轻企业负担的要求，突出农产品加工业产业结构优化升级的政策导向。适当拓宽能够享受税收优惠政策的农产品加工龙头企业的认定标准，允许符合一定条件的非国有农产品深加工企业享受初加工企业的税收优惠政策。加大对省级以上农产品加工龙头企业的税收扶持力度。进一步扩大农产品初加工的范围，将农产品进项税额扣除率由13%修改为纳税人再销售货物时的适用税率覆盖全部农产品加工企业。适度调减农产品加工企业所得税税率，进一步降低小微企业的所得税率，减按15%的税率征收企业所得税。

（五）大力创新金融服务方式

政府应继续着力引导银行等金融机构大力创新金融支持产品，引导金融机构根据农产品加工行业的特点提供手续简化、贷款周期灵活、授信额度依农产品加工淡旺季调整的贷款品种和服务，将更多信贷资金投向农产品加工企业。扩大农产品加工企业有效担保物范围，探索和推动土地使用权、存货、应收账款、仓单、仓储流通设施等多种物品抵押质押，解决农产品加工企业缺少贷款担保抵押物的难题。鼓励符合条件的农产品加工企业上市融资和发行债券，并提供便利。探索政府出资设立农产品加工企业信贷风险补偿基金。加快推进实施农产品加工企业再担保机制，缓解农产品加工企业资金短缺压力。

（六）鼓励发展农产品加工业行业协会

在市场经济中，行业协会在政府和农产品加工企业之间能够发挥出桥梁和纽带作用。政府应大力支持发展农产品加工行业协会，鼓励建立各类农产品加工行业协会，缓解区域内农产品加工企业间的无序竞争。通过建立健全相关法律、法规，加快社团法、行业协会法的制定，解决农产品加工行业协会的法律地位问题。除享受农民合作社的支持政策外，建议政府对农产品加工业行业协会给予专门的财政、金融等经济援助和其他优惠政策。支持12个行业各自按产业链不同环节分别建立全国性的原材料供给协会、科技推广协会、产品销售协会、出口营销协会等，鼓励同一行业内成立行业联盟并给予财政支持。

（七）努力完善相关配套政策和措施

从国家层面出台政策，探索地方建设用地指标按一定比例采取定向划归方式提供给农产品加工企业使用。将废弃和闲置的建设用地优先安排给农产品加工企业使用，简化审批手续。探索和试点小微型农产品加工企业厂房临时用地保障机制。将农产品加工企业所需人才纳入当地人才引进计划，对加盟大学生和专业人才由财政出资提供薪酬补助，增加专门技能培训机会，为农产品加工企业留住人才创造条件。在外资控制力较强的农产品加工行业，重点支持和培养一批本土战略性的名牌企业，增强国内农产品加工企业抗衡外资企业的能力。建立及时、准确、有效的加工农产品网络信息平台，加大加工农产品质量监督检测体系建设力度。

参考文献

［1］蔡琳、张永霞："外资进入对农业的影响及对策"，《农村工作通讯》2010年第23期。

［2］"持续增长压力大　结构性调整迫在眉睫——2013年谷物磨制业监测分析与预警报告"，《农业工程技术（农产品加工业）》2014年第6期。

［3］丛福滋："我国农产品加工技术装备研究"，《农业科技与装备》2010年第3期。

［4］邓宗兵、吴朝影、封永刚等："中国农产品加工业的地理集聚分析"，《农业技术经济》2014年第5期。

［5］丁玉、孔祥智："外资进入对我国农业发展和产业安全的影响"，《现代管理科学》2014年第3期。

［6］冯伟、蔡学斌、杨琴等："中国农产品加工业的产业增长特征与趋势"，《贵州农业科学》2016年第3期。

［7］李蒙："外资并购对我国农产品加工业的影响分析和对策"，《当代经济》2011年第7期。

［8］刘明国、张海燕："新常态下农产品加工业发展特点分析"，《农业经济问题》2015年第10期。

［9］刘馨阳、韩昕儒、王晶晶等："中国加工农产品国际竞争力及其

敏感产品分析",《世界农业》2014 年第 4 期。

［10］鲁德银:"中国农产品加工技术与发达国家的差距与政策",《科学管理研究》2005 年第 6 期。

［11］吕勇斌:"外资并购与中国农业产业安全:效应与政策",《农业经济问题》2009 年第 11 期。

［12］马子红、谭文珍、谢霄亭:"我国农产品加工业的空间结构调整与产业转移",《生产力研究》2015 年第 2 期。

［13］"农产品加工副产物损失惊人 综合利用效益可期",《农民日报》2014 年 8 月 9 日。

［14］彭宝良、胡志超、吕小莲等:"我国农产品加工装备产业概况与发展",《中国农机化学报》2013 年第 1 期。

［15］秦建军、武拉平、闫逢柱:"产业地理集聚对产业成长的影响——基于中国农产品加工业的实证分析",《农业技术经济》2010 年第 1 期。

［16］杨刚强:《中国中部地区农产品加工业发展战略研究》,社会科学文献出版社 2012 年版。

［17］张润清、李崇光:"中国农产品加工业优先发展的经济学分析",《农业经济问题》2004 年第 10 期。

我国畜产品加工业发展特点、问题及建议

张 斌 王 莉[*]

内容提要: 畜产品加工是连接畜牧生产与人民生活的重要中间环节,是畜牧业产业化的关键环节,加快畜产品加工业的健康发展,对实现畜牧业可持续发展意义重大。近年来,我国畜牧产品综合加工能力不断增强、市场集中度日益上升、区域布局逐渐优化、产业融合度有所提高,但也存在深加工不足、质量问题突出、技术落后、产业融合度低等问题,建议进一步加大健康消费引导、扩大市场需求,通过深化改革、加强管理,加快推进畜牧业产业化经营。

畜产品加工是指企业对肉、蛋、乳、皮、毛、绒等多项畜产品进行加工和处理,使其能够更加安全、卫生,营养更加完善,加工之后成为半产品或可以直接使用的产品。畜产品加工是连接畜牧生产与人民生活的重要中间环节,是畜牧业产业化的关键环节。对畜产品进行加工处理,不仅延长了保存期限,而且通过去除原始畜产品中不良的味道及微生物等方式,可以提高畜产品的营养价值,通过开发消费者需求的新产品,能够不断提

---

[*] 农业部农村经济研究中心可持续发展研究室。

升畜产品的商品价值和附加价值。因此，加快畜产品加工业的健康发展，不仅有利于防止畜牧业生产过剩，破解生猪等重要畜产品价格的周期性波动，而且有利于满足我国居民日益多元化的消费需求，对实现畜牧业可持续发展具有十分重要的现实意义。

一、我国畜产品加工业发展特点

新中国成立后，国家通过建立食品公司，实现了畜产品的流通，畜牧业产后环节有所发展，不过主要集中在屠宰、批发、零售等环节，加工水平比较低。改革开放以来，特别是20世纪80年代中期全面开放畜产品市场之后，畜产品国家独营的格局被打破，集体、个人多种经济成分和多种经营方式快速发展，迎来了畜牧业大发展的新时期。1990—1995年，肉类和禽蛋产量实现了快速增长；1995年后，肉类产品依然保持较高的增长速度，而禽蛋产量的增速逐渐下降。2000—2007年，牛奶产量实现了快速增长，2008年受"三聚氰胺事件"影响，增速迅速回落。2014年，肉类产量达到8707万吨，禽类产量达到2894万吨，居世界第一位；牛奶产量3725万吨，居世界第三位。随着我国畜牧业的稳步发展，畜产品屠宰加工业不断扩大，畜牧产业链不断延伸。目前，畜产品加工业已经发展成为一个大产业，以肉类加工、蛋品加工、乳制品制造为主体，涵盖毛皮等众多其他畜副产品加工，在国民经济中占有重要地位（图1）。

（一）综合加工能力不断增强

在畜产品加工业中，肉类加工业的起步较早，规模也最大。肉类工业包括畜禽的屠宰，肉的冷却、冷冻与冷藏，肉的分割，肉制品加工与副产品综合利用以及肉的包装、营销等。改革开放以后，生猪、肉鸡等产品生产能力的不断提高，肉类加工业蓬勃发展。根据《肉类工业"十二五"发展规划》数据结果表明，2005年以来，我国肉制品总量年均增速保持在5%以上。进入21世纪以来，企业规模不断扩大，实力不断增强。从2000年到2014年，规模以上企业的数量由1715家增长到了2014年的3786家，从业人数由40万人增长到了98万人，均增长1倍以上；利润总

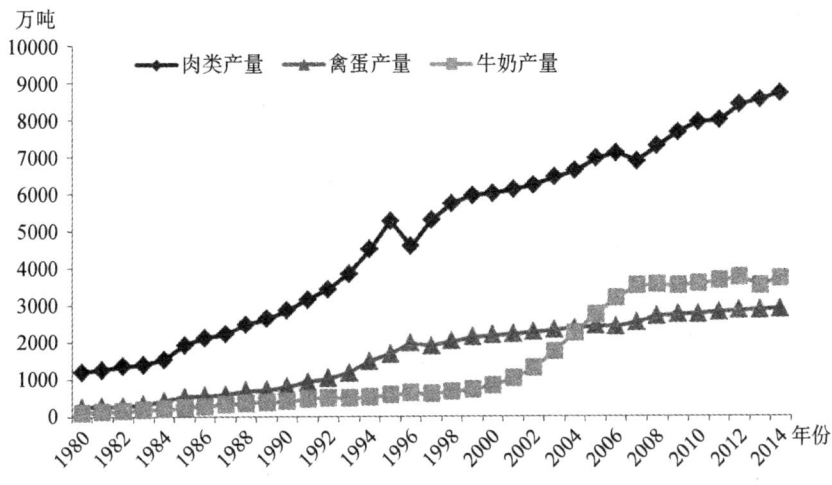

图 1　1980—2014 年主要畜产品产量变化

数据来源：国家统计局网站，http://data.stats.gov.cn/easyquery.htm?cn=C01。

额由 16.6 亿元增长到了 643.6 亿元。当前，我国的肉类加工业已基本建立起以现代肉类加工业为核心，涵盖畜禽养殖、屠宰及精深加工、冷藏储运、批发零售及相关服务的完整产业链（表 1）。

表 1　2000—2014 年规模以上肉类工业企业经营情况

时间	企业数量（个）	资产总额（亿元）	利润总额（亿元）	从业人员数（万人）
2000	1715	584	17	40
2001	1734	611	20	41
2002	1787	692	32	42
2003	1889	814	35	46
2004	2155	968	49	50
2005	2466	1144	78	56
2006	2686	1302	105	61
2007	2847	1480	133	64
2008	3096	1814	154	67
2009	3696	2256	206	76

续表

时间	企业数量（个）	资产总额（亿元）	利润总额（亿元）	从业人员数（万人）
2010	4054	2940	304	85
2011	3277	3673	493	91
2012	3415	4355	560	98
2013	3693	5357	674	—
2014	3786	6246	644	—

注：根据历年《中国食品工业年鉴》整理得到，其中2007—2010年的年度数据缺失，本表采用Wind数据库中对应年份11月份的累计数据替代。2011年企业数量下降的主要原因是，从2011年起，规模以上工业企业起点标准由原来的年主营业务收入500万元，提高到年主营业务收入2000万元，下同。

中国是世界最大的蛋品生产国和消费国。蛋加工是传统的畜产品加工业，具体指以包括鸡蛋、鸭蛋、鹅蛋或其他禽蛋为原料加工而制成蛋制品的生产活动。一直以来，我国蛋品加工业保持稳步发展。从2003年到2014年，规模以上企业的数量的65家增加到174家，利润总额从3730万元增长到了17亿元，年均增速到达了30%左右（表2）。

表2　　　2003—2014年规模以上蛋品加工企业经营情况

年份	企业数量（个）	资产总额（亿元）	利润总额（亿元）	从业人员数量（人）
2003	65	12.14	0.37	6376
2004	69	19.99	0.75	6609
2005	67	12.51	1.11	6330
2006	84	17.33	1.89	7633
2007	100	22.54	1.83	9182
2008	119	26.95	2.71	10499
2009	159	32.52	3.92	12978
2010	179	38.28	5.27	15291
2011	138	49.20	8.60	15451
2012	150	64.79	11.59	17861
2013	165	81.67	14.53	—
2014	174	104.67	17.00	—

注：数据来源于Wind数据库。

产业与技术经济

乳品加工是指以生鲜牛（羊）乳及其制品为主要原料，经加工制成液态乳及固体乳制品（乳粉、炼乳等）的生产活动。我国乳制品行业起步晚、起点低，但是发展迅速。进入21世纪后，我国乳制品加工业飞速发展，规模迅速扩大，已经成为畜产品加工业的重要组成部分。从规模以上企业的发展情况来看，规模企业的就业人数、利润总额和资产总额都出现了显著增长。2014年，规模以上企业的利润总额达到了225.3亿元，比2000年的8.4亿元高出了25倍；资产总额达到了2321.2亿元，比2000年的175.6亿元高出了12倍（表3）。

表3 2000—2014年规模以上乳制品制造业企业的经营情况

时间	企业数量（个）	资产总额（亿元）	利润总额（亿元）	从业人数（人）
2000	377	175.6	8.4	—
2003	561	437.7	30.1	—
2005	698	647.0	49.1	192359
2006	717	719.5	55.0	202995
2007	728	832.9	64.4	207044
2008	756	975.4	43.7	210419
2009	812	1085.0	82.4	212253
2010	828	1249.1	89.0	221759
2011	644	1543.2	148.9	230713
2012	649	1744.1	159.6	243409
2013	658	2056.9	180.1	—
2014	631	2321.2	225.3	—

注：根据历年《中国食品工业年鉴》整理得到。从2011年起，规模以上工业企业起点标准由原来的年主营业务收入500万元，提高到年主营业务收入2000万元。

畜牧加工能力的增强不仅体现在规模上，而且还反映在产品种类上。我国畜产品加工品的品种和类型日益丰富。肉制品中，除了传统的热鲜肉品种不断增多，冷鲜肉、冷冻肉中各种新品种也快速发展，除了腊肉、咸肉等中式肉制品，近年来香肠、培根等西式肉制品品种不断增多。另外，在加工方法上，除了传统的腌腊制品、酱卤制品、熏烧烤制品、火腿制品外,肠类制品、肉干制品、油炸制品、罐头制品等新品种也快速发展。蛋品加工产品除了皮蛋、咸蛋、糟蛋等传统再制蛋类外,各种蛋黄蛋白分离的干蛋、冰蛋类制品以及蛋黄酱等其他蛋制品的种类不断增多。乳制加工品也更加丰富了,有乳粉类、液态奶类、炼乳类、乳清粉、奶油、干酪、干酪素和冰淇淋等。

(二) 市场集中度日益上升

近年来,畜产品加工业集中度逐渐上升。2014 年,全国屠宰及肉类加工行业 3786 家规模以上企业中,大型企业 143 家、中型企业 639 家,小型企业 3004 家。与 2011 年相比,规模以上企业中大型企业的比重提高了 1.8 个百分点,中型企业比重提高了 4.8 个百分点,小型企业比重下降了 6.6 个百分点。目前,双汇、雨润、金锣三大龙头企业在主要养猪大省均设立了屠宰加工基地,形成了养殖、屠宰、加工、销售为一体的综合性大型企业。这三大品牌占据肉制品市场 80% 左右的份额(表 4)。

表 4　　　　　　　　　规模以上企业的构成情况(%)

年份	大型企业	中型企业	小型企业
2011	2	12	86
2012	3.4	15.8	80.8
2014	3.8	16.8	79.4

注:根据《中国食品工业年鉴 2011—2013》和《中国食品工业年鉴 2015》整理得到。

乳制品行业的市场集中度更高。2014 年,全国规模以上乳品加工企业 631 家。其中,大型企业 47 家,占 7.4%,比 2007 年提高了 5.4 个百分点;中型企业 159 家,占 25.2%,比 2007 年提高了 8.2 个百分点;小型企业 425 家,占 67.4%,比 2007 年降低了 13.6 个百分点。特别是重点乳制品企业实现了快速发展,而且市场占有率逐步提高。2014 年,乳制品产量前十位企业产量合计 1290 万吨,占全国规模以上企业乳制品产品的 48.6%。其中,伊利、蒙牛和新希望三大乳制品加工企业的主营业务收入均超过 500 亿元,相比于 2006 年,分别增长了 2.25、2.08 和 18.61 倍(表 5)。

表 5　　　　　　重点乳制品加工企业的发展情况

单位：主营业务收入，亿元

年份	伊利	蒙牛	三元	光明	新希望	皇氏	西部牧业
2006	166	162	10	74	36	1.5	—
2007	194	200	11	82	48	2.1	0.6
2008	217	239	14	74	73	2.5	2.4
2009	243	257	24	79	68	3.1	2.7
2010	297	300	26	96	531	4.1	3.0
2011	375	374	31	118	716	5.7	3.2
2012	420	361	36	138	732	7.5	4.8
2013	478	434	38	163	694	9.9	4.5
2014	540	500	45	204	700	11.3	7.7

数据来源：根据《中国农产品加工业重点行业研究报告》以及公司年报整理得到。

（三）区域布局逐渐优化

畜牧加工业的投资区域分布逐渐趋向于主要畜禽产区，产业带规模化优势日益明显。2014 年，山东、河南、辽宁、四川、江苏 5 省区集中了全国肉类工业企业 50% 以上的工业资产（表6）。

表 6　　　　　　肉类工业企业的区域布局结构

序号	地区	企业资产（亿元）	占全国比重（%）	序号	地区	企业资产（合计）	占全国比重（%）
1	山东	1161.89	21.69	17	浙江	76.40	1.43
2	河南	848.38	15.84	18	山西	75.37	1.41
3	辽宁	395.10	7.38	19	天津	73.52	1.37
4	四川	384.41	7.18	20	广东	73.23	1.37
5	江苏	255.57	4.77	21	广西	71.92	1.34
6	北京	192.95	3.60	22	陕西	49.30	0.92
7	内蒙古	192.07	3.59	23	上海	47.83	0.89
8	安徽	189.63	3.54	24	新疆	36.86	0.69

续表

序号	地区	企业资产（亿元）	占全国比重（%）	序号	地区	企业资产（合计）	占全国比重（%）
9	黑龙江	181.17	3.38	25	云南	28.67	0.54
10	福建	179.07	3.34	26	甘肃	26.61	0.50
11	吉林	174.79	3.26	27	贵州	18.63	0.35
12	河北	158.75	2.96	28	青海	14.07	0.26
13	湖北	137.12	2.56	29	宁夏	10.42	0.19
14	湖南	128.95	2.41	30	海南	9.34	0.17
15	江西	83.70	1.56	31	西藏	0.96	0.02
16	重庆	81.54	1.52	合计	全国	5357.22	100.00

数据来源：《2014 中国食品工业年鉴》，中国统计出版社 2014 年版。

蛋制品加工业以市场需求为导向，不断优化区域布局。2014 年，东部地区规模以上蛋制品加工企业 81 家，占 46.6%；中部 65 家，占 37.4%；西部 14 家，占 8%；东北地区 14 家，占 8%。其中，山东、湖北、辽宁和江苏 4 省是蛋制品加工主产区，禽蛋加工产值合计占全国总量的 65% 以上（表 7）。

表 7　规模以上蛋制品加工企业主营业务收入的区域分布情况

序号	地区	2014 年主营业务收入（亿元）	占全国比重（%）	序号	地区	2014 年主营业务收入（亿元）	占全国比重（%）
1	山东	76.96	28.35	13	浙江	3.77	1.39
2	湖北	59.71	21.99	14	吉林	3.31	1.22
3	辽宁	22.98	8.46	15	广东	2.00	0.74
4	江苏	20.67	7.61	16	贵州	1.39	0.51
5	湖南	12.92	4.76	17	天津	0.88	0.32
6	河北	12.00	4.42	18	新疆	0.78	0.29
7	安徽	11.85	4.36	19	黑龙江	0.57	0.21
8	福建	11.06	4.07	20	云南	0.33	0.12
9	河南	10.14	3.73	21	重庆	0.30	0.11

续表

序号	地区	2014年主营业务收入（亿元）	占全国比重（%）	序号	地区	2014年主营业务收入（亿元）	占全国比重（%）
10	江西	8.73	3.22	22	上海	0.23	0.08
11	陕西	6.37	2.35	合计	全国	271.50	100.00
12	四川	4.55	1.68				

数据来源：《中国农产品加工业重点行业研究报告（2015）》，第89页。

乳制品市场的产销区域布局逐渐优化。一方面，乳制品生产布局逐渐向奶源主产区集中。内蒙古、山东、河北、黑龙江和河南五省区是全国乳制品产量最高的地区，近年来，五省区的产量总和一直保持在全国总量的50%左右。另一方面，乳制品企业根据产品需求，不断优化市场布局。以内蒙古的蒙牛、伊利等为代表的基地型企业，接近奶源但远离消费市场，以生产保质期较长的超高温灭菌奶（UHT奶）与奶粉为主；以北京三元、上海光明、四川新希望等为代表的城市型企业，贴近消费市场，但远离奶源，以生产保质期较短的巴氏奶与酸奶为主。

（四）产业融合度有所提高

畜牧业产业融合度是指畜牧业养殖环节与其产业链的前端和后端的整合程度，其中向上游的饲料、种植业延伸就是后向整合，向畜产品加工、销售以及观光旅游等方向延伸就是前向整合。具体形式包括战略联盟、订单合作、参股经营、全产业链投资运营等多种形式。

近年来，我国畜牧业"产加销"一体化、第一、第二、第三产业融合发展势头加快推进，形成了"企业+农户"、"企业+合作社""企业+基地"等形式多样的产业化生产经营模式。2014年，畜牧业国家级农业产业化龙头企业达583家，占全国农业产业化龙头企业总量的47%，比2004年增加了401家。

此外，全产业链模式也有所发展。一些畜产品屠宰加工企业尝试进入养殖环节，开展牲畜饲养。例如，科尔沁牛业，过去主要是从分散养殖户收购肉牛进行屠宰加工后销售肉制品，近年来流转土地种植青贮玉米、牧草等饲草料，兴建养殖场，改良肉牛品种，开展专业化规模肉牛饲养，从而形成高品质牛肉全产业链生产线。这不仅确保高品质、质量安全的原料来源，而且降低了整个产业链成本，提高了经济效益。同时，也有一些牲畜养殖企业从产中环节逐渐向产后加工、流通、销售环节延伸，也形成全产业链的经营模式。如成立于2005年的现代牧业，最初只是奶牛饲养企业，为国内各大乳品企业供应奶源，后来逐步发展"牧草种植、奶牛养殖、牛奶加工"一体化生产模式，经过10年的发展已成为国内规模较大的奶牛养殖企业、高品质原奶供应商以及优质乳加工制造者。

二、我国畜产品加工业存在的问题及其原因

（一）畜产品深加工不足，健康饮食习惯尚未形成

当前，我国畜产品加工不足，产品结构不合理。我国肉制品总量仅占肉类总量的17%左右，而同期发达国家50%的平均水平；我国蛋制品总量仅占蛋品总量的10%左右，低于美国、法国等发达国家20%—30%的平均水平；我国人均奶制品消费量36公斤，仅为世界平均水平的1/3。

这一方面是由于我国畜产品加工业发展不足，但更主要与我国居民的消费饮食习惯有关。由于我国居民营养与健康知识缺乏，导致食品消费还不能适应营养需求，出现了我国畜产品加工业结构不合理、居民营养不足与过剩并存的现象。国内市场需求不足严重阻碍了畜产品加工业的发展。如国内消费以鲜蛋为主，导致蛋加工品的市场潜在需求容量过小。市场需求驱动力严重不足，已经成为制约我国畜产品加工业发展的瓶颈。

（二）产品质量不高，行业监管机制不完善

近年来，无论是肉制品，还是乳制品、蛋制品，其食品安全问题均日益突出。其中，肉制品质量不高主要表现在：产品安全危害因子如残留、微生物、添加剂含量等经常超标，包装材料不合格而发生有害物质迁移，非法添加国家添加剂卫生标准目录外物质，产品出水、出油、氧化、口感差、保质期内胀袋变质等；乳制品质量不高主要表现在：高品质产品所占市场份额小，液态乳制品保质期短，酸奶制品后酸化问题，添加剂滥用，

农药、抗生素残留或微生物超标等；传统蛋制品产品质量不稳定或质量差主要表现在：咸鸭蛋加色素染色，包泥的产品卫生差，有些企业仍使用氧化铅等非法添加物质导致皮蛋的铅含量过高等。

导致我国畜产品加工制品质量不高的原因除了企业缺乏行业自律外，主要是政府缺乏完善的监管体制。一是行业标准不完善，特别是我国的蛋品与乳制品质量安全标准不完善，主要表现在：产品标准指标不完全，产品标准指标及检测方法均存在不合理之处，还缺乏乳制品交售的管理标准等。二是可追溯体系不健全。我国畜产品加工制品涉及养殖、屠宰、加工、流通以及最终消费管理等多个环节，而供应链以中小企业为主，基础数据信息严重匮乏，标识信息不统一，缺乏统一标准的引导。

（三）产业融合度低，利益联结机制不健全

我国畜牧业产业化和发展水平尚处于发展的起步阶段，与发达国家相比，仍然存在很大差距。叶云等（2015）研究结果也表明，近年来，我国屠宰及肉类加工、乳制品加工企业向后销售环节的整合程度有所上升，养殖企业向后加工环节的整合程度在上升，但是前后总体整合程度还相对较低。

畜牧业"三产"融合正在逐渐推进，但是总体上进程缓慢，其主要原因是养殖与加工环节的利益联结机制不健全。一方面，加工企业与养殖农户签订的合同不规范。一些企业往往凭借其自身的强大经济优势，在与农民签订合同时故意损害农民利益，使所订立的合同条款尽量有利于企业。另一方面，利益主体双方不守信誉，违约成本低。很多时候，当产品市场价高、产品畅销时，农民往往违背合同，不愿将产品卖给企业，导致企业停工待料；而市场价低、产品滞销时，农民愿意把原料都卖给企业，但企业又不愿意按原定合同收购，即使愿意收购也经常压低价格。当然，龙头企业发展滞后也是畜牧业一体化发展不足的重要原因。2016年，农业部部长韩长赋在中国奶业D20峰会上指出，我国奶业仍然"大而不强"，标准化程度不高，生产成本偏高，养殖加工脱节，缺乏稳定的利益联结机制，缺少有竞争力的企业品牌。

（四）生产技术和工艺落后，创新研发投入不足

我国畜产品科技起步于20世纪90年代，已取得了很大的发展。例如，在肉类食品异物检测技术方面，成功研制了金属检测机、X-RAY异物检测机、工业视觉控制等产品。但我国畜产品加工业的生产技术与设备总体上远远落后于发达国家。例如屠宰和分割工业化水平低，技术装备差，手工或半机械作坊式生产占80%以上，生产效率低、质量保障差；传统蛋制品加工不仅机械化程度低、加工方式原始落后，而且腌液循环利用差，严重污染环境；国内使用的乳制品无菌生产线基本上都是国外引进的全套生产线，虽然有些企业研究开发无菌生产设备，但质量和性能与国外产品均有较大差距。原因主要来自于三个方面：一是，政府和企业的科研研发投入不足；二是，研发投入方向不合理；三是科研成果与生产之间的衔接不紧。此外，对科研理念、饮食习惯、市场、品牌等方面的认识不够，消费观念跟不上等因素也是影响我国畜产品科技成果转化的关键因素。

三、促进畜产品加工业发展的政策建议

（一）加大宣传，引导健康消费，扩大市场

我国畜产品消费结构不合理，生鲜制品消费比重过高，加工制品的消费比重过低。需要加大宣传，引导居民健康消费，建立统一的安全标准规范，加大开发新品种，积极宣传安全、健康的功能性产品，满足居民多元化的饮食消费需求。通过加强宣传引导健康消费，不仅有利于扩大行业规模，还有利于提高消费者的安全和质量意识，促使加工企业走上规范化、标准化生产道路。提振消费水平，做大畜产品加工制品消费市场，更需要政府，行业，企业，媒体等各方面的共同努力，创造良好舆论环境。

（二）加强管理，提高畜产品原料、加工品的质量安全

畜牧加工产品质量安全，需要"产出来、管出来"两手抓。要进一步规范和加强各类畜产品加工制品的质量管理，更新产品质量标准，促进畜产品加工业标准化生产。加快建立完善的食品安全应急预案，定期对可

能发生的食品安全事故和自然灾害进行模拟演练；建立产品召回程序，保证及时召回不安全的产品，并在规定时间内完成不安全食品追溯。另外，对于肉类行业，需要严厉打击病害肉、注水肉、劣质肉、走私肉的上市；对于禽蛋业产品标准建设，需要考虑到国际间的认同性和等效性，主动跟国际标准、国外先进标准靠近；对于对乳制品行业，需要特别加强安全监管，重振民族奶业的信心。

（三）深化改革，促进畜牧业产业化，增强企业竞争力

当前，我国现代畜产品加工企业在原料产地和销售网络方面，未能形成产销一体化，在市场竞争中往往陷入原料缺乏、市场不稳的境地，因此要发展我国的畜产品加工业，必须努力促进其产销一体化、产业化。需要进一步深化改革，制定和实施优惠的投资与税收政策，改变我国畜产品传统的养殖模式，实行科学养殖和科学管理，从而增强现代畜产品加工业的生存与竞争能力。要构建合理激励制度，迫使企业严格遵守畜产品生产加工的相关法律法规，逐渐实行从田头到餐桌全过程的生产及管理的标准化、绿色化，彻底提升我国畜产品的品质。要完善畜产品基础设施，建立相应的环保设施，提高加工工艺，加快畜产品加工的现代化进程。要完善养殖户与加工企业稳定的利益联结机制，使生产链条上下游各环节有机融合，互助互利，共同补起行业短板，促进技术进步。

（四）加大科技投入，增强畜产品加工业的国际竞争力

通过科技创新提高加工企业效益，是构建现代畜牧业产业体系的必然要求。目前，我国畜产品加工业发展自主创新不足，缺乏核心竞争力，不但落后于欧美国家，而且也落后于日本、韩国和印度等亚洲国家。解决这些问题的根本出路要依靠各级政府和企业联合共建有效的科技创新体系，加大科技投入，实现关键设备或成套设备的国产化，开发安全、可靠的原料产品，提升畜产品原料和加工制品的质量，扩大消费市场所需系列新产品。同时，也需要加紧国外先进技术的引进和开发研究，尽快制订产品出口的技术法规、标准，建立产品出口的质量认证体系，争取实现与国外的

认证及检验机构互认,并加强我国畜加工产品检疫检验队伍的建设,提高我国畜产品的检疫检验水平,从而有效增强我国畜产品加工业在国际贸易中的核心竞争力。

参考文献

[1] 邓富江:"'十二五'期间国家肉类工业发展战略研究报告",《肉类研究》2010 第 8 期。

[2] 叶云、李秉龙、耿宁:"交易成本、制度环境与畜牧业产业链纵向整合程度——来自畜牧业不同环节上市企业数据",《农业技术经济》2015 年第 1 期。

[3] 于海龙、李秉龙:"我国乳制品的国际竞争力及影响因素分析",《国际贸易问题》2011 年第 10 期。

[4] 梁小伊、黄思秀、贾伟新、石达友:"国内外畜牧业产业化发展概况及趋势",《华南农业大学学报(社会科学版)》2007 年第 1 期。

[5] 王明利、王济民:"我国畜牧业产业化发展战略和对策",《农业经济问题》2002 年第 1 期。

[6] 励慧敏:"蛋及蛋制品加工与发展",《食品研究与开发》2014 年第 11 期。

[7] 孙宝忠、李海鹏:"我国畜产品加工业现状与发展趋势"2007 年第 10 期。

产业与技术经济

我国乡村旅游发展未来展望

刘年艳

内容提要： 当前，全国各地都在大力发展乡村旅游。乡村旅游发展不仅提升了传统乡村整体发展水平，同时，也促进了城乡融合区域发展。我们认为，乡村旅游既不同于传统农业，也不同于传统的旅游产业，是新型的旅游形态，具有无可比拟的发展优势。如何把握乡村旅游发展规律，以历史的、长远的、发展的眼光去审视，去考量，去研究，坚持问题导向，提出发展对策，是当前我国发展乡村旅游非常紧迫的战略任务。作者在调查的基础上，结合学习与实践，在诸多方面提出问题，供乡村旅游产业发展相关人员参考。

一、把握总体发展态势

（一）多元

1. 主体多元化

目前，乡村旅游的经营已经由以农户为主体，逐步转向家庭农场、农户、合作社、农业企业、旅游企业多主体经营转变。随着国家政策利好及旅游市场的加快发展，工商资本也纷纷进入乡村旅游行业。多主体的参与，不仅推动了乡村旅游产业的规模发展，同时，也拉升了乡村旅游产业的发展水平。

2. 资源多元化

全国各地从各自的优势出发，发展乡村旅游产业，有依托农业优势产业资源的，有立足多样性的自然生态资源的，有结合乡村历史文化资源开发的等等，我国乡村旅游资源的多样性为发展多样性的特色旅游产业创造了极佳条件。

3. 功能多元化

乡村旅游的多功能化是乡村旅游产业不同于传统旅游产业的主要特点。第一，能提供优质农产品。第二，乡村旅游发展能提升乡村整体发展水平。第三，促进城乡互助，推动城乡融合。第四，为大众提供认识农业、了解乡村、体验乡愁的平台。第五，起到保护自然资源环境，优化自然生态的作用。第六，游憩乡野风光，生态山水养生。第七，传承创新乡村文化，为人们提供心灵启迪的宁静休闲之所。

4. 市场多元化

乡村旅游市场是多元市场。首先，特色人群市场。不同人群呈现不同的消费特点。有亲子旅游，有中老年养生养老游，也有专门为高端人群设计的旅游产品。其次，不同季节性旅游市场。如春季看花、茶季采茶、秋季采摘，不同节日也形成不同特色的旅游等等。最后，不同区域的旅游市场。有面向本地的，也有面向全国的。有些地方，由于其民族文化的特色，也引来不少外国旅客来光顾。

5. 产品多元化

乡村旅游产品是功能化的。由于市场需求的千差万别，与多样化的旅游资源相结合，全国的乡村旅游产品呈现多元化特征。有观光性、有食宿性、有度假性、有养老性旅游产品等等，农家乐、民俗村、田园农庄、农业科技园、古村落、乡村度假村等产品层出不穷。

（二）融合

1. 农业与旅游结合

农业与旅游产业都是乡村旅游产业的有机组成部分。首先，农业产业是乡村旅游产业的重要的资源基础。其次，特色农产品为旅游提供优质食品，进而丰富产品供给市场。最后，农事、农会、农节是乡村民俗特色游及旅客体验休闲活动的重要载体。从总体来看，农业与旅游相互促进，互为市场。

2. 乡村发展与旅游结合

旅游是满足旅客需求的，是为旅游提供的综合服务。乡村旅游的发展推动村庄由满足村民、适应农业生产，向满足旅客，适应旅游产业发展的需要的村庄建设转型。在推进乡村旅游的过程中，各地结合旅游发展需要，创建农业专业村、特色村，提升乡村旅游服务设施与水平，推进环境治理，极大提升了农民新村建设品位。

3. 扶贫与旅游结合

由于历史与地理原因，我国部分贫困山区往往是自然生态条件好，民族文化资源丰富的地区，自然与民族文化资源是发展乡村特色旅游极佳的条件。结合贫困地区的旅游优势资源，开发边远贫困地区山水资源、挖掘民俗文化，打造特色文化旅游区，是扶贫开发的有益实践。

4. 乡村旅游与传统旅游结合

首先，乡村旅游是区域全域旅游产业发展的有机组织部分。其次，乡村旅游结合传统旅游，主要体现在：一方面，乡村旅游产业发展，丰富了传统旅游产业的内容，是区域传统旅游发展的有益配套，同时，传统旅游的市场需求与需求升级推动了乡村旅游的产业升级。

5. 旅游发展与文化传承创新相结合

第一，乡村旅游发展，推动特色村寨形成。第二，旅游服务的提升，极大推动农业品牌化与农事、农会、农节活动的丰富与发展。如各地举办的蔬菜节、菜薹节、蘑菇节、莲藕节、玉米节、螃蟹节等丰富多彩。第三，促进了多民族、多区域文化认同与交流。大都市现代文化与地方性区域民族文化相互交融，相互发展，促进区域传统文化的创新。

（三）创意

1. 形成创意理念

乡村旅游发展的实践，丰富了人们对乡村旅游的认识，也提供了新的认知空间。总体来看，乡村旅游产业是一个需要重新审视传统农业，重新考量传统旅游，重新认为传统乡村，创新旅游业态的新型旅游形态。与传统农业与传统旅游不同，乡村旅游是区域旅游，创意乡村是乡村旅游发展的基本表征。乡村旅游满足大众全方位的精神消费与文化消费，是旅游服务综合体。

2. 把握创意之源

创意之源在于把握人的"真、善、美"，张扬个性化。把握人性"真、善、美"，张扬人的个性化的共性需求，是创意乡村的原动力。人性的体验有三个最基本的需求：美感体验、好奇心、自我心灵回归。乡土气息、乡村旷野感、奇特体验、奇特风味美食、玩的奇开心、乡村休闲独特亮点、民俗风味、老祖宗传承的文化及艺术、环境美感及优雅的服务等等，都是创意乡村的表现形式。

3. 创意形式丰富多彩

（1）高科技创意型。比如，以设施农业为主体的农业高新科技园区，或者以某种优势农业产业进行的科技创新，如花卉等等，通过新型农业生产方式的展示，吸引游客。如各地的农业公园、农业嘉联华等等。

（2）社会生活功能型。主要形式是市民农园和休闲农庄，利用城市或近邻区之农地、规划成小块出租给市民，承租者可在农地上种花、草、蔬菜、果树等或经营家庭农艺。通过亲身耕种，市民可以享受回归自然以及田园生活的乐趣。

（3）综合体验型。以大众多样化消费为出发点，开发旅游项目，设计旅游产品，配置高端旅游资源。游客到乡村，可享受综合性服务体验：如体验田园生活，观光生态美景，学习农业知识，品尝特色饮食，乡间别样住宿等方面服务。还为儿童娱乐提供服务项目。农业旅游与文化旅游紧密结合起来，使游人在领略风景如画的田园风光中体味多样性的民族文化。

（4）生态养生型。按照"宁静度假休闲、山水生态养生、文化心灵启迪"的要求创意乡村。将独特的生态环境优势作为创意乡村的立足点，以满足高端人群的需要为出发点，如以温泉、湖泊、山林为主体资源来开发独特乡村旅游，以满足人群的高端需要。

二、明确未来发展方向

（一）是农业，更是旅游产业

在处理传统农业与发展乡村旅游关系上，必须明确：第一，农业产业是乡村旅游发展的基础。没有特色的农业产业做支撑，乡村旅游将是无源产业。第二，作为乡村旅游的农业是传统农业产业的转型升级。主要体现在：一是农业产业作为旅游产业资源，要为旅游产业提供资源支撑。二是传统的农业产业通过创意，发掘农业的多功能性，以满足人的精神文化的旅游需要。第三，用"创意"农业，推动传统农业向旅游农业功能化转型。要做好创意农业，就必须立足大众的旅游需求，注重旅游产品设计创新。第四，创意农业改变公共资源配置与农产品运营方式。乡村公共产品的配置，将由为农业生产服务，为农民生活服务转变成为旅客的旅游服务。农产品由传统的卖农产品向为旅客提供旅游服务转变。

（二）要强化"精品"生产，更应坚持市场导向

"精品"生产是创意乡村旅游发展的客观要求。那么，我们应该进行什么样的"精品"化生产？在乡村旅游发展的过程中，"精品"的打造有两种主导的形式，一种是生产导向型的"精品"打造，生产者从自身发展出发组织生产，体现的是为生产而生产的产品制造行为；另外一种叫做市场导向的"精品"生产，以旅游市场的需求为依据，从市场的角度出发组织生产，"精品"为市场服务。要做好创意乡村旅游，必须坚持市场导向型的"精品"生产观，以市场化原则来从事项目开发设计，以旅游产品的开发来满足消费者对乡村旅游的消费需求。

如何才能做好创意乡村的市场化"精品"生产？一个区域性的乡村

旅游服务综合体，首先，必须明确服务区域与范围，确定具体的乡村旅游综合服务对象。在此基础上，着重分析对象的乡村旅游需求。准确把握服务对象的需求方式及其需求特点。以对象需求为导向做好产品创新与制造。将需求分析变成产品供给，以产品的推广来实现为服务对象的服务。

（三）要重视跟进模仿，更应抓好自主创新

目前，乡村旅游低水平产品同质化现象日益严重，严重影响乡村旅游产业的整体发展。乡村旅游与休闲农业产品，特别是农家乐准入门槛低，简单效仿重复建设容易。表现在服务项目大同小异，功能相近、产品雷同、品味低下，难以满足游客多层次、多样化和高文化品位的旅游需求。

乡村旅游同质化现象的产生，原因是多方面的：首先，相对传统的农业产业来说，总体上看，乡村旅游市场大，产品少，基本上处于卖方市场阶段，短期内处于投资少，效益高的产业快速增长期；其次，一般以"农家乐"为形式的乡村旅游，其投资规模较小，产业门类少，根本不需要发展的顶层设计与产品创新。最后，目前，从全国来看，真正懂得创意乡村旅游的咨询设计单位比较缺乏。咨询能力严重不足，不能有效为不同旅游经营主体提供自主的产品设计服务。

那么，如何才能实现创新乡村旅游发展的自主创新？要发展好乡村旅游产业，必须突出"区域发展"，体现"创意乡村"主题，围绕"区域"与"创意"独立自主的展开产业创新与产品研发。

第一，做好战略定位。区域的战略定位体现的是区域的产业为谁服务，以及以何种方式提供服务。要做好区域乡村旅游发展的战略定位，必须首先明确服务的市场、人群与区域。这是产品研发的前提。

第二，在特色上做文章。一个区域的资源优势是什么？独一无二的资源元素是什么？区域发展的功能需求是什么？这是我们进行产品研发必须研究的要素，在此基础上，运营创意技术，将特有的资源创新成特色产品。

第三，"景观"与"文化"相结合，"游览"轻"体验"相配套。这是旅游产品研发的基本要求。

(四) 要强化"做精做强",更应强化产业集群创新

目前,在乡村旅游开发过程中,其产业开发往往呈现单一产业"做精做强",综合服务难以跟上的发展情况,难以打造持续的盈利模式。如何处理"做精做强"与产业集群创新的关系?

首先,"做精做强"是区域乡村旅游的基础与支撑。"精、强"产业是吸引旅客,提供旅游服务的主体,保有区域特色的基石。

其次,产业集群创新是满足游客多样化需求的产业依托。对一个区域乡村旅游市场来说,有不同的人群市场,有全国性的区域市场,有季节性的消费市场。市场的多元化是产业集群创新的市场原动力。

最后,跳出传统旅游产业观,创新乡村创意旅游产业观。传统旅游产业观其主要特点是:过分强调"食、住、游、娱、购"等生理性的市场满足,以五要素的功能拓展为基础进行产业开发。过分强调单一旅游功能如休闲、观光等,弱化整体的产业集群创新。传统的旅游产业开发,难以体现区域性乡村旅游特色。要做好乡村旅游产业集群创新,一要树立区域性整体性乡村旅游发展观。区域是产业发展的龙头,产业创新是区域发展的支撑。二要突出乡村旅游以农业产业资源、生态资源及文化资源为基础,满足大众的精神文化需求的市场特点。以满足多样化的精神文化需要为导向,从事产业集群创新。三要突出农业产业的多功能性特征,与自然生态资源、乡村文化资源的结合,以精神文化多样化需求为导向,开展产业集群创新。

(五) 要突出产业发展,更要注重文化传承创新

乡村旅游的本质是大众的精神体验和文化消费。其特点是创意乡村与综合旅游服务。文化是区域乡村旅游发展的灵魂。乡村文化在产业创新,产业创新与文化的融合过程中得到传承与创新。

第一,把握文化传承的主要方面。一是创建区域乡村旅游服务品牌。在区域定位中提炼文化,以区域品牌展现文化内核。二是塑造区域旅游发展的"灵魂"。"灵魂"的内核是文化。打造区域"灵魂",就是提炼区

域发展的文化内涵。三是配置文化资源。围绕区域乡村旅游的文化特点，配置起配套的综合性的旅游文化资源是塑造区域特色，提升文化感召力的有力措施。

第二，以产业创新推动文化创新。乡村旅游产业创新，要充分体现文化精神，展现文化风采，挖掘乡村文化内涵，让文化元素充分展示在开发乡村特色旅游产品中。

第三，引进外来文化，推动文化融合。通过与外来文化的嫁接，推动与本土文化的融合，是促进区域本土文化的创新与发展的有效措施。

三、以区域优势引领乡村旅游发展

（一）打造"精品"

第一，提炼核心元素，塑造发展"灵魂"。区域发展的灵魂，就是区域发展有别于其他区域发展的独一无二可持续发展的元素。这是区域乡村旅游发展的基础性工程。

第二，把握提炼精品元素的基本要求。首先，它是面向未来，超越时、空发展的因素；其次，是产业发展具有共性特征的原因；最后，相对其他区域发展是独一无二的，不可替代的决定元素。

第三，创新"精品"化乡村旅游产品。要求旅游产品形式、产品载体、产品运营要展现精品特点。按照"自然和谐、艺术美感、文化传承"三大基本要求，满足"好奇心、美感体验、自由快乐心灵寻找"三大心灵需求，搞好产业、产品的顶端计划。区域性乡村旅游产业始终体现与充分展示"建筑艺术、田园风光、餐饮美食、人文雕塑、艺术平台、节庆活动、生态景观"创新元素。

（二）"创意"引领

1. 树立创意观

第一，重新认识农业，特别是研究农业作为旅游资源的农业如何打造。第二，重新认识乡村旅游。乡村旅游是有别于传统旅游的新型旅游。其基本特点是创意乡村＋综合旅游服务。第三，正确把握乡村旅游的发展规律，创立乡村旅游独有的发展观念。

2. 把握乡村旅游形态特点

首先，以涉"农"为资源基础，通过人们的创意活动，进行传统涉"农"资源的转换，实现乡村旅游产业化。其次，乡村旅游的市场呈现精神体验与文化消费相结合的消费特征。精神体验与文化消费带动相关产业的集群创新。最后，是区域形态的综合性旅游集群。

3. 在多层面上展现创意成果

第一，打造"三位一体"品牌体系。区域公共品牌是龙头，具有引领性与服务性作用；企业品牌是实现产业基地的重要支撑；产品品牌是市场的实现形式。

第二，传统资源旅游化创新。主要是：一是要依据旅游产业发展的需要，进行资源转换；二是要适应乡村旅游产业发展的创新要求进行公共资源的配置。在此基础上形成形态多样的乡村旅游资源系。

第三，创意旅游产品。"真、善、美"，"好奇心"是人的内心深处的精神需求主流。创意乡村旅游产品，就是要挖掘人的心灵深处的内存渴求，将潜在心灵渴求，转变成旅游服务，通过产品的创意活动，来实现旅游服务，从而推动乡村旅游产业的大发展。

第四，在服务中体现创意。在乡村旅游中，让精致服务无处不在，让贴身服务无微不至，让客户服务有求必应，让服务惊喜不断浮现。

（三）高端化配置公共资源

高端化资源配置必须坚持"精品化"发展方向。体现高端、独特与引领三大特征，强化"艺术美感、文化传承、自然生态"三大基本要求。面向未来，展示当代。

其基本要求是：首先，从人的现代科技需求，推进智能乡村旅游工程建设。其次，从人的美感体验，推进乡村景观化工程建设。山坡地景观化、河流景观化、村庄景观化、农田景观化、建筑景观化、项目景观。再次，从人的活动的基本需要出发，推进配套设施功能提升。最后，从人的好奇、成功体验、健康需要出发，推进综合性的公共资源建设。

(四)强化综合支撑能力提升

第一,现代服务支撑。一是要强化区域品牌的影响力及市场的实现能力;二是要提升培育起新的产业增长点的能力,加快适应新市场;三是要发挥主导产业引领与转型升级能力;四是要提升政策支持及政府支撑能力;五是促进生产与经营性元素的组合成本最低化能力。

第二,产业集群支撑。首先,打造主导产业。发挥主导产业的引领与聚焦作用。其次,创新周延产业。周延产业是新型产业,一方面,周延产业的发展,促进产业集群发展,同时,为主导产业的壮大创造条件。再次,建立产业转型机制。主要是依据市场的变化重新定位服务对象,分析对象需求,进行资源的重新分配。最后,构建全域乡村旅游支撑体系。以支撑体系的创建促进集群能力的提升。

四、创建现代乡村旅游交易市场

加快创建乡村旅游市场是由我国乡村旅游产业发展的特点决定的。首先,我国乡村旅游市场是自发的新型旅游市场。其次是生产导向性的供给市场。再次,是本土市场为主体的区域市场。最后,是单一产业形成的旅游市场。

实现由本土性区域市场向全国旅游市场转变,由单一市场向综合性服务市场转变,由生产导向向现代市场导向转变,创建起现代创意乡村旅游产业,必须加快创建全国性的乡村旅游交易市场,以乡村旅游产业的市场化推进乡村旅游的产业化,由此推动以生产导向为主体的乡村旅游向以市场导向为主体的现代乡村旅游产业转型。

如何构建全国乡村旅游市场?

第一,坚持两个面向。面向乡村旅游产区,与乡镇、县域、企业相结合,研究问题,把握需求;面向乡村旅游产业服务的消费区,与旅游公司、消费者相结合,推荐产品,引导消费。实现全球市场与全国市场的结合。

第二,创新市场功能。乡村旅游市场的创新应该围绕以下方面来展开:乡村旅游产品展示推介、产销对接与互动、产品的顶端设计服务咨询、政策咨询等等。建成全球乡村旅游产品展销平台。形成全球旅游产业采购、行业信息发布与研究平台、政策咨询相结合的平台体系。

第三,做好市场培育。市场培育的重点在于有效组织乡村旅游产区经营主体与销区的旅游公司及消费者,实现"产销对接"。通过创建会议交流平台,通过举办应用评价与订货会,终端产品市场与技术应用发布会,传播与引领产业发展,培育区域性的产业市场。

第四,做好传播与引领。首先,创新服务产品。依据市场服务对象的不同,设立服务项目,创建产业协会联盟,与网上推广平台相结合,全方位的推广服务产品。其次,通过服务产品的推广,推动产地与销地市场的一体化。

第五,市场体验与市场运营相结合。构建"网上订单与网下体验"相结合模式,打造产业运营与用户体验一体化的市场平台,推进网上+网下市场的一体化运营。展现产品的功能特征及前景。创建全球市场与本地区域相结合的市场体系。使之成为国际采取的平台,信息发布的窗口。

五、以"对接"推动乡村旅游整体创新

总体来看,我国乡村旅游产业发展有以下几个特点:首先,新型产业;其次,多元化;再次,以精神体验与文化消费为主体;最后,以创新乡村与综合服务为特征。在乡村旅游产业发展,产业创新,产业转型过程中,始终存在生产要素及产品运营的巨大的服务市场需求。从生产要素的供给方来看,投资商与工商资本需要寻求有价值的投资项目;从乡村旅游的资源方来说,旅游基地产业发展、产业创新、产业转型升级,需要资本、市场、智力支撑。双方亟需合作对接。

(一)实现三大对接

1. 智力对接

乡村旅游产业智力对接需要在两个方面展开:一是行业引导。对行业来说,需要研究行业热点问题,设定年度主题,以论坛形式传播智力成

果，引领行业发展，做好智力对接。二是行业咨询规划服务。重点是针对具体的乡村旅游产业发展与企业运营，提供有针对性，可操作的智力服务也就是发展的解决方案。如区域发展的战略研究与发展的顶层设计。旅游产品的研发与制造等等都需要高端的智力服务。

2. 资本对接

资本对接要立足四个方面来组织：第一，以乡村旅游产业发展中的项目开发的资本供求合作为基础；第二，以互为对方的需求方式来组织服务产品；第三，实现资本对接与产品设计、政策沟通、其他经营元素的配套及市场运营一体化。第四，构建政府机构与项目单位对话机制，做好政策对接。

3. 市场对接

市场对接的核心是乡村旅游供应商与采购商及消费者组织。要做好市场对接，需要重点解决三大难题：第一，消费组织。一是代理商的组织，另一个是消费者的组织。第二，旅游资源及其产品的组织。第三，创新对接有效形式。对接形式灵活多样，有共同的市场行为，也有为具体的区域旅游市场组织的市场对接活动。在市场对接平台里，还存在乡村旅游产业的商品市场的对接。如优质的农产品、优美的地方工艺品及地方特色风味产品等的市场对接。

（三）创建对接形式

首先，会议对接。要创建以"全国乡村旅游产业创新大会"为主要形式的对接平台。立足国内，面向全球合作。

其次，现代市场对接。由 PC＋移动，体验＋预计，活动＋推广，展示＋销售多形式组成的市场为平台，为市场的供求双方提供对接服务。

最后，个性化对接服务。坚持市场导向。面向产业发展需求，把握产业发展的问题。与区域、企业、乡村发展相结合，提供有针对性对接服务。

六、以服务创新促进产业发展

(一) 创新服务机制

建立协会搭台、企业运营、政府支持、社会参与的机制。

首先,协会要搭好台。要搭好台,必须研究乡村旅游行业发展面临的共性问题,体现"全球性、引领性、创新性"。在此基础上,要创造乡村旅游会员主体之间合作形式。为推动相互合作创造条件。

其次,坚持企业运营。以市场机制为基础,做好企业相互合作。

最后,政府要支持。政府的支持重点是要体现公共产品的投资与政策环境的优化等方面。

(二) 推出与组织实施"三百示范工程"

1. 创建"三百"结合机制

(1) 与100个乡村旅游示范县发展相结合,打造"创意乡村——全域旅游示范县"。(2) 与100个示范特色乡村相结合,创建"创意乡村——乡村旅游综合服务体示范区"。(3) 与100个特色乡村旅游龙头企业示范点,创建"创意乡村——特色休闲旅游产业基地"。

2. 创新服务内容

(1) 坚持问题与需求导向。研究服务对象的实际需求。研究对象在乡村旅游发展过程中的实际问题。将问题与需求分析转变成服务产品。(2) 提供综合性服务。服务的目标就是促进"创建一个都想去看看的乡村"!体现"草堂、山水、人家!",展现"宁静休闲度假、山水生态养生、文化心灵启迪"乡村旅游高端化特征。创新服务内容重点是:首先,强化顶端设计服务。做好顶端设计与智力支撑。帮助一个区域做好战略定位研究。其次,面向消费市场,组织旅游产品设计、产品研发与创新。第三,提供发展的资本对接服务。第四,强化市场运营指导与产品销售服务。

(三) 创新服务方式

1. 服务产品供给推广,启动需求市场

也就是说，我们将服务的项目进行服务产品化包装，采取多样化方式推荐给"三百示范工程"的主体对象。以服务产品的推广，启动对象需求。

2. 需求引导供给，提供具体服务

针对每个地区，每个企业发展过程中面临的不同问题，提出解决方案。搭建对接平台，重点做好资本化对接服务，产品市场化对接服务，政策沟通与经营环境优化服务，市场运营对接服务。

3. 顶端设计与市场运营一体化

帮助一个区域从设计、到生产要素供需对接、到产品研发、到市场运营，提供全方面的运营服务。

（四）市场运营服务

1. 创建"北、上、广乡村旅游市场"

乡村旅游服务对象的主体市场在城市。首先，选在北、上、广创建乡村旅游市场。依据不同市场的特点，推荐产品，组织消费者。在此基础上，以各旅行社为依托，组织经营市场。使乡村旅游产业发展建立在市场需求的基础上。

2. 组织起来。由推广型旅游销售到组织性旅游产品运营是乡村旅游市场拓展的一次革命。乡村旅游组织起来，重点在三个方面：首先，组织优势资源及旅游产品供应商。其次，组织旅游产品承销商。如开展全国乡村旅游特约供应商签约会、全国乡村旅游特约承销商签约会、全国乡村旅游创业合伙人签约会等形式，将旅游产业供需双方组织起来。第三，要将消费者组织起来。对乡村旅游消费者的组织，需要从消费者的共性需求中找到消费热点，以共性消费热点，组织旅游产品的供给。

组织消费者往往是以活动的形式来进行。（1）有共性消费为主体的组织活动。比如，可面向全球市场，组织消费者。其活动可采取"向全球发出邀请，来中国1000个村过大年！"（2）不同节假日，开展不同的主题营销！（3）分不同性质的旅游资源，开展不同的主题营销活动。

对消费者的组织，需要从消费者立场来发掘需求热点。要做好市场运营，必须创新推广主题。比如，对消费者：既然都说好，我们去看看！对乡村：我们等你来，已经很久了！品牌诠释：我的心灵小镇！远方的家！离开很久了，我想去看看！等等，都是从不同角度把握消费热点的好主意。

3. 创建现代传播平台

做好市场运营，还要创建旅游传播平台及网络商务平台。推进电子商务网站，移动平台，会议及媒体传播体系创建。

乡村旅游发展应以农业为本、文化为核

刘 洋

乡村旅游已成为第一、第二、第三产业融合的新趋势、农民收入倍增的新途径、新农村建设的新动力和农业生态保护的新手段。当前，我国乡村旅游需求旺盛且需求层次多样，投资主体增多，政府开发扶持力度加大，可以判断未来会有巨大的发展空间。立足国情和未来乡村旅游消费需求结构的变化，我国乡村旅游应以农业生产经营为根本，充分挖掘农业资源潜力，在此基础上提升文化内涵，以乡村文化的体验为核心，尽快实现提质升级。

一、乡村旅游促进"三农"事业发展

乡村旅游是以乡村地区为活动场所，利用乡村独特的自然和人文资源，为城市游客提供观光、休闲等多种服务的旅游经营活动。乡村旅游最早出现于法国，1855年法国参议员欧贝尔带领同伴到巴黎郊外的农村地区休闲度假，在当地开展伐木种树养蜂等活动，体验农耕和采集生活，即为现代乡村旅游的雏形。20世纪60年代，西班牙、美国、日本和波兰等国也兴起了乡村旅游，当前乡村旅游在欧美发达国家已具相当规模。我国在20世纪80年代末才开始出现采摘园和农家乐，发展至今已经有着农家乐、田园农业、民俗风情、村落古镇、休闲度假、科普教育等多种旅游模式，休闲农业就是乡村旅游的重要表现形式。尽管起步较晚，但乡村旅游已经显示出其在"三农"事业发展中的重大作用。

（一）产业融合的新趋势

乡村旅游不仅使农业发挥了食品保障和原料供给的传统功能，还实现了农业的观光休闲、文化教育、生态涵养等多元功能。通过多元功能拓展延长了农业产业链，带动了农产品加工业、服务业、交通运输、建筑、文化等相关产业的发展。2015年中央一号文件提出要大力发展农业产业化、促进第一、第二、第三产业融合互动发展，可以预计，乡村旅游将成为产业融合的新趋势。

（二）农民增收的新途径

乡村旅游通过农业产业链条的延伸和配套产业的带动，拓展了农民就业增收的空间。根据国家旅游局统计，2013年全国乡村旅游经营户有170多万家，营业收入达2800多亿元，带动超过3000万个农民受益，据中央农村工作领导小组副组长陈锡文介绍，2014年到乡村旅游的游客达12亿人次，占全部游客的30%，给农民带来了3200亿元收入，带动了3300万农民致富。乡村旅游正成为促进农民收入倍增的新途径。

（三）农村建设的新动力

在开展乡村旅游的地区，道路、电网、卫生、给排水和田间道、水利灌溉等硬件基础设施得到了极大完善。农民主动或被动地学习掌握现代农业、经营管理、经济法律知识，在旅游活动的参与和组织过程中增强了民主管理意识和组织化程度，农村的软件建设也上了一个新的台阶。城镇居民下乡旅游，还促进了信息、资金和技术等资源向农村的流动。这些都给农村建设注入了新的活力。

（四）生态保护的新手段

乡村旅游对村庄的环境卫生和整洁美观有着很高的要求，这大大带动了农村村容的改变和卫生条件的改善。旅客对于绿色田野和清新空气的需求，也推动了农业生产中化肥、农药施用量的减少，保护了绿水青山和农业生态环境，促进了农业生产方式的转变，同时村民的环境保护和生态意识也有了很大提高。

二、乡村旅游有着巨大发展空间

当前我国乡村旅游有着巨大发展空间。从需求层面来讲，第一，乡村旅游需求总量较大。我国当前处于工业化的中后期，根据国外乡村旅游发展规律，在工业化中后期将有很多希望逃离工业环境的城市人口选择乡村游。我国同时又处于城市化的快速推进期，据国家统计局公布数字，2014年末我国城镇常住人口已接近7.5亿人，随着国民经济的快速发展，这些城市人口将会表现出越来越多的休闲需求。第二，乡村旅游需求层次和需求形式的多样化。社会学研究表明，我国社会当前正处于传统、现代、后现代叠加的空间和时代压缩时期，城市人口构成复杂，既有传统城市居民，也有新增城市人口，还有常住城市的农业转移人口。不同人群对乡村旅游的需求形式和需求层次都不相同，既有大量短途采摘、农家乐等活动的实际需求，也有对休闲度假身心放松的需求，还有对乡村传统文化的体验渴望。需求层次的多样化拓宽了乡村旅游发展的市场空间。

从供给层面来看，首先，政府高度重视乡村旅游的发展，开发扶持力度加大。当前，不论是出于发展高效生态农业、率先实现农业现代化考虑的经济发达地区，还是出于旅游扶贫、经济发展考虑的经济欠发达地区都很重视乡村休闲旅游产业，很多地方都把乡村旅游纳入了旅游产业发展的总体规划，还出台专门政策扶持乡村旅游发展。2015年"中央一号文件"要求，"扶持建设一批具有历史、地域、民族特点的特色景观旅游村镇，打造形式多样、特色鲜明的乡村旅游休闲产品"，"研究制定促进乡村旅游休闲发展的用地、财政、金融等扶持政策，落实税收优惠政策"。随着政府对乡村旅游的开发力度加大，乡村旅游的产品将会更加丰富。其次，社会资本对乡村旅游投资旺盛，多元化趋势明显。由于乡村旅游具有风险较小、投资较少、见效较快的特点，社会资本投资乡村旅游比较踊跃。乡村旅游在起始阶段以农户自发组织开展为主,而当前投资乡村旅游的主体已经多元化,既有农户个体或合伙经营,例如各种农家乐、观光园;也有村集体、合作社、农业企业等主体投资,例如宜兴市白塔村成立了江苏省第一个具有法人地位的乡村旅游专业合作社;还有大型企业集团和资本市场资金进入,例如中青旅股份公司投资40亿元建成北京密云古北水镇。最后,我国乡村旅游资源丰富、开发潜力较大。在我国,丰富多彩的民族文化,形式多样的农业生产活动,风俗习惯上的地域差异,地理形态上的红壤绿洲、梯田平川都具有旅游开发的潜力。例如,农业部从2012年开始发掘出来的39个中国重要农业文化遗产就是很好的乡村旅游资源。

可见,在当前和今后一个时期,我国乡村旅游会继续蓬勃发展。但这种巨大的发展空间同时也会带来"萝卜快了不洗泥"的问题,这在当前已经显现出来,例如很多专家学者指出的乡村旅游整体规划欠缺、旅游产品单一、开发深度不足、经营水平不高等问题。从长时段来看,随着我国逐步跨入知识经济社会,乡村旅游消费需求的结构层次也将会发生转变,人们对精神和文化的消费需求将会增多,这就提醒我们要在当前乡村旅游的繁荣情境中保持冷静、抓住时机、提升内涵,把握乡村旅游消费需求的变化趋势,据此设计我国乡村旅游的发展道路。

三、农业为本文化为核:我国乡村旅游发展方向

(一)农业为本

农业是乡村旅游的根本,发展乡村旅游以农业经营和农业资源为基础才能长久。第一,从旅游需求动机理论来讲,乡村旅游基础在于农业。在中国有"三代以上都是农民"的说法,费孝通认为传统中国是乡土中国,和泥土是分不开的。即使"远在西伯利亚,中国人住下了,不管天气如何,还是要下些种子,试试看能不能种地。"乡村旅游者向往的是农业的生活方式和休闲形式,怀念的是深层次记忆中的田园牧歌,所欲"体验"的也是扎根于农业的"乡土"文化。这就是为什么游客到农村总喜欢操作一下传统农具的原因。第二,在实践中农业也是乡村旅游赖以依存的根基。除了采摘园、农家乐和融入现代科技的农业嘉年华等本身就是纯粹的

农业活动或农业劳动果实的欣赏，许多观光观赏的景色也是以农业活动为根基，例如江西婺源的油菜花、云南红河的元阳梯田等。另外很多村寨文化、民俗风情也都是以农业劳作为载体的，例如农产品加工技艺、农业传统生产技术以及基于祈祷农业生产顺利的各种舞蹈仪式（如哈尼族的田间舞）等。第三，我国耕地资源有限，传统农区发展乡村旅游还应以稳定农业生产、保障农产品供给为前提，不能兴了旅游，荒了农业。随着更多开发主体的介入，乡村旅游市场竞争将会日益激烈，只有在农业现代化的基础上来开拓农业资源的旅游功能，才能最终不误农业，不误增收，这点特别适用于没有城郊地理位置优势的传统农区。

当前，在乡村旅游开发中存在一些忽视甚至脱离农业生产经营的现象，例如大兴土木建设，盲目修建亭台楼榭、人造景观，甚至大搞赛马场，高尔夫球场等，既不符合城市居民旅游需求的心理动机，也不能使旅游者有体验"乡土文化"的意义感，背离了乡村旅游的实质。还有些地方对乡村旅游开发中以农业经营和农业资源为基础的认识不足，不把功夫花在挖掘地方特色农业资源上，而是急功近利，将功夫花在了拉导游搞旅游卖门票上，结果经营惨淡。

有些地方致力于在农业生产、加工和销售的基础上发展旅游业，充分找准并挖掘地方的特色农业资源，以农业养旅游、以旅游促农业，实现了二者的互相促进、协调发展。广西玉林市生产一种叫做"铁皮石斛"的中药材，国际药用植物界称其为"药界大熊猫"，民间称其为"救命仙草"，其叶可以做茶、茎可以磨粉，可以制作成现代高档的营养品。玉林专门开辟出一个林下观光经济园区，引进农户种植，在生产过程中统一种在笼子里、嫁接在树上和种植在地上，形成了三层景观：枝上笼子挂一层、树上嫁接种一层、地上用松木皮养一层。既是充满趣味的观赏景观，又能产生很好的经济效益，还能消耗掉松木皮等农业废料，一举多得。因此，未来的乡村旅游应当围绕农业想旅游，而不是挖空心思为了旅游生搬硬套农业景观，那样只能是缘木求鱼、得不偿失。

(二) 文化为核

我国的乡村文化是在长期农业生产经营基础上形成的物质和精神文明,既包括有形的农业地貌、农作器具、农作景观、乡村建筑、服饰、饮食等,又包括无形的节日节庆、民族语言、仪式信仰、风俗习惯、农事活动、民间歌舞、诗歌谚语故事等,我国民族众多、地域差异大,乡村文化也形式多样、丰富多彩。文化是乡村旅游发展的核心。第一,文化需求的满足是乡村旅游的实质。据旅游学家丹恩(Dann)研究,乡村旅游的兴起就是因为城市居民"逃避"工业文明的程式化、单向度和一体化文化趋向的需求,他们追求的是"体验"乡村文化,追求生命的意义和人生的自由。第二,从经济内涵讲,以文化为核心的乡村旅游形态适合未来消费市场结构转型。随着工业化的完成,我国将进入后工业化时代,这个时代倡导的是知识经济、绿色经济、体验经济,人们更倾向于个性化、自由化的体验性消费,多彩的乡土文化无疑将成为是最好的体验对象。即使在当前的乡村旅游市场,我们也可以发现,包含文化要素多的旅游产品,往往能够吸引旅游者多次消费,获得较高的经济效益。第三,我国的文化之根在乡村,乡村文化建设对于我们传承民族血脉,构建精神家园意义重大。以文化为核发展乡村旅游,可以增强当地人的文化自信和文化自觉,实现农村传统文化的保护和传承,直接增加农村文化服务总量,缩小城乡文化发展差距,从而促进我国文化整体大发展大繁荣。

当前我国乡村旅游文化含量总体不足,有两种倾向。第一种是仅满足于当前乡村旅游市场的初级需求,不注重发掘乡村文化内涵。另一种倾向是在乡村文化开发中脱离当地实际"移植"甚至"伪造"文化,造成自身文化的扭曲和错位。例如有些乡村景区根据想象制造出"鬼巫"文化,修建鬼洞、鬼城、阴曹地府,有的甚至打着展示民族婚俗旅游的名义提供色情服务。

当前乡村旅游市场需求旺盛,以文化为核心,不仅要发挥市场的优胜劣汰机制,更需要政府的总体引导和规划实施。南京江宁区以初级农产品加工为基础的文化旅游发展就是其中一个成功案例。江宁区郗坊村在古代有着传统的手工艺作坊，在现代乡村旅游中，当地政府组织发动农户重新发掘了七种古代手工艺：磨豆腐、制粉丝、做大酱、炒鲜茶、打米糕、榨油、炒米。这些古老的手工技艺搭配传统手工器具现场展示，详细阐释了中国传统农业工艺的历史文化内涵，游客还可以现场体验制作，既销售了产品又弘扬了文化。未来的乡村旅游当以农业生产经营为基础，充分发掘乡村文化资源，走出一条可持续的乡村旅游发展道路。

参考文献

［1］Dann G. Anomie，Ego－enhancement and tourism. *Annals of Tourism Research*，1997：4.

［2］纳尔逊·格雷本著，赵红梅译：《人类学与旅游时代》，广西师范大学出版社2009年版。

［3］费孝通：《乡土中国生育制度》，北京大学出版社1998年版。

［4］赵承华："基于文化体验的乡村旅游开发研究"，《社会科学辑刊》2011年第2期。

［5］李金铮、吴建征："中国乡村文化百年历程"，《人民政协报》，2014年4月28日。

［6］廖光萍："简论乡村旅游开发中农耕文化的传承发展"，《农业经济》2014年第8期。

［7］郭焕成、韩非："中国乡村旅游发展综述"，《地理科学进展》2012年第12期。

［8］张凌云："旅游学研究的新框架：对非惯常环境下消费者行为和现象的研究"，《旅游学刊》2008年第2期。

［9］林德荣、郭晓琳："时空压缩与致敬传统：后现代旅游消费行为特征"，《旅游学刊》2014年第7期。

农产品市场与贸易

2016年重要农产品和农资市场形势分析与2017年展望

农业部农村经济研究中心产品分析预警小组

专题1 稻米[*]

2004年以来，中国稻谷产量总体上表现出增产态势，于2011年之后突破2亿吨，2015年稻谷产量达到20824.5万吨的历史高位，2016年略有减产，仍算丰年。口粮消费仍然是大米的主要需求端口，大米工业消费和饲料消费规模较小，但近年来有所增加。2015年9月之后与其他主要粮食品种相似，价格下跌，到2016年11月价格出现企稳回升迹象。受国内外价差影响，2015年开始，大米进口出现了继2012年之后的第二轮增长，2016年进口量小幅增加，总体依旧保持净进口。展望未来，中国稻谷产量保持稳定，消费略有增加，贸易量可能维持一定规模，市场价格受政策调整影响的可能性较大。

---

[*] 执笔人：彭超、张欢、高强。

一、2016 年稻米市场回顾

（一）产量略有减少，但仍为丰年

2016 年稻谷产量达到 20693.4 万吨，小幅减产 0.6%。具体到品种，早籼稻减产，中晚籼稻产量减产，粳稻略有增产。稻谷减产的直接原因是南方籼稻减产幅度超过北方粳稻增产幅度。首先，早籼稻最低收购价降低释放了结构调整的信号，南方早籼稻播种面积有一定幅度调减，2016 年全国早稻播种面积 561.98 万公顷（8429.70 万亩），比 2015 年减少 1.7%。其次，受到超强厄尔尼诺的影响，我国部分气候异常，年景总体较差。尤其是 6 月，南方主产区暴雨过程多、降水强度大、累计雨量大，部分地区水稻受淹偏重发生，直接导致早籼稻减产 1.1%，中籼稻产量也受到一定的负面影响。7 月下旬至 8 月中下旬，南方一些地区又遭遇持续高温干旱，导致水稻空壳率增加。9 月，受台风"狮子山"影响，东北部分地区粳稻出现倒伏，后期收割晾晒也受到一定影响。

（二）消费稳中有增，工业用粮有一定增加

2016 年稻米消费总量变化不大，数量和结构上比往年有所调整，工业用粮一定幅度增加。2016 年中国国内大米消费总量 14943 万吨，较上年增加 981 万吨。从消费构成看，食用消费量为 10870 万吨，较上年增加 134 万吨。种子用量相对稳定，折合成稻谷约为 226 万吨。畜禽养殖行业发展较好，稻谷饲料用量有一定幅度增加，折合成大米估计为 1264 万吨左右，较上年增加 250 万吨。工业用粮增加幅度较大，折合成大米约为 1057 万吨，较上年增加 316 万吨，增加的主要原因在于稻谷陈化粮一定程度增加，进入工业用途，2016 年国家先后进行了 17 次超期粳稻拍卖，总成交量达 383.25 万吨。2016 年损耗量估计为 1593 万吨，较上年增加 282 万吨。

（三）进口增加，出口减少

2016 年 1—12 月累计，进口大米 352.19 万吨，较上年增 5.5%；进

口额 16.14 亿美元，较上年增 7.8%；出口大米 37.05 万吨，较上年增 38.7%；出口额 2.75 亿美元，较上年增 32.3%。进口稻米主要来自越南（占进口总量的 45.9%）、泰国（占进口总量的 26.4%）、巴基斯坦（占进口总量的 20.0%）。出口目的地主要是韩国（占出口总量的 47.4%）、朝鲜（占出口总量的 11.3%）、日本（占出口总量的 10.2%）

（四）国内价格稳中略跌，年末出现企稳回升迹象

2016 年，稻米价格总体保持稳中略降态势，价格形成机制中政策性因素仍占主导地位。早籼稻全国年批发均价为 2.58 元/千克，同比下降 1.61%，晚籼稻全国批发均价 2.67 元/千克，同比下降 2%，粳稻全国批发均价 2.89 元/千克，同比下跌 7.24%，早籼米全国批发均价 3.85 元/千克，同比小幅上涨 0.69%，晚籼米全国批发均价 4.13 元/千克，同比下跌 0.64%，粳米全国批发均价 4.69 元/千克，同比下跌 0.71%。

分时间段看：2016 年 2 月国家公布最低收购价格政策后，稻谷和大米市场价格受到一定程度的提振；进入 5—8 月份受轮库腾仓影响，价格出现徘徊，只有早籼稻和早籼米受各主产省启动早稻最低收购价执行预案影响，价格有明显上涨。进入 9 月，受减产预期影响，稻米价格略有上涨，另外供给侧结构性改革对稻米品质的提升，也助推了优质稻米的涨势。

二、未来走势判断

（一）总体判断

展望未来一段时间内，中国稻米总产量将保持稳定。预计 2017 年，稻谷种植面积稳中略减，单产保持一定增幅，只要不发生大面积自然灾害，总产量仍将稳定在 2 亿吨以上。长期来看，水稻种植面积先减后增，单产持续提高，总产量保持稳定。展望"十三五"，到 2020 年，我国稻谷种植面积将稳定在 4.50 亿亩（3000 万公顷），单产持续提高，总产量达到一定高度，稻米总消费量将保持增长。展望未来十年，稻谷种植面积先减少后缓慢回升，并伴随短期波动。展望期间，中国稻米总消费量将持

续增长。预计2017年口粮和饲料消费略增，工业消费出现一定幅度增长，种子用量基本持平，损耗出现一定幅度降低。展望期间，口粮消费保持增长，饲料消费和加工消费略增，种子消费和损耗略减，消费总量增加。

（二）生产展望

稻谷种植面积稳中略减。 未来10年，中国稻谷种植面积持续增长的可能性较小，预计2017年稻谷种植面积略减，"十三五"期间，稻谷种植面积将持续减小，随后在波动中缓慢上升，以后稳中略增的趋势可能持续。稻谷比较效益低导致复种指数下降，早籼稻面积缩减将可能持续。随着农业供给侧结构性改革的推进，在地下水漏斗区、重金属污染区和生态严重退化地区耕地休耕制度试点将持续推进，东北地区井灌稻面积也会有一定幅度减少，部分地区耕地水稻播种面积调优调精，稻谷播种面积将大致稳定，在部分年度间小幅减少。

单产持续增加。 未来10年，中国稻谷单产预计将呈现稳步提升的基本态势。预计2017年稻谷单产基本保持稳定，此后持续增长。"十三五"期间，稻谷单产将随着中国农业技术推广和服务体系的不断完善，水稻品种改良成效明显。2016年，我国典型地区稻谷单产纪录不断刷新。例如，广东省兴宁市"超优千号"双季稻百亩片亩产打破了世界纪录，产量达到1537.8千克。一系列纪录的刷新，表明水稻单产仍有较大提升潜力。科技进步和良种推广仍然是中国水稻单产增加的关键性因素。但是，也应当看到，类似超级稻的科技突破已多年未见，实验田中取得的单产纪录，要对全国平均单产起到作用尚需一定时间和努力，单产提高也面临着一定压力。

总产量基本稳定。 未来10年稻谷产量增速下降，总产量将保持基本稳定。2017年稻谷总产量将继续稳定在2亿吨以上，预计歪理啊，稻谷产量基本保持稳定。年际间，稻谷产量出现波动。其中的主要原因是，部分年份水稻单产增加对总产量的贡献无法弥补水稻种植面积减少导致的总产量减少。实际上，2017年水稻最低收购价全面下调，其后稻米价格形成机制改革也会进一步深化，将会给结构调整带来一定的动力，水稻产量在一段时间内减少的可能性很大。

(三) 消费展望

消费需求总量增加。未来10年,需求总量保持稳中有增态势。预计2017年消费总量增加分用途看,稻谷的种子消费基本保持稳定,口粮消费略有增加,饲料消费将会有所增加,加工消费和损耗将会在展望前半段出现一定幅度的增长。

食用消费量总体增加。2016年,我国人口政策调整效果开始显现,估计展望期间中国人口增速将会提高300万—800万人。大米经常被作为婴儿辅食的重要原料,因此大米消费有增加的动力。而且我国人口基数大,人均大米食用消费量基本保持稳定。因此,稻米的口粮消费将稳步增长。

饲料消费将会有所增加。未来10年,稻米饲料消费和工业消费略有增加。预计2017年中国饲料消费同比增加。前期政策性收购给稻谷制造了巨大的库存,2016年稻谷不宜存问题已经引起市场重视。一方面,不宜存稻谷进入饲料用途,饲料用粮将会有所增加;另一方面,不宜存稻谷作为饲料仍存在质量安全问题,因此饲用稻谷增长幅度不会太大。

工业消费和损耗将会在一定时期内有一定幅度的增长。预计2017年中国工业消费同比增加。稻谷工业消费增加的主要原因是陈化粮处理,酿酒、生物燃料等工业加工用途增加。

种子用量稳定。未来10年,稻谷种子用量和损耗将略有减少。种子用量减少的原因包括:杂交稻每亩用种明显少于常规稻,随着杂交水稻在南方主产区的推广,种子用量将有所减少;水稻育秧、播种机械技术进步等因素,也都会导致稻谷用种数量减少。

(四) 价格形势展望

稻谷价格稳中略涨。预计未来10年,稻谷价格将保持稳中有涨的态势。其中,2017年稻谷价格将围绕最低收购价波动。展望期间,稻谷价格主要受政策因素影响。"十三五"期间,稻谷最低收购价政策将会继续完善。后期,稻谷价格形成机制会进一步改革完善,总的方向是市场化,但是年度间政策以稳定调整优化为主。最主要的物质基础在于稻谷产能保持稳定。根据目前稻谷的生产形势,未来我国稻谷产能将保持在 2 亿吨以上。而且稻谷是中国最重要的口粮来源,国家将会采取强有力的政策,维持口粮供给绝对安全,价格"大起"的可能性较小。

长期内大米价格稳中有涨。预计未来 10 年,大米价格也将保持稳中有涨态势。大米需求总量刚性增长,而且随着消费结构升级,中国居民对高端大米需求增加,大米加工过程中的劳动力等成本不断攀升,也会给大米价格造成上涨压力。因此,在供给和需求双重作用下,国内大米价格将继续保持稳中略涨的态势(图 1、图 2)。

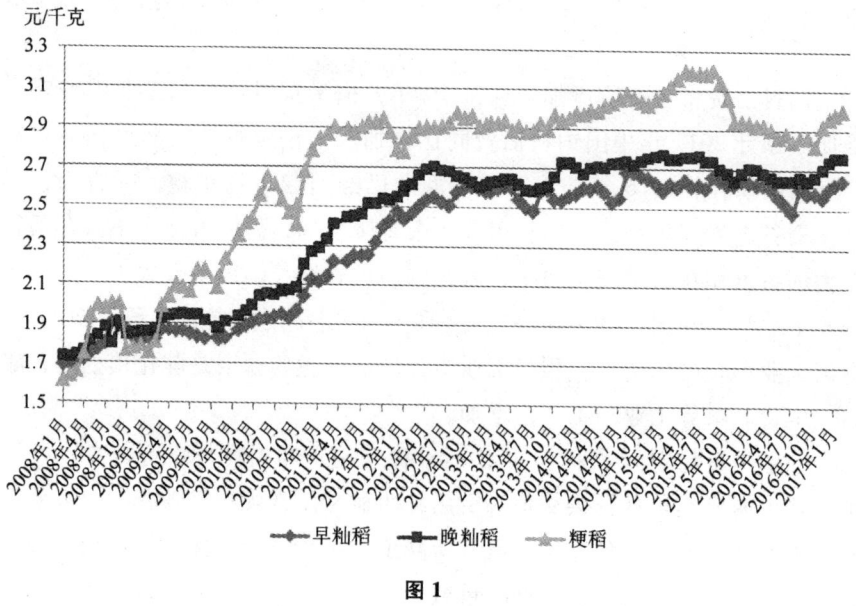

图 1

(五)贸易展望

进口规模有可能维持一定的规模。2016 年,大米进口继续增长。2016 年 1—12 月累计,进口稻米 356.28 万吨,较上年增 5.5%;进口额 16.14 亿美元,较上年增 7.7%;出口稻米 39.51 万吨,较上年增 37.6%;

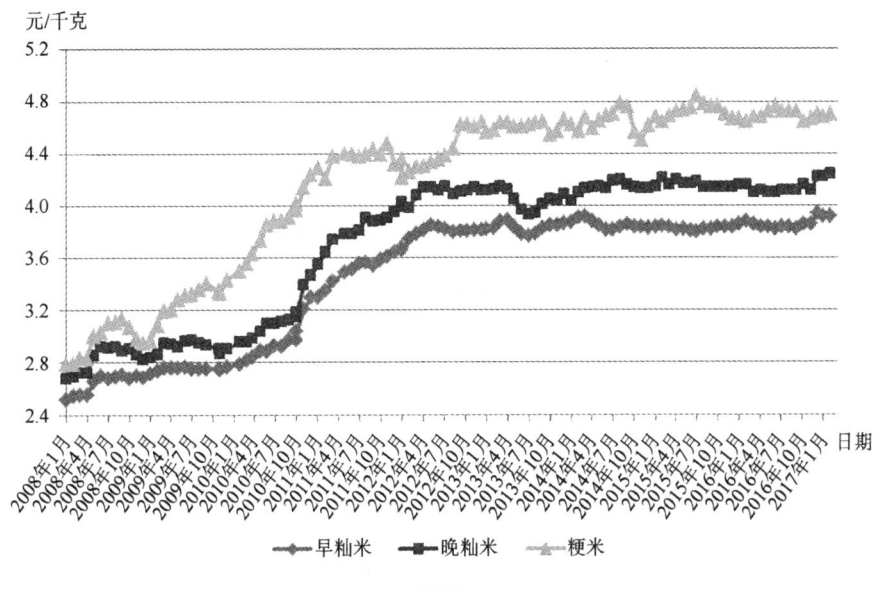

图 2

出口额 3.51 亿美元，较上年增 31.0%。进口稻米主要来自越南（占进口总量的 45.4%）、泰国（占进口总量的 26.9%）、巴基斯坦（占进口总量的 19.8%）。出口目的地主要是韩国（占出口总量的 44.4%）、朝鲜（占出口总量的 10.6%）、日本（占出口总量的 9.6%）。根据中国东盟自贸区协定设置的时间表，中国与老挝、越南、柬埔寨和缅甸建成自由贸易区，从上述国家和其他东盟成员国进口碎米关税降至 20%。因此大米进口出现了新一轮增长。深入分析，我国稻米大量进口直接原因仍在于价差劣势，而价差主要来自于单位生产成本，但是这一单位生产成本差异根源在于越南、柬埔寨、巴基斯坦等国家总体物价水平大幅低于中国，加之这些国家地理上的便利性，因此成为我国大米的主要进口来源地。根据世界银行国民收入数据分析，东南亚等国总体物价水平相当于我国 20 世纪 90 年代初的水平，因此，价差不仅限于大米，其他商品和服务的价格水平也比我国低得多。展望期间，随着国内稻谷价格形成机制的改革，国内外价格倒挂的状况会略有改善。稻米国际贸易量有限，而且如果中国进口大幅增加势必会推高国际价格，那么国内外价差将会缩小，会一定程度上压制大米进口增长幅度。出口方面，展望前期，随着稻米"去库存"加速，我国对非洲等地区大米出口有望进入快车道，然而中国大米整体出口优势不会有较大改善，因此，大米出口规模也不会有较大变化。

三、主要问题和不确定性因素

（一）政策因素

首先，稻谷最低收购价政策将会进一步调整，其影响将持续作用，尤其是展望期间的前半段，最低收购价政策的变化是"易跌难涨"。2017年稻谷最低收购价全面下调，早籼稻、中晚籼稻和粳稻最低收购价格每50千克分别较2016年下调了3元、2元和5元，早籼稻已经连续两年下调，累计5元。可以预见，未来最低收购价政策的调整会对稻谷价格造成影响，进而影响大米价格。

其次，稻谷库存有可能在2017年达到峰值。玉米收储制度改革后，腾出了部分库容，各地建仓腾仓工作进展良好，库容应当能够满足稻谷政策性收储需要。但是值得关注的是，高库存向农户和新型经营主体蔓延。根据全国农村固定观察点调查体系对1172个稻谷种植户的专项调查，2016年4月底，农户户均储存稻谷比去年同期增加10.7%。另据中国农业科学院信息所对206个种粮大户和家庭农场、106个合作社的调查，截至2016年4月底，合作社社均储粮量较去年同期增长149.2%，其中，稻谷占84.4%；种粮大户和家庭农场户均储粮量较去年同期增长80.1%，其中，稻谷占49.8%。

再次，农业补贴制度向绿色导向转型。"三补合一"试点，总体上对过去"撒胡椒面"式的补贴进行了调整，今后向粮食生产倾斜、向主产区倾斜、向规模主体倾斜是趋势，绿色生态是改革的方向。根据全国农村固定观察点调查体系上述调查，农民收入中，农业支持保护补贴和购置及更新农机具补贴即过去的"四补贴"，同比减少15.1%。农资综合补贴存量的20%和新增补贴部分，用于建立全国农业信贷担保体系，现在这一体系框架雏形已经建立起来。今后，农业补贴的调整将会影响稻谷生产，进而对稻米市场产生一定的影响。

（二）经营因素

以往稻谷生产以单家独户经营为主，土地和劳动力投入基本为隐性成本。近年来，随着新型经营主体发展，土地、劳动力成本逐渐显性化为地租、雇工工资和机械作业费用，以另一种方式挤压种粮收益。2010—2015年，稻谷亩均种植成本年均增长9.6%，人工成本（包括雇工费用和家庭用工折价）年均增长13.8%，亩均机械作业费用年均增长10.9%，土地成本（包括土地流转租金和自营地折价）年均增长8.7%。到2015年，如果新型农业经营主体在流转土地上种水稻，人工、机械作业和土地成本要占生产总成本比重的74.8%。

（三）自然条件

水资源不均衡分布将影响稻谷生产。近年来，我国连续遭遇主产区洪涝灾害。其背后固然有全球大尺度气候变化的原因，但是农田水利设施薄弱，尤其是干支斗渠建设长期被忽视，也使得极端天气造成旱涝灾害更加难以控制。这种"制度性干旱"或"制度性内涝"，对稻谷生产影响较大。

气候变化对稻谷生产造成了不确定性。近年来，气候变化成为影响稻谷生产的非传统挑战。温度骤升骤降，局部地区的干旱、洪涝、台风等气象灾害严重影响水稻生产。2017年气候波动将会略有减少，但也不排除极端天气在部分地区造成水稻减产的可能性。可以预见，今后气候变化将继续影响稻谷生产，进而对市场波动造成影响。

（四）贸易因素

首先，美国新任总统特朗普取消了TPP协议，对大米贸易影响虽然不大，但是东南亚国家多领域的国际贸易和投资合作可能会更多地转向中国，包括大米在内的贸易合作合作将会更多。

其次，大米出口国政策具有一定的不确定性。这些国家同时也是世界主要大米出口国，其大米市场政策调整将影响国际大米价格走势和贸易量变化。泰国政府积极推进去库存化，而且泰国前期收储的部分大米的品质受存储年限的影响而下降，泰国对大米进行分级管理，这些都将将会影响大米出口价格。近些年越南国内不断提高大米品质，其出口量也继续增加。

最后，国内"去库存"与对外粮食出口合作的方式也会影响到稻米市场和贸易。2017年"中央一号文件"中提出，"鼓励扩大优势农产品出口，加大海外推介力度"。未来，在国内稻米供需相对宽松的格局下，国家引导市场主体，合理利用国际市场，配合"一带一路"外交战略，增加稻米出口，将成为一段时期内的趋势，这将对稻米市场和进出口贸易产生一定的影响。

（五）结构调整因素

各地进行种植结构调整，尤其东北地区调减玉米，"旱改水"种植水稻成为种植结构调整的方式。在水源条件较好的地区，这不失为一种调整模式。全国农村固定观察点调查体系2016年11月对黑龙江、吉林、辽宁、内蒙古4个省（区）56个县（市、区）60个村3254个农户专项调查，水稻仍然是东北主要农作物中利润最高的。

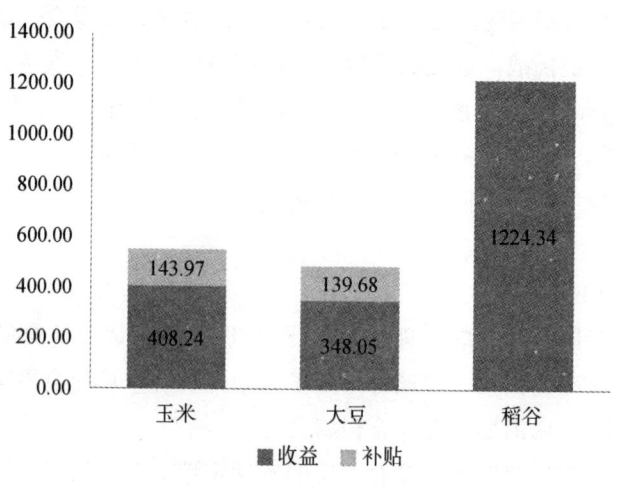

图3

然而，临江临河地区引水、打机井灌溉等方式，推进"旱改水"。这种农业结构调整过程当中，水利设施建设、土地平整、耕地深翻等措施，对环境的破坏较大。"旱改水"本身成本就很高，再改回来，成本更高。国家对井灌稻的调整力度也会影响稻米生产，进而影响稻米市场。

（六）其他因素

大米消费结构和方式升级。在互联网+的背景下，电商平台等新型流通业态迅速发展，将影响产业链各个环节，对稻米供给也将产生潜移默化的影响。

美元汇率变化。受美元汇率升值影响，以美元标价的国际大宗产品也出现疲软态势。今后，美元强势地位能够维持的时间长短，也会对大米生产、市场和贸易造成影响。

参考文献

[1] 国家统计局："国家统计局关于2016年粮食产量的公告"，http://www.stats.gov.cn/tjsj/zxfb/201612/t20161208_1439012.html，2016-12-8。

[2] 国家统计局："2016年全国早稻产量3277.7万吨（655.5亿斤）"，http://www.stats.gov.cn/tjsj/zxfb/201608/t20160825_1392593.html，2016-8-25。

[3] 国家气候中心："中国气象局发布《2016年中国气候公报》"，http://ncc.cma.gov.cn/Website/index.php?NewsID=10444，2017-1-12。

[4] 国家统计局："国家统计局农村司高级统计师黄秉信解读粮食生产情况"，http://www.stats.gov.cn/tjsj/sjjd/201612/t20161208_1439014.html，2016-12-8。

[5] 彭超："优强普弱早稻市场分化将引领供给侧发力"，《农民日报》，2016年8月23日第6版。

专题2 小麦[*]

2016年国内小麦量质齐降，最低收购价小麦库存较大、进口增加，国内供给总量充足；需求面国内制粉消费需求旺盛，需求量同比略增，但饲用消费占比下降。全年陈麦价格走势呈现两头涨中间跌的态势，新麦价格则呈现低开后不同品质小麦价格走势分化的格局。2016年全球小麦产量再创历年新高，供应总体充足，小麦国际价格进一步走低，国内外价格倒挂压力增大。展望2017年，国内市场政策市特征将更加明显，政策性库存充足，整体供需宽松；国际小麦价格短期内无走强迹象。目前小麦产业面临着亩均种植收益走低、规模种植经营效益差、进口超配额风险大等三方面问题，宏观政策调控应立足于稳产提质，节本增效，通过推动种植结构调整与深化市场改革，扭转小麦供给结构性失衡的局面。

一、2016年市场形势分析

（一）国内小麦生产结束十二连增，托市收购数量创近年新高

1. 国内小麦量质齐降

2016年，我国小麦播种面积2418.7万公顷，同比增加0.2%；亩产355公斤，同比下降1.2%；总产12885万吨，同比下降1%，结束了连续12年的增产。小麦减产的主要原因是气象条件较差且灾情偏重，而国内主产区新麦质量大范围受损更使得质优小麦有效供给能力明显下降。根据国家粮食局检测结果，2016年河北、山西、江苏、安徽、山东、河南、湖北、四川、陕西等9省夏收小麦整体质量明显不如上年。容重和三等以上小麦比例有所下降，不完善粒超标问题较为突出，除山西省外，各省小麦不完善粒皆有超标。其中，由于黄淮地区小麦灌浆期和收获期普遍受降雨等特殊气候影响，江苏、安徽、河南、湖北等4省不完善粒超标较为严重。

---

[*] 执笔人：孙昊、曹慧。

2. 最低收购价小麦库存充足

一方面，托市收购量创近年新高。在全年减产的背景下，小麦托市收购量达到2850万吨，占小麦商品量的25.6%，为2010年以来的最高水平；另一方面，最低收购价小麦拍卖成交率创历年新低。全年国家最低收购价小麦计划拍卖量8796万吨，较上一年提高了115%，为近三年最高水平，但实际成交量仅为256万吨，成交率为2.9%，创历史最低。截至2016年12月下旬，最低收购价小麦剩余库存量在5800万吨左右，较2015年底大幅增加。

（二）国内小麦制粉消费同比略增，饲用消费增长较为明显

1. 制粉消费同比略增

2016年，小麦粉、麸皮等加工品市场总体需求旺盛。其中，面粉市场价格扭转了2015年下半年持续下跌的态势，呈现稳中有涨的趋势。2016年面粉月度平均价格为每斤1.67元，同比上涨0.9%。麸皮市场价格则经历较大起伏。第一季度每斤价格由1月份0.78元下跌至3月份0.69元，创2013年以来历史新低。4月份后麸皮价格迅速反弹，并逐月回暖，至12月底，每公斤价格为1.76元，较上年同期上涨13.7%；较3月份年中最低价格上涨0.38元，9个月累计涨幅达到27.4%。小麦粉全年产量则实现了六年连增。2016年1—10月，小麦粉产量达12327万吨，同比上涨4.9%，高于2015年同期3.1%的增速，2013—2015年产量增速三年连续放缓的态势得到扭转。

2. 饲用消费明显增加

2016年由于小麦收获期间主产区出现大范围降雨，导致新麦质量受损，芽麦、霉变麦和不完善粒超标小麦大量增加。由于这部分小麦收购价格较低，在上市初期芽麦价格每公斤仅为0.14—0.16元/吨，相比当时玉米每公斤0.18元左右的价格具有竞争优势，使得2016年小麦对玉米的替代量接近2012/2013年度的高峰水平，据有关部门估算将达到700万吨左右。加上小麦常年用于饲料消费的数量约800万吨，2016年小麦饲用总消费量将达到1500万吨，较2015年明显增加。

（三）国内小麦价格下降，不同品质小麦价格分化明显

国内小麦市场价格走势表现为一年内"两头涨中间跌"，即年初价格走高，年中受新麦上市影响价格回落，临近年尾价格再度走强。2016年1—4月份由于市场粮源减少，政策性小麦不能有效供给，小麦价格上涨趋势明显。新麦上市后，受新麦价格影响，5—8月份陈麦价格由2.46元/公斤跌至2.26元/公斤，9月份以后，由于夏粮收购接近尾声，市场上质优小麦粮源减少，小麦价格止跌回升，10月份粮源偏紧形势加剧，上涨趋势更为明显。国家适时投放2015年托市收购小麦，并扩大了拍卖区域，11月份之后小麦价格涨势趋缓。2016年全年，普通小麦平均价格2.34元/公斤，同比跌4.1%；优质小麦平均价格2.70元/公斤，同比跌3.1%。近年来，优质麦与普通麦价格分化逐渐加大。2013—2016年，优质麦与普通麦每公斤价差由0.12元拉开至0.38元，优质麦价格走势稳健而普通麦价格趋于下降。"优质小麦供不应求、低质小麦供大于求"，是当前我国小麦市场价格的重要特征。此外，由于今年南方小麦质量受损较北方严重，南北小麦价格走向分化特征明显，北方小麦价格上涨速度快、幅度大，而南方麦区市场价格重心却始终上行乏力。截至12月底，南北小麦价差高达0.08—0.12元/公斤。往年河北、山东用粮企业多从河南、安徽、江苏等地采购小麦，而今年市场却出现了粮源"倒流"的现象。

（四）国内外价差扩大，小麦净进口趋势明显

截至2016年12月，国内优质麦销区价连续40个月低于国际小麦到岸税后价。2016年全年平均价差在1元/公斤，略高于2015年0.98元/公斤水平。据海关统计，2016年1—12月我国累计进口小麦产品341.19万吨，同比增13.5%；进口额8.15亿美元，同比减9.5%；出口11.28万吨，同比减7.4%；出口额0.62亿美元，同比减15.1%。2009年以来，我国小麦持续呈现净进口态势，且净进口量自2012年起从原来的100万吨以内增至300万吨左右。其中虽然有品种调剂的成分，但近年来价差驱动的作用越来越明显，国内小麦及其制品竞争优势下降，出口量自2012

年开始呈现持续负增长的趋势，目前已降至 1996 年以来的最低点。从贸易结构看，2016 年我国小麦进口主要来自澳大利亚（占进口总量的 40.8%）、美国（占 22.8%）、加拿大（占 30.2%）、哈萨克斯坦（占 3.7%）；出口主要目的地是中国香港（占出口总量的 83.5%）、朝鲜（占 5.5%）、中国澳门（占 5.4%）、埃塞俄比亚（占 2.3%）。

（五）国际小麦生产再创纪录，价格持续低迷

2016 年以来，国际机构不断调高全球小麦产量，9 月份以后基本确定 2016/2017 年度全球小麦产量将再创纪录。联合国粮农组织（FAO）发布的 12 月份全球谷物供需简报显示，2016/2017 年度全球小麦产量 7.49 亿吨，同比增 1.9%；消费量 7.34 亿吨，同比增 2.8%，产大于需 1500 万吨；期末库存 2.39 亿吨，同比增 5.3%；库存消费比 32.5%，同比提升 0.8 个百分点；贸易量 1.69 亿吨，同比增 0.4%。受供给充裕影响，2016 年以来国际小麦价格持续下跌。其中，墨西哥湾硬红冬麦（蛋白质含量 12%）平均离岸价由 1 月的 219 美元/吨跌至 12 月的 194 美元/吨，为 2010 年 7 月以来最低点，累计跌幅 11.3%，全年均价 201 美元/吨，同比下跌 14%；堪萨斯期货交易所硬红冬麦平均期货价由 1 月的 174 美元/吨跌至 12 月的 149 美元/吨，累计跌幅 14%，全年均价 160 美元/吨，为 2006 年 2 月以来价格最低点，同比下跌 15.7%。

二、2017 年小麦市场展望

（一）国内市场消费上升，小麦价格涨幅有限

预计 2016/2017 年度国内小麦消费量将有所回升。受国内主产区质优小麦数量下降、质差小麦数量增加影响，新年度内国内小麦供需格局发生改变，价差因素将刺激饲用等级新麦替代玉米预期增强。从目前情况看，2016 年国内小麦消费量回升主要表现在饲用消费上。从当前国内小麦供给和区域分布看，部分地区短期内将面临较大的供给压力。由于市场粮源有效供给不足，用粮企业粮源供给的主渠道将逐步转向小麦拍卖市场，麦价也将围绕小麦拍卖采购成本运行，储备粮的出库节奏将直接影响局部区

域价格低点,河北、山东等地因小麦库存压力低且需求较为旺盛,麦价走势将相对好于苏皖豫地区,质优粮源市场行情走势强于普通粮源。国内小麦市场品种结构性矛盾凸显,国产小麦质量下降、有效供给不足以及价格较高将导致下一年度进口压力较大。据全国农作物病虫测报网监测调查和专家会商,受冬季气温偏高、土壤湿度偏大等因素影响,2017年农作物病虫害呈重发趋势,预计发生面积比上年增加9.7%;其中小麦赤霉病预计发生面积与上年持平,条锈病增加31.3%,蚜虫害增加12.0%。新麦长势情况将是影响2017年上半年小麦价格走势的关键因素。

(二) 国际市场总量充足,高品质小麦供应趋紧

全球小麦供应充裕,市场价格下行压力加大。据美国农业部(US-DA)2017年1月份报告显示,2016/2017年度,全球小麦产量7.52亿吨,创近年来新高,同比增2.34%;消费量7.40亿吨,同比增3.9%,产大于需1280万吨;期末库存2.53亿吨,同比增5.3%;库存消费比34.2%,同比提升0.47个百分点;贸易量1.78亿吨,同比增3%。2017/2018季小麦顺利播种,欧盟播种工作基本完成,作物生长良好;美国作物状况好于上年,面积略降;俄罗斯、乌克兰天气有力,播种面积增加。诸多因素表明,今后两年全球小麦供应充裕的形势不会发生变化,国际市场小麦价格整体继续下行压力较大,后期国际小麦价格将继续维持弱势震荡的态势。虽然总量供给充裕,但高蛋白质小麦的比例却明显下滑,澳大利亚高蛋白质小麦升水大幅攀升。全球小麦库存量处于创纪录的高位,但高品质小麦供应量趋紧,这也使得国际小麦品质间行情分化。荷兰合作银行发布的《2017年农产品展望报告》预计由于小麦价格跌至数十年低点,同期全球需求出现增长,2017年芝加哥期货交易所的小麦期货价格将会高于当前的水平。

三、需要关注的主要问题

2016年国内小麦市场面临着三个方面突出问题:

(一) 小麦种植亩均收益下降明显

近年来小麦种植收益持续下滑，2013 年出现近十年来首次亏损，2014 年亩均收益曾回升到 87.8 元，2015 年亩均收益有所下滑，2016 年再次出现亏损。据农业部对河南、山东、河北、安徽、江苏和湖北 6 个小麦主产省的调查显示，2016 年夏收小麦亩均总产值 944.1 元，比 2015 年减少 122.6 元，减 11.5%；亩均总成本为 954.9 元，比上年增加 27.4 元，增 3.0%；亩均亏损 10.8 元，亩均收益比上年减少 150.0 元；每亩成本收益率为 -1.1%，比上年下降 19.9 个百分点。

(二) 种粮大户损失惨重

基于安徽省 4 个小麦生产成本基点县的调查，户均经营面积在 100—500 亩的种粮大户，亩均总成本为 1170.4 元，收入为 426.4 元，亩均亏损 260.2 元；500 亩以上大户，亩均总成本为 1224.9 元，总收益为 352.5 元，亩均净亏损 310 元。在目前市场行情下，小麦规模经营者面临着生产越多亏损越重的不利处境。

(三) 小麦面临超配额进口风险

2016 年 11 月底，海关进口美国 2 号软红冬麦配额内每吨价格为 1747 元，比主销区价格低 1153 元；配额外每吨价格 2790 元，比主校区价格低 110 元。严重的价格倒挂使国内厂商进口小麦意愿较强，至 2016 年 11 月国内厂商已经订购 20 万—30 万吨配额外小麦。据国家粮油信息中心预计，2016/2017 年度我国配额外小麦进口量可能达到 50 万吨。

四、政策建议

(一) 稳定产量，提升品质

调整种植结构时，应注重稳定小麦产量，提高小麦质量。鼓励引导农户种植受符合企业和市场需求的小麦新品种；改善农业基础设施水平，增强农业社会化服务能力，保障小麦种植质量，避免"量质齐降"的现象发生。

（二）提升技术，节约成本

降低种植业生产要素成本，通过支持政策鼓励规模化生产者采用节本增效的种植技术，从生产环节降低生产成本。

（三）改善政策，强化市场

完善粮食价格调控政策改革，发挥市场机制在小麦产销衔接中的主导作用。掌握好最低收购价政策的调整节奏和幅度，财政支付性补贴要向粮食主产区和粮食适度规模经营者倾斜。配套实施"种粮收益补贴"，主要用于补偿粮价改革对农民收益的影响，有效保护农民种粮积极性。

专题3 玉米[*]

一、2016年玉米市场特点

（一）国内玉米市场

1. 玉米结构调整初见成效

2016年，我国开启了农业供给侧结构性改革，玉米被列为农业供给侧结构性改革的重点品种，"中央一号文件"明确要求适当调减非优势区玉米种植。农业部发布了《"镰刀弯"地区玉米结构调整规划（2016—2020年）》，规划在"十三五"时期压缩玉米面积5000万亩以上。同时，国家改革了玉米收储制度，取消了玉米临时收储，实行市场定价、价补分离的新机制，玉米临储价格大幅调低，对农民玉米种植行为产生了影响。各主产省主动调减面积，引导农民改种其他作物，主要改种作物包括大豆、青贮玉米、水稻、马铃薯、花生、杂粮、蔬菜等，我国玉米面积13年来首次调减。据国家统计局公布的数据，2016年，全国玉米播种面积

---

[*] 执笔人：习银生、杨丽、吴天龙。

55139.6万亩,同比下降3.6%。从气候条件来看,主产区出现了局部灾害。其中,东北部分地区7月下旬至8月中旬持续干旱,7月持续高温少雨,受旱范围较广,8月下旬以后受台风和降雨偏多影响,部分玉米倒伏,对玉米品质和单产有一定影响。华北黄淮产区8月份持续高温少雨影响玉米授粉,河南、山东部分地区玉米瞎尖及籽粒容重下降。但总体气候略好于上年,其中,吉林、河北单产增加,黑龙江、内蒙古、山东基本持平,河南略降。全年全国玉米单产398.2公斤/亩,同比增长1.3%。总产21955.4万吨,同比减少2.3%,但仍为历史第二高产年份(图1)。

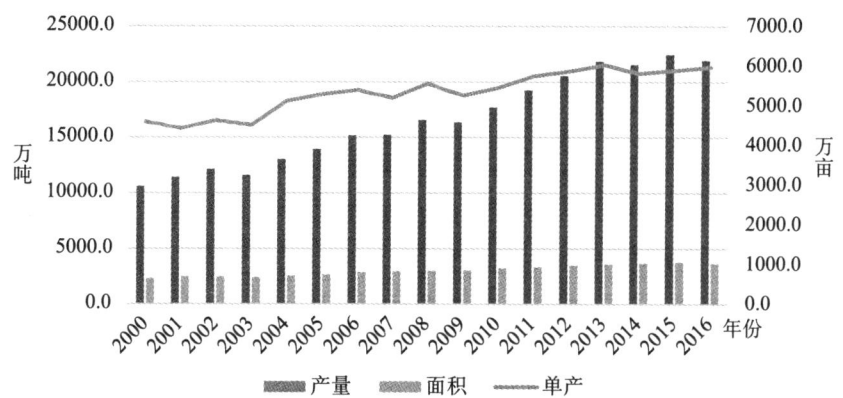

图1 2000年以来我国玉米生产变动

2. 国内价格继续下跌

2016年以来,国家对玉米收储制度做出了重大调整,取消了玉米临时收储政策,改为实行"市场化收购+补贴"新机制,原有临储政策的托市作用消失,加上国内玉米库存压力大、2015年大幅下调临储收购价格的影响,国内玉米价格总体延续了2015年下半年以来的跌势,无论是批发价格、期货价格还是新玉米收购价格都大幅下跌。

(1) 批发价格明显下跌。2016年,国内产销区批发价格总体下跌,但也出现了阶段性反弹。第一次反弹出现在5—6月,由于市场大部分玉米被东北临储收购,甚至华北部分粮源倒流回东北进入临储,进入5月份以来,市场粮源逐渐趋紧,华北黄淮产区价格反弹明显。第二次反弹出现在11月，主要是由于受公路限超、煤炭与粮食争运力以及雨水天气等因素影响，玉米运输遭遇瓶颈，运费明显上涨，东北玉米外运较为困难。1—11月，产区平均批发价格各月环比涨幅分别为 -1.0%、-1.2%、-2.7%、-3.2%、0.2%、4.0%、1.6%、-2.3%、-2.4%、-9.2%、3.2%，销区平均批发价格环比涨幅分别为 -0.9%、-1.1%、-2.7%、-5.3%、-1.3%、2.5%、1.9%、-2.6%、0.7%、-5.5%、3.4%。产销区全年平均批发价格分别为1817元/吨、2033元/吨，同比分别下跌17.2%、16.7%。到11月份，产区平均批发价格为1694元/吨，同比跌11.1%。其中，东北产区1634元/吨，同比跌16.9%，华北黄淮产区1705元/吨，同比跌7.9%；销区平均批发价格为1969元/吨，同比跌9.1%（图2）。

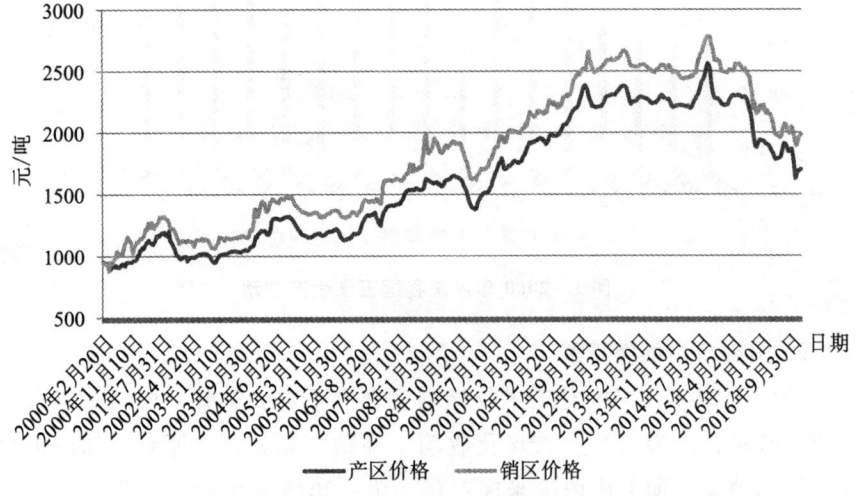

图2　2000年以来国内玉米产销区平均批发价格走势

（2）新玉米价格低开低走。受玉米市场化改革和库存压力巨大等因素影响，2016年新玉米价格大幅低开，同比跌幅较大。辽宁省11月玉米平均收购价格为0.82元，比9月份开秤价低0.04元，同比跌16.3%。内蒙古自新玉米上市以来，收购价格持续走低，11月底自然水分玉米（水分27%—30%）的平均价格每公斤1.0—1.3元，同比降0.2—0.32元/

公斤，折合14%标准水分的玉米收购均价1.5元左右，比开秤价跌0.2元左右，同比跌20%以上。黑龙江省11月底全省15%水玉米平均价格仅为1.36元/公斤。山东省新玉米上市前企业收购价在每公斤1.9元，9月底新玉米上市后，农户销售价格大多跌至1.36—1.46元（水分15%—20%），11月底回升至1.54—1.64元。从企业收购价看，11月底，吉林深加工企业挂牌收购价为每公斤1.42—1.52元，比开秤价跌0.02—0.08元，同比跌0.4—0.48元；黑龙江为1.4—1.42元，与开秤价基本持平，同比跌0.34—0.38元；山东为1.68—1.78元，与开秤价基本持平，同比跌0.22—0.34元。

（3）期货价格同比大幅下跌。2016年，国内玉米期货价格与现货价格走势基本一致，呈震荡下跌态势。10月21日大连商品交易所玉米期货近月合约收盘价一度跌至1426元/吨，跌回到2009年初的水平，比2014年9月份的历史高点价格下跌48.0%。到11月底，近月合约收盘价为1602元/吨，比年内高点价格下跌24.4%，同比跌21.2%。1—11月近月合约收盘价平均为1768元/吨，同比跌20.9%（图3）。

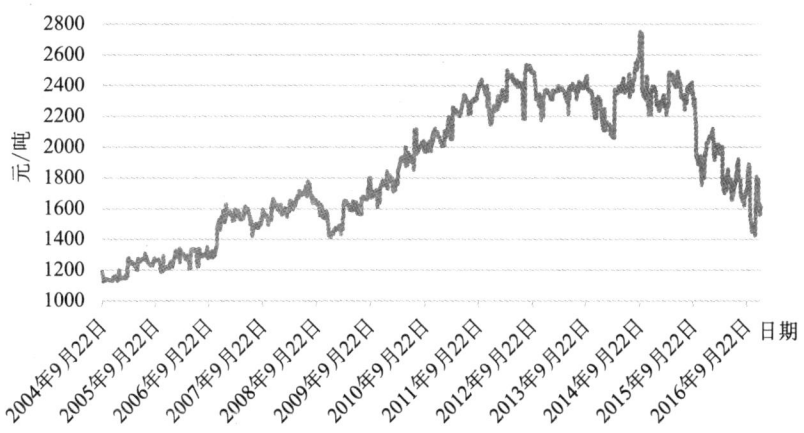

图3　大连玉米近月期货价格走势

3. 国内消费逐步回暖

2017年以来，玉米价格大幅下跌，加工企业成本明显降低，加上东北产区对玉米深加工业实行补贴,企业经营状况普遍改善,全行业扭亏为盈,开工率显著上升,带动玉米工业消费增加。据中国生物发酵产业协会数据,玉米发酵行业在经历了3年持续低迷后开始复苏,淀粉糖、氨基酸、有机酸等产品产量都有明显恢复,每吨产品盈利在200—1000元左右,其中淀粉糖每吨盈利300—400元,医用用品、3D打印等新材料产品成为玉米深加工业新的增长点,预计全年发酵行业玉米用量约3300万吨,同比增8%—10%,全年行业开工率可达70%,同比提高5个百分点以上。玉米酒精行业呈现前低后高特点,在我国对美国DDGS实行"双反",并在东北产区实行深加工补贴后,玉米酒精行业开始扭亏为盈,开工率明显提高,11月份达到70%以上。预计酒精行业全年玉米用量同比基本持平。加上商品淀粉消耗的玉米,预计全年工业深加工业玉米用量达到约5700万吨,同比增500万吨左右。从饲料消费来看,2017年,生猪生产恢复迟缓。据农业部数据,11月份,全国生猪存栏同比下降3.2%,能繁母猪存栏同比下降3.7%,分别连续36个月和39个月同比下降。而国家统计局的数据显示,2016年前三季度,全国猪牛羊禽肉产量5833万吨,同比下降1.1%。其中猪肉产量3690万吨,下降3.6%。生猪存栏43163万头,同比减少3.4%;生猪出栏47924万头,减少3.7%。总体看,养殖业主要依靠畜禽养殖稳步发展带动玉米消费增长,生猪养殖的带动作用减弱。此外,1—10月,我国累计进口高粱、大麦数量合计同比减少811.1万吨,相应增加玉米饲用消费需求700多万吨。因此,由于进口替代品减少和畜禽养殖增加,玉米饲用消费总体仍呈增长态势,预计全年同比增加600多万吨。

4. 国内外玉米价差大幅缩小

2016年,国际玉米价格总体继续走低,但国内玉米价格跌幅更为明显,加上人民币汇率走低,国内外玉米价差总体呈持续大幅缩小的态势。1—11月,进口配额内的国外玉米运抵我国南方港口的到岸税后价平均为1611元/吨,同比略涨9元/吨;国内玉米到港价平均为2000元/吨,同比下降397元/吨;国外玉米比国内玉米价格低388元/吨,价差比上年同期缩小406元/吨。11月,进口配额内1%关税的国外玉米运抵我国南港口的到岸税后价平均为1659元/吨，同期国内玉米到港价为1966元/吨，国外玉米比国内玉米低307元/吨，价差同比缩小242元/吨；配额外65%关税的美国玉米运抵我国南方港口的到岸税后成本2641元/吨，比国内玉米到港价高675元/吨（图4）。

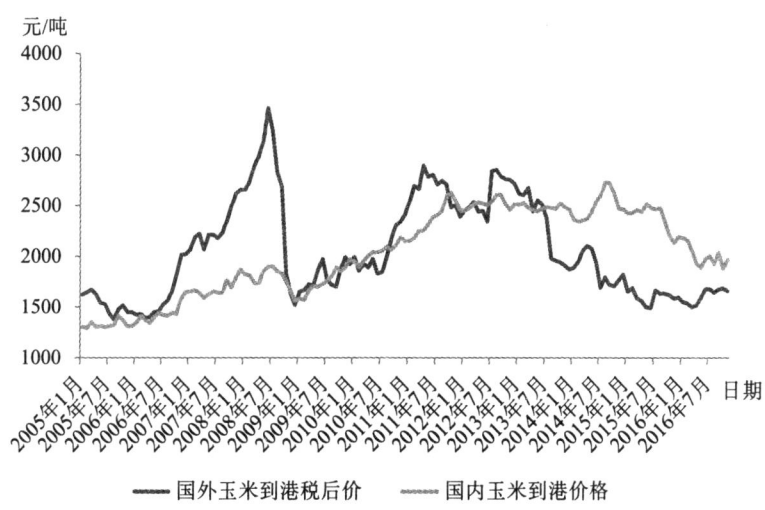

图 4　国内外玉米差价

5. 玉米及替代品进口大幅减少

由于国内玉米价格显著下降，国外玉米及高粱、大麦等进口替代品价格优势逐步缩小，加上国家对进口替代品实行备案管理和较为严格的检验检疫措施，同时对进口的美国DDGS实行双反措施，2016年，玉米进口同比大幅减少，替代品进口快速增长的势头受到明显抑制。1—10月，我国玉米累计进口量299.37万吨，同比减34.6%；出口量0.18万吨，同比减81.1%；净进口299.18万吨，同比减34.5%。玉米进口主要来自乌克兰（占进口总量的88.9%）、美国（占7.0%）、俄罗斯（占2.1%）、老挝（占1.0%）、缅甸（占1.0%）。玉米主要出口到朝鲜（占83.3%）、俄罗斯（占16.7%）。1—10月，我国累计进口高粱、大麦、DDGS、木薯分别为621万吨、418万吨、283万吨、626万吨，同比分别减少29.3%、57.0%、52.3%、23.3%。

（二）国际玉米市场

1. 国际价格震荡下跌

由于全球玉米继续增产，供求关系进一步宽松，2016 年，国际玉米价格继续震荡下跌，并跌至 2010 年以来的最低水平。1—11 月，美国墨西哥湾 2 级黄玉米平均离岸价为 172.47 美元/吨，同比下跌 3.3%，芝加哥期货交易所（CBOT）玉米主力合约收盘月均价每吨 142.82 美元，同比下跌 4.8%。分月看，1—11 月，离岸价各月环比涨幅分别为 -2.5%、-0.3%、-2.0%、1.5%、4.4%、4.5%、-3.1%、-3.4%、1.2%、-0.3%、-3.1%；期货价格各月环比涨幅分别为 -2.5%、0.5%、0.2%、2.8%、4.3%、5.9%、-14.2%、-5.9%、-0.3%、5.6%、-1.5%。11 月，美国墨西哥湾 2 级黄玉米平均离岸价每吨 168.08 美元，同比跌 2.7%；芝加哥期货交易所（CBOT）玉米主力合约收盘月均价每吨 136.44 美元，同比跌 5.8%（图 5）。

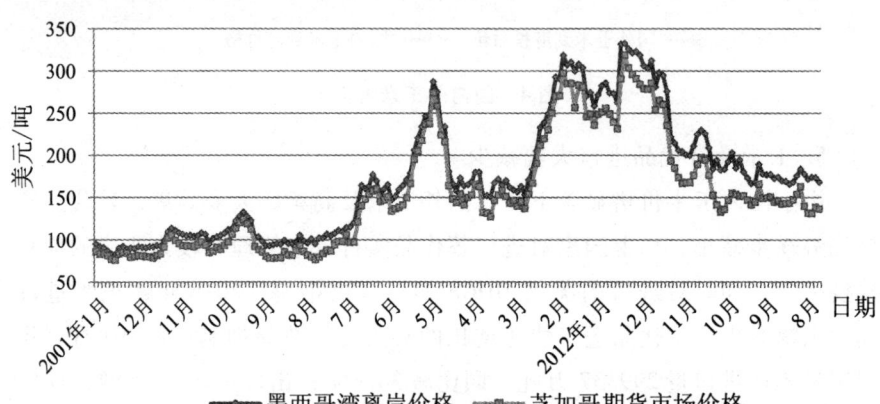

图 5　国际玉米价格走势

2. 国际玉米供求形势依然宽松

2016 年，美国玉米播种面积大幅增加，同时气候条件有利，单产上升，总产创历史新高，带动全球玉米产量进一步增长。同时，消费需求增长低于产量增长，库存水平继续增加并达到近年来新高。据美国农业部

12月份供需报告预测，2016/2017年度全球玉米产量10.40亿吨，同比增8.2%；总消费量10.26亿吨，同比增6.9%；贸易量1.48亿吨，同比增21.8%。预计全球玉米期末库存2.22亿吨，同比增6.4%；库存消费比21.7%，比上年度略降0.1个百分点，玉米供求维持宽松形势。

表1　2014/2015—2016/2017年度全球及美国玉米供需平衡预测

单位：百万吨

地区	年度	期初库存	产量	进口	消费	饲料消费	出口	期末库存
全球	2014/2015	174.77	1014.01	125.17	980.52	584.32	142.20	208.26
	2015/2016	208.26	961.08	138.85	960.40	597.32	121.22	208.95
	2016/2017	208.95	1039.73	135.99	1026.43	6226.89	147.68	222.25
美国	2014/2015	31.29	361.09	0.80	301.79	134.11	47.42	43.97
	2015/2016	43.97	345.49	1.71	298.83	130.30	48.20	44.14
	2016/2017	44.14	386.75	1.27	314.59	143.52	56.52	61.05

数据来源：美国农业部2016年12月报告。

二、2017年玉米市场展望

（一）玉米面积有望进一步减少，但调减幅度可能有所收窄

由于临储政策取消，玉米价格大幅度下跌，农民玉米种植收益明显下降，对明年农民种植行为将会产生影响，预计玉米面积减少的趋势将会延续。但种植结构调整也面临替代约束。主要是由于玉米面积大，其他作物市场容量小，农民调减玉米改种其他作物风险较大。2016年除花生、大豆和少数杂粮外，改种其他粮油作物和经济作物效益大都不如玉米，部分调整结构的农民还出现了亏损，由于改种的大多是小品种作物，农民难以把握好市场，对结构调整感到茫然。另外，改种其他作物，农业机械配套也得改，还有农民的种植习惯和种植技术都得改，实际上改种不仅要承担市场风险，还要承担更多的成本。预计2017年玉米面积调减幅度可能小于上年。

（二）国内玉米价格总体弱势运行，但下跌空间有限

国内庞大的库存压力及供大于求格局，将在较长时期内压制国内价格

走势，同时，临储政策取消后托市作用消失，价格完全由市场决定，市场普遍预期价格下跌。国际价格短期内也难以摆脱低位运行的态势，并对国内市场运行产生一定影响。不过，国内玉米价格已下跌较多，并已跌至农户生产的成本线，若计算人工成本，许多农户种玉米基本不挣钱甚至赔钱。在这种情况下，农民惜售挺价的心理较强，将在一定程度上抑制价格下行空间。此外，国内外价格倒挂已大为缓解，价差不大，决定了国内玉米继续下跌的空间有限。预计2017年国内玉米总体价位将继续下移，但跌幅将明显小于上年。

（三）玉米消费将进一步增长，有望创历史新高

从深加工业来看，随着玉米价格降低，深加工企业的原料成本有望继续下降，企业效益将进一步好转，盈利水平、开工率都将继续上升，不少新产能陆续投产，加上东北地区对深加工业的补贴，以及出口退税等优惠政策的刺激作用，玉米深加工业有望实现全面增长。此外，国家《生物质能发展"十三五"规划》发布，规划到2020年燃料乙醇产量将由目前的210万吨增加到400万吨，也将进一步提升玉米消费转化能力。预计2017年，国内玉米深加工消费有望突破6000万吨，创历史新高。从饲料消费来看，虽然猪肉价格坚挺，有利于生猪产能恢复，但规模化养殖进入门槛抬高，各地环保压力导致限养禁养范围逐步扩大，生猪产能恢复料将较为缓慢。但禽肉禽蛋和其他养殖业依然呈稳步发展势头，将成为今后畜牧业发展和玉米饲料消费增长的主要动力。同时，玉米及替代品的进口仍有一定下降空间，将相应提高国内玉米的消费需求。预计2017年国内玉米消费总量有望有较为明显的增长，并创历史新高。

（四）国内外价差有望继续缩小，玉米及替代品进口预期进一步减少

2017年，国际玉米宽松的供求格局难以发生明显改变，国际玉米价格不大可能大幅上升，继续低位运行的可能性较大，但由于当前国际玉米价格已处于历史较低价位，继续下跌的空间不大。同时，国内玉米还有一定的下行空间，加上人民币兑美元的汇率下行压力仍较大，将进一步削弱

国外玉米的价格优势，预计2017年国内外玉米价差将进一步缩小，缩小的幅度将会有所放缓。同时，国内玉米价格下跌，也会削弱国外高粱、大麦等替代品的价格优势，加上我国对美国进口的DDGS已实行双反措施，对进口谷物仍可能采取较为严格的检验检疫措施等，预计明年玉米进口量将进一步减少到200万吨左右，高粱、大麦、DDGS、木薯等替代品的进口量也将继续减少。

三、存在的问题

（一）后市玉米市场下行压力较大，可能出现卖粮难

2016年是取消玉米临储政策，实行市场化改革的第一年，国内玉米产大于需明显，随着东北玉米集中上市，当前各方主体普遍看空后市。贸易商担心价格下跌，收购心态谨慎，不敢屯粮。加工企业多采取低库存策略，随采随用，库存仅够1周用量，有的企业甚至按日定量收购。南方消费企业为避免价格波动风险，库存也基本只够维持生产。农户由于存储条件限制以及年底还贷和春节变现需求，前期的惜售心理将明显松动。预计玉米价格下行压力较大，玉米卖难现象很可能出现，特别是黑龙江玉米产量大、水分高、质量低，当地加工需求偏少，极易出现卖粮难。此外，尽管当前国家采取了鼓励收购等措施，玉米价格暂时趋稳，但玉米供应压力只是相应延后而未消失，春节后国内饲料行业和玉米深加工业将进入消费淡季，在新玉米上市高峰和巨大的库存压力下，国内玉米后市不容乐观。

（二）新型经营主体出现大面积亏损，经营困难

在玉米价格大幅下跌的情况下，土地流转费对种粮大户等新型经营主体的压力很大，一些地方普遍出现亏损。调研数据显示，黑龙江省玉米规模种植户每亩总成本超过800元，其中，物质费用300多元，人工费用110多元，土地租金400多元，每亩玉米收入600多元，平均每亩亏损约200元。山东省内种粮大户每亩物化投入费用260—300元，单季土地流转费500元，每亩成本760—800元，亩产500公斤左右，按实际售价每公斤1.5元计算，每亩亏损10—50元。而前期价格低时有的大户亏损达到200元。

（三）玉米运输成本明显上升，影响收购进度

受限制汽车运输超载、煤炭与粮食争运力以及雨水天气等因素影响，2016年11月份后，玉米汽运费和海运费都出现了较为明显的上涨，玉米运输遭遇瓶颈，特别是东北玉米外运较为困难。限超前从黑龙江到山东每吨玉米运费为340—350元，限超后涨到460元，每吨涨了110元左右，而且运力明显下降，原来一车运60—70吨，现在只能运40吨。由于冬季煤炭与粮食争运力，铁路和海运费也明显上升。从锦州港到广东沿海港口的费用由11月初的40—50元/吨上涨到月底的80—90元/吨。玉米运费上升，不仅抬高了玉米价格，增加了企业用粮成本，而且影响了农户售粮，加剧了卖粮难，不利于玉米去库存和产业协调发展。据国家粮食局数据，截至12月10日，黑龙江、山东等11个主产区累计收购玉米3488万吨，同比减少1509万吨。另据国家粮油信息中心监测，截止12月21日，东北和华北两大产区农户售粮进度均比去年偏慢，东北产区整体售粮进度41%，同比慢11个百分点。华北产区售粮进度35%，同比慢4个百分点。

（四）玉米库存压力大，去库存任务艰巨

近年来，我国玉米连年丰收，2012年以来连续4年产量超过2亿吨，2013年以来连续3年超过2.1亿吨。同时，2012/2013年度至2015/2016年度，我国连续4年启动大规模临储玉米收购，收购量分别达到3083万吨、6919万吨、8329万吨、12543万吨，累计收购量超过3亿吨，而同期临储玉米竞价销售累计成交量仅7000多万吨，仅临储玉米结余就超过2.3亿吨，玉米库存压力巨大，并且2016年玉米仍然产大于需，预计当年产大于需量超过2000万吨，社会期末库存还将继续增加，玉米去库存的任务十分艰巨。

四、有关政策建议

（一）增加东北等主产区玉米运输能力

鉴于当前国内玉米购销形势，建议在玉米等粮食收购时期，采取多种

措施改善玉米运输环境,缓解农民卖粮难。一是统筹协调铁路、公路等部门,增加运力,加大东北等主产区玉米外运力度。二是适度放宽对玉米等粮食的运输超载查处力度,缓解运力紧张和运输成本上升压力。三是将东北等主产区玉米纳入运输"绿色通道"范围,为解决卖粮难,加快玉米去库存创造有利条件。

(二) 加大对新型经营主体的扶持力度

一是完善针对新型经营主体的补贴机制,提高补贴的精准性和可操作性,明确实施细则,落实监督问责办法,确保玉米生产者补贴资金兑付给实际种植者,保护新型经营主体的合法利益。二是研究建立土地流转风险防范机制,通过政府担保基金等多种方式,解决新型经营主体因粮价下跌造成的还贷、支付土地租金等困难。三是进一步强化对新型经营主体的财政和金融支持。继续实施并强化新型经营主体的税收优惠、项目扶持等政策,探索创新农业贷款担保模式,扩大财产抵押物范围。支持新型经营主体参加农业保险,提高财政保费补贴比例。稳步开展玉米等粮食作物价格保险等试点,重点向新型经营主体倾斜。

(三) 完善玉米加工业税收优惠政策

一是适当提高淀粉类产品出口退税税率。玉米淀粉属粗加工产品,建议按粗加工产品实行17%的出口退税政策。二是适当调整出口退税玉米深加工产品清单。2016年9月1日起,国家恢复了13%的玉米深加工产品的增值税出口退税,但对促进有关产品出口作用不大。目前酒精类的出口退税只针对未改性乙醇,但国外市场对未改性酒精按酒对待,实行高关税,很难打入国际市场,而能出口的改性乙醇却不在出口退税之列。味精类产品列入出口退税的是味精,但国外市场需要的是纯的谷氨酸钠。建议将改性乙醇和谷氨酸钠列入出口退税范围。

(四) 完善临储玉米拍卖机制

目前临储玉米拍卖存在拍卖玉米的质量和数量难以满足市场需求特别

是饲料企业的要求，拍卖过程不透明，导致竞拍企业经常拍到质量不好的玉米并被迫违约。为满足市场需求，加快玉米去库存进程，建议适当调整临储玉米拍卖规则。一是坚持市场导向原则，根据市场需求调整拍卖频率和拍卖数量。二是保证信息对称，加大拍卖前对竞拍玉米的信息披露程度，让拍卖企业对竞拍玉米充分了解，减少流派和竞拍后退货概率。三是适度调整拍卖结构，根据市场需求，尤其是猪饲料生产企业的生产需求，适当投放2015年产的优质玉米。

（五）加快推进玉米供给侧结构性改革

一是继续完善玉米价格形成机制。坚定市场化改革方向，明确市场定价原则，鼓励多元化主体参与市场购销。建立玉米卖难应急收储调控机制，通过适度增加储备规模，加大轮换力度，鼓励用粮企业入市收购，防止出现卖粮难。二是按市场导向调整玉米生产结构。继续实施"镰刀弯"地区玉米结构调整规划，扩大粮改饲试点规模和范围，实行粮豆轮作补贴，发展杂粮杂豆生产，加大退耕还林还草实施力度。三是推进玉米生产方式转变。加强农田基础设施建设，推广优质品种和增产技术，促进玉米生产提质增效。完善农村土地流转服务体系，促进规模经营发展。实施化肥和农药零增长行动，提高水肥药的利用率。四是加快消化现有玉米库存。通过税收优惠、出口退税、加工补贴、运费补贴等方式，适度扶持玉米加工业发展，促进玉米加工转化。五是完善玉米生产者补贴制度。统筹考虑玉米大豆比价关系，合理确定补贴额度，逐步扩大补贴范围。

专题4 大豆[*]

一、2016年大豆播种面积和产量增加

受玉米面积调减、粮豆轮作补助试点等政策影响，2016年全国大豆

---

* 执笔人：张振、殷瑞锋。

播种面积1.07亿亩,较上年增加8.6%;大豆单产116.535公斤/亩,较上年降低0.935公斤/亩,降幅0.8%;大豆总产量1250万吨,较上年增加89万吨,增幅7.7%。分区域看,大豆面积增加主要集中在东北产区,黄淮海和长江中下游地区大豆面积与上年相比持平略增。

二、2016年国产大豆价格先跌后涨再下跌

(一) 产区价格变化情况

2016年1—12月,黑龙江产区油用豆收购价分别为每吨3415元、3424元、3384元、3279元、3379元、3500元、3627元、3462元、3403元、3284元、3277元、3382元,合每公斤3.42元、3.42元、3.38元、3.28元、3.38元、3.5元、3.62元、3.46元、3.4元、3.28元、3.28元、3.38元。1—12月均价为每公斤3.4元。2016年全年价格低于2015年,跌幅约每公斤0.16元。

产区收购价变化的整体趋势为:1—4月份价格从1.71元/吨下跌到1.64元/吨,跌幅4.0%,原因是产区市场延续上年跌势,4月份气温升高,大豆不易保存,农户集中售粮,市场价格跌到全年最低。5月份由于产区余粮见底,价格回升,从4月份的1.64元/吨上涨到7月份的1.81元/吨,涨幅10.6%。8月份大豆价格下跌,从7月份的1.81元一直下跌到10月份的1.64元/吨,跌幅9.7%。原因是7月15日国家临储大豆开始拍卖,弥补了市场需求缺口,大豆价格回调,再加上8月份湖北早豆上市,9月份之后北方大豆开始陆续收获上市,市场供应量增加,大豆价格下跌。11—12月份大豆价格企稳回升,从10月份的1.64元上升到12月份的1.69元,涨幅3.1%。原因是随着市场不断采购备货,导致好豆数量越来越少,农户更加惜售挺价;中储粮及油脂公司上调收购价,给东北大豆带来刺激。但大豆外运问题仍未得到有效解决,车皮继续难请,抑制东北大豆上行空间。1—12月,黑龙江产区食用豆收购价分别为每公斤3.8元、3.78元、3.72元、3.6元、3.78元、3.94元、4.06元、3.96元、3.94元、3.7元、3.66元、3.72元,走势和油用豆相同。1—12月食用豆和油用豆的平均价差为0.40元。

（二）销区价格变化情况

1—12月，山东销区国产大豆入厂价分别为每公斤4.20元、4.20元、4.20元、4.18元、4.24元、4.38元、4.46元、4.48元、4.44元、4.26元、4.20元、4.28元。1—12月均价为4.30元。销区价格走势基本上与产区同涨同跌，但销区收购价下跌的时间要比产区滞后一个月，价格低点出现在4月份，为4.18元，价格高点出现在8月份，为4.48元。

2016年1—12月，山东地区中等豆粕出厂价年初微降后大幅上涨，其中5月、6月涨幅最大，12月份较1月份价格累计上涨35.99%。

（三）期货价格

2016年1—12月，大连商品交易所大豆主力合约月均收盘价分别为每吨3600元、3498元、3534元、3428元、3632元、3837元、3767元、3735元、3686元、3701元和3789元、4237元。1—12月均价为3.7元/公斤。

三、2016年国际大豆价格先上涨后下跌

2014年1—12月，美国CBOT大豆主力合约收盘月均价每吨分别为每蒲式耳883.66美分、874.29美分、884.96美分、944.26美分、1056.2美分、1150.64美分、1046.05美分、987.83美分、962.44美分、966.43美分、995.18美分和1025.73美分。总体看，国际大豆价格3月后开始明显上涨，原因是南美因气候因素，大豆产量下降，全球大豆供应出现缺口，美国农业部供需月报大幅调低2016/2017年度全球大豆库存，市场据此看多后市，国际大豆价格大幅上涨。随着美豆临近收获上市，7—8月国际大豆价格下跌。受美豆出口需求较好拉动，国际大豆价格从10月份开始小幅上涨。

四、2016年大豆国内外价差明显低于上年

总体看，2016年进口大豆价格上涨，1—12月进口大豆到岸税后月均价分别为每吨2959元、2980元、3020元、3019元、3193元、3550元、

3659元、3525元、3494元、3564元、3606元和3757元。1—12月，销区国产大豆价格比进口价格每公斤分别高1.24元、1.22元、1.18元、1.19元、1.04元、0.82元、0.80元、0.96元、0.94元、0.7元、0.60元和0.32元。1—12月国内外价差呈逐步缩小趋势。2016年1—12月国内外平均价差为0.94元/公斤，较2015年全年月平均价差低0.44元/公斤。

五、1—10月大豆进口量同比增加1.8%

据海关统计，1—11月我国累计进口大豆7423.41万吨，同比增2.2%，进口金额300.92亿美元，同比减4.1%；出口大豆11.68万吨，同比减12.2%，出口金额10033.81万美元，同比减12.2%。进口大豆的主要来源国是巴西（占进口总量的50.8%）、美国（占34.4%）和阿根廷（占10.8%）。

六、2017年大豆市场展望

（一）预计2017年中国大豆面积仍将增加

2016年国家将东北地区实行的玉米临时收储政策调整为"市场化收购＋补贴"，玉米销售价格加上补贴与种植大豆的利润基本相似。结果是与种植大豆相比，种植玉米在收益上将不存在明显的优势。从投入产出的比较来看，种植玉米的投入成本比大豆更高，从黑龙江省近年情况看，如果算上租地成本，种植玉米每公顷投入超过10000元，而种植大豆投入7000—8000元，种植大豆的投入回报更高，且大豆的田间管理更为方便。由于气候的原因，黑龙江省第四、五、六积温带种植玉米产量较低，预计玉米价格下降后，这些地区的大豆种植面积将明显增加。因此，预计2017年大豆面积仍将增长。

（二）预计2017年国际大豆价格仍将稳定偏强

近年国际大豆市场越来越呈现"大供给"和"大需求"的格局，美国、巴西、阿根廷等主产国大豆种植较稳定，中国等国对大豆的需求也将保持稳定。随着经济发展和居民生活水平提高，东南亚等国的大豆进口量也在稳步增加，总体看全球豆油和豆粕需求量仍将会稳定增加，但增速将趋缓。此外，大豆价格也会受气候、国际经济形势、生物燃油政策、通货膨胀等不确定因素的影响，预计国际大豆价格总体上将震荡偏强。自2014年国家取消东北地区大豆临时收储政策后，大豆价格决定机制转变为由市场定价。总体看，国产大豆价格仍将高于国际大豆价格，但价格越来越受到国际大豆价格的影响。

（三）预计 2017 年我国大豆进口量仍将保持高位

从国内养殖业的发展趋势看，2017年预计全国生猪存栏量会增加；白羽肉鸡因祖代进口量减少存栏将下降，而黄羽肉鸡和鸭的存栏量会增加；由于2016年蛋的价格较高，预计2017年蛋禽存栏也会稳定略增；2016年受南方洪涝灾害影响水产养殖业受损，预计2017年将恢复正常。预计2017年饲料需求和蛋白饲料的需求总体将增加。蛋白饲料中，由于棉粕供应下降，DDGS进口关税提高进口量下降，豆粕对其的替代将增加，预计2017年大豆压榨消费量降继续增加。考虑到2017年国产大豆种植面积增加，进入压榨领域的国产大豆增加将抵消一部分进口量，但总体上预计我国2017年大豆进口量仍将保持高位。

七、存在的问题和建议

2016年我国继续实行大豆目标价格补贴政策并保持4800元/吨的目标价格不变，对玉米实行"市场化收购+补贴"的政策。2017年国家对大豆实行何种政策仍未确定和公布。建议从促进轮作、保护地力、玉米大豆实现合理比价的目标出发，通盘考虑东北产区的农业生产形势，引导农民根据市场需求合理调整种植结构。未来要在扩大规模、提升品质、提高效率等方面挖掘大豆产业潜力，在缺乏关税有效保护情况下，要更加主动利用WTO赋予的权利，适时启动贸易救济措施。同时，在科学的基础上进一步强化进口大豆检验检疫，对进口转基因大豆在包装、运输、加工、标识等方面进行严格监。同时要继续加强和完善对大豆生产支持力度，尽快建立产业损坏补充机制，对受到损害的农业产业、地区和农民提供必要的补偿。

专题5 油料和食用植物油*

2016年,我国油料和食用植物油市场供给偏紧,市场价格大幅反弹。受国储菜籽油大规模拍卖出库以及中加油菜籽进口政策调整影响,国内食用植物油库存显著下降,成为满足市场需求的重要构成;油料进口量同比略增、食用植物油进口量减幅超过20%。国际市场,气候影响全球油籽减产,需求稳步增长以及原油价格反弹影响下,油料油脂价格大幅上涨。综合全球油籽油脂供需基本面,短期内,国内外食用植物油价格仍以震荡为主,后期价格走势受气候影响较大。

一、国内油料、食用植物油供给总体偏紧

(一)油菜籽面积、产量双下降

受2015年油菜籽临储政策调整导致比较效益大幅下降以及厄尔尼诺气候带来的暖冬、寒潮、多雨等不利因素影响,2016年油菜籽种植面积和单产双降,总产量下滑。2016年,国家统计局下调国内油菜籽面积,夏收油菜籽播种面积为10204万亩,较上年减少268.5万亩,减幅2.7%。测产数据显示,2016年油菜籽平均单产128.7公斤/亩,较2016年下降2.5%。综合面积和单产,2016年夏收油菜籽同比上年减产5%。市场主体普遍认为受加工利润极低影响,市场流通的油菜籽商品量在600万—800万吨。

(二)食用植物油库存显著下降,国储油拍卖成交347.3万吨

2016年,受国产菜籽供应紧张影响,国内菜籽油产需缺口显著增大。为补充国内油脂供给同时加快推进去库存,国家启动了两轮临储菜籽油拍卖。第一轮拍卖至2016年6月1日结束①,累计拍卖量300.24万吨,成

---

* 执笔人:张雯丽。
① 此轮拍卖从2016年12月11日开始。

交 228.4 万吨，成交率 76.4%。2016 年新菜籽上市以后，由于商品流通量极少，10 月 12 日国家启动第二轮国储油拍卖。截至 12 月 28 日，累计拍卖 118.9 万吨，100% 成交。两轮拍卖累计成交量高达 347.3 万吨，有效补充了油脂供应，占国内菜籽油年均消费量比重高达 45%，占国内食用植物油年均消费比重 11.1%。其他食用植物油库存也处于低位。截至 2016 年年底，国内豆油商业库存约 85 万吨，较年内高点下滑 33% 以上，而棕榈油库存 28 万吨左右，不及常年水平的 50%。

（三）受临储菜籽油拍卖以及中加贸易政策调整影响，油菜籽进口和食用植物油进口规模大幅缩减

大规模临储菜籽油低价拍卖在补充国内油脂供应、满足需求的同时，也替代了部分菜籽和食用植物油进口需求。从 2016 年 6 月起，国内油脂进口明显减少。同时贸易政策调整也对油籽和油脂进口需求产生了明显影响。我国原定于 2016 年 4 月 1 日起提高自加拿大进口的油菜籽杂质标准，将杂质率从 2.5% 降至 1%，后将政策推迟至 9 月 1 日实施，但 8 月底该项政策又继续推后暂缓实施。受新政较长时期悬而未决影响，油菜籽和食用植物油进口同比明显下降。据海关统计，2016 年 1—11 月我国累计进口油菜籽 332.4 万吨，同比减 20.0%；累计进口食用植物油 594.18 万吨，同比减 20.5%。

二、受供给偏紧和国际市场食用植物油价格上涨影响，国内油料和食用植物油价格年内大幅反弹

（一）油菜籽价格均价同比下跌，花生价格同比上涨

1. 菜籽价格先抑后扬，1—12 月累计环比上涨 42.9%，年内均价同比下跌 1.7%

受油菜籽临时收储政策调整影响，2016 年上半年，油菜籽价格延续低位运行，1—4 月油菜籽收购均价每公斤 3.5 元。5 月份以来由于油菜籽减产超过预期，市场流通量较少，价格逐渐回升，6 月，油菜籽收购均价在连续12个月低位徘徊后首次突破4元/公斤,至12月均价每公斤5元,较4月上涨42.9%。由于前期低价持续时间较长,全年油菜籽收购均价每公斤4.16元,同比跌1.7%。

2. 花生价格先扬后抑,1—12月累计环比上涨12.3%,年内均价同比上涨4.2%

2016年1—4月,花生有价无市,价格每公斤7.1元;5月份,由于现货供应量逐渐减少,花生价格开始走高,均价每公斤7.74元;6—8月价格涨至每公斤8.40元。9月份,新花生开始陆续上市。受夏季长江中下游流域部分地区受灾后改种花生、花生播种面积增加,全年供应量同比增大影响,花生价格步入下行通道。至12月,均价每公斤降至7.96元,较8月累计下跌6.9%。但由于前期价格持续上涨,1—12月均价累计环比涨幅仍较大,达到12.3%;全年均价每公斤7.82元,同比上涨4.2%(图1)。

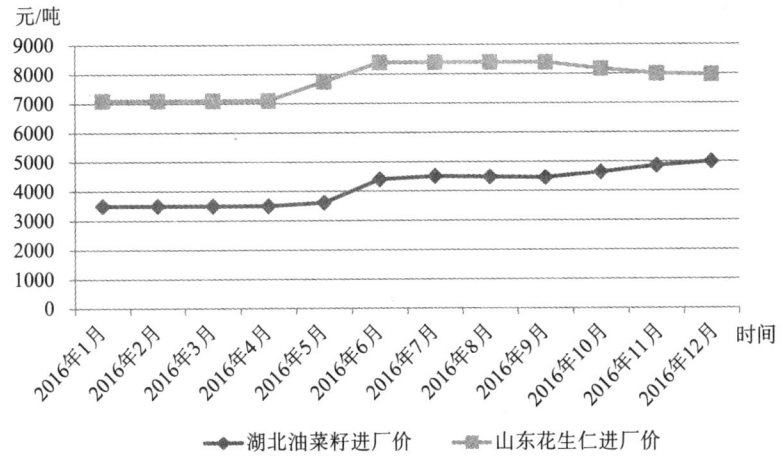

图1　2016年1—12月国内主要油料月均价走势图

(二) 食用植物油价格强势反弹,棕榈油价格领涨

2016年以来,我国食用植物油价格大幅上涨,棕榈油价格涨势尤为突出,为食用植物油价格上涨的主要动力源。这一轮价格上涨是自2012

年下半年至2016年三季度主要食用植物油价格持续下跌，经过四季度价格震荡回调后的大幅反弹。此轮价格上涨主要受两方面因素影响：一是进口输入性价格上涨；二是国内原料价格上涨带动。其中，棕榈油和豆油主要受前者因素影响较大。菜籽油和花生油主要受原料价格推动上涨。

1. 棕榈油和豆油

我国棕榈油完全依赖进口，油用大豆进口规模今年再创新高。棕榈油和豆油价格主要受国际市场影响较大。受气象条件不利影响，2016年马来西亚和印度尼西亚棕榈油产量下降，推动国际市场棕榈油价格持续走高。我国到港棕榈油价格相应上行。1月份，天津棕榈油到港为每吨4588元，至12月涨至每吨6760元，1—12月，环比累计涨幅高达47.3%。2016年天津棕榈油到港均价为5748元，同比上年均价上涨19.8%。棕榈油是我国食用植物油对外依存度较高，棕榈油价格在食用植物油中最低，对其他油脂具有很强的替代作用，此轮价格上涨中棕榈油价格涨幅最大，也是食用植物油价格上涨的主要源头和推动要素。国内豆油价格除受棕榈油价格上涨带动影响外，还受巴西和美国大豆阶段性供求形势和价格走势影响，均价同比上年也呈现大幅上涨。2016年1—12月，山东四级豆油月均出厂价累计上涨22.2%；全年出厂均价每吨6234元，同比涨9.6%。

2. 菜籽油和花生油

受国内外油菜籽价格持续走高、菜籽油消费强劲拉动，湖北四级菜籽油出厂价震荡走高。2016年1—12月，湖北四级菜油月均出厂价环比累计上涨24.4%；全年均价为每吨6456元，同比上涨3.3%。山东国标一级花生油价格主要受国内花生原料价格影响，年内涨幅在食用植物油中最小。2016年出厂均价为每吨14975元，同比上涨5.6%；1—12月，月均出厂价环比累计上涨10.7%（图2）。

三、受气候影响油籽减产，全球油籽、食用植物油价格大幅上涨

2016年，受气候导致主要油籽和油脂减产、全球油脂库存消费比下降以及原油价格反弹等因素影响，国际市场油籽和食用植物油价格大幅上涨。

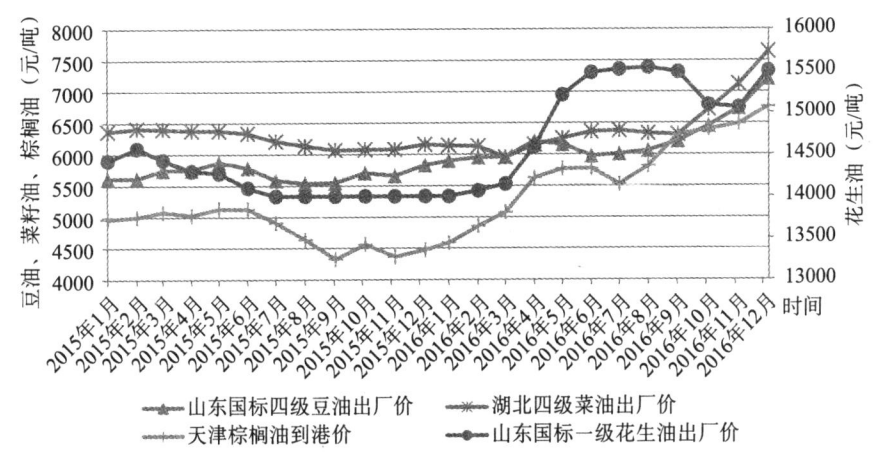

图 2　2015 年 1 月—2016 年 12 月国内食用植物油月均价走势图

油籽方面，2016 年，厄尔尼诺现象对于油料产量的影响全面兑现。根据 USDA 供需报告的预测，2015/2016 年度的全球油籽产量最终确定为 5.22 亿吨，较上年度减少了 1480 万吨，减幅为 3%；在需求走高影响下，USDA 调整全球油籽库存消费比至 19.8%。油菜籽方面，受全球油菜籽产量连续三年走低以及大豆等油籽价格走高影响，国际油菜籽年内价格震荡走高。2016 年 1—12 月，加拿大油菜籽 CNF 均价由每吨 391 美元涨至 467 美元，环比累计上涨 19.4%。

食用植物油方面，2015/2016 年度东南亚棕榈油减产大约 600 万吨，阿根廷大豆也遭遇洪水侵袭，单纯美豆丰产未对油脂市场期现货价格形成压制，供应紧张驱使油脂价格始终强势运行，库存消费比下降背景下，国际市场油脂价格普遍上涨。2016 年 1—12 月，马来西亚 24 度棕榈油 FOB 价由每吨 548 美元涨至 747 美元，环比累计上涨 36.3%，年度均价为每吨 673 美元，同比上涨 11.8%。1—12 月，南美豆油 CNF 均价由每吨 718 美元涨至 911 美元，环比累计上涨 26.9%，年度均价为每吨 796 美元，同比上涨 6.4%。1—12 月，美国墨西哥湾豆油价格由每吨 638 美元涨至 821 美元，环比累计上涨 28.7%，年度均价为每吨 703 美元，同比上涨 5.4%。此外，原油价格上涨也成为短期内影响国际市场食用植物油价格走势的因素之一（图 3）。

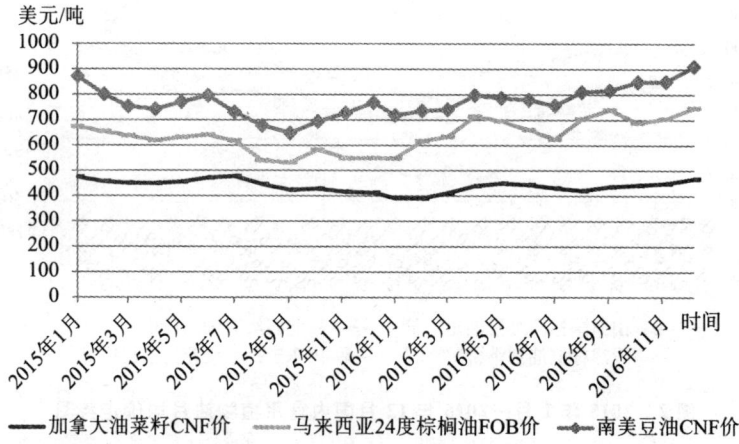

图 3　2015 年 1 月—2016 年 12 月国际食用植物油价格走势图

2016 年，国内外油籽食用植物油价格均大幅上涨，内外价差仍存，国际市场油籽食用植物油价格总体低于国内。1—12 月，9% 关税下的加拿大油菜籽到我国口岸的税后均价每斤 1.80 元，比国内油菜籽进厂价每斤低 0.24 元，价差较上年同期缩小 0.14 元；美国墨西哥湾豆油离岸价折人民币每斤 2.34 元，比国内销区豆油价格每斤低 0.78 元；山东进口豆油税后价每斤 3.08 元，比当地国产豆油出厂价每斤低 0.04 元，价差较上年同期缩小 0.01 元。

四、2016/2017 年度全球油籽供需延续宽松格局

2016/2017 年度，全球油籽继续呈供需宽松格局，受消费需求增长，食用植物油库存消费比同比下降。据美国农业部 2016 年 12 月份预测，2016/2017 年度全球油籽产量 5.55 亿吨，同比增 6.2%；消费量 5.46 亿吨，同比增 3.8%；出口量 1.60 亿吨，同比增 4.4%；期末库存 0.94 亿吨，同比增 5.9%；库存消费比 17.3%，同比增加 0.3 个百分点。全球食用植物油产量 1.86 亿吨，同比增 5.2%；消费量 1.85 亿吨，同比增 3.4%；出口量 7826 万吨，同比增 5.8%；期末库存 1797 万吨，同比减

8.0%；库存消费比9.7%，同比下降1.2个百分点。

五、后期展望

国内市场，节前原料备货基本完成，短期内油籽和食用植物油价格上涨空间有限，预计以震荡为主。油菜籽方面，受比较效益未明显增加影响，农户2016/2017年度种植积极性仍不高，油菜籽播种面积难有明显恢复，预计2016/2017年度油菜籽产量同比继续下降。11月以来，国内油菜籽生长情况相对较好，江淮、江汉地区受阴雨影响稍明显，但气温总体偏高，土壤墒情适宜，总体利于油菜籽生长。综合来看，预计短期内菜籽价格以稳为主。油脂方面，菜油拍卖连续12周保持全部成交，但拍卖价格逐步走低，显示随着供给不断增加，市场需求缺口有所下降。预计后期国内食用植物油价格以震荡为主。

国际市场，2016/2017年度油籽库存消费比继续增加，供需宽松格局未改，短期受气候等因素影响，油籽、油脂价格延续震荡格局。油籽方面，2016/2017年度全球油菜籽产量减少预期明显，将继续支撑油菜籽价格短期内保持高位。豆油方面，南美大豆生长情况趋于良好，短期内将影响豆油呈现弱势震荡为主的走势；棕榈油方面，马来西亚出口疲软，但考虑到棕榈油增产前景不明朗，预计短期内棕榈油整体走势将以跟随豆油、菜油市场为主。后期国际市场油籽油脂价格走势受南美大豆生长情况以及马来西亚棕榈油产量和出口量影响。

专题6 棉花[*]

2016年我国棉花面积、产量双下降，受库存规模较大影响，棉花供给较为充足，但较上年度宽松程度明显收窄。棉花进口受政策影响大幅下滑。国内外市场棉花需求整体变化不大，纺织品服装出口额同比下滑。受

---

[*] 作者翟雪玲、原瑞玲。翟雪玲（1976—），女，陕西铜川耀县人，博士，研究员，农业部农村经济研究中心市场贸易研究室主任。研究方向：市场贸易，棉花产业。

供需形势变化影响,国内外棉花价格走出低谷,出现恢复性上涨,国内外棉花价差回归正常。

一、国内棉花市场供求形势

(一)面积、产量双下降,但供给较为充足

2016年我国棉花播种面积预计为3100千公顷,比上年度调减167千公顷。2016年西北内陆棉区天气正常,温度适宜,棉花长势明显好于上年,尤其是新疆南疆地区。棉花质量明显好于上年(长江流域除外)。2016年棉花单产每公顷1523公斤,比上年度提高13公斤。棉花产量为472万吨,比上年度减产21万吨。

尽管国内棉花产量下降,但由于有较大规模库存,棉花供给较为充足。2016年5月,为缓解市场棉花需求,国家正式出台储备棉出库计划。截至9月30日,储备棉轮出累计成交265.9万吨,其中进口棉29.6万吨,成交率98.2%,国产棉236.3万吨,成交率87.5%。

(二)棉花消费变化不大

1. 国内消费总体平淡但略有起色

2016年以来国内棉花市场变化不大,纺织品服装消费较为低迷,纺织服装品出口同比下降,纺织企业产成品库存较高,去库存压力较大。据国家统计局统计,2016年1—11月份,我国累计纺纱量3861.1万吨,同比增6.2%。从国内看,前半年纺织服装零售持续低迷,10月份以后有所好转,但效果不明显,我国纺织服装内销依旧不景气。

2. 纺纱量增加,纱线价格上涨明显

据国家统计局统计,2016年1—11月份,我国累计纺纱量3861.1万吨,同比增6.2%。实行目标价格改革政策以来,国内外棉花价格联动性大大增强,进口棉纱优势下降,棉纱进口规模下降,棉纱生产能力回流国内。2016年1—11月,我国纱线进口177万吨,预计全年约200万吨,较上年下降14.7%。由于后期棉花价格涨幅较大,棉纱价格也出现了较明显的上涨,但棉纱价格上涨幅度小于棉花价格上涨幅度。这表明,棉纱价

格上涨很大程度上是原料价格的推动而不是需求的拉动。1—12月，32支纯棉普梳纱线月均价每吨从19192元上涨到23189元，上涨20.8%。1—12月，32支纯棉普梳纱线均价每吨24313元，同比涨19.0%。

3. 纺织品服装出口萎缩

2016年我国纺织品服装出口持续出现同比负增长。据海关数据显示，2016年1—11月我国纺织品服装出口累计2441.8亿美元，同比减5.0%。

根据国内消费和出口消费状况，预计2016年我国棉花消费规模为754万吨，与上年基本持平。消费结构变化不大，仍然以纺织工业用棉为主。

（三）棉花进口规模大幅下降

2016年，我国棉花进口规模大幅下降。2016年1—11月，我国累计进口棉花75.1万吨，同比减41.6%。预计全年进口量在100万吨以内。美国、澳大利亚、乌兹别克斯坦、印度和巴西是主要的棉花进口国，进口量分别占进口总量的29%、27.4%、12.3%、7.7%和9.3%。棉花进口规模大幅下降的原因如下：一是国内棉花价差大幅缩小。二是滑准税进口配额收紧。由于国内棉花库存规模较大，棉花去库存压力较大，我国收紧了滑准税配额发放，只发放了1%以内的进口配额（图1）。

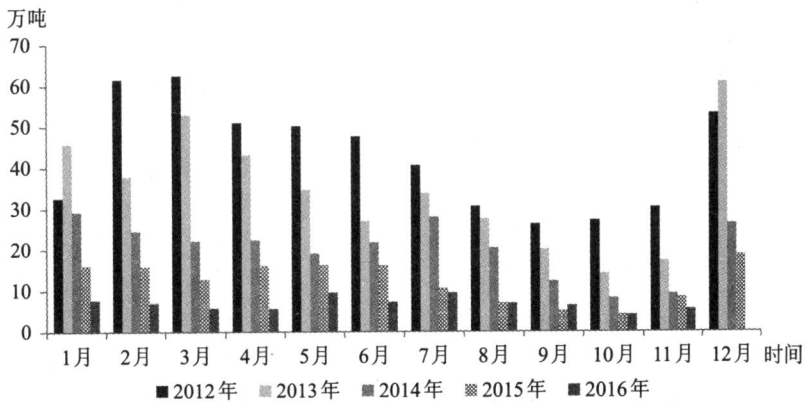

图1 2012—2016年我国棉花月度进口图

数据来源：中国海关。

(四) 棉花价格恢复性上涨

由于 2016 年国内棉花产量下降，棉花进口规模收紧，棉花价格理顺后棉花需求变化不大，棉花价格开始走出低谷，出现恢复性上涨。2016 年 1—12 月，国内 3128B 级棉花月均价格每吨从 11760 元上涨到 15893 元，上涨 35.1%。从月度变化看，第 1 季度，国内棉花市场依旧低迷，棉花价格继续下降。第 2 季度以后，由于国内棉花减产预期增强，棉花进口收紧，棉花消费略有恢复，市场上棉花流通较为紧张，棉花价格开始走出低谷出现反弹。5 月份以后，国家储备棉开始投放，但由于日投放数量有限、出库速度较慢等原因，国内棉花价格出现了较快上涨。籽棉价格也同样出现上涨。2016 年 9—12 月，全国 3 级籽棉月均价平均每斤 3.6 元，同比上涨 21.6%。

(五) 国内外棉花价差扩大

我国实行棉花目标价格补贴试点政策后，国内棉花价格大幅下滑，国内外棉花价差快速缩小。但后期，由于国内棉花价格涨幅大大快于国际棉价，国内外棉花价差又呈扩大趋势。2016 年 1—6 月份，1% 关税下国际棉花价格与国内棉花价格价差在 -57—800 元之间，滑准税下国际棉花价格一直高于国内棉价；2016 年 7—12 月，1% 关税下国际棉花价格与国内棉花价格价差在 700—2000 元之间，滑准税下国际棉花价格又开始低于国内棉价 (图 2)。

二、国际棉花市场特点

(一) 面积下降产量略增

2016 年国际棉花面积持续下滑，为近五年的最低点。单产增加，总产小幅上涨。据美国农业部 (USDA) 2016 年 12 月预测，2016 年度全球棉花收获面积为 2949 万公顷，同比减 3.5%，比 2012/2013 年度减少 14.3%，棉花总产量为 2249 万吨，同比增 7.0%，棉花单产为 762.4 公斤/公顷，同比增 10.9%。印度、中国和美国是位列世界前 3 的棉花生产国，2016

农产品市场与贸易

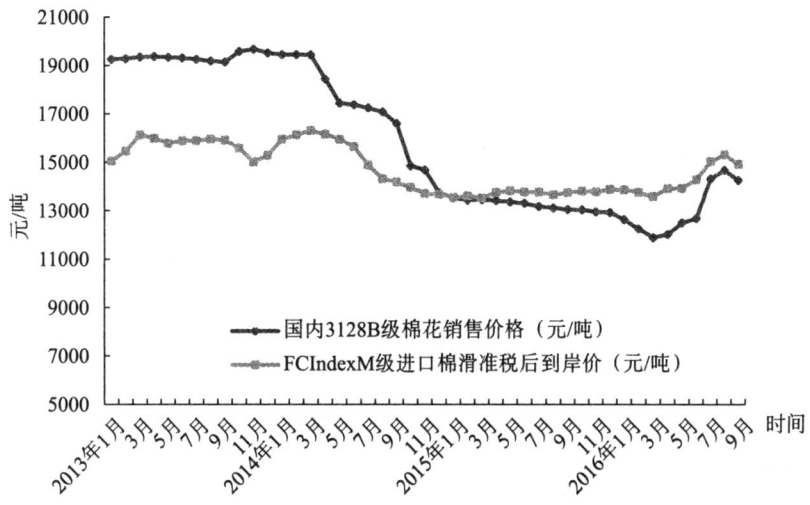

图2　2013—2016年国内外棉花价格走势图

注：国内价格为中国棉花价格指数（CC Index）3128B级棉花销售价格，国际价格为进口棉价格指数（FC Index）M级棉花到岸税后价（滑准税下）。

年度3个国家的棉花收获面积和产量分别占世界的59%和62.1%。2016年度美国棉花面积和单产均增加，产量同比增加25.4%，至352万吨。印度棉花收获面积同比减少10.1%，但由于单产提高，棉花产量增加至588万吨，同比增2.3%。中国棉花受目标价格补贴试点政策实行、产业结构调整等因素影响，棉花生产持续大幅下滑，产量同比减少4.5%，至457万吨，比2014年减少30%。澳大利亚棉花产量增幅较大，同比增加53.8%，至87万吨，巴基斯坦和巴西棉花产量增加，乌兹别克斯坦棉花产量小幅下降（图3、图4）。

（二）国际棉价波动走高

2016年，国际棉花价格在经历了一年多的低谷徘徊后逐渐走出低谷，呈现波动走高态势，尤其在3月份以后，国际棉花价格回暖态势明显。2016年1—12月，Cotlook A指数月均价每磅从68.75美分上涨至79.65美分，上涨15.9%。2016年Cotlook A指数年均价74.23美分，同比上涨

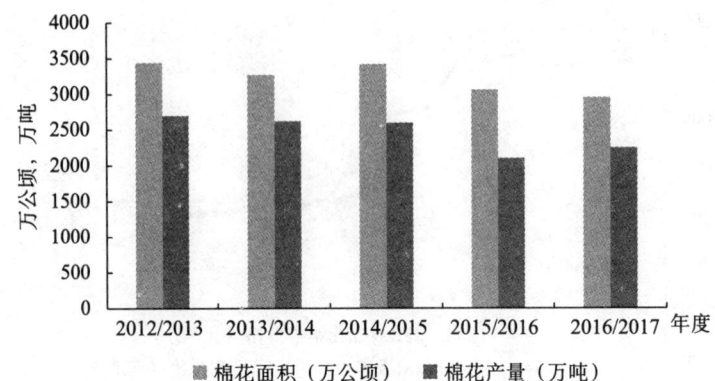

图 3　2012/2013 年以来世界棉花面积和产量变化情况

数据来源：USDA。

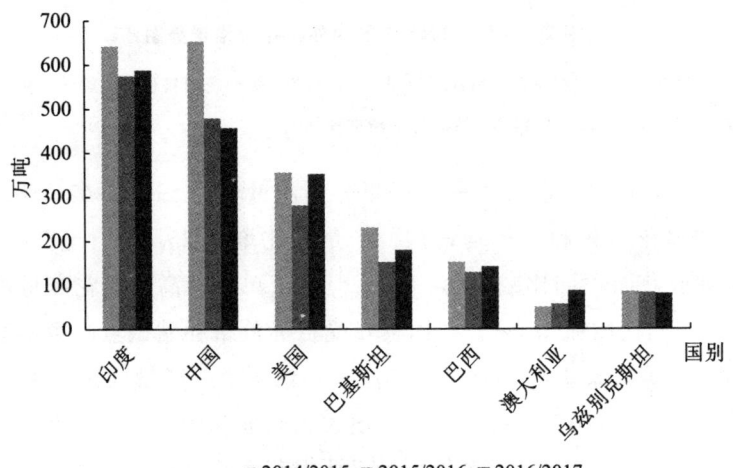

图 4　2014/2015 年度以来世界棉花主产国产量变化情况

数据来源：USDA。

5.5%。但月度间变化不一。1—3 月，受供需基本面宽松、大宗商品价格整体低迷、中国需求减弱及储备棉投放传闻等因素影响，国际棉价持续震荡下行，Cotlook A 指数（相当于国内 3128B 级棉花）月均价从每磅 68.75 美分下跌至 65.46 美分，降幅为 5%。4 月开始受美棉出口形势较好、美元走弱等因素影响,国际棉价止跌反弹,连续5个月上涨,8月Cotlook A指数月均价上涨至每磅80.26美分,与3月相比上涨了22.6%。9月,受中国延长储备棉投放时间,新棉陆续上市,全球经济形势无明显改观等因素影响,国际棉花价格承压较大,棉花价格小幅回落,后期由于美棉出口利好支撑、国际大宗商品价格指数上涨、中国棉价持续上涨、印度新货币政策导致印度棉供应短期偏紧,出口延迟等多重因素影响,国际棉价震荡加剧,小幅上涨。

(三) 全球棉花消费保持稳定

2016年,世界经济增长速度仍然在低位徘徊,美联储进入了"加息"周期,全球宏观经济形势较为严峻,一些新兴市场经济体发展面临货币贬值、资本外流、债务负担加重等多种问题,欧元区经济虽然有所好转但尚未走出泥潭。因此,在这种宏观经济影响下,全球棉花消费仍然没有大的起色。据美国农业部(USDA)2016年12月预测,2015/2016年度,全球棉花产量为2423万吨,与上年度基本持平。中国、印度、巴基斯坦、土耳其、孟加拉国、越南是世界主要的棉花消费国。其中,中国、土耳其、孟加拉国、越南棉花消费量同比增加,分别为762万吨、145万吨、133万吨和96万吨,印度和巴基斯坦棉花消费量略有下降,分别为528万吨和224万吨。中国仍然是世界第一大棉花消费国,2015/2016年度消费量占全球棉花消费的31.4%(图5)。

(四) 全球棉花贸易规模小幅下降

2016年,由于中国收紧滑准税配额,中国棉花进口量大幅下滑,导致2016年全球棉花贸易规模下降。据USDA数据,2015/2016年度全球棉花出口765万吨,同比降0.5%,进口768.1万吨,同比降1.2%。美国、印度、巴西、澳大利亚和乌兹别克斯坦是世界主要棉花出口国,其出口量占世界出口总量的70%左右。2015/2016年度5个棉花出口大国除美国出口量减少18.6%外,印度、巴西、澳大利亚和乌兹别克斯坦的出口量分别增加37.3%、18.7%、10.3%和2.1%。孟加拉国、越南、中国、土耳

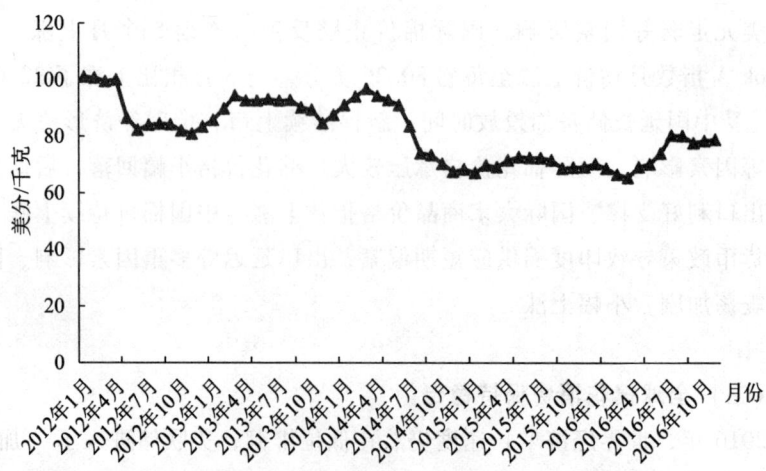

图 5　2012 年以来国际棉花价格 Cotlook A 指数

数据来源：中国棉花信息网。

其和印度尼西亚是世界主要棉花进口国，其进口量占世界进口总量的比重接近 70%。2015/2016 年度中国棉花进口从上年度的 180.4 万吨下降至 95.9 万吨，同比减 46.8%，印度尼西亚的棉花进口同比下降 10.3%，孟加拉国和土耳其棉花进口有所增加，进口增幅均为 14.8%（表 1、表 2）。

表 1　2015/2016—2016 年度棉花主要出口国棉花出口情况

国别	2015/2016（万吨）	2016（万吨）	同比变化（%）
世界	765.0	766.5	0.20
美国	199.3	261.3	31.1
印度	125.5	91.4	-27.2
巴西	62.1	84.9	36.7
澳大利亚	93.9	63.1	-32.8
乌兹别克斯坦	54.4	47.9	-12.0

数据来源：USDA。

表 2　　　　2015/2016—2016 年度棉花主要进口国棉花出口情况

国别	2015/2016（万吨）	2016（万吨）	同比变化（%）
世界	768.1	766.5	-0.2
孟加拉国	135.0	137.2	1.6
越南	98.0	104.5	6.6
中国	95.9	98.0	2.2
土耳其	91.8	80.6	-12.2
印度尼西亚	65.3	63.1	-3.4

数据来源：USDA。

（五）国际棉花库存明显下降

2015/2016 年度，由于全球棉花产量连续三个年度下降，而棉花消费量略微恢复，因此全球棉花去库存速度加快。据 USDA 数据，2015/2016 年度，全球棉花期末库存为 2108 万吨，较上年度下降 13.3%，库存消费比从上年度的 100.22% 下降到 86.99%。其中，中国的棉花库存占到了全球棉花库存的一半以上，中国的棉花库存消费比为 166.1%，中国以外地区的棉花库存消费比为 50.61%。

三、2017 年我国棉花产业发展趋势展望

（一）生产规模略有恢复

展望 2007 年，全国棉花播种面积有可能稳中略升。主要原因如下：一是棉花价格有所恢复。2016 年，国内外棉花价格均走出低谷出现恢复。国内 3 级籽棉价格每斤 3.5—3.7 元之间，较上年提高 20% 左右；二是棉花比较效益提高。2016 年我国农产品市场价格调控政策做出重要调整，玉米退出了临时收储政策，改为市场化收购加定额补贴，且只对主产区实行。油菜取消了临时收储政策，目前尚没有明确后续的支持政策。上述政策实行以来，2016 年玉米、油菜籽价格都在下行，种植效益下降。比较玉米、油菜等，棉花种植效益较高，可能会刺激农户的种植积极性。

（二）棉花价格弱势震荡

2017年，国内棉花价格大幅波动可能性不大，很可能呈弱势震荡格局。一是从供给角度看，2016年度国内棉花产量继续下降，进口规模受限，国内棉花供给量在600万吨左右，小于国内棉花需求量，但国内尚有较大规模库存，且国家发展和改革委员会已经明确了下年度棉花抛储政策，明确表示，如果市场有需求将加大棉花抛储规模。因此，从供给角度看，2017年国内棉花供给较为充足，不具备支撑棉花价格大幅上涨的可能性。但是从市场需求角度看，新年度国内棉花质量较好，尽管国储棉数量有保证，但国储棉质量难以满足市场需求，在进口棉规模受限的情况下，新棉仍然普遍受市场欢迎，从而支撑国内棉花价格。综上分析，2017年国内棉花价格很可能呈弱势震荡格局，大幅波动可能性不大。

（三）棉花消费规模变动不大

2017年，全球经济增长速度复苏乏力，仍然维持在较低水平，棉花消费量大幅增长可能性不大。从国内看，国内经济正处于转型升级阶段，经济增长速度下降，结构转型压力加大，带动棉花消费增长动力不足。综合分析，2017年我国棉花消费仍将维持目前水平，总规模变化不大。

（四）棉花进口继续保持低位

2016年由于过高的库存我国收紧了滑准税配额发放，只发放了1%以内的进口配额。2017年我国棉花库存规模仍然较高，仍将处在去库存的背景下，因此对于棉花进口政策将继续收紧棉花滑准税配额，预计棉花进口量将保持在100万吨左右。

专题 7　食糖*

内容提要：2015/2016 榨季，国内食糖连续第二年减产，消费继续增长，产需缺口扩大；全球糖市出现 2010/2011 榨季以来首次产不足需，国际糖价大幅上涨；食糖进口减少，国内糖市进入去库存阶段；国内糖价大幅上升，行业扭亏为盈。2016/2017 榨季，预计食糖产量 990 万吨，同比增加 13.8%；食糖消费量 1500 万吨，同比减少 1.3%；进口 350 万吨，同比减少 5% 左右；国内糖价看涨。

一、2015/2016 榨季国内外食糖市场运行状况与特点

（一）国内食糖连续第二年减产，消费继续增长，产需缺口扩大

2015/2016 榨季（2015 年 10 月—2016 年 9 月）我国糖料种植面积与食糖产量连续第二年下滑。根据中国糖业协会公布的数据，2015/2016 榨季，全国糖料种植面积 2134.93 万亩，同比减少 234.03 万亩，减幅 9.9%。其中，甘蔗种植面积 1943.19 万亩，同比减少 242.43 万亩，减幅 11.1%；甜菜种植面积 191.74 万亩，同比增加 8.4 万亩，增幅 4.6%。食糖产量 870.19 万吨，同比减少 185.41 万吨，减幅 17.6%。其中，甘蔗糖产量 785.21 万吨，同比减少 196.61 万吨，减幅 20%；甜菜糖产量 84.98 万吨，同比增加 11.2 万吨，增幅 15.2%。虽然甜菜种植和甜菜糖增幅较大，但由于其在我国糖料产业结构中占比较小，因此难以改变我国糖料种植面积和食糖产量双下滑的趋势。从全国主产区来看，广西、云南、广东、海南等甘蔗糖主产区均出现较大幅度减产，减幅分别为 19.4%、17.2%、21%、46.5%。甜菜糖主产区中，新疆食糖产量基本稳定，内蒙古食糖产量增幅较大，达到 60.5%，黑龙江则大幅萎缩。

与大幅下降的食糖产量相比，国内食糖消费仍然保持稳步增长势头，

---

* 执笔人：徐雪、马凯。

2015/2016榨季全国食糖消费量1520万吨,同比增长10万吨,增幅0.7%。

2015/2016榨季,国内食糖仍然产不足需,产需缺口由2014/2015榨季的454万吨扩大到2015/2016榨季的650万吨,增幅43.2%(图1)。

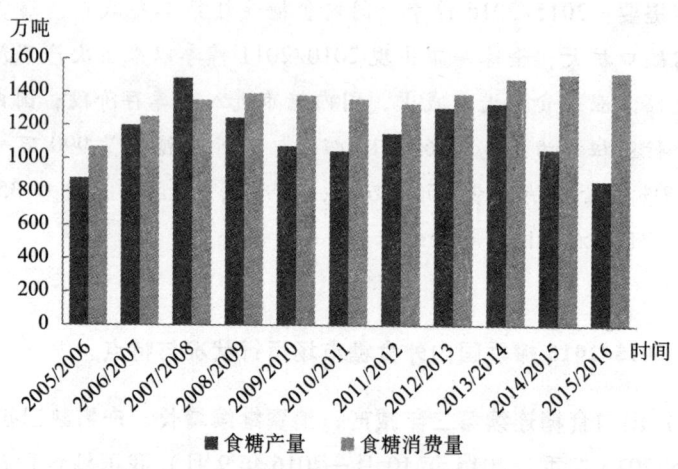

图1 中国食糖产量与消费量

数据来源:农业部糖料市场预警小组测算。

(二)全球糖市出现2010/2011榨季以来首次产不足需,国际糖价大幅上涨

2015/2016榨季,全球食糖市场在产量大幅下降的同时消费量小幅增加,自2010/2011榨季以来再次出现产不足需。根据美国农业部2016年11月发布的全球食糖供求平衡表数据,2015/2016榨季,全球食糖产量1.658亿吨,同比减少0.117亿吨,减幅6.6%;全球食糖消费量1.725亿吨,同比增加0.023亿吨,增幅1.4%,产小于需668.3万吨,期末库存从2014/2015榨季的4569.3万吨减少至2015/2016榨季的3795.9万吨,库存消费比从26.8%下降到22%(表1)。

受全球糖市出现2010/2011年以来首次产不足需的影响,2015/2016榨季国际食糖价格大幅增长,纽约11号原糖期货榨季均价16.52美分/磅,同比每磅涨3.08美分,涨幅达22.9%(图2)。

表1			全球食糖供求平衡表			单位：千吨	
榨季	产量	进口量	出口量	国内消费量	期末库存	产大于需
2012/2013	177918	51866	55634	165846	42340	12072
2013/2014	176026	51508	57881	167017	43765	9009
2014/2015	177479	50245	54780	170214	45693	7265
2015/2016	165830	53371	53672	172513	37959	-6683
2016/2017	170941	52076	55904	173573	30795	-2632

数据来源：美国农业部。

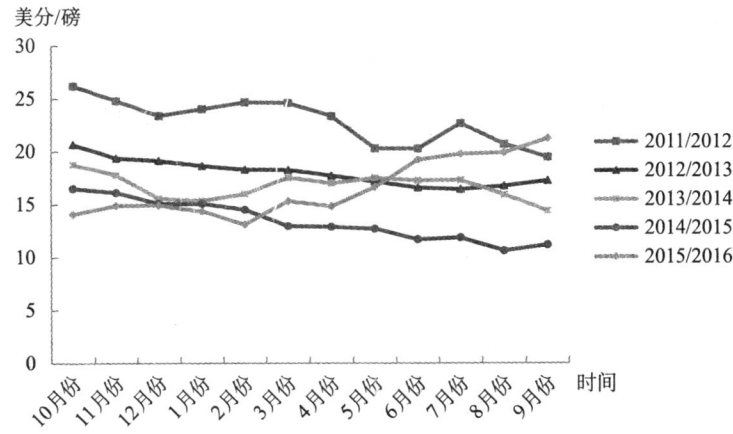

图2　近五年来国际食糖价格走势

数据来源：国际糖价取自纽约11号原糖期货价格。

（三）食糖进口减少，国内糖市进入去库存阶段

由于全球食糖市场产不足需，拉动国际糖价大幅上升，国内外食糖价差缩小。2015/2016榨季，进口配额内15%关税的巴西食糖到岸税后价平均每吨4268元，同比涨708元，涨幅19.9%，比国内糖价每吨低1189元，同比减小129元；进口配额外50%关税的巴西食糖到岸税后价平均每吨5434元，同比涨990元，涨幅22.3%，比国内糖价每吨低23元，同比减少410元。

可以看出，由于配额外进口食糖到岸税后价与国内糖价基本持平，意

味着配额外食糖进口已基本无利可图,在此背景下,2015/2016 榨季国内食糖进口大幅减少至 373 万吨,同比减少 108 万吨,减幅 22.5%。

由于国内减产、进口减少,国内食糖总供给减少,高企的库存压力得到一定程度缓解。2016 年 10—11 月,中央储备糖投放两次合计 30.8 万吨,广西地方储备糖投放 17.33 万吨。随着后市糖价的看涨,储备糖的投放将成为影响未来国内糖市发展的一个重要变量(图 3)。

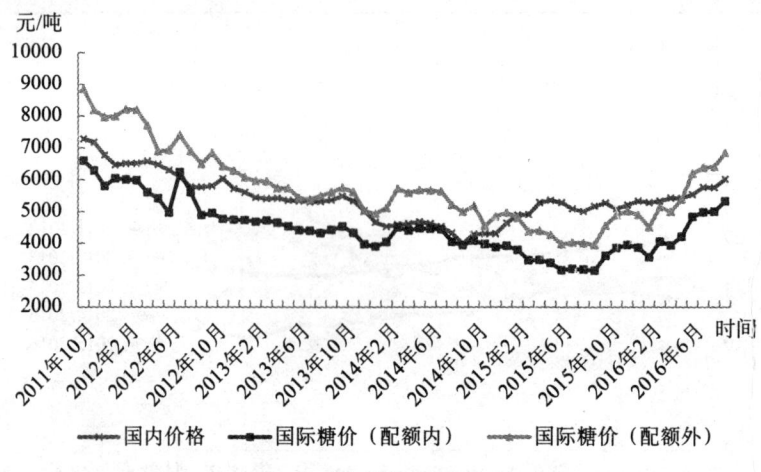

图 3　国内外食糖价格比较

数据来源:农业部糖料市场预警小组监测数据。

注:2013 年 9 月之前国际食糖价格为泰国进口糖到岸税后价,之后为巴西进口糖到岸税后价。

(四)国内糖价大幅上升,行业扭亏为盈,糖农收入下降

2015/2016 榨季,国内食糖价格大幅上涨,月度均价最低每吨 5087 元,最高每吨 6019 元,年度均价每吨 5457 元,同比每吨涨 580 元,涨幅 11.9%。受糖价上涨影响,国内制糖行业效益好转,2015/2016 榨季全国制糖行业销售收入 519.9 亿元,实现利税总额 42.2 亿元,其中利润 9.1 亿元,同比减亏 27.8 亿元,实现扭亏为盈。

2015/2016 榨季,我国糖料收购价格有所上升,作为最大主产区的广

西将糖料蔗收购首付价由 2014/2015 榨季的 400 元/吨提高至 2015/2016 榨季的 440 元/吨，增幅 10%，第二大主产区的云南省于 2015/2016 榨季取消了甘蔗收购政府统一定价，改由制糖企业自主定价，但 2015/2016 年的行业指导价并未发生变化，仍保持 420 元/吨。受糖料收购价格稳中有升的影响，糖农收入有所增加，根据中国糖业协会的统计，2015/2016 榨季农民种植糖料收入 348.9 亿元，同比减少 9.4%，主要是由于糖料种植面积的大幅下滑，导致糖料减产（表 2）。

表 2　　　　　　　广西、云南近年来糖料收购价

榨季	广西糖料蔗收购价	广西联动糖价	云南糖料蔗收购价	云南联动糖价
2011/2012	500	7000	420	7000
2012/2013	475	6580	420	6500
2013/2014	440	6000	420	6500
2014/2015	400	5100	420	5800
2015/2016	440	5800	420	5800
2016/2017	480	6470	420	5800

数据来源：根据公开资料整理。

注：云南自 2015/2016 榨季取消了甘蔗收购政府统一定价，故表中 2015/2016 榨季云南价格数据为行业指导价。

二、2016/2017 榨季国内食糖市场走势判断

（一）生产方面

2016/2017 榨季，受糖料收购价格继续上升因素影响，糖农的种植积极性得到维护，对稳定糖料种植有所帮助。2016/2017 榨季，广西糖料蔗收购首付价为 480 元/吨，比 2015/2016 榨季提高了 40 元/吨，增幅 9.1%。此外，2016/2017 榨季已经开始，根据从主产区了解的情况来看，出糖率有望比 2015/2016 榨季小幅提高，从而有助于食糖增产。预计 2016/2017 榨季，我国糖料种植面积 2150 万亩，同比略增 0.7%；食糖产量 990 万吨，同比增加 13.8%。

（二）消费方面

由于我国已经实施全面二孩政策，人口出生率将有所提高，但是人口政策对食糖消费的拉升作用更多地在中长期内显现。短期来看食糖消费更多地受价格和替代品的影响，由于国内食糖价格看涨，比较竞争优势下降，对食糖消费产生抑制。因此，预计2016/2017榨季我国食糖消费量1500万吨，比2015/2016榨季减少20万吨，减幅1.3%。

（三）贸易方面

我国食糖贸易以进口为主，出口量几乎可忽略不计。食糖进口主要受以下两个方面的影响：

一是我国食糖供需形势。预计2016/2017榨季我国食糖产量990万吨，消费量1500万吨，供需缺口510万吨，单纯依靠国内储备糖的投放并不现实，因此对进口食糖存在刚性需求。

二是政策因素的影响。2016年9月，商务部决定对进口食糖进行保障措施立案调查。目前调查仍在进行中，但仍然对提振市场信心有所帮助。此外，2016/2017榨季，对控制食糖进口节奏与规模产生积极作用的行业自律和自动进口许可等政策仍在继续。综上，对政策因素的分析偏向于食糖进口将回归一个正常合理的水平，曾经出现的过量进口不大可能出现。

此外，2016/2017榨季国际食糖价格有继续上涨空间，这将有助于抑制国内外食糖价差扩大，尤其是配额外进口的利润空间将得到压缩，甚至有可能无利可图，从而减轻食糖进口压力。预计2016/2017榨季，我国食糖进口规模在350万吨左右，与2015/2016榨季相比减少约20万吨，减幅在5%左右。

（四）价格方面

国内食糖价格主要受国际糖价和国内供需形势的影响。从国际糖价来看，根据国际机构的预测，2016/2017榨季国际食糖市场仍将产不足需；从国内供需来看，在缺口较大、进口稳定的条件下，国内糖价有进一步上涨的空间。预计 2016/2017 榨季国内食糖均价在每吨 6200—6900 元的区间。

三、政策建议

（一）做好储备糖的投放管理

2016/2017 榨季，国内食糖产不足需，价格看涨，利于食糖去库存。但是储备糖需要根据市场走势适时投放，2016/2017 榨季，影响市场波动的因素除了供需变化，还应重点关注我国对进口食糖采取的保障措施立案调查（正常会在 2017 年 3 月 22 日前结束）以及相关贸易国的应对措施，切实发挥好食糖储备作为市场"稳定器"的作用，确保国内食糖市场平稳运行。

（二）严厉打击食糖走私

2015/2016 榨季国内食糖价格回升，造成食糖走私行为一度十分猖獗，据有关机构预测，共有 200 万—300 万吨的食糖走私入境，严重扰乱了国内食糖市场。2016/2017 榨季，预计国内糖价将继续回升。因此，需要加大对食糖走私行为的打击力度，开展联合执法，发挥行业组织力量，加大对使用、销售走私糖企业的处罚力度。

专题 8　生猪[*]

内容提要：2015 年的母猪产能决定了 2016 年的生猪供给和猪价。2016 年供需缺口仍比较大，猪价整体保持高位，生猪价格、仔猪价格、猪粮比价多项破历史纪录，是养猪历史盈利最好的一年。2015 年年底和 2016 年的寒潮以及疫情，导致仔猪死亡率增加，成本下降等因素共同推动 2016 年上半年猪价一路上涨；6—10 月随着 3 月、4 月仔猪成活率提高，加之进口等因素猪价理性回归。进入 12 月份，全年之中猪肉消费需求最旺季开始，市场适重猪源略偏紧，生猪市场利好提振增加，猪价短期

---

[*] 执笔人：陈艳丽。

内仍将以小幅持续反弹为主。母猪补栏和存栏恢复的速度放慢必然会一定程度上延长较高盈利持续的时间，整个行业景气周期将可维持至 2017 年。建议养殖户保持理性的压栏力度和出栏节奏，谨慎调整产能结构，同时谨慎补栏，加强疫情防控。

一、2016 年生猪市场回顾

（一）能繁母猪存栏同比跌幅不断缩小，生猪存栏起底回升，产能有所恢复

1. 2016 年春节过后生猪存栏起底回升

2014 年以来产能出现过剩，市场去产能化，从 2014 年 9 月起，全国生猪存栏量环比呈现持续性下滑，2015 年 7—10 月出现小幅回升，2015 年 11 月—2016 年 2 月继续下滑，2016 年 2 月达到 7 年来最低点 36668 万头，环比下跌 1.80%，同比下跌 5.50%（图 1）。2016 年 3 月—10 月，生猪存栏总体呈现缓慢恢复增长趋势，2016 年 10 月生猪存栏 37594 万头，环比持平，同比下降 3.40%。2016 年以来生猪存栏同比跌幅逐渐减小。2016 年前三季度猪肉产量 3690 万吨，同比下降 3.6%；生猪存栏

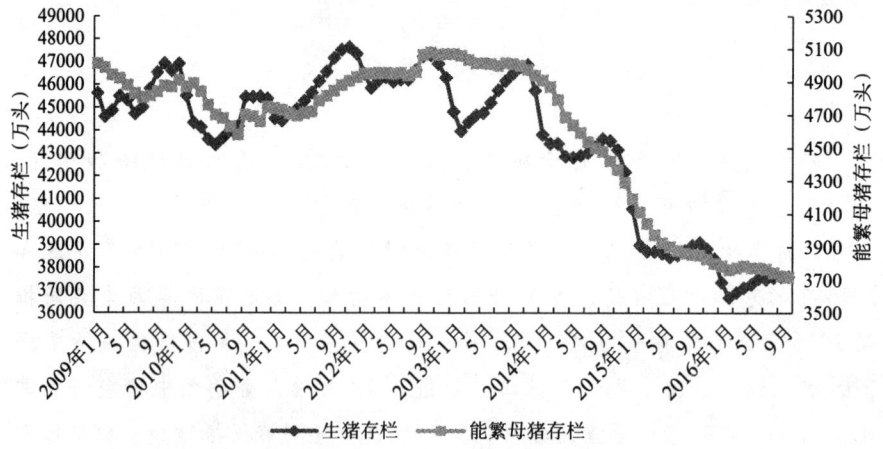

图 1　2009 年以来国内生猪和能繁母猪存栏

数据来源：中国政府网。

43163万头,同比减少3.4%;生猪出栏47924万头,同比减少3.7%[①]。

2. 2016年前3季度能繁母猪存栏仍处下滑态势

2014年3月能繁母猪存栏数量跌破农业部"4800万头"的预警线,开始急剧下滑,同比跌幅开始高于《生猪调控预案》中下降5%的预警值,且不断加深。2016年春节后能繁母猪存栏同比跌幅开始低于5%,并且跌幅不断减小,说明存栏量在逐渐恢复,2016年3—4月,能繁母猪存栏出现小幅回调,但之后继续震荡小幅下行。2016年10月能繁母猪存栏3717万头,环比下降0.20%,同比下跌3.90%,能繁母猪存栏处于2009年以来的历史最低位。2016年能繁母猪存栏维持在3700万—3800万头之间。

3. 前3季度生猪屠宰量同比大幅下跌

一般情况下,年度内生猪屠宰量1月最高,主要是元旦、春节需求旺盛,2月属节后淡季为最低,3月因需求恢复稍有回升,夏季属需求淡季有所回落,中秋、国庆后至春节前需求趋于旺盛屠宰量持续增加。2014年之前规律基本相似,2015年和2016年的3—9月生猪屠宰量明显低于从前,说明生猪供给仍有缺口,从而价格大幅回升(图2)。

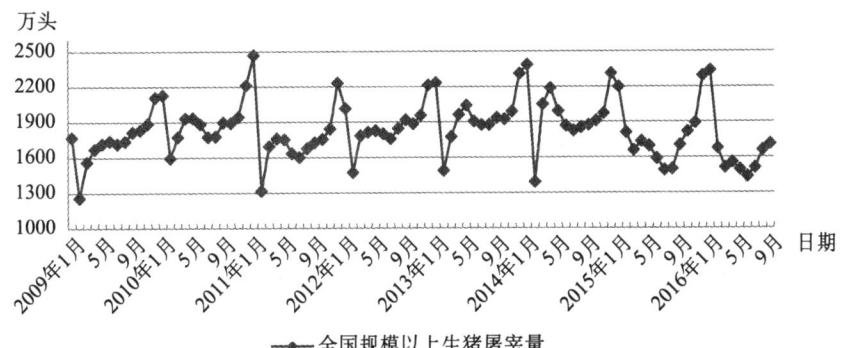

图2 2009年以来全国规模以上屠宰企业生猪屠宰量

数据来源:中国政府网。

---

① 国家统计局:"前三季度国民经济运行稳中有进、稳中提质",http://www.stats.gov.cn/tjsj/zxfb/201610/t20161019_1411224.html. 2016-10-19。

(二) 2016年生猪市场仍处于周期性上涨周期

1. 2016年月生猪价格呈"N"形变化

2016年年初至春节前需求旺盛价格坚挺，与往年不同的是，今年春节过后并没有出现以往需求下降引发的价格下降，主要原因是2014年底和2015年初大量猪场资金链断裂、淘汰过剩母猪，春节前一个月左右猪病形势严重导致死亡率提高，这对供给的影响是长期的，也基本决定了2016年全年的猪价都将保持在高位运行。春节后生猪价格一路走强直到6月初，猪价连续上涨半年，从2015年11月底的16.36元/公斤强势回升至2016年6月初的21.05元/公斤，上涨28.67%，突破2011年9月上旬的历史最高点。但随后生猪市场出现暴跌，2016年6月中旬至10月中旬4个月又跌回了起点，降至2016年10月19日的16.51元/公斤，下跌21.57%。猪价走势从8月初开始与上年同期高度吻合，先是平稳，9月上旬开始缓慢下跌。猪价4个月持续下跌的原因既有成本因素，玉米价格大幅下跌，也有供给因素，进口猪肉大幅增加，前期4月、5月仔猪成活率提高导致生猪出栏量阶段性增加，还有需求因素，猪肉消费最旺季还未真正到来。同时猪价回落也是一种理性回归。

10月下旬出现回升迹象，已连续回升2周，截至11月2日生猪价格为16.71元/公斤，环比上涨0.97%，同比上涨0.91%，几乎持平。10月26日开始的猪价反弹拐点比2015年同期早了一个月，并且价格基本持平在16.50元/公斤，2015年需求旺季反弹拐点是11月25日，之后开始缓慢上涨至春节前后，但2016年春节要比去年早，从目前猪价反弹情况看，猪价上涨动力要大于去年同期，2016年猪价有望保持在16.50元/公斤之上（图3）。

2. 鲜猪肉批发价格与生猪价格走势趋同

生猪价格和猪肉价格关联性极高，几乎同步波动，受流通影响正常情况下猪肉价格会略滞后于生猪价格1—2周。白条猪价格变动趋势几乎与生猪价格同步（图3），从2015年11月底21.89元/公斤一直涨至2016年6月初的26.7元/公斤，半年上涨21.97%。随后开始震荡下行至2016年10月底的22.14元/公斤，4个半月下跌17.08%，跌回2015年12月

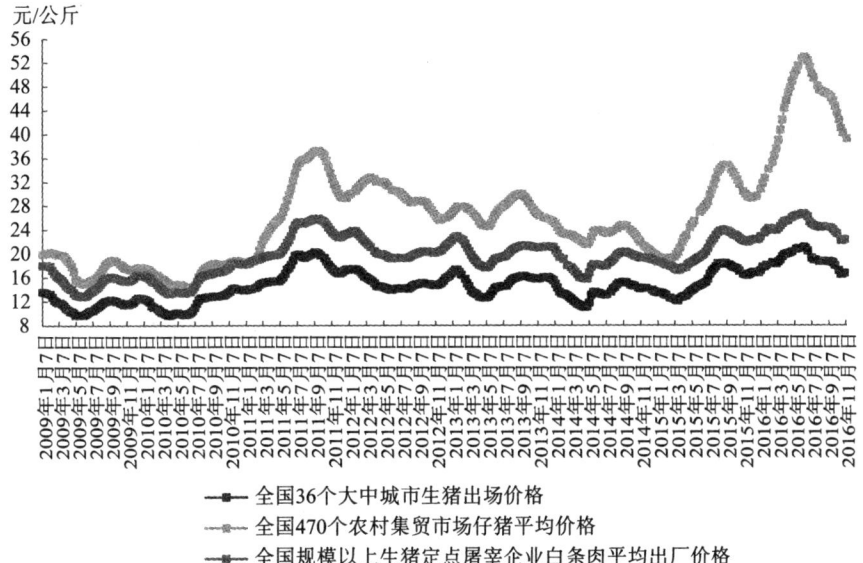

图 3　2009 年以来国内生猪、仔猪、白条猪价格

数据来源：中国政府网。

初价格水平，大致符合"猪价涨3成、肉价涨2成，猪价降3成、肉价降2成"的一般规律。11月出现回升，截至11月2日生猪定点屠宰企业白条猪平均出厂价格为 22.32 元/公斤，环比上涨 0.81%，同比上涨 0.90%。据国家统计局公布的 2016 年 11 月 1—10 日全国 50 个城市主要食品平均价格，猪肉后臀尖（后腿肉）29.86 元/公斤，环比下降 0.2%，五花肉 30.93 元/公斤，环比下降 0.3%。2016 年 1—10 月猪肉价格同比上涨 19.3%，10 月份猪肉价格环比下降 2.8%，同比上涨 4.8%[①]。

3. 仔猪价格上半年暴涨，下半年暴跌

仔猪价格从 2015 年 12 月初的 29.30 元/公斤开始持续大幅攀升，尤其进入 2016 年以来，1—4 月环比涨幅在 2.00%—4.60%之间，5月份环比涨幅减小，并在 6 月 8 日达到了前所未有的高点 52.92 元/公斤，比

---

① 国家统计局："2016 年 10 月份居民消费价格同比上涨 2.1%"，http://www.stats.gov.cn/tjsj/zxfb/201611/t20161109_1426049.html. 2016－11－09。

2011年最高点37.24元/公斤高出41.11%,半年暴涨80.61%。随后开启下跌通道,截至2016年11月9日,仔猪价格为39.23元/公斤,环比下跌1.10%,同比上涨30.85%,5个月跌幅达25.87%,回归3月中旬水平(图3)。仔猪价格大幅下跌既反映出当前仔猪成活率较高、供应量较大,也反映出补栏积极性大幅下降,折射出养猪人普遍对春节以后猪价不太看好的基本预期。

4. 二元母猪价格上半年暴涨,下半年震荡回调

二元母猪价格此番上涨从2016年年初31.24元/公斤伊始,一直涨至6月中旬的39.36元/公斤,半年上涨25.99%,随后7月份下跌,8月份短暂回升一个月,9月份开始震荡下行,截至11月2日,仔猪价格为37.74元/公斤,环比下跌0.79%,同比上涨20.15%,基本回到5月初水平(图4)。以往生猪市场每个猪周期的拐点出现通常都是猪价率先上涨,之后带动仔猪补栏、仔猪价格上涨,再带动母猪补栏、母猪价格上涨,而且从猪价拐点传递至母猪存栏拐点通常都在半年左右,而本轮生猪价格、仔猪价格、母猪价格上涨几乎同步,母猪价格稍微滞后1个月上涨,传递的时间和滞后期都大大缩短,主要原因在于养猪人对猪周期认识、风险意识大大提高,同时信息传播速度更快。

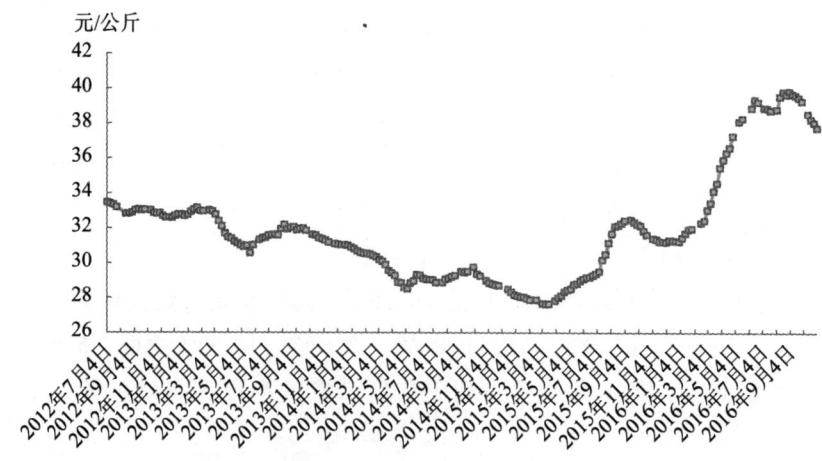

图4 2012年7月以来全国二元母猪销售价格

数据来源:中国政府网。

农产品市场与贸易

5. 上半年猪粮比价大幅提高,下半年震荡回归

猪粮比从 2015 年 3 月中旬的 5.04∶1 开始扶摇直上,2015 年 6 月初突破 6∶1,2015 年 11 月出现短暂回调,2016 年初突破 8∶1,后继续回升直至 2016 年 6 月初的 10.95∶1,突破历史纪录,1 年多时间增长 117.06%,其中 2016 年上半年为增长贡献 38.26%。6 月中旬后震荡下行,只有在 8 月中旬和 9 月底 10 月初出现短暂回升。截至 11 月 2 日,猪粮比价为 8.89∶1,环比下跌 0.11%,同比上涨 10.57%,回调至 3 月初水平。猪粮比价已 10 个月维持在 8∶1 以上,9 个月维持在 8.5∶1 以上(图 5)。随着猪粮比的大幅提高,瘦肉型猪自繁自养头均 600 元以上盈利水平保持了近 9 个月,9 月底 10 月初,由于玉米价格的大幅跳水,出现降价但增收的好光景。10 月中旬跌破 600 元/头,11 月初重回 600 元以上,相比于 6 月初猪价最高点盈利水平 1250 元/头,盈利缩水近一半。目前盈利水平已达 675 元,去年同期盈利水平是 430 元,同比增长 56.98%[①]。

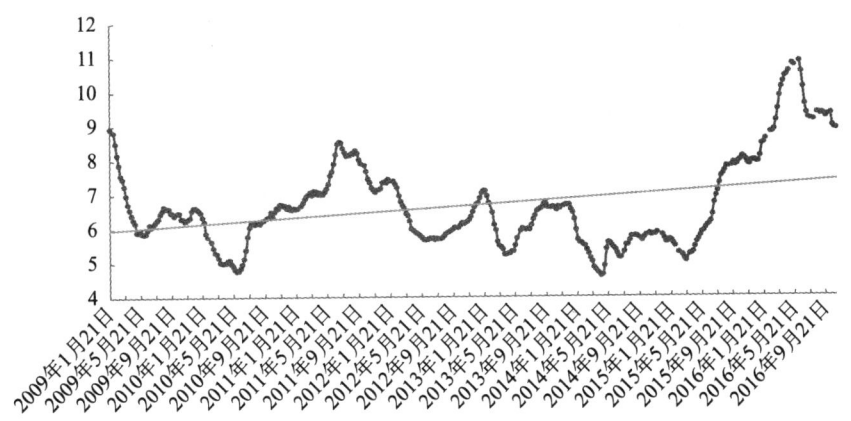

图 5 2009 年以来国内猪粮比价变化情况

数据来源:中国政府网。

---

① 冯永辉:"猪市已进入'行情、疫情'双高风险期",http://www.soozhu.com/article/295256/,2016-11-14。

二、生猪市场变动影响因素分析

(一) 产能调整供给不足

2013 年开始的长达两年多的低迷期内,许多小散养户弃养,规模养殖场削减规模,大约 500 万个生产单位退出生猪养殖行业①,意味着整个养猪行业 12.5% 的生产单位退出,生猪产能大幅削减。生猪价格是整个生猪市场的风向标,生猪价格变化随即传递至仔猪和母猪价格,进一步影响仔猪和母猪的补栏。前期亏损导致过剩的母猪产能被淘汰后,生猪的供应滞后于母猪产能 10 个月以上,供应减少的趋势会持续一年以上。2013 年我国母猪存栏量超过 5000 万头,截至 2016 年 10 月,能繁母猪存栏已下降至 3700 万头,而后备母猪补栏量在 2015 年年底才有所增加,未能形成供给。2015 年年底和 2016 年的寒潮以及疫情,导致仔猪死亡率增加,使得本来产能减少的生猪市场雪上加霜,共同推动猪价上半年一路上涨。下半年出栏猪是 3、4 月份仔猪供给,季节性成活率提高,加之进口等因素供给大幅增加,造成价格下跌。

(二) 成本变动和需求共同作用猪价变化

猪价是由成本和供需缺口决定的,成本决定猪价波动的水平位,缺口决定波动的幅度。过去很少在猪价创历史新高时饲料价格却罕见低位,这为养殖户压栏创造了条件,同时短期内饲料价格暴涨,又为猪价暴跌提供机会。猪价突然在 6 月初折腰向下,主要是 2—4 月份饲料价格较低,如玉米价格维持在 1.90—2.00 元/公斤左右,导致压栏成本较低,养殖户惜售,结果 5 月中旬开始玉米、豆粕价格突然上涨,养殖户拿到的玉米价格从 6 月 1 日的 1.8 元/公斤涨至 7 月 1 日 2.07 元/公斤,豆粕价格从 6 月 1 日的 2.77 元/公斤暴涨至 6 月 30 日的 3.62 元/公斤②。养殖户又迫于成本

---

① 央视新闻:"疯狂的猪价",http://www.soozhu.com/video/31/,2016 年 4 月 5 日。
② 冯永辉:"牛猪突围失败、头均'割肉'近 500 元,止跌反弹何时到来",http://www.soozhu.com/article/279766/,2016 - 07 - 04。

急于出栏,供给增加。加之遭遇最为炎热的消费淡季,导致消化时间较长,猪价大幅下降。9月底玉米等饲料成本又大幅下跌,10月中旬玉米价格同比下跌18%,在1.84—1.94元/公斤之间徘徊,配合料价格同比下跌12%,这与后期猪价下跌密切相关。

(三) 猪肉进口增加冲击国内市场

国内生猪出栏稳定但进口猪肉增加,也会导致终端猪肉供应增加,从而传递至上游猪价下跌。目前我国已经累积开放了50个猪肉进口港口,6月中旬开始的下跌以及至目前猪价表现的如此疲软,原因之一便是进口猪肉的影响。进口猪肉6月份后大幅增加,近几个月同比增幅都是一倍以上,加之9—11月出栏的生猪都是3月、4月份后出生的成活率较高,国内生猪出栏增加,叠加造成猪价暴跌。2016年猪肉进口量整体保持高位,据海关统计,8月份我国进口生猪产品33.87万吨,环比增9.4%,同比增159.6%。1—8月累计进口生猪产品209.13万吨,同比增117.1%;其中进口猪杂碎95.28万吨,同比增83.5%;进口鲜冷冻猪肉113.81万吨,高出上年全年进口量46.3%,同比增156.6%[①]。而且大部分食品加工企业改为采购便宜的进口冷冻猪肉,进口猪肉的替代导致国产鲜猪肉需求进一步下降,从而抑制猪价和肉价的上涨。如果未来因环保等因素限制,进一步缩减养殖规模,进口数量将会进一步大幅增加,对我国生猪市场的冲击也是不容小觑的。

(四) 宏观调控储备肉投放

猪价高企,从4月份开始,大连、西安、北京等多地地级储备肉以及中央储备肉陆续投放市场。在无法短期内从供应端缓解供需矛盾的情况下,直接对终端猪肉价格进行价格直补是最直接、最有效的措施,既能保护消费者利益,也能保证养猪户的利益。北京地区通过从5月5日开始至

---

① 农业部市场与经济信息司:"2016年9月农产品供需形势分析月报(大宗农产品)",http://www.moa.gov.cn/zwllm/jcyj/201610/t20161031_5342783.htm,2016-10-21。

7月4日，连续投放两个月，总量3050吨，每公斤补贴5元的一系列措施来平抑终端肉价，降价幅度达到18%，这是史无前例的投放储备肉方式，投放量较大，投放时间长，一般投放储备肉时间为两周至一个月，而这次持续2个月，很大程度缓解了供需紧张局面，补贴力度较大，总计需要补贴1500万元以上，这需要地方财政强大的经济基础支持。自2015年12月份至2016年4月，全国已经累计投放近15万吨储备肉。投放储备肉更多的是改变市场的心理预期，影响也更大。

三、生猪市场展望

进入2016年12月份，全国各地普遍大幅降温，离春节只有2个月，全年之中猪肉消费需求最旺季开始，以12月底南方制作腊肉达到最高峰，以北方杀年猪结束需求最旺季，前后持续的时间将达2个月以上，这期间的猪价反弹后劲足、持续时间长，对猪肉需求的刺激性更大，屠宰企业屠宰量也相应地会增加，需求进入季节性反弹的时期。目前养殖户博弈情绪浓烈，看涨心态支撑猪价整体上涨，市场适重猪源略偏紧。据海关数据，2016年9月全国进口猪肉140469吨，环比下降30%，生猪市场利好提振增加。供需保持博弈，需求继续保持恢复的态势，猪价短期内仍将以小幅持续反弹为主。

猪价周期性上涨持续的时间和上涨的强度是由一年前的母猪产能来决定的，从补栏母猪，经历4个月左右配种，4个月妊娠，仔猪6个月左右出栏，累计需要14个月左右时间。2015年的母猪产能决定了2016年的生猪供给和猪价，目前生猪基本面仍是供不应求、产能不足。一方面，生猪市场价格波动，对养殖企业心理造成一定影响，加之前期仔猪价格过高，后续行情利空。另一方面，国家进一步加强了对禽畜养殖的排污防治监管，对禁养区内的不达标养殖户进行清理，全国各地大量养猪散户因环保不达标被淘汰，养猪门槛大幅提高，环保淘汰促进了行业规范化和集中度提升，对养猪产业形成长期利好。母猪补栏和存栏恢复的速度放慢必然会一定程度上延长较高盈利持续的时间，整个行业景气周期将可维持至2017年。当前补栏仔猪，春节后才能出栏，按一般规律节后需求有所降低，从当前补栏仔猪成活率看，若较平稳，届时出栏的量很难大幅减少，猪价有可能下跌。

建议养殖户保持理性的压栏力度和出栏节奏，谨慎调整产能结构，同时谨慎补栏，加强疫情防控和防寒保暖工作。相关政府部门需通过强化信息监测和预警，落实好各项扶持政策，加强疫病防控和技术指导服务等多项措施，加强引导，确保生猪市场供应充足和价格总体平稳，满足居民正常消费需求。

专题 9　肉鸡[*]

2013—2015年我国肉鸡市场连续3年持续低迷亏损，整个肉鸡产业陷入困境。2016年肉鸡市场行情好转，规模化养殖扩大，价格小幅上涨，养殖效益较好，进口大幅增加，出口减少；国际市场美国鸡肉批发价格大幅下降，出口增加，国际肉鸡市场产量、贸易均增加。预计2017年我国鸡肉产量略有下降，市场价格呈现稳中有升的趋势，出口形势不容乐观；国际方面，全球鸡肉产量、贸易均增加。

一、肉鸡市场逐步好转，养殖效益增加

（一）产量增加

1. 行业"去产能"效应显现

2013—2015年白羽肉鸡产业处于产能过剩，而消费不足，产业持续亏损。2014年开始中国肉鸡产业纷纷减能，祖代引种量开始大幅度降低，2015年全国肉鸡引种只有72万套，产业深度去产能，2016年受美国、法国和英国相继封关的影响，祖代鸡的引种量为50万套，降至近十年来最低水平。受祖代引种量持续下降影响，2016年白羽肉鸡行业扭亏为盈。

2. 肉鸡产量增加

祖代鸡引种量的减少，会影响2年后商品鸡的出栏量，然而企业采取

---

[*] 执笔人：蒋芳。

的强制换羽措施,在一定程度上能缓解引种量不足的影响,引种量减少未对商品代肉鸡的供应带来影响,2016年肉鸡产量仍保持增长。据农业部数据,2016年禽肉产量是肉类中唯一增长的,增长88万吨,占肉类产量比重提高至22.5%,比2015年大约提高了1.3个百分点。据行业协会测算:2016年全国肉鸡出栏总量为82.1亿只,肉鸡产量为1244万吨,同比增长4.68%,其中,白羽肉鸡产量持平或微增,黄羽肉鸡产量增长4%—6%。

(二) 肉鸡消费好转

2016年肉鸡市场行情好转、价格上涨,白羽肉鸡消费市场企稳回升,其中学校工厂食堂等集团消费增速趋缓,快餐业需求重回增长;食品加工采购、家庭消费趋稳;进入2016年由于猪肉价格偏高,部分消费者转为鸡肉,拉动了鸡肉消费增长。总体来看,肉鸡市场仍是供过于求阶段。

(三) 养殖成本下降

自2015年9月份以来,饲料原料玉米和配合饲料价格的持续下降,致使肉鸡养殖成本减少。我国肉鸡饲料中玉米所占比重为55%—60%,2016年全国玉米平均价格为2.02元/公斤,同比下降14.8%,12月份,全国玉米月平均价格1.95元/公斤,环比增长0.5%、同比下降8.9%。玉米原料价格的下降带动了饲料价格的下降,2016年全国肉鸡配合饲料价格为3.1元/公斤,同比下降6.1%,其中12月份肉鸡配合饲料3.14元/公斤,环比上涨1.3%、同比下降0.9%。

(四) 养殖效益较好

饲养成本下降给养殖业带来了利好,全产业链各环节均实现盈利。我们通常以鸡粮比来衡量农户养殖盈亏情况,盈亏平衡点为7.5∶1,1—12月份鸡粮比价为1∶9.3,高于盈亏平衡点,农户养鸡全年盈利。用鸡料比来衡量规模养殖盈亏情况,盈亏平衡点为1∶5.5,1—12月份鸡料比价为1∶6.1,规模养殖盈利,鸡粮比和鸡料比均为近年来的最高值。2016年禽业四家上市公司（益生股份、民和股份、圣农股份、仙坛股份）均实现盈利。据农业部数据，1—11月，每只白羽肉鸡盈利1.26元，同比增加0.53元；每只黄羽肉鸡盈利2.56元，同比略有增加。

二、国内外肉鸡市场价格

（一）国内集市价格

2016年我国肉鸡业在产能持续去化、消费逐步好转联动作用下，肉鸡市场价格小幅上涨（参见图1），市场明显恢复。1—12月份全国活鸡、白条鸡集市均价分别为18.78元/公斤和19.06元/公斤，同比分别上涨0.5%和0.9%，价格整体处于高位。

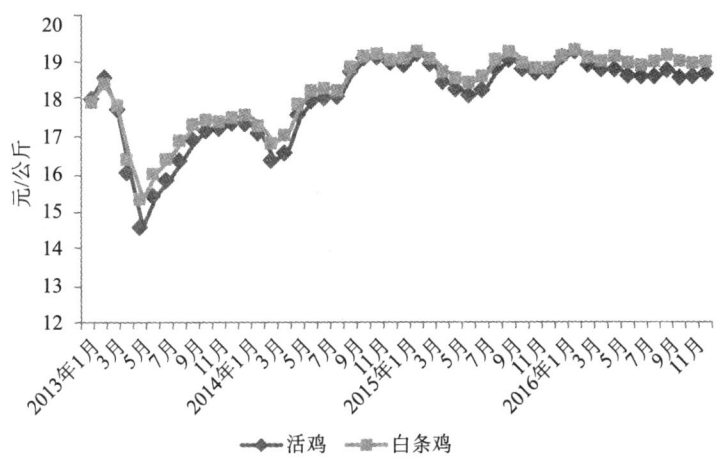

图1 2013—2016年我国肉鸡集市价格变化情况

数据来源：农业部畜牧兽医信息网。

第一季度受元旦、春节等重大节日的带动，肉鸡价格先升后降。3月份春节过后进入传统的消费淡季，需求减少，肉鸡价格下行。4月份下降幅度变窄，5—7月价格回落，由于肉鸡供应增加，需求放缓，肉鸡集中出栏压低价格，自6月中下旬开始肉鸡价格出现下滑，6月份活鸡、白条鸡集市价格分别为18.6元/公斤和18.9元/公斤，环比分别下降0.6%和0.4%，同比分别上涨3.1%和3%。8—9月价格止跌回升，9月份受学校开学等影响,价格略有回升,活鸡、白条鸡集市价格分别为18.75元/公斤和19.15元/公斤,环比分别上涨0.8%和1.1%,同比分别下降1.5%和0.5%。第四季度因肉鸡出栏量增加,价格下滑,特别是12月份由于多地受人感染H7N9禽流感疫情的影响,纷纷暂时关闭活禽市场。12月份活鸡为18.67元/公斤,同比下降0.32%;白条鸡价格为18.99元/公斤,同比上涨0.85%。从整体来看,全国各地肉鸡价格均有不同程度的上涨。

(二)美国肉鸡产品批发价格

2016年美国鸡肉批发价格有涨有跌(参见图2),分品种来看,鸡胸肉(无骨无皮)批发价格波动下行,1—12月鸡胸肉平均价格为21.3元/公斤,同比下降14.89%。其中8月份鸡胸肉为26.1元公斤,同比上涨1.9%,比年初上涨33.4%,达到今年的最高点。随后鸡胸肉批发价格逐步下跌,12月份鸡胸肉为17.9元/公斤,同比下降4.39%,比8月下降31.3%。1/4鸡腿批发价格稳中有涨,1—12月鸡腿平均价格为5.71元/公斤,同比上涨4.39%。

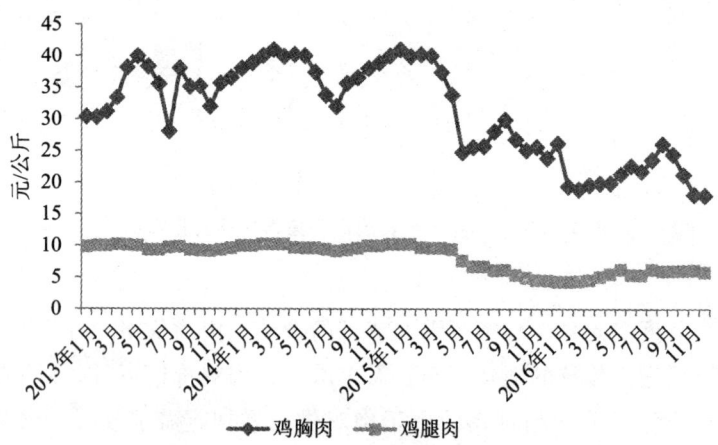

图2 2013—2016年美国肉鸡批发价格变化情况

数据来源:AMS/USDA。

美国鸡肉价格大幅下降原因：尽管美国爆发禽流感疫情，但消费水平仍然很高，消费同比增加1.7%，美国家禽产量增长，2016年美国的肉鸡产量上涨2.2%，国内生产供大于求。美国的鸡腿肉主要用于出口，2016年美国鸡腿肉出口量增加，美国爆发高致病性禽流感疫情，韩国和墨西哥等国对美国鸡肉实施进口限制，美元走强也抑制了出口。因此，鸡肉供应量会继续增加，而价格大幅上涨的希望不大。

三、进口大幅增加，出口下降

2016年我国肉鸡进口量为41万吨，同比增加52.9%。其中鸡肉及杂碎出口额占95%以上，主要从巴西进口，1—11月从巴西进口总量同比上涨63%。由于许多国暴发了禽流感，中国扩大了从巴西进口肉鸡制品。从美国进口减少，因受美国暴发禽流感，中国对美国家禽类产品进口实现封关，自2016年9月27日起，我国对原产于美国的进口白羽肉鸡产品继续征收反倾销税，时间为5年；2016年出口量将达39.5万吨，同比下降1.4%，出口前三位的是日本、中国香港和马来西亚，以鸡肉熟食和调理品为主，出口额占比为60%，对日本出口量下降。

四、国际市场形势分析

2016年，美国、法国、德国、日本和韩国等十几个国家发生禽流感，遍布北美、欧洲和亚洲等地区，美国和欧洲的疫情影响了禽类出口，虽然禽流感的爆发令人担忧，但由于全球饲料价格走低，促进了许多国家家禽业的增长。据美国农业部最新数据：2016年全球鸡肉产量将达到8954.8万吨，同比增长0.9%，主要生产国巴西和美国同比分别增长3.6%和2.2%。2016年巴西超越中国成为仅次于美国的全球第二大鸡肉生产国。2016年全球鸡肉消费量为8763.8万吨，同比增长0.8%。2016年全球鸡肉进口总量达890万吨，同比增加3.4%。其中俄罗斯禽肉进口份额下降，因为国内鸡肉产量不断增长，在过去10年其年均增长率大约为14%。中国和日本进口均有增加。2016年全球肉鸡出口预计在1079.3万吨，同比增加5.2%，美国、巴西、欧盟和泰国出口有明显增长，中国出口则有小幅减少。

五、后期展望

（一）国内市场

1. 供需方面

2014年起，国内白羽肉鸡祖代种鸡的引种量持续下降，有效降低了行业过剩产能。据白羽肉鸡联盟鸡商定，2017年全年引种量约60万套，引种压力有所缓解，受此影响2017年肉鸡市场前景看好。在玉米价格偏低的预期下，豆粕低位运行，饲料成本下降，肉鸡养殖继续盈利。2016年祖代引种量大幅下降，即便是考虑到换羽和延迟淘汰的影响，在产祖代肉种鸡存栏也处于较低水平，2017年一季度父母代存栏将出现下降，禽流感疫情不定，2017年祖代引种回升受限，后市商品鸡供应下降，因此，预计鸡肉产量略有下降。

2. 价格方面

2016年祖代种鸡引种量严重不足，祖代引种传导到商品鸡最短需要14个月，如果考虑祖代存栏换羽，2017年鸡肉供给难以快速上升，供不应求的格局将带动价格的上涨，预计2017年第三季度肉鸡价格将出现上涨；受进口国禽流感暴发的影响，2017年祖代种鸡引种回升受限，加上国内受禽流感影响，市场消费将受到一定的影响，肉鸡市场价格将出现较大的波动。因此，预计2017年我国肉鸡价格将处于波动上涨的趋势。

3. 出口方面

我国鸡肉对日本出口下降，由于中国食品安全恐慌的高度曝光，自2014年至今，日本对中国家禽的进口量已下滑20%；欧盟对中国禽肉的出口设定限制具有歧视性，欧盟的进口配额对固定量的进口家禽设定了较低的关税税率，把配额的大部分给了巴西和泰国，而给中国只有4%，配额之外的家禽产品需要征收约40%的关税；2016年12月，我国将再次对荷兰和波兰进行封关，曾祖代鸡和祖代鸡进口都将受到一定冲击，2017年祖代鸡进口将仍是以西班牙和新西兰为主；在中美鸡肉贸易上，中国零出口的现状仍未突破。因此，预计2017年我国出口形势不容乐观。

（二）国际市场

世界鸡肉产量、贸易均增加。据美国农业部最新数据，预计2017年全球鸡肉产量将达到9044.8万吨，同比增长1%，主要生产国美国和巴西同比分别增长2.2%和3%，中国肉鸡产量下降。2017年全球鸡肉消费量预计在8841万吨，同比增长0.9%。其中巴西的经济形势有复苏的迹象，国内的肉鸡消费预计增长2%；2017年全球鸡肉进口总量达929.6万吨，同比增长4.3%。日本进口量将萎缩，由于国内供应量充足；墨西哥进口量85万吨，由于国内产量的大幅增加；2017年肉鸡出口预计为1137.2万吨，同比增长5.4%，巴西、泰国出口有明显增长，其中巴西鸡肉制品出口量同比增长3%—5%；由于韩国、日本及欧洲暴发禽流感，泰国鸡肉出口受益；而中国鸡肉出口预计下降。

六、政策建议

（一）加快培育白羽肉鸡品种

目前我国白羽肉鸡品种完全依赖于国外进口，以引进祖代鸡为主，产业风险大。特别是2015—2016年，由于世界大范围禽流感的暴发，我国祖代鸡引种受阻，自主培育白羽肉鸡品种势在必行，应进一步完善肉鸡良种繁育体系，提高肉鸡育种能力，培育出适合我国肉鸡消费市场的品种，逐步提高国产白羽肉鸡品种占有率。

（二）加强疫病防控

近年来疾病风险不断加大，而国内的生物安全环境仍不完善，疫病防控形势越来越严峻，因此，要不断完善提高防控水平，加强重大动物疫病的监测和预警，尽量减少疫情的冲击和影响，确保肉鸡产品的供给；国家应制定相应的法律法规，提高肉鸡养殖准入门槛，增强肉鸡业的抗风险能力。

(三) 大力提倡"冰鲜鸡"消费

大力开展肉鸡消费宣传推广,让健康肉鸡早日走上消费者的餐桌,2016 年 10 月底,白羽肉鸡联盟内的 36 家企业公开宣誓,要让国人吃上健康鸡。同时,引导消费者转变消费观念,大力推广"冰鲜鸡",冰鲜鸡不同于冻鸡,它具有安全、卫生、口感细腻、味道鲜美等特点,在欧美国家很盛行;扶持企业走深加工路线,从而进一步带动肉鸡业的有序正常发展。

(四) 合理控制养殖总量

由于近年来的持续去产能,效果显现,行业应继续把产能控制在消费者需求之内,据测算,祖代鸡的引种量每年应控制在 80 万套左右。因此,政府和禽业分会等行业组织要充分发挥宏观调控职能,使肉鸡养殖总量保持适当的水平,以保障整个行业的利润,促进肉鸡产业的健康发展。

专题 10 水产品[*]

一、国内水产市场特点

(一) 小型苗种场萎缩,苗种价格高于上年

2015 年年底寒潮致亲鱼死亡,2016 年春季天气不稳定,先冷后热,之后又持续高温,苗场的产苗量较低,部分苗种价格高于上年。其中,规模苗种场生产形势基本稳定,小型苗种场出现萎缩趋势。由于监测户选点偏重规模户,统计数据上并没有体现产苗下降的状况,但调研情况显示,小规模苗种场的生产不如往年。例如,湖北应城市大宗淡水鱼苗种场从 30 多家减少至 18 家。苗种场减少,刺激了苗价上升,特别是长江洪灾后

---

[*] 执笔人:刘景景、张静宜。

补苗需求增多，苗价上涨更是十分明显。据国家大宗淡水鱼产业技术体系产业经济研究室监测，与2015年8月份相比（有效样本33个区县），除鳙鱼苗种价格同比下降1.5%外，青草鲢鲤鲫鳊鱼苗种价格全线上扬，涨幅分别为9.3%、5.3%、5.1%、0.1%、12.3%和29.5%。但全国整体来看，苗种基本可以保证供应，并没有对2016年的水产养殖造成显著影响。

（二）水产品价格同比大幅上涨，月价格波动上升

据中国农业信息网监测数据显示，2016年重点监测的30种水产品加权平均价格为每公斤17.40元，整体高于上年，同比上涨11.6%。分类别看，所有的产品大项都同比上涨。其中，淡水鱼加权平均价格为每公斤13.53元，同比涨3.6%；海水鱼加权平均价格为每公斤36.22元，同比涨5.4%；蟹类加权平均价格为每公斤123.38元，同比涨15.1%；贝类加权平均价格为每公斤13.67元，同比涨12.1%。

从各月价格走势看，总体呈现波动上升态势。受春节消费带动和年初天气影响，2016年年初国内水产品市场价格连续上涨。1月、2月水产品加权平均价格分别为每公斤16.23元和16.69元，环比分别涨1.2%和1.9%；春节过后，水产品消费有所回落，价格连续走低，3月、4月分别下跌0.7%和1.4%；随着淡水养殖进入投苗季节、海洋休渔期的到来以及南方持续强降雨影响，5—7月，水产品价格分别达每公斤17.01元、17.68元和17.78元，呈连续上涨态势，涨幅分别为4.0%、3.9%和0.6%；8月海洋休渔陆续结束，受南方洪灾影响，自然上市产品减少，因洪灾造成的非自然、短期上市产品增多，降低了水产品价格；受中秋节日消费影响，9月价格达到年内高峰，达到每公斤18.27元。10月份，随着养殖产品陆续上市，水产品价格小幅下跌至每公斤17.66元；11、12月份受节前消费拉动，价格又连涨两月，12月份价格达到2016年度最高值18.92元/公斤（图1）。

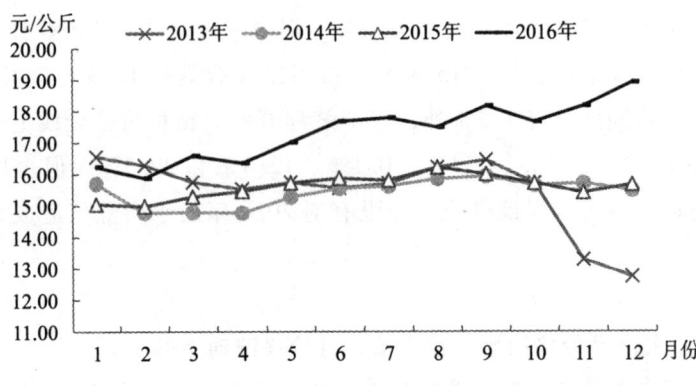

图 1 2013—2016 年水产品批发市场月均价（综合加权平均价）

二、水产品价格变化的主要原因

2016 年的价格上涨是由多方面原因促成，产品结构的变化对价格总水平上升起到关键作用，不同类别产品的上涨原因也有差异。

（一）产品结构调整是价格上涨的关键原因

在农业供给侧结构性改革相关政策的引导下，2016 年水产品中大宗淡水鱼等低值产品上市比重有所下降，导致水产品价格变化受权重影响而上升。在监测的 30 个品种中，13 个产品的价格同比上涨，3 个品种价格与上年基本持平，14 个产品价格同比下跌。其中，梭子蟹涨幅最大，达 39.3%，鲅鱼、带鱼、平鱼等常规海捕经济鱼类价格涨幅都在 10% 以上，涨幅最大的淡水鱼是鲫鱼，同比上涨 14.6%。涨价品种以海水产品为主，特别是涨幅较大的基本都是海水产品。淡水鱼等产品的价格涨幅不大，而且成交量下滑，2016 年淡水鱼成交量同比上年下降了 12.6 个百分点。

（二）不同类别产品的上涨原因不同

分不同类别来看，大宗产品价格以回稳为主，价格并没有显著起色。淡水鱼产品价格上涨主要受结构变化影响。在 14 个监测淡水鱼品种中，仅有 4 个品种价格高于上年。活鲤鱼、活草鱼、活鲫鱼、白鲢活鱼、花鲢活鱼和武昌鱼等大宗淡水鱼的成交量较上年下降了13.7%,降至112.12万吨。鲫鱼是今年涨幅最大的淡水鱼品种,同比涨幅接近15%,鲫鱼价格的暴涨有以下几个原因:一是与养殖模式有关。鲫鱼的精养模式相对较少,多以套养草鱼、青鱼或者鳊鱼为主。套养的鲫鱼一般只在干塘时出售。近两年受草鱼行情低迷影响,很多养殖户选择转养其他品种,鲫鱼的供应量也随草鱼而减少。二是居民消费结构的变化。家庭规模的小型化让消费者更加偏爱小规格鱼类,原来的青鱼、草鱼等大规格鱼类现在销售困难,消费者较喜欢0.5—1公斤规格的淡水鱼,鲫鱼、鳊鱼这些小体型鱼类受到欢迎。三是病害问题严重。鲫鱼病害近几年十分严重,出血病、孢子虫病频繁发生,而且没有有效的治疗手段,死亡率较高(图2)。

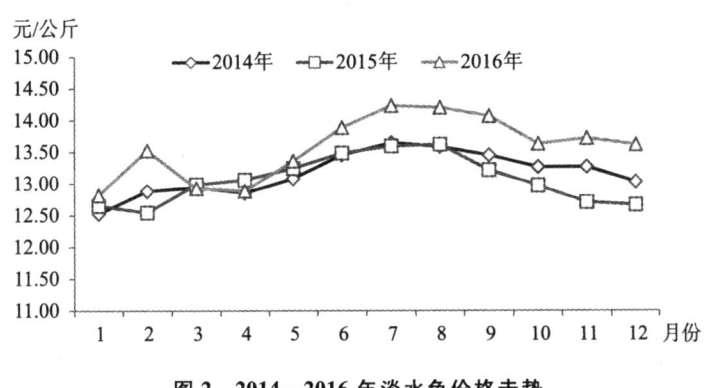

图2 2014—2016年淡水鱼价格走势

海洋资源型产品因政策调整及本身的稀缺性呈现上涨态势。海水产品价格上涨与资源衰退导致的产品稀缺有着必然联系,但就2016年的价格变化来看,政策调整的因素对价格的影响更大。农业部自2015年以来开展了涉渔"三无"船舶和"绝户网"清理整治专项行动。目前各地累计取缔涉渔"三无"船舶1.6万艘,其中浙江、福建两省成效最为显著。这对压减捕捞产能、维护海洋环境有重要意义,也对海水产品价格提振有刺激作用。另外,受2015年"僵尸肉"新闻的热议,消费者对走私冻品的敏感度很高,2016年海关对肉类、海鲜等走私冻品的打击力度持续加大,海鲜价格在今年也呈现出明显的淡旺季趋势,国内海鲜价格理性升高。中国农业信息网监测的 9 个海水鱼品种中，有 6 个品种的价格上涨，涨价产品比例占到 2/3（图 3）。

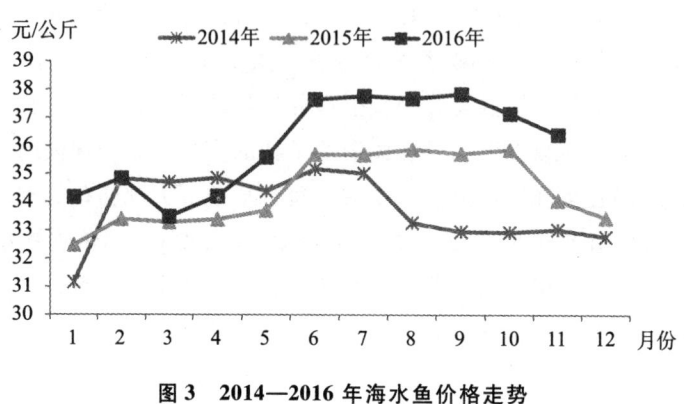

图 3　2014—2016 年海水鱼价格走势

三、水产品贸易形势

（一）水产品进出口同比小幅增长，贸易形势较上年略好

据海关统计，1—11 月我国水产品进出口总量 754.5 万吨，进出口总额 272.72 亿美元，同比分别增长 3.6% 和 4.0%。其中水产品出口 380.81 万吨，同比增长 5.6%，出口额 187.15 亿美元，同比增长 3.2%，水产品进口 373.69 万吨，同比增长 1.7%，进口额 85.58 亿美元，同比增长 5.9%。贸易顺差 101.57 亿美元，较上年同期增长 1.1%。2016 年度水产品贸易总体略好于上年。全年水产品贸易呈现先减后增，以增为主的趋势。从月度变化看，1 月、2 月水产品出口减少，其中 2 月份降幅较大，3—8 月出口连续 6 个月增长，我国水产品出口走出低谷、回暖向好，9 月受去年同期基数高的影响水产品出口有所下降，10—11 月继续增长。进口方面则各月间波动较大，以增为主，8 月以来我国自俄罗斯、东盟等地水产品进口增长显著，我国水产品进口出现连续 4 个月增长。根据贸易数据测算，2016 年 1—11 月水产品出口平均价格同比下降 2.3%，进口平均价格同比上升 4.1%（图 4）。

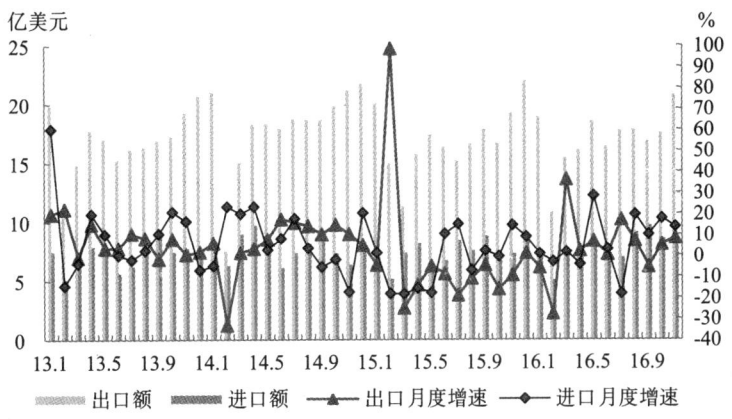

图4 2013—2016年水产品进出口月度增速（同月比）

（二）对主要市场的出口企稳增长

据海关统计，1—11月我国向180个国家和地区出口水产品。1—2月份，我国对除俄罗斯外的主要出口国均有下降，其中我国对日本、美国、东盟、欧盟、中国香港、韩国等地的出口额同比减少超过10%。此后受外贸政策环境有所优化、人民币贬值等因素影响，出口形势有所好转，3月以来我国水产品出口逐步企稳回暖，除对美国、中国香港出口略有下降外，对其他主要市场的出口稳中有增。受罗非鱼出口缓慢恢复和部分蟹类产区受灾等影响，1—11月我国对美国、中国香港的出口量增额减，其中对美国的出口量增长0.9%，出口额下降3.3%，对中国香港的出口量增长0.2%，出口额下降3.2%。我国对其余主要国家水产品出口量额均有所增长。其中，对日本的出口量和出口额分别增长2.3%和2.8%，我国对东盟的出口量和出口额同比分别增长10.3%和1.9%，对欧盟的出口量和出口额分别增长11.2%和6.7%，对中国台湾的出口量和出口额分别增长5.4%和5.2%，对韩国的出口量和出口额分别增长7.8%和5.8%。此外，2016年我国对俄罗斯水产品出口大幅增长，1—11月出口量和出口额同比增速分别为31.1%和20.1%（表1）。

表1　　2016年1—11月水产品出口市场结构（按国家和地区）

出口市场	出口量（万吨）	同比变化（%）	占总出口量的比重（%）	出口额（亿美元）	同比变化（%）	占总出口额的比重（%）
国家合计	380.81	5.63		187.15	3.20	
日本	55.97	2.26	14.70	33.96	2.81	18.15
美国	48.59	0.89	12.76	27.05	−3.31	14.45
东盟	56.16	10.27	14.75	25.40	1.93	13.57
欧盟	50.53	11.19	13.27	21.09	6.67	11.27
中国香港	19.48	0.18	5.12	18.29	−3.18	9.77
中国台湾	12.56	5.37	3.30	15.04	5.15	8.04
韩国	46.93	7.84	12.32	14.60	5.84	7.80

数据来源：中国海关。

（三）进口贸易同比稳中略增

1—11月我国水产品进口量同比增长1.7%，进口额同比增长5.9%，进口量同比基本稳定，进口额增速快于进口量。1—11月，我国自美国、秘鲁的水产品进口减少，自美国进口量和进口额同比分别下降6.7%和2.2%，受鱼粉等产品进口大幅下降的影响，我国自秘鲁进口量和进口额下降19.2%和22.3%。我国自日本进口水产品量减额增，出口量同比减少16.3%，出口额增加14.5%。我国对其他主要国家的水产品进口均有增长。其中，我国自俄罗斯进口量和进口额同比分别增长12.8%和18.5%。我国自东盟水产品进口量和进口额分别增长23.1%和17.8%。我国自加拿大、智利、新西兰的进口均有所增长，而且进口额增长更快。经过近几年水产品市场特别是进口生鲜电商的大发展，我国消费者对加拿大北极虾、阿根廷红虾、厄瓜多尔虾、智利帝王蟹、阿拉斯加鳕鱼等高品质进口水产品的需求逐步扩大，冷冻水产品的产品形式也逐渐得到了国内市场的认可，进口海鲜水产的销量保持增长趋势（表2）。

表2　2016年1—11月水产品进口市场结构（按国家和地区）

进口市场	进口量（万吨）	同比变化（%）	占总进口量的比重（%）	进口额（亿美元）	同比变化（%）	占总进口额的比重（%）
国家合计	373.69	1.66		85.58	5.87	
俄罗斯	91.11	12.75	24.38	14.08	18.52	16.45
美国	45.46	-6.67	12.17	11.42	-2.21	13.34
东盟	57.04	23.12	15.26	11.22	17.75	13.11
秘鲁	49.21	-19.19	13.17	8.20	-22.29	9.58
加拿大	8.82	3.12	2.36	5.57	10.87	6.51
智利	15.53	14.88	4.16	4.70	22.93	5.49
新西兰	8.00	13.07	2.14	4.17	16.19	4.88
挪威	12.83	6.34	3.43	2.97	3.20	3.47
日本	9.77	-16.28	2.61	2.94	14.46	3.44

数据来源：中国海关。

（四）主要品种出口有所增长

1—11月海关统计的9大类出口水产品中，冻鱼、鲜、冷冻鱼片和制作保藏的鱼是主要大类，三者出口量占我国水产品出口总量的64.1%。各类品种中，活鱼、鲜、冷鱼和甲壳动物量减额增，出口量变化幅度较小。制作保藏的鱼量增额减，出口量增长3.2%，出口额减少2.6%。主要品种的出口均有增长。其中，冻鱼出口量、出口额同比分别增长9.7%和8.7%，鲜、冷冻鱼片的出口量和出口额分别增长4.6%和0.8%，软体动物进口量和进口额分别增长6.7%和10.4%，制作或保藏的甲壳动物出口量和出口额分别增长8.9%和5.1%。干、盐腌、熏鱼出口量和出口额分别增长6.8%和4.5%（表3）。

表3　2016年1—11月水产品出口结构（按HS编码前四位统计）

品种	出口数量（万吨）	同比变化（%）	出口金额（亿美元）	同比变化（%）
活鱼（0301）	7.97	-4.27	5.20	4.41
鲜、冷鱼（0302）	2.43	-0.89	1.45	9.34

续表

品种	出口数量（万吨）	同比变化（%）	出口金额（亿美元）	同比变化（%）
冻鱼（0303）	96.11	9.72	24.60	8.72
鲜、冷冻鱼片（0304）	88.87	4.61	38.26	0.78
干、盐腌、熏鱼（0305）	7.10	6.80	4.41	4.52
甲壳动物（0306）	15.49	-1.91	15.33	0.06
软体动物（0307）	57.11	6.74	32.98	10.44
制作保藏的鱼（1604）	59.28	3.21	26.23	-2.60
制作或保藏的甲壳动物（1605）	31.72	8.85	30.86	5.08

数据来源：中国海关。

（五）一般贸易进口恢复增长、来进料加工进口降幅收窄

2016年第一季度我国一般贸易进口量减少，第二季度以来恢复增长，1—11月一般贸易进口量和进口额分别增长4.1%和6.3%。而进料加工、保税仓库进出境货物、来料加工装配贸易继续下滑，但降幅有所收窄。其中，进料加工的进口量和进口额分别下降1.2%和0.2%，保税仓库进出境货物进口量和进口额分别下降4.5%和1.5%，来料加工装配贸易的进口量和进口额分别下降14.2%和7.8%。随着保税区仓储物流的发展，保税区仓储转口货物进口量增加13.0%，进口额增长30.3%。1—11月一般贸易进口中饲料用鱼粉进口量99.64万吨，同比增长9.8%，进口额15.58亿美元，同比减少2.2%。直接食用水产品进口量72.6万吨，同比减少2.8%，进口额30.84亿美元，同比增长11.1%（表4）。

表4　　2016年1—11月水产品主要进口类别

进口类别	进口量（万吨）	同比变化（%）	进口额（亿美元）	同比变化（%）
一般贸易	172.24	4.12	46.42	6.25
进料加工	82.52	-1.15	15.64	0.16
保税区仓储转口货物	41.80	13.04	10.12	30.30

续表

进口类别	进口量（万吨）	同比变化（%）	进口额（亿美元）	同比变化（%）
保税仓库进出境货物	52.96	-4.46	7.58	-1.46
来料加工装配贸易	19.30	-14.17	5.09	-7.78
边境小额	1.96	90.13	0.36	57.22
其他	2.06	-19.33	0.26	-8.30
出料加工	0.84	357.07	0.10	241.40

数据来源：中国海关。

四、2017年市场展望

生产方面，随着农业部确立"调优养殖布局、调减捕捞产能"的目标，预计2017年水产品总产量或在现有基础上削减。2017年确定将各海区休渔时间统一提前到5月1日开始，并适度延后休渔截止时间到9月16日。这对产量来说是一个压减预期，但对价格是利好消息。从饲料原料价格来看，鱼粉等动物蛋白价格尚处于高位区间，而我国幼鱼比例偏高、人民币贬值等因素都将支撑2017年的饲料价格走强，这对水产养殖将形成压力，对水产品价格有一定提振。综合多种因素考虑，明年水产品市场价格或在现有基础上稳定或小幅上升。但不同产品的价格变化不一，其中，淡水鱼等大宗产品因需求和政策原因有调减的趋势，因而价格有一定上升空间；海捕资源型产品价格会因供需不匹配的原因而继续走高；贝类等大众消费品种的价格则依赖于宏观经济形势和消费者口味偏好，价格走势尚不明朗。

国际市场方面，预计新的一年水产品出口延续小幅增长态势，但仍存较大不确定性。2016年前两个月我国水产品出口贸易下滑，但在3月份起出口贸易企稳回升，对主要国家的出口均有增长，贸易形势较上年略好，反映了我国水产品贸易发展趋势向好的基本面没有变。2016年全球水产品消费呈现一定的复苏迹象，国际订单增多，同时，经过2015年度行业困境的"洗牌"，过剩的加工能力得到一定释放，水产品加工业开始表现出一定的复苏迹象。我国长期发展积累下来的技术、管理等优势一定时期内仍然存在。随着国家促进外贸回稳向好政策措施效果逐步显现，外贸结构进一步优化，新的发展动能积聚，我国水产品贸易将保持回稳向好态势。预计 2017 年水产品贸易将呈小幅增长态势，但仍会面临较大不确定性。在全球经济缓慢复苏的情况下，贸易壁垒增多，贸易形势依然严峻复杂。比如，美国通过颁布一项歧视性的技术壁垒来限制进口亚洲鮰鱼，规定 2016 年 3 月 1 日起，输美鮰鱼将由现在的美国 FDA 检测转交美国农业部（USDA）下属的检测肉类家禽类产品的办公室（FSIS）检测，将按照肉禽类的检测标准对鮰鱼进行"等同检测体系"评估。10 月，俄罗斯加强了对我国水产品入境的管制措施，对进口食用鱼和海产品及其加工制品实施新的卫生检疫要求。同时，水产品贸易竞争愈加激烈，具有相当成本优势的越南水产品出口强势增长，由于出口产品结构具有一定的同质性，我国水产品出口亦承受较大的竞争压力。此外，全球性的气候变化、地缘政治、英国脱欧引发的后续影响等均对今后我国水产品贸易形成不确定预期。

专题 11　农资[*]

2016 年，我国化肥供应比较充足，市场运行总体平稳，为全年粮食丰收奠定了良好基础。全年化肥等农资产品价格呈下跌态势，基本保证了春耕和秋冬季农业生产的顺利开展。2017 年，我国化肥产量基本稳定，产能过剩的局面仍难以改变，整个行业仍是供大于求、亏损严重的局面，受此影响国内化肥价格仍将以稳为主。

一、2016 年农资市场运行特点

2016 年我国化肥供给总体充足。据中国资讯网统计，2016 年我国化肥总产量达到 7415.2 万吨，同比减少 2.4%；其中，氮肥、磷肥、钾肥产

---

[*] 执笔人：龙文军、姜楠、苏祯。

量分别为 4851.8 万吨、1876.2 万吨和 654.9 万吨,同比分别增长 -1.9%、-5.2% 和 5.8%。近年来,我国化肥产量比较稳定,市场供应充足。

(一) 国内价格有所下跌

1. 尿素产品

2016 年国内尿素价格有所下跌。根据资讯网数据,1—12 月国产尿素平均出厂价为 1315 元/吨,同比下跌 16.7%。1—5 月,受春耕生产、化肥出口政策调整等因素影响,国内尿素价格持续上涨,1 月平均出厂价为 1260 元/吨,5 月上涨至 1340 元/吨,比 1 月上涨 6.3%。之后市场比较低迷,从 6 月开始,尿素价格持续下跌,9 月价格跌至 1190 元/吨,第四季度价格明显上涨,12 月价格涨至 1530 元/吨。在国内外市场低迷、供应过剩的双重压力下,预计后期国内尿素价格仍将保持低位。

2. 磷酸二铵

2016 年国内磷酸二铵价格呈下跌态势。1—12 月国产磷酸二铵平均出厂价为 2258 元/吨,同比下跌 15.8%。1 月平均出厂价为 2500 元/吨,之后持续下跌,10 月价格跌至 2000 元/吨,比 1 月下跌 20%,11—12 月后价格小幅上涨,12 月涨至 2250 元/吨。2016 年我国磷酸二铵价格下跌明显,预计后期价格上涨空间将越来越小。

3. 氯化钾

2016 年国内氯化钾价格小幅下跌。1—12 月国内氯化钾平均出厂价为 2012 元/吨,同比下跌 3.8%。1—7 月价格比较稳定,平均出厂价均为 2080 元/吨,之后价格有涨有跌,但波动幅度不大,8—12 月价格稳定在 1900 元/吨左右。2016 年我国钾肥产量增加,而进口量减少,基本保证了国内市场供应,价格总体平稳,预计后期国内氯化钾价格基本稳定。

4. 复合肥

2016 年国内复合肥价格小幅下跌。1—12 月国内复合肥平均出厂价为 2150 元/吨,同比下跌 5.7%。1 月平均出厂价为 2250 元/吨,之后价格持续下跌,12 月价格跌至 2050 元/吨,比 1 月下跌 8.9%。预计短期复合肥价格仍将保持平稳(图1)。

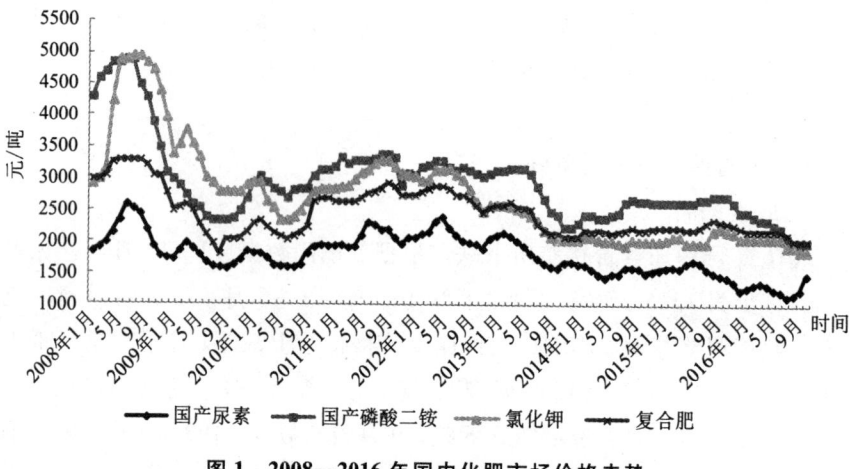

图 1　2008—2016 年国内化肥市场价格走势

资料来源：农业部监测数据。

（二）化肥出口明显减少

受国际市场需求低迷影响，2016 年我国化肥出口量下滑明显。1—12 月，全国进口化肥 832 万吨，同比减 25.4%，进口额 24.1 亿美元，同比减 38.5%；出口化肥 2763 万吨，同比减 19.9%，出口额 66.1 亿美元，同比减 39.1%。其中，尿素和磷酸二铵出口量同比分别减少 35.5% 和 15.2%。

（三）国际市场持续低迷

2016 年国际尿素价格持续下跌。其中，1—12 月波罗的海地区小颗粒散装离岸平均价格为 195 美元/吨，同比下跌 2.8%；尤日内小颗粒散装离岸价格为 198 美元/吨，同比下跌 2.7%。

国际磷肥价格小幅下跌。1—12 月美国海湾地区磷酸二铵离岸价格为 348 美元/吨，同比下跌 2.4%；波罗的海磷酸二铵离岸价格为 340 美元/吨，同比下跌 2.8%；摩洛哥磷酸二铵离岸价格为 362 美元/吨，同比下跌 2.7%。

国际氯化钾价格小幅下跌。1—12 月以色列氯化钾离岸价为 232 美元/

吨，同比下跌 2.1%；约旦氯化钾离岸价为 235 美元/吨，同比下跌 1.9%；西北欧地区氯化钾离岸价为 231 美元/吨，同比下跌 2.3%。

国际复合肥价格有所下跌。1—12 月独联体 48% 含量离岸价格为 295 美元/吨，同比下跌 1.9%；东南亚 48% 含量到岸价格为 368 美元/吨，同比下跌 8.5%（图 2）。

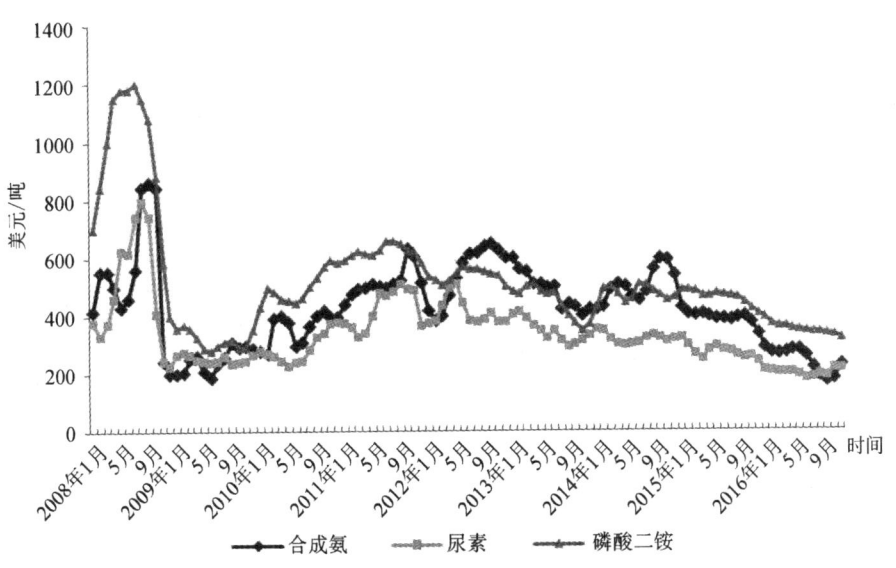

图 2　2008—2016 年国际化肥市场价格走势

注：以上价格分别为合成氨尤日内离岸价（美元/吨）、尿素尤日内离岸价（美元/吨）、磷酸二铵美国离岸价（美元/吨）。

二、目前存在的主要问题

（一）化肥企业亏损严重影响其生产积极性

2016 年，我国化肥市场持续低迷，行业亏损严重，企业生存困难，一些企业面临资金链断裂的危险。据中国氮肥和磷肥协会统计，1—8 月氮肥亏损企业亏损额 103.5 亿元，同比增亏 36.4 亿元；磷复肥亏损企业亏损额 37.7 亿元，同比增长 2 倍。近年来，我国化肥行业已持续低迷，企业经营日益困难，并且由于企业效益较差，各大银行防范风险，提高贷款门槛，企业融资成本居高不下，随时可能面临资金链断裂。如果这种亏损情况长期存在必然影响整个行业的可持续发展，因此，要进一步加强行业的科学布局和规划，切实提高市场配置资源的效率。

（二）化肥产能结构调整缓慢

近年来，我国化肥行业进入了增加新产能、退出旧产能的新阶段，但是产能退出仍然缓慢，结构调整、转型升级面临巨大考验。新型肥料发展迅猛，传统肥料需求下降；传统流通渠道蓄水池作用弱化，互联网、物联网等新兴销售渠道迅速发展；资源环境约束增强，安全、生态、环保等形成倒逼机制，企业投入成本继续增加。因此，未来应以市场需求为主导，加快化肥行业产能结构调整步伐，逐步淘汰能耗高、管理差、存在安全和环保隐患的化肥企业，同时国家应对行业转型的关键领域和核心环节给予必要的资金和信贷支持。

（三）新肥料品种推广难度大

目前单质肥施用量呈减少趋势，企业都在积极调整产品结构，生产高效的新型肥料，主要包括增值尿素、尿素硝酸铵溶液等。但在新肥料推广中遇到较大问题，尤其是尿素硝酸铵溶液，其施肥配套设施投入不足，农民认知度不够，导致难以大面积推广。而这种新型高效肥料、液体肥料已成为当前发达国家肥料的主要施用品种，也是未来我国农业生产化肥施用的必然趋势，因此应加大对设施、机具及相应施肥技术的支持力度。

三、后市展望和政策建议

（一）后市展望

在供大于求的大背景下，2016年我国化肥市场受国内外需求不旺、极端天气频发、粮价下跌、种植结构调整等多种因素影响，价格持续低迷，2016年价格已跌至10年来的最低点。预计2017年我国化肥产量基本稳定，产能过剩的局面仍难以改变，整个行业仍是供大于求、亏损严重的局面，受此影响国内化肥价格仍将以稳为主。

(二) 政策建议

1. 稳定和完善化肥淡季商业储备制度

近年来,由于化肥价格持续下跌,企业经营风险加大,目前除承担国家淡储任务的企业外,社会经销商基本不提前储肥,一旦市场机制启动就容易造成阶段性、结构性供求矛盾,因此化肥淡储制度不应削弱,还需继续稳定和完善。建议尽快完善并出台新的化肥淡储管理办法,根据市场形势调整淡储规模、淡储品种、任务考核方式等,适当减少常规氮肥、磷肥的储备数量,增加缓控释肥、水溶性肥料等新型肥料的储备数量,并加大对承储企业的补贴和支持力度,对淡储期间化肥进销价格倒挂设置补贴预案,对实际承储亏损适当增加淡储补贴,切实保障化肥储备和春季肥料供应。

2. 优化肥料产品结构

按照适应现代农业发展和环境友好的要求,优化测土配方施肥技术,适当减少氮肥使用稳定磷肥补充钾肥,改进提升尿素、磷铵、氯化钾和硫酸钾(镁)等基础肥料,适度发展硝基肥料、熔融磷钾肥料、液体肥料等多元肥料,鼓励发展按配方施肥要求的复混肥和专用肥,重视发展中、微量元素肥料、缓控释肥料。

3. 加强农资电商平台管理

建设和运营集交易和服务功能于一体的电子商务新平台,打造联通农资、农产品、再生能源等上下游、双向流通的电子商务平台,鼓励京东等开展农资电子商务业务。引进物联网技术,开展综合性、规模化服务,提升农资业务精细化、智慧化和质量溯源建设水平。引导农资企业尽快适应农资科学投入、减量使用的双重要求,大力开展经营服务创新,主动转型升级,向产、销、施、用、经营、服务、管理"一条龙"的农业生产综合服务商转型升级。

4. 积极参与"一带一路"建设促进过剩产能装置输出

国家已提出借助"一带一路"战略加速推进企业"走出去"的发展规划,同时"一带一路"也是解决我国化肥产能过剩、调整产业结构的重要途径。我国化肥产能已严重过剩,但有些"一带一路"国家仍有需求,不仅需要我国的化肥产品,还需要我们协助建设化肥装置。但目前化肥行业"走出去"还处于起步阶段,需要国家政策支持和引导,让企业多了解当地的经济、文化、政策背景的信息,并得到相应的金融支持。

农产品市场与贸易

新疆青贮玉米发展：现状、模式与建议

习银生　吴天龙　张灿强　张　杰[*]

内容提要： 新疆既是全国重要的畜牧业生产基地，也是我国五大牧区之一，在发展青饲料方面具有得天独厚的条件。本文通过对新疆乌鲁木齐县、米东区、昌吉州的玛纳斯县、呼图壁县等地的实地调研，对新疆青贮玉米产业的发展状况进行了描述，对产业发展模式和存在的问题进行了分析，提出了进一步发展青贮玉米产业的政策建议。

一、青贮玉米产业发展背景及现状

（一）新疆青贮玉米产业发展的背景及意义

青贮玉米的主要用途是作为草食家畜的饲料来源，新疆青贮玉米的发展是伴随奶业的发展而兴起的。早在20世纪60年代，青贮玉米技术就开

---

[*] 本报告为农业部种植业司课题"我国玉米生产结构调整问题研究"的调研成果之一。课题主持人：习银生，农业部农村经济研究中心研究员。感谢新疆维吾尔自治区党委政策研究室农村固定观察点办公室、新疆维吾尔自治区畜牧厅、昌吉州畜牧局、乌鲁木齐县畜牧局、米东区畜牧局、呼图壁县畜牧局、玛纳斯县畜牧局等单位对本次的大力支持。调研组成员：习银生、张杰、张灿强、吴天龙，农业部农村经济研究中心。执笔人：习银生、吴天龙、张灿强。

始在昌吉等地推广应用，当时尚属起步阶段，基本上以 SC704、中单系列等粮饲兼用玉米品种为主，主要依靠人力和铡草机、粉碎机等小型机械开展玉米青贮推广工作，费时费力，效率低、规模小。20 世纪 90 年代末至 21 世纪初，随着畜牧业的发展需要，新疆通过示范引导、加强宣传、培训等多种方式加大了玉米青贮推广力度，并培育出了第一个专用青贮玉米品种——新多 2 号多穗玉米，青贮玉米才开始了专业化发展。进入 21 世纪后，特别是近 10 年来，随着畜牧业发展方式的转变，新疆吸引了一批现代乳品等领域的龙头企业投资建厂，有力地带动了青贮玉米产业的发展，青贮玉米进入了一个新的发展时期，已成为新疆现代畜牧业发展的重要饲草来源，在全疆畜牧业可持续发展中起到了重要的支撑作用。一是新疆乃至全国畜产品特别奶类和牛羊肉消费持续增长，对青贮玉米的需求量越来越大，为青贮玉米的发展提供了广阔的市场空间。2014 年末，新疆牲畜存栏 4800 万头（只），其中奶牛存栏 270 万头；出栏 4870 万头（只），其中出栏牛 310 万头、羊 3850 万头；肉类总产 230 万吨，其中牛肉 50 万吨，比上年增长 9.8%，占全国 7%；羊肉 74.5 万吨，增长 5.4%，占全国 17%。牛奶产量 275 万吨，增长 2.8%，占全国 1/10。二是现代畜牧业发展方式转变为新疆青贮玉米发展带来了前所未有的机遇。近年来，新疆实行减棉稳粮、优果增畜的农业发展思路，同时国家实施天然草原保护与恢复、草原禁牧等一系列生态保护工程，推进牧区生产由放牧向舍饲、半舍饲方向转变，有力地带动了青贮玉米的发展。乌鲁木齐市自 2011 年启动实施草原生态保护补助奖励机制政策以来，全市禁牧 770 万亩，实施草畜平衡 862 万亩，人工种草面积达到 15 万亩，促进了传统畜牧业生产方式转变，也为青贮玉米的发展提供了发展空间。三是青贮玉米具有可大量贮存，适口性好、消化率高的特点。青贮玉米能保持原有水分 60%—70%，颜色依然青绿，具有酸甜的酒香味，消化率可提高 20%。四是与其他饲料相比，青贮玉米不仅成本低，而且产出率明显提高。乌鲁木齐县众惠畜禽养殖合作社的刘建军说，使用青贮玉米饲喂奶牛，每天每头配合使用青贮玉米 4 公斤，成本约 1 元多，可产奶 25—30 公斤，而干草加细料每天需 4—6 公斤，每公斤细料成本 2.5 元，每公斤苜蓿 1 元，成本共需 6 元以上，奶产量只有 17—18 公斤。五是青贮玉米能够保证均衡供应。青贮玉米可一年四季使用，其中春夏秋三季可大量使用，冬季也可少量饲喂。且新疆每年 11 月至次年 4 月是青绿饲料匮乏时期，青贮玉米可弥补青饲料缺乏的影响。六是青贮玉米已基本实现生产、加工和利用的全程机械化，制作简便，成本较低，已成为养殖场（户）的必备饲草，青贮玉米饲料与采用干黄草相比，大大节省了铡草、泡草等人力、时间成本。

（二）发展现状

随着新疆奶业和草牧业的发展，青贮玉米技术在新疆已得到广泛应用，种植面积呈上升趋势，由原来主要用于奶牛饲养，逐步扩展到用于牛羊育肥，少量还可用于牲畜越冬度春，成为规模牛羊养殖必不可少的优质饲草料，是生产优质安全畜产品的重要饲草料保障。目前，新疆青贮玉米已呈现出生产技术趋于成熟，面积不断扩大，产业链条不断完善，龙头企业与合作社带动能力不断增强，产业化水平日益提升的局面。根据新疆草原总站的统计，2008 年以来青贮玉米种植面积一直呈较快增长态势。2013 年，全疆种植面积发展到 426 万亩，2014 年增加到 490 万亩，2015 年达到 600 万亩，年均增长 18.7%。由于青贮玉米与籽粒玉米存在界定不清的问题，当地干部估计 2015 年青贮玉米实际面积约在 250 万—400 万亩。

从地域分布来看，新疆青贮玉米种植主要以南疆的喀什、阿克苏地区、巴音郭楞蒙古自治州为主，三个地区种植面积约占全疆面积的 70% 左右，以复播为主，产量一般为每亩 3—4 吨。北疆的昌吉回族自治州是新疆重要的奶业基地，青贮玉米种植面积较大，由 2009 年的 21 万亩增加到 2016 年的在 50 万亩以上，青贮玉米占全州玉米种植面积的 31%，实现了种植、管理、收割、压制等环节的全程机械化，亩产较高，达到 5 吨以上，全州青贮玉米总产在 250 万吨左右，青贮玉米品种从最初的 SC704 发展到现在的先玉 335、新玉 34、新玉 29、新玉 30、新玉 47、郑单 958 等品种。昌吉州的呼图壁县，青贮玉米种植面积由 2005 年 2.7 万亩增加到 2015 年的 10.08 万亩，总产由 11.8 万吨增长到 53.06 万吨。另外，北疆的阿勒泰地区青贮玉米面积近几年发展也很快，面积达到 50 万亩以上，但受气候条件限制，产量相对较低。

（三）青贮玉米与籽粒玉米的成本收益比较

从成本效益来看，青贮玉米与籽粒玉米受市场价格影响都较大，但总体上种植青贮玉米的比较效益相对较好。根据新疆畜牧厅的统计，北疆的昌吉州、伊犁州等地，青贮玉米平均亩产可达 6 吨，按每吨 250 元计算，亩收入为 1500 元，扣除水电、机械、化肥等生产成本，每亩纯利可达 600—800 元，而籽粒玉米平均亩产为 1 吨（潮粮）左右，按市价计算，亩收入为 1200—1500 元，扣除成本，纯利在 300—500 元，两者相差 300 元左右。根据玛纳斯县的测算，青贮玉米比普通玉米的效益之所以较好，主要是成本相对较低，每亩普通玉米成本在 930 元左右，青贮玉米仅为 450 元，两者相差 400 多元，主要是因为普通玉米在后期管理、收获和储存环节成本明显高于青贮玉米，不仅包括收割和运输成本，还包括剥皮、脱粒和晾晒等成本，导致亩均成本高于青贮玉米。根据呼图壁县的测算，2015 年全县青贮玉米农户出售价格为 0.22—0.25 元/公斤，亩产 5.26 吨，亩产值 1157—1315 元。普通玉米上市价格 1.62—1.9 元/公斤，亩产 723.9 公斤，扣除额外的机械收获费用和其他运输、晾晒等费用 150 元（其他费用基本相同），亩均产值为 1023—1225 元，青贮玉米的效益高出 90—134 元。根据对玛纳斯县天顺养殖合作社的实地调研，当地青贮玉米每亩总成本 660 元（包括种子 60 元、机耕 150 元、农家肥 100 元、灌溉费 100 元、收割及运输 250 元），每亩产量 5.5 吨，价格为每吨 210 元，每亩收入 1155 元，利润约 400 元；当地籽粒玉米除了上述费用外，还要额外增加费用 260 元，包括多浇一次水费用 100 元，农药 60 元，脱粒和晾晒 100 元，总成本达到 920 元，每亩玉米产量 800 公斤，价格每公斤 1.5 元，收入 1200 元，利润约 280 元，每亩青贮玉米比籽粒玉米收益高出 120 元左右，加上当地还有每亩 100 元的饲草料基地补贴，农户种植每亩青贮玉米的收入比籽粒玉米高出 200 多元。

二、青贮玉米产业发展模式

青贮玉米是一个对产业链利益联结机制要求比较高的产业,需要供需高度对接,产业上下游紧密联系。产业链的主要参与主体包括青贮玉米种植户、生产合作社、农机服务组织、养殖场(户)和乳品龙头企业等。经过多年的发展,新疆青贮玉米产业逐渐形成了多种发展模式并存的局面。从地域分布来看,南疆地区多为一家一户自种自用模式,北疆地区产业化程度较高,多为订单模式。

(一) 养殖企业或合作社+农户模式

这种模式是养殖企业或专业养殖合作社建立通过流转土地或与农户签订订单,并提供相应的服务,建立自己的饲草料生产基地,满足企业生产的原料需求。近年来新疆涌现出了一大批奶牛、肉牛和肉羊养殖企业和养殖专业合作社。玛纳斯县天顺养殖专业合作社由102个农户组成,年出栏肉牛6000多头,羊17000多只,其中合作社自己经营的养殖场有肉牛500多头,年青贮玉米用量2万多吨。合作社还经营土地3300亩,其中青贮玉米1500亩,按每亩青贮玉米产量5.5吨计算,年产青贮玉米产量8000多吨,其余所需青贮玉米通过订单方式从农户购买。自有青贮窖3个,储量约2200吨。合作社除自己经营养殖场外,还为社员提供购牛、购草料、担保贷款、生产技术及防疫、销售等服务。

(二) 养殖企业+合作社+农户模式

这种模式通过青贮玉米生产合作社与上游的农户和下游的养殖企业及乳品等企业建立紧密的联系。呼图壁县同发饲料合作社2009年成立,共有成员152个,辐射带动农户1000多户。合作社共种植青贮玉米2.8万亩、苜蓿4000多亩。其中流转农户土地1.1万亩为合作社自己经营,每亩流转费550元;农户土地入股3000亩,也为合作社自己经营,农户除了可获得每亩450—500元的流转费外,还可参与合作社年底分红;通过订单模式经营1.4万亩,合作社为农户统一提供技术指导、购买种子、化肥等农资、提供信贷担保服务以及收割销售等"四位一体"的服务。合作社与娃哈哈、西域春等4个大型乳品龙头企业及部分养殖企业签订购销合同，按照企业提供的青贮要求安排生产，解决了青贮玉米的销售问题，实现农户与下游企业的对接。如合作社按照乳品龙头企业要求保证青贮玉米干物质含量在28%以上，青贮玉米收割留茬30厘米以上。合作社年产青贮玉米21万吨，其中自己消耗5000吨，18万吨销往4家大型企业，2万吨销往附近养殖场。

（三）养殖企业+服务组织+农户模式

这种模式由中间服务组织（多为牧草联营合作社或专业合作社）牵线搭桥，并分别与青贮玉米种植农户与养殖企业签订青贮玉米种植和收购订单，服务组织可提供种植、管理、收割、运输、压制一条龙服务。玛纳斯县绿贮源、呼图壁县同创、天露等合作社都属于这种类型的服务组织。玛纳斯县兰州湾镇绿贮源牧草专业合作社是在专业农机服务合作社的基础上转型发展的，由10名发起人投资入股320万元，合作社连接供需两头，一方面与各专业养殖户逐渐建立了联系，估算了当地青贮玉米需求的市场规模，并签订青贮玉米订单；另一方面通过预付每亩100元的订金，采用"五统一"（统一种植、统一供应生产资料、统一技术服务、统一收获、统一销售）的管理模式，与农户签订收购合同，并为农户每亩保产4吨，建立了6000多亩饲草料种植基地。合作社通过饲草种植、供应、收割、运输等每年产生效益800万元，带动230个农户从事饲草料生产。目前合作社年青贮玉米收购量达到12万吨，服务农户的范围涵盖了全县14个乡场站中的11个，服务的下游企业包括娃哈哈等4个奶业企业和7—8家养殖企业。

三、当地发展青贮玉米产业的政策措施

近年来，新疆在农业结构调整中将包括青贮玉米在内的饲草作为重点发展的作物，采取了多项措施促进青贮玉米产业发展。

(一) 推进畜牧业发展转型升级，加快发展饲草料产业发展

随着畜牧业持续发展和定居兴牧、安居富民工程的推进，特别是草原生态保护补助奖励机制的实施，新疆饲草料生产供应压力不断加大，饲草料产业规模小，生产加工能力不足，基础设施滞后，产业化发展水平低等问题日益突出，制约了畜牧业的发展。2013年，新疆维吾尔自治区党委、人民政府出台了《关于加快肉牛肉羊产业发展的意见》，要求大力发展饲草料产业，作为农业结构优化升级，转变畜牧业发展方式，推动现代畜牧业加快发展，促进农牧民收入快速增长的重要措施和重点工作来抓，青贮玉米被列为饲草料发展的重中之重。

(二) 以青贮窖建设为基础，推广普及玉米青贮技术

新疆1994年开始实施秸秆养畜示范县建设，把玉米秸秆加工转化利用的重点放在青贮窖建设上，坚持标准化青贮窖建设与简易青贮窖建设相结合，大型青贮窖与户用小型青贮窖建设相结合，新建青贮窖与维修利用老青贮窖相结合，扶持示范与群众自愿利用相结合，通过宣传、示范、现场观摩、培训等方式推广玉米青贮技术。到2016年全区立项建设的国家级秸秆养牛、羊示范县达到64个。2011—2015年秸秆养畜项目共修建青贮池27万立方米。

(三) 加大资金扶持力度，实施青贮玉米等饲草料补贴政策

一是提高农机补贴比例。在国家农机补贴的基础上，鼓励各地出台畜牧业机械购置地方财政再补贴政策，提高饲草收储、粉碎等机械的补贴比例。二是实施秸秆颗粒配合饲料推广补贴政策。重点推广玉米等秸秆的综合加工利用，对区内饲草料加工企业、草畜联营合作社、规模化养殖场及农牧厂生产销售或自用颗粒配合饲料，自治区财政从2014年起每年拿出4000万元，每公斤给予补贴0.1元的加工费补贴，每年补贴40万吨。三是将青贮玉米纳入耕地地力保护补贴范围。2016年4月，自治区政府出台了《关于印发自治区农业三项补贴政策改革试行方案的通知》，明确将

种植青贮饲料、苜蓿的耕地纳入自治区耕地地力保护补贴范围，每亩补助标准为 100 元。

（四）制定出台实施方案，对青贮玉米等实行粮改饲试点

2016 年，新疆被纳入国家粮改饲试点范围。新疆维吾尔自治区畜牧厅和财政厅出台了《推进"粮改饲"试点 促进草牧业发展实施方案》，决定在全区选择 6—8 个县（市）开展试点，扶持青贮玉米和苜蓿等饲草生产，当年扶持建设集中连片 500 亩以上的青贮玉米面积达到 10 万亩。并计划在 2017—2020 年将试点范围覆盖到 30 个牛羊生产大县，扶持青贮玉米面积达到 200 万亩。主要扶持措施，一是补贴青贮玉米种植。对试点县（市）养殖企业（合作社）较上年新增种植的集中连片青贮玉米或苜蓿给予补贴，每亩补贴 200 元，主要用于牧草种子购置或灌溉设施配套。对饲草收储加工企业（草畜联营合作社）新增的自有集中连片青贮玉米或苜蓿给予补贴，每亩补贴 200 元。二是补贴青贮玉米农机。对试点县（市）养殖企业（合作社）新购置的 TMR 机、饲草收储加工机械给予补贴，补贴金额为购机价款的 30%，单机补贴最高不超过 30 万元。对试点县（市）的饲草收储加工企业（草畜联营合作社）新购置大型饲草收储加工机械给予补贴，补贴金额为购机价款的 30%，单机补贴最高不超过 30 万元。三是补贴青贮设施。对试点县（市）养殖企业（合作社）新建 1000 立方米以上的大型青贮窖按照 10 万元/1000 立方米的标准给予补助。对饲草收储加工企业（草畜联营合作社）的饲草收储设施按照 300 元/平方米的标准给予补贴。

四、青贮玉米产业发展面临的问题

（一）养殖业整体低迷制约了青贮玉米发展

近年来，受进口冲击及宏观经济等因素影响，国内畜牧业特别是奶业和牛羊产业持续低迷，奶产品和牛羊肉价格持续走低，导致原料奶和牛羊收购价格大幅下降，对青贮玉米产业发展影响较大。据昌吉州畜牧局反映，当地原料奶收购价最高曾达每公斤 5 元，但目前跌至 2.3—2.5 元，

还供过于求。羊肉价格下降幅度也很大,乌鲁木齐县众惠畜禽养殖合作社反映,2015年上半年羊肉价格最高时可卖每公斤70—80元,但由于产量增加,特别是进口冲击,2015年下半年开始价格走低,目前价格仅为每公斤34元,为近20年以来最低,而当地进口羊肉价格每公斤仅17—18元。乌鲁木齐县腾鸿鑫养殖合作社反映,2015年每只花800元买回300只羊育肥,2016年跌到每只600元,白养一年还亏本。前年每张羊皮可卖130元,现在3元都没人要。牛羊养殖业持续低迷,严重影响了牛羊生产发展,也制约了青贮玉米的市场空间。

(二) 青贮玉米价格明显下滑,压缩农民种植利润

作为青贮玉米产业的下游环节,养殖业持续低迷,特别是畜产品大幅价格直接拉低了青贮玉米价格,影响了种植户的收益。根据新疆畜牧厅的反映,前几年疆内青贮玉米价格达到每公斤0.4元,最高接近0.5元,但近两年来逐步下滑,现在降到0.25元左右。玛纳斯县天顺养殖专业合作社社长余正清表示,2014年当地青贮玉米收购价格在每公斤0.25—0.26元,2015年为0.24元,2016年只有0.21元。青贮玉米价格下滑,导致农牧民种植效益持续下降。天顺养殖专业合作社表示,2010—2013年,青贮玉米每亩纯收益可达700多元,2016年下降到400元,不少农户青贮玉米种植效益与籽粒玉米相比已无优势。

(三) 青贮玉米产业链条的联结机制有待完善

青贮玉米收获时间短,用途单一性较强,产需对接的要求较高,但不少农牧民合同意识不强。一方面,存在盲目种植青贮玉米的现象,一些农牧民没有签订订单就种植青贮玉米,导致收获时找不到下游养殖企业收购,影响种植效益;另一方面一些农牧民虽然签订了订单,但多选择种植兼用型玉米,并在籽粒玉米和青贮玉米之间徘徊,哪个价高就按哪个处理,影响养殖企业的原料收购和青贮玉米饲料品质。

(四) 青贮玉米生产仍受诸多环节制约

一是专用青贮玉米品种较少。适应各地生态气候条件的专用玉米品种少，不能满足差异化需求。二是青贮玉米种植对规模化程度要求较高，但农户地块分散，连片规模小，土地流转存在困难，不便于青贮玉米机械作业、收获和运输。三是青贮玉米收割机械普遍不足。青贮玉米收获季节较短，为保证青贮品质和营养价值，企业往往要求青贮玉米在蜡熟期收获，以青贮的干物质、糖分和淀粉等指标定价，但由于收获机械数量不足，导致青贮玉米不能及时收获。青贮收获机械价格较高，有些地方反映农机补贴对牧业机械实行10万元补贴的上限，制约了青贮玉米大型收获机械的发展。此外，合作社在土地流转、青贮玉米收储运输等环节需要大量使用资金，但由于抵押物有限，面临的贷款难问题较为突出。

(五) 粮改饲试点范围难以满足青贮玉米发展需求

新疆是牛羊养殖大区，但目前国家下达给新疆粮改饲试点的任务只有7个县（市），新疆为保护各地区发展青贮玉米的积极性，并考虑到试点工作的平衡性，基本上每个地市州最多只能申报1个。在昌吉州，目前试点县只上报了昌吉市，但当地畜牧部门反映，玛纳斯、呼图壁、阜康市等地方也已完全具备了试点条件，但指标有限，这些县市目前无法申报。

五、有关政策建议

青贮玉米的发展根基在于畜牧业，尤其是奶牛、肉牛肉羊产业的发展。当前青贮玉米产业发展较快，但牧区畜牧业发展处于困难时期，从调研情况来看，对新疆等牧区和农牧结合区，需要出台并强化相关政策措施，扶持青贮玉米产业发展，并帮助奶业和肉牛肉羊产业渡过难关。

(一) 加大对青贮玉米产业的补贴力度

进一步扩大粮改饲试点范围，力争实现青贮玉米补贴全覆盖，特别是对新疆这样的民族地区、农牧结合区以及农牧业比重较高的特殊地区，应适度实行倾斜政策。例如，昌吉州畜牧业产值占农业产值的55%，农民收入47%来自于畜牧业收入。在补贴环节上，建议以省为单位，由各地根据实际情况确定。从新疆的情况看，可重点补贴青贮玉米种植、农机和青贮窖建设环节，扶持主体重点向规模化养殖场、青贮玉米种植合作社、养殖合作社、龙头企业等新型经营主体倾斜。

（二）进一步完善农机补贴政策

继续对青贮玉米实行农机补贴，适当提高补贴比例。据有的地方反映，目前青贮玉米机械的补贴比例仅为18%—20%，建议提高到30%，并放开对大型农机补贴的补贴额度限制，并考虑对一些国内急需的先进进口农机设备如打包机、收割机等实行特殊政策，给予一定税收优惠或补贴。

（三）多渠道配套支持青贮玉米产业发展

一是加强对青贮玉米专用品种的研发和推广力度，提高青贮玉米品质和产量。二是鼓励青贮玉米的集中连片种植，在土地流转等方面给予政策扶持。三是对于青贮玉米的规模化种植主体给予政策支持，新增补贴向规模化主体倾斜，开展青贮玉米产业化服务。四是切实解决农业贷款难问题。对种植青贮玉米以及利用青贮玉米发展养殖的农户，降低贷款门槛限制，提供小额信用贷款及贷款贴息等。

（四）加强对奶业和牛羊肉进口管理

目前进口奶、进口牛羊肉已经对新疆等牧区和农牧结合区的传统畜牧业形成了较大冲击，建议加强监测预警，并采取加强检验检疫等技术性措施，对这些产品进口过快增长的局面进行适度控制，必要时启动产业损害救济和临时性保护措施，防止国内特别是牧区畜牧业遭受严重损害。

关于山东省玉米市场情况的调研报告

调研组[*]

山东是我国玉米生产和消费大省。为了解临储收购结束后玉米市场情况，调研组于2016年6月上旬赴山东德州的禹城市、齐河县，聊城的莘县，泰安的宁阳县和岱岳区进行了实地调研，走访了农户、种粮大户、饲料企业和玉米深加工企业、贸易商，并与当地农业和粮食等部门的同志座谈，初步了解了当前玉米生产、价格、市场供应和消费需求等情况，现将有关情况报告如下。

一、当前玉米市场状况与特点

（一）玉米生产结构调整趋势初现

由于玉米价格大幅下滑，种植效益明显下降，2016年山东省玉米面积有所减少，但各地调减幅度不一，总体稳中略降。齐河县预计2016年籽粒玉米面积将调减10%左右，由上年的89万亩下降到80万亩左右，

---

[*] 本调查完成于2016年6月。感谢山东省农业厅市场与经济信息处、山东省农科院科技信息所、德州市农业局、禹城市农业局、齐河县农业局、聊城市农业局、莘县农业局、泰安市农业局、宁阳县农业局、岱岳区农业局为本次调研所提供的大力支持和协助。调研组成员：习银生、徐伟平、吴天龙、范群英、刘淑云。执笔人：习银生、吴天龙。

调整方向主要是青贮玉米。宁阳县预计玉米面积也将减少，调整方向主要是青贮玉米、花生、大豆，其中青贮玉米占玉米总面积的1/6。据泰安市岱岳区调查，2016年玉米意向播种面积53万亩，同比持平略降，其中，青贮玉米2万亩，同比增加0.5万亩，玉米改种大豆0.1万亩。青贮玉米增加的主要原因是收益好于籽粒玉米，2015年青贮玉米亩收入比籽粒玉米多140—340元，而且节省脱粒晾晒环节。莘县有中国蔬菜第一县之称，当地农业局预计农户改种蔬菜的情况较多，荷店镇的贸易商岳××说，周边大棚数量在增加，也有少数改种花生的。种植大户刘××表示，他家有120亩地，由于玉米价格下跌，2016年准备拿出10多亩地改种黄瓜，他说周边这种情况不少，大约有7%—8%的地改种别的作物，如西瓜、冬瓜、豆角、香瓜等。除面积调减外，2016年投入积极性也有下降趋势。据宁阳县农业局统计，往年测土配方肥的销售量在5000—7000吨，2016年不到3000吨。

但多数干部群众认为，改种只是个别现象，种玉米虽然不赚钱，但结构不好调，主要原因：一是种植习惯影响，改种不易。二是玉米高产稳产，生育期比小麦短，机械化程度高，管理简单省事。三是改种不仅要改技术，机械也得改，成本高。禹城市农业局预计该市2016年玉米面积稳定。禹城市种粮大户董秦民说："种地有习惯性，大户更不好调，面积大，都种菜不行，价格好了赚钱，价格不好赔钱"。岱岳区种粮大户庞慧说，她2016年还准备种500亩玉米，玉米好管理，改种其他作物很难，套种也需要人工，种植模式难改变。该区马庄镇的种粮大户薛××表示，她2016年还种1000亩玉米，改种青贮玉米也难，养殖企业付款晚，年底才能拿到钱。莘县的王××种了30亩地，他说2016年还种玉米，改种别的不知道种什么。同县的马××表示，小麦、玉米耕作方便，不占用很多时间。

（二）近期市场价格快速反弹

2015年新玉米上市以来，山东玉米价格经历了"跌—涨—跌—涨"的走势。2016年5月份以来玉米供应趋紧，企业不断上调收购价格，特别是 5 月下旬以来价格快速反弹，两周内反弹幅度在每公斤 0.2 元左右。禹城市粮食局的监测显示，当地玉米价格一度跌至每公斤 1.54—1.56 元，6 月初涨到 1.84 元左右。莘县金牌饲料企业 5 月下旬到 6 月上旬收购价格从每公斤 1.68 元涨到 1.86 元。岱岳区 4—5 月份玉米价格在每公斤 1.6 元左右，6 月初涨到 1.7 元，饲料企业收购价涨到 1.8 元以上。

（三）2016 年玉米成本有望有所下降

受粮价下跌等因素影响，2016 年玉米生产成本将有所降低，主要是化肥价格和土地流转费有所下降，其中一些地方化肥价格下跌约 200 元/吨，土地流转费每亩下降 150—200 元左右，其他费用基本稳定。齐河县种粮大户赵××流转了 200 亩地，2015 年每亩租金 1000 元，2016 年降到 800 元，化肥价格比 2015 年低 200 元/吨，种子费用每亩比 2015 年多 5 元，农机作业费、除草剂、雇工费都持平。莘县的岳××说，当地玉米成本变化不大，肥料、人工变化都不大，但土地承包费每亩降了 200 元。岱岳区的种粮大户庞×说，她买的化肥价格平均每吨下降了 150 元，其中氮肥去年 1700 元，今年降到 1500 元，种子费用因为换品种每亩降了 15 元，柴油价格每升下降 1.7—1.8 元，由于签的是 5 年合同，土地流转费仍为每亩 1000 元，人工费不变。

（四）消费需求逐步回暖

一是深加工企业开工率较高。山东保龄宝生物有限公司表示，1—4 月份经济弱势，玉米用量同比减少，但目前开工率提高到 80%，产销比较稳定。山东龙力生物科技有限公司今年以来玉米加工量同比基本持平，但玉米芯用量增长了 300%，经营状况稳步增长。山东弘兴玉米开发有限公司年玉米用量 22 万吨，今年以来企业下游市场比较稳定，开工率稳定在 90% 以上。据禹城市粮食局监测，2015 年 10 月新玉米上市以来，全市玉米深工业加工用量 10.78 万吨，同比增 0.8 万吨，增幅 8%。二是饲用消费呈上升态势。莘县鲁莘饲料公司的靳××说，年前企业开工率只有 30%—40%，现在达到 50% 多，企业盈利同比增 20%，原因是当地生猪养殖量同比上升了至少10%—20%。山东金牌畜禽实业有限公司的郭长文说，最近两周企业玉米用量急剧上升，每月饲料销量增加了500吨左右，增幅约20%，原因有三个：一是饲料生产5—11月进入高峰期；二是生猪养殖上升周期确立，养殖量稳步上升；三是市场玉米粮源减少，养殖场减少浓缩料用量，大量采购全价配合饲料。莘县农民王××说，周边有几个大的养殖场，养殖量明显在增长。

二、存在的问题

(一) 市场供应偏紧，优质粮源紧缺

进入2016年5月以来，市场粮源逐渐紧张，特别是优质饲用玉米供应紧缺，企业库存不足，多的可供应一个月，少的只够用一周，德州、聊城等地出现用粮企业抢粮现象。6月初，禹城市粮食局和贸易商都估计当地粮源已不足5%，而去年同期尚有15%—20%的余粮，齐河县粮食局估计当地余粮不足10%，莘县贸易商估计当地余粮也只有10%。山东保龄宝生物有限公司目前玉米库存为3万吨，同比少1万吨，库存仅够维持1个月生产用量。齐河县万方饲料公司说，现在企业收购价格涨到每公斤1.8元，仍收不到粮，就等着临储玉米拍卖。禹城市金牌饲料公司反映，目前企业存粮只够用半个月，虽然山东有玉米拍卖，但拍卖的是2012年超期存储玉米，企业没法用，所以没有参与。市场粮源紧张的原因，一是市场存粮减少。多数农户原来卖一半留一半，但2016年由于不看好价格走势，多数农户收获后直接卖掉，企业和贸易商也很少存粮。莘县鲁莘饲料公司表示，由于担心价格下滑，企业不存粮，随用随采。二是玉米南下北上数量较多。一方面，东北玉米大多进入临储，华北玉米成为供应南方销区的主力。另一方面，由于当地玉米价格明显低于东北临储收购价，部分玉米倒流东北进入临储收购，尤其是距离东北较近的德州和聊城玉米北上较多。禹城市贸易商李×估计当地20%的商品粮运到东北去了。齐河县贸易商王××说，他收了5000吨玉米，其中约一半上东北了。当地另一贸易商焦×说，"今年（2016年）收了玉米25000吨，有一半上东北了。"

(二) 玉米种植收益大幅下降，种粮大户经营困难

玉米价格大幅下跌，对农民玉米种植收益影响很大。据泰安市岱岳区农业局数据，2014年该地区玉米平均价格每公斤2.2元，不考虑人工成本，分散农户每亩纯收益830元，2015年价格降为每公斤1.56元，亩纯收益446元，减少384元。由于散户土地少，玉米价格下跌对农户收入总体影响有限，但对种粮大户冲击很大。莘县农民张××种了111亩玉米，2014年每公斤卖了0.5元，每亩收益近500元，2015年每公斤卖了1.64元，每亩收益只有240元，减少了一半。宁阳县义民种植合作社张××说，前年玉米售价每公斤2.34元，2015年只有1.70元，每亩少收入400元。禹城市沈庄玉米合作社的董××说，2015年合作社玉米亩产650公斤，售价每公斤1.6元，土地流转费每亩400元，物质投入335元，雇工210元，算下来每亩只赚95元。岱岳区种粮大户薛××种了1020亩玉米，2014年玉米售价每公斤2.2元，亩纯收益480元；2015年平均每公斤售价1.56元，亩亏损48.5元。宁阳县的纪××2015年春天流转了136亩地，流转费每亩1200元，签了10年合同，他说当时按玉米价格每公斤2.2元签的，现在后悔了，想降低流转费人家也不答应。前几年种粮大户一直呈增长态势，但粮价下跌带来的冲击可能导致这一趋势发生改变。宁阳县农业局表示，全县去年有种粮大户363户，经营面积5万多亩，今年可能要减少。种粮大户庞慧说，如果玉米价格持续下跌，大户就不会有积极性，跌到每公斤1.3元就亏本了，到时只能缩小规模或退出。

此外，地方反映种粮大户与合作社还面临以下问题亟待解决：一是补贴力度减小。宁阳县农业局反映，种粮大户补贴最多时每亩240元，但由于补贴资金总量不变，而大户逐年增多，前年减少到每亩100多元，2015年只有60多元。二是烘干仓储等设施及晾晒场地不足。齐河县粮食局表示，玉米烘干及晾晒是种粮大户面临的突出问题，上烘干塔效果好，该县已在一个乡镇试点运营，但有亏损，需政策扶持。许多种粮大户说，玉米收获时含水量超过20%，但没有晾晒场地，只能占用马路晾晒，土地部门不允许农用地硬化。三是贷款难。宁阳县义民种植合作社表示，收购玉

米时需要大量贷款，但合作社无抵押物，很难贷款。

（三）新玉米上市后价格看跌，可能出现卖粮难

当前市场预期短期内玉米价格还有可能进一步上涨，但空间不大，主要是国家库存庞大对市场供应压力较大。市场普遍预期新玉米上市后市场供应压力将进一步加大，玉米价格将重回跌势。山东禹城贸易商李×估计，新玉米上市后收购价格不会高于1.66元/公斤，比目前价格低0.2元左右。莘县贸易商岳××估计新玉米开秤价格将在1.6元/公斤左右。在市场普遍看跌的情况下，各主体缺乏参与新粮收购的积极性，很可能出现农民出现卖粮难的现象。

三、有关政策建议

（一）适度加大临储玉米拍卖力度

为缓解当前玉米供应紧张局面，满足市场需求，加快玉米去库存进程，防止价格异常过度上涨，建议加大临储玉米拍卖力度，将每周临储拍卖数量增加到约600万吨。同时，鉴于生猪养殖回暖，对优质饲用玉米需求量增加，应适度增加2014年产的优质玉米投放量。此外，山东省反映该省每月投放50万吨的玉米数量明显不足，应不少于100万吨才能满足需要，因此，还要注意合理安排投放的区域结构，严格拍卖操作程序，提高服务质量，使得各地区用粮企业都能较为便利地拍卖到所需粮源。

（二）建立覆盖主要产区的玉米生产者补贴制度

国家已明确在市场化收购的基础上，将实行玉米生产者补贴制度，但地方干部和群众普遍反映政策滞后且不透明，对国家将出台怎样的补贴制度心里没有底。山东、河北等地基层干部群众普遍认为，华北黄淮产区也是玉米优势产区，产量高质量好，为国家粮食安全作出了重大贡献，玉米生产者补贴制度理应覆盖主要产区，并且多为小麦玉米连茬种植，玉米面积大，替代品种相对较少，没有哪种作物可替代玉米。建议玉米生产者补贴制度应覆盖除镰刀弯地区以外的其他所有产区，至少应包括东北和华北黄淮两大产区，具体覆盖范围可具体到县一级。

（三）制定完善玉米托底收购预案

针对2016年新玉米上市后价格可能再度显著下跌以及可能出现的卖粮难，建议国家及早制定防止出现农民卖粮难的收购预案，在不直接干预市场价格的前提下，通过适度增加中央和地方储备规模，加大轮换和移库力度，暂停临储抛售，采取奖补等措施鼓励用粮企业入市收购等方式，稳定市场预期，提高市场主体入市收购的积极性。应把握好托底收购入市时机，以市场价格不跌破生产成本为底线，防止过量收购和逆向调节。

（四）加大对种粮大户等新型农业经营主体的支持力度

建议系统研究制定国家支农资金向新型经营主体倾斜的政策，进一步加大扶持力度，并制定实施细则，保障政策落到实处。一是加大对种粮大户等新型农业经营主体的补贴力度。补贴资金应随粮食规模经营的扩大至少实现同步增长，防止补贴资金总量固化而带来的摊薄现象。落实补贴措施可采取层层逐级申报、审核、公示、专项检查等方式，确保补贴资金落实到种粮大户手中。二是适度放宽对新型农业经营主体生产性配套设施的用地管制。对新型经营主体建设仓储、农机、烘干塔、晾晒场等必要的生产性配套设施，在严格监管的基础上，给予一定的用地指标，用地规模可限制在其经营耕地面积的5%以内，并规范其地面硬化程度，规定必要时可随时恢复成耕地。三是对粮食烘干设施进行扶持。在将其纳入农机补贴范围的基础上，初期可考虑对烘干塔的运营给予一定补贴，以拓展业务，提高市场覆盖面。四是着力缓解新型经营主体贷款难贷款贵问题。创新新型经营主体融资机制，允许新型经营主体以土地经营权、农机设备、仓储等设施、粮食及其他农产品等作为贷款抵押物，拓宽融资渠道。加大力度对新型经营主体实行优惠贷款利率或贴息贷款。

中国稻谷全要素生产率的时空变异与特征比较*

——基于省级面板数据的 DEA Färe–Primont 指数及其分解

朱满德　张　振　李　剑

内容提要：采用 DEA Färe–Primont 指数方法和稻谷投入产出的省级面板数据，测度了 1995—2014 年全国及主要产区粳稻、早籼稻、中籼稻、晚籼稻的全要素生产率并进行分解。研究表明：（1）4 种稻谷全要素生产率都有增长，主要源自技术进步的作用；其中晚籼稻增长最快，早籼稻次之，粳稻和中籼稻增长较慢；表现出品种之间分化，粳稻和籼稻全要素生产率差距拉大，籼稻内部差距有所缩小。（2）籼稻的全要素生产率实现普遍性增长；非优势产区的粳稻也有不同程度增长，但优势产区却普遍下降；由于技术效率、规模效率都保持高位水平，因此两者未有大幅变动，部分省区稻谷全要素生产率增长主要为技术进步单轨驱动，但残余混合效率的贡献正成为不可忽视的力量。今后，加快转变中国稻谷发展方式，由

---

* 项目基金：本文系国家自然科学基金（编号：71473052，71273069）、贵州省教育厅青年学术创新人才项目（编号：GYT2016004）、贵州省教育厅人文社会科学研究大学生项目（编号：2016dxs17）、贵州大学研究生创新基金的阶段性成果。

依靠增加要素投入转向依靠提高全要素生产率,重心在于技术进步;提高范围经济的效率可能是另一可选路径。

一、问题的提出

稻谷是中国新型国家粮食安全战略的核心,事关"确保谷物基本自给、口粮绝对安全"的底线。2015 年,中国稻谷播种面积达到 3022 万公顷,占粮食播种面积的 26.7%、农作物总播种面积的 18.2%;稻谷产量保持稳定增长,增加到 20823 万吨,占粮食产量的 33.5%。

若要实现稻谷产量增长,或增加要素投入数量,抑或提升投入要素的生产效率。其中,提高全要素生产率(Total Factor Productivity,TFP)是实现稻谷集约型增长的基本途径,也是农业供给侧改革的重要内容。现有文献研究表明,中国农业全要素生产率自改革开放以来呈上升趋势,源于技术进步或效率改进的"单驱动"模式,东中西部地区存在明显差异[1]。尽管中国粮食连续增产,但粮食的全要素生产率增长却有所下滑,主产省与非主产省也有明显差异[2]。具体到稻谷,中国稻谷全要素生产率年际间具有阶段性波动特点,其技术效率相对稳定,引起全要生产率增长的最直接因素是技术进步[3]。

近年来,对农业全要素生产率的分析逐步由宏观层面转向微观视角,但有关全要素生产率的探讨在如下方面还需丰富。(1)主要围绕农业及

---

[1] 李谷成、范丽霞、陈刚等:"农业全要素生产率增长:基于一种新的窗式 DEA 生产率指数的再估计",《农业技术经济》2013 年第 5 期。张乐、曹静:"中国农业全要素生产率增长:配置效率变化的引入——基于随机前沿生产函数法的实证分析",《中国农村经济》2013 年第 3 期。郭萍、余康、黄玉:"中国农业全要素生产率地区差异的变动与分解——基于 Färe – Primont 生产率指数的研究",《经济地理》2013 年第 2 期。

[2] 杨锦英、韩晓娜、方行明:"中国粮食生产效率实证研究",《经济学动态》2013 年第 6 期。肖红波、王济民:"新世纪以来我国粮食综合技术效率和全要素生产率分析",《农业技术经济》2012 年第 1 期。

[3] 陈超、李纪生:"基于 SBM 模型的中国水稻生产效率分析",《农业技术经济》2008 年第 4 期。王明利、吕新业:"我国水稻生产率增长、技术进步与效率变化",《农业技术经济》2006 年第 6 期。

粮食展开，更多采用综合性指标测算。对不同地区、不同品种农作物而言，投入产出结构差异很大，全要素生产率及其变化可能有显著不同。（2）测算方法更多应用数据包络分析（Data envelopment analysis，DEA），常用 DEA - Malmquist 指数，但 Malmquist 指数无法通过可容许性、传递性等检验而不宜进行多期纵向和多边横向比较，且不满足乘法完备性，因而不能彻底地将全要素生产率变化分解为技术进步和技术效率变化的乘积①。（3）对稻谷生产效率及全要素生产率的研究大多在 2005 年以前。经过十几年发展，中国稻谷种植出现一些新情况新问题，如：水稻生产重心由南向北转移，呈现"北增南减"和"东减、中增、西平"的变迁趋势②；农业机械、化学用品（如除草剂、农药）对生产性劳动的替代增强，土地流转加快对规模经营的促进作用以及 2004 年对稻谷实行最低收购价政策等。在此背景下，近年中国稻谷全要素生产率是否有显著变化，品种间、省间是否有分异趋势？为此，本文将运用 1995—2014 年中国稻谷省际面板数据，采用 DEA Färe - Primont 指数，测算中国粳稻、早籼稻、中籼稻、晚籼稻 4 个品种的全要素生产率，并对其实施分解，进一步分析时序发展趋势和地区差异，以期对提升稻谷全要素生产率增长，转变水稻增长方式和保障口粮安全提供参考。

二、模型与数据

（一）模型构建

自全要素生产率概念提出以来，学者陆续推出了测算全要素生产率的

---

① O'Donnell, C. J. An Aggregate Quantity - Price Framework for Measuring and Decomposing Productivity and Profitability Change [R]. Centre for Efficiency and Productivity Analysis Working Papers WP07/2008. University of Queensland, 2008. http://www.uq.edu.au/economics/cepa/docs/WP/WP072008.pdf.

O'Donnell, C. J. Econometric Estimation of Distance Functions and Associated Measures of Productivity and Efficiency Chang [R]. Centre for Efficiency and Productivity Analysis Working Papers WP01/2011. University of Queensland, 2011a. http://www.uq.edu.au/economics/cepa/docs/WP/WP012011.pdf.

② 杨万江、陈文佳："中国水稻生产空间布局变迁及影响因素分析"，《经济地理》2011 年第 12 期。

各种方法,一类是参数估计的随机前沿函数分析方法(Stochastic Frontier Model,SFA),其纳入经典白噪声项,充分考虑了随机因素对生产前沿面的可能影响,但易出现函数形式设定偏误导致测度失效;另一类是非参数估计的数据包络分析方法(DEA),其构建参照技术下的距离函数,运用不同时期的投入—产出向量进行测算,因而转化为线性规划求解问题,无须设定生产函数形式,且不受数据量纲影响,如 Färe – Primont、Malmquist、Hicks – Moorsteen 等指数。而且,相比 SFA,DEA 更能反映农业领域的多投入、多产出特征,因此本文选用 DEA 方法测度全要素生产率。在应用 DEA 方法时,O'Donnell 先后在 2008 年和 2011 年提出应用 Hicks – Moorsteen 指数和 Färe – Primont 指数来测度全要素生产率,以克服目前普遍使用的 Malmquist 指数缺陷(如无法进行多期比较,不能彻底地对全要素生产率指数进行分解)[①]。为此,本文选用 DEA Färe – Primont 指数对中国稻谷全要素生产率进行测度和分解。

全要素生产率(TFP)实质上就是产出与投入的比值[②]。对于多投入多产出情形,假设每个决策单元 DMU_i 以 K 种要素投入得到 J 种产出,向量 $x_{it}=(x_{1it},\cdots,x_{Kit})'$ 和 $q_{it}=(q_{1it},\cdots,q_{Jit})'$ 分别代表 t 时期第 i 个决策单元 DMU_i 的投入集和产出集,则第 i 个决策单元在 t 时期与第 h 个决策单元在 s 时期的 TFP 指数为:

$$TFP_{hs,it}=\frac{TFP_{it}}{TFP_{hs}}=\frac{Q_{it}/X_{it}}{Q_{hs}/X_{hs}}=\frac{Q_{hs,it}}{X_{hs,it}} \tag{1}$$

---

① O'Donnell, C. J. An Aggregate Quantity – Price Framework for Measuring and Decomposing Productivity and Profitability Change [R]. Centre for Efficiency and Productivity Analysis Working Papers WP07/2008. University of Queensland, 2008. http://www.uq.edu.au/economics/cepa/docs/WP/WP072008.pdf.
O'Donnell, C. J. Econometric Estimation of Distance Functions and Associated Measures of Productivity and Efficiency Chang [R]. Centre for Efficiency and Productivity Analysis Working Papers WP01/2011. University of Queensland, 2011a. http://www.uq.edu.au/economics/cepa/docs/WP/WP012011.pdf.

② 本部分可参照:O'Donnell, C. J.: DPIN 3.0 A Program for Decomposing Productivity Index Numbers, User's Guide of DPIN3.0, University of Queensland, 2011. http://www.uq.edu.au/economics/cepa/dpin.php.

(1) 式中，$Q_{hs,it} = Q_{it}/Q_{hs}$ 是产出量指数，$X_{hs,it} = X_{it}/X_{hs}$ 是投入量指数。因此，TFP 可以表示为产出量指数与投入量指数的比值。考虑参照技术下的距离函数，Färe-Primont TFP 指数公式为：

$$TFP_{hs,it}^{FP} = \frac{D_O(x_0, q_{it}, t_o)}{D_O(x_0, q_{hs}, t_o)} \frac{D_I(x_{hs}, q_0, t_o)}{D_I(x_{it}, q_0, t_o)} \tag{2}$$

令 $TFP_t^* = \max Q_{it}/X_{it}$，表示 t 时期第 i 个决策单元 DMU_i 在现有技术条件下，可获得的最大 TFP（即 TFP 前沿），则第 i 个决策单元 DMU_i 的 t 时期 TFP 效率（即 TFPE，TFP efficiency）为实际的 TFP_t 与 TFP_t^* 的比值，用于衡量稻谷生产的综合绩效，下文称之为综合效率，即：

$$TFPE_{it} = \frac{TFP_{it}}{TFP_{it}^*} = \frac{Q_{it}/X_{it}}{Q_{it}^*/X_{it}^*} \leq 1 \tag{3}$$

(3) 式中，Q_{it}^* 和 X_{it}^* 分别是指技术水平最大时的产出与投入量。

DEA 方法具体又可分为投入导向（input-orientated）模型和产出导向（output-orientated）模型，规模不变模型（CRS）和规模可变模型（VRS），考虑到研究时段较长，本文选用规模可变条件下的投入导向模型分析中国稻谷全要素生产率。在投入导向模型中，综合效率（TFPE）可以分解为技术效率（ITE）、规模效率（ISE）和残余混合效率（RME），则 $TFP_{hs,it}^{FP}$ 指数可进一步分解为以下几个部分[11]：

$$TFP_{hs,it}^{FP} = \left(\frac{TFP_t^*}{TFP_s^*}\right)\left(\frac{TFPE_{it}}{TFPE_{hs}}\right) = \left(\frac{TFP_t^*}{TFP_s^*}\right)\left(\frac{ITE_{it}}{ITE_{hs}}\right)\left(\frac{ISE_{it}}{ISE_{hs}}\right)\left(\frac{RME_{it}}{RME_{hs}}\right)$$
$$= \Delta TFP^* \times \Delta ITE \times \Delta ISE \times \Delta RME \tag{4}$$

(4) 式中，TFP 指数被分解为四个部分，其中 ΔTFP^* 表示技术进步指数，度量在现有技术水平下，t 时期与 s 时期 TFP 前沿之间的差异，若 $\Delta TFP^* > 1$，表示技术水平提高，即是技术进步；ΔITE 表示技术效率指数，衡量技术效率的变化；ΔISE 表示规模效率指数，用于测量与规模经济有关的生产效率；ΔRME 表示残余混合效率指数，测度与范围经济有关的生产效率。

（二）数据来源与处理

本文 DEA 模型选用的产出指标为单位面积的平均产量（单位：公斤/

公顷），与产值指标相比，它已排除了农产品市场价格波动的影响。选用的投入指标包括：租赁作业费（单位：元/公顷）、农药费（单位：元/公顷）、用工数量（单位：日/公顷）、化肥用量（单位：公斤/公顷）、种子用量（公斤/公顷），都以单位面积的投入强度表示，用于反映稻谷生产中的资本、劳动等要素投入，其中租赁作业费为机械作业费、排灌费、畜力费三者之和，数据来自《建国以来全国主要农产品成本收益资料汇编（1953—1997年）》、《全国农产品成本收益资料汇编（历年）》。对于费用指标，采用农业生产资料价格指数进行平减，以剔除价格因素的影响。对于少量缺失数据，采用 Lagrange 线性插值法以相邻 2 年的简单平均值作为替代值。

《全国农产品成本收益资料汇编》提供了粳稻、早籼稻、中籼稻和晚籼稻 4 个品种分省、分年度的投入—产出数据，其中粳稻包括河北、辽宁、吉林、黑龙江、江苏、浙江、安徽、山东、河南、湖北、云南、宁夏 12 省区；早籼稻包括浙江、安徽、福建、江西、湖北、湖南、广东、广西、海南 9 省区；中籼稻包括江苏、安徽、福建、河南、湖北、四川、贵州、陕西 8 省；晚籼稻包括浙江、安徽、福建、江西、湖北、湖南、广东、广西、海南 9 省区。无论是粳稻，还是早中晚 3 种籼稻，上述各省区的产量之和占全国产量的比重均超过 90%。尽管《建国以来全国主要农产品成本收益资料汇编（1953—1997年）》和《全国农产品成本收益资料汇编（历年）》提供了自 1953 年至今的各稻谷品种投入产出等数据。但通过进一步比较发现，1978—1993 年各品种稻谷要素投入异常值较多，存在数据失真的可能①，为此本文选用的时间段为 1995—2014 年，跨度为 20 年整。

---

① 以化肥为例，1987 年全国早籼稻化肥施用量达 885 公斤/公顷，是 2014 年全国平均施用强度的 2.7 倍；1988 年全国晚籼稻化肥施用量最高省份达 1260 公斤/公顷，是 2014 年全国平均施用强度的 3.9 倍；1990 年全国粳稻 1155 公斤/公顷，最高省份达 1650 公斤/公顷，是 2014 年全国平均施用强度的 4.6 倍。

三、中国稻谷全要素生产率及其变化：全国层面

利用 DPIN3.0 软件，测度了 1995—2014 年全国层面粳稻、早籼稻、中籼稻、晚籼稻 4 个品种的全要素生产率（即 $Färe-Primont\ TFP$，以下简称"全要素生产率"或 TFP）水平值，并对其进行分解，结果如图 1 和表 1 所示。

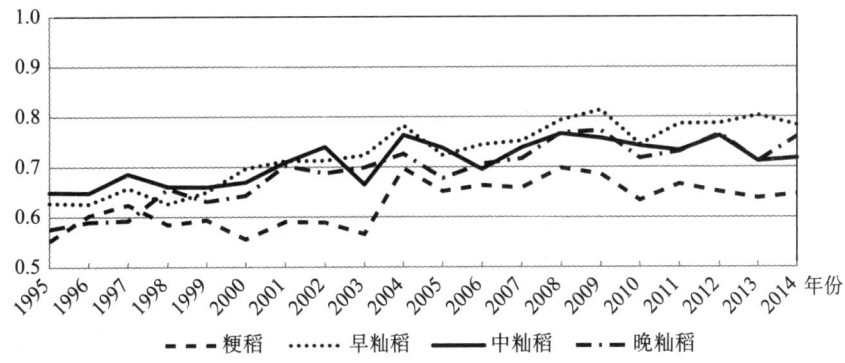

图 1　中国稻谷全要素生产率及其变动：全国层面

表 1　　1995—2014 年中国稻谷全要素生产率分解：全国层面

品种	年份	全要素生产率	TFP 前沿	综合效率	#技术效率	#规模效率	#残余混合效率
		TFP	TFP*	TFPE	ITE	ISE	RME
粳稻	1995	0.552	0.776	0.711	0.756	0.999	0.942
	2000	0.555	0.869	0.639	0.678	0.982	0.960
	2005	0.652	0.869	0.750	0.846	0.990	0.895
	2010	0.634	0.869	0.729	0.856	0.993	0.857
	2014	0.646	0.942	0.686	0.914	0.987	0.760
早籼稻	1995	0.627	0.779	0.805	0.966	0.974	0.856
	2000	0.697	0.879	0.793	0.969	0.998	0.820
	2005	0.724	0.879	0.823	0.886	0.995	0.934
	2010	0.745	0.921	0.808	0.884	0.969	0.944
	2014	0.783	0.921	0.851	0.896	0.992	0.958

续表

品种	年份	全要素生产率 TFP	TFP前沿 TFP*	综合效率 TFPE	#技术效率 ITE	#规模效率 ISE	#残余混合效率 RME
中籼稻	1995	0.650	0.789	0.823	0.928	1.000	0.888
	2000	0.670	0.816	0.820	0.888	0.999	0.924
	2005	0.738	0.902	0.818	0.915	0.996	0.898
	2010	0.742	0.902	0.823	0.895	0.986	0.932
	2014	0.718	0.902	0.796	0.870	0.988	0.926
晚籼稻	1995	0.576	0.686	0.839	0.956	0.951	0.923
	2000	0.643	0.824	0.781	0.923	0.944	0.896
	2005	0.678	0.893	0.759	0.880	0.913	0.945
	2010	0.718	0.893	0.803	0.910	0.939	0.940
	2014	0.761	0.910	0.836	0.930	0.962	0.934

注：全要素生产率（TFP）= TFP前沿（TFP*）× 综合效率（TFPE）= TFP前沿（TFP*）× 技术效率（ITE）× 规模效率（ITE）× 残余混合效率（RME）。因篇幅限制仅列出主要节点年份全要素生产率水平值及分解。

（一）全要素生产率水平值

数据显示，1995—2014年中国4个稻谷品种的全要素生产率水平值都有增长。如粳稻由1995年0.552提高到2014年0.646，增长17.0%；早籼稻则由0.627提高到0.783，增长24.9%；中籼稻、晚籼稻也分别由0.650、0.576增长到0.718、0.761，增长10.5%和32.1%（图1）。进一步比较发现：（1）1995年中籼稻的全要素生产率最高，剩余依次是早籼稻、晚籼稻和粳稻；截至2014年，早籼稻的全要素生产率最高，剩余依次是晚籼稻、中籼稻和粳稻。原因在于晚籼稻全要素生产率提高最快，早籼稻次之，粳稻和中籼稻提高较慢。（2）长期以来，粳稻的全要素生产率都显著低于籼稻，一直处在0.7以下低位水平。（3）粳稻与籼稻之间的全要素生产率差距有所拉大。例如，1995年早籼稻和粳稻的全要素生产率相差0.075，2014年已经拉大到0.137；若以三年的平均值比较，1995—1997年只相差0.044，2012—2014年相差0.146。再如晚籼稻和粳稻，1995—1997年二者全要素生产率相差仅0.007，2012—2014年亦拉大到0.101。与此同时，早籼稻和晚籼稻、中籼稻和晚籼稻之间的全要素生产率差距却有所缩小。

（二）全要素生产率增长及其分解

中国4个稻谷品种全要素生产率增长都具有阶段性特征。大体可概括为：第一阶段1995—1997年，4个品种的全要素生产率均呈平稳增长；第二阶段1998—2003年，全要素生产率处于低位波动，除去部分品种或年份外，全要素生产率大多低于0.7，且1998年全要素生产率全面大幅下滑，至2003年粳稻和中籼稻全仍未恢复到1997年水平；第三阶段2004—2014年，全要素生产率处于相对高位水平波动，除去粳稻以及部分年份外，全要素生产率基本都高于0.7（图1）。中国稻谷全要素生产率变化的时段划分与稻谷生产变化的阶段划分有着高度的相似性——在经历20世纪90年代初中国稻谷播种面积和产量下滑后，1995—1997年两者呈恢复性增长；尽管中国粮食产量在1998年达到高峰，1999年开始连续5年减产，但稻谷播种面积和产量自1998年已经开始下滑，分别由1997年3176.5万公顷和20073.5万吨持续减少到2003年2650.8万公顷和16065.6万吨；此后自2004年稻谷产量实现连续"十二连增"，2015年达到20822.5万吨。

中国稻谷全要素生产率增长自1998年开始出现明显的品种分化。如在1998—2003年期间，粳稻全要素生产率下降3.1%，中籼稻几乎没有变化，晚籼稻提高6.4%，早籼稻提高达15.5%。在2004—2014年期间，粳稻和中籼稻全要素生产率分别下降7.3%、6.0%，早籼稻几乎没有变化（仅提高0.1%），晚籼稻则提高4.8%。这种全要素生产率增长的品种分化，导致了粳稻和籼稻全要素生产率差距在拉大，而籼稻品种间全要素生产率差距有所缩小。

中国稻谷全要素生产率增长主要源自技术进步的作用。过去20年，粳稻全要素生产率提高17.0%，其中技术进步率21.4%（年均1.0%），综合效率下降3.5%；早籼稻全要素生产率提高24.9%，其中技术进步率

18.2%（年均0.9%），综合效率提高5.7%；中籼稻全要素生产率提高10.5%，其中技术进步率14.3%（年均0.7%），综合效率下降3.3%；晚籼稻全要素生产率提高32.1%，其中技术进步率32.7%（年均1.5%），综合效率下降0.4%。尽管长期看中国稻谷技术进步较明显，但它所呈现的却是跳跃式的、而非连续性的技术进步，因此综合效率的改善在某一时期对全要素生产率增长仍发挥重要作用，如1998—2004年的早籼稻、2005—2009年的晚籼稻。比较而言，其一，粳稻的综合效率要显著低于籼稻，籼稻品种之间的综合效率差异较小。其二，1995—2003年（即第一阶段和第二阶段）粳稻的综合效率波动略显平缓，而籼稻波动幅度较大。2004—2014年形势逆转，粳稻的综合效率波动加剧，而籼稻波动变得平缓。

对综合效率进一步分解显示，（1）1995—2003年粳稻综合效率的变动主要由于技术效率的作用，2004—2014年则主要由残余混合效率持续降低（即与范围经济有关的生产效率下降）引起的，尽管这两个时段粳稻技术效率都已呈现出下降趋势，但2004年粳稻技术效率（0.880）较之1995年（0.756）有显著提高；（2）1998—2003年早籼稻综合效率的变动主要由于残余混合效率的作用；（3）过去20年稻谷规模效率总体处于高位，因此难以有进一步提高，这一点需审慎判断，还有待进一步验证。

四、中国稻谷全要素生产率及其变化：分品种的省际比较

考虑到中国稻谷全要素生产率变化与稻谷生产变化的阶段区分有高度的相似性，为便于比较分析，将其分为四个时段：除去1995—1997年、1998—2003年外，将原本2004—2014年进一步细分为2004—2008年和2009—2014年两个时段，其中2008年与2009年亦成为天然的分界点，以全球粮食危机和全球金融危机为阈值。以此为基础，本部分进一步考察不同稻谷品种、不同时段、不同省际全要素生产率的变异。表2至表5分别列出了不同时段中国各省区粳稻、早籼稻、中籼稻和晚籼稻的全要素生产率水平值及其分解情况。

（一）粳稻

1. 过去 20 年间，优势产区的粳稻全要素生产率都普遍下降

如 1995—1997 年吉林为 0.800（平均值，下同），2009—2014 年下降到 0.620，降幅达 22.5%；辽宁、黑龙江分别下降 13.2% 和 10.4%，江苏也下降 3.5%。而非优势产区的粳稻全要素生产率都有不同程度提高，其中山东提高最显著，接下来是湖北、云南，提高幅度均在 20% 以上；浙江、宁夏、安徽提高不到 15%，河北、河南则不足 5%。

2. 不同时段各省区粳稻全要素生产率增长出现分异

如 1998—2003 年，优势产区东北三省、江苏，以及非优势产区河北、浙江、河南、湖北的粳稻全要素生产率较 1995—1997 年均有所下滑，而安徽、山东、云南、宁夏 4 省则有所提高；2004—2008 年，江苏和安徽有所下滑，其他省区则有所提高；2009—2014 年东北三省粳稻全要素生产率较 2004—2008 年全面下滑，其他省区则有不同程度的提高。

3. 优势产区和非优势产区在粳稻全要素生产率上表现出的显著差异正在快速消失

1995—1997 年，优势产区粳稻全要素生产率要显著高于非优势产区；到 2004—2008 年，吉林和黑龙江仍高于非优势产区，辽宁和江苏在非优势产区中只位居中游；2009—2014 年，除黑龙江仍有一定优势外，吉林、江苏已处于下游，辽宁的粳稻全要素生产率在所观测的 12 省区最低。

4. 从全要素生产率分解看

优势产区在粳稻技术效率、规模效率上都保持高位水平，也都高于大部分非优势产区，其全要素生产率下滑主要在于残余混合效率的大幅下滑。与 1995—1997 年相比，2009—2014 年辽宁、吉林、黑龙江残余混合效率分别下降 18.2%、25.2%、16.3%，江苏也下降了 5.4%，表明粳稻优势产区的农业生产结构不断集中或分工专业化有待深入等引起有关粳稻生产范围经济的效率下降。与此同时，非优势产区全要素生产率变动的驱动力也有一定差异：河北、浙江、宁夏主要是技术进步单轨驱动；云南则由残余混合效率单轨驱动；安徽、山东、河南、湖北 4 省是多因素共同驱

动，除技术进步外，安徽的残余混合效率、规模效率贡献较大，山东的残余混合效率、技术效率贡献都超过了技术进步的作用，河南的残余混合效率、湖北的规模效率贡献也都超过技术进步的作用。

表2　中国粳稻全要素生产率变动及其分解：省际比较

区域	地区	1995—1997年平均					1998—2003年平均				
		TFP	TFP*	ITE	ISE	RME	TFP	TFP*	ITE	ISE	RME
优势产区	辽宁	0.638	0.837	0.966	0.993	0.797	0.561	0.869	0.970	0.996	0.668
	吉林	0.800	0.837	1.000	1.000	0.959	0.686	0.869	1.000	0.990	0.797
	黑龙江	0.772	0.837	1.000	0.993	0.928	0.740	0.869	0.991	0.978	0.876
	江苏	0.664	0.837	1.000	0.956	0.831	0.638	0.869	0.973	0.974	0.773
非优势产区	河北	0.600	0.837	1.000	0.864	0.831	0.497	0.869	0.848	0.890	0.766
	浙江	0.654	0.837	0.998	0.979	0.801	0.643	0.869	0.924	0.942	0.852
	安徽	0.627	0.837	1.000	0.922	0.813	0.711	0.869	0.919	0.945	0.943
	山东	0.444	0.837	0.866	0.959	0.648	0.504	0.869	0.814	0.963	0.740
	河南	0.599	0.837	0.983	0.955	0.758	0.536	0.869	0.932	0.875	0.757
	湖北	0.621	0.837	0.944	0.875	0.901	0.618	0.869	0.868	0.866	0.943
	云南	0.528	0.837	0.950	0.998	0.669	0.579	0.869	0.919	0.973	0.746
	宁夏	0.570	0.837	0.969	0.854	0.825	0.593	0.869	0.936	0.898	0.814
区域	地区	2004—2008年平均					2009—2014年平均				
		TFP	TFP*	ITE	ISE	RME	TFP	TFP*	ITE	ISE	RME
优势产区	辽宁	0.597	0.869	0.992	0.947	0.732	0.554	0.893	0.979	0.973	0.652
	吉林	0.762	0.869	1.000	1.000	0.877	0.620	0.893	0.993	0.977	0.717
	黑龙江	0.826	0.869	1.000	1.000	0.951	0.692	0.893	1.000	1.000	0.777
	江苏	0.610	0.869	0.970	0.967	0.749	0.641	0.893	0.993	0.920	0.786
非优势产区	河北	0.608	0.869	0.937	0.857	0.873	0.614	0.893	0.988	0.849	0.821
	浙江	0.682	0.869	1.000	0.990	0.791	0.736	0.893	0.997	1.000	0.828
	安徽	0.622	0.869	0.819	0.961	0.914	0.675	0.893	0.857	0.978	0.902
	山东	0.585	0.869	0.908	0.982	0.755	0.686	0.893	0.963	0.985	0.810
	河南	0.558	0.869	0.969	0.875	0.759	0.606	0.893	0.852	0.979	0.816
	湖北	0.777	0.869	0.986	0.931	0.974	0.799	0.893	0.986	0.982	0.923
	云南	0.640	0.869	0.952	0.882	0.880	0.670	0.893	0.977	0.935	0.825
	宁夏	0.616	0.869	0.926	0.913	0.843	0.617	0.893	0.939	0.852	0.867

注：DEA Färe - Primont TFP指数方法所设定的同一年度各省区TFP前沿（或称"最大TFP"、TFP*）是一致的，即同年各省区的TFP*水平值相同。表3至表5下同。

（二）早籼稻

1. 中国主要产区早籼稻全要素生产率都有增长

与 1995—1997 年相比，2009—2014 年江西早籼稻全要素生产率增长最为显著，由 0.562 提高到 0.818，增长 45.6%，其余依次是湖南（30.8%）、湖北（29.0%）、广西（27.7%）、广东（21.9%）、海南（21.6%）、福建（13.8%）、浙江（6.6%）、安徽（5.8%）。从早籼稻全要素生产率的变动过程看，1998—2003 年的安徽和福建，2009—2014 年的浙江、海南，较上一时段曾出现小幅下降，其余各省区在不同时段都处于上升趋势。

2. 优势产区与非优势产区的早籼稻全要素生产率开始出现分异

1995—1997 年和 1998—2003 年，江西、湖南、湖北等优势产区早籼稻全要素生产率并没有高于浙江、安徽等非优势产区，两者没有显著差异。2004—2008 年优势产区早籼稻全要素生产率大幅提高，其增幅高于非优势产区；至 2009—2014 年，优势产区的早籼稻全要素生产率已开始显著高于非优势产区，优势产区和非优势产区之间的差异逐步显现。与此同时，各省区之间早籼稻全要素生产率差距则在明显缩小。

3. 从全要素生产率分解看

优势产区和非优势产区在早籼稻技术效率、规模效率上都保持高位水平，其中优势产区早籼稻技术效率都有小幅提高，非优势产区则保持不变或者小幅下降；早籼稻规模效率只有江西有一定改善，其他省区几乎没有改善，甚至出现下降。残余混合效率（即范围经济）是促进早籼稻全要素生产率增长的重要原因之一。比较而言，浙江、安徽早籼稻全要素生产率增长是技术进步单轨驱动；湖北、福建、广东、海南除技术进步作用外，残余混合效率亦发挥了一定促进作用；江西、湖南、广西则以残余混合效率提高为主，其贡献已超过了技术进步的作用。

（三）中籼稻

1. 中国主要产区的中籼稻全要素生产率都表现出增长的态势，但省间增幅存在明显差异

表 3　　中国早籼稻全要素生产率变动及其分解：省际比较

区域	地区	1995—1997 年平均					1998—2003 年平均				
		TFP	TFP*	ITE	ISE	RME	TFP	TFP*	ITE	ISE	RME
优势产区	江西	0.562	0.812	0.979	0.945	0.750	0.644	0.879	0.926	0.956	0.826
	湖南	0.627	0.812	0.960	1.000	0.807	0.661	0.879	0.895	0.966	0.871
	湖北	0.683	0.812	0.937	0.989	0.909	0.723	0.879	0.941	0.999	0.875
非优势产区	浙江	0.770	0.812	1.000	1.000	0.945	0.785	0.879	1.000	1.000	0.893
	安徽	0.744	0.812	1.000	1.000	0.921	0.722	0.879	0.996	0.988	0.835
	福建	0.690	0.812	1.000	1.000	0.850	0.679	0.879	1.000	0.998	0.775
	广西	0.555	0.812	0.999	0.992	0.691	0.623	0.879	1.000	1.000	0.709
	广东	0.617	0.812	1.000	0.984	0.773	0.655	0.879	1.000	0.987	0.755
	海南	0.647	0.812	1.000	1.000	0.798	0.721	0.879	1.000	0.998	0.822
区域	地区	2004—2008 年平均					2009—2014 年平均				
		TFP	TFP*	ITE	ISE	RME	TFP	TFP*	ITE	ISE	RME
优势产区	江西	0.788	0.893	0.969	0.977	0.934	0.818	0.921	0.996	0.991	0.899
	湖南	0.787	0.893	0.957	0.981	0.941	0.820	0.921	0.979	0.969	0.938
	湖北	0.872	0.893	0.998	0.999	0.980	0.881	0.921	0.975	0.994	0.987
非优势产区	浙江	0.842	0.893	1.000	1.000	0.944	0.821	0.921	1.000	0.982	0.909
	安徽	0.746	0.893	0.987	0.990	0.856	0.787	0.921	0.997	0.988	0.868
	福建	0.738	0.893	0.961	0.965	0.892	0.785	0.921	0.986	0.958	0.903
	广西	0.691	0.893	0.968	0.986	0.813	0.709	0.921	0.908	0.997	0.850
	广东	0.734	0.893	1.000	0.993	0.829	0.752	0.921	0.996	0.993	0.826
	海南	0.816	0.893	1.000	0.982	0.930	0.787	0.921	1.000	0.996	0.858

与 1995—1997 年相比，2009—2014 年四川、安徽、福建、湖北的中籼稻全要素生产率增长 10% 以上，特别是四川由 0.679 提高到 0.853，增幅达到 25.6%；河南、贵州分别增长 7.4% 和 5.8%，江苏、陕西增长则不足 3%。

2. 尽管优势产区中籼稻全要素生产率增长幅度较非优势产区高，但两者仍未体现出显著的省际差异。

此外，只有四川在上述四个时段全要素生产率实现持续增长，其他产区都在某一时段出现全要素生产率的降低，也只有四川中籼稻全要素生产率显著高于其他省份，除四川以外的省份全要素生产率并未有明显分异，且彼此之间的差异在逐步缩小。

3. 从全要素生产率分解看，中籼稻各产区全要素生产率增长几乎全部依靠技术进步的单轨驱动

与1995—1997年相比，2009—2014年技术效率只有安徽（7.5%）、湖北（5.4%）、江苏（2.5%）实现增长；规模效率只有四川（4.7%）、湖北（3.3%）有所提高，其他产区都出现不同程度下降；残余混合效率四川、福建、贵州、安徽有提高，但其贡献显著低于技术进步的作用，湖北、江苏、陕西、河南则有下降。

表4 中国中籼稻全要素生产率变动及其分解：省际比较

区域	地区	1995—1997年平均					1998—2003年平均				
		TFP	TFP*	ITE	ISE	RME	TFP	TFP*	ITE	ISE	RME
优势产区	湖北	0.705	0.799	0.949	0.968	0.959	0.660	0.817	0.922	0.990	0.884
	安徽	0.589	0.799	0.899	0.985	0.835	0.664	0.817	0.974	0.944	0.887
	四川	0.679	0.799	0.998	0.952	0.892	0.714	0.817	0.936	0.995	0.939
非优势产区	江苏	0.652	0.799	0.969	0.996	0.844	0.633	0.817	1.000	0.973	0.794
	福建	0.659	0.799	1.000	1.000	0.825	0.677	0.817	1.000	0.984	0.841
	河南	0.707	0.799	1.000	1.000	0.884	0.687	0.817	1.000	0.984	0.855
	贵州	0.653	0.799	0.916	0.986	0.901	0.606	0.817	0.960	0.964	0.803
	陕西	0.752	0.799	1.000	1.000	0.941	0.758	0.817	0.987	0.990	0.951
区域	地区	2004—2008年平均					2009—2014年平均				
		TFP	TFP*	ITE	ISE	RME	TFP	TFP*	ITE	ISE	RME
优势产区	湖北	0.741	0.902	0.971	0.980	0.864	0.776	0.902	1.000	1.000	0.860
	安徽	0.716	0.902	0.926	0.981	0.874	0.687	0.902	0.966	0.936	0.843
	四川	0.809	0.902	1.000	0.964	0.930	0.853	0.902	0.997	0.997	0.951
非优势产区	江苏	0.612	0.902	0.969	0.980	0.715	0.671	0.902	0.993	0.983	0.762
	福建	0.772	0.902	0.986	0.963	0.901	0.727	0.902	0.979	0.966	0.853
	河南	0.858	0.902	1.000	1.000	0.951	0.759	0.902	0.989	0.989	0.859
	贵州	0.662	0.902	0.847	0.990	0.872	0.691	0.902	0.889	0.931	0.922
	陕西	0.749	0.902	0.982	0.992	0.853	0.770	0.902	0.990	0.991	0.870

（四）晚籼稻

1. 除海南和浙江外，晚籼稻全要素生产率都实现大幅增长

与1995—1997年相比，2009—2014年晚籼稻全要素生产率增长幅度自高到低依次为广西、湖北、江西、湖南、广东，增幅均超过30%，接下来是安徽、福建，分别增长21.7%和19.0%。其中，2004—2008年和2009—2014年浙江的晚籼稻全要素生产率较上一时段都有小幅下降，因此整个时段增长幅度较小，仅2.1%；海南在1998—2003年、2004—2008年晚籼稻全要素生产率都有增长，但因2009—2014年下降幅度过大，导致整个时段呈负增长（-3.9%）；其他省份在不同时段都呈现增长态势，但增长速度有明显下降。

2. 优势产区和非优势产区晚籼稻全要素生产率存在显著的差异，而且这种差异由来已久

如2009—2014年，湖北（0.869）、安徽（0.835）、江西（0.822）、湖南（0.790）优势产区的晚籼稻全要素生产率要显著高于浙江（0.787）、福建（0.707）、广东（0.664）、广西（0.608）和海南（0.511）非优势产区。1994—1997年、1998—2003年以及2004—2008年，几乎都是如此[①]。

3. 从全要素生产率分解看

尽管晚籼稻技术效率较高，但大部分省区技术效率有所下降；晚籼稻规模效率有一定分化，无论是提高的省区，还是降低的省区，变化幅度都不大；反映范围经济的残余混合效率多实现明显增长，而浙江和海南则有所下降。总体看，安徽、浙江、海南属技术进步单轨驱动全要素生产率增长；江西、湖南、湖北、广西、广东、福建的残余混合效率贡献不可忽视，其中广西、江西、湖北残余混合效率的贡献超过了技术进步的作用。

---

① 这三个时段浙江晚籼稻全要素生产率较高，高于优势产区。

表 5　　中国晚籼稻全要素生产率变动及其分解：省际比较

区域	地区	1995—1997 年平均					1998—2003 年平均				
		TFP	TFP*	ITE	ISE	RME	TFP	TFP*	ITE	ISE	RME
优势产区	江西	0.611	0.778	1.000	1.000	0.789	0.692	0.837	0.955	0.935	0.926
	湖南	0.599	0.778	0.987	1.000	0.785	0.702	0.837	0.923	0.954	0.953
	湖北	0.631	0.778	0.976	0.990	0.847	0.722	0.837	0.961	0.995	0.902
	安徽	0.686	0.778	1.000	1.000	0.886	0.774	0.837	0.995	0.992	0.935
非优势产区	浙江	0.771	0.778	1.000	1.000	0.992	0.805	0.837	1.000	0.998	0.964
	福建	0.594	0.778	0.966	0.932	0.854	0.656	0.837	0.943	0.934	0.890
	广西	0.413	0.778	0.854	0.771	0.811	0.526	0.837	0.831	0.836	0.907
	广东	0.506	0.778	0.919	0.867	0.824	0.595	0.837	0.896	0.908	0.875
	海南	0.532	0.778	1.000	1.000	0.689	0.567	0.837	1.000	0.894	0.756
区域	地区	2004—2008 年平均					2009—2014 年平均				
		TFP	TFP*	ITE	ISE	RME	TFP	TFP*	ITE	ISE	RME
优势产区	江西	0.764	0.893	0.958	0.960	0.929	0.822	0.901	0.995	0.989	0.927
	湖南	0.777	0.893	0.965	0.950	0.948	0.790	0.901	0.999	0.965	0.909
	湖北	0.815	0.893	0.984	0.988	0.939	0.869	0.901	0.987	0.996	0.981
	安徽	0.791	0.893	0.987	0.984	0.911	0.835	0.901	0.988	1.000	0.938
非优势产区	浙江	0.795	0.893	1.000	1.000	0.890	0.787	0.901	1.000	0.998	0.875
	福建	0.669	0.893	0.906	0.969	0.853	0.707	0.901	0.881	0.952	0.936
	广西	0.596	0.893	0.795	0.883	0.950	0.608	0.901	0.818	0.857	0.961
	广东	0.691	0.893	0.895	0.950	0.909	0.664	0.901	0.890	0.902	0.919
	海南	0.620	0.893	1.000	0.901	0.771	0.511	0.901	1.000	0.841	0.674

五、结论与政策含义

本文应用 DEA Färe–Primont 指数方法测度了 1995—2014 年中国及主要省区粳稻、早籼稻、中籼稻和晚籼稻全要素生产率水平，并将其进一步分解为技术进步、技术效率、规模效率和残余混合效率，以此分析中国稻谷全要素生产率增长的驱动因素及省际差异。

研究表明：

（1）1995—2014年，中国4个稻谷品种全要素生产率都有增长，其中晚籼稻增长最快，早籼稻次之，粳稻和中籼稻增长较慢；其全要素生产率增长的阶段性划分与中国稻谷生产的阶段性变化有着高度相似性。

（2）中国稻谷全要素生产率增长开始出现品种分化，粳稻全要素生产率长期低于籼稻，与籼稻全要素生产率之间差距在拉大，而籼稻品种之间全要素生产率差距有所缩小。

（3）中国稻谷全要素生产率增长主要源自技术进步的作用，但它所呈现的却是跳跃式的、而非连续性的技术进步，因此综合效率的改善在某一时期对全要素生产率增长仍发挥重要作用，特别是残余混合效率的贡献。

（4）与1995—1997年相比，2009—2014年中国主要产区籼稻（包括早籼稻、中籼稻和晚籼稻）全要素生产率实现普遍性增长；非优势产区粳稻全要素生产率也有不同程度增长，但优势产区却普遍下降。

（5）早籼稻全要素生产率在优势产区和非优势产区开始分化，两者开始表现出有所区别；晚籼稻全要素生产率在优势产区和非优势产区存在显著差异，且这种差异又来已久；中籼稻仍未体现出优势产区和非优势产区全要素生产率的典型差异；而粳稻全要素生产率在优势产区和非优势产区表现出的显著差异却在快速消失。

（6）从全要素生产率分解看，无论是粳稻，还是籼稻，其技术效率、规模效率都保持相对高位水平，因此大部分省区并没有显著变动，部分省区稻谷全要素生产率的增长主要是技术进步单轨驱动，但残余混合效率的贡献正在成为一股不可忽视的力量。

在推进农业供给侧结构性变革的背景下，加快转变中国稻谷发展方式，由主要依靠增加要素投入转到主要依靠提高全要素生产率的轨道上，促进稻谷生产集约式发展，重心或在于技术进步。为此，应加大对稻谷良种、机械化等技术研发与应用推广的支持，并以制度创新激发技术要素的活力。由于耕地分散化和细碎化，诸多现实约束下进一步提高规模效率难度较大，特别是耕地禀赋条件不好的非优势产区；应注意优势产区和非优势产区所面临的农业兼业化、农业劳动力弱质化可能带来稻谷生产技术效率的下滑。与此同时，促进农业生产的多样化，以及促进稻谷生产分工的专业化，以此实现范围经济，或是提高稻谷全要素生产率的另一可选路径。

参考文献

[1] 李谷成、范丽霞、陈刚等："农业全要素生产率增长：基于一种新的窗式 DEA 生产率指数的再估计"，《农业技术经济》2013 年第 5 期。

[2] 张乐、曹静："中国农业全要素生产率增长：配置效率变化的引入——基于随机前沿生产函数法的实证分析"，《中国农村经济》2013 年第 3 期。

[3] 郭萍、余康、黄玉："中国农业全要素生产率地区差异的变动与分解——基于 Färe - Primont 生产率指数的研究"，《经济地理》2013 年第 2 期。

[4] 杨锦英、韩晓娜、方行明："中国粮食生产效率实证研究"，《经济学动态》2013 年第 6 期。

[5] 肖红波、王济民："新世纪以来我国粮食综合技术效率和全要素生产率分析"，《农业技术经济》2012 年第 1 期。

[6] 陈超、李纪生："基于 SBM 模型的中国水稻生产效率分析"，《农业技术经济》2008 年第 4 期。

[7] 王明利、吕新业："我国水稻生产率增长、技术进步与效率变化"，《农业技术经济》2006 年第 6 期。

[8] O'Donnell, C. J. An Aggregate Quantity - Price Framework for Measuring and Decomposing Productivity and Profitability Change [R]. Centre for Efficiency and Productivity Analysis Working Papers WP07/2008. University of Queensland, 2008. http://www.uq.edu.au/economics/cepa/docs/WP/WP072008.pdf.

[9] O'Donnell, C. J. Econometric Estimation of Distance Functions

and Associated Measures of Productivity and Efficiency Chang [R]. Centre for Efficiency and Productivity Analysis Working Papers WP01/2011. University of Queensland, 2011a. http://www.uq.edu.au/economics/cepa/docs/WP/WP012011.pdf.

[10] 杨万江、陈文佳:"中国水稻生产空间布局变迁及影响因素分析",《经济地理》2011 年第 12 期。

[11] O'Donnell, C. J. DPIN 3.0 A Program for Decomposing Productivity Index Numbers, User's Guide of DPIN3.0 [R]. University of Queensland, 2011b. http://www.uq.edu.au/economics/cepa/dpin.php.

消费者生鲜农产品网购行为调查

刘景景 王晓睿 袁 航

内容提要: 生鲜电商近几年不断发展,已成为中国电商下一个千亿元市场,潜力巨大。目前生鲜农产品网络销售中,消费者购买水果的频率最高,相对而言,较少有消费者网购肉类和水产品。消费者生鲜农产品网购行为的调查显示,产品质量和配送时效是阻碍消费者网购生鲜农产品的主要原因,消费者对质量安全认证标识本身认同,但质疑企业遵从认证标识生产的真实度,超过九成的消费者愿为安全农产品支付溢价。主成分分析显示,消费者个人及家庭特征因素、质量认证因素、网购的经验与习惯以及网购生鲜农产品的优势会对消费者网购生鲜农产品的行为具有显著影响。生鲜农产品电商虽然产生的时间不长,但是竞争已经十分激烈。若想长久发展,电商应注重丰富产品类别、产品分级和提升产品质量。

一、引言

随着互联网技术发展和智能设备普及,网络消费已渗透到人们生活的方方面面,生鲜产品也随之出现在电商平台中,满足越来越多消费者的需求。2013年全国生鲜电商交易额达到130亿元，2014年这一数字整整翻了一番①，因此生鲜电商也被称为中国电商下一个千亿元市场。随着生鲜农产品市场的不断活跃，相关政策也开始关注这一领域的发展。农产品电子商务已经连续4年被写入"中央一号文件"。据农业部估算，目前我国农产品网络销售量约占总流通量的2%左右，其中干货和加工品占到八成，水果、蔬菜和水产品等生鲜产品增幅均超过300%，生鲜农产品电商正迎来一个全新、爆发式增长的时代。

在网络购物中，因为不能看到或是接触到实际商品，消费者更易感知到风险的存在（杨颖，2015）。而生鲜农产品恰巧又是不能在购买或使用前体验的产品（何德华等，2014），使得消费者对购买生鲜农产品的风险感知变得敏感，加之生鲜产品的易腐、易损特性，实际上如火如荼发展的生鲜农产品电商盈利率很低。《2014—2015年中国农产品电子商务发展报告》显示，仅有1%的农产品电商实现盈利，其余企业都是亏本经营或勉强收支平衡。尼尔森的相关调查显示，除天猫、京东等综合类平台，其他生鲜电商的消费者区域集中度很高，例如，天天果园在上海地区有着较高的认知度，而中粮我买网在北京地区有着较高的认知度②。为了更好地了解和促进生鲜农产品电子商务发展，课题组设计了一份涵盖填空、多选、单选、量表等多种题型结合的调查问卷，以获取消费者网购生鲜农产品的相关信息，分析生鲜农产品网购群体的构成、影响消费者网购行为的主要因素以及消费者对网购生鲜农产品质量的关注程度，以期为生鲜农产品电子商务发展提供一定参考和建议。

二、消费者网购生鲜农产品的行为分析

课题组通过实地、微信及专业网站等多种形式发放了消费者调查问卷，共计收回456份问卷，其中有效问卷420份，占问卷总量的92%。

---

① 数据来源 http://36kr.com/p/5035527.html。
② 尼尔森调查报告 http://yn.winshang.com/news-540085-2.html。

农产品市场与贸易

(一) 调查样本分布情况

按照四大经济地理区域划分,此次回收的问卷中,来自东部地区的样本最多,占45.2%,中部、西部和东北地区样本基本比较均衡,分别占总样本的19.3%、17.1%和18.3%。这既与东部地区人口密度较大有关,也反映出东部地区经济相对发达,消费者对生鲜农产品网络购销的参与度更高。从表1数据可以看出,我们此次受访的消费者中,男性216人,占51.4%,女性204人,占48.6%;受访者年龄集中于21—30岁和31—40岁两个区间段,占样本总量的87.4%;受访者的受教育年数集中在12年及以下和13—16年两个区间段,基本对应于初中学历和高中专技校学历人群,职业则以党政机关、事业单位工作人员和公司雇员为主。总体来看,此次问卷调查的受访者个人信息数据与中国互联网络信息中心的调查结论基本一致[1],说明此次的调查样本具有较强的代表性。

表1　　　　　受访者个人及家庭基本情况

统计变量	统计项	数量(人)	百分比(%)
性别	男	216	51.4
	女	204	48.6
年龄	20岁及以下	3	0.7
	21—31岁	205	48.8
	31—40岁	162	38.6
	41—50岁	32	7.6
	51—60岁	13	3.1
	60岁以上	5	1.2
受教育年数	12年及以下	84	20.0
	17年及以上	52	12.4
	13—16年	283	67.4

---

[1] 中国互联网络信息中心(CNNIC) 2015年发布的《中国互联网络发展状况统计报告》显示,我国网民男、女比例为56.4∶43.6,网民年龄集中在10—39岁,其中占比最高的两个年龄段是20—29岁以及30—39岁;从学历结构看,初中学历以及高中专技校学历的人群占网民总数六成以上;学生、雇员以及个体户或者自由职业者这三类人群的比例最高。

续表

统计变量	统计项	数量（人）	百分比（%）
职业	党政机关及事业单位工作人员	155	36.9
	个体户	23	5.5
	自由职业者	40	9.5
	学生	11	2.6
	农民	1	0.2
	雇员	186	44.3
	待业或退休	4	1.0
家庭人口数	1—2 口	59	14.05
	3—4 口	276	65.71
	5 口及以上	85	20.24
家庭月收入	5000 元以下	48	11.4
	5000—10000 元	99	23.6
	10000—15000 元	82	19.5
	15000—20000 元	75	17.9
	20000—25000 元	71	16.9
	25000—30000 元	19	4.5
	30000—35000 元	10	2.4
	35000—40000 元	8	1.9
	40000 元及以上	8	1.9

从受访者的家庭情况来看（表2），来自于小规模家庭的样本比例最高，5 口以下的受访家庭占到 79.8%；家庭月均收入主要集中在 30000 元以下，超过 30000 元的仅占 5% 左右；家中有学龄前儿童的家庭占到了所有受访者家庭的 59.5%，有 55 岁以上老人一起长期居住的达到 47.9%。这部分信息主要用于家庭特征对于受访者网购生鲜农产品的行为分析。在样本中，鉴于大学生生活消费与家庭分离但又没有收入的这一特点，我们对其做了专门处理：假设大学生长期住校生活，与其他家庭成员分离，对家庭采购生鲜农产品的影响较小，所以在处理学生的家庭月收入时，我们采取直接询问月生活费的方式，默认其家庭人口规模为 1，并默认家中没有学龄前儿童与 55 岁以上老人。

（二）消费者生鲜农产品网购行为分析

通过互联网（包含移动互联网）调查是此次问卷发放的主要形式，所以调查样本中有网购行为的达到413人，占总样本量的98.3%，其中，约80%的人每周网购3次及以上。从购买品类来看，90%以上的消费者表示曾经买过衣服、鞋、包等产品，有食品、酒类、生鲜产品购买经历的消费者仅次于服装鞋包类，占74.5%。

1. 产品质量和配送时效是阻碍消费者网购生鲜农产品的主要原因

据对80名没有网购过生鲜农产品的消费者调查，质量是阻碍消费者生鲜农产品网购的最大原因。有86.3%的消费者表示没有网购生鲜农产品的原因之一是担心产品质量，53.8%的消费者觉得生鲜农产品配送时间相对固定，不够方便，即存在"最后一公里"问题。可见如何在消费者方便的时间送货上门，并且保持产品的新鲜，是生鲜电商亟待解决的问题。调查显示，53.8%的消费者担心售后问题，12.5%的消费者觉得生鲜产品提货麻烦，16.3%的消费者认为网购生鲜农产品会缺斤短两。

2. 水果网购频率最高，水产品网购发展潜力较大

在此次收回的420份问卷中，曾经网购过生鲜农产品的样本有333个，占到总样本的79.3%，占到曾经有过网购行为的样本八成以上。在333名曾经网购过生鲜农产品的消费者中，几乎每天都网购生鲜农产品的有16名，占4.8%；每周网购1—2次以及每月网购1—2次的消费者比例相当，分别占37.5%和38.4%；偶尔想起才网购生鲜和几乎不网购生鲜农产品的比例分别为17.4%和1.8%（表2）。

表2　　　　消费者网购生鲜农产品的频率　　　　样本数：333

网购频率	频数（人）	百分比（%）
几乎每天都网购生鲜农产品	16	4.8
每周一到两次	125	37.5
每月网购一到两次	128	38.4
偶尔想起才会网购	58	17.4
几乎不网购生鲜农产品	6	1.8

水果、蔬菜、水产品和肉制品4种生鲜类别中（表3），消费者购买频率最高的是水果，占到60.4%，蔬菜、水产品和肉制品这三类产品购买频率较低，占比均在20%以上。但从没有网购过蔬菜和肉类的消费者较多，分别占23.1%和22.2%，从没有网购过水产品的占15.6%。偶尔在网上买水产品的消费者有194名，占58.3%，这部分群体将来很可能成为网购的生力军，我们据此推断，水产品未来网购发展的潜力会很大。目前我国生鲜农产品电商中主营水果的电商最多，竞争也最为激烈，产品档次高低差别巨大，而肉类和水产品生鲜主要以中高端产品（李博，2014）或特色产品为主，网购的频次低于水果也在情理之中。

表3　　　　　　　　　不同品类生鲜农产品的网购频率　　　　　　样本总数：333

	水果	蔬菜	水产	肉
经常	201	84	87	70
偶尔	123	172	194	189
从不	9	77	52	74
经常购买的消费者比例（%）	60.4	25.2	26.1	21.0

3. 消费者对安全农产品溢价支付意愿高，但质疑企业遵从认证标识生产的真实度

虽然网购商品一般都带有价格优势的"标签"，但生鲜农产品作为食品，质量是消费者最为关注的因素（Hughes et al, 1996），无论消费者有无网购生鲜经历，都对产品质量予以较高关注（表4）。其中，71%的消费者认为政府的无公害标识、绿色食品标识、有机食品标识是可信的，表示不相信或非常不相信标识的消费者仅占3.5%；但对于超市中销售的贴有无公害标识、绿色食品标识、有机食品标识的产品，只有64%的消费者认为企业完全按照标识规定进行了生产；对于网络销售中店家提供的带有安全标识的产品，则仅有53%的消费者相信他们真正按照标识规定进行生产。由此可见，消费者对标识本身的信任度较高，但对于企业是否真的按照标识要求进行生产则持一定怀疑态度。在420份有效问卷中，愿意对带有无公害农产品认证标识、有机农产品认证标识以及原产地认证的生

鲜农产品支付溢价的消费者达到90%以上（表5），这说明消费者对于优质生鲜农产品有强烈的购买需求，并且愿意为其高质量付出更高的代价。

表4　　　　　　　　消费者对农产品标识的信任程度

信任程度	政府的无公害标识、绿色食品标识、有机食品标识是可信的（人）	超市中销售的贴有无公害标识、绿色食品标识、有机食品标识的产品是真的按照相关规定生产的（人）	网络销售中店家提供的无公害、绿色食品、有机食品是真的按照相关规定生产的（人）
非常相信	93	78	40
相信	207	191	184
一般	105	121	130
不相信	14	29	58
非常不相信	1	1	8
选择"相信或非常相信"的消费者比例	71%	64%	53%

表5　　　　　　　　消费者对安全标识农产品溢价的支付意愿

是否愿为安全标识农产品支付溢价	是	否
	385元	35元
愿意支付的溢价比例	频数（人）	占比（%）
0—10%	101	26.2
11%—20%	185	48.1
21%—30%	78	20.3
31%—40%	10	2.6
41%—50%	7	1.8
50%以上	4	1.0

在对生鲜农产品质量的辨识依据上，新鲜程度是消费者最为关注的。93%的消费者表示新鲜程度重要或非常重要；消费者对质量认证标识、检测证书与产品价格的关注程度相当，均有70%以上的消费者认为这两项重要或非常重要，这与林家宝等学者的研究结论相一致（林家宝等，

2015；邹俊，2011；石朝光等，2011）；约有一半的消费者认为熟人推荐和品牌重要或非常重要；消费者对产品包装和广告的关注度不高，分别有40%和31%的消费者看重这两项（表6）。

表6　　　　　　　　生鲜农产品质量的辨识依据人数

重要程度	新鲜程度	产品价格	质量认证	包装形式	产品品牌	产品广告	熟人推荐
非常重要	259	95	126	50	66	45	69
重要	132	209	179	120	148	86	163
有些重要	19	89	95	132	124	118	135
不重要	8	26	17	107	75	136	46
非常不重要	2	1	3	11	7	35	7
认为"重要或非常重要"的消费者比例	93%	72%	73%	40%	51%	31%	55%

4. 消费者生鲜网购体验评价较好，未来网购发展潜力大

对曾经有生鲜网购经历的消费者调查显示，90%以上的消费者觉得生鲜农产品的配送方式比较方便，但产品描述与实物相符的程度较差，近7成消费者认为自己收到的生鲜产品实物跟网上描述不符。对于网站的服务评价，绝大部分消费者给予了中性或"好"的评价，其中，认为"好"的消费者占一半以上，认为服务不好的仅占1.5%（表7）。

表7　　　　　消费者生鲜农产品网购体验评价　　　　　样本数：333

	选项	频数（人）	百分比（%）
配送方式是否方便	是	302	90.7
	否	31	9.3
产品描述与实物是否相符	是	97	29.1
	否	232	69.7
网站服务	好	177	53.2
	一般	151	45.3
	不好	5	1.5

我们对有网购行为但没有网购过生鲜农产品的消费者调查了未来的网购意愿，结果显示，如果消费者担心的质量、配送、服务等问题能够解决的话，93.8%的消费者愿意尝试网购生鲜农产品，这说明生鲜农产品未来的网络销售前景十分可观。当问及消费者对生鲜电商的改进建议时，分别有62.2%、53.2%和52.6%的消费者表示希望电商在售后服务、配送速度和产品品类上加以改进和完善，另外还有42.9%的消费者希望网购生鲜产品价格更具优势，48.6%的消费者希望电商可以提高在线咨询服务水平。如果消费者担心的问题得以解决，有59.8%的消费者预期网购生鲜将占其家庭生鲜总消费的11%—30%，还有21.3%的消费者预期这一比例可达到31%—50%，可见未来生鲜农产品网络销售的潜力巨大。

三、影响消费者生鲜农产品网购的主要因素——基于主成分分析法

（一）影响消费者生鲜农产品网购的主要因素

借鉴前人研究和生鲜农产品的自身特点，本文将影响消费者网购生鲜农产品行为的因素分为4类：消费者个人及家庭特征（Li et al., 2002；Korgaokar, 1999；Ash Kucukaslan, 2010；邹俊, 2011）、消费者对于质量认证的认知（Hughes et al., 1996；Mayer et al., 2011；刘欣欣, 2012；杨颖, 2015）、消费者网购经验与习惯（Suh, 2010；汪洁等, 2015；Rose et al., 2001）、消费者对于网购生鲜农产品的感知及网购产品的优势（余菊生等, 2006；邹俊, 2011；石朝光等, 2011）。需要说明的是，生鲜农产品属于食品，安全性是消费者选购时需要考虑的重要因素，尤其是家中有儿童、老人的消费者，在购买食品时更加看重安全性，这从我国消费者疯狂的奶粉海外代购及各类养生节目热播中可见一斑。为了迎合消费者对安全食品的需求，很多生鲜电商都以有机、健康、无污染为主要卖点吸引消费者眼球。因此，本研究将消费者家庭成员构成纳入到了消费者行为分析中。同时考虑到目前食品安全问题备受争议与关注，消费者对于食品安全性的感知可能会成为影响消费者购买行为的特殊风险因素（何德华等, 2014），所以消费者对质量认证的信任程度也成为本研究考量的一个重要因素。

(二) 主成分分析

我们用 spss17.0 对问卷得到的相关结果进行分析，数据的 α 系数达到 0.735，可信度比较好。KMO 值在 0.739，也适合进行下一步的因子分析。表 8 给出了各成分的方差贡献率和累计贡献率，可知只有前 4 个特征根大于 1，因此 SPSS 只提取了前四个主成分。第一主成分的方差占所有主成分方差的 26.11%，前四个主成分对总方差的累计解释达到 60% 以上，可以进行下一步的分析。

表 8 因子分析——解释的总方差表

成分	初始特征值			提取平方和载入			旋转平方和载入		
	合计	方差%	累计%	合计	方差%	累积%	合计	方差%	累积%
1	3.394	26.106	26.106	3.394	26.106	26.106	2.551	19.627	19.627
2	2.552	19.628	45.734	2.552	19.628	45.734	2.037	15.667	35.293
3	1.352	10.398	56.132	1.352	10.398	56.132	1.945	14.959	50.252
4	1.051	8.086	64.218	1.051	8.086	64.218	1.816	13.966	64.218
5	0.811	6.240	70.459						
6	0.705	5.423	75.881						
7	0.690	5.306	81.187						
8	0.589	4.530	85.718						
9	0.546	4.196	89.914						
10	0.456	3.510	93.424						
11	0.398	3.064	96.487						
12	0.265	2.039	98.527						
13	0.192	1.473	100.000						

从表 9 可以看到，消费者个人及家庭特征因素（编号 1—3）在第一个成分上的载荷比较高，质量认证因素（编号 10—13）在第二个成分上的载荷比较高，网购的经验及习惯因素（编号 7—9）在第三个成分上的载荷比较高，网购生鲜农产品的优势因素（编号 4—6）在第四个成分上

的载荷比较高。根据因子分析，可以得出消费者个人及家庭特征因素、质量认证因素、网购的经验与习惯以及网购生鲜农产品的优势会对消费者网购生鲜农产品的行为具有显著影响，可以解释其64.2%。

表9　　　　　　　　因子分析——旋转成分矩阵 a

编号		成分			
		1	2	3	4
1	家中是否有学龄前儿童	0.913	0.019	0.044	-0.034
2	是否与老人一起居住	0.906	0.023	0.048	-0.011
3	是否为生鲜农产品主要采买人	0.93	0.028	-0.017	0.009
4	关注网购配送较之线下购买的便利性	-0.012	0.086	-0.084	0.767
5	关注网购生鲜与线下不同的品种	0.001	0.096	0.183	0.689
6	关注网购生鲜与线下不同的产地	-0.025	0.057	0.215	0.73
7	网购生鲜描述与实物是否相符	0.069	0.178	0.707	0.235
8	网购生鲜农产品的频率	0.107	0.227	0.628	0.009
9	生鲜网站服务水平	-0.081	0.03	0.757	0.073
10	是否愿为标识支付溢价	0.086	0.759	-0.138	-0.119
11	对食品安全标识的信任程度	0	0.669	0.284	0.257
12	超市产品对食品安全标识规定的遵守程度	-0.019	0.715	0.339	0.135
13	网购产品对食品安全标识规定的遵守程度	-0.01	0.63	0.413	0.243

提取方法：主成分分析法。旋转法：具有 Kaiser 标准化的正交旋转法。a. 旋转在5次迭代后收敛。限于篇幅，表中所列的测量题项说法已简化，如感表述不清，可向作者索取原始说法。

四、结论与建议

生鲜农产品电商市场虽然起步时间不长，但在卖方市场的竞争已经十分激烈。调查结果显示，如果消费者担心的质量、配送等关键问题得到解决，生鲜电商的未来发展空间巨大。通过分析我们发现，虽然影响消费者生鲜农产品网购行为的因素很多，排除消费者个人及家庭特征、消费者网购经验习惯等不可变因素外，生鲜电商应着力于改善产品质量以及提高网购生鲜产品的优势。具体来说，电商企业应在以下几个方面加以改进。

一是丰富产品种类。线上与线下提供的生鲜农产品种类的差异是促进消费者进行网购生鲜的原因之一。由于生鲜农产品属于日常生活必需品，消费者的购买半径普遍较小，也不愿花费时间和精力去某地购买特殊品种的产品，生鲜电商如果有丰富的产品类别，则恰好可以弥补线下购买的品种缺陷。

二是提供准确的产品描述和产品分级。生鲜农产品在电商平台上的产品描述与实物不符会严重影响消费者的购物体验，从而造成客源流失。如果电商能对所经营的产品做出恰当的描述和产品分级，则有助于提升消费者对电商平台的信任，增加消费者购买生鲜农产品的意愿。

三是慎用低价手段，注重产品质量。低价竞争是造成目前生鲜电商平台难以盈利的重要原因之一，虽然这是吸引消费者的重要手段，但如果消费者适应了低价格，将来产品会很难有提价空间，一旦涨价则可能导致大量的顾客流失。对生鲜农产品而言，新鲜程度是消费者最为关注的要素，调查结果也证明，九成以上的消费者愿意为优质生鲜农产品支付溢价。因此，严格把控产品质量是生鲜电商的首要任务。

参考文献

[1] Hughes. D and Merton. I. Partnership in produce: the J Sainsbury approach to managing the fresh produce supplychain [J]. *Supply China Mnagement*, 1996 (2): 4-6.

[2] Li Na, Zhang Ping. Consumer online shopping attitudes and behavior: An assessment of research [C]. *Eighth Americas Conference on Information Systems*, 2002: 508-518.

[3] Korgaonkar and Wolin. A multivariate analysis of Webusage [J]. *Journal of Advertising Research*, 1999, 42 (02): 53-69.

[4] Kucukaslan, Asli and Celik, Sadullah. Women Feel More Pessimistic Than Men: Empirical Evidence from Turkish Consumer Confidenceindex [J]. *Journal of Business Economics & Management.* 2010, 11 (1): 146-171.

[5] Suh B. W. A Study of Consumers' Food Choice Behavior by Comparison of Past Experience – Focus on Organic Food [J]. *Korean Journal of Food Marketing Economics*, 2010, 27 (1): 19 – 39.

[6] Mayer P D, Estelami H. Consumer perceptions of third party product qualityratings [J]. *Journal of Business Research*, 2011, 64 (10): 1067 – 1073.

[7] GM Rose, DW Straub The Effect of Download Time on Consumer Attitude Toward the e – Service Retailer [J]. *e – Service Journal*, 2001, 1 (1): 55 – 76.

[8] 杨颖:"生鲜农产品网购意愿影响因素的实证研究",安徽财经大学,2015年。

[9] 何德华、韩晓宇、李优柱:"生鲜农产品电子商务消费者购买意愿研究",《西北农林科技大学学报:社会科学版》2014年第4期。

[10] 李博:"线上线下背景下双渠道供应链的差异化产品策略分析",《商业经济研究》2015年第14期。

[11] 林家宝、万俊毅、鲁耀斌:"生鲜农产品电子商务消费者信任影响因素分析:以水果为例",《商业经济与管理》2015年第5期。

[12] 邹俊:"消费者网购生鲜农产品意愿影响因素实证研究",华中农业大学,2011年。

[13] 石朝光、王凯:"影响消费者生鲜农产品购买决策的产品特征因素分析",《浙江农业学报》2011年第1期。

[14] 刘欣欣:"基于消费者感知的网络购物中商品质量的影响因素研究",山东大学,2012年。

[15] 汪洁、张钢仁、邹俊:"消费者网购生鲜农产品意愿影响因素浅析",《现代经济信息》2015年第7期。

[16] 俞菊生、王勇、曾勇、罗强、谈平:"上海市民食品消费结构和蔬菜购买行为分析",《上海农业学报》2006年第3期。

可持续发展

可持续发展

农业化肥投入如何做好"减法"*

张灿强 刘志仁 姜志德

中国用世界10%的耕地生产了世界25%的粮食，同时也消费了世界40%的化肥，化肥对粮食安全发挥了巨大作用，同时，我国化肥施用普遍存在着施用量偏高、利用率不高等问题，造成资源浪费和生态环境破坏。在诸多问题中，化肥使用不科学往往成为人们诟病的焦点，然而，从整个产业链角度看，化肥使用问题由生产、流通、管理等多重因素相互叠加造成。当前应多管齐下，瞄准产业链各环节中制约化肥减量的主要问题开展政策创设，实现化肥使用到2020年"零增长"。

一、化肥产业怎么了？

（一）化肥生产：产能过剩问题突出

进入21世纪以来，中国化肥行业保持快速增长，氮肥、磷肥的产量及消费量已居世界首位，并实现自给有余；钾肥生产跃居世界第四，自给率提升至50.3%。农用化肥产量翻了一番多，从2000年的3186万吨增长

---

* 张灿强，农业部农村经济研究中心，助理研究员；刘志仁，国务院参事，农业部农村经济研究中心研究员；姜志德，西北农林科技大学经济管理学院教授。本研究课题为农业部种植业司委托课题"关于耕地质量与肥料立法研究"阶段性成果。

到2014年的6887万吨,年均增长5.7%。据不完全统计,全国涉及化肥生产的企业达6000余家,仅山东省就有1800多家,其中80%属中小企业。与此同时,国产化肥价格持续低迷,尤其是2013年以来,国产尿素、磷酸二铵、氯化钾价格创近年来新低。化肥市场持续供大于求,产能过剩明显,初步测算,2014年氮肥和磷肥的产能利用率分别为75%和72%。化肥行业的亏损面扩大,据中国氮肥工业协会统计,2014年全行业亏损56.6亿元,亏损额创历史纪录(图1)。

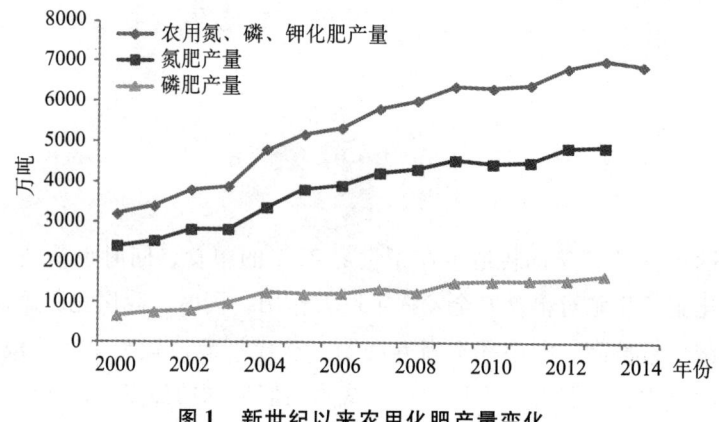

图1 新世纪以来农用化肥产量变化

资料来源:历年《中国统计年鉴》。

在产能过剩、供大于求、价格低迷的态势下,市场竞争加大,尤其是中小企业的生存处于危机状态,部分企业铤而走险,仿冒大品牌、养分含量不足("偷养分")、产品标识模糊、虚假宣传等现象较为突出。据山东省肥料管理部门介绍,复混肥质量虽有所好转,但抽检合格率仍然较低,仅在77%—85%,假冒伪劣化肥坑农事件还时有发生。

(二)化肥流通:市场秩序亟待整顿

当前市场上肥料产品众多,广告可谓铺天盖地,商家自说自好,农户选择迷茫。在广大农村地区,村、镇农资店是直接面向农户的末端代理商,不仅在化肥销售而且在施肥指导上发挥了重要作用,客观上要求经销人员具有一定的农业基础知识和经验,对化肥的养分含量、适用作物、使用方法等具有相当了解。然而,实际中化肥经营门槛低,部分经销人员达不到开展技术指导的要求,有些甚至会误导农户。为扩大产品销售,农村地区还活跃着许多无照经营的"游走商",通过送肥入户到田,搭配销售吸引农户购买,个别小厂家还聘请"忽悠团",夸大肥料效果,农民对肥料缺少鉴别能力,在强大的营销攻势下,很容易购买其产品,而这些肥料产品的质量却难以保障,由于没有固定的经营场所,往往成为监管的"盲区"。"互联网+农资"已不是新鲜事物,然而化肥的电子商务模式中,产品质量如何保障,监管责任谁来承担,这些都是需要解决的新问题。

(三) 化肥使用:消费结构升级使得减肥压力加大

从未来居民对食物的需求数量和结构反观化肥需求,随着消费结构升级,居民直接口粮消费可能有所下降,但饲料、工业等用途将持续增加。据预测,未来10年,中国玉米饲料消费需求年均增长2.7%[1]。虽然进口可满足部分需求,但由于我国粮食需求基数大,以我为主、立足国内还是我国粮食安全的基本战略。水果和蔬菜消费需求依然强劲,到2023年,人均蔬菜和水果消费量将以年均1.1%和2.5%的速度增长,优势区域的种植面积将继续扩大[2]。从不同作物品种的施肥量来看,果树和蔬菜的亩均施肥量要远高于粮食作物,分别是粮食作物的1.5倍和2.5倍,这给农用化肥削减带来一定压力(图2)。

此外,小规模分散的家庭经营模式在中国还将长期存在,从农业经营主体的数量来看,虽然家庭农场和经营大户发展较快,但数量占家庭承包经营农户数的比重不足2%,小农户仍然是大头,加之农村劳动力素质偏低,老龄化趋势明显,都给科学施肥技术的推广带来一定困难。

---

[1] 《中国农业展望报告(2014—2023)》。
[2] 《中国农业展望报告(2014—2023)》。

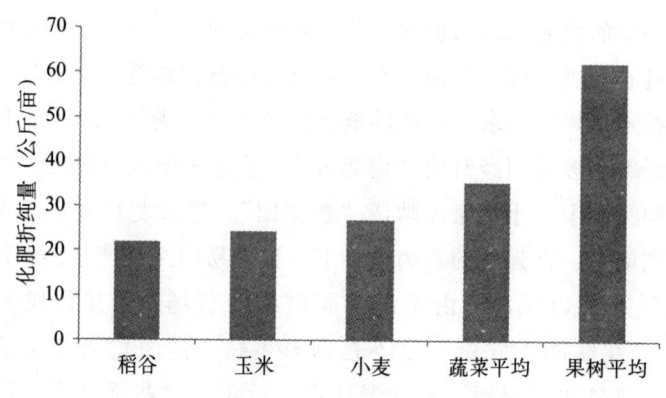

图 2　不同品种化肥使用量（折纯量）

资料来源：《全国农产品成本收益资料汇编 2015》。

（四）化肥管理：监管和执法能力有待提升

从立法角度讲，我国还没有一部专门针对肥料管理的法律法规，相关规定散布于《中华人民共和国农业法》、《中华人民共和国农产品质量安全法》、《中华人民共和国基本农田保护条例》和《中华人民共和国水污染防治法》等法律条文中，它们属指导性文件，由于涉及的法律法规多，执法的系统性不足，管理部门执法依据不充分，难以充分发挥法律的惩戒作用。农业管理部门所依据的《肥料登记管理办法》立法层次低，没有封存、扣押或吊销权，不能对肥料市场出现的问题进行及时处理。从化肥生产经营的管理部门来看，生产主要由技术监督管理，市场有工商管理，使用由农业部门管理，还受发改、工信、国资、环保、商务、供销以及专业协会等部门的指导和管理，形成"九龙治水"的格局，有的环节交叉，责任边界不明，存在较多真空环节。

二、"减法"如何去做？

（一）从化肥生产上做"减法"

贯彻落实《推进化肥行业转型发展的指导意见》，着力化解产能过剩，严格遵守行业准入条件，控制新增产能，加快淘汰落后产能，鼓励企业兼并重组,针对部分经营困难多、技术条件落后、主要进行传统肥料生产的中小企业,逐步引导其主动退出。根据区域土壤类型、作物种类调整企业产品结构,更多的与农业生产实际需求相配套。转变化肥企业的经营理念,强化农化服务,形成"产品+服务"的经营模式,拓展企业发展空间。鼓励化肥生产企业组建农化服务队伍,通过农企对接,开展测土、配方、配送、施肥、技术指导、农户培训等一体化服务体系。创新农化服务模式,推出专用肥配制、个性化定制等商业服务模式。

(二) 从化肥管理上做"减法"

化肥是粮食的"粮食",直接关系农作物产量和品质,肥料作为农业专用投入品,其产品特性决定了必须通过专门的法律进行管理。美国、加拿大、日本、欧盟等国家和地区都出台了肥料法或相关法律。针对我国化肥管理立法缺位的问题,借鉴国外经验,加快出台"肥料管理条例",建立肥料产品准入和退出机制,明确相关管理部门的职责,规范生产、经销、使用等主体的行为。加强监管和执法能力建设,将多部门联合农资打假工作常态化,严厉打击制售假劣化肥的行为。规范产品标示、广告宣传,对标示含糊,虚假宣传的行为进行处罚。强化农村地区农资监管执法能力,在人员、经费等方面给予充分保障,探索多部门联合执法的模式,打击农资无照经营。加强化肥销售环节的管理,适当提高化肥经营的门槛,加强对销售人员农化知识培训,探索开展农资经营者资格认定制度。

(三) 从化肥使用上做"减法"

从不同作物和品种的用肥格局看,果树和蔬菜是今后化肥减量的重点,也是测土配方施肥项目扩大推广的重点领域,出台商品有机肥使用补贴政策,引导农户进行化肥替代。粮食作物依然具有"减肥"潜力,据测算,如果全部按照测土配方施肥,粮食作物可削减化肥使用量26.7%[①]。在作物优势生产区建立配方肥生产、加工和配送服务中心,落

---

① 张灿强等:"粮食生产的化肥削减潜力有多大?",《农村动态反映》2015年第15期。

实调整完善农业三项补贴政策试点工作,将补贴与耕地地力保护挂钩,向配方肥、缓(控)释肥等新型肥料倾斜,研究解决制约秸秆还田等资源化利用的瓶颈,逐步提高耕地有机质含量。开展对农户科学施肥的教育培训,加强农户对生态环境保护的认识。充分发挥合作社在农资统购统销和指导农户生产等方面的作用,探索完善"农资购买卡"制度,实现农户信息、种植信息、肥料信息查询和追踪,将施肥建议与购买卡嵌套,集多功能于一体。

(四)从化肥科技上做"减法"

加强企业科技研发能力,争取在关键技术和装备上有所突破,鼓励企业研发高效、环保型肥料。推动产学研结合,加强节肥作物培育,启动实施作物节肥综合技术研发和集成项目。组建专家团队加强技术指导和服务,推广种肥同播、化肥深施等高效施肥技术,着力提升化肥利用率。鼓励有条件的地方建立"农资监管与追溯平台",充分利用信息技术确保"卖"的安全,"买"的放心,"用"的可管可查。规范"互联网+肥料"经营模式,加强线上线下产品监管能力。吸收借鉴传统农业技术精华,如稻田养鱼、桑基鱼塘等循环农业模式,构建低碳农业技术体系,推广一批经济效益高、生态效益好的生态农业模式,建立产业、区域等层面的多级循环网络。

可持续发展

农业面源污染趋势、政策评述和防治建议

金书秦

内容提要：随着监测和统计口径的不断完善，未来农业面源污染排放的绝对数和占比均可能上升，对环境质量的影响将更加明显。当前农业面源污染受到社会关注、政府重视，同时农业转型需求迫切，具备打好攻坚战的各项条件。但从长期看，更要做好打持久战的预期和行动准备，完善监测体系，摸清家底，避免急于求成导致数字游戏。强化已有政策的落实，避免重形式、轻内容，重出台、轻落实。投入端主要是源头减量，要加强投入品的供给侧管理，产后端主要是资源化利用，提供更加适合当地的技术手段，政策手段则要疏堵结合，以疏为主。加大针对农业面源污染防治的财政投入，应与其排放占比相匹配。

一、引言

从正式的制度安排上，中国的农业面源污染治理工作在2014年得到全面重视。标志性的制度成果是当年生效的《畜禽规模养殖污染防治条例》，然后在2014年的全国农业工作会议上，首次提出农业面源污染防治的目标为"一控两减三基本"，该目标随后以农业部文件（《关于打好农业面源污染防治攻坚战的实施意见》）的形式得以全面阐释和确认，概括

为：农业灌溉用水量保持在 3720 亿立方米，农田灌溉水有效利用系数达到 0.55；减少化肥和农药使用量，肥料、农药利用率均达到 40% 以上，全国主要农作物化肥、农药使用量实现零增长；畜禽粪便、农作物秸秆、农膜基本资源化利用。可以说，农业面源污染防治工作由过去口号式的倡导转入带有明确目标的具体实践。

政策的重视，恰恰反映了问题的严重。农业面源污染问题不是一朝一夕形成的，从 20 世纪 70 年代我国的环境保护开篇 40 多年以来，在农业农村环境保护方面就存在政策缺位、机构萎缩、投入欠账等问题（金书秦，韩冬梅，2015）。因此，要理性研判农业面源污染的趋势，政策视角要长短结合以避免急功近利而产生的数字浮夸，政策措施要疏堵相济以克服手段单一下相关问题的此消彼长，政策本身要一以贯之，忌讳政出多门或朝令夕改，新政策要避免对已有政策不必要的重复，言之无物。

二、趋势：农业面源污染所表现出来的问题会更加严重

（一）农业面源污染排放的数据可能会更大

农业面源污染首次进入官方统计是 2007 年进行的全国污染源普查，在该次普查中，农业面源污染 COD、总氮、总磷占比分别为 43.7%、57.2%、67.3%。此后历年的《中国环境状况公报》开始将农业面源污染与工业源、生活源并列进入统计。目前农业面源污染的核算主要是种植业氮磷流失、畜禽粪便、水产养殖，秸秆、尾菜等虽然被认为是农业面源的来源，但是并没有进入统计中。据粗略估算，丢弃 1 吨秸秆，相当于向水体投放 1—1.5 袋复合肥（常志州，2016），而我国尚有近 2 亿吨秸秆未被利用。未来随着农业面源污染的监测点位的不断加密，农业面源污染进入统计的范围将更加全面，统计出来的农业面源污染排放量可能会更大。

（二）农业面源污染占据的比例会上升

现有统计中，水污染物主要有三种来源：工业点源、城镇生活、农业面源。已有的研究显示，工业和城镇生活污染的统计数据仍存在较大问题（宋国君、金书秦，2008；马中、周芳，2013），但是毕竟近年来环境治

理的力度越来越大,工业和城镇点源污染排放的总量(或增速)有所控制。正如前文所述,统计口径完善后统计出来的农业面源排放的数值将变大,因此反映出来的农业面源污染占比可能会上升,并且上升的趋势将持续相当一段时间。美国从20世纪90年代开始,农业就是第一大排放源,荷兰的最大污染源也来自农业。

(三)农业面源污染对环境质量的影响将更加显著

水污染排放将最终反映为对水体环境质量的影响。农业面源和工业点源排放特性迥异,同样当量的农业面源对于环境的冲击远小于工业点源(金书秦等,2013),目前在普查数据显示农业面源排放占"半壁江山"的情况下,农业面源还不是导致水体环境质量恶化的首要污染源(金书秦、武岩,2014)。但是随着农业面源污染占比的不断上升,面源污染终将成为水环境质量的首要致污因素。未来农业面源污染对水体环境质量的影响将更加显著,例如水体污染将更多表现为与农业面源直接相关的富营养化。另外,由于农业自身污染引起的农产品产地环境问题、农产品质量安全问题,也将更多呈现出来。

三、对现有主要政策的评述

(一)在政策安排上,要避免用文件落实文件

党的十八大以来,党中央、国务院高度重视生态文明建设,将其纳入"四位一体"的战略布局。特别是2015年4月党中央国务院出台了《关于加快推进生态文明建设的意见》,9月份又出台了《关于生态文明体制改革总体方案》(以下简称《总体方案》)。可以说顶层设计做好了,目前各部门都在加紧落实《总体方案》的有关任务,直接的产出就是一个一个的专门方案。据不完全统计,落实《总体方案》,将有23个具体方案要出台,其中也包括农业面源污染防治的相关方案,这些任务都明确落实到具体部门。对于各部门而言,拿出方案提交给国务院,而不论方案对于解决问题的效果如何,只要按照程序、按时给国务院提交一个文本,本部门的改革任务似乎就完成了。各专项方案本来就是落实《总体方案》的

部署，旨在明确各项具体工作应该怎么做，应更多体现为路线图、时间表、项目单，方案中的政策措施应该是自方案发布之日起立即实施，要避免原则性要求，更不应该再有"另行制定"、"研究出台"等条款。否则，又要有下一个方案来落实部门制定的方案。

就农业面源污染治理而言，政策的落地还是在基层，尤其是乡、村，可谓"上面千条线，下面一根针"。如果中央的政策不够清晰，加之各种文件层出不穷，那么地方就要花很多时间去学习、领会和传达。各地方各部门落实党中央、国务院要求的政策必须要有实招、有干货、路线清晰，要尽量减少基层操作者和社会主体学习和领会的时间和精力，避免通过多层传达后政策原意的走样。否则方案套方案、文件落实文件既没有实现党中央、国务院要着力解决实际问题的本意，更会让地方政府、社会各主体无所适从，难免形式主义之嫌。

（二）化肥、农药零增长要避免数字游戏

如前文所述，化肥、农药零增长是防治面源污染的重要行动。农业面源污染治理和其他污染治理的最终目标是一样的，那就是改善环境质量，让人民群众有获得感。过去的一段时间，污染物排放总量控制是我国环境保护工作的最重要政策，然而从公众对于环境质量的感知来讲，总量控制总体上被证明是低效甚至失败的，表现为"减排与环境质量脱节、减排基数不科学、与达标排放冲突、造成片面污染减排后果、涉嫌成为数字游戏"（孔令钰，2015）。化肥农药零增长目前总体遵循的是总量控制的思路。所不同的是，工业领域控制的是排出污染物的总量，农业领域控制的是化学品投入的总量。这是基于农业面源末端排放分散、隐蔽等特点的考虑。在机理不清、底数不明的情况下，将控制的重点放在更加可控的投入端，不失为一种次优选择。

目前采取的一些措施，毫无疑问将对化肥减量作出贡献，例如在种植业结构调整方面，农业部出台了《农业部关于"镰刀弯"地区玉米结构调整的指导意见》，拟在5年内调减5000万亩玉米种植面积。过去15年，玉米对于化肥增量的贡献达31.8%（金书秦等，2015），因此调减玉米面

积必然会带来化肥用量的减少。另外，大力推广测土配方施肥、鼓励使用有机肥也将切实减少化肥用量。

相比而言，农药减量则具有较多不确定性。一方面是底数不清，目前在国家层面的统计数据反映的是农药制剂量，近年来在 180 万吨左右，但是在农药工业和农业生产部门，普遍使用的是基于活性成分的折纯（折百）量，一般认为在 32 万吨左右，但缺乏官方公开发布的连续、准确数据。考虑对环境、健康和质量安全的影响，折百量显然更有意义，如若使用该指标，未来就需要在农药使用的监测和统计上进一步完善，获取一套较为准确的数据。另一方面是农药对于作物产量的影响甚于化肥，农民会采取更审慎的态度，无论是打药频次还是每次剂量都会更加倾向于多施。研究表明，由于缺乏有效信息来源，加之对信息来源的信任度偏低，农民在农药的实际用量上往往比推荐的剂量多出 1—2 倍乃至更多（Jin et al.，2015）。此外，作物的病虫害与气候的密切相关，这也增加了农药用量的不确定性。

总量零增长，理想的路径是每省、每县、每村甚至每个地块都实现零增长，但这并不是唯一的路径（金书秦，2016）。零增长隐含的政策指向是更加科学有效地使用化肥农药，把不合理的用量减下去，把农业生产的效率和效益提上来。从这个层面来讲，化肥农药零增长是转变农业发展方式、提高农业可持续性的抓手。只有从这个高度来认识零增长目标，才能避免就农药说农药、就化肥说化肥，也能保持对这项工作持久的积极性。化肥、农药的使用是一项非常具体的工作，在有了大的方向指引后，还要落到生产实际，不能停留在机械式的按行政区、按年份层层分解甚至层层加码。从对地方考核来讲，统计数据所反映的减量是一方面，更重要的是与减量相匹配的产地环境、农产品质量的改善。当前，很多省份、市县都提出了当地化肥、农药零增长的目标计划，有的还提出了负增长目标。这充分反映了各地对于该项工作的重视和决心。但有些地方的计划，出现时间和区域上无差异、整齐划一的减量目标。化肥、农药零增长一定要汲取污染物总量控制政策的前车之鉴，警惕出现数字游戏。

（三）畜禽粪便资源化利用的激励政策没有落实

2014 年《畜禽规模养殖污染防治条例》（以下简称《条例》）的出台，在我国农业污染治理进程中具有里程碑意义。从主体内容来看，《条例》总体上是鼓励畜禽粪便的综合利用，而不是以达标排放为目标，鼓励的意义大于规制的意义（孔源，2015）。但是在实践中，却存在一系列问题。

1. 《条例》生效两年多来，重要的激励措施几乎没有落实

《条例》激励措施体现最集中的第 30 条规定，"利用畜禽养殖废弃物生产有机肥产品的，享受国家关于化肥运力安排等支持政策；购买使用有机肥产品的，享受不低于国家关于化肥的使用补贴等优惠政策。畜禽养殖场、养殖小区的畜禽养殖污染防治设施运行用电执行农业用电价格"。然而，在运力安排、使用补贴等方面并没有进一步的政策安排。在落实电价优惠方面也参差不齐，作者 2015 年在四川某企业调研了解到，该企业原为化肥生产企业，近年来转型做生物有机肥。但是由于缺乏明确的关于有机肥生产电价优惠的政策，该企业生产有机肥的电价还要高于化肥，因此企业不得不保留一条化肥生产线以获得电价优惠。另外，在沼气发电方面，养殖场经常被以"发电量太小""不符合技术标准"为理由被拒绝入网，养殖户得不到发电上网的收益，这使得《条例》的第 31 条关于利用沼气发电可享受上网补贴的规定①也形同虚设。作者 2016 年在安徽调研了解到，一家"面粉加工+养殖+种植"的循环农业企业，年出栏生猪 4000 多头，装有 50KW 的沼气发电，由于不能上网，又不足以完全满足面粉厂电力需求，只能部分用于农场生产（照明、取暖等），一方面沼气发的电用不完；另一方面还要按照工业电价购买面粉厂所需的生产用电。

---

① 第 31 条：国家鼓励和支持利用畜禽养殖废弃物进行沼气发电，自发自用、多余电量接入电网。电网企业应当依照法律和国家有关规定为沼气发电提供无歧视的电网接入服务，并全额收购其电网覆盖范围内符合并网技术标准的多余电量。利用畜禽养殖废弃物进行沼气发电的，依法享受国家规定的上网电价优惠政策。利用畜禽养殖废弃物制取沼气或进而制取天然气的，依法享受新能源优惠政策。

2. 将有机肥可享受的优惠政策与化肥绑定在一起已经不适应形势的发展

上述提到的《条例》第30条，有机肥生产、运输、使用的优惠政策都是以化肥为参照。然而，随着化肥零增长行动的深入推进，过去给予化肥从生产到使用的各项优惠政策正在逐步取消。例如2015年2月国家发展和改革委员会就发布了《关于调整铁路货运价格进一步完善价格形成机制的通知》，上调化肥和磷矿石铁路运价，2015年9月全面取消了化肥生产企业免征增值税的优惠，化肥生产的用电优惠也在逐步取消。总之，为了更好鼓励有机肥的使用，针对有机肥的优惠政策应当与化肥"脱钩"。

3. "达标排放"的固有思维阻碍了畜禽粪便的资源化利用

处理畜禽粪便最佳方案是通过制取沼气、还田利用等进行综合利用。然而，过去的环境管理主要是针对工业部门，基本要求就是达标排放，基层环境管理人员在对《条例》的落实中往往把资源化利用和污染治理截然分开，甚至把资源化利用当成污染排放。例如有的养殖企业反映，基层管理人员甚至环保专家，在环保验收时罔顾沼气、有机肥生产等资源化设施，一味强调要上污水处理设施以实现达标排放、零排放。更有甚者，即便在农民同意的情况下，养殖企业产生的沼渣沼液只能通过罐车拉到农田，却不被允许通过管道引入农田。

（四）秸秆禁烧不计代价值得商榷

我国秸秆产生量为9.6亿吨，综合利用率约为76%，仍有超过2亿吨的秸秆没有被利用。在作物收获季节，由于秸秆露天燃烧会带来短时的严重空气污染，对交通、人体健康产生较大危害。近年来国家采取了严厉的秸秆禁烧政策，对起火点采取零容忍的高压态势。有些地方的乡镇领导干部甚至因为秸秆禁烧不力被就地免职。秸秆焚烧具有季节性，但是禁烧工作却远比作物收获的时间要长。收获前要宣传、动员，收获期则进入异常紧张状态。在夏收和秋收季节，秸秆禁烧工作几乎成为基层最大的政治任务，在县、乡层面，几乎全体动员、不计成本，基层的狠抓力度不亚于当年的计划生育。

尽管如此，根据卫星监测，2013年全国夏收和秋收仍然发现秸秆焚烧火点总计7878个（农业部农业生态与资源保护总站，2014）。客观地说，焚烧秸秆并不导致最严重的环境问题，但是却在使用几乎最严厉的行政手段。秸秆过去一直都是宝贵的资源，其资源属性并未发生变化，只不过由于生产方式的改变，未能较好地被利用。屡禁不止的原因还是没有找到合适的出路。应该把更多资源和精力用于寻找出路，清除秸秆综合利用的障碍。例如在有些地方，破碎机械和成本是还田的主要障碍；有些地方，建起了生物质发电厂，或秸秆造粒厂，却面临农民坐地起价的问题；有些是因为旋耕的深度不够，大量秸秆在土壤表层，会导致作物根系着土困难，从而影响种苗存活和生长。另外，有些地方秸秆还田较好，却带来了更多的病虫害，农药用量又增加了。因此，要为秸秆寻找系统解决方案，在提高利用率的同时，减少衍生问题。

四、农业面源污染防治建议

（一）做好打持久战的准备

当前，农业环境治理面临"社会有共识、中央有决心、转型有需求、粮食有保障"的历史性机遇，农业发展政策已经从过去的"增产、增收"的双目标转变为"稳粮、增收、可持续"三目标（杜志雄、金书秦，2016），要抓住机遇打好一场攻坚战，短期内攻克一些难题。但是打好攻坚战的同时，也要做好打持久战的准备。一方面，即使"十三五"实现了"一控两减三基本"目标，也只是在农业面源污染源头减量上实现阶段性胜利，对于未来农业面源污染排放的统计数值可能变大、占比上升、对环境质量的影响愈发明显等结果要有充分心理准备。另一方面，面源污染治理的终极目标是实现环境质量的改善，历史经验和国际实践告诉我们，这是一个漫长的过程，至少应以几十年计。

因此，在政策节奏上要避免急于求成，否则在政策自上而下的传导过程中有可能出现走样。还要加强舆论引导，用客观的数据、科学的逻辑、通俗的语言向公众普及农业面源污染的有关知识，正本清源，避免过激、片面甚至主观臆断的观点流行引发过度恐慌。

（二）完善监测体系建设

农业面源污染的监测体系应包括农业投入品监测和排放监测两个方面。在投入品监测方面，既然是总量控制，就要在"量"上较真，不能允许有糊涂账。因此要建立一套覆盖生产、贸易、流通、使用等全链条的台账制度，准确掌握化肥、农药等农业投入品使用情况。在面源污染排放监测方面，农业部自2012年开始在全国建立了273个农田面源污染国控监测点和25个规模化养殖污染物排放国控监测点。但由于数据发布权限的规定，面源污染的排放数据由环保部发布，由于其缺乏常规性监测，发布的数据总体上仍然是在2007年普查数据的基础上推算而得。根据《水污染防治行动计划》（简称水十条）的有关要求，2016年我国将开展第二次全国污染普查工作。应该利用这次普查机会，加密和固定农业面源污染监测点位，整合并完善已有的监测体系，在监测手段和数据发布两个方面实现统筹协调。此外，在投入品使用和污染排放之间，要加强排放机理研究，不断完善面源污染排放核算体系。通过多渠道、多来源数据的交互验证，准确掌握、发布和利用农业面源污染排放信息。

（三）强化政策落实

一是对于上位政策中已经有明确规定的政策措施，要加快落实，例如《畜禽规模养殖污染防治条例》中对于畜禽粪便资源化利用的有关激励措施，应当尽快细化执行。对于可能产生歧义的条款，例如污染排放和还田利用的界限，应当尽快出台权威的条款解释或实施细则并加强宣贯。二是提高政策含金量，强化落实。部门层面的文件，要避免各自为政、求数量求速度不求质量，减少对其他文件不必要的重复，避免新文件成为已有文件的综述。每个文件必须有明确的问题指向，集中针对该问题做到目标可考核、措施可操作、资金有渠道。并对政策（项目）实施跟踪和效果评估，及时纠偏和调整。三是差异化解决、疏堵结合。对于生产前端造成的面源污染主要是通过源头减量防患未然，对于生产后端造成的面源污染主要是资源化利用变废为宝。当前农业供给侧结构性改革主要关注农产品的质量和结构上，对于保护环境而言，投入品和资源化技术的供给侧管理尤其重要。一方面是产品供给，要更加严厉地打击高毒、禁用、劣质农资产品的生产和销售，为优质农资和环境友好型农资产品创造良好的市场条件；另一方面是技术供给，尤其是秸秆、畜禽粪便资源化的技术手段，深入研究一些"看上去很美"的技术为什么难以落地，进而在技术改进、政策推动上重点突破。

（四）加大面源污染防治的投入

在污染防治的责任分担上要区分工业点源和农业面源的排放特性（金书秦等，2013），工业领域主要遵循达标排放条件下的"污染者付费"，农业领域则应主要遵循"受益者补偿"的原则。农业生产既是农民维持生计的一种手段，但是这种手段的重要性越来越弱，体现为农业经营收入占家庭收入的比例越来越低；农业作为基础性产业，肩负着为全国人民提供吃、穿等生存必需品，是国家粮食安全战略的担当，而农村环境的改善更是具有广泛的外部性。农业提供保障国家安全和维持生物多样性的公共职能并没有在农产品价格中充分体现。

农业生产所导致的面源污染越来越被诟病，但是经常被忽视的是用于农业面源污染治理的投入却十分有限。未来，在强调农业面源对于排放量贡献的同时，应当加大对农业面源污染治理的财政投入。一是从受益者补偿的角度，在环境保护领域实现"工业反哺农业"；二是从财权事权对等的角度，要有与农业面源污染排放占比相匹配的财政投入。

参考文献

［1］金书秦、韩冬梅："我国农村环境保护四十年：问题演进、政策应对及机构变迁"，《南京工业大学学报（社会科学版）》2015年第2期。

［2］常志州："区域秸秆全量利用理论与实践"，2016年5月6日"农业面源污染综合治理政策设计研讨会"论文。

［3］宋国君、金书秦："中国淮河流域水环境保护政策评估"，《环境

污染与防治》2008 年第 4 期。

［4］马中、周芳："水污染治理需严控污水排放量"，《环境保护》2013 年第 16 期。

［5］金书秦、沈贵银、魏珣、韩允垒："论农业面源污染的产生和应对"，《农业经济问题》2013 年第 11 期。

［6］金书秦、武岩："农业面源是水体污染的首要原因吗？基于淮河流域数据的检验"，《中国农村经济》2014 年第 9 期。

［7］孔令钰："环境指挥棒为何失灵——总量考核五尴尬"，《财新周刊》，2015 年 9 月 14 日。

［8］金书秦、周芳、沈贵银："农业发展与面源污染治理双重目标下的化肥减量路径研究"，《环境保护》2015 年第 8 期。

［9］金书秦："关于'十三五'实现农药零增长目标的几点思考"，《农药科学与管理》2016 年第 2 期。

［10］Shuqin Jin, Bettina Bluemling, Arthur P. J. Mol. Information, trust and pesticide overuse: Interactions between retailers and cotton farmers in China [J]. *NJAS – Wageningen Journal of Life Sciences.* 2015, 72 – 73: 23 – 32.

［11］孔源："准确把握基本概念 贯彻落实《畜禽规模养殖污染防治条例》"，《中国猪业》2015 年第 11 期。

［12］农业部农业生态与资源保护总站《2014 农业资源环境保护与农村能源发展报告》，中国农业出版社 2014 年版。

［13］杜志雄、金书秦："中国农业政策新目标的形成与实现"，《东岳论丛》2016 年第 2 期。

畜禽粪便资源化政策存在的几个问题

金书秦

内容提要：畜禽养殖是农业面源污染的最大来源，也是水体环境治理的重要方面。畜禽污染治理的根本途径是粪便资源化利用。2014年以来，国家出台了一系列促进畜禽粪便资源化利用的政策。通过对这些政策的分析和初步评估，发现三方面问题：一是主要责任部门的目标与国家目标仍然存在较大差距；二是政策的约束性管控措施过于严厉，带来衍生问题甚至阻碍资源化利用；三是激励措施落实不到位。针对政策目标不衔接的问题，各部门应以实现国家目标为根本，调整自身目标，或明确由其他部门"补缺"；针对管控过严问题，已经有新的政策在"纠偏"，具体执行效果仍有待观察；针对激励不到位的问题，应当责成各地加大执行力度，或者出台更具有操作性的细则。

一、引言

畜禽养殖业是我国农业的重要组成部分，其产值仅次于种植业。国家统计局统计资料显示，2014年牧业总产值已达到28956.30亿元，占农林牧渔业总产值的28.3%，近年来我国生猪出栏量在7亿头以上（图1）。传统畜禽养殖以家庭散养为主，随着现代养殖业集约化、规模化和产业化发展，不仅大大推动了畜牧业现代化的进程，集约化的畜禽养殖污染也对我国环境造成巨大的压力。

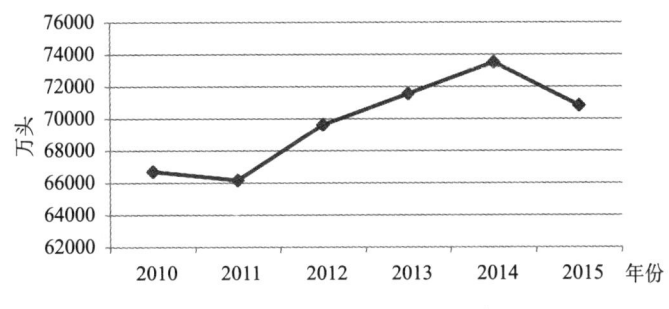

图1 近年来中国生猪出栏量

《第一次全国污染源普查公报》显示，2007年，我国畜禽养殖业的COD和氨氮排放量分别为1268.26万吨和71.73万吨，占农业源COD和氨氮排放量的95.8%和78.1%，占全国COD和氨氮排放量的41.9%和41.5%。2012年，我国规模化畜禽养殖COD和氨氮排放量为1099万吨和63万吨，占当年全国总排放量的45%和25%，占农业源排污总量的95%和78%。规模化畜禽养殖业是农业面源的最大排放源，也是我国环境污染的重要来源。

为了防治农业面源污染，中国政府在2014年出台了《畜禽规模养殖污染防治条例》（以下简称《条例》），这是中国农村和农业环保领域第一部国家级行政法规，对推动畜禽养殖污染防治、促进畜禽养殖业健康发展、推动化肥减量目标的实现，实现种植业可持续发展等方面，具有十分深远的意义。近年来，在一系列国家行动计划、规划、部门计划等文件中都专门针对畜禽养殖污染做出了要求和部署。本文试图对这些政策进行初步分析和评估，主要围绕两大问题：一是各类政策目标之间是否一致？二是政策措施是否得到落实？结论如下。

二、政策目标存在鸿沟

《条例》第一条指出："为了防治畜禽养殖污染，推进畜禽养殖废弃物的综合利用和无害化处理，保护和改善环境，保障公众身体健康，促进畜牧业持续健康发展，制定本条例。"《条例》的主体内容总体上是鼓励畜禽粪便的综合利用，而不是以达标排放为目标，这是对畜禽粪便在内的农业污染治理提出了新的发展方向和解决手段。基于《条例》提出的总体目标，中国陆续出台了一系列的规划和方案，对畜禽养殖污染控制和综合利用提出更细化的阶段目标。表1归纳了主要政策对于畜禽养殖污染治理到2020年的目标表述。

表1 主要政策文件中关于畜禽粪便资源化利用目标表述

政策名称	发布时间	批准、颁布机构	2020年畜禽粪便资源化目标表述
《畜禽规模养殖污染防治条例》	2014年	国务院	定性目标
《水污染防治行动计划》	2015年	国务院	2017年底前，依法关闭或搬迁禁养区内的畜禽养殖场（小区）和养殖专业户，京津冀、长江三角洲、珠江三角洲等区域提前一年完成
《全国农业现代化规划（2016—2020年）》	2016年	国务院	养殖废弃物综合利用率达到75%
《全国农业可持续发展规划（2015—2030年）》	2015年	国务院同意，农业部等8部委联合印发	养殖废弃物综合利用率达到75%以上
《关于推进农业废弃物资源化利用试点的方案》	2016年	国务院领导同志审定，农业部等6部委联合印发	试点县规模养殖场配套建设粪污处理设施比例达80%左右，畜禽粪污基本资源化利用
关于打好农业面源污染防治攻坚战的实施意见	2015年	农业部	规模畜禽养殖场（小区）配套建设废弃物处理设施比例达75%以上
关于促进南方水网地区生猪养殖布局调整优化的指导意见	2015年	农业部	（南方水网地区）生猪规模养殖场粪便处理设施配套比例达到85%以上，生猪粪便综合利用率75%以上

可持续发展

最先对畜禽污染治理明确提出量化目标的是农业部 2015 年 4 月发布的《关于打好农业面源污染防治攻坚战的实施意见》，该意见提出到 2020 年"规模畜禽养殖场（小区）配套建设废弃物处理设施比例达 75% 以上"。同年 5 月，由国务院同意，农业部牵头、国家发展和改革委员会等 8 部委共同制定的《全国农业可持续发展规划（2015—2030 年）》则提出"养殖废弃物综合利用率分别达到 75% 以上"，2016 年由国务院印发的《全国农业现代化规划（2016—2020 年）》沿用了这一表述，并且标注为约束性目标，也就是说"养殖废弃物综合利用率达到 75% 以上"上升为国家目标。尽管两个目标数值都是 75%，但是分析两个目标的表述，可以发现差异巨大。

第一，覆盖的范围不同。农业部目标针对的对象限于规模养殖场，而国家目标的 75% 并未加以规模限定。中国畜牧业协会数据显示，2014 年中国年出栏 500 头以上的规模猪场为 41.8%，另据农业部综合测算，2015 年全国畜禽养殖规模化率为 54%，也就是说农业部目标覆盖的范围为我国养殖总量的一半左右。

第二，目标的结果指向不同。农业部目标的考核指标是"配套建设废弃物处理设施"，而国家目标指向则是"综合利用率"。由于设施的配置和运转都有成本的发生，因此在设施和环境治理效果之间还有两步之差：一是设施的处理能力，能否保障场区粪便的全部无害化；二是设施的运转情况，有了处理能力还要运转，也就是说设施是否有效运转。从工业污染治理设备的运行情况来看，设施处理能力不够，或者有设施不运行或不满负荷运行的状况时有发生。

综上，按照当前 54% 的规模化养殖率，75% 的规模养殖场（区）仅占养殖总量的 40.5%；假定 2020 年规模化率达到 80%，75% 的规模养殖场（区）占养殖总量的 60%，即便这些养殖场（区）的粪便 100% 资源化利用，与国家的 75% 目标还有较大差距。尽管畜禽粪便资源化逐步从农业部的部门目标提升到国家目标，但从政策牵头的部门和任务分工来看，农业部还将是畜禽粪便资源化的主要责任部门，因此部门目标和国家目标之间的差异值得注意，这将对未来政策目标的实现方式以及对目标实现的绩效评估造成困扰。

三、约束性措施执行过于严厉

（一）禁限养政策

《畜禽规模养殖污染防治条例》中明确了四类区域应划为禁养区。《水污染行动计划》则进一步对禁养区划定提出了时间限度，要求在2017年底前，依法关闭或搬迁禁养区内的畜禽养殖场（小区）和养殖专业户，京津冀、长三角、珠三角等区域提前一年完成。禁养区划定工作得到了各地的重视，各地都出台了禁养区划定方案，并以较强的力度推行禁限养。由于《条例》将对规模界定的权力交给了地方，各地在执行中关于规模的界定差异非常大，突出表现在对禁养区的划分工作中，例如《南京市畜禽养殖禁养区划定及整治工作方案》中，将年出栏生猪50头作为"规模"的标准；《广西畜禽规模养殖污染防治工作方案》，将规模界定在生猪年出栏≥500头，生猪存栏≥200头；有的地方没有规模标准，基本上就把禁养区变成"无畜区"。过度禁限养所衍生的问题已经初现端倪，猪价不稳、农户转产转业等，2016年9月农业部副部长于康震已经明确提出要"推动解决部分地区盲目禁养限养问题"。

（二）关于达标排放

"达标排放"的思维定式阻碍了畜禽粪便的资源化利用。处理畜禽粪便最佳方案是通过制取沼气、还田利用等进行综合利用。然而，过去的环境管理主要是针对工业部门，基本要求就是达标排放，基层环境管理人员在对《条例》的落实中往往把资源化利用和污染治理截然分开，甚至把资源化利用当成污染排放。例如有的养殖企业反映，基层管理人员甚至环保专家，在环保验收时罔顾沼气、有机肥生产等资源化设施，一味强调要上污水处理设施以实现达标排放、零排放。更有甚者，即便在农民同意的情况下，养殖企业产生的沼渣沼液只能通过罐车拉到农田，却不被允许通过管道将引入农田。因为管道意味着排放，排放则要达标。决策部门已经意识到地方执行的偏颇，因此在2016年11月，环保部、农业部联合印发的《畜禽养殖禁养区划定技术指南》中，明确提出"畜禽粪便、养殖废水、沼渣、沼液等经过无害化处理用作肥料还田，符合法律法规要求以及国家和地方相关标准不造成环境污染的，不属于排放污染物"。

四、激励措施落实不到位

（一）将有机肥和化肥优惠政策捆绑在一起已经不合时宜

《畜禽规模养殖污染防治条例》中，有机肥生产、运输、使用的优惠政策都是以化肥为参照。然而，随着化肥零增长行动的深入推进，过去给予化肥从生产到使用的各项优惠政策正在逐步取消。例如2015年2月国家发展和改革委员会就发了《关于调整铁路货运价格进一步完善价格形成机制的通知》，上调化肥和磷矿石铁路运价，2015年9月全面取消了化肥生产企业免征增值税的优惠，化肥生产的用电优惠也在逐步取消。将有机肥可享受的优惠政策与化肥绑定在一起已经不适应形势的发展。

（二）政策规定的鼓励措施落实不到位

《条例》规定畜禽养殖场沼气发电上网享受可再生能源上网补贴。但实际中在沼气发电方面，养殖场经常被以"发电量太小""不符合技术标准"为理由被拒绝入网，养殖户得不到发电上网的收益。规模化畜禽养殖企业沼气发电机组功率普遍为20—500千瓦，企业发电自己仅用在照明取暖及饲料加工等用途，普遍存在用电盈余现象。如果要把这些电送上网，电力公司还要设置变压器和线路。考虑到额外增加的大量成本，电力公司倾向于提高养殖企业富余发电上网的条件，如限定在单机发电功率最低500千瓦，而满足这样条件的养殖企业数量较少。即使将富余电量免费提供给附近的村民使用，也存在输送线路建设成本的问题。这些附加的成本仅仅靠国家资金补贴难以保证企业正常的利润水平。如此使得《条例》第三十一条的落实事实上存在很大的障碍。作者2016年在安徽调研了解到，一家"面粉加工＋养殖＋种植"的循环农业企业，年出栏生猪4000多头，装有50千瓦的沼气发电，由于不能上网，又不足以完全满足面粉厂电力需求，只能部分用于农场生产（照明、取暖等），一方面沼气发的电用不完；另一方面还要按照工业电价购买面粉厂所需的生产用电。

此外，由于资源化利用不被广泛认可为污染治理的手段，以畜禽粪便为原料的有机肥生产往往执行的是工业电价，而不是《条例》规定的农业电价，这加大了有机肥生产的成本。作者2015年在四川省某企业调研了解到，某企业原为化肥生产企业，近年来转型做生物有机肥。但是由于缺乏明确的关于有机肥生产电价优惠的政策，该企业生产有机肥的电价还要高于化肥，因此企业不得不保留一条化肥生产线以获得电价优惠。

五、结论、讨论和建议

从上述分析可以看出，近年来，中国在畜禽养殖污染防治方面出台了大量政策，采取措施的力度也前所未有。然而，已有政策的目标之间存在鸿沟，政策预期的目标是实现整体的基本资源化利用，然而管理的对象仅为约占一半左右的规模化养殖场，这使得政策预期目标和政策实际作用的对象之间存在巨大的鸿沟，应当及时调整表述，或者由其他部门"补缺"。况且对"规模"的界定并不清晰，而在基层执行中，又过度依赖管制手段，激励措施没有得到较好的执行。这使得政策的效果大打折扣。

可以预见，未来对于排放的管理将更加严格，因此资源化利用是根本出路，达标排放只是最不得已的办法。畜禽粪便的资源属性并没有改变，要找好出路，树立"利用是最有效的污染治理措施"的观念，所幸这一点在最新发布的《畜禽养殖禁养区划定技术指南》中已经有所体现。

下一步，要突出利用好激励措施。一是在《条例》中已经明确的激励措施，要尽快出台落实细则，并且要将有机肥的优惠政策和化肥脱钩；二是扩大激励政策的覆盖面，对养殖场实行分类管理，在管好集中规模养殖场的同时，也要加强养殖散户的激励；三是充分发挥市场主体作用，在电价、税收、金融等方面给予一系列优惠政策，提升市场主体盈利空间。通过拓宽资金渠道，加强资金整合，逐步建立各级财政、企业、社会多元化投入机制。

可持续发展

附件   **相关法律法规清单**

序号	文件名称
1	《中华人民共和国环境保护法》（2014）
2	《中华人民共和国循环经济促进法》（2008）
3	《中华人民共和国畜牧法》（2005）
4	《中华人民共和国大气污染防治法》（2015）
5	《中华人民共和国水污染防治法》（2008）
6	《中华人民共和国农业法》（1993）
7	《中华人民共和国固体废物污染环境防治法》（1995）
8	《畜禽规模养殖污染防治条例》（2014）
9	《畜禽养殖业污染物排放标准》（2001）
10	《畜禽养殖业污染防治技术政策》（2010）
11	《畜禽养殖业污染防治技术规范》（2001）
12	《畜禽粪便无害化处理技术规范》（2006）
13	《国土资源部、农业部关于促进规模化畜禽养殖有关用地政策的通知》（2007）
14	《关于实行"以奖促治"加快解决突出的农村环境问题的实施方案》（2009）
15	《水污染防治行动计划》（2015）
16	《循环经济发展战略及近期行动计划》（2013）
17	《关于加强农村环境保护工作的意见》（2007）
18	《国家环境保护总局关于加强农村生态环境保护工作的若干意见》（1999）
19	《中共中央、国务院关于加快发展现代农业，进一步增强农村发展活力的若干意见》（2013）
20	《关于全面深化农村改革加快推进农业现代化的若干意见》（2014）
21	《关于落实发展新理念加快农业现代化实现全面小康目标的若干意见》（2016）
22	《全国畜牧业发展第十二个五年规划（2011—2015）》（2011）
25	《农村沼气建设支持政策》（2016）
26	《关于加大改革创新力度加快农业现代化建设的若干意见》（2015）
27	《关于推进农业废弃物资源化利用试点的方案》（2016）
28	《关于打好农业面源污染防治攻坚战的实施意见》（2016）
29	《全国农业现代化规划（2016—2020年）》（2016）
30	《培育发展农业面源污染治理、农村污水垃圾处理市场主体方案》（2016）

江苏畜禽粪便资源化利用现状、问题及建议

郑微微　沈贵银　李　冉

内容提要：促进畜禽粪便资源化利用对实现环境保护与畜牧业生产可持续发展至关重要。江苏省作为畜禽养殖大省，结合地方资源禀赋条件，探索出了针对不同养殖规模和类型的畜禽粪便资源化利用模式。本文基于江苏省统计数据与实地调查，估算了畜禽粪便排放量，阐述了畜禽粪便资源化利用的主要模式，分析了资源化利用工作中存在的问题，并从防治设施建设、资源化利用模式选择、技术开发、政策支持、政府服务、市场等多个方面对促进畜禽粪便资源化利用提出相关建议。

江苏是养殖大省，主要以生猪和家禽养殖为主，2015年年末存栏量分别为1780.3万头和3.1亿只，年出栏量分别为2978.3万头和7.4亿只。"十二五"以来，江苏生猪养殖规模在50头以下的散小养殖主体退出一半，占全省生猪存栏与出栏总量之比也快速减少，生猪等养殖规模化程度明显提高。但从养殖主体看，仍占全省养殖主体数量的85.2%，导致畜禽粪便排放量大、监管难度更大，再加上江苏临江濒海，境内湖泊水系众多，畜牧业生产已经对农业生态环境造成巨大压力。近年来，为落实中央关于加强生态文明建设和水污染防治工作的要求，江苏省加快推进畜

可持续发展

禽养殖业污染治理工作,通过转变农业发展方式,探索畜禽粪便资源利用的不同模式,努力实现环境保护与畜牧业生产可持续发展的双赢。

一、江苏省畜禽粪便排放量估算

参考黄红英、常志州等(2013)对江苏省畜禽粪便产生量估算的研究,估算畜禽粪便量包括粪量、尿液量、总氮量(TN)、总磷量(TP),采用排泄系数和出(存)栏量计算粪便年产生量,计算公式为:

$$T = \sum (N_i \times Q_i) \times 365 \times 0.001$$

式中,T为区域动物年粪便产生量(t),N_i为第i种动物存/出栏量(头、只),其中奶牛为存栏量(头),Q为第i种动物每头(只)每日排泄系数(kg),365为1年天数,0.001为换算常数。

采用《江苏省农村统计年鉴》(历年)数据,参考黄红英、常志州等(2013)对江苏省畜禽粪便排泄系数的研究成果,对江苏省畜禽粪便排放量测算结果如表1和表2所示。

表1　　　　　　　　　江苏各市畜禽粪便产生量

	粪量(万吨)		尿量(万吨)		粪尿总和(万吨)		总氮(万吨)		总磷(万吨)	
	2006年	2014年	2006年	2014年	2006年	2014年	2006年	2014年	2006年	2014年
南京	298.01	228.15	192.78	132.95	490.79	361.10	3.04	2.24	0.71	0.57
镇江	119.64	123.4	115.74	80.21	235.38	203.61	1.57	1.26	0.30	0.32
苏州	253.71	168.32	196.75	146.93	450.46	315.25	2.84	1.98	0.66	0.42
无锡	233.81	116.81	192.13	99.06	425.94	215.87	2.69	1.37	0.59	0.31
常州	190.66	271.4	128.16	110.7	318.82	382.10	2.01	2.30	0.50	0.71
扬州	322.98	276.29	244.02	176.13	567.00	452.42	3.63	2.83	0.85	0.74
泰州	351.45	323.47	369.83	386.96	721.28	710.43	4.88	4.69	0.88	0.87
南通	825.34	896.3	478.12	583.46	1303.46	1479.76	8.65	9.75	1.97	2.20
徐州	953.02	1784.29	537.43	852.49	1490.45	2636.78	9.79	16.73	2.14	4.33
连云港	395.26	362.1	371.98	406.39	767.24	768.49	5.27	5.09	0.82	0.94
宿迁	401.55	573.95	349.50	371.96	751.05	945.91	5.04	5.93	0.93	1.46
淮安	426.98	546.07	351.99	363.87	778.97	909.94	5.08	5.75	1.06	1.42
盐城	1209.83	1447.59	840.38	1010.39	2050.21	2457.98	13.75	15.83	2.91	3.72
合计	5982.24	7118.14	4368.81	4721.50	10351.05	11839.64	68.24	75.75	14.32	18.01

表 2　　　　　　　　　江苏各类畜禽粪便产生量

	粪量（万吨）		尿量（万吨）		粪尿总和（万吨）		总氮（万吨）		总磷（万吨）	
	2006 年	2014 年	2006 年	2014 年	2006 年	2014 年	2006 年	2014 年	2006 年	2014 年
生猪	1478.22	1728.66	3581.00	4187.76	5059.21	5916.45	35.01	40.97	4.43	5.17
肉牛	261.39	133.79	155.44	79.58	416.83	213.38	2.70	1.38	0.34	0.17
羊	1045.24	675.1	522.62	337.53	1567.86	1012.67	12.96	8.39	1.40	0.91
奶牛	172.39	183.25	109.72	116.63	282.12	299.88	1.28	1.39	0.23	0.24
家禽	3024.99	4397.32	—	—	3024.99	4397.32	16.28	23.66	7.94	11.50

由表 1、表 2 数据可知，江苏各类畜禽粪便排放量呈递增趋势。2014 年各类畜禽粪便排放量达 11839.64 万吨，较 2006 年增长 14.38%。其中，排粪量达 7118.14 万吨，占粪便总量的 60.12%，排尿量达 4721.50 万吨，占粪便总量的 39.88%。折算成肥料，其中总氮排放量合计 75.75 万吨，总磷排放量合计 18.01 万吨。

从不同畜禽种类看，2014 年生猪产生的粪便最多，为 5916.45 万吨，其中含氮量 40.97 万吨，含磷量 5.17 万吨，分别占江苏各类畜禽产生总量的 49.97%、54.06%、28.74%。家禽产生的粪便次之，为 4397.32 万吨，其中含氮量 23.66 万吨，含磷量 11.50 万吨，分别占各类畜禽产生总量的 37.14%、31.22%、63.92%。表明生猪和家禽是江苏养殖的重点，故产生的粪便量也大。

从不同地区看，江苏省各市粪便产生量居前 3 位的分别为盐城市、徐州市和南通市，3 市累计的粪量、尿量、粪便总量、总氮量、总磷量分别达到江苏畜禽粪便总量的 57.99%、51.81%、55.53%、55.85% 和 56.91%。南京市、镇江市和无锡市的畜禽粪便产生量最少，粪便总量为 780.58 万吨，不足江苏省粪便排放总量的 7%。

二、畜禽粪便资源化利用基本情况

2016 年以来，江苏先后颁发了《关于加快推进太湖流域畜禽养殖污染防治及综合利用工作的通知》和《关于加强小散养猪场户养殖污染防治工作的通知》，各地方政府也纷纷出台了《畜禽养殖污染治理实施方案》，加大对畜禽粪污整治工作的重视，大大提高了畜禽粪便资源化利用的效率。全省80%以上的大中型规模养猪场基本做到了雨污、干湿、固液三分离。畜禽粪便综合利用率达86%。各地方结合资源禀赋条件，根据不同养殖规模和类型，探索出了田间储粪池、异位发酵床、第三方集中处理、种养专业一体化等多种畜禽粪便资源化利用模式。

（1）田间蓄粪池是散小养殖场户（生猪存栏100头以下）最经济便捷的畜禽粪便资源化利用模式。散小养殖场户畜禽粪便产生量相对较少，养殖主体只需在空闲时间将畜禽粪便不定期地运送到田间蓄粪池中，由蓄粪池发酵生成有机肥进行还田。除固定资产投资外，几乎不存在运营成本，具有较强的普适性。既解决了散小养殖场户畜禽粪便排放的问题，也实现了畜禽粪便资源化利用的目的。

（2）异位发酵床是中小规模养殖场（生猪存栏30—1000头）相对经济有效的畜禽粪便资源化利用模式。中小规模养殖场的畜禽粪便排放量相对较大，可根据$0.2—0.5m^3$/头建设异位发酵床对粪便进行处理。其间，养殖主体只需定期（2—3天）对畜禽粪便进行抛翻，粪便经微生物分解，降解为水蒸气、二氧化碳和氮气后挥发，实现"零污染、零排放"。畜禽粪便抛翻全程采用机械化，几乎不额外增加养殖场的雇工成本。主要支出在于垫料与菌种的更换与添加。但这些垫料和菌种与粪便混合后还可发酵生成高品质有机肥。

（3）第三方集中处理是畜禽养殖场户密集区（主要针对生猪栏存1000头以下养殖场）最直接有效的资源化利用模式。畜禽养殖密集区的粪便排放量多且分散，全部直接发酵还田对土地的承载压力较大。集中处理中心通过形成规模化的技术效益，能很大程度上缓解土地压力。但由于该模式目前主要以"政府扶持为主、市场化为辅"，尚未形成完整的产业链条，运营效益入不敷出。

（4）种养专业一体化是大规模养殖场（生猪栏存1000头以上）实现环境效益和经济效益双目标的最佳资源化利用模式。目前发展较多的有"猪—沼—果（林）"、"猪—沼—鱼"、"猪—垫料—蔬菜"等。养殖场对畜禽粪便进行资源化利用可生成多元化产品，如沼气发电上网、沼气制备天然气并管、固体有机肥、液体有机营养液、肥水膏等，不仅解决畜禽粪便污染排放问题，而且变废为宝，再生形成农业生产资料投入生产，体现了环境效益与经济效益的统一。

三、畜禽粪便资源化利用存在的问题

根据对江苏如东和大丰两个养殖大县畜禽粪便资源化利用的调查发现，江苏畜禽粪便资源化利用方面仍存以下几个方面问题：

（一）资源化利用成本高，对政府依赖性大

第三方集中处理模式对解决特定区域内小规模养殖户的畜禽粪便资源化利用问题具有一定的规模效应，但资源化利用成本高，对政府补贴的依赖较大。一是畜禽粪便收储运输成本高。畜禽粪便不同于其他产品，在收储运过程中容易渗漏造成二次污染，因此要求一次性密封储运。这便决定了粪便收储运输距离短，范围小，成本高。据调查，平均每吨畜禽粪便的收储运输成本高达50元，其中60%的费用是政府补贴。二是畜禽粪便资源化利用设备成本高。一套完整的规模化畜禽粪便资源化利用设备投资金额至少在500万元以上，有些甚至高达几千万元，目前这些项目基本依靠政府财政投资。三是畜禽粪便资源化利用设备维护成本高。由于畜禽粪便对设备具有较高的腐蚀性，设备维护成本高达企业运营成本的20%，同样主要依靠政府财政维持运营。从目前情况看，几乎所有第三方集中处理模式主要依靠政府财政支持才能维持运转。

（二）资源化利用存在技术瓶颈，产品缺少标准

畜禽粪便资源化利用关键依靠科技创新，但目前技术研发水平仍有一定差距。一是资源化利用技术的核心环节有待突破。以沼气技术为例。目前的沼气技术夏季与冬季的产气效率差异较大，影响沼气工程的运行效益，并且沼气操作便利性及技术易掌握性不高，影响技术普适性。二是现有资源化利用技术存在环境隐患。现有的粪便资源化利用模式中，在粪便

进入资源化利用环节之前,都未将粪便进行除臭处理,而是简单的堆肥,难以避免臭味气体向空气中扩散,没有解决老鼠、蟑螂滋生等环境问题。三是广泛采用的资源化利用技术及其终端产品仍比较单一,产品缺少标准。目前畜禽粪便资源化利用的途径主要是沼气发电、沼液沼渣还田、制造有机肥等,这些方式途径还不能有效解决畜禽粪便资源化利用问题。有待于新的技术创新与产品开发。如用沼气制备天然气、用沼液加工生产有机营养液、肥水膏等。此外,目前生产的产品性能并不稳定,而国家又没有统一的国家标准或地方标准,如沼液肥等,致使这些产品难以成为流通商品,阻碍专业商业化模式的形成。

(三) 政府对资源化利用企业存在管理不清,政策落实不到位

推进畜禽粪便资源化利用既是一项新生产业,又是一项环境保护措施。政府必须从保护环境的角度支持产业发展。目前存在管理职责不清,政策落实不到位问题。一是畜禽粪便资源化利用企业的管理部门不清,手续难办。由于畜禽粪便资源化利用企业项目具有农业项目和工业项目的双重属性。在办理不同手续的过程中,存在农业部门与其他政府部门交叉管理的现象。但不同部门之间管理标准不一,不仅无法做到对该类企业项目的扶持,反而可能因标准不同而阻碍企业发展。二是新能源补贴政策落实不到位。《畜禽规模养殖污染防治条例》第三十一条明确规定,"利用畜禽养殖废弃物进行沼气发电的,依法享受国家规定的上网电价优惠政策。利用畜禽养殖废弃物制取沼气或进而制取天然气的,依法享受新能源优惠政策"。但大多养殖场及第三方治理企业并未真正拿到相应补贴。三是税收减免政策落实不到位。《畜禽规模养殖污染防治条例》第二十九条虽明确规定"进行畜禽养殖污染防治,从事利用畜禽养殖废弃物进行有机肥产品生产经营等畜禽养殖废弃物综合利用活动的,享受国家规定的相关税收优惠政策",财政部、国家税务总局《关于印发〈资源综合利用产品和劳务增值税优惠目录〉的通知》(财税〔2015〕78号)明确,利用"农林剩余物及其他"通过资源化利用生产的"生物质压块、沼气等燃料,电力、热力"可享受即征即退的税收优惠政策,但由于具体税目中没有

包括天然气产品，因此粪污资源化利用生产沼气再制备天然气企业无法享受即征即退的税收优惠政策，目前只能采用变通办法，出具生产沼气的增值税发票。

（四）资源化利用的产业与市场初步形成但不成熟

政府在引导和扶持畜禽粪便资源化利用企业方面，要发挥积极作用，但最终企业的生存发展仍要靠市场机制。目前存在的主要问题：一是资源化利用相关产业尚未"断奶"。现有资源化利用企业主要依靠政府扶持建立，受到政府在资金、政策等方面的大力支持，企业运营需要依靠政府补贴，难以自主盈利，难以促进第三方治理市场的形成。这些企业若不加大技术开发力度、提高产品性能，逐渐培养自主盈利能力，一旦政府停止补贴，则企业将难以持续发展，客观上就无法完成区域内农业废弃物资源化利用的艰巨任务。二是粪便收储运市场有待完善。收储运市场是粪便资源化利用的关键环节。目前，粪便的收储运市场并不景气。有些成立专门的合作社，并依靠政府补贴维持运营；有些是企业专门的粪便收集经纪人，中间的收储运成本由政府、农户和企业共同承担。一旦政府减少支持，将运转不利。三是粪便资源化利用产品市场有待开拓。如固体有机肥、液态肥、有机营养液等。这些生物肥料对果园、设施农业、花卉苗木等具有较高的增产增效作用，是生物有机肥最好的消纳去处。目前，有机肥销售市场尚不成熟，真正需要有机肥的农户买不到高品质的有机肥，而生产有机肥的厂家则存在产能过剩。

四、促进畜禽粪便资源化利用的政策建议

促进畜禽粪便资源化利用必须以保障粮食安全和菜篮子产品的有效供给为前提，以减量化、无害化、资源化为原则，坚持农牧结合、种养循环，坚持多部门合作，携手扶持畜禽粪便资源化利用产业发展。

（一）全面推进养殖户粪污防治设施建设与改造，从源头减少粪污量

我省畜禽养殖粪便排放量多且分散，传统的水冲粪工艺更是进一步加大了粪污排放量。因此，促进畜禽粪便资源化利用的首要环节是支持建设或改造畜禽养殖污染防治设施，转变传统的水冲粪工艺为干清粪工艺，从源头减少粪污量。同时，根据不同规模养殖户，配套支持建设相应的蓄粪池、道路及粪便资源化利用基础设施与设备，为进一步促进畜禽粪便资源化利用奠定基础。

（二）支持养殖户建设田间蓄粪池或异位发酵床，为农牧结合奠定基础

目前，我省不少地区散小养殖场户仍占相当的比例。积极支持这些散小养殖场户，建设田间蓄粪池或异位发酵床是一种成本相对较低、技术含量也相对较低的资源化利用方式，具有较大的普适性。养殖户建设田间蓄粪池或异位发酵床，既能为畜禽粪便堆放提供场地，又能为农田施肥提供便利。适宜我省绝大多数散小养殖场户采纳与应用。也是为其他资源化利用模式的有机肥料还田奠定基础。

（三）加强资源化利用技术开发力度，提高技术服务水平

突破技术瓶颈是降低农业废弃物利用成本的关键。沼气、有机肥等较为成熟且推广范围较大的技术，应重点在提高技术效果方面进行技术改进，如沼气产气性能、有机肥基质稳定性等。其他尚未成熟的技术，应加紧研发力度，尽快做到生产应用。此外，还需提高技术服务水平，目前畜禽粪便资源化利用技术主要依靠政府提供，不断提高技术服务水平，将最新的技术及时服务到养殖户，提高粪便资源化利用效率。

（四）以农业部门为中心，其他相关部门全力配合扶持畜禽粪便资源化利用

一方面，设计专门的畜禽粪便资源化利用项目规划许可证，环保、安监、消防等部门按照许可证标准验收规划项目，全力扶持畜禽粪便资源化利用企业的建设与发展。另一方面，将畜禽粪便资源化利用纳入区域产业发展规划。要实现区域内农业废弃物就地资源化利用，必须以区域产业规划为基础，适当引进或建立农业废弃物利用企业，实现区域内

种养平衡。

（五）进一步完善资源化利用相关扶持政策，加大扶持力度

进一步明确《畜禽规模养殖污染防治条例》中关于畜禽粪便资源化利用的补贴政策与税收优惠政策。明确具体的补贴对象、补贴内容、补贴力度、税收优惠对象、税收优惠内容等。使各级部门在执行过程中有据可循，加大对畜禽粪便资源化利用的扶持力度。

（六）促进资源化利用相关市场的建立和完善，推进专业化商业模式的形成

一是加强农业废弃物收储运产业的支持力度，给予优惠政策与技术支持，促进农业废弃物收储运产业发展。二是制定有机肥料产品标准，解除农户对有机肥料产品性能不稳定的担忧，促进有机肥料商品化发展。三是建立废弃物综合利用再生能源市场化规章制度，消除市场壁垒，打通能源市场。四是形成专业化投资建设管理模式，推进专业化商业模式的形成。

（七）建立产业监测平台，为相关扶持政策的落地提供保障

建立产业监测平台，包括畜禽粪便资源化利用后的再生产品产量（如沼气、天然气、发电量、有机肥等），以及氨氮、碳、COD等污染物的减排量，为农业补贴政策、税收优惠政策以及生物燃气、有机肥等产品终端补贴等政策落地提供重要保障。

参考文献

[1] 黄红英、常志州、叶小梅等："区域畜禽粪便产生量估算及其农田承载预警分析——以江苏为例"，《江苏农业学报》2013年第4期。

[2] 中华人民共和国环境保护部（2015年）：《关于印发水污染防治行动计划的通知》，http://zfs.mep.gov.cn/fg/gwyw/201504/t20150416_299146.htm。

[3] 人民网（2013年）：《畜禽规模养殖污染防治条例》，http://

politics. people. com. cn/n/2013/1126/c1001—23662445. html。

[4] 中华人民共和国财政部（2015年）：《关于印发〈资源综合利用产品和劳务增值税优惠目录〉的通知》，http：//szs. mof. gov. cn/zhengwuxinxi/zhengcefabu/201506/t20150616_1256758. html。

农业文化遗产的多功能价值及其产业融合发展途径探讨[*]

张灿强　沈贵银

内容提要：农业文化遗产具有生产功能、生态功能、社会功能和文化功能等多功能价值。农业文化遗产的多功能价值为农村三次产业融合发展提供了良好条件。当前，遗产地在产业发展和融合过程中面临着农业生态系统的脆弱性、农业产业规模的弱小性、农户参与保护的不足性、相关扶持政策的薄弱性等问题。农业文化遗产地产业融合发展要以保护优先，合理利用，政府引导，政策扶持，企业主导，市场运作，多方参与，惠益分享为基本原则，处理好遗产保护与经济发展，农户生计与产业发展，本地居民与外部工商资本的关系。加强规划引导，发挥政府作用，建立多方参与机制，提升产业融合的层次与水平。

农业文化遗产本质上是一个农业生产系统，农产品供给是其最基本的

---

[*] 本研究成果得到农业部农村经济研究中心青年研究基金、"聚落文化遗产数字化技术与应用"湖南省重点实验室开放基金（JL15K01）。

张灿强，农业部农村经济研究中心助理研究员、博士；沈贵银，江苏省农业科学院农业经济与信息研究所，研究员。

功能，同时，这些系统还具有丰富的农业生物多样性、传统知识与技术体系和独特的生态与文化景观等，其生态、社会和文化功能价值突出。相对于其他遗产类型，农业文化遗产的活态型、复合型等特征决定了其保护与发展的难度更高。充分认识和挖掘利用农业文化遗产的多功能价值，实施保护基础上的合理开发利用，是实现农业文化遗产地可持续发展的重要途径。2015年"中央一号文件"明确提出"积极开发农业多种功能"，"推进农村一二三产业融合发展"。2015年7月，《国务院办公厅关于加快转变农业发展方式的意见》指出"传承农耕文化，加强重要农业文化遗产发掘和保护"。2016年"中央一号文件"强调"加强乡村生态环境和文化遗存保护"，"开展农业文化遗产普查与保护"。实践表明，通过产业发展与产业融合，可将农业文化遗产的多功能价值转变为现实生产力，从而带动农户增收致富以及遗产地社会经济发展。

农业多功能性的概念可以追溯到20世纪80年代末日本的"稻米文化"，提出水稻生产承载着日本传统农业文化的历史进程。1999年，联合国环境与发展大会通过的《21世纪议程》正式采用了农业多功能性的提法。同年，日本出台《粮食·农业·农村基本法》，以法律的形式给出了农业多功能性的基本内涵：农业除确保粮食和其他农产品的供给外，还具有国土资源保持、水源涵养、自然资源保护、自然景观形成、传统文化传承等功能[1]。生态学范畴的生态系统服务（Ecosystem Services）的提出进一步为农业多功能性提供了理论基础。从生态学视角看，人类从生态系统获取的惠益统称为生态系统服务，当然这些生态系统服务基于生态功能（Ecosystem Functions），是维持人类生存所需的环境条件和过程[2]，并将生态服务分为供给服务、调节服务、文化服务和支持服务。研究表明生态系统为人类提供的气候调节、水调节、生物控制等服务价值远远高于其食

---

[1] 张红宇、刘德萍："多功能农业理念能拯救日本农业吗？"，《改革》2001年第5期。
[2] Daily G C. *Nature's Services: Society Dependence on Natural Ecosystems*. Washington, D. C.: Island Press, 1997.

物等产品产出的价值①。农田作为重要的陆地生态系统，也为人类提供了多样性的生态服务②。以上理论为农业文化遗产多功能价值研究提供了参考。与常规现代农业区相比，农业文化遗产的生产功能处于劣势，然而由于丰富的生物多样性、源远流长的民族传统文化，生态功能和社会文化功能显著③。

遗产地农业多功能的显著特征推动了农业与相关产业的融合。农业最初是通过培育动植物生产食品及工业原料的产业，随着技术创新、市场需求等因素驱动以及现代多功能农业深入发展，农业与相关产业的融合成为必然④。产业融合最早源于信息产业之间的相互交叉，此后延伸到制造业、服务业等多种产业⑤。产业融合是在技术、市场、制度等多重因素驱动下，产业边界逐渐模糊，产业之间相互渗透和交叉，最终形成新的产业形态和价值增长点⑥。产业融合的类型可以从产品、技术和市场等多角度进行分类，产业融合后可能产生产业创新、产业升级等绩效，产业融合成为传统产业创新的重要方式和手段⑦。随着工业化和城镇化的快速发展，越来越多的农村居民转移到城镇，2014年中国城镇化率达到54.8%，这意味着城镇常住人口已超过农村。然而，在高节奏的钢筋水泥的城市空间中，越来越多的城市居民向往"采菊东篱下，悠然见南山"的田园生活，市场需求推动了旅游业和农业的融合。2013年，全国各类休闲农业经营

---

① Costanza R, d Arge R, de Groot R, et al. The value of the world's ecosystem and natural capital. *Nature*, 1997, 386 (6630): 253 – 260.

② 陈源泉、高旺盛："中国粮食主产区农田生态服务价值总体评价"，《中国农业资源与区划》2009年第1期。

③ 何露、闵庆文、张丹："农业多功能性多维评价模型及其应用研究——以浙江省青田县为例"，《资源科学》2010年第6期。

④ 李俊岭："我国多功能农业发展研究——基于产业融合的研究"，《农业经济问题》2009年第3期。

⑤ Rosenberg N. Technological change in the machine tool industry, 1840 – 1910. *The Journal of Economic History*, 1963, (23): 414 – 416.

Brand S. *The Media Lab: Inverting the Future at MIT*. New York: Penguin, 1988.

⑥ 单元媛、赵玉林："国外产业融合若干理论问题研究进展"，《经济评论》2012年第5期。张义博："农业现代化视野的产业融合互动及其路径找寻"，《改革》2015年第2期。

⑦ 马健："产业融合理论研究评述"，《经济学动态》2002年第5期。

可持续发展

主体已经超过 180 万家，年接待游客 9 亿人次，营业收入 2700 亿元，带动 2900 万名农民受益①。随着生活水平的提高，人们对食物不只停留在可以吃饱，追求保健、养生的需求越来越高。生物技术、食品加工技术应用越来越广泛，功能性食品开发成为农业新的增长点。日本提出农业"六次产业"的概念，实际就是通过发展食品加工、农产品流通、农业服务业、休闲农业等农村第二、第三产业，并注重地域制造，从而将农业增加值更多的留在农村②。农业文化遗产地以其多样的食物产出、良好的生态环境，成为农业与其他产业融合的最佳载体。产业融合优化了农业资源配置，它所引发的农业生产、经营、组织等一系列技术和制度创新促进了农业产业结构的升级和农业综合效益的提高，成为现代农业产业体系构建的基础。

本文系统总结农业文化遗产的多功能价值，分析其产业发展方向和产业融合途径，揭示影响农业文化遗产地相关产业发展和产业融合的因素，提出对策建议。

一、农业文化遗产及其多功能价值

农业文化遗产是"农村与其所处环境长期协同进化和动态适应下形成的独特的土地利用系统和农业景观，这种系统与景观具有丰富的生物多样性，而且可以满足当地社会经济与文化发展的需要，有利于促进区域可持续发展"③。2002 年联合国粮农组织启动全球重要农业文化遗产项目（Globally Important Agricultural Heritage Systems，GIAHS），旨在建立全球重要农业文化遗产及其有关的景观、生物多样性、知识和技术保护体系，并在世界范围内得到认可④。截至 2016 年 3 月，共有 15 个国家 36 项农业

---

① "2013 年休闲农业接待 9 亿人次"，《人民日报》，2014 年 10 月 12 日，第 1 版。
② 崔振东："日本农业的六次产业化及启示"，《农业经济》2010 年第 12 期。
③ 李文华、孙庆忠："全球重要农业文化遗产：国际视野与中国实践"，《中国农业大学学报（社会科学版）》2015 年第 1 期。
④ Min Q W, Sun Y H, Shi Y Y. GIAHS Project and Its Implementation in China, *Journal of Resources and Ecology*, 2010, 1 (1): 94-96.

文化遗产入选 GIAHS，其中我国有 11 项农业文化遗产入选，是入选数量最多的国家。从 2005 年"浙江青田稻鱼共生系统"列为首批 GIAHS，十年来中国农业文化遗产保护工作取得了突破性的进展[①]。2012 年，农业部启动中国重要农业文化遗产发掘工作，目前已通过三次评选活动，有 62 个传统农业系统入选中国重要农业文化遗产。从已入选的中国重要农业文化遗产类型来看，涉及林业的系统最多，共 31 个，种植业系统 22 个，渔业系统 2 个，牧业系统 1 个，复合系统 4 个，农业工程系统 2 个。

借鉴农业多功能性和生态系统服务相关理论，将农业文化遗产的多功能价值分为生产功能、生态功能、社会功能和文化功能。

表1　　　　　　　　农业文化遗产的多功能价值分类

主要功能	功能描述
生产功能	食物生产、特色产品、原料供给
生态功能	生物多样性保育、气候调节与适应、水土保持与耕地保护
社会功能	生计安全、教化功能、社会管理
文化功能	知识与技术传承、景观美学、文学艺术素材

（一）农业文化遗产的生产功能

生产功能是农业文化遗产的基础功能。遗产地良好的生态、资源条件适宜多种作物的生长，其丰富的物种资源以及珍贵的遗传价值为挖掘利用种质资源，培育特色农产品提供了物质基础，如云南的普洱茶、辽宁宽甸的柱参、浙江绍兴的香榧、陕西佳县的红枣、山东夏津的桑葚、新疆的哈密瓜等，都是遗产地居民在长期劳动实践中驯化、培育的。遗产地还有丰富的中药材、林产品等资源，为当地相关产业发展提供了重要的原料。

---

① Zhang C Q, Liu M C. Challenges and Countermeasures for the Sustainable Development of Nationally Important Agricultural Heritage Systems in China. Journal of Resources and Ecology, 2014 5 (4) 390 – 394.
Min Q W, He L, Zhang D. Agricultural Heritage Research in China: Progresses and Perspectives. *Journal of Resources and Ecology*, 2011, 2 (1): 15 – 21.

(二) 农业文化遗产的生态功能

农业文化遗产地具有丰富的生物多样性,包括动植物资源,景观多样性,而且保存了大量传统作物品种,如万年贡米、宣化葡萄、鞍山南果梨等,是重要的种质资源库。以云南哈尼梯田、湖南紫鹊界梯田为代表的南方稻作梯田系统,具有森林—村寨—梯田—水系"四素同构"的系统特征,山顶森林具有良好的水源涵养功能,土壤透水能力好,形成自流灌溉农业生产体系,山有多高,田就有多高,紫鹊界梯田一带就有"天下大旱,此地有收"的说法,这是对梯田系统适应气候变化的真实写照。生活在梯田地区的劳动人民重视梯田维护,特别是对田埂,"糊田塍"是紫鹊界梯田居民对田埂维护的传统措施,就是用软泥加厚田埂,起到防漏、防止梯田垮塌的作用,在田埂上种植固土作物也是常用的防治水土流失的重要方式。农业文化遗产地传统农作方式注重物质循环利用和耕地保护,青田稻鱼共生系统中,田鱼吃除水稻田的害虫、杂草,来回游动,翻动泥土,起到松土作用,鱼排泄粪便肥田,水稻为鱼提供优良环境、饵料,增加水体氧气、防夏季暴晒,鱼和水稻和谐共生,水稻可免施除草剂,少打农药2—3次,少施化肥30%。湖州的桑基鱼塘形成了"塘基上种桑、桑叶喂蚕、蚕沙养鱼、鱼粪肥塘、塘泥壅桑"的生态模式,实现了对生态环境的零污染。

(三) 农业文化遗产的社会功能

农业是遗产地的重要产业,也是当地居民从事的主要行业和收入的重要来源,是保障当地居民生计安全和社会福祉的重要基础。2015年,贵州省从江县稻鱼鸭种养示范点监测显示,平均亩产稻谷669.5公斤,增产5%—15%,鲜活田鱼24.3公斤,鸭44.7公斤,亩均产值6000元以上[①],实现了粮食增产和农民增收的双重目标。一个农业文化遗产地就是一部农

---

① 全球农业文化遗产:"从江侗乡稻鱼鸭复合系统",中国发展门户网,http://cn.chinagate.cn/news/2015-09/22/content_36650133.htm. 2015年9月22日。

业发展缩影,是青少年了解中华农耕文明的窗口。农业文化遗产地人民在长期共同劳动和生活中形成的村规民约、节庆习俗起着潜移默化的教化功能和社区管理功能,例如在耕种收割时的换工互助习俗,哈尼族的长街宴等,人们受到的教化不仅仅是协作互助、尊重劳动、懂得分享的观念,还包含了礼仪、人际关系和传统文化的熏陶①。

(四) 农业文化遗产的文化功能

农业文化遗产拥有深厚的历史积淀和丰富的文化多样性,在社会组织、精神层面、宗教信仰、景观美学和文学艺术等方面具有重要的文化传承价值。农业文化遗产与当地地质、地形、气候等条件相适应,形成天人合一的美丽景观,体现了人与自然和谐演进的生态智慧。如云南红河哈尼梯田依山造田,最高垂直跨度 1500 米、最大坡度 75°,最大田块 2828 平方米,最小田块仅 1 平方米,有"人间仙境,世界奇观"之称。江苏兴化垛田系统有"河有万湾多碧水,田无一处不黄花"的魅力景观②。遗产地居民在农业生产基础上,形成了诸多的艺术形式,如紫鹊界梯田地区劳动人民祈求风调雨顺形成的舞草龙、田间劳动吟唱形成的高腔山歌等,青田鱼灯以瓯江鱼类和青田田鱼为原型,与青田民间艺术结合的一种独特的艺术表演形式,每逢重要节日和庆祝活动,都有鱼灯舞表演。劳动过程中形成的种质资源培育、生物资源利用、水土资源管理、农业景观保持等方面的本土知识和适应性技术,对现代农业发展具有极强的参考价值。哈尼族先民经过艰辛的梯田农耕生产生活历练,积累了大量丰富的关于对自然山水、动植物、生产生活的技能和经验,并将这些经验总结提炼为通俗易懂的歌谣,在师徒、母女和父子中间通过口传心授、言传身教的方式传授,并成为这个民族独特的文化现象。

---

① 朱启臻等:"留住美丽乡村——乡村存在的价值",北京大学出版社 2014 年版。
② 张灿强:"农业文化遗产保护助力农业强、农村美、农民富",《经济要参》2014 年第 44 期。

可持续发展

《哈尼族四季生产调》节选①：

经过专家学者搜集、整理形成的《哈尼族四季生产调》，2006年入选第一批国家级非物质文化遗产。以下是两段节选，反映的是汉尼族水稻育种的过程和关于伐树的民约：

"……算月的心灵苏西姑娘，有姑娘在月不会混，算年的男子汉，有男子汉在年不会乱。屋里的种子没张嘴，种子叽噜叽里叫，种子没有娘，要去山洼找甜水做亲娘。家里的种子没有爹，要去地下黄土黑土中间找亲爹；屋里的种子没有窝，要到下面山洼，找底齐达帕做暖窝。种子水里泡三夜，第三天晚上已泡涨，捂了三天就出芽，到了第三天芽出齐。……"

"……要傣家用独棵树砍成的打谷船，扛起啄木鸟嘴样的锛，拿起查拉鸟嘴般的斧，有十棵大树不能砍成打谷船，下坝傣家屋前攀枝花树不能砍，那是傣家的记号树；上坝汉人房前的桃树不能砍，那是汉人的记号树；寨头麻栗大树不能砍，它是哈尼翻年的记号树；砍来大山顶上红椿树，就有好看的打谷船……"

农业文化遗产的各功能中，生态功能是基础，遗产整体功能发挥以生态系统的稳定和健康为前提；生产功能是本质，是区别于其他遗产类型的关键，失去生产功能就不能称之为农业文化遗产；社会、文化功能是灵魂，是遗产地劳动人民长期的实践积累和智慧结晶，对维系区域可持续发展具有重要作用。

二、遗产地农业多功能的产业发展方向与融合途径

农业文化遗产地多功能价值为相关产业发展和产业融合提供了良好条件。农业文化遗产是一个系统，功能的发挥要求整个系统保持完整，尤其是生态功能的基础性作用，舍弃其他功能，片面针对某一功能的产业化都将破坏遗产系统的稳定性和持续性（图1）。

---

① 张红臻：《哈尼族四季生产调解读》，云南出版集团有限责任公司、云南美术出版社有限责任公司2010年版。

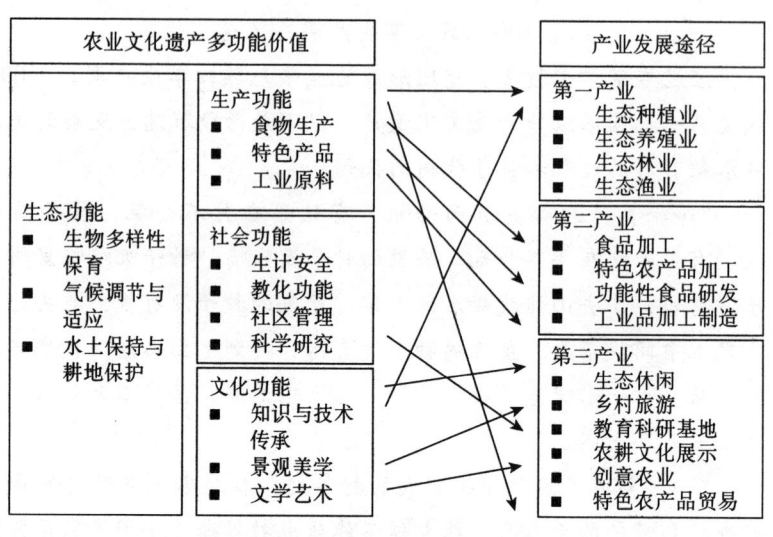

图 1　农业文化遗产地功能与产业对接

农业文化遗产地第一产业发展方向：以农业生产功能为基础的第一产业是农业文化遗产地的传统产业，在发展过程中突出生态资源优势，发展特色农业，加强传统作物和特色品种生产。发展生态循环农业，吸收传统农业技术精华，加强种养结合等资源节约型、环境友好型农业技术推广，发展绿色产品、无公害农产品、有机食品、地理标志产品生产和认证。农业文化遗产地第二产业发展方向：借鉴传统农产品加工技艺，吸收现代加工技术，发展食品加工和地方特色产品深加工。挖掘遗产地生物资源，开发具有保健、养生作用的功能性食品。发展农副产品加工制造业，提高农产品附加值。农业文化遗产地第三产业发展方向：依托生态环境优势和景观资源优势，发展集观光、体验、休闲于一体的农业文化遗产旅游，设计旅游路线，开发旅游产品，引导农户发展农家乐、渔家乐等。发展农业文化产业，系统整理传统农耕知识和技术资料、传统民俗艺术资料，建设地方特色的农耕文化博物馆和科研教育示范基地。发展农产品流通业，建设地方特色农产品展示与销售平台，发展农村地区农产品电子商务。

随着遗产地农业及相关产业的发展，在技术、市场等因素驱动下，通过企业带动、合租社联合、大户发起等模式，农产品加工业、功能性食品开发、休闲农业等新兴业态涌现，成为农村经济和农民增收新的增长点（图2）。

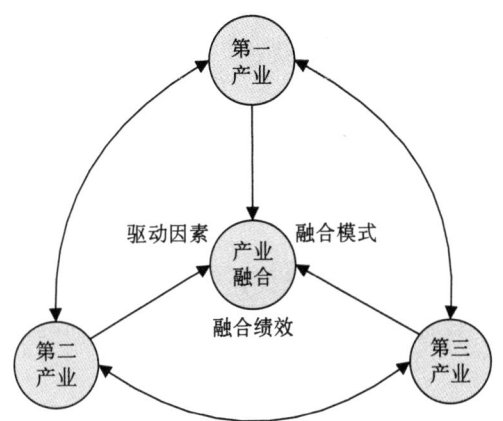

图2 农业文化遗产地产业融合发展

第一产业是遗产地基础性产业，通过第二产业和第三产业对第一产业的提升和带动作用，促进产业融合。当前产业融合的模式主要有：（1）产品开发型融合发展模式。入选中国重要农业文化遗产的系统中，超过三分之二的以系统主导产品命名，足见特色产品对遗产地发展的重要性。依托遗产地良好的生态环境，农产品质量得到重要保障，一些遗产地通过加强产品加工业发展和产品宣传，品牌效益扩大，如哈尼红米、从江香猪、青田鱼干、宣化葡萄等，有些产品已经是知名品牌，如安溪铁观音、云南普洱茶、福州茉莉花茶等。有些遗产地围绕单个产品进行功能性食品开发，山东夏津在桑产业上做文章，开发出桑葚红酒、椹茶、桑果汁、桑叶粉、桑葚膏等系列产品。（2）休闲农业型融合发展模式。遗产地的美丽景观吸引了众多游客的到来。有些遗产地作为旅游景区进行开发，如兴化千岛油菜花景区、新化紫鹊界梯田景区等，有些遗产地的旅游以开放式进入为主。随着游客的增多，与旅游直接相关的农家乐、渔家乐等如雨后春笋般兴起。云南元阳县多依树普高老寨村就有大大小小三十几家客栈，每家客栈平均每年可接待游客200人以上，年均纯收入超过10万元，规模大、经营好、信誉良的客栈年纯收入可在 30 万元以上，村民还可以在经营小吃、小卖铺、土特产品等生意中获得收入。

此外，遗产地居民不断开拓思路，创新发展模式。2015 年 10 月，湖南新化紫鹊界梯田启动了"梯田认租"模式。用一块田连接一个贫困家庭，讲述一个扶贫故事，将梯田种植、精准扶贫和休闲旅游相结合，实现多种效益的共赢。

三、农业文化遗产地产业发展与产业融合面临的问题

农业文化遗产地优越的生态条件，丰富的资源优势为产业融合发展提供了良好的基础，然而，在产业融合发展过程中也面临诸多困境和挑战。

（一）农业生态系统的脆弱性，产业发展基础薄弱

农业产业发展的生态基础脆弱：一是生态系统自身的衰退，尤其是起源较早的遗产系统，如浙江绍兴会稽山古香榧树已出现自然衰老现象。二是自然因素对生态系统的破坏，包括洪涝、干旱、地震、火灾、病虫害等。三是人为因素对生态系统的破坏，包括乱砍滥伐、化肥农药的过量施用等不合理的资源利用方式和经营方式，城镇化对农业生产生态系统的挤占等。新疆吐鲁番的坎儿井灌溉系统，由于肆意使用，缺乏管理，使坎儿井流域系统受到严重破坏，坎儿井的数量迅速减少。根据 2003 年普查，吐鲁番有水的坎儿井已减少到 405 条，比最多时减少了 67%，灌溉面积缩减了 60% 多，减少到 13 万亩。

（二）农业产业规模的弱小性，产业融合程度偏低

第一产业发展中，一家一户的小规模和分散经营依然占据农业经营的主导地位。以遗产地福建安溪铁观音茶种植为例，全县 90% 以上的茶园仍然是一家一户分散生产经营，户均经营茶园不足 3 亩，客观上造成茶园管理的零碎，给茶叶的标准化生产、先进技术的推广和普及工作带来了许多制约因素。第二产业发展中，农产品加工业产值比重较低。紫鹊界梯田所在地湖南省新化县农产品加工业（包括农副产品加工业、食品制造业、

木材加工等）产值仅占规模工业企业产值的4.6%。加工企业竞争力不强，安溪县有茶企达700多家，但产值上亿元的屈指可数，企业普遍体量不大，辐射、带动农户的能力不强。第三产业发展中，乡村旅游开发处于起步阶段。普遍存在着接待设施和接待能力不足的问题，旅游开发主要以景观游览为主，季节性突出，游客停留时间短，在农作体验、传统饮食、农耕文化等方面的深度挖掘不足，旅游旺季过多的游客进入可能对当地生态环境造成人为扰动。三次产业规模偏小，还未形成相互协同的发展态势，农户、企业、合作社等经营主体发育薄弱，产业链整合与产业带动能力不强，产业融合程度偏低。

（三）农户参与保护的不足性，可持续发展面临挑战

农户是农业文化遗产保护与发展的关键主体，然而农民位于农业产业链的最底层，在农业产业化发展中往往处于弱势地位，他们的利益诉求很难得到实现。以南方稻作梯田旅游发展为例，梯田景观是吸引游客的核心要素，只有农户种植水稻才能保持景观的可观赏性，现实中，梯田耕种劳动强度大、种植收益低，青年一代的劳动者很少从事梯田耕种，农户种田意愿持续降低。随着工业化、城镇化加速推进和农业生产比较效益的下降，农村中大量青壮年劳动力向城镇转移，农业文化遗产地也不例外。年轻、文化程度较高的农村劳动力流失导致传统知识和技术得不到有效的传承和发展，是农业文化遗产地面临的普遍问题。

（四）相关扶持政策的薄弱性，产业发展后劲不足

总体而言农业文化遗产地经济发展水平较低，当前入选中国重要农业文化遗产的62个系统中，22个位于少数民族聚居地区，17个遗产地为国家级贫困县，并且少数民族聚居地和贫困地区有很大的重叠性（表2）。从国家层面看，目前还没有专门针对农业文化遗产保护的财政转移支付，从地方层面看，受财力限制，对农业文化遗产的扶持力度不足，多数遗产地农业基础设施和生产条件较差，还有很大改善和提高的空间。第三产业规模小，导致市场竞争力较弱。以品牌培育为例，虽有云南普洱茶、福建

安溪铁观音、浙江杭州西湖龙井茶等全国知名品牌,然而大多农业文化遗产地农产品品牌影响力有限。

表2 位于少数民族聚居区和国家级贫困县的农业文化遗产地

少数民族聚居区	国家级贫困县
吐鲁番市、敖汉旗、红河哈尼族彝族自治州、普洱市、漾濞彝族自治县、从江县、迭部县、阿鲁科尔沁旗、新晃侗族自治县、龙胜各族自治县、广南县、剑川县、哈密市、桓仁满族自治县、延边朝鲜族自治州、抚远市、恩施土家族苗族自治州、隆安县、美姑县、双江拉祜族佤族布朗族傣族自治县	阿鲁科尔沁旗、敖汉旗、新化县、龙胜各族自治县、从江县、红河县、广南县、漾濞县、剑川县、佳县、抚远市、寿县、恩施土家族苗族自治州、隆安县、苍溪县、美姑县、双江拉祜族佤族布朗族傣族自治县

四、遗产地产业发展与产业融合思考与建议

(一) 处理好遗产地产业融合发展的几对关系

1. 要处理好遗产保护和经济发展的平衡关系

当前,旅游开发成为诸多遗产地发展经济的重要形式,不可否认,发展旅游是充分利用农业文化遗产多功能性,带动农民就业增收的重要途径。然而随着游客的增多,必然会对遗产系统产生干扰,如果游客的数量超出系统的承载能力,就会打破物质和能量平衡,对遗产造成不可修复的破坏。哈尼梯田景区的一位村主任向我们反映,近年来随着游客和客栈的增多,用水量增加,原本流到梯田的水被分散或减少,他们村的田块有的出现旱化。此外,村庄缺少整体规划,相关的垃圾收集、公共厕所等旅游公共设施建设滞后,对景观环境造成一定影响。当然,保护与开发的矛盾关系在哈尼梯田,有其他遗产地同样面临这样的困境。

2. 要处理好农户生计与产业发展的平衡关系

应该清楚的认识到农户是农业文化遗产保护的主体,只有保障农户生计需求,才能实现遗产的有效传承。以南方稻作梯田这一类型的农业文化遗产为例,由于大部分劳动依靠手工,劳动强度大,比较效益低,单纯从

事梯田耕种很难满足农户的生计需求。而对旅游产业而言,连片灌水梯田形成的壮美景观正是吸引游客的地方,也是旅游开发的卖点,农户进行稻田生产维持了美丽景观而没有从旅游开发中获得相应的补偿,他们的收入来源还是主要依靠外出打工。

3. 要处理好本地居民和外部工商资本的平衡关系

随着农业文化遗产地知名度的扩大和消费者对饮食文化、休闲体验等关注度的提高,由此带来的商机也被敏感的工商资本捕捉到,投资经营遗产地农产品加工、休闲农业等的商户越来越多,尤其是经验丰富、资本雄厚的外地企业家,而本地经营者往往受到资金、技术、管理等方面的限制,在投资数量、经营规模上很难与外地工商资本竞争,这就出现了另外一对矛盾关系。继续以哈尼梯田旅游开发为例,元阳县多依树普高老寨村的34家客栈中,本地经营的只有10家,规模、名气较大的客栈大部分是外地人经营的,因为他们的客栈条件好,还可以利用互联网做宣传,也有能力接待国外的游客,由于语言的原因,这些客栈比较少的雇佣当地人,这样相当一部分增值收益被外地人拿走。

(二) 相关政策建议

农业文化遗产为社会—经济—自然复合系统,融合生态、环境、景观、文化与技术等物质与非物质遗产特质,要实现遗产系统的稳定发展与合理利用,必须以遗产地产业融合发展为抓手,坚持保护优先,保护与发展相结合,动态保护与适应性管理结合,政府引导与市场机制相结合,农户主体与多方参与相结合,突出产业选择符合遗产地功能分区发展方向,产业规模控制在遗产地承载能力之内的基本要求,在强化对生物多样性与生态系统、农业景观和农业文化进行重点保护的基础上,通过农业相关产业联动集聚,推动生产要素跨界配置和遗产地特色农产品生产、加工、销售及休闲农业、文化旅游等相关产业的有机整合,延长产业链、提升价值链、拓宽增收链,优化农业遗产地生产力结构布局,促进农业遗产地第一、第二、第三产业紧密连接,实现对农业文化遗产的有效保护与农业文化遗产地的可持续发展。

在农业文化遗产地产业融合发展过程中,一要加强规划引导,编制遗产地保护与发展规划,并实现多规合一,开展农业文化遗产普查,加强生物多样性保护,建立地方物种和种质资源库,开展遗产地监测评估,建立年度报告制度。二要发挥政府作用,建立健全遗产地产业融合发展的管理体系和管理制度,发挥财政的带动作用,加强对农业文化遗产保护地的财政转移支付力度,在农村土地、金融等方面为产业融合发展提供一定优惠措施。三要建立多方参与机制,合理引导工商资本进入农业文化遗产保护领域,创新利益联结机制,加强对农户的技能培训,在就业安排与创业机会上更多地让原住民参与,让其在产业发展中真正得到实惠。四要提升产业融合的层次和深度,依托农业文化遗产景区、园区等形式,建立集农产品生产、加工、休闲观光、特色产品销售等为一体产业集群,培育农业文化遗产地农产品品牌,充分利用互联网、物联网等新技术以及互联网金融、众筹、PPP等新工具和新模式,提高农业文化遗产旅游发展水平。

参考文献

[1] 张红宇、刘德萍:"多功能农业理念能拯救日本农业吗?",《改革》2001年第5期。

[2] Daily G C. *Nature's Services*: *Society Dependence on Natural Ecosystems*. Washington, D. C.: Island Press, 1997.

[3] Costanza R, d Arge R, de Groot R, *et al*. The value of the world's ecosystem and natural capital. *Nature*, 1997, 386 (6630): 253 - 260.

[4] 陈源泉、高旺盛:"中国粮食主产区农田生态服务价值总体评价",《中国农业资源与区划》2009年第1期。

[5] 何露、闵庆文、张丹:"农业多功能性多维评价模型及其应用研究——以浙江省青田县为例",《资源科学》2010年第6期。

[6] 李俊岭:"我国多功能农业发展研究——基于产业融合的研究",《农业经济问题》2009年第3期。

[7] Rosenberg N. Technological change in the machine tool industry,

1840 – 1910. *The Journal of Economic History*, 1963, (23): 414 – 416.

[8] Brand S. *The Media Lab: Inverting the Future at MIT*. New York: Penguin, 1988.

[9] 单元媛、赵玉林:"国外产业融合若干理论问题研究进展",《经济评论》2012 年第 5 期。

[10] 张义博:"农业现代化视野的产业融合互动及其路径找寻",《改革》2015 年第 2 期。

[11] 马健:"产业融合理论研究评述",《经济学动态》2002 年第 5 期。

[12] 崔振东:"日本农业的六次产业化及启示",《农业经济》2010 年第 12 期。

[13] 李文华、孙庆忠:"全球重要农业文化遗产:国际视野与中国实践",《中国农业大学学报(社会科学版)》2015 年第 1 期。

[14] Min Q W, Sun Y H, Shi Y Y. GIAHS Project and Its Implementation in China, *Journal of Resources and Ecology*, 2010, 1 (1): 94 – 96.

[15] Zhang C Q, Liu M C. Challenges and Countermeasures for the Sustainable Development of Nationally Important Agricultural Heritage Systems in China. Journal of Resources and Ecology, 2014 5 (4) 390 – 394.

[16] Min Q W, He L, Zhang D. Agricultural Heritage Research in China: Progresses and Perspectives. *Journal of Resources and Ecology*, 2011, 2 (1): 15 – 21.

[17] 朱启臻等:"留住美丽乡村——乡村存在的价值",北京大学出版社 2014 年版。

[18] 张灿强:"农业文化遗产保护助力农业强、农村美、农民富",《经济要参》2014 年第 44 期。

农业文化遗产保护目标下农户生计状况分析*

张灿强　闵庆文　张红榛　张永勋　田　密　熊　英

内容提要：农户生计是农业文化遗产认定标准之一，也是影响农业文化遗产保护与传承的关键因素，在贫困地区，遗产保护与农户脱贫的两难困境更为突出。本研究课题基于可持续生计理论和分析框架，以全球重要农业文化遗产地——云南哈尼梯田为案例区域，通过生计资本指标体系构建和量化，对比分析了不同生计途径农户的生计状况。评估结果发现，农户的生计资本均值为2.312，生计资本处于匮乏状态，金融资本值最低，而文化资本值最高。从事农业和打工是当前农户的主要生计途径，旅游接待成为生计拓展的重要形式。三类农户生计资本值和家庭年均收入排序相同，都表现为旅游接待户＞打工兼业户＞纯农业户，纯农业户的生计状况最差。从单项生计资本看，旅游接待户和打工兼业户的人力资本显著高于纯农业户，物质资本和金融资本比较中，旅游接待户显著高于其他两类农

---

* 张灿强，农业部农村经济研究中心；闵庆文，中国科学院地理科学与资源研究所；田密、张永勋，中国科学院大学；张红榛，云南红河州世界遗产管理局；熊英，中国人民大学环境学院。

基金项目：农业部农村经济研究中心青年基金"农业文化遗产保护与发展：实现路径与政策设计"；农业国际交流与合作项目"2016年中国全球重要农业文化遗产保护"。

可持续发展

户,说明人力资本越丰富的农户越可能倾向于兼业,农户开展旅游接待需要较高的物质和金融资本作为基础。这意味着,农业文化遗产保护要大力提高农户的农业经营收益,延长农业的价值链和产业链,完善农村金融市场,开展旅游接待培训,从人力、金融等多方面改善农户生计资本状况,实现生计途径拓展。

随着可持续发展理念逐渐并成为全球共识,人们开始反思现代"化石农业"发展方式带来的资源、环境和生态问题。2002年,联合国粮农组织(FAO)发起了"全球重要农业文化遗产(简称GIAHS)"保护倡议,旨在保护和传承具有突出经济、社会、生态、文化等多功能价值的传统农业系统及其景观、生物多样性、知识和文化体系[1]。经过十多年的发展,农业文化遗产保护得到国际组织和多国政府高度重视,目前已成为FAO重点工作之一。中国农耕文明源远流长,创造了稻田养鱼、桑基鱼塘、梯田农业等土地利用系统和农业景观[2],农业部于2012年启动了中国重要农业文化遗产发掘工作,2016年"中央一号文件"更是明确提出"开展农业文化遗产普查与保护",从而把农业文化遗产发掘与保护工作上升到国家水平。

农业文化遗产实质上是一个农业生产系统,农户是其真正的"主人",遗产保护说到底是要保护好其传承人——农户[3]。现实中,诸多农业文化遗产地位于中西部山区的贫困县,并与少数民族聚居区有较大的重叠性[4],在生态脆弱性和生产条件落后等限制因素下,这些地区农业文化遗产保护难上加难。遗产保护只有处理好农户发展问题,尤其是农户生计问题,遗产才能获得有效传承。当前,有关农业文化遗产保护的研究主要

---

[1] 闵庆文:"全球重要农业文化遗产——一种新的世界遗产类型",《资源科学》2006年第4期。

[2] 李文华:《生态农业——中国可持续农业的理论与实践》,化学工业出版社2003年版。

[3] 苑利:"正确处理好农业文化遗产保护中的五大关系",《中国农史》2014年第6期。

[4] Zhang C Q, Liu M C. Challenges and countermeasures for the sustainable development of nationally important agricultural heritage systems in China [J]. Journal of Resources and Ecology, 2014, 5 (4): 390 – 394.

集中在内涵与保护途径、功能价值分析、旅游资源评价等方面①，较少涉及遗产保护与农户生计关系问题的研究。本研究课题以农户生计作为基本研究视角，以可持续生计理论为分析框架，选择全球重要农业文化遗产——云南红河哈尼稻作梯田（下称"哈尼梯田"）作为研究区域，从生计资本、生计途径和生计结果等方面对比分析不同类型农户的生计状况，探讨遗产保护中可以改善农户生计的有效途径，提出实现遗产保护与农户脱贫的双赢发展策略，为农业文化遗产可持续发展政策制定提供依据。

一、可持续生计分析框架

20世纪80年代以来，国内外学者对农户生计问题开展了大量研究。Chambers & Conway② 认为，"生计包括人、人的能力和人的生活方式，包括食物、收入和资产，资产既含有形资产（如资源、储蓄），也有无形资产（如要求权、分享权）。可持续生计是能够保持和提高本地及全球人类赖以生存的环境基础，能够帮助人们适应压力，从外部冲击中恢复，并能够为后代人提供机会。"Scoones③ 指出，人们所拥有的自然、经济、人力和社会资本共同决定了他们的生计策略（如农业经营的集约或分散，生计多样性等）。Ellis④ 认为生计包括的资产、行动以及获得这些的权利，并受制度和社会关系的影响。生计概念的提出为研究农户脆弱性和农村贫

---

① 闵庆文、孙业红："农业文化遗产的概念、特点与保护要求"，《资源科学》2009年第6期。张灿强、沈贵银："农业文化遗产的多功能价值及其产业融合发展途径探讨"，《中国农业大学学报（社会科学版）》2016年第2期。李明、王思明："农业文化遗产：保护什么与怎样保护"，《中国农史》2012年第2期。孙业红、闵庆文、成升魁等："农业文化遗产的旅游资源特征研究"，《旅游学刊》2010年第10期。曹幸穗："农业文化遗产保护与新农村建设"，《中国农业大学学报（社会科学版）》2012年第3期。袁正、闵庆文、成升魁："支持哈尼梯田存续千年的家庭经济模式"，《中国农业大学学报（社会科学版）》2013年第4期。

② Chambers R, Conway G R. Sustainable rural livelihoods: practical concepts for the 21st century [R]. Brighton UK: Institute of Development Studies. 1992.

③ Scooners I. Sustainable rural livelihoods: A framework for analysis (IDS Working Paper 72) [R]. Brighton, UK: Institute of Development Studies. 1998.

④ Ellis F. Rural livelihoods and diversity in developing countries [M]. New York: Oxford University Press, 2000.

困等问题提供了新视角①,并应用于一些重要的建设工程、项目实施与经济开发措施等对农户生计影响的研究,如退耕还林②、水利工程建设③、移民搬迁④、土地利用方式转换⑤、宅基地流转⑥、乡村旅游⑦、气候变化⑧等以及农户生计对相关政策和制度的响应,如生态补偿⑨、城乡统筹⑩等。

为更好地理解和解决现实问题,研究者构建了多种生计分析框架⑪,其中英国国际发展署(DFID)提出的可持续生计分析框架应用最为广泛。在这个分析框架中,家庭所拥有的生计资本细分为五种类型,即自然资

---

① 仲俊涛、米文宝、樊新刚等:"可持续生计框架下连片特困区发展机理——以宁夏限制开发生态区为例",《应用生态学报》2015年第9期。赵雪雁、赵海莉、刘春芳:"石羊河下游农户的生计风险及应对策略",《地理研究》2015年第5期。

② 李树苗、梁义成:"退耕还林政策对农户生计的影响研究——基于家庭结构时间的可持续生计分析",《公共管理学报》2010年第2期。

③ 李丹、许娟、付静:"民族地区水库移民可持续生计资本及其生计策略关系研究",《中国地质大学学报(社会科学版)》2015年第1期。杨云彦、赵锋:"可持续生计分析框架下农户生计资本的调查与分析——以南水北调(中线)工程库区为例",《农业经济问题》2009年第3期。

④ 李聪、柳玮、冯伟林等:"移民搬迁对农户生计策略的影响——基于陕西安康地区的调查",《中国农村观察》2013年第6期。

⑤ Soini E. Land use change patterns and livelihood dynamics on the slopes of Mt. Kilimanjaro Tanzania [J]. Agricultural Systems, 2005, 85 (3): 306 - 323. 李翠珍、徐建春、孔祥斌:"大都市郊区农户生计多样化及对土地利用的影响——以北京市大兴区为例",《地理研究》2012年第6期。

⑥ 关江华、黄朝禧、胡银根:"农户宅基地流转意愿差异及其驱动力研究",《资源科学》2013年第11期。

⑦ 贺爱琳、杨新军、陈佳等:"乡村旅游发展对农户生计的影响——以秦岭北麓乡村旅游地为例",《经济地理》2014年第12期。孔祥智、钟真、原梅生:"乡村旅游业对农户生计的影响分析——以山西三个景区为例",《经济问题》2008年第1期。

⑧ 田素妍、陈嘉烨:"可持续生计框架下农户气候变化适应能力研究",《中国人口·资源与环境》2014年第5期。

⑨ 李海燕、蔡银莺:"生计多样性对农户参与农田生态补偿政策响应状态的影响——以上海闵行区、苏州张家港市发达地区为例",《自然资源学报》2014年第10期。

⑩ 张玉英、王成、王利平等:"统筹城乡发展策略下基于生计风险诊断的农户后顾生计来源识别——以重庆市沙坪坝区中梁镇龙泉村为例",《西南师范大学学报(自然科学版)》2013年第1期。

⑪ 李斌、李小云、左停:"农村发展中的生计途径研究与实践",《农业技术经济》2004年第4期。

本、物质资本、人力资本、金融资本和社会资本,当面对各种风险和冲击时,受自身生计资本性质、状况及制度、政策的交互影响,家庭会采取不同的生计策略,产生相应的生计结果,而生计结果又反过来影响生计资本。相关研究表明,生计资本的匮乏导致农村贫困户在面临风险和打击时没有过多的资产可以转化以降低其脆弱性[1]。提高农户的抗风险能力,需要增加其生计资本,尤其是金融资产、人力资产等要素[2]。生计多样性可以降低脆弱性,相对于农业户,兼业户的生计资本禀赋往往更好,抗风险能力更强,对自然环境的依赖性更小[3]。自然资本缺乏迫使农户寻求其他谋生方式,但教育程度低、物质资本与金融资本缺乏以及封闭而狭窄的亲缘与地缘关系限制了农户生计多样化[4]。人力资产、金融资产和社会资产丰富的农户往往倾向于非农活动,而物质和自然资产丰富的农户往往更愿意从事农业活动[5]。生态旅游和乡村旅游作为拓展农户生计方式的途径,对缓解自然保护区与社区居民生计矛盾发挥重要作用,但农户生计资产不足会限制其对旅游发展的参与[6]。

由于自然地理和社会文化的差异,民族地区的农户往往形成特有的生计方式。哈尼梯田地区地形以山地和丘陵为主,人口以哈尼族、彝族等少数民族为主。语言、习俗、宗教、信仰等民族文化和民俗文化呈现多样性,并深刻影响农户的生活习惯和生计活动。本研究课题在 DFID 可持续生计理论基础上,构建"农业文化遗产地农户生计分析框架",在生计资

---

[1] 李小云、董强、饶小龙等:"农户脆弱性分析方法及其本土化应用",《中国农村经济》2007 年第 4 期。

[2] 苏芳、尚海洋:"农户生计资本对其风险应对策略的影响",《中国农村经济》2012 年第 8 期。

[3] 黎洁、李亚莉、邰秀军等:"可持续生计分析框架下西部贫困退耕山区农户生计状况分析",《中国农村观察》2009 年第 5 期。

[4] 赵雪雁、李巍、杨培涛等:"生计资本对甘南高原农牧民生计活动的影响",《中国人口·资源与环境》2011 年第 4 期。

[5] 蒙吉军、艾木入拉、刘洋等:"农牧户可持续生计资产与生计策略的关系——以鄂尔多斯市乌审旗为例",《北京大学学报(自然科学版)》2013 年第 2 期。

[6] 王瑾、张玉钧、石玲:"可持续生计目标下的生态旅游发展模式——以河北白洋淀湿地自然保护区王家寨社区为例",《生态学报》2014 年第 9 期。

本要素中设置"文化资本"类型,并与传统五大生计资本共同影响农户生计策略(图1)。

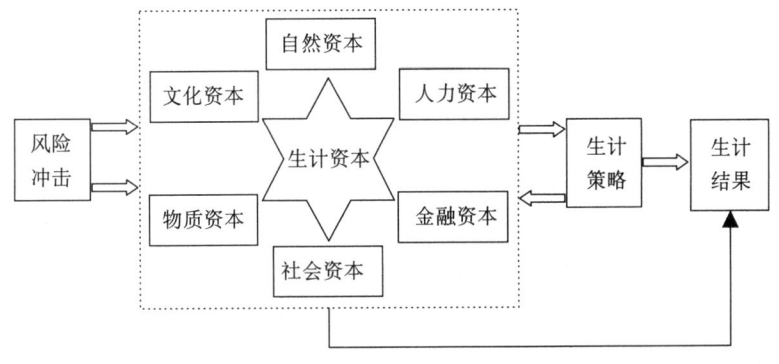

图1 农业文化遗产地农户可持续生计分析框架

二、数据来源与方法

(一)研究区域

哈尼梯田位于云南省南部哀牢山南麓,主要分布在红河南岸的元阳、红河、金平、绿春4县,面积约6.5万公顷,居住着哈尼族、彝族等10个民族约120万人口。哈尼梯田有1300多年的耕种历史,呈"森林—村寨—梯田—水系"四素同构的景观特征,梯田开垦随山势地形变化,最高级数有3000多级,坡度在15度到75度之间。梯田农业系统体现了当地居民的劳动智慧,如"木刻分水"有效解决了水资源合理分配,"寨神林"崇拜则使这里的森林生态系统保存良好。凭借其较高的生态、经济、历史、文化和美学价值,2010年哈尼梯田被联合国粮农组织列为全球重要农业文化遗产,2013年被联合国教科文组织列为世界文化遗产。

在咨询哈尼梯田遗产管理部门的基础上,调研组选取元阳县和红河县作为调查地区。两县少数民族占90%左右,都是国家级贫困县。本研究采用参与式农村评估法(PRA),课题组于2015年7—8月,走访了当地农业、林业、水利、文化、遗产管理等部门,了解哈尼梯田历史、社会、经济等现状。对农户开展问卷调查,调查区域选择两县梯田景观有代表性的乡镇，元阳县选取牛角寨乡和新街镇，红河县选择阿扎河乡、宝华乡和乐育乡，每个乡镇选择 2 个村，并按照农户收入进行分层抽样，由村干部带领调查员入户访谈。调查共收回问卷 199 份，通过有效性检验，有效 176 份，有效率为 88.4%。

（二）农户生计资本指标设置

基于农业文化遗产地农户可持续生计分析框架，农户的六大生计资本类型的指标选取和资本值量化如表 1 所示，对需要标准化的数据指标采用极差标准化法。自然资本一般指人们能够利用并维持生计的土地、水、生物资源等，既有可再生资源，也包括不可再生资源。本研究用实际经营耕地面积（N_1）和耕地质量状况（N_2）两个指标来衡量。物质资本是通过人的生产过程所创造出来的设施或物资，本文考察了住房情况（M_1）、家庭拥有耐用消费品数量（M_2）和生产工具情况（M_3）。金融资本通常指储蓄的现金、可获得的贷款或借款，或容易变现的其他储蓄形式。哈尼梯田地区，牲畜养殖较为普遍：一是可作为节庆时祭祀或招待亲朋；二是可作为一种储蓄形式，在家庭面临困难或风险时，可直接换取现金，本研究将牲畜存栏量（F_2）作为金融资本的衡量指标之一。在统计时，将所有的牲畜换算成猪当量。人力资本选取家庭劳动力数量（H_1）、户主的受教育程度（H_2）、家庭成员的身体健康情况（H_3）、上年所受的技能培训次数（H_4）和是否掌握手艺（H_5）五项指标衡量。社会资本是人们开展生计活动能够利用的社会资源，如社会关系网、社会组织等。本研究课题考察了农户与邻里的交往程度（S_1）以及参加合作社或协会的数量（S_2）（表 1）。

表 1 　　　　　　　　生计资本评估指标及其量化

项目	指标	指标符号	量化方法	量化公式
自然资本	实际经营耕地面积	N_1	实际数量	$0.5 \times N_1 + 0.5 \times N_2$
	耕地质量情况	N_2	优良记 1，较好记 0.75，一般记 0.5，较差记 0.25，贫瘠记 0	

续表

项目	指标	指标符号	量化方法	量化公式
物质资本	住房情况	M_1	楼房记 3，砖混平房记 2，砖木平房记 1，土坯房记 0	$(M_1+M_2+M_3)/3$
	耐用消费品数量	M_2	有 1 项计 1 分	
	生产工具情况	M_3	大型农业机械记 3 分，中小型农业机械记 2 分，手工农具记 1 分，动物役畜记 0 分	
金融资本	存款和贷款总额	F_1	2 万元以上记 1，1 万—2 万元记 0.75，5000—1 万元记 0.5，5000 元以下记 0.25，没有记 0	$0.5 \times F_1 + 0.5 \times F_2$
	牲畜存栏量	F_2	折算成猪当量，30 只鸡折算成 1 头猪，1 只羊折算成 3 头猪，1 头牛折算成 5 头猪	
人力资本	家庭劳动力数量	H_1	实际数量	$(H_1+H_2+H_3+H_4+H_5)/5$
	户主教育程度	H_2	文盲（初小）记 0，小学记 0.25，初中记 0.5，高中记 0.75，大专及以上记 1	
	家庭整体健康情况	H_3	非常健康记 1，良好记 0.75，一般记 0.5，较差记 0.25，有身体状况不好的记 0	
	农业或非农业技能培训次数	H_4	实际数量	
	是否是手艺人或种田能手	H_5	是 1，否 0	
社会资产	邻里交往程度	S_1	非常密切记 1，密切记 0.75，一般记 0.5，来往较少记 0.25，不来往记 0	$0.5 \times S_1 + 0.5 \times S_2$
	参加合作社或协会	S_2	实际数量	

续表

项目	指标	指标符号	量化方法	量化公式
文化资本	对民风民俗的了解程度	C_1	非常了解记 1，了解记 0.75，一般记 0.5，不太了解记 0.25，根本不了解记 0	$0.5 \times C_1 + 0.5 \times C_2$
	对传统农耕知识的了解程度	C_2	非常了解记 1，了解记 0.75，一般记 0.5，不太了解记 0.25，根本不了解记 0	

文化资本主要反映了民族文化、传统民俗等。哈尼梯田居民具有独特的民族文化风俗，如"十月年"、"长街宴"等。在长期的劳动实践中，也形成了当地的传统农耕经验。本研究选取对民风民俗的了解程度（C_1）和对传统农耕知识的了解程度（C_2）作为文化资本的衡量指标。

三、农户生计状况

（一）农户生计资本评价

对每项生计资本评估指标进行标准化处理，根据表 1 中六大生计资本的量化公式得到单个农户每项生计资本的量化值，然后将六大生计资本值进行算数平均，得到每个农户的生计资本评估值。结果显示，全球重要农业文化遗产地——云南哈尼梯田地区农户平均生计资本值为 2.312，以总值 6 分为基准，说明农户的生计资本总量不足。在各类生计资产中，金融资本得分最低，仅为 0.164，其次为自然资本和人力资本，分别为 0.329 和 0.377，物质资本和社会资本值分别为 0.439 和 0.418，文化资本评价值最高，为 0.584（图 2）。

农户生计资本总体匮乏。自然资本禀赋较差，人均耕地面积仅有 0.69 亩，且大多为梯田，平均海拔 1500 米，耕种的劳动强度大。物质资本匮乏，大部分农业劳动依靠手工，动物役畜作为辅助，农业机械化水平极低。家庭耐用消费品中，洗衣机和冰箱的拥有率仅为 22% 和 40%。人力资本羸弱，小学以下文化程度占 62.9%，高中以上仅占 9.4%。绝大多数农户在上一年度没有接受过农业技术培训。金融资本短缺，超过六成的

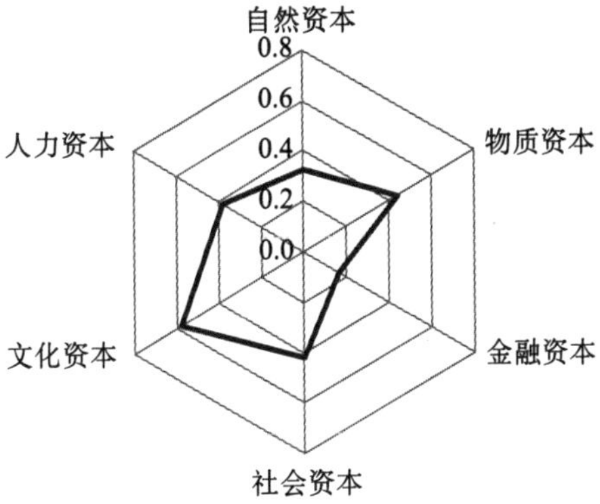

图 2　哈尼梯田地区农户生计资本雷达图

农户基本上没有存款和借款，农村金融市场发育不完善，在意外风险来临时，能够暂时应对风险并兑换为流动现金的物资稀缺。社会资本脆弱，社会关系主要由传统的邻里和家族关系维持，参加农业合作社或专业技术协会的比例不足10%。文化资本较丰富，农户对民族文化和传统风俗的认同和认知较好，能够了解民风民俗、乡规民约和传统农耕知识。

（二）农户生计途径

哈尼梯田地区农户最主要的两种生计途径为粮食种植和外出打工（表2）。从事粮食种植的农户高达90.9%，粮食作物以水稻为主，主要满足口粮需求，很少对外销售。外出务工成为农户在短时间内改善生计的重要方式，调查显示，超过三分之二的农户家庭都有外出打工的家庭成员，打工地区主要选择在附近县城、红河州内，在州外和云南省以外的较少，择业的类型以建筑和餐饮为主。一半以上的农户依然保持着养殖畜禽的习惯，畜禽品种以猪、鸡为主，主要满足自食。种植经济作物的农户比重仅为15.3%，主要原因可能受地形条件限制。随着游客的增多，部分家庭已经开展旅游接待，有工资性工作的比重为11.4%，从事副业和经商的较少。

表 2　　　　　　　　　　哈尼梯田地区农户生计途径

	农业				家庭副业	旅游接待	外出打工	经商	工资性工作
	粮食作物	经济作物	林果	养殖					
户数（户）	160	27	10	90	11	24	121	3	21
频数（%）	90.9	15.3	5.7	51.1	6.3	13.6	68.8	1.7	11.9

注：家庭副业包括农产品加工（如做豆腐、磨坊等）、手工业（木工、编制等）、手艺（理发、维修等）、运输等。经商包括经营小商店、收购（废品等）、卖菜等。工资性工作包括从事教师、医生、公务员、驾驶员、当兵等。旅游接待包括从事餐饮、客栈、歌舞表演、导游、销售旅游纪念品等。

根据农户对各种生计途径的选择频数，对农户家庭的生计组合进行归类，并将粮食作物、经济作物、林果种植和养殖合并为"农业"一种生计类型。农户家庭最多的生计组合类型为"农业+打工"，此类打工兼业户占总调查农户的 50%。只从事农业经营的农户有 27 户，占 15.3%。从事旅游接待的农户家庭有 24 户，此类农户大多还从事农业、打工等生计，可能因为梯田旅游带季节性，80% 的游客集中在春节前后 2 个月来观看连片灌水梯田景观，在旅游淡季农户还从事其他生计活动。非农业户（11 户）和其他生计组合形式的农户数量较少。

（三）不同生计类型农户的生计状况比较

农业经营是哈尼梯田传承的根本途径，而旅游发展是提高农户保护梯田积极性的有效手段。通过农户生计途径和组合的分析，筛选出三类主要生计类型农户，即纯农业户、打工兼业户和旅游接待户，分别计算其生计资本值。从生计资本总值来看，表现为旅游接待户＞打工兼业户＞纯农业户，通过单因素方差分析，旅游接待户的生计资本值与其他两类农户存在显著性差异（$P<0.05$），打工兼业户的生计资本值高于纯农业户，但不显著。

旅游接待户的物质资本和金融资本显著高于打工兼业户和纯农业户（$P<0.05$）。旅游接待户的住房情况和家庭耐用消费品情况的得分高于其他农户，旅游接待户为了更好的开展旅游业务，一般建有两层的楼房，并

表3　　　　　　　　　不同生计途径的农户生计状况

资本类型与指标	纯农业户	打工兼业户	旅游接待户
人力资本	0.319[b]	0.372[a]	0.402[a]
家庭劳动力数量	0.306	0.336	0.299
户主教育程度	0.250	0.270	0.365
家庭成员健康情况	0.593	0.699	0.708
农业或非农业技能培训	0.000	0.045	0.014
是否是手艺人或种田能手	0.444	0.511	0.625
自然资本	0.306[ab]	0.351[a]	0.256[b]
人均经营耕地面积	0.195	0.159	0.117
耕地质量情况	0.433	0.562	0.432
物质资本	0.358[b]	0.400[b]	0.575[a]
住房情况	0.494[b]	0.591[b]	0.875[a]
耐用消费品数量	0.259[b]	0.280[b]	0.558[a]
生产工具情况	0.321	0.330	0.292
金融资本	0.120[b]	0.126[b]	0.294[a]
存款和贷款总额	0.194[b]	0.213[b]	0.542[a]
牲畜存栏量	0.046	0.038	0.046
社会资本	0.407	0.403	0.425
邻里交往程度	0.778	0.773	0.781
参加合作社或协会	0.037	0.034	0.069
文化资本	0.602	0.575	0.552
对民风民俗的了解程度	0.546	0.557	0.552
对传统农耕知识的了解程度	0.657	0.594	0.552
生计资本合计	2.112[b]	2.227[b]	2.505[a]
家庭年均总收入	5839.26[b]	29037.56[a]	47579.17[a]

注：不同农户的生计资本指标差异比较采用单因素方差分析，进行多重比较时，如果方差齐性，选用LSD方法，如果方差非齐性，则选择Tamhane's T2。多重比较的结果采用字母法，同一指标标记了不同字母，则表示差异显著（$p<0.05$），若不标注字母，则差异不显著。

进行适当的装修，同时购置电视、洗衣机、热水器、电冰箱等，有的还购置了汽车，以方便相关物资和人员的运输。旅游接待户的存贷款总额显著高于其他两类农户，这可能是因为旅游接待户提供住宿、餐饮、特色农产品、旅游纪念品等服务，几乎每日都要涉及现金流动，尤其是在旅游旺季，这就需要较多的现金储蓄以作不时之需，向其他农户或金融机构进行借款的几率也较高。

旅游接待户和打工兼业户的人力资本值显著高于纯农业户，虽然各分项评价指标不具有显著性差异，但从分值排序来看，与调研的情况基本吻合，如旅游接待户的户主受教育程度最高，这与开展旅游接待业务需要具备一定的经营管理能力直接相关。

打工兼业户和纯农业户的自然资本高于旅游接待户，并且打工兼业户和旅游接待户的自然资本具有显著性差异（$P<0.05$）。在人均经营耕地面积方面，表现为纯农业户＞打工兼业户＞旅游接待户，这也在一定程度上说明，由于自然资本禀赋少，打工兼业户和旅游接待户更需要从耕地以外寻求生计改善的途径，旅游接待户大多还从事农业、打工等生计途径。

三类农户的社会资本和文化资本没有显著性差异。农户间的交往程度普遍较为密切，而参加合作社或协会的数量较少。纯农业户对传统农耕知识的了解程度要好于打工兼业户和旅游接待户。

家庭总收入是农户生计结果的重要表现，从家庭年均收入排序看，旅游接待户＞打工兼业户＞纯农业户，与生计资本值排序相同。纯农业户的家庭年均收入显著低于其他两类农户，说明农业经营收益较低，难以满足农户生计需求。外出打工可以增加农户的收入，改善生计状况。旅游接待户除从餐饮、住宿等途径获得收入外，大多还从事农业、打工等生计活动，收入水平高于打工兼业户和纯农业户，也说明参与旅游接待是改善农户生计的重要途径。

四、结论、讨论与政策建议

（一）结论与讨论

哈尼梯田地区农户生计资本均值为 2.312，农户生计资本处于匮乏状态,六类生计资本中,金融资本值最低,文化资本值反而最高。农户的生计途径主要以农业和打工为主,从农户的生计途径组合类型来看,"农业+打工"这两种生计途径组合的农户占总调查户的一半。旅游接待逐渐成为农户生计拓展的重要途径,由于梯田旅游的季节性,旅游接待户大多还从事其他生计活动。从生计资本评价值和家庭年均收入排序相同,表现为旅游接待户>打工兼业户>纯农业户。

纯农业户的生计资本值和家庭年均收入最低,说明农户单纯从农业生产上获得的收益很少,低收益的农业经营很难具有可持续性。生产功能是农业文化遗产的本质,是区别于其他遗产类型的关键。梯田得到有效传承的关键是有人种田,提高农户从农业经营中的收益是有效保护梯田的着力点。

旅游接待户和打工兼业户的人力资本显著高于纯农业户,说明人力资本越丰富的农户选择兼业的可能性越大。旅游接待户的物质资本和金融资本显著高于打工兼业户和纯农业户,说明在选择兼业形式方面,金融资本和物质资本丰富的农户往往选择带有创业性质的兼业形式,如开客栈等,金融和物质资本缺乏的农户往往选择不需要较多初始投资的形式,如外出打工等。

旅游接待对改善农户生计,促进梯田保护具有重要作用,然而农户生计途径的拓展是以生计资本的提高作为基础。引导农户参与农业文化遗产旅游应将培育其生计资本作为基础工作,尤其是提高金融资本和物质资本。生计策略选择和生计资本互为影响,受到劳动力数量、教育程度等方面的限制,家庭从事的生计途径数量并不是越多越好,有关农户生计资本、生计途径选择和生计结果的关系还有待进一步深入研究。

(二) 政策建议

加强农业文化遗产保护首先要大力提高农户的农业经营收益,深入推进第一、第二、第三产业融合,延长农业价值链和产业链,拓展农户的就业和增收渠道。如针对当地的红米、黑米等特色品种,鼓励绿色、有机种植,广泛开展农产品加工和功能性食品开发,拓展旅游相关产业发展,如旅游食品、旅游纪念品加工等。

　　引导农户拓展农业文化遗产保护的途径要注重提高农户的生计资本水平。培育农村金融市场，增加农户融资的渠道，拓展贷款抵押物范围，降低农户贷款成本。引导返乡农民工围绕农业文化遗产的合理开发和利用进行创业，并在税收、用地等方面给予扶持。对开展旅游接待的农户进行业务培训，提高接待和管理水平。发挥政府财政的主导作用，加强遗产地基础设施建设。

参考文献

　　[1] 闵庆文："全球重要农业文化遗产——一种新的世界遗产类型"，《资源科学》2006年第4期。

　　[2] 李文华：《生态农业——中国可持续农业的理论与实践》，化学工业出版社2003年版。

　　[3] 苑利："正确处理好农业文化遗产保护中的五大关系"，《中国农史》2014年第6期。

　　[4] Zhang C Q, Liu M C. Challenges and countermeasures for the sustainable development of nationally important agricultural heritage systems in China [J]. Journal of Resources and Ecology, 2014, 5 (4): 390 - 394.

　　[5] 闵庆文、孙业红："农业文化遗产的概念、特点与保护要求"，《资源科学》2009年第6期。

　　[6] 张灿强、沈贵银："农业文化遗产的多功能价值及其产业融合发展途径探讨"，《中国农业大学学报（社会科学版）》2016年第2期。

　　[7] 李明、王思明："农业文化遗产：保护什么与怎样保护"，《中国农史》2012年第2期。

　　[8] 孙业红、闵庆文、成升魁等："农业文化遗产的旅游资源特征研究"，《旅游学刊》2010年第10期。

　　[9] 曹幸穗："农业文化遗产保护与新农村建设"，《中国农业大学学报（社会科学版）》2012年第3期。

[10] 袁正、闵庆文、成升魁："支持哈尼梯田存续千年的家庭经济模式",《中国农业大学学报(社会科学版)》2013年第4期。

[11] Chambers R, Conway G R. Sustainable rural livelihoods: practical concepts for the 21st century [R]. Brighton UK: Institute of Development Studies. 1992.

[12] Scooners I. Sustainable rural livelihoods: A framework for analysis (IDS Working Paper 72) [R]. Brighton, UK: Institute of Development Studies. 1998.

[13] Ellis F. *Rural livelihoods and diversity in developing countries* [M]. New York: Oxford University Press, 2000.

[14] 仲俊涛、米文宝、樊新刚等："可持续生计框架下连片特困区发展机理——以宁夏限制开发生态区为例",《应用生态学报》2015年第9期。

[15] 赵雪雁、赵海莉、刘春芳："石羊河下游农户的生计风险及应对策略",《地理研究》2015年第5期。

[16] 李树茁、梁义成："退耕还林政策对农户生计的影响研究——基于家庭结构时间的可持续生计分析",《公共管理学报》2010年第2期。

[17] 李丹、许娟、付静："民族地区水库移民可持续生计资本及其生计策略关系研究",《中国地质大学学报(社会科学版)》2015年第1期。

[18] 杨云彦、赵锋："可持续生计分析框架下农户生计资本的调查与分析——以南水北调(中线)工程库区为例",《农业经济问题》2009年第3期。

[19] 李聪、柳玮、冯伟林等："移民搬迁对农户生计策略的影响——基于陕西安康地区的调查",《中国农村观察》2013年第6期。

[20] Soini E. Land use change patterns and livelihood dynamics on the slopes of Mt. Kilimanjaro Tanzania [J]. *Agricultural Systems*, 2005, 85 (3): 306-323.

[21] 李翠珍、徐建春、孔祥斌："大都市郊区农户生计多样化及对土地利用的影响——以北京市大兴区为例",《地理研究》2012年第6期。

[22] 关江华、黄朝禧、胡银根："农户宅基地流转意愿差异及其驱

动力研究",《资源科学》2013年第11期。

［23］贺爱琳、杨新军、陈佳等:"乡村旅游发展对农户生计的影响——以秦岭北麓乡村旅游地为例",《经济地理》2014年第12期。

［24］孔祥智、钟真、原梅生:"乡村旅游业对农户生计的影响分析——以山西三个景区为例",《经济问题》2008年第1期。

［25］田素妍、陈嘉烨:"可持续生计框架下农户气候变化适应能力研究",《中国人口·资源与环境》2014年第5期。

［26］李海燕、蔡银莺:"生计多样性对农户参与农田生态补偿政策响应状态的影响——以上海闵行区、苏州张家港市发达地区为例",《自然资源学报》2014年第10期。

［27］张玉英、王成、王利平等:"统筹城乡发展策略下基于生计风险诊断的农户后顾生计来源识别——以重庆市沙坪坝区中梁镇龙泉村为例",《西南师范大学学报（自然科学版）》2013年第1期。

［28］李斌、李小云、左停:"农村发展中的生计途径研究与实践",《农业技术经济》2004年第4期。

［29］李小云、董强、饶小龙等:"农户脆弱性分析方法及其本土化应用",《中国农村经济》2007年第4期。

［30］苏芳、尚海洋:"农户生计资本对其风险应对策略的影响",《中国农村经济》2012年第8期。

［31］黎洁、李亚莉、邰秀军等:"可持续生计分析框架下西部贫困退耕山区农户生计状况分析",《中国农村观察》2009年第5期。

［32］赵雪雁、李巍、杨培涛等:"生计资本对甘南高原农牧民生计活动的影响",《中国人口·资源与环境》2011年第4期。

［33］蒙吉军、艾木入拉、刘洋等:"农牧户可持续生计资产与生计策略的关系——以鄂尔多斯市乌审旗为例",《北京大学学报（自然科学版）》2013年第2期。

［34］王瑾、张玉钧、石玲:"可持续生计目标下的生态旅游发展模式——以河北白洋淀湿地自然保护区王家寨社区为例",《生态学报》2014年第9期。

可持续发展

文化元素丰富美丽乡村内涵

——以浙江省平湖市鱼圻塘村为例*

王佳星　龙文军　刘年艳　任　倩

内容提要：随着社会主义新农村建设事业的发展和推进，各地积极探索美丽乡村的建设模式，努力让乡村美且有内涵。本文基于浙江省平湖市鱼圻塘村的实地调研，总结了鱼圻塘村将文化元素引入美丽乡村建设的具体实践和效果，并从该村建设中得出了几点启示。

各地积极推进社会主义新农村建设事业发展，成效越来越显著。在此基础上，中央提出了建设"美丽乡村"的战略任务，鼓励各地因地制宜探索各具特色的美丽宜居乡村建设模式。笔者近期赴浙江省平湖市鱼圻塘村，就该村"省级美丽乡村示范村"的建设模式开展了调研，对美丽乡村建设的实践有了深入了解。调研发现，鱼圻塘村作为拥有历史文化底蕴

---

* 王佳星，农业部农村经济研究中心社会文化研究室；龙文军，农业部农村经济研究中心社会文化研究室研究员；刘年艳，农业部农村经济研究中心社会文化研究室副研究员；任倩，农业部农村经济研究中心人事处。本报告成果是农业部农村经济研究中心社会文化研究室主持的中心重大课题"农村社会治理问题研究"的阶段性成果。在调研中，得到浙江平湖市政府、市农办、市委组织部、市民政局、新埭镇和鱼圻塘村等单位和领导的大力支持，一并表示感谢！

的村子,抓住了浙江省推进美丽乡村建设行动计划的机遇,不仅整治了农村环境,改善了社会服务,提升了乡村的"颜值",还通过挖掘和培育特色乡土文化等举措,丰富了美丽乡村的文化内涵,实现了从传统农村到具有特色的美丽乡村的蜕变。

一、浙江省推行美丽乡村建设的背景

(一) 乡土记忆淡忘

近些年来,浙江省的老年人口增长快,规模大,截至2015年,浙江省60岁及以上老年人口已达984.03万人,占总人口的20.19%,同比增长4.29%,浙江省已进入人口老龄化阶段。农村中老年人口的增多和空心化等现状,使农村承载的乡土记忆正在被淡忘,这样的情况引起了浙江省的重视。在农村建设中,浙江省格外注重文化保护和建设,不仅对古村落加以保护利用,而且在农村全面推广建文化礼堂,截至2016年7月,浙江省的农村文化礼堂已建成5371家。浙江省对乡土文化的重视,极大保护了乡土记忆的留存和传承,推动了农村的精神文明建设,提高了公共文化服务水平,为美丽乡村建设中的文化元素挖掘和培育打下了坚实的基础。

(二) 财政大力支持

改革开放以来,浙江省从农村工业化起步,着力推进城乡经济发展,浙江省的经济连年增长,成为中国经济强省。据《浙江省政府工作报告》统计,2015年,浙江全省生产总值达到42886亿元,增长了8%;城乡居民人均可支配收入达到43714元和21125元,分别增长8.2%和9%。在这样的情况下,浙江省在乡村建设上,具有使"金山银山"和"青山绿水"相互转化的经济实力。浙江省设立了支持美丽乡村建设的专项资金,并出台《浙江省美丽乡村建设专项资金管理办法(试行)》,大力支持全省的美丽乡村建设,为有条不紊地推进美丽乡村建设提供了经济保障。

(三) 体制机制成熟

美丽乡村建设是一项复杂的系统工程,涉及面广,时间跨度大,需要

有成熟的体制机制做保障。浙江省坚持领导牵头、部门联动、分级负责的领导体系，形成了统筹推进美丽乡村建设的强大合力，保障了组织力度。同时，美丽乡村的建设情况成为衡量干部政绩的重要内容，列入了综合考评范围，强化了激励措施，在制度上保障了美丽乡村建设的持续有效推进。

浙江省在基层社会治理上依托平安建设信息系统，采用了"网格化管理、组团式服务"模式，经过几年的实践已在农村地区运行成熟。这种社会治理模式使政府的管理精细化，加强了地方政府与村民的联系，能够及时把相关信息和情况上传下达，增进相互理解，平稳推进了美丽乡村建设。

（四）总体规划合理

浙江省在美丽乡村建设上坚持"一张蓝图绘到底""一年接着一年干、一届接着一届干"的指导思想，有效地保证了美丽乡村的有序发展。自2003年起，浙江省实施"千村示范、万村整治"工程，着力改善农村人居环境；2010年，进一步提出推进"美丽乡村"建设的五年规划，将农村政治、经济、文化、社会、生态文明建设有机结合；2015年，浙江省建成了2500个美丽乡村特色村，构建起了具有浙江特色的美丽乡村建设格局。

二、鱼圻塘村建设美丽乡村的实践

鱼圻塘村位于浙江省平湖市北郊，由9个村合并而成，是平湖市最大的行政村，鱼圻塘村的集镇区域已有800多年历史，拥有深厚的历史文化底蕴。在浙江省相关政策的支持下，鱼圻塘村积累了一定的发展基础，于2013年成功申报"省级美丽乡村示范村"的创建计划，得到了各级财政资金支持，美丽乡村建设稳步推进。

（一）打造宜居乡村

鱼圻塘村邀请平湖市城市规划设计院对美丽乡村建设进行规划设计，

在听取了市、镇主管部门和专家意见的基础上，鱼圻塘村确立了"五结合"的原则，即结合新社区建设、结合解决村民群众问题、结合本村民俗文化特色、结合生态自然环境、结合长效管理，为美丽乡村的创建提供了合理规划。鱼圻塘村的宜居美丽乡村建设可以总结为"美化、洁化、绿化"这三个方面。"美化"工作围绕着住房进行。鱼圻塘村投入35万元改造红卫河、集镇农房的外立面，统一刷白；在集镇、赵家坟、小新村等自然村落农居点，投入10万元制作文化墙，融合村里的民俗文化，在墙上绘制有关农村建设、计划生育、科普宣传等内容。鱼圻塘村在集镇地区建新社区，在基础设施上投入资金250万元，征地80亩，规划总户数150户。"洁化"工作是指鱼圻塘村通过"五水共治""三改一拆""生猪减量"等举措，疏浚了河道，实现了生猪清零，改善了生态环境。"绿化"工作体现在鱼圻塘村投资100万元建设绿地公园，其中红卫河北侧建成了2000平方米的村落小公园，集镇北侧建设9000平方米的绿地公园，在村主要入口设置了景石，这些举措大大增加了村里的植被覆盖率，也为鱼圻塘村创建了新的风景。

（二）挖掘历史遗产

鱼圻塘村注重挖掘村里的历史遗产，保护村庄传统文化，延续乡土文化血脉。鱼圻塘村的集镇区域是南宋时期宋军为清除海盗、兴修水利所建的驻守大营故地，即鱼圻塘塞，这里有纪念南宋抗金名将刘锜大将军的刘公祠，鱼圻塘村先后投入510万元对刘公祠整体规划、扩建，建立展览馆、钟鼓楼等。刘公祠内陈列着以最粗、最重被纳入"大世界基尼斯"的蜡烛。每年重阳节、春节期间，总有慕名而来的香客、游客汇聚到鱼圻塘村，自发举办起"鱼圻塘"庙会，这种传统延续至今，成为鱼圻塘村的一大文化特色。鱼圻塘村还有浙北最大的露天戏台"鱼香戏苑"，这是村里1996年投资50多万元修建的，可容纳万人看戏。刘公祠和鱼乡戏苑是村里民俗活动的集中地，不仅有村民在刘公祠里迎大蜡烛、逛庙会、看民俗文化表演，还吸引了大量游客来观光。

鱼圻塘村在非物质文化遗产上也注重发掘和传承。《鱼圻塘龙旗龙伞舞》是当地失传已久的非遗民间舞蹈节目,起源于南宋时期,舞蹈再现了刘锜大将军在鱼圻塘要塞剿匪安民时出征、凯旋的场景。鱼圻塘村邀请市文联的老师来重新挖掘编排这一舞蹈并参加交流演出,获北京市第29届龙潭庙会金奖和韩中国际"木槿花"奖等多项奖励,高水平的表演不仅传承了非物质文化遗产,而且打响了鱼圻塘村的知名度。

(三) 扶植当代乡风

在重视村庄的历史文化传统的同时,鱼圻塘村还通过多种手段培育了当代乡风。2012年,鱼圻塘村投入30万元兴建乡风文明馆,馆里设立民俗文化、乡风文明、乡贤名人、战斗英雄、村庄发展等展区,通过实物、影像资料、文字和模型等形式宣传展示,馆内所有的农耕器械等展品都来自村民们的无偿捐赠。乡风文明馆展现了原汁原味的村落文化,再现了鱼圻塘村的发展轨迹、文明乡风、道德先进人物等,打造成了青少年教育基地。

乡风文明的塑造还需要现实中的榜样,鱼圻塘村在农村社会治理上引入了村里德高望重的退职村干部、老党员等"乡贤",推选这些人担任村民小组长、河道保洁员、垃圾收集员、水利道路维修员、党员先锋站站长等,让他们活跃在村子里,服务村民、调解纠纷。

为了引导村民形成文明家风,鱼圻塘村开展了星级家庭评比。2014年,鱼圻塘村的星级评比扩展到"十星",文明户可分为守法星、致富星、卫生星、孝敬星、和睦星、公益星、义务星、诚信星、文教星、绿色星等十项内容,让农户自评、互评,再由村组审议、公示,评上星级户的家庭在家门口挂牌展示,做得不好的摘星,通过村民间舆论的力量引导农户在生活中积极挣"文明分",自我管理、自我约束。

(四) 培育文化生活

鱼圻塘村采取多样的方式在村民的生活中培育文化元素。鱼圻塘村里建有文化大礼堂,基于村民的情况和需求举办学习班和讲座。在2016年暑期,针对村里青壮年打工,家里老人带孩子的普遍情况,鱼圻塘村请来了老师专门为村民做"隔代教育讲座",与老年人就摆正心态、教育孩子等方面进行了交流。2009 年,退休教师于照法被聘为鱼圻塘村"春泥计划"流动辅导站的文化辅导员,几年来,于老师利用寒暑假免费教村里孩子写作、绘画、剪纸、拉二胡、书法等,丰富了孩子的假期生活。

  鱼圻塘村每年都举办春节联欢晚会,由企业赞助,村民参与演出,激发村民观看演出的热情。除此之外,鱼圻塘村还有自己的村歌《醉美鱼圻塘》,乡风吹开记忆,走进人文明村,刘锜大将军壮举,至今依然传承。村歌里表露了鱼圻塘村的人文特色和精神气派。在调研期间,笔者赶上新埭镇泖水乡歌的交流赛,各村的代表分别表演了自己的村歌。他们以艺术的形式,塑造着村庄的集体文化认同感。

三、效果

(一) 凝聚了民心

  我们发现,鱼圻塘村关注并满足了村民的实际生活需求,通过综合举措把旧村打造成了美丽宜居的村落,所任用的村里德高望重的乡贤群体,也成为了行政力量与村民之间的有效缓冲带。鱼圻塘村在培育当代乡风时,采用家庭评星级的方式,在邻里舆论中激发村民的荣誉感,从而主动改变生活方式。村民在村里的生活更加和谐、方便。各种文化活动加强了村庄的互动与沟通,凝聚了民心。

(二) 形成了特色

  鱼圻塘村挖掘了历史文化,投入大量资金修缮刘公祠,延续并发扬了庙会传统;修建鱼乡戏苑,构筑村里的历史文化空间;重新编排《鱼圻塘龙旗龙伞舞》,传承了文化遗产;建造乡风文明馆,实体化了乡村记忆。村里不仅环境美了,生活服务方便了,而且村庄的人文内涵得到了大大提升,这些使得鱼圻塘村的美丽乡村具有历史和文化价值,具备不可替代性。

（三）增加了收入

鱼圻塘村依托当地特色文化，做"名人、名节、名戏"的文章，走出了一条旅游文化兴村道路，通过土地流转，鱼圻塘村还发展了特色农业、引入工业企业。这些举措推动了鱼圻塘村的商贸发展，提升了集体经济实力，丰富了农民的就业渠道，增加了农民收入。2015年全村总产值达到10亿元，农业产值4933万元，工业产值9.1亿元，第三产业服务业4799万元，农民人均纯收入达26189元，同比全国农民人均收入高一倍有余。

四、几点启示

鱼圻塘村在美丽乡村建设中形成了一个有特色、可复制的美丽乡村模版，从其建设实践中可得出几点启示。

（一）合理规划，找准亮点

在一些地方开展美丽乡村建设过程中，存在一个明显的问题就是做表面文章，缺乏长远合理的规划，换一届领导换一个方案，导致很多烂尾工程产生。鱼圻塘村用了三年的时间建成"省级美丽乡村示范村"，离不开前期全省推进乡村建设的积淀，也离不开符合村内实际情况的合理规划。美丽乡村并非千篇一律，应既有乡村之美，又有地方文化特色，"谋定而后动"，明确方案中建设的方面和达成的标准，使美丽乡村的建设既能保有地方特色，又能高效稳步推进。

（二）"发明传统"，形成特色

鱼圻塘村每年重阳节在刘公祠迎请大蜡烛、举办庙会文化艺术周，是对传统的延续，也是对传统的创新。这种创新意味着一整套通常由已被公开或私下接受的规则所控制的实践活动，具有一种仪式或象征特性，暗含着与历史的连续性[①]。鱼圻塘村的实践卓有成效，围绕刘公祠举办的活动

---

① 霍布斯鲍姆：《传统的发明》，兰格编，顾航、庞冠群译，译林出版社2004年版。

既弘扬了爱国主义精神，也增强了文化艺术的交流，让鱼圻塘村有了地方传统文化特色。这让我们看到，传统并不是古代流传下来的固化的陈迹，而是当代人依托习俗根据新的文化需求的创造。

（三）转换视角，激发认同

在鱼圻塘村的案例中，"第三方视角"是一个值得注意的问题，它能够通过视角转换达到增强村民文化认同感的作用。乡风文明馆通过展示村庄的历史发展和农耕文化等内容，让村民以旁观者的视角来反观自己的日常生活，如农具是从农耕活动中凝练出的物质符号，成为馆内展示的藏品，意味着在村民熟悉的生计中嵌入了文化感。鱼圻塘村的民俗文化吸引着远近的游客，游客本身属于村落中的"第三方"，当他们游览观光进到村子后，村民也能意识到村落传统文化习俗的价值，产生文化和群体认同感，形成内生的凝聚力。

可持续发展

海南羊山古荔枝群多功能性研究

吴天龙　张灿强

一、海口羊山地区概况

海口市羊山地区地处低纬度热带北缘，属于热带海洋性季风气候。春季温暖少雨，夏季高温湿润，秋季湿凉多台风暴雨，冬季冷凉时有阵寒，年平均降水量1664毫米，蒸发量1834毫米，平均相对湿度85%左右。全年日照时间长，辐射能量大，年平均日照时数超过2000小时，太阳辐射量为11万—12万卡。年平均气温24.2℃。其中最高平均气温28℃左右，最低平均气温18℃左右。全区总面积约1000平方公里，约占全市总面积的44%。位于海口市西南部，东起海口市龙塘镇，西至海口市石山镇，北临海口市区，南至海口新坡镇。面积覆盖琼山、龙华、秀英3个区的13个镇，有84个村委会和4个居委会，包含575个自然村，现有人口30多万。其中，龙华区的龙桥镇、龙泉镇、遵潭镇和秀英区的永兴镇被称为羊山腹地。

羊山地区是火山喷发后形成的火山熔岩地区，因盛产黑山羊而得名。其形成可以追溯到约13000年前，当时地下熔岩喷发流溢，形成高低起伏的丘陵地貌。这里有世界上保存较为完整的火山遗迹，整个地区被火山石覆盖，在火山口、火山锥、熔岩台地上发育热带雨林、热带果林、刺灌木和古榕树、古荔枝林以及多种珍稀植物，形成热带火山生态景观。山上珍禽异兽，种类繁多，有大片的原生态雨林和湿地，还有许多自然水泊和人工水库，形成独特的羊山小气候，被誉为海口的氧吧和海口的后花园。同时，这里还是中国荔枝原生地之一，蕴藏着大量稀奇的荔枝品种，留存有许多百年母树，是中国乃至世界有名的荔枝种质资源库。

二、海口羊山地区古荔枝群的多功能性及其作用效果

农业多功能性源于它的自然属性，是指农业在满足人类基本食物生产功能基础上同时具备经济、生态、文化、休闲、科研等多项功能的特性①。概念的提出最早可以追溯到20世纪80年代末和90年代初日本提出的"稻米文化"②。为保护稻米市场，强化稻米在国民生活中的重要性，日本提出，日本文化与水稻种植关系密切，他们用日本国内多个节日与稻米的密切联系（日本的许多节日和庆典是根据水稻的播种、移植和收获活动确定的）为例，宣传保持日本水稻生产也就保护了日本的"稻米文化"。20世纪90年代初，农业多功能性概念开始出现在联合国的重要文献之中。1992年联合国环境与发展大会通过了《21世纪议程》，并将14章第12个计划（可持续农业和乡村发展）定义为"基于农业多功能特性考虑上的农业政策、规划和综合计划"。在1996年的世界粮食首脑会议中，又通过了《世界粮食安全罗马宣言》和《世界粮食首脑会议行动计划》，文件中提出要充分利用农业具备多功能的属性，在一些国家和地区推行可持续性的有关粮食、农业、渔业、林业和乡村发展的政策与实践，以此来对抗虫害、干旱和沙漠化等③。如今，随着工业化、城镇化、信息化的加速推进和居民收入水平的持续提升，农业活动与其他社会活动的联系愈加紧密，功能多元化已经成为现代农业系统的主要特征之一。

---

① 彭建、刘志聪、刘焱序：" 农业多功能性评价研究进展"，《中国农业资源与区划》2014年第6期。
② 赵敏："论农业的多功能性"，《求索》2015年第1期。
③ 尹成杰："农业多功能性与推进现代农业建设"，《中国农村经济》2007年第7期。

可持续发展

海口市羊山地区的古荔枝栽培历史悠久,是我国荔枝栽培历史最早的地区之一。2015年,"永兴荔枝"还成为海口市首个国家地理标志证明商标。该地区的荔枝耕作体系不但传承久远,而且还在充分利用火山遗址的地质地貌的过程中满足了现代生产生活的多方面需求。既深具文化底蕴,又能促进经济发展,还能带来休闲体验,在就业增收、休闲农业、生态安全、科研价值等方面的多功能特征表现明显。

(一) 就业增收

荔枝生产是羊山地区农业支柱性产业,对当地农民创收起到了关键性作用。以荔枝为主题发展起来的产业、休闲农业等产业也对农民增收起到了促进作用。

1. 生产增收

由于羊山地区是火山喷发后形成的火山熔岩地貌,岩石裸露,缺少表层土壤,不利于种植草本类农作物,但岩缝间的土壤比较适合荔枝等主根发达的木本果树的生长,加上荔枝病虫害少,管理相对容易,经济效益较好,因此成了当地农民的首选作物。2015年,永兴镇荔枝总产量1240万公斤,年生产总值3720万元,创收纯利润2558万元;2016年,琼山区荔枝产量3.16万吨,收购均价13元/公斤,产值可达4.1亿元。有当地土专家测算,荔枝亩产500公斤左右,产值为7000—8000元,正常年份利润可以达到5000元/亩。其中一些农户经营规模较大,建起果园,育种和生产兼营,取得较好效益,如海口雷虎果业有限公司总经营面积200亩左右,正常年份的年收入可以达到100万元以上。

2. 旅游增收

羊山地区景色秀美,风光独具,可以吸引大量游客,带来了旅游经济收入。例如,2014年5月30日开展的"走进羊山·感受秀英生态美"旅游月活动,仅半个月时间,就吸引游客2万人左右,当地农民通过提供采摘、饮食服务等方式增收明显。同时,农户还可以通过与公司的合作获取收益。羊山地区的农庄要有四种。第一种是农户自营,农户直接依靠旅游产业增收;第二种是公司买断土地,农户从中获取土地流转收益;第三种是公司租赁农户土地，农户从中获取土地租金收益；第四种是农户以宅基地入股，农户从中获取分红收益。

3. 就业增收

农业园和旅游庄园的运营需要雇工当地劳力，带动就业的同时促进增收。例如，荔枝园雇佣劳力一般为女性70—80元/天、男性100—150元/天，到了农忙季节涨到女性100—150元/天、男性150—200元/天。一亩荔枝所需雇佣的劳动力成本可以达到1000元左右。

4. 发展新业态增收

近年来，"互联网+农产品销售"的新模式在羊山地区风生水起，秀英区的石山镇还建起了互联网农业小镇，农民有了新的致富方式。荔枝种植户可以通过电子商务有效扩大销售半径。秀英区永兴镇农民黄时京2015年网络销售荔枝近2万公斤，其中有80%的订单在5月份之前就已经预定完毕，预售价达到了50元/公斤以上。

5. 依靠产品差异化增收

羊山是火山喷发形成的特殊土壤地区，富含硒等多种稀有元素，依托富硒卖点，通过网络电商营销渠道，当地农产品价格售价可以高出普通农产品较多，种植户因此受益。例如在淘宝网上，富硒红薯的售价可以高出普通红薯一倍左右。

（二）休闲农业

独特的火山玄武岩景观、优美的生态环境、浓郁的荔枝文化和健康的生态农产品使海口羊山地区具备了得天独厚的休闲旅游资源。其中已经开发并建成的雷琼世界地质公园是我国唯一的热带海岛城市火山群地质公园，也是第一家由联合国教科文组织确认具有突出而重要价值的世界级旅游景区。它于2004年被批准为国家地质公园，2006年被联合国教科文组织批准为"世界地质公园"。

5万多亩的羊山古荔枝群与当地的生态环境有机结合，同火山岩、湿地、河流、村庄以及现代农耕组成风格独具的农业景观。除此之外，羊山地区还拥有全球唯一一条火山主题的越野自行车赛道以及千年驿道、百年

可持续发展

碉堡、火山石器、火山文化、八音山歌、古老民居等特色资源。具备了功能拓展和旅游业发展的基础,适合开展娱乐、采摘、观光、科普教育(荔枝科普和火山科普)等一体化的旅游项目,休闲农业发展前景广阔。

在现实发展中,各级政府和民间投资主体已经对火山口农田耕作系统的休闲功能进行了不同层面的开发。海口市政府从宏观层面进行统筹定位,包括投资重点,旅游线路规划等,还举办各种交流活动,例如从2011年开始连年举办的荔枝文化节等。海口市羊山区域覆盖的各区县立足资源,不断发掘各自的旅游资源,例如龙华区突出羊山生态环境和古文化特色,结合谭美片区生态村创建开辟古村文化旅游产品;秀英区结合保护古村落,突出火山遗址文化特色,发展农村特色餐饮和购物游。海口的休闲农业业主们因地制宜,利用当地优势,打造特色休闲和乡村旅游。在海口西线和火山口周边建成了誉城九号休闲农庄、火山泉休闲农庄、海口绿枫庄、海口乡村钓鱼台等一批集休闲垂钓、旅游观光、生态餐饮为一体的休闲农业项目。如今,西部绿色长廊火山文化与城郊休闲农业产业带已经成为海口市三条重要的休闲产业带之一。

(三)生态安全

农业的生态安全功能主要表现在农业对生态环境的支撑和改善的作用上。羊山地区古荔枝群对当地自然生存环境的改善、生物多样性的保持、自然灾害的防止、农业经济的可持续发展等方面均具有明显的积极作用。

1. 在改良生存环境中发挥了积极作用

一是起到了涵养水源,保持水土的作用。古荔枝树体高大,百年以上生的树高可达16米以上,树冠直径15米以上,根系发达,由大量粗壮发达的侧根和纤细茂密的细根所组成。枝叶繁茂的树冠能有效阻止雨滴对地表的直接冲刷;发达的根系与土壤盘结交错,形成了网兜效应,可以起到锚固作用,极大的增强了根系与土壤间的凝聚力,防止地表径流。因此,羊山地区水土保持良好。二是起到了净化空气的作用。第一,荔枝林可以调节空气中氧气和二氧化碳的平衡。据测算,一般情况下,15亩的阔叶林,每天能吸收一吨左右的二氧化碳,释放700公斤左右的氧气。第二,荔枝林可以过滤尘埃、吸附粉尘和细菌。有研究表明森林吸附粉尘的能力高出裸露的大地75倍；城市百货大楼内空气含菌率高于公园400倍，高于森林10万倍。第三，荔枝林可以吸附空气中有害气体。空气中的Cl_2、NO_2、HF以及一些重金属造成大气污染可以被树木有效吸收，在夏季，城市绿化覆盖率每增加10%，大气中二氧化硫的浓度会减少30%[4]。羊山古荔枝生态系统的环境净化功能使其成为海口市成为重要的水源涵养地和绿色屏障，被称为"海口之肺"。

2. 在保持生物多样性方面做出了积极贡献

羊山古荔枝树群在当地的环境中长期自然成长，有着极强的环境适应性和强大的生命力，与当地火山口、火山锥、熔岩台地上发育的热带季雨林、热带果林、刺灌木和古榕树交错共生，保证了生态结构的完整和生物多样性的形成。

古荔枝群内的荔枝本身就具有品种多样、物种丰富的特点。20世纪60年代，羊山地区野生荔枝母本群面的积达6万亩，数百年的原生荔枝树连片成林，形成了世界罕见的野生荔枝母本群，而且"几万亩几十万株，没有一株相同"。在此基础上，还选育出许多荔枝新品种，形成了功能强大的多样化生态力。

古荔枝群内植被多样，层次分明，各类热带植物达1000多种。上层乔木以古荔枝和阔叶林为主（如椰子、龙眼、黄桐等），普遍层高十几米以上。林下为灌木和草本群落。灌木和乔木间还生有大量藤本植物和附生植物（如蕨类、兰类科等）。乔灌草层叠交替，构成了热带独特的森林体系，被称作海南少有的热带雨林。

多样的生态环境为动物栖息繁衍提供了极为有利的生存环境。《海口市统计年鉴》中显示，海口市有野生陆栖脊椎动物199种。其中两栖类22种，爬行类36种，鸟类119种，兽类24多种（其中5种为海南特有种），列入国家一、二类重点保护名录的野生动物13种，省级保护动物70种。2014年发布的《羊山湿地快速生物多样性调查报告》显示，在羊山地区区域性、大面积、多类型的湿地中记录到兽类4种、鸟类96种、两栖爬行类16种、鱼类44种、蜻蜓类32种、蝴蝶134种、大型真菌60

种,其中国家一级保护动物1种,国家二级保护动物12种。

(四) 科研价值

羊山古荔枝生态系统是一个天然的教研基地。既可以作为现代林学、农学、生物学、生态学、植物学、环境学、资源学等多种学科的研究对象,又可以为教学研究提供实习场所。羊山古荔枝的历史地位以及结合所处环境所派生出的衍生价值在考古学、历史学、社会学、经济学等学科方面也有重要的研究价值。

羊山古荔枝生态群落具有极高的自然科学研究价值。这里是中国荔枝原生地之一,因其独特的地理历史环境和神奇火山地质土壤造就和蕴藏了世界上最稀奇的荔枝品种,形成了世界罕见的野生荔枝母本群,是中国乃至世界有名的荔枝种质资源库。在这里曾经选育出我国第一个无核荔枝品种——南岛无核荔枝和我国最大果形荔枝品种——大丁香荔枝王。当地特殊的火山地质土壤和当地人祖辈养成的荔枝实生繁殖习惯,加上海岛特定的光、温、热等条件,造就了羊山地区荔枝生物群落。群落中植被丰富,生物多样,动物、植物、微生物之间循环演替,它们之间的相互关系以及对环境和人类生活的影响都可以作为自然科学的研究对象。

这里还具有较高的人文研究价值。羊山火山区是我国唯一处于热带地区的第四纪火山地貌地质遗迹,火山锥多达40座,熔岩隧道30多条,具有极高的科考价值。由于历史上海南地处边缘,文化落后,因此海南荔枝栽培历史悠久,但见于文献却较晚。据记载,2000多年前南越王尉佗就曾向汉高祖进贡荔枝(当时海南属于广东),而直到明代正统年间,海南荔枝才首次见于文献。如果能够对羊山的荔枝栽培历史进行深度挖掘,对其寻根溯源,对海南乃至中国都具有重要的历史学术价值。海南的梯田是后生形成,谁开垦就归谁所有,具有私有化特点,和现在农村的家庭联产承包责任制有一定差别。此外,荔枝名字的由来、长期以来形成的荔枝种植习惯等方面也具有较高的文化研究价值。

三、海口羊山古荔枝群多功能表达中的困境和不足

（一）古荔枝资源遭到砍伐破坏，生态功能弱化

20世纪60年代，羊山地区有野生荔枝母本群达6万多亩，有130多品种，其中58个品种为优良品种，但是大量的砍伐导致羊山古荔枝群破坏严重。对荔枝林的大规模砍伐主要有两次。第一次是"大跃进"时期被砍伐烧火"大炼钢铁"。第二次是20世纪90年代以后，砍伐的原因主要有三点：一是新品种培育出来以后，野荔枝市场竞争力较差，而荔枝木材市场价格始终居高，农民在利益驱使下砍伐荔枝树卖木材。二是有些农户为了选育新品种，将自家表现不好的荔枝树砍掉，高接一些优良品种。三是一些农户在政府征用土地前，担心补偿款低，不能与荔枝木的实际价值相等而提前砍伐变卖。古荔枝资源因砍伐而大量流失，降低了资源的多样性程度，在20世纪50—70年代已经调查的优良品种，许多已经消失，如南岛无核荔枝母树、大丁香母株等均以不在。

（二）旅游业发展层次较浅，休闲功能开发不足

休闲农业作为羊山地区的一种新兴产业和旅游可持续发展的一种实践形式，有效的拓宽了当地农民的增收渠道、优化了产业结构，在发挥荔枝多功能性方面起到了一定作用。但是总的来看，羊山地区的休闲农业尚处于发展的初级阶段。一是经营分散，品牌效应差。羊山地区休闲农业景点的开发多处于自发状态，规模较小，话语较权弱，区域布局分散，难以形成品牌效应。缺少名园、名品、名菜、名项目等，生态、文化内涵不高，社会影响力不大，知名度不高。二是缺乏宣传引导，资源利用不充分。古荔枝在休闲农业中的潜力没有充分发掘。例如永兴镇拥有荔枝林5.2万亩（其中野生荔枝树3.9万亩），是羊山地区古荔枝群最为集中的地区，但是该地区资源闲置，几乎还没有进行休闲农业开发。三是文化挖掘不够，产品开发不足。许多休闲项目只是把城市的餐饮服务转移到农村，缺少乡土气息，游客无法满足追求差异化的心理需求。旅游产品也缺少乡土文化特色，简单重复现象明显。四是部分地区村民的小农心理严重。一些管理

者反映休闲旅游开发在某些地区开展阻碍较大，村民对旅游开发不配合，还多注重眼前利益，经常出现违约现象。

（三）开发管理部门职能交叉，影响办事效率

在羊山古荔枝群的保护和开发问题上，涉及部门多且分散。发展和改革委员会、财政、环保、林业、土地、农业、旅游、统计等多个管理部门均掌握着部分管理权。各部门往往从自身责任出发，强调本部门的管理规范，容易导致各部门间信息互通不足，可能导致部分工作重叠或相互衔接不上的问题，办事效率较低。而且羊山地区面积较大，覆盖3区13镇，各区之间也存在管辖问题，相互之间的沟通协调和利益调节也比较复杂。

四、海口古荔枝群多功能性挖掘建议

（一）加强对古荔枝群的保护，防止生态功能继续弱化

一是立法保护，借鉴国内外先进经验，结合实际情况，整合与林地保护有关的法律法规尽快出台和实施相关法规或条例。二是建立保护区，对集中连片的古荔枝群和羊山湿地进行集中原地保护。三是设立生态补偿基金，对古荔枝保护做得好的乡村给予政策奖补。四是加强野生荔枝母本资源调查收集，对具特殊性状的荔枝资源进行嫁接保存。五是加大文化遗产重要性宣传，提高农户的保护意识。

（二）保护与开发并行，盘活生态资源

对古村落和古荔枝群的保护是十分必要的，但是保护不易过度，保护生态并不意味着完全制约发展。针对羊山古荔枝群的实际情况，加快产业发展既可以借助"外力"，通过引入技术含量较高的生态友好型生产企业开发产业资源；也可以"内部"挖潜，通过组织村里的力量和争取上级支持，加快具有人文历史特色的景点的恢复性建设，并对现有休闲接待场所进行升级改造，以提升消费档次和增加消费收入。这不仅能守住羊山地区的"绿水青山"，而且能加快当地农村"小康社会"的建设步伐。

(三) 坚持品牌化专业化方向，发展标准化荔枝产业

羊山地区的荔枝产业已经具备一定规模，也已经有了自己的特色（富硒），应该坚持走专业化、品牌化路线。一是完善基础设施建设，建设农业标准化生产基地，提高荔枝抗灾、防灾能力，为生产质量稳定、特色鲜明的品牌荔枝产品奠定生产基础。二是强化羊山荔枝的品质认证，以"三品"认证为核心，发展农业品可追溯体系，建立农产品身份认证，提高和强化火山富硒荔枝的质量保证。三是加大宣传力度，由地方政府制定荔枝产品战略规划，并充分利用电视、报纸、杂志、广播等各种新闻舆论工具，搭建农业品牌宣传平台，大力宣传，拓展品牌市场。

(四) 继续挖掘休闲旅游发展潜力

为更好地推动羊山地区乡村休闲农业个性化发展，需要重点抓好四件事：一是统一规划，合理布局。以"西部绿色长廊火山文化与城郊休闲农业产业带"为核心，制定旅游线路，并在此基础上进行刚性指导和区域、功能定位，避免雷同、重复建设。二是重视品牌建设，注入文化要素。重视休闲农业的形象策划与包装，打造休闲农业品牌。以永兴荔枝为支点，深入挖掘羊山荔枝文化；以火山文化为主题，提升古村品味。三是发挥政府的主导作用，开拓多元化的投融资渠道。建立市、区、镇三级政府投入基金，鼓励和引导工商资本、民营资本和外来资本投资开发休闲旅游农业，建立起"业主为主、政府配套、社会参与"的投入机制。四是积极培养乡村旅游人才。要按照现代乡村旅游发展的要求，以电大、技校、高职院校、实践网点等为载体，构建职业教育、继续教育、终身教育、农村社区教育的四位一体教育体系，辅以相对成功的乡村旅游企业或农户体为典型示范，重点从经营管理、接待服务、产品营销等方面对他们开展培训指导，培养一批培养懂服务、会管理、留得住的乡村旅游发展人才。

（五）整合部门，简化管辖机构

针对管理部门过多、权责夹杂不清的问题，建议海口市政府按照精简、高效、透明的原则，设立专门的发展监督或指导职能小组。整合归并性质相近、用途相同、使用分散的相关资金。同时，理顺各部门之间的工作关系，建立统一互通的政策创设平台和动态调整机制，提高羊山古荔枝群开发政策的精准性、有效性和执行力。

参考文献

［1］彭建、刘志聪、刘焱序："农业多功能性评价研究进展"，《中国农业资源与区划》2014年第6期。

［2］赵敏："论农业的多功能性"，《求索》2005年第1期。

［3］尹成杰："农业多功能性与推进现代农业建设"，《中国农村经济》2007年第7期。

［4］刘雯："论城市森林的作用"，《经济师》2007年第6期。

农村改革

农村改革

农业供给侧改革对政策性金融的要求和赋予的发展机遇

郭永田 吴比

着力加强农业供给侧结构性改革,既是新形势下提升我国农业竞争力的主动选择,也是农业转型发展中问题倒逼的必然结果。新的形势对农业政策金融提出了具体要求,也赋予了其新的发展机遇。满足要求,抓住机遇,使政策性金融有效推动农业供给侧改革进程,对于提高农业供给体系质量和效率,增强竞争力,乃至推进农业现代化,都具有重要意义。具体来看,主要有三大要求和三大机遇。

一、三大要求

(一) 对政策性金融的属性要求

政策性金融一般体现政府意志,是政府财政职能的延伸,是政府发展战略的重要支撑手段,是政府弥补市场失灵时的制度设计和策略选择。推进农业供给侧改革,重在去库存、降成本、补短板,是全局发展战略的重要一环。这就要求以政策性金融支撑农业供给侧改革,要充分体现政府意志,通过政策性金融将有限的支付资金放大,支撑调整农业种养结构,发展农业新型经营主体,推进农业基础设施建设,解决目前农村金融供给不足、时间错配等问题。推进农业供给侧改革，需要政策性金融充分体现政府意志和政策导向，弥补农村金融市场失灵，以加快农业"三去一降一补"进程，致力于弥补商业金融不足，服务国家"三农"战略实施。尤其要满足供给侧改革内涵，充分发挥市场配置农村资源要素作用，在农业结构调整期资源重新调配、扶持农业弱质产业、逆周期调节等方面发挥重要作用，提高农村金融供给效率，降低农业发展所需资金供给成本，发挥引领农业结构投资示范效应。

当前，在我国经济形势呈现长期向好、短期调整的新常态下，要以政策性金融为支点，推进农业供给侧改革，审时度势，具有大局意识，把服务国家战略放在首要位置。要区别于商业金融属性，坚持社会效益优先，以优惠便利的农村金融服务助力农业供给侧改革，充分发挥政策性金融职能作用，彰显政策性金融属性。

（二）对政策性金融的功能要求

农业政策性金融在功能上，是国家一种结构性的资源配置手段，是破解农村金融供给型抑制的重要载体。农业供给侧改革所要求的消化过大农产品库存量，发展适度规模经营降低农业生产成本以及强化农业基础设施供给等内容，都是涉农资金需求量大、短期难见效、长期效益可观的领域，恰恰是追求"短平快"项目商业金融所规避的，却是政策性金融所迎合的。这就要求政策性金融充分发挥资金配置示范功能，引导社会资金流向农业农村，提高农村金融供给体系质量和效率，使农村金融供给数量充足，品种、质量和服务契合农业供给侧改革需要，真正形成结构合理、保障有力的农村金融有效供给。

当前，农业供给侧改革要求把信贷资源优化配置到支持粮食产业发展、发展适度规模经营、强化农业基础设施和创新农业科技发展等方面，充分发挥政策性金融骨干和支柱功能，充分发挥农业政策性金融对社会资金回流"三农"的引领和带动作用。可以预见，农业政策性金融必将成为推动农业供给侧结构性改革、推动农业第一、第二、第三产业融合发展乃至农业现代化的"加速器"。

(三) 对政策性金融的运营要求

政策性金融经营目标选择既要兼顾按照银行业和市场规律办事，又要突出社会性。而农业供给侧改革涉及领域较多、区域较广，无法单纯依靠农业发展银行等政策性银行来运营实施。所以，在运营机构上，要求政策性金融需要由不同金融机构或组织来实施，既要由农业发展银行等专门组建的政策性银行运营，也要由其他市场化的金融机构来补充。例如，在粮食生产补贴、粮食去库存等方面由农发行和财政相结合起来运营；在发展粮食产业化发展，支持粮食加工企业等方面也要允许商业银行和财政相结合来实施。在运营考核机制上，要求对政策性金融既不能完全按照商业银行标准考核，又要讲求盈亏平衡、保本微利。例如，在支持创新农业经营形式、推动农业技术进步等方面，不能完全按照商业银行的经营逻辑追求短期高额的资金回报，但又要求建立农业新型经营主体还贷约束机制，完善风险管控，实现政策性金融的自我可持续经营。在金融工具创新上，要求政策性金融应在涉农资金筹集、基金投资、股权投资、融资租赁、资产证券化、结算手段等方面不断创新金融产品，大力拓展服务空间，满足农业供给侧改革需求，积极支持农业转型升级。例如通过创新资金筹集方式，引导涉农资金回流农村，进一步加大支农信贷投入；发展资产证券化，盘活金融资源存量，提高资金利用效率；加大基金投资，降低农业企业融资成本，促进农业规模化经营。

二、三大机遇

农业供给侧改革对政策性金融提出要求的同时，也赋予了其发展机遇，拓展了可为空间。

(一) 更好的政策环境

我国强化制度供给的结构性改革，是政策金融争取政策支持的最佳时机，将对农业政策性金融发展产生深远影响。农业供给侧改革对政策性金融的属性提出了要求，要充分体现政府意志，服务于农业农村政策调控。

在此背景下，国家将优化制度供给，完善相关政策输出，进一步明确其职能范围，允许政策性金融专营机构在国家政策范围内有充分的经营自主权，在经营范围上避免对政策性金融机构的过分束缚，允许其参与合理的市场竞争，提高政策性银行的市场竞争力，促进金融资源在城乡之间的合理配置。通过充分调动和保护政策性银行的积极性，提高可持续发展能力，强化农业政策性金融在农村市场的主体地位。

总之，农业供给侧改革为政策性金融发展创造了良好的制度环境，带来了前所未有的政策机遇。

（二）更强的改革动力

资本作为供给侧五大要素之一，政策性金融本身就是供给侧的重要内容，是供给侧改革的重要对象，需要进一步改革内部机制，提升效率，降低资本成本；同时又通过自身的改革推进农业供给侧结构新改革，形成倒逼机制。

其一将拓宽政策性金融的资金来源渠道。在农业供给侧改革的背景下，破解农业农村金融供给短缺是政府主要着力点之一，通过创新融资渠道，汇集财政、商业金融等多方资金来源，将打破长期以来政策性金融依靠银行再贷款的单一渠道局面。

其二将进一步明确政策性金融的职能属性。农业供给侧改革所要求的政策性金融体系较为广泛，既要求政策银行保持政策属性，也要求商业性银行广泛参与。新的职能定位，将打破长期以来我国对政策性金融的认识模糊、政策性金融与政策性银行概念相同等定位过于狭隘的局面。

其三将丰富农发行等政策性金融机构业务范围。农业供给侧改革要求金融服务对象要多元化，相应金融产品服务和运营模式要现代化，这将极大丰富政策性金融机构业务范围，不再局限于经济效益不好的行业以及资金门槛相对较高的领域。

（三）更大的发展空间

供给侧改革拓展了金融需求空间，提出更多新的需要。农业供给侧改革所提出的重点领域，如粮食生产和收储、农产品加工、农业科技、生态农业、城乡发展等方面，需要政府通过宏观政策或差别化供给管理，提供基本公共服务和制度保障，提升经济体供给能力。随着政策的实施、改革的推进，对涉农信贷资金需求将成倍增长，使得本来就属于供给受到抑制的农村金融，面临更突出的资金供求矛盾。在此背景下，赋予了政策性金融更广阔的发展空间。政策性金融作为国家宏观调控的重要金融工具，是农业农村发展资金融通的重要组成部分，通过合理填充补足财政直接支出和商业性融资之间的"中间地带"，通过追求政府财力依托机制的转换及实现效率提升，提高农村金融供给体系质量和效率，降低农业农村融资成本，正是农业供给侧改革亟需的破题点。

农业供给侧结构性改革与合作社创新发展

高 强 张照新

内容提要： 农业供给侧结构性改革是生产领域的全方位变革，是供给领域的全产业链条变革，是改革领域的协同性变革。当前，关于农业供给侧结构性改革的政策内涵存在以下三个误区：一是简单认为农业供给侧结构性改革主要是解决农产品供给过剩问题；二是简单认为农业供给侧结构性改革主要是调整优化农业结构；三是简单认为农业供给侧结构性改革主要是转变农业发展方式。推进农业供给侧结构性改革，完成既定的目标任务，关键在于通过培育新型农业经营主体，引发农民的自觉行动，增强农业农村发展活力和内生动力。与普通农户相比，农民合作社资源动员能力和服务能力更强，对接市场渠道更广。与家庭农场、龙头企业等其他新型农业经营主体相比，农民合作社与农户的利益联结机制更紧密，发挥协同效应的纽带作用更明显。因此，政府应当加大政策创新力度，给予更多的优惠与扶持，促进农民合作社规范化创新发展，引导其在供给侧结构性改革中发挥引领作用。

2015年11月10日，在中央财经领导小组第十一次会议上，习近平总书记强调，"在适度扩大总需求的同时，着力加强供给侧结构性改革，着力提高供给体系质量和效率,增强经济持续增长动力"。2015年12月召开的中央经济工作会议,对供给侧结构性改革从理论思考到具体实践都作出了全面阐述,从顶层设计、政策措施到重点任务做出了明确部署。作为一种全新表述,"供给侧"概念表明了党中央对我国宏观经济政策思路的新认知,也指明了今后宏观经济政策的走向和着力点。

农业是国民经济的基础。从产业结构演进的规律来看,农业是基础性产业和战略性产业,其主要功能是保供给、保安全。从当前和今后一个时期看,全面建成小康社会和实现现代化,农业更是基础支撑。2015年中央农村工作会议做出了推进农业供给侧结构性改革的战略部署。2016年"中央一号文件"指出,用发展新理念破解"三农"新难题,厚植农业农村发展优势,加大创新驱动力度,推进农业供给侧结构性改革。这是经济新常态下,提升我国大国农业竞争力,实现农业提质增效与转型升级的必然选择,也是当前和今后一段时期农业农村经济工作的重大任务。

同时,2016年"中央一号文件"还提出,"发挥多种形式农业适度规模经营引领作用"。农业适度规模经营,涉及农业经营方式的变革,既涉及生产力,也影响生产关系。发展适度规模经营,新型经营主体培育是关键,农民合作社创新发展是核心。与普通农户相比,农民合作社资源动员能力和服务能力更强,对接市场渠道更广。与家庭农场、龙头企业等其他新型农业经营主体相比,农民合作社与农户的利益联结机制更紧密,发挥协同效应的纽带作用更明显。因此,政府应当加大政策创新力度,给予更多地优惠与扶持,促进农民合作社规范化创新发展,引导其在供给侧结构性改革中发挥引领作用。

一、正确理解农业供给侧结构性改革的政策内涵

(一)背景及成因

改革开放以来,我国农业综合生产能力显著增强。截至2015年年底,全国共建成高标准农田4亿亩,农业有效灌溉面积占比超过52%、农作物耕种收综合机械化水平达到63%、农业科技进步贡献率达56%以上。2015年粮食产量达到6209.5亿公斤,实现"十二连增"。农民收入持续较快增长，2015 年人均可支配收入 11422 元，城乡居民收入差距连续六年缩小①。农村基础设施建设与农村社会事业加快改善，美丽乡村建设进入快车道，农村改革取得新进展，农民生产生活条件有了明显改观，农业农村发展保持持续向好势头。与此同时，我国农业农村发展也出现了一些突出矛盾和问题。这些问题主要集中在供给侧，突出表现为结构性矛盾，涉及农业、林业、牧业、渔业多个领域，涵盖农业生产、加工、流通、贸易等多个环节。

一方面，我国农产品供求结构错位失衡，部分产品库存压力大，生产成本过高。在粮食生产上，呈现出生产量、进口量、库存量"三量齐增"现象。从品种结构看，主要表现为大米多、大豆缺。2015 年我国大豆进口 8169 万吨，大豆自给率降到 15% 以下。从库存角度看，我国部分农产品库存压力持续增大。综合判断，2015—2016 年度我国玉米、小麦、稻谷库存合计高达 2.54 亿吨，将创历史最高纪录②。从价格角度看，我国粮棉油糖肉等大宗农产品价格与国际农产品相比出现全面倒挂。据监测数据显示，进入 2016 年以来国内小麦、玉米、大米平均批发价格比进口到岸完税后成本价都高出 30% 以上，国内猪肉、食糖、棉花、大豆价格也长期高于进口价格。从效益角度看，我国农业生产成本持续攀升，农产品国际竞争力逐步削弱。2014 年我国稻谷、小麦、玉米、棉花每吨生产成本比美国分别高出 39%、14.8%、112%、35.6%，大豆每吨生产成本甚至高出 103.3%。在生产成本结构上，人工费用和土地租金持续刚性增长，远远超过物化投入，环境成本逐步显性化，农业已经进入全面高成本时期。

另一方面，我国耕地资源、淡水资源匮乏，农业可持续发展的基础十分薄弱。我国人均耕地面积仅为 1.4 亩，不足世界平均水平的 40%。人均水资源占有量约 2100 立方米，仅为世界平均水平的 28%，且时空分布

---

① 国家发展和改革委员会："着力推进农业现代化和农民奔小康"，新华网，http://news.xinhuanet.com/fortune/2016—02/17/c_128726637.htm。

② 伍振军："农业供给侧改革，资源配置是关键"，《农民日报》，2015 年 12 月 9 日。

不均。全国农田灌溉用水缺口达到300多亿立方米,严重缺水期即将到来。同时,粮食连年丰收的背后也付出了很大代价,耕地数量减少、质量下降、地下水超采、土地重金属污染、水土流失和土地荒漠化加剧、农业面源污染加重,生态环境代价越来越沉重。我国农业化肥利用率仅为40%,农作物秸秆60%以上未被有效利用,每年大约有1500万吨氮肥流失到农田之外,农药污染耕地面积达1.4亿亩左右,重金属污染国土面积达13%左右。在资源环境约束趋紧的情况下,依靠增加化肥、农药等投入品数量来提高农产品产量的潜力日益减少。这些问题迫切要求我国必须进行农业供给侧结构性改革。

(二) 存在误区

2015年以来,关于农业供给侧结构性改革的研究逐渐增多。孔祥智(2016)提出,农业供给侧结构性改革的三大着力点在于土地制度改革、农业结构调整和粮食体制改革①。陈晓华(2016)提出推进农业供给侧结构性改革的重点在于去库存、降成本、统管理、调结构和政促融合五个方面②。伍振军(2015)提出,推进农业供给侧结构性改革,需要采取针对性措施,重点解决资源配置扭曲问题③。涂圣伟和周振(2016)认为,农业结构性问题产生的三大根源主要在于农业要素投入结构长期失衡、农业产业链协同存在"梗阻"以及宏观调控机制化建设滞后,而推进农业供给侧结构性改革,要做好风险应对,防止粮食减产滑坡风险、区域性农民减收风险和政策效果"漏损"风险。推进农业供给侧结构性改革,在去库存、降成本、补短板的基础上,要尽快扭转农业要素投入结构失衡、政府与市场关系失衡和产业链协同发展失衡④。这些研究对于我们把握农业

---

① 孔祥智:"农业供给侧结构性改革的基本内涵与政策建议",《改革》2016年第2期。
② 陈晓华:"推进农业供给侧结构性改革要从五个方面抓起",《上海农村经济》2016年第4期。
③ 伍振军:"农业供给侧改革,资源配置是关键",《农民日报》,2015年12月9日。
④ 涂圣伟、周振:"农业供给侧改革关键在扭转'三大失衡'",《上海证券报》,2016年4月6日。

供给侧结构性改革的理论内涵与重点任务奠定了基础,也为分析合作社在农业供给侧结构性改革中的积极作用提供了有益借鉴。与此同时,无论在理论研究层面,还是在实践工作层面,也出现了一些误区,归纳起来主要有以下三点:

一是简单认为农业供给侧结构性改革主要是解决农产品供给过剩问题。当前,受国内外农产品价差影响,我国玉米、棉花出现阶段性供大于求、库存积压、财政负担加重等问题。同时,植物油籽和乳制品也存在过度进口问题。近年来,我国收储加工的菜籽油大部分积压在库,2014年乳制品进口折合鲜奶1000多万吨,占国内原奶产量的四分之一。这一方面是由于国内外农产品成本差距过大,农业基础竞争力先天不足;另一方面在于一些农产品供给不能满足消费者日益丰富多样和安全优质的消费需求。从长期看,我国对农产品的消费需求将呈刚性增长趋势。从总量上看,虽然粮食连续12年增产但是大概还有200亿公斤的缺口,还需要进口来弥补。随着人口总量继续增加以及城镇化进程加快,预计到2020年我国人口将达到14.09亿人,粮食需求将在7000亿公斤左右,产需缺口将达到1000亿公斤左右,棉花、糖料以及生鲜农产品的供需也将持续趋紧,肉蛋奶等动物脂肪和蛋白食物的消费将明显增长,饲料粮需求将大幅增加。因此,推进农业供给侧结构性改革不是单纯强调"消化库存",而是在消化个别农产品库存的同时,继续提高产能,确保国家粮食安全和重要农产品有效供给。

二是简单认为农业供给侧结构性改革主要是调整优化农业结构。近年来,我国农业生产在数量与质量、总量与结构、成本与效益等方面的结构性问题十分突出。从品种结构看,我国谷物自给率仍保持97%以上的较高水平,但大豆、食用植物油、棉花、食糖的自给率已分别下降到20%、40%、70%和85%左右。以大豆为例,我国大豆生产由最高1800万吨减少到目前的1200万吨。从品质结构看,大众产品、普通产品多,中高端产品、优质产品少、多样化和专用化的农产品发展滞后。例如,小麦可保持产需基本平衡,但优质专用小麦存在品质性短缺。水产、肉类、蔬菜、水果等生鲜农产品、绿色无公害有机产品少。同时,种养加结合不紧、农牧渔循环不畅、粮经饲统筹不够以及第一、第二、第三产融合不足等问题十分突出。这些情况表明，我国农业已经进入转型升级的关键时期，亟需加快调整优化农业结构。改革开放以来，我国政府综合采用价格和收入支持、降低农业投入成本、生产资料供应、信贷补贴、科技支持与基础设施建设等政策工具，对农业生产结构作出了一系列调整①。农业结构调整是农业供给侧结构性改革的重要内容，没有农业结构的调整，就不会形成结构合理、保障有力的农产品有效供给。然而，与农业结构调整相比，农业供给侧结构性改革的牵扯面更广、意义更为深远。供给侧改革语境下的农业结构调整包括生产结构、产品结构、经营结构和区域布局多个方面。农业供给侧结构性改革，不仅强调"调优调精"优化生产布局，还强调强调解放和发展生产力，还突出调整变革生产关系，通过改革消除发展障碍。

三是简单认为农业供给侧结构性改革主要是转变农业发展方式。农业发展方式是指实现农业发展的方法、手段和路径的总称，是以农产品产出的增加为核心，实现农业的自然资源、社会资源和政策资源极其结构的优化和全面进步的方法与形式。经济新常态下，我国农业农村经济发展面临严峻挑战，突出表现在资源环境硬约束与生产发展矛盾日益凸显，农业基础设施和科技创新驱动能力不足，制约着农业可持续发展目标实现。在经济新常态下，要通过转变农业发展方式，从主要追求产量增长和拼资源、高消耗的粗放经营，向数量质量并重、注重农业技术创新、注重提高农业竞争力的集约式发展轨道上来，促进农业发展提质增效升级，实现农业可持续发展②。可见，转变农业发展方式主要着眼于资源消耗、环境污染问题，强调的是转变农业的生产方式、资源利用方式和经营方式，依靠科技装备等现代要素投入和体制机制创新，在保护环境的同时提高农业生产效益。因此，转变农业发展方式更多指向的是农业供给侧结构性改革中的

---

① 高强、孔祥智："中国农业结构调整的总体估价与趋势判断"，《改革》2014年第11期。
② 陈锡文："适应经济发展新常态 加快转变农业发展方式——学习贯彻习近平总书记在中央经济工作会议上的重要讲话精神"，《求是》2015年第6期。

"改革"部分,对"供给侧"的问题和"结构性"矛盾涉及较少,不能涵盖农业供给侧结构性改革的准确涵义。

(三)基本思路

农业供给侧结构性改革是生产领域的全方位变革,是供给领域的全产业链条变革,是改革领域的协同性变革。推进供给侧结构性改革,要重点关注三个方面:第一,着眼于供给侧,强调从生产端入手,从供给侧发力;第二,问题突出表现为结构性矛盾,要优化供给结构,以更好地适应消费;第三,根源都是体制问题,强调技术创新和制度创新,依靠改革创新来化解。从逻辑关系上看,供给侧是矛盾起点,调整结构是内容,转变方式是手段,三者互为因果、相互影响,共同构成农业供给侧结构性改革的重要内容。

农业供给侧结构性改革,既强调农产品供给又关注消费需求,既突出发展生产力又注重完善生产关系,既发挥市场配置资源的决定性作用又更好地发挥政府的作用。因此,应摒弃简单理解和单线思维误区,按照"供给侧+结构性+改革"的思路,从生产端供需错配着眼,牢牢把握矫正农业要素配置扭曲这一主线,通过体制机制创新,以新的发展理念破解农业农村发展中面临的矛盾和问题。

在推进战略上,要以"五大发展理念"引领农业供给侧结构性改革,促进农业新发展。树立创新理念,加快实施创新驱动战略。树立协调理念,推进农村第一、第二、第三产业融合发展,形成粮经饲统筹、种养加一体、农牧渔结合的现代农业结构,最大限度地满足社会对农业的多元化需求。树立绿色理念,大力发展资源节约、环境友好、生态保育型农业,走生产发展、生活富裕、生态良好的文明发展道路,推进农业可持续发展和美丽乡村建设。树立开放理念,统筹利用好国际国内两个市场、两种资源,构建完善现代农业市场调控体系和对外开放体系。树立共享理念,实施包容性增长战略,加大脱贫攻坚工作力度,建立健全农业支持保护制度,促进农民持续增收,确保到2020年,贫困群众与全国人民一道同步进入全面小康社会。

农村改革

二、科学把握农业供给侧结构性改革的重点任务

（一）总体要求

推进农业供给侧结构性改革，重点是解放和发展社会生产力，要改革的办法推进农业结构调整，从农业生产端和农产品供给侧出发，围绕市场消费需求安排农业生产，矫正要素资源配置扭曲，优化农业要素资源配置，减少无效和低端农产品供给，扩大有效和中高端农产品供给，提升农产品质量安全水平，增强农产品供给结构的适应性和灵活性，使供给更加契合市场需求，更有利于资源利用和生态环境保护，形成更有效率、更有效益、更可持续的农产品有效供给体系，提高全要素生产率，实现农产品供求由低水平均衡向高水平均衡的跃升，最终满足人们日益增长、不断升级和个性化的物质文化和生态环境的需要。

（二）核心主线

生产要素投入结构决定了经济增长方式和效率。我国农产品总量增长与质量提升不同步、供给与需求不匹配，根源在于农业生产要素投入结构失衡的局面长期没有根本改观[1]。推进农业供给侧结构性改革，核心主线是矫正农业要素配置扭曲，采取针对性措施，提高农业资源配置效率。从全局视角看，一是着眼于全球粮食市场，加强对国内外农业开发潜力、环境与风险分析，解决国内国际农业资源配置扭曲问题。二是着眼于城乡要素流动，通过市场机制调节土地、劳动力和资本在第一产业和第二、第三产业之间的配置，促进生产要素自由流动。三是着力培植农业比较优势，解决农业内部产业之间的要素配置扭曲问题，提高我国农业竞争力[2]。

优化要素配置，提高农业资源配置效率，核心是消除要素配置的壁垒，提高要素市场化程度。目前，我国工农产品的不平等交换已基本改

---

[1] 涂圣伟、周振：“农业供给侧改革关键在扭转'三大失衡'"，《上海证券报》，2016年4月6日。

[2] 伍振军：“农业供给侧改革，资源配置是关键"，《农民日报》，2015年12月9日。

变,但要素的不平等交换依然存在。主要是由于耕地补偿标准低、农村金融缺失、农村劳动力价格低廉等因素,土地、资金和劳动力大量流向城市。当前和今后一个时期,工业对农业、城市对农村资源要素的"虹吸"效应可能更加凸显,特别是在农业连年丰收、库存高企、财政趋紧背景下,一些地方很容易出现"形势好了改政策、财政紧了减投入"的倾向①。推进农业供给侧结构性改革,一方面要大力实施科技创新战略,推动农业发展由依靠物质要素投入向依靠科技进步转变,提高农业全要素生产率;另一方面要坚持市场取向改革,加快完善农产品价格和收储、农业补贴、金融保险、流通贸易、生态环保等政策,实现资源要素在国内外、工农、城乡之间均衡配置②。

(三) 重点任务

当前和今后一个时期,推进农业供给侧结构性改革的重点任务是调结构、提品质、促融合、降成本、去库存、补短板。

调结构,就是要调整优化农业的生产结构、产品结构、经营结构和区域布局,通过优化结构改善供给。一是要优化生产结构,大力推动自主创新,用现代科学技术武装农业,构建现代农业生产体系;二是要优化产品结构,增加适销对路的农产品,重点是控制玉米和增加大豆,为消费者提供丰富多样的农产品供给;三是要优化经营结构,在稳定完善家庭基本经营的基础上,发展新型农业经营主体和服务主体,健全新型社会化服务体系,发展多种形式的适度规模经营;四是要优化区域布局,推动生产向优势产区、主体功能区和生产保护区聚集,统筹利用两个市场两种资源,形成区域分工合理、符合农业自然生产特点和比较优势的区域供给新格局。

提品质,就是要以扩大中高端和有效农产品供给为重点,着力提升农产品质量和食品安全水平,更好适应消费者消费结构转型升级和对农产品供给的需求。当务之急,重点是提升牛奶质量,抓好农产品质量提升和品

---

① 孙中华:"我国现代农业发展面临的形势和任务",《东岳论丛》2016年第2期。
② 韩长赋:"着力推进农业供给侧结构性改革",《求是》2016年第9期。

牌创建，大力推进农业标准化生产、品牌化营销和绿色生产，建立健全农产品质量安全追溯体系，科学制定品牌建设规划，打造农产品品牌体系，提升品牌影响力。

促融合，就是要促进农村第一、第二、第三产业融合发展，通过优化产品链、整合产业链、提升价值链，促进产业间相互渗透、交叉重组，带动资源、要素、技术、市场需求在农村的整合集成，发展壮大新业态和新产业，真正实现产加销协调发展、生产生活生态有机结合。当前的重点：一是发展农产品电子商务，形成线上线下融合互动、农产品上行与农资和消费品下行双向流通格局，促进流通电商化；二是做精做深农产品加工业，积极推进农业产业化经营；三是加快发展休闲农业和乡村旅游，引导新型消费模式，传承农耕渔业文化，最大限度满足社会对农业多功能需求。同时，让更多农民参与产业融合发展，完善利益联结机制，分享产业增值收益。

去库存，就是要立足当前国内外农产品短期内难以明显反弹的实际，综合采用顺价销售、加工转化、调控进出口等多种手段，加快消化玉米等个别农产品的积压库存。一是要尽快采取顺价销售的办法，随行就市消化陈粮；二是要促进农产品加工和多用途转化，大力发展农产品产地初加工，稳步提升主食加工业，引导产业集群集聚。当前主要是玉米，千方百计把农产品库存消化。三是要围绕实施"一带一路"战略，利用关税配额和国际贸易手段，调控进出口，保障大宗农产品进出口与国内生产、产业安全与农民就业增收相协调。

降成本，就是要以节本增效为重点，减少无效投入、创新经营方式、强化科技创新，着力降低农业生产经营、加工和流通等各环节成本，提高农业的效益和竞争力。一是要通过测土配方和控肥减药，普及节水灌溉，降低投入品成本；二是要通过股份合作、土地托管、联耕联种等方式，让经营主体和农户共享经营权，降低土地成本和劳动力成本；三是推进要素替代，激发创新活力，加快构建覆盖全产业链的国家科技创新联盟，加快品种改良和技术推广。

补短板，就是要以加强农业基础设施建设和提高农业装备水平为重点，加强农业基础设施建设，大力弥补制约农业持续发展的薄弱环节，着力提升农业综合生产能力和抗灾减灾能力。把农田水利作为农业基础设施建设的重点，加快高标准农田建设，推动农业机械发展，着力提升薄弱环节、薄弱品种和薄弱地区的农业机械化水平。同时，要注意保护产能，实施藏粮于地、藏粮于技战略，实施耕地质量保护和提升行动，做好生态环境修复治理工作，构建绿色高效粮食生产技术体系。

三、合作社在农业供给侧结构性改革中的引领作用

推进农业供给侧结构性改革，完成既定的目标任务，关键在于通过培育新型农业经营主体，引发农民的自觉行动，增强农业农村发展活力和内生动力。合作社作为上接市场、下联农户的组织载体，通过横向纵向联合与合作，可以为农户提供高效便捷服务，紧密联结农业生产经营各环节各主体，为建设现代农业提供坚实的组织支撑①。农业供给侧结构性改革，一方面对作为重要新型农业经营主体的合作社提出了新要求、新任务，另一方面也为合作社规范和创新发展提供了更好的制度和政策环境。

（一）推进农业供给侧结构性改革要求合作社创新发展

1. 要求合作社进一步发挥引导农民调结构、提品质的作用

农业供给侧结构性改革的首要任务就是要实现供给与需求的有效衔接。而供需结构失衡，与目前大多数农户不了解市场、不能按照市场需求变化及时调整产品结构有很大关系。当前，全国农民合作社已经有150多万家，超过40%的农户加入了合作社，合作社在组织农民开展专业化、标准化生产、带领农民进入市场方面发挥着极其重要的作用。推动农业供给侧结构性改革，要求合作社要积极对接市场，根据市场需求组织农民生产适销对路的农产品，并指导农民遵循标准化生产操作规程，提升农产品品质，满足市场需求。

2. 要求合作社发挥社会化服务主体作用，为农民节本增效

---

① 《关于引导和促进农民合作社规范发展的意见》（农经发〔2014〕7号），2014年8月27日。

农村改革

降低农业生产成本是农业供给侧结构性改革的重要任务。要降低农业生产，需要改变规模经营实现路径，重点发展适度规模的专业大户和家庭农场，实施"社会化服务+"行动，利用社会化服务实现作业环节的规模化，在适度规模的基础上取得最佳的规模经济效益。农民合作社是新型农业社会化服务的主要承担者，要进一步发挥为农户或其他经营主体提供专业化生产性服务，推进规模经营实现方式的转换，推动农业生产成本的降低。

3. 要求合作社进一步发挥桥梁和纽带作用，推动各类经营主体的融合发展

2016年"中央一号文件"明确提出，"把坚持农民主体地位、增进农民福祉作为农村一切工作的出发点和落脚点"。实现农户与各类农业新型农业经营主体的融合发展，让农民共享农业农村发展收益，也成为农业供给侧结构性改革的重要内容。农民合作社作为农民自组织，具有民办、民管、民受益的特性，是农民实现自我发展和增收的有效形式。这就要求合作社要进一步发挥自身优势，实现外部经济内部化，组织农户共同发展，与龙头企业等各类主体开展有效联接，实现融合发展。

（二）更好地发挥合作社的引领作用

按照推进农业供给侧结构性改革的总体思路，结合"调结构、提品质、促融合、降成本、去库存、补短板"六大重点任务，农民合作社在提高农业供给质量效率和竞争力方面，应该充分发挥以下六大引领作用：

1. 践行新理念，发挥合作社在调整优化生产经营结构方面的引领作用

面对瞬息万变、错综复杂的市场信息，一家一户的分散经营难以适应市场竞争，也对难以对结构调整做出有效反应。与分散的农户家庭经营相比，合作社更容易把握市场需求，以新的理念促进新的发展，使"生产导向"转向"消费导向"，带动社员及周边农户进行农业结构调整。例如，黑龙江省克东县金宝现代农机专业合作社成立于2014年，合作社总资产1500万元，社员178户。2015年合作社种了6700亩玉米。2016年

国家决定调整玉米临时收储政策。在当地政府的指导下，合作社调整了种植结构，改"单品种、大面积"种植为"多品种、精细化"种植，把玉米种植面积调减到 700 亩，其他耕地种上了 2700 亩高蛋白大豆、2000 亩马铃薯、700 亩甜菜和 700 亩红小豆等。在合作社的带动下，2016 年合作社所处的建华村玉米种植面积比去年减少了 70%。全县玉米种植面积减少到 55 万亩，比去年减少了 46%，大豆面积增加到 112 万亩，比去年增加了 40%[①]。

2. 拓展新功能，发挥合作社在提升农产品品质方面的引领作用

一方面，合作社可以通过发展订单农业，确保农业生产的计划性、农业生产资料供应的稳定性与农业生产管理的可靠性；另一方面，合作社可以通过发展品牌农业，建设优质农产品生产基地，向消费者提供准确的产品等级、规划、新鲜度等信息，提升消费者的消费体验，实现农产品销售优质优价。平邑县庆联沂蒙双红桃专业合作社成立于 2009 年，注册资金 200 万元。至 2016 年，合作社已发展社员 150 户，总种植面积 1500 亩。合作社一个很大的创新在于，在理事长带领技术人员不断进行新产品研发，目前已经通过杂交嫁接成功研制出新一代的双红桃，红叶红花，产品更大，含糖量更高。在实践摸索中，合作社也发现以有机肥替代化肥可以很好的增强桃树的抗病性，也能够提升果实的含糖量，且树根的草不要清除，适当的杂草能够保持地温，也能够减少病虫害。前不久，有韩国客户来到基地参观，给出了有机种植桃每个 30 元的高收购价格。

3. 打造新业态，发挥合作社在促进第一、第二、第三产融合发展方面的引领作用

有的合作社顺应市场需求变化，积极引入先进理念和现代要素，发展定制农业、众筹农业等新型业态；有的合作社在生产合作的基础上，在成员内部发展信用合作，形成了产业与金融有机结合的新业态；还有的合作社发挥自身优势，大力发展农超对接和农社对接，发展消费会员制，尝试

---

① 高辉："黑龙江克东县金宝现代农机专业合作社——看准市场多元种植"，《农民日报》，2016 年 5 月 31 日。

直销直送、体验式消费。合作社发展新产业新业态，不仅开拓了自身的发展空间、拓展了经营业务，还有效带动了周边村镇农产品加工、储藏、包装、运输以及休闲旅游观光、民俗文化等相关产业发展。

4. 延长产业链，发挥合作社在加工增值方面的引领作用

农产品供需不平衡，不仅表现在供求双方的需求数量上，更表现为不同层次的消费者对农产品品质、体验、便捷等多元化的需求无法满足。要满足消费者多种形式的需求，关键在于农产品加工、流通等环节。黑龙江省克山县仁发现代农机合作社于2009年年底组建，2010年正式运营。2015年，合作社固定资产达到5176万元，入社成员1024户，经营土地5.6万亩。2013年以来，合作社投资建设了1800平方米马铃薯组培楼和年可烘干玉米1.5万吨的烘干塔。合作社还牵头与县内7家合作社联合出资1亿多元，新建30万吨谷物综合加工项目，推动玉米和大豆错峰销售，实现农产品加工增值[①]。

5. 共享经营权，发挥合作社在降低生产成本方面的引领作用

人工费用和土地租金是近年来农业生产成本上涨的主要推动因素。与直接流转土地不同，合作社通过与农户共享土地经营权，创新开展股份合作、土地托管等服务模式，可以有效降低农业生产成本，实现利益共享、风险共担。例如，2009年成立的商水县天华种植专业合作社，围绕粮食生产，不断探索实践，创新实施了土地托管、粮食银行等做法。合作社成立了机械耕作队、收割队、科技队、田管队、抗旱防汛队五个专业队，实现了农业规模化、专业化、标准化生产和产业化经营，有力促进了粮食增产、农民增收。目前，合作社成员336户，固定资产达1400万元，土地入股3000亩，托管土地12000多亩，辐射带动周边3个乡镇20多个行政村3000多农户。

6. 依托新载体，发挥合作社在弥补农业发展短板方面的引领作用

农业资源环境是农业可持续发展的基础，是农产品质量安全的源头保

---

① "引导合作社创新发展推动农业转型升级——全国农民合作社创新发展座谈会典型发言摘登"，《农民日报》，2015年10月13日。

障。与分散农户相比，合作社有能力、有动力节约成本，推行农业标准化和绿色生产，控制灌溉用水，减量使用化肥农药，加强农业资源保护和合理利用。实践表明，合作社承担农业综合开发、中央基建投资等涉农项目，实施高标准农田建设、节水农业建设和农业机械化提升等工程，采取重大技术推广与服务补助等方式，开展农业面源污染与土壤重金属防治、农业生物资源保护、测土配方施肥、病虫害绿色防控等公益性服务，更有利于实现政策目标，优化农业投资绩效。

四、政策措施

推进农业供给侧结构性改革，关键是通过改革的办法促进制度创新，优化要素组合方式，让市场在农业资源配置中发挥决定性作用和更好地发挥政府作用①。推进过程中，应当更加重视发挥新型农业经营主体的作用，尤其是重视农民合作社在外拓内联方面的作用，注重合作社内涵式发展，充分发挥其在农业供给侧结构性改革中的引领作用。主要政策着力点有以下几个方面：

（一）创新农业补贴政策，加快落实农业支持保护补贴政策，建立与农业供给侧结构性改革相适应的补贴政策体系

尽快建立覆盖全国的适度规模经营补贴制度，降低规模化生产主体和服务主体的生产经营成本；以绿色生态为导向，激励和补偿合作社等新型农业经营主体更多地采用生态技术模式，加强耕地地力保护，实现农业生态环境保护和农民持续增收相结合，使保护农业生态环境不吃亏、有动力。就合作社而言，各地要创新对农民合作社支持方式，采取以奖代补、贷款贴息等方式，鼓励合作社积极承担重大技术推广与服务，参与涉农工程建设与管护，探索财政补助资金形成的资产量化折股为社员股金，提高财政资金使用效率。适当安排增量资金，采取PPP等模式，引导社会资本，进一步优化农业投资绩效。

---

① 高强："加快推进农村金融供给侧结构性改革"，《中国金融文化》2016年第5期。

(二)理顺农产品价格形成机制,健全农产品价格调控体系

在市场经济背景下,既要避免短期型调控措施长期化,又要防止保障型政策频繁调整。在深入总结试点经验的基础上,发展多元市场购销主体,逐步完善粮食等重要农产品价格形成机制。就合作社而言,要引导合作社适度调减市场积压的粮食品种,按照市场需求安排生产,对合作社开展的生产结构调整活动进行适当补助,对因结构调整而导致的市场价格损失进行适度价差补贴。

(三)创新农村金融保险政策,综合运用市场化的政策工具,推进金融资源向"三农"倾斜

明确各类金融机构支农服务的功能定位和应当履行的支农责任,建立储备金制度。综合运用市场化的政策工具,完善农业保险制度。加快建成覆盖粮食主产区及主要农业大县的农业信贷担保网络,引导带动更多资金投入现代农业建设。就合作社而言,应顺应合作社的发展综合化趋势和农民社员的多样化需求,将信用合作纳入法律调整范围,明确合作社内部信用合作的主管部门,平衡风险监管与发展活力的关系,促进合作社内部信用合作更好发挥作用。

(四)创新农产品贸易政策,充分运用世界贸易规则,提高国际农产品市场影响能力、国际农业资源掌控能力

要制定实施分品种、分国别的重要农产品贸易战略,加快构建全球重要农产品监测、预警和分析体系。建立重要农产品产业损害防范与救济机制,推进战略性国际农业合作。就合作社而言,要以合作社优质农产品生产基地和农产品初加工基地为基础,并对其中优势产业和加工项目给予适当扶持,帮助其开拓海外市场。

(五)提升各地农业部门的指导服务能力

政府应当加强宏观形势研判,跳出"三农"看"三农",把农业置于

国民经济和全球背景来考虑，提高政府行政管理和指导服务能力。就合作社而言，随着合作社的快速发展，其对政府部门的指导服务也提出了新的要求。除了简单的技术和政策服务外，合作社在实践中更需要市场营销、品牌培育、质量体系建设等方面的具体指导和服务。各地农业主管部门应当提高自身能力的同时，以政府购买服务的方式，引入各类专业化服务组织，为农民合作社提供所需的指导和服务，促使其在农业供给侧结构性改革中发挥更大作用。

参考文献

［1］伍振军："农业供给侧改革，资源配置是关键"，《农民日报》，2015年12月9日。

［2］孔祥智："农业供给侧结构性改革的基本内涵与政策建议"，《改革》2016年第2期。

［3］陈晓华："推进农业供给侧结构性改革要从五个方面抓起"，《上海农村经济》2016年第4期。

［4］涂圣伟、周振："农业供给侧改革关键在扭转'三大失衡'"，《上海证券报》，2016年4月6日。

［5］高强、孔祥智："中国农业结构调整的总体估价与趋势判断"，《改革》2014年第11期。

［6］陈锡文："适应经济发展新常态　加快转变农业发展方式——学习贯彻习近平总书记在中央经济工作会议上的重要讲话精神"，《求是》2015年第6期。

［7］孙中华："我国现代农业发展面临的形势和任务"，《东岳论丛》2016年第2期。

［8］韩长赋："着力推进农业供给侧结构性改革"，《求是》2016年第9期。

［9］高强："加快推进农村金融供给侧结构性改革"，《中国金融文化》2016年第5期。

农村改革

合作社引领农业供给侧结构性改革的案例分析

——以河南省荥阳市新田地种植专业合作社为例

张璟 闫辉

2015年,以去产能、去库存、去杠杆、降成本、补短板为重点的供给侧结构性改革在全国展开;而农业供给侧结构性改革的关键就在于去库存、提规模、降成本。2016年东北玉米的"库存危机"和河南、安徽、山东多地新麦"价跌卖难"的困境进一步暴露了我国粮食产业供求之间的结构性矛盾。然而就在粮食生产面临成本"地板"和价格"天花板"双重压力,粮食宏观调控政策举步维艰之际,河南省荥阳市新田地种植专业合作社(以下简称"新田地")逆势上行,充分展示了新型农业经营主体,特别是合作社,在提规模、降成本等农业供给侧结构性改革中的引领作用。

一、逆势上行

"新田地"于2011年成立,位于河南省荥阳市高村乡高村七组,理事长李杰在2016年初曾受邀前往中南海,参加李克强总理在北京主持召开的科教文卫体界人士和基层群众代表座谈会。合作社现有成员203户，带动农民12000户，分布在全市60个村庄。社员种植的粮食品种为强筋小麦和角质化玉米，共计种植面积50000亩，合作社成员小麦平均亩产600公斤，玉米平均亩产750公斤（高产攻关田平均亩产900公斤）。在经营过程中，合作社逆势而上，在当前的宏观背景下，取得了引人注目的成绩。

规模扩大。"新田地"不仅不存在去库存、去产能、调结构的问题，反而合作社的规模不断壮大。从经营土地面积上看，2011年合作社经营土地200亩，2016年就增长为51000亩；从带动农民种粮情况上看，2011年合作社有成员6人，2016年就发展到成员200人、社员12000户。

卖价提升。在政府忧心今年东北"玉米卖难"与华北"小麦卖难"的时刻，"新田地"不仅扩大了规模，而且产品供不应求。益海嘉里、五得利、中粮等大型粮企争相入市收购，且收购的玉米和小麦价格要比正常市场价每0.5公斤高出0.2元至0.4元。

成本降低。在中国农业面临成本"地板"、价格"天花板"等多重压力下，"新田地"的粮食不仅卖上了高价格，还有效降低了每亩地的生产成本。平均来看，"新田地"一亩小麦的平均生产资料成本比普通农户低110元，一亩玉米的平均生产资料成本比普通农户低120元。

除此之外，在突破农业存在严重金融供给不足，农民面临信贷约束的传统农村金融命题中，"新田地"不仅获得了来自郑州银行的"贸易贷"，还得到了广发银行的"合同贷"，不仅有来自下游面粉厂的价值链融资，还有来自人保财险集团的农业灾害保险……

是什么原因使得新田地种植专业合作社在农业发展的诸多困境中依然生产形势向好，社员参与积极，产品供不应求？相比于政策性的调控，"新田地"逆市上行的"新天地"是如何开创的呢？

二、市场主导

与依赖政府政策性托底收购的大部分农户相比，"新田地"走出了一条市场化创新之路，其经验可以总结为以下四个部分。

农村改革

(一) 规模降成本,结构生利润

新田地合作社成功降低了粮食生产成本,增加了产品销售利润。以小麦为例,表1对比了"新田地"和普通农户生产一亩小麦的生产资料成本和销售价格情况。

表1 2016年荥阳市传统农户与新田地生产1亩小麦平均成本收益对比表

生产资料	荥阳市传统农户			新田地合作社			节约成本(元)
	名称	使用量	金额(元)	名称	使用量	金额(元)	
种子	普通麦	15公斤	60	强筋麦	10公斤	40	20
化肥	底肥	50公斤	150	控施肥(一次施肥)	50公斤	140	50
	追肥	40公斤	40				
农药	除草剂	1袋	10	除草剂	1袋	0	10
	防倒伏	1瓶	5	防倒伏	1瓶	4	1
	飞防	1次	25	飞防	1次	15	10
	叶面肥	1袋	2	叶面肥	1袋	2	0
机械	播种	1次	30	播种	1次	20	10
	收割	1次	50	收割	1次	40	10
成本合计			372			261	111
销售收入	荥阳市传统农户			新田地合作社			增加收益(元)
	产量	单价	销售额	产量	单价	销售额	
小麦	500公斤	2.06元	1030元	600公斤	2.46元	1476元	446
"新田地"比传统农户平均一亩多收益111+446=557元							

注:合作社为社员免费提供除草剂,小麦销售单价按2016年雨前麦平均价格计算。

由表1可以看出,新田地合作社不仅生产成本低于传统农户,且在小麦的亩均产量和单位销售价格上都要高于传统农户,由此带来的结果是合作社生产一亩小麦的净利润比传统农户高出557元。那么,"新田地"是如何实现降成本、提收益的呢?

首先,新田地合作社通过提高规模分摊了农业生产成本。具体体现在生产资料方面,"新田地"的规模化生产使其可以与农资生产商直接对接，从而剔除掉中间商、经销商代理环节的渠道成本，有效降低了种子、化肥、农药、机械的投入成本。

其次，"新田地"通过改变原有的产业组织结构，以合约的形式直接与上下游企业进行合作，缩短了传统农业的上下游产业链。突出体现在产品销售环节，"新田地"运用了订单式经营服务模式，合作社与益海嘉里、中储粮、中粮等30多家面粉企业以及泰国正大、广安饲料等20多家饲料厂签订合作合同。有效规避了"谷贱伤农"及"卖粮难、卖粮贱"的现象，提高了小麦、玉米等大田作物的价格。

（二）品质是关键，诚信为基础

"新田地"之所以能成功扩大规模并与众多企业签订合约，其中的重要原因是该合作社的产品质量有保障。而为了打造"新田地"产品的品牌形象，合作社主要做了两件事。

第一件事，优选品种。"新田地"理事长李杰始终坚持"好的品质，才能有好的市场"。2011年合作社成立之初，李杰就率先前往全国小麦技术中心，找到河南农业大学的校长，向众多专家请教哪些小麦可以作为优质麦。在生产过程中，合作社也非常注重小麦品质的变化，例如，2011年合作社选择的是玉农416，这是一款强筋小麦，但生产了两年左右，该小麦品质下降，"新田地"立刻切换新麦26，以始终保持产品的高品质。

第二件事，诚信经营。"新田地"有51000亩地种植了小麦，其理事长敢于承诺"新田地的产品，三年之内检测，都不会有问题"。为了赢得上下游企业的信任，"新田地"始终确保每一车产品都出自合作社的土地，绝不掺假。2016年5月，合作社的晾晒场有挖掘机施工，司机不小心将碎石撒到了即将装车的麦子上，李杰当即让所有工作人员将麦子中的碎石拣出来，从而保证品质，以防多年留下的口碑被毁。另外，今夏小麦收割时雨水多，下雨导致小麦发芽率高、品质下降。在这种情况下，李杰在发走的每一批货中都会向对方注明该批小麦是"雨前麦"还是"雨后麦"，以备对方查验。正是这样诚实细致的工作才使"新田地"获得了行业内的认可。

（三）专注做一产，创新搞服务

除了品质和诚信，"新田地"的可贵之处还在于一心一意做第一产业，全心全意搞服务。不同于其他合作社或企业，"新田地"的理念是一定把农业生产环节做到高精尖，而不追求一条龙、全产业链的发展。李杰曾说："新田地这个牌子，未来只要还存在，就一定是只做一产，只种小麦和玉米，且最大规模100万亩左右"。在李杰看来，只有品质最高的第一产业，加上技术最优的第二产业，加上价格最优的第三产业才是农业领域真正的"一二三产业融合"。单一企业要在全产业链做到高精尖十分困难，为此李杰选择了把农业生产环节做到品质最优，然后通过合作对接第二产业和第三产业中的品牌企业，共同打造精品农业产业链。

在专业做第一产业方面，"新田地"采取的策略是高标准种植玉米和小麦。这里的高标准体现为投入品的高标准和生产管理的高标准。首先，在投入品的标准方面，"新田地"要求所有与生产资料有关的供应商都必须是上市公司中的一线品牌企业，能够提供高标准的产品、技术指导和服务；所有合作的上游企业都必须要签订合同，合同中要注明该企业需要提供的技术服务、配套资金。例如，"新田地"采购的农药来自红太阳集团，它是深圳证券交易所上市企业；"新田地"的化肥供应商也是洋丰、史丹利等国内上市企业中的一线品牌。

其次，在生产管理的高标准上，"新田地"开创了农业生产要素车间的管理模式。在"新田地"规模扩大的过程中，合作社的人员管理、组织架构、农作物飞防、植保等问题陆续出现。受到工业企业管理方式的启发，李杰尝试把农业进行单元化管理。"新田地"把1000亩作为一个管理单位，1000亩以内的叫农业生产要素车间，1000亩以上的叫农业生产要素工厂，然后每个车间配备车间主任，每个工厂配备厂长。凡是跟生产要素有关的投入都在车间处理完毕。正是通过标准化生产，"新田地"的产品质量得到了进一步保障。以2016年6月的麦收为例，"新田地"的雨后芽麦质量依然能够达到中粮、益海嘉里等企业的质量要求，价格维持在每公斤2.1元至2.68元之间，但是同期其他农民的小麦每公斤1.5元都无人问津。

在创新搞服务方面,"新田地"依托"农业生产要素车间"的管理平台,借助互联网技术,合作社基本形成了集"生产资料采购、农业技术推广、农作物植保、农业机械服务、粮食收储及销售"为一体的全程社会化服务体系。这一综合的服务体系包括统一采购农业生产资料,配置到各生产要素车间,既可以保证一流的品质,又可以降低采购成本和物流成本。除此之外,"新田地"还致力于建设农业经营主体信用服务平台、进行新型职业农民培训、农产品检验检测、动物疫病防控等一批易监管可量化的服务项目;未来,合作社还着力承担生产要素车间基本单位的生活日用消费品的配送工作,将"新田地"打造成集农业生产、农产品销售和农民生活消费品配送为一体的综合服务平台。

(四) 合作聚人心,规范保长远

"新田地"种植专业合作社的另一大特点是合作社的运转非常规范。目前,该合作社成员203户,统一在工商局备案,有特定的成员账户,有权利参与合作社决策和分红;另外,合作社还发展社员12000户,为社员统一提供生产资料、生产服务和销售服务,以最优的价格收购社员产品,保证了社员的收入和生产积极性。正是秉着合作共赢的态度和规范发展的理念,"新田地"从2011年至今实现了巨大发展,今后5年合作社种植的耕地面积准备从5万亩继续发展至10万亩。

三、仍存困境

影响农业供给侧结构性改革成败的关键因素是人、地、钱、技术创新和制度供给。"新田地"在"人"、"技术"和"合作经营"方面探索出诸多经验,取得了众多成绩,但其发展仍面临资金和土地的难题。

首先,合作社亟待建设烘干能力500—600吨的烘干塔一处,但当前合作社还缺少相应的资金实力,需要融资方面的支持。其次,合作社需要建设5000—10000吨的粮仓,但当前合作社难以获得建设用地指标,农业附属设施难以开工建设,需要建设用地方面的支持。

四、政策建议

"新田地"模式的本质是市场化主体应对当前粮食体制弊端的成功之道。但如果当前的粮食价格形成机制不调整，粮食收储体制不改变，"新田地"的模式也只能是个例外，难以普遍推广。为此，我国应着力改革当前的粮食体制，积极培育和发展以合作社为代表的新型农业经营主体。

（一）坚持市场主体地位，培育和发展新型经营主体

市场以价格机制为信号，在调节供给与需求时成本最低、效率最高，因此，农业供给侧结构性改革应突出市场的主体地位，恢复市场价格的调节作用。特别是粮食生产和流通领域，应着力改革玉米、小麦等粮食托市政策，创建优质优价的市场环境，以促进新型农业经营主体的发展。

（二）坚持政府服务定位，创建和维护良好经营环境

以"新田地"为代表的新型经营主体需要很多成长条件，除市场的调节作用外，还需要政府通过法律、政策，或者政府购买的方式提供一系列公共服务，创建和维护良好的经营环境。结合"新田地"发展中的困境，政府还需要在金融服务、土地制度等方面进行一系列的制度创新，而"新田地"作为粮食生产合作社的成功案例，其经验值得推广。

农村土地承包经营权确权登记中妇女权益保护政策评估

——山东省泰安市岱岳区和德州市陵城区调研

杨 丽

内容提要： 本文首先介绍了农村土地承包经营权确权登记过程中保护妇女权益的主要法律内容和政策措施，然后在对山东省泰安市岱岳区和德州市陵城区调研基础上，对相关政策执行情况、当地主要做法和特点、政策实施后取得的效果以及存在的问题进行了评估和总结，最后提出了政策建议。

土地承包经营权确权是巩固和完善农村基本经营制度、赋予农民合法土地权益的一项重要举措。在土地承包经营权确权中切实维护妇女权益，有利于实现法律赋予妇女平等的土地承包经营权，有利于提升妇女的经济和社会地位。在当前我国农村妇女已经成为农业生产和经济建设的重要力量之际，在土地承包经营权确权中依法落实妇女权益，有着非常重要的意义。

农村改革

一、农村土地承包经营权确权登记过程中保护妇女权益的主要法律内容和政策措施

依法确权登记并颁发权属证书是保障土地权利的最有效手段。在土地承包经营权确权登记中明确妇女作为承包方共有人，是实现男女平等的土地承包经营权的有效途径，是保障妇女土地权益的现实依据。为此，相关法律、中央和地方有关政策都做出了具体要求。

（一）通过共有人登记发证

土地确权除了明确承包土地外，另外一个重要内容就是明确权利人。这次确权明确要求通过共有人登记发证，即在土地承包经营权证书上除登记"承包方代表姓名"外，还应增加"承包方土地承包经营权共有人情况"。

《中华人民共和国物权法》明确了土地承包经营权的用益物权属性，《中华人民共和国农村土地承包法》明确了土地承包经营权家庭成员共有的属性。2003年农业部出台的《农村土地承包经营权证管理办法》要求，土地承包经营权证需要同时登记"承包方代表姓名"和"承包经营权共有人情况"。可见，家庭成员对土地承包经营权的共同享有应当是法律赋予的、合同产生的、权证确认的。

（二）在承包经营权证上体现妇女的姓名

土地确权过程中保护妇女权益的具体途径是，在土地承包经营权证上的承包方代表和共有人内容中体现妇女的名字。2011年农业部等六部门提出《关于开展农村土地承包经营权登记试点工作的意见》之后，2015年农业部等六部门再次强调《关于认真做好农村土地承包经营权确权登记颁证工作的意见》，并进一步明确了土地确权过程中保护妇女权益的具体措施，即"承包经营权证书载明的户主或共有人，要体现男女平等的原则，切实保护妇女土地承包权益"。

二、山东省高度重视保障妇女土地权益

山东省为切实维护农村妇女土地承包权益，认真贯彻落实各项政策和规定，并按照国家农业部、中华全国妇女联合会《关于在农村土地承包经营权确权登记颁证过程中维护妇女土地权益的会谈纪要》精神要求，对保护妇女土地权益做出了具体部署，主要强调了以下内容：

（一）确保妇女的名字登记在权证上

2014年山东省农村土地承包经营权确权登记颁证工作领导小组在《关于在农村土地承包经营权确权登记颁证工作中切实维护妇女权益的通知》中强调，"各地在开展土地承包经营权确权登记颁证工作中，要高度重视保障妇女的土地权益。无论采用什么办法进行登记和颁证，权证和登记簿上要有妇女的名字，保证农村妇女土地承包权益不挂'空挡'"。

（二）对早先没有进行"共有人"登记的情况提出了补救措施

山东省是土地确权的早期试点省份之一，对早先存在的忽视妇女权益问题，采取了坚决纠正和及时补救的方法，作出了具体的操作性较强的规定，要求"已将土地承包经营权证书发放到农户手中的地方，要按照与承包农户登记簿'共有人'一栏中一致的内容，印制一张与权证大小一致的插页，加盖发证机关印章发放到农户，作为承包农户权证信息的补充。还未将土地承包经营权证书发放到农户手中的地方，要按照上述要求，在印制经营权证时补加插页，一并发放到农户。"

三、土地承包经营权确权颁证过程中保护妇女权益的主要做法和特点

在山东省政府要求下，省农业厅等相关部门加紧进行补加女性配偶姓名共有人栏目插页工作。全省各地按照省市规定要求，在土地承包经营权确权过程中重视维护妇女权益，并进行了有益的探索和实践。从调研所到之地泰安市岱岳区和德州市陵城区来看，在确权过程中维护妇女权益的做法和特点如下：

农村改革

(一) 调整土地承包经营权证书版面,增加共有人信息,保护妇女权益

此次确权,发放到农户手中的土地承包经营权证,不仅必须注明承包方代表姓名,而且要填写土地承包经营权共有人情况,努力将妇女共有人身份能够真正落到实处。2014年岱岳区政府为全区三分之一的农户颁发了土地承包经营权证书,但权证上忽视了承包方共有人信息内容。之后,在泰安市和山东省妇女联合会的要求下,岱岳区对土地经营权证版面进行了调整,即在原来证书上只有"承包方代表姓名"的基础上,增加了"承包方土地承包经营权共有人情况"的内容。截至2015年年底,对以前颁发的证书全部增加了"共有人情况"插页,对后续颁发的10万本证书都用了新版本,不仅户主姓名登载在证书上,作为土地承包方共有人的妇女姓名也载明在经营权证书上。

(二) 按现有户籍人口确定承包方共有人

确权的主要工作是明确承包地和权利人,农户承包地的确认大多数地方按第二轮承包时分到的土地,承包方共有人按现有人口,即户口簿上的家庭成员确定。如岱岳区大汶口镇从2013年开始土地确权工作,2015年基本完成,到2016年4月份最后3个村的确权工作也已经完成。该镇确定承包方的土地时,按第二轮承包时分到的土地进行登记;确定承包方共有人时,按现有人口,即土地确权时的户籍人口进行登记。嫁入的妇女只要户口迁过来,即使没有分到地,也作为共有人登记在土地权证上。再比如德州市陵城区陵城镇,也按上述方式开展了土地确权工作,即承包地按第二轮承包时分到的土地确认,承包方共有人按照现有户籍人口确定。这样的土地确权方式存在着地和人不对等的情况。据当地有关部门介绍,如果采用按照土地确定共有人的方法,问题会比较大,因为有死亡人口等矛盾,即人已去世,但承包地还在。而采用按人确地的方法,尽管出现"有名无地"的情况,如嫁入的妇女反映的问题比较多,因为权证上有名但实际上没有分到地。但总体来说矛盾较小。同时还存在"有地无名"的情况,如出嫁女在娘家分到了土地,但户口迁出后,这次确权就不能作为共有人体现在土地权证上。据说当地农民在乎能否分到承包地,而不是名字写在证书上,所以"有地无名"这种情况出现的矛盾也较小,因为权证上虽然没有名字,但其承包地还在。

(三)承包方代表是户主

当地在确权过程中,明确承包方代表是户主。确权时要求农户提供户主身份证和家庭成员的户口复印件。由于农村地区绝大多数家庭的户主仍然是男性,妇女作为户主,即作为承包方代表的情况很少,在调研的陵城区陵城镇郭家庙村和张此刚村,妇女作为户主并登记为承包方代表的人数非常少,如张此刚村只有3名妇女是承包方代表,其中两名妇女属于丧偶的老年妇女,另一位妇女因为其丈夫是非农业户口,才作为户主登记为承包方代表。

四、土地承包经营权确权颁证中保护妇女权益取得的成效

当地各级政府及相关部门在确权中努力维护妇女土地权益,探索并采取了各种举措,取得了较好的效果。截至2015年年底,全省有95%的村已完成土地确权颁证,已下发的土地确权证中有80%的村(社区)补打了"共有人"栏目,增加了女性配偶姓名。在大多数农村家庭以男性为户主的情况下,将妇女及其家庭成员作为共有人进行正式登记并体现在权证上,对于切实保障妇女土地权益具有重要意义。

(一)已婚妇女现有的土地权益得到了进一步明确

土地确权以前,承包经营权证上只有户主代表的名字,没有农户家庭成员姓名。这次确权后,权证上增加了承包方共有人的内容,妇女作为家庭成员,名字载明在权证上。明确了妇女已有的土地权益,一定程度上给农村妇女吃了"定心丸"。

(二)未婚和未成年女性将来的土地权益得到了保护

未婚妇女和未成年女性,在此次确权中她们作为子女名字登记在权证

上。随着将来家庭人口发生变化，妇女出嫁或老人去世，即使家庭人口只剩下妇女，因为其名字写在权证上，妇女就可以主张自己的土地权利，避免其承包地被村组或其他男性亲属占有。因此，权证上登载未婚和未成年妇女姓名，能有效预防和减少土地利益矛盾纠纷，保护这些妇女将来的土地权益不受损害。

（三）已婚无地妇女的权利得到了体现

在实行"增人不增地，减人不减地"的政策后，婚嫁妇女在嫁入村组没有分到土地，这次确权因按现有人口确定承包地共有人，已婚无地妇女作为家庭成员，姓名载明在权证上，和其他家庭成员共同拥有承包地。尽管妇女没有以本人名义分到土地，但其土地权利在家庭内部得到了体现。

（四）为解决离婚或丧偶妇女的权益问题创造了条件

随着家庭人口变化以及农村离婚率的上升，离婚或丧偶妇女的土地承包经营权分割纠纷将逐步增多。这次确权工作能够将妇女的名字写入权证，当家庭发生变故或婚姻解体，为保护家庭中的弱势妇女的权益提供了关键证据，为解决利益矛盾创造了新途径。

五、土地承包经营权确权颁证中保护妇女权益存在的问题

在土地承包经营权证上体现妇女作为共有人的姓名，对保护妇女权益不仅有现实意义，而且能防患于未然，但土地确权像任何一次改革一样，触及了乡村传统文化和社会性别意识，引发各种矛盾冲突，男女两性平等仍然面临诸多障碍和难题，需要引起社会各界的关注与重视。

（一）出嫁女"有地无名"

以现有户籍人口确定承包方共有人的做法，在很大程度上保证了大多数女性家庭成员作为共有人享有土地的权利，然而却忽视了存在少数的户口迁至夫家变为夫家集体经济组织成员，而二轮承包时期发包的承包地尚

留在娘家的妇女。这些妇女在娘家的土地承包经营权证书上不能作为共有人登记，造成了出嫁妇女"有地无名"。如果妇女出嫁时娘家还没开始确权，将户口迁至夫家村子时该村土地确权已经完成，或者随着农村妇女婚迁的范围不断扩大，如果嫁入村确定承包地共有人的标准不同，如按二轮土地承包时的分地人口确定共有人等，这些情况就易造成出嫁妇女在娘家和婆家两头落空，都得不到登记，进而影响她们未来权利的证明或实现，容易引发家庭或社会矛盾。

（二）绝大部分妇女没有作为承包方代表记载在土地承包经营权证上

在开展土地承包经营权登记颁证过程中，受传统家庭观念和婚姻习俗的影响，一些基层乡镇、村组干部、农户思想观念仍然保守，性别意识较为淡薄，认为土地承包方应当是男性户主，只有在无男户主情况下才能填写女性姓名。

（三）部分妇女没有意识到确权登记名字的重要性

调研发现，部分中年妇女知道自己的名字作为承包地共有人登记在土地证上，部分妇女对土地证书并没有给予重视，甚至没有注意到承包方共有人的内容。问到土地证上没有妇女名字离婚后如何主张自己的土地权利时，受访妇女以"妇女总是吃亏的"作为回答。还有的年轻女性，尤其是独生女，为保留承包地，结婚后她们的户口并不迁出娘家，她们知道户口对保留土地的重要性，但对土地确权和是否登记妇女名字并不清楚，认为其父母会为她们考虑。而农村老年妇女对个人的土地权利普遍不会过于计较，也缺乏长远的风险意识，不清楚如果当家庭成员发生变故时明确的权利对自己有着重要的意义。

（四）传统观念的影响依然很强大

尽管我国农村妇女与男子在法律上是平等的，但由于受传统观念影响，一些农村基层干部和大部分农民对土地确权登记中的性别意识依然较为薄弱。在土地承包经营权证书上，很多地方按照习惯做法仅将男性户主登记为唯一的承包方代表。在对待出嫁女、离婚妇女等特殊群体的土地承包权益问题时，农村各种非成文制度发挥着重要作用，妇女的合法权益得不到有效保护。

六、政策建议

保护妇女土地权益是巩固家庭经营制度、推动制度文明和社会进步的重要内容，土地承包经营权确权有利于切实保障妇女的土地合法权益。为了在推进土地承包经营权确权登记颁证过程中更好地保护妇女权益，避免妇女权益遭受受损，针对存在的问题，提出如下建议。

（一）建立土地登记权利救济制度，避免出现妇女两头不能确地的情况

权利救济是挽救弥补权益受侵害妇女的重要手段之一，土地登记权利救济制度应包括土地承包经营权初始登记、变更登记、登记错误的赔偿责任制度等，一旦在土地承包经营权确权中发生妇女权利缺失和利益受损问题，可以启动权利救济程序来依法主张其合法权利并赔偿各种损失。

（二）土地承包经营权证书载明的户主和共有人，要体现妇女姓名

建议在更大范围内统一承包方共有人标准，在权证上登记所有权利人姓名，明确登记妇女作为家庭成员共有人，努力为保障妇女土地权益提供法律依据，并将妻子与丈夫共同作为承包方代表登记在土地承包经营权证书上。由于家庭的主体是夫妻，夫妻两个人更能代表全家，在承包方代表栏写上夫妻两个人的名字，不仅能够更好地代表承包方，还会提高妇女的家庭和社会地位。

（三）提高对妇女权益的宣传范围、深度和针对性

妇女对于土地、权利的认知及权证的认知有限，妇女现有的意识水平和参政程度会影响她们作为权利人应当被确认的实现，也会在未来土地进一步开发及流转过程中引发大量纠纷和争议。为此，建议在确权登记过程中，在利益多元化、妇女分层化的农村，针对青年、中年和老年妇女开展

提高性别意识和权利意识的培训，并进行政策解读，同时提高妇女在确权工作中的参与率，让各类妇女充分、有效表达她们的意志，切实维护自身的土地权益。

（四）逐步减弱传统观念对妇女权益的影响

实现男女两性平等是社会进步和文明的标志，土地承包经营权确权登记颁证有利于明确土地权属关系，减少纠纷，保护妇女合法权益，各地应当广泛宣传，转变基层干部和广大农民的思想观念，逐步增强他们的法制意识和性别意识，从源头上防止土地确权中侵害妇女权益现象的发生。

主要参考文献

［1］张笑寒、倪名彰："农村土地承包经营权确权中保障妇女权益问题研究"，《山西农业大学学报（社会科学版）》2016年第10期。

［2］张明敏、周满伟："依法维护农村妇女土地承包经营确权登记的合法权益"，《山东人大工作》2015年第12期。

［3］徐傲然："四川省南充市调研基础上的农村土地承包经营确权过程中妇女权益保护问题分析及建议"，《法制博览》2015年第7期。

［4］李莹："土地确权登记中妇女权益保障的国际经验和启示"，《中华女子学院学报》2013年第6期。

农村改革

当前家庭农场发展存在的问题及政策完善建议[*]

宁 夏

家庭农场是以农民家庭成员为主要劳动力,以农业经营收入为主要收入来源,利用家庭承包土地或流转土地,从事规模化、集约化、商品化农业生产的一种新型农业经营主体。家庭农场保留了农户家庭经营的内核,坚持了家庭经营的基础性地位,适合我国基本国情,符合农业生产特点,契合经济社会发展阶段,是农户家庭承包经营的升级版。自从2013年"中央一号文件"提出发展家庭农场以来,各地方政府陆续出台相关政策文件,制定家庭农场认定标准与扶持措施;全国各地家庭农场如雨后春笋般不断涌现,出现了各具特色的家庭农场经营模式。家庭农场已经成为引领适度规模经营、发展现代农业的最重要的一支有生力量。

然而,各地家庭农场的快速发展也逐渐暴露出一些问题。一些地方的家庭农场发展良莠不齐,甚至出现假"家庭农场"骗取套用补贴资金现

---

[*] 本文为农业部农村经济研究中心"青年科研人员研究基金"资助项目"现行家庭农场支持政策的有效性及其改进研究"(课题编号2016QN5)的阶段性研究成果。

宁夏,1985年生,农业部农村经济研究中心助理研究员,研究方向为发展社会学与农村发展政策。

象,同时一些有志于发展家庭农场的农户却难以享受到政策扶持。问题的出现虽然还只是个别现象,但也表明现行的家庭农场政策还不尽完善,仍然具有改进空间。

一、家庭农场发展当前存在的主要问题

综合近年来实地调研以及搜集到的媒体报道资料,笔者认为当前家庭农场发展主要存在以下四方面问题:

(一)或雇工或转包,偏离家庭经营

一些家庭农场经营规模超出了家庭的经营能力,为了维持生产不得不长期雇工,且雇工数量远远超过家庭劳动力数量。例如媒体报道山东曲阜某家庭农场,经营土地560亩,雇工40—80人,农场经营者为管理工人专门制定了奖惩制度;江苏溧阳某家庭农场号称经营土地4680亩,固定就业工人30人,在当地注册了"家庭农场有限公司";一些地方政府也出台政策鼓励家庭农场以"独资公司"、"有限公司"名义注册。还有一些家庭农场流转了土地之后不是自己经营,而是将流转来的土地再分租转包给其他经营者,成为坐收地租差价的"二地主"。据央视新闻报道,一些"大户"通过圈地转包的方式,将支持新型经营主体的政府补贴从中截留,造成财政资金极大浪费。家庭农场的雇工化和公司化倾向,偏离了家庭经营的要求,有悖于中央文件对家庭农场经营主体的界定,也不利于发挥家庭经营成员利益高度一致、劳动监督成本低和精耕细作的优势。而那些打着规模经营旗号圈地转包的所谓"家庭农场",更是成为不事生产、坐收地租的土地食利者,抬高当地农业生产的土地成本。

(二)依赖政府扶持,缺乏自生能力

一些地方政府出于打造现代农业"亮点"、争取项目资金的目的,盲目鼓动个别家庭农场大规模流转土地,导致经营规模超出家庭实际能力,农场经营管理粗放、效益低下,实际上依靠地方政府给予的补贴资金维持生存。笔者在四川省青神县实地调查的一个蔬菜种植农场,经营规模达到

430亩,按照农场主的说法"一天时间就算啥子活都不干,把农场全部看一遍都不够用"。由于农场规模过大、管理不善,许多菜地满是杂草,有的地里杂草长得比菜还高,还存在耕地撂荒现象。据农场主介绍,他是在当地政府的要求下这样大规模流转土地,目的是配合政府打造"亮点"、争取上级的项目资金,而这些项目资金大部分又会以补贴的形式来维持他的农场,以便争取更多的项目资金。这种缺乏自生能力、依赖政府补贴维持生存的家庭农场,既是对财政支农资金的严重浪费,也是对宝贵土地资源的严重浪费,更是在广大农民心中造成政府支农"扶劣不扶优、奖懒不奖勤"的负面印象,导致农业经营主体"劣币驱逐良币"。

(三)假冒"家庭农场",骗取国家补贴

一些不属于家庭农场的经营主体,例如农业企业、专业合作社等,为了享受家庭农场扶持政策,套取相关补贴,也纷纷将自己包装成为"家庭农场"。据笔者团队在河南某地调研,一些下乡租地经营的农业龙头企业,为了套取国家对家庭农场的补贴资金,将农场委托给当地村干部代管,再以当地村干部的名义注册成为"家庭农场",这些所谓"家庭农场"的实际控制权依然掌握在企业手中。甚至有的经营主体同时挂着公司、合作社和"家庭农场"三块牌子,需要申请哪种扶持就换上哪块牌子。同时,一些地方政府出于鼓励家庭农场发展的目的,允许家庭农场注册成为"个人独资公司"或"有限公司",也为一些农业公司假冒"家庭农场"留下后门。

(四)准入门槛过高,农户有心无力

在个别假"家庭农场"利用政策漏洞套取国家扶持的同时,许多有志于发展家庭农场、渴望获得相关政策扶持的中小农户,却由于经营规模一时难以达到当地政府规定的准入门槛,只好望政策之门而兴叹。近年来,受到宏观经济形势影响,加上国家相关政策的鼓励扶持,一大批有见识、有知识的农民工、农村大学生选择返乡自主创业,成为懂技术、会经营的新型职业农民。笔者近年来在各地调研发现,许多返乡创业的农民有

志于发展家庭农场,有的已经具备了一定发展基础,虽然初始规模可能很小却充满勃勃生机,他们迫切渴望能获得资金技术等方面的支持。然而,许多地方政府制定的家庭农场扶持政策却在经营规模方面规定了相当高的准入门槛,大多要求达到100亩甚至更高的经营规模,这样的规模门槛把大多数想创业或正在创业但还缺乏相当实力的农民挡在外面。在调研过程中,曾有一位想发展家庭农场的蔬菜种植专业户向笔者述说了自己向当地农信社申请贷款,却因为规模太小而被拒绝的经历,他抱怨说:"为什么国家鼓励家庭农场,却只扶持大老板,不扶持咱们农民?"扶持政策的规模准入门槛没能挡住各种滥竽充数的"家庭农场",却拦住了许多真心实干农民的创业之路。

二、从问题看家庭农场政策的不足

问题虽然是个别的,但绝不是偶然的,从这些问题可以看出许多地区现行家庭农场政策至少存在以下几方面的不足:

(一)准入门槛排斥创业者,对中小农户需求关注不够

尽管各地出台了一系列扶持政策,但有创业需求的农户依然觉得难以得到政府支持,原因就在于许多地方设立的家庭农场认定标准对经营规模、资本投入量、技术装备水平都提出了较高的要求,而创业初期的经营者往往难以达到这些要求。家庭农场作为一个新生事物,在全国大多数农村地区还处于起步阶段,还不能过分脱离于家庭经营的一般情况。笔者在四川调研发现,家庭农场经营者大多是近两三年返乡的农民,他们所经营的家庭农场一般从事种养业多种经营,依靠经营收入能够达得当地农村中等偏上的生活水平,其土地经营规模通常在当地户均承包土地规模的5—6倍左右,这可以视为当地家庭农场发展的初始规模水平。目前多数地方的家庭农场认定标准所定规模下限多在100—200亩(约在户均承包土地规模的10—20倍),由于受自有资本限制和对经营风险的考量,这个标准高出了大多数返乡创业农户在初始阶段所能达到的经营规模。同时,创业初期的经营者出于节约成本、分散风险和增加收益的需要,往往采取种养结合、多种经营的策略,而大多数地方家庭农场政策设立的规模门槛只考虑了单一种植或养殖业规模,对从事多种经营、多样化种植的农户更加不利。

(二) 规模门槛有下限而无上限,对适度规模强调不够

许多地方政府出于加快实现农业现代化的考虑,将发展家庭农场作为促进土地流转和发展规模经营的重要抓手,在制定相关政策时本身具有倾向性,对推动规模化表现出强烈热情,对适度规模则强调不够,表现为制定的家庭农场认定标准只有经营规模的下限门槛而无上限限制。从笔者搜集的各地家庭农场认定标准来看,大多数地方对家庭农场的规模要求是不低于 100 亩,有些平原地区规定不低于 200 亩。只有上海市松江区和江西省南昌市对家庭农场经营规模做出上限规定,其中松江区规定家庭农场"现阶段土地规模以 100—150 亩为宜",而南昌市限定粮油种植类示范家庭农场经营规模为 50(一年两熟制地区)到 100(一年一熟制地区)亩以上、200 亩以下,对其他类型示范家庭农场也有规模上限限制。对经营规模只有下限门槛而无上限限制的家庭农场认定标准,加上一系列对规模经营的扶持举措,相当于鼓励农场经营者不受限制地扩大经营规模,并且不能从制度上预防资本假借"家庭农场"之名下乡圈地。

(三) 扶持方式单一,难以满足多样化服务需求

各地对家庭农场的扶持方式集中于财政补贴和项目资金扶持,扶持方式较为单一,难以满足不同类型家庭农场多样化的服务需求。调研发现,不同的家庭农场,由于经营项目、拥有资源禀赋、所处发展阶段和市场环境的差异,面临的具体问题是千差万别的。创业初期的家庭农场,对生产技术和管理技能掌握还不完全,土地流转存在困难,需要获得技术指导、管理培训、土地流转等方面的支持;处于成长期的家庭农场,需要扩大经营规模,面临更大的市场风险,希望获得信贷资金、市场信息、保险等方面的支持;当一个地区的家庭农场达到一定发展阶段、形成集群时,面对更大的生产规模与市场空间,对生产环节社会化服务的需求就会提高,并

产生合作与联合经营的动力。农业部经管司 2015 年《全国家庭农场检测报告》显示,资金补贴和补助、生产性基础设施建设与维护、保险补贴、技术与管理培训是家庭农场最为期待的四类政府扶持内容。现有的财政补贴和项目资金扶持手段不仅功能单一,而且覆盖面相当有限,通常为大规模农场所获得。

(四) 缺乏考核退出制度,忽视过程管理

偏重认定注册的准入管理而忽视过程管理,缺乏对家庭农场经营情况的定期考核制度,不能及时发现不合格的家庭农场并将其退出政府扶持范围,也是造成经营不善的家庭农场长期依赖政府扶持、假"家庭农场"骗取财政补贴资金的重要原因之一。从目前各地家庭农场政策文件看,只有少数地区制定了相对规范的定期考核和退出制度。以上海市松江区为例,通过采取农业主管部门专业考核和村民民意考核相结合的方式对家庭农场开展年度考核,从生产管理、资源利用效率、绿色清洁生产和单产水平等多个方面开展量化评分,并将补贴水平同考核评分相挂钩,对于考核不达标的家庭农场减少或取消补贴,直至取消家庭农场资格。只有通过强化对家庭农场的过程管理,通过严格的定期考核并建立起退出机制,才能及时识别并纠正家庭农场经营过程中的偏离倾向,杜绝假"家庭农场"滥竽充数、骗取扶持资金,提高财政资金使用效率和扶持政策有效性。

(五) 支持家庭经营的配套政策体系有待完善

家庭农场健康发展除了需要针对性的扶持政策,还需要有其他相关政策配套,在农村构建起支持农户家庭经营的友好环境。家庭农场同其他新型经营主体一样,需要良好的水利、道路等农业基础设施,需要农技推广、统防统治等公共服务,需要政策性金融、保险的支持。同时,家庭农场不仅是单纯的生产组织,而是同经营者家庭紧密结合在一起,具有生产组织和生活共同体的双重属性,因此保障经营者家庭生活的各类教育、医疗卫生等基础设施、公共服务也不可或缺。当前,面向农业生产、服务农村居民的基础设施与公共服务数量不足、质量不高、一些地方农村人居环境较差的状况没有彻底改观,甚至有少数农村出现公共服务撤离、生态环境污染和社会治安恶化的现象。没有能够改善农村生产生活条件的相关政策配套,创造支持家庭经营、让农村居民安居乐业的良好环境,家庭农场这一新型农业经营形式就难以得到健康发展。

三、进一步完善家庭农场政策的建议

一个家庭农场的正常发展必然经历从小到大、由弱到强的过程。处于初创阶段的家庭农场由于规模较小、实力较弱,所面临的困难挑战较大,对政策扶持的需求也更为迫切,政策扶持的边际效果也更为明显;当家庭农场发展到一定阶段,拥有一定规模和实力,应对困难挑战的能力也更强的时候,政策扶持的边际效果也趋于下降。因此,无论是从政策公平的角度还是从政策效率的角度考虑,政策扶持的重点都应指向创业农户和中小家庭农场。

(一)因地制宜设定经营规模的合理范围

应当同时设定家庭农场经营规模的下限和上限,更加强调适度规模。由于不同地区农村土地资源、地形条件、经营方式千差万别,各地在设定家庭农场经营规模范围时需要因地制宜,根据本地实际情况合理设定,不能盲目复制其他地区规定,更不能搞"一刀切"。考虑到以绝对面积数作为规模标准不能兼顾各地人均占有耕地面积不同,建议在考察本地中等收入水平家庭农场经营规模和户均承包土地面积的基础上,以两者相对倍数作为适度经营规模的基准,并以此为基础确定经营规模上限与下限。建议将经营规模的上限作为强制性标准,鼓励经营者通过提高技术水平、单产和资源利用效率来增加经营收入,抑制盲目的规模扩张,并使同一区域能够容纳更多的家庭农场共同经营;将经营规模的下限作为指导性标准,以利于将更多创业农户和中小家庭农场纳入政策扶持范围,实现包容式发展。还可以农场经营收入代替土地面积作为家庭农场经营规模指标,以经营收入达到当地农民家庭中等收入水平作为家庭农场适度规模标准。在制定规模标准时应考虑到多种经营家庭农场的情况,可采取面积加总方式计

算此类农场经营规模。应当规范家庭农场的工商注册,将家庭农场同合作社、公司等经营主体相区别,完善注册前资格审查,防止非家庭农场经营主体假借家庭农场名义骗取相关政策扶持。目前可以根据家庭农场的家庭经营特点注册成为从事农业经营、享有相应优惠政策的个体工商户,待相关制度完备后可将家庭农场作为专门的一个注册类别。

(二)丰富支持手段针对需求实现精准扶持

应当进一步丰富对家庭农场的支持手段,建立包括基础设施投资与补贴、创业辅导、技术与管理的指导培训、土地流转与市场营销的中介咨询、信贷融资和农业保险、生产环节社会化服务和合作联营指导等全方位的支持体系,满足多样化的政策需求。建议将各类扶持政策手段整合为家庭农场"服务超市",根据家庭农场实际需求,采取分析诊断、照方抓药、订单服务的方式;有条件的地方,可以为创业农民和家庭农场建立档案,开展跟踪式管理服务,根据家庭农场不同发展阶段不同需求给予相应政策扶持。通过问题导向、需求导向提高政策扶持的精准性和有效性。

(三)以考核退出制度为核心加强过程管理

应当建立对家庭农场的定期考核制度,加强对家庭农场经营的过程管理,实现对不合格家庭农场的及时识别并退出政策扶持的机制。对家庭农场的定期考核应重点考察是否偏离家庭经营的基本原则,是否实现资源高效利用、绿色清洁生产和产品质量安全,对于经营绩效的考核应重点考察单产指标。将家庭农场的考核结果同补贴水平相挂钩,鼓励家庭农场进行集约经营、绿色生产并提高产品质量安全水平,体现补贴政策引导效果。通过定期考核及时发现家庭农场经营过程中出现的问题,给予支持辅导、跟进管理服务;及时识别不合格的家庭农场,退出扶持范围并取消家庭农场资格,提高扶持效率和精准性,减少财政资金浪费。

(四)完善支持家庭经营的配套政策体系

加大对农村各类基础设施的投资建设力度,补齐制约农业发展的短腿

农村改革

短板,夯实农业生产的物质基础。深入推进社会主义新农村建设,改善农村人居环境,实现城乡居民基础教育、医疗卫生、社会保障等公共服务均等化,实现城乡统筹发展。借助配套政策体系,使农村成为学有所教、病有所医、老有所养,各类生产生活基础设施、公共服务完善,同时又有绿色生态环境、良好人居环境的地方,解除家庭农场经营者的后顾之忧。

大豆目标价格补贴试点政策效果分析及未来政策走向研究[*]

翟雪玲　王慧敏　张雯丽　原瑞玲

内容提要：大豆是我国首次实施目标价格补贴试点政策的品种之一，试点政策的做法、实施状况及存在问题将直接影响下一步我国农产品价格形成机制改革的方向。基于此，本文连续跟踪了大豆目标价格补贴试点政策执行状况。总的看，试点政策取得了一定成效，但由于补贴机制不健全、基础条件不具备等原因，试点政策暴露出了很多问题。综合考虑政策效果、不同作物间市场调控政策协调、作物间比较优势等因素，未来大豆目标价格补贴试点政策需要统筹协调。

自2014年起我国已经实行了两年大豆目标价格补贴试点政策。2016/2017年度是试点政策最后一年，迫切需要在全面评估政策效果和问题的基础上明晰未来的政策走向。基于此，本文连续两年对我国大豆目标价格

---

[*] 翟雪玲，女，汉族，40岁，博士研究生，农业部农村经济研究中心市场贸易研究室主任，研究员。王慧敏，女，农业部农村经济研究中心市场贸易研究室，副研究员；张雯丽，女，农业部农村经济研究中心市场贸易研究室，副主任，副研究员；原瑞玲，女，农业部农村经济研究中心市场贸易研究室，助理研究员。

补贴试点政策执行状况、政策效果、存在问题进行了跟踪研究,全面评估了政策效果。在此基础上根据试点地区的实际情况提出了下一步的改革方向。

一、大豆目标价格补贴试点政策内容和执行情况

从目标价格补贴政策涉及的关键环节看,主要包括目标价格确定、市场价格监测采集、种植面积统计核实和补贴发放四个方面。

(一) 目标价格确定

目标价格的确定是实施补贴政策的基础。试点阶段采取"生产成本+基本收益"的方法确定大豆目标价格水平,每年确定一次。东北三省一区实行统一的大豆目标价格。为向农民和市场发出明确信号,引导农民合理种植,目标价格在大豆播种前公布。2014—2016年,大豆目标价格均为每吨4800元。

(二) 市场价格确定

市场价格是确定目标价格补贴的基准参照价。根据国家政策,大豆市场价格由国家发展和改革委员会同农业部、国家粮食局等部门共同监测,按省核定,一省一价,采价期为大豆集中上市期(当年的10月至次年3月),采购依据为到库(厂)价格,收购量较大、价格代表性较强的粮库、加工企业或有常年固定收购点的贸易商收购大豆的价格。

(三) 种植面积的确定与核实

根据财政部《关于大豆目标价格补贴的指导意见》要求,"试点省(区)可根据本地实际情况选择确定补贴方式,具体可选择按实际种植面积、产量或销售量补贴。"从各省(区)2014和2015年实际制定的工作方案看,均按照"种植面积"进行补贴,但对种植面积进行了限定。如黑龙江省限定为"合法实际种植面积";吉林省规定"在国家、省明确退耕土地上的种植面积,在法律、法规明确禁止开垦土地上的种植面积,虚

报、谎报的种植面积"不予以统计核定；辽宁省明确规定"种植面积"必须是"在册耕地"，2015年进一步明确为"在册耕地中'相对集中连片'的大豆种植实际面积"；内蒙古限定为"农用地种植的大豆"，并且规定"在国家、自治区明确退耕的土地上种植的大豆面积，在未经批准开垦的土地或者禁止开垦的土地上种植的大豆面积，没有经过申报、公示、审核的种植面积"不纳入补贴范围。

（四）补贴发放办法

启动补贴时，由中央财政根据目标价格与市场价格差价和国家统计局调查的试点地区大豆产量测算各省（自治区）补贴总额并分别拨付给各省（自治区）。各省（自治区）根据确定的各自平均市场价格和平均亩产确定每亩补贴额，然后在每年5月底通过"一卡通"的形式直接将补贴发放到大豆实际种植者手中。2014年，根据监测价格和目标价格差距，黑龙江省、内蒙古自治区、吉林省和辽宁省亩均补贴标准分别为每亩60.5元、36.6元、54.1元和7.6元；2015年上述各省的补贴标准分别为每亩130.87元、85.42元、139.72元和235.55元。

二、大豆目标价格补贴试点政策效果评价

东北三省一区大豆目标价格补贴试点政策实施两年来，取得了一定成效，大豆市场价格形成机制有所完善，农户利益得到了保护，大豆面积出现恢复性增长。

（一）国内大豆市场价格形成机制有所改进

目标价格补贴实行"价补分离"，市场价格反映真实供求关系。实施目标价格改革后，一是国内外大豆价格关联性增强，国内外价差缩小。尽管改革初期，由于市场主体对政策理解不清晰，国内外价格走向一度出现偏离，但2015年8月份以后随着农民、加工企业对政策理解度的增强，国内外价格走势基本一致，国内外价差也明显缩小。2015年8月—2016年7月，山东国产大豆入厂价与美国墨西哥湾2号黄大豆运到青岛港口的

到岸税后价的价差从每吨 1560 元下降到 800 元，下降 48.7%。二是大豆原料与下游产品价格联动性增强。目标价格改革后，大豆原料与加工品之间的价格联动性明显增强。三是市场主体适应市场的能力增强。流通企业对大豆质量和价格更加关注。从对东北和内蒙古 39 家流通企业问卷调查结果看，实行目标价格补贴政策后 51.3% 的流通企业收购大豆时对质量的要求提高了；59% 的流通企业对大豆价格关注程度增加了①（图1）。

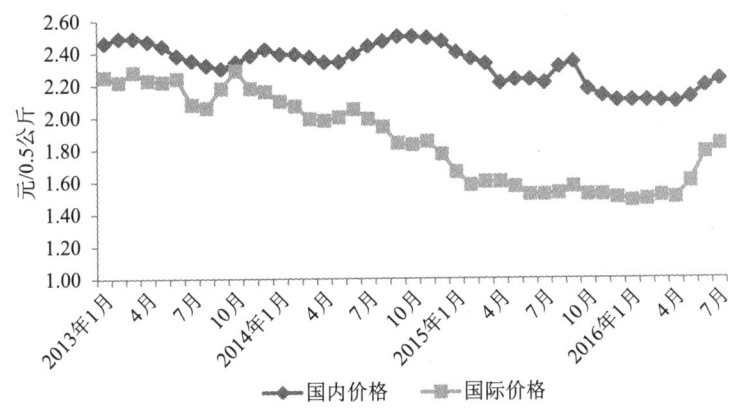

图 1　2013—2016 年国内外大豆价格走势图

注：国内价格为山东国产大豆入厂价，国际价格为青岛港口的进口大豆到岸税后价。

（二）农民收益得到保护

从两年政策执行结果看，试点地区大豆种植户获得目标价格补贴后，每亩现金收益在 200—300 元，确保种植大豆不亏本。以黑龙江省为例，2014 年种植大豆每亩净利润 31.0 元，目标价格补贴后的每亩净利润 91.5 元（目标价格补贴 60.5 元/亩），较 2013 年增加 116.8 元。2015 年大豆收获季市场价格低迷，大豆每亩净利润 -131.5 元，目标价格补贴后的每亩净利润 -0.6 元（目标价格补贴 130.9 元/亩），较 2013 年增加 24.7

---

① 徐雪高："探索完善农产品目标价格制度"，《农民日报》，2016 年 7 月 23 日。

元,农户基本不亏本①。加上目标价格补贴,黑龙江省 2014、2015 年大豆亩均现金收益分别为 391.0 元和 294.9 元,较 2013 年提高约 46.8%和 10.7%,大豆种植户的收益得到基本保障(表1)。

表1   2013—2015 年黑龙江省大豆成本收益

项目	单位	2013	2014	2015
主产品产量	公斤/亩	131.5	159.6	149.66
产值合计	元/亩	607.33	681.18	538.76
主产品产值	元/亩	594.7	669.37	
副产品产值	元/亩	12.63	11.81	
总成本	元/亩	632.64	650.2	670.3
生产成本	元/亩	360.08	355.02	
物质与服务费用	元/亩	220.79	215.28	
人工成本	元/亩	139.29	139.74	141.87
家庭用工折价	元/亩	110.3	112.72	111.51
雇工费用	元/亩	28.99	27.02	30.36
土地成本	元/亩	272.56	295.18	312.69
流转地租金	元/亩	91.2	108.4	128.62
自营地折租	元/亩	181.36	186.78	184.07
净利润	元/亩	-25.31	30.98	-131.54
目标补贴	元/亩	0	60.5	130.9
现金成本	元/亩	340.98	350.7	374.72
现金收益(含目标价格补贴)	元/亩	266.35	390.98	294.9
净利润(含目标价格补贴)	元/亩	-25.31	91.48	-0.64

数据来源:2013—2014 年数据来源于《全国农产品成本收益资料汇编》,2015 年数据根据调研数据整理。由于调研数据缺少人工成本和土地成本的详细分项数据,本文按照 2013 年、2014 年平均的方法估算了 2015 年人工成本和土地成本的详细分项数据。

---

① 2015 年成本收益数据为课题组调研数据。

(三) 大豆种植面积近年来出现首次增长

近年来，我国大豆消费量增长显著，而生产规模却持续萎缩。2008—2014年，我国大豆消费量从5270万吨增长到8547万吨，增幅高达62.2%；而同期大豆种植面积从1.4亿亩下降到1.0亿亩，产量从1554万吨下降到1214万吨，分别下降22.5%和21.9%；大豆进口量从3743.4万吨增长到7139.5万吨，增长90.7%。实行大豆目标价格补贴试点政策后，明显抑制了国内大豆种植规模持续下降的势头。根据农业部大豆全产业链市场监测预警小组数据显示，2016年，我国大豆种植面积7156万亩，比上年度增长8.6%，实现了近十年来大豆种植面积的首次增长，且增长幅度较大（图2）。

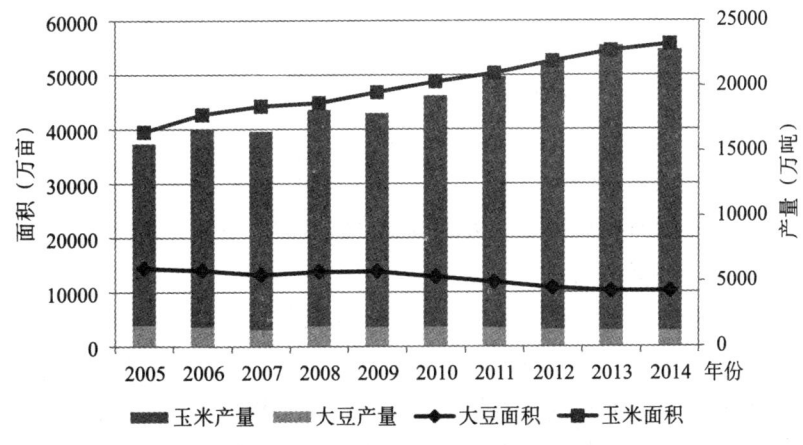

图2　2005—2014年玉米、大豆种植面积和产量概况

数据来源：《中国统计年鉴》。

(四) 财政支出相对临储政策降低

实行大豆目标价格改革后，2014年财政支出为32.5亿元，2015年为60.1亿元。如果仍实行大豆临储，按临储价每斤2.3元，临储量500万吨估算，需要收购资金184亿元。以1—3年中长期贷款利率4.75%计算，临储大豆按 2 年出库，大豆收购贷款贴息需要支付贷款利息 21.85 亿元。大豆保管费按照每年每斤 4.3 分计算，2 年需要支付保管费用 8.6 亿元。大豆收购费按每 0.5 公斤 2.5 分计算，共需要支出 2.5 亿元。2 年后大豆临储拍卖，根据目前大豆市场行情估算每吨要亏 400 元，假定全部拍出，拍卖差价亏损 16 亿元。因此，如果 2014 年和 2015 年仍然实行临储收储，保守估计国家财政支出至少要 97.9 亿元，高于实施目标价格政策的支出水平。

三、试点政策存在的主要问题

尽管大豆目标价格补贴试点政策取得了一定成效，但总体来看，效果不明显，农户意见较大，现有面积补贴核实机制存在严重缺陷，东北地区大豆缺乏实行精细化补贴的基础条件以及受世贸"黄箱"补贴规则限制等诸多问题。

（一）政策效果不明显

主要表现在：

1. 农户满意度不高

大豆目标价格补贴标准取决于市场价格监测数据和种植面积。从调研看，农户出售的价格大多低于市场监测价格，国家认定补贴面积小于实际种植面积，农户补贴额被双重摊薄。从补贴发放看，各省区补贴下发基本上都晚于原定方案，豆农意见较大。另外，由于各地资源禀赋不同，单产水平差异较大，以面积为核算依据使得单产水平较高的主产区农户补贴额度相对较低，补贴较低农户严重不满。如 2014 年黑龙江省的补贴标准比内蒙古高 7 倍多，2015 年吉林省的补贴标准是内蒙古的 1.6 倍。

2. 大豆、玉米品种间不协调的问题仍然没有得到解决

目标价格补贴本意是充分发挥市场机制，通过市场机制协调品种间种植结构。但由于大豆、玉米支持政策不匹配，相比玉米，大豆效益偏低，劣势突出，难以解决品种间不协调问题。以黑龙江为例，2015 年玉米和大豆每亩现金收入分别为 433.7 元和 164 元左右，大豆仅为玉米的 37.8%，即使加上每亩 130.9 元的目标价格补贴，也仅为玉米的 70.0%

（还没有考虑玉米的补贴政策）。内蒙古同样如此。根据调研，2015年内蒙古大豆和玉米①的亩现金收益分别为276.5元和456元，大豆是玉米的60.6%（图3、表2）。

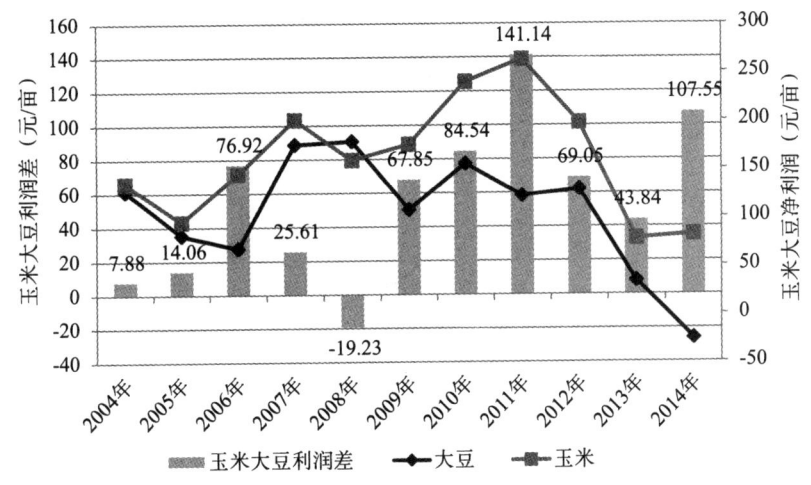

图3　2004—2014年玉米大豆亩均利润

数据来源：《全国农产品成本收益资料汇编》。

表2　　　　　　　　　2015年黑龙江省大豆、玉米成本收益

	大豆	玉米
总产值	538.76	817.24
总成本	670.3	900.70
人工成本	141.87	220.46
土地成本	312.69	344.38
现金收益	164	433.71
净利润	-131.54	-82.76
目标价格补贴	130.9	0
含目标价格后的净利润	-0.64	-52.76

数据来源：调研数据整理。

---

① 2015年内蒙古大豆平均亩产145公斤，市场价格按照每公斤3.70元计算，亩产值536.5元，扣除物质费用每亩260元，亩现金收益为276.5元；玉米平均亩产480公斤，市场价格按照每公斤1.7元计算，亩产值816元，扣除物质费用每亩360元，亩现金收益为456元。

(二) 补贴面积核实机制存在严重缺陷

1. 缺乏多方验证的面积核实机制容易产生道德风险

由于大豆产业链较短，各地资源禀赋差异较大，产量水平难以确定，无论是按照销售量或产量作为补贴基础都存在较大困难，因此从各试点区制定的方案看，都是按照种植面积作为补贴核定的依据。但东北地区尚未建立起完善的农户耕地大数据查询系统，在实际执行中基本上是农户、村、乡、县层层上报。从理论上分析，如果没有产量或销售量来验证且缺乏强有力的面积核查机制，会遇到极大的道德风险，最终统计的种植面积会远大于实际种植面积，导致摊薄补贴额。从试点政策执行情况看，确实如此。试点地区上报的种植面积均远大于国家核定面积。如2014年黑龙江省相差700万亩，内蒙古相差550万亩。2015年黑龙江省、吉林省、辽宁省面积认定相差不大，内蒙古仍相差300多万亩。

2. 土地流转行为难以确认

根据财政部《指导意见》要求，"补贴对象为大豆实际种植者（包括农民及企事业单位等）"。试点省也按此制定实施方案，方案规定，对土地流转的，在流转合同中应明确如果种植大豆，目标价格补贴发放给种植者。调研看，试点三省一区土地流转较为普遍，但大多属于口头协议，没有考虑有补贴的情况，租地双方也没有事先约定，导致这部分实际种植者难以拿到补贴。2015年，各地补贴政策进一步强化受益人为大豆实际种植者，有的地区为租地农户办理了新的补贴一卡通，确保补贴资金发放到位。但跨省租地种植的农户仍较难拿到补贴款。

(三) 政府部门间协调机制不通畅，政策落实不力

主要表现在：

1. 地方实施细则、补贴发放普遍晚于预定方案，影响了政策执行

2014年首次实施大豆目标价格补贴政策，各地实施方案迟迟不出台。11月最终方案明确时，东北地区已经进入大雪期，无法核实种植面积，最终以良种补贴面积为标准执行政策，影响了政策效果。按照文件规定，

中央财政向省里下发的预拨资金应在4月下发,预拨资金到位一个月内各省应及时将资金下拨到地方。但由于部门间协调机制不顺畅,预拨资金推迟了两个月才下发。加之地方财政和统计部门数据不统一,下拨的资金也未能及时发放。吉林、辽宁地区2015年大豆目标价格补贴资金截至2016年8月初还未发放给农户,影响了农户种植决策。

2. 政府对试点政策宣传不力

从调研看,试点第一年农户普遍对于补给谁、补多少、如何补、何时补等政策细节不清楚,很多农户甚至不知道目标价格补贴政策和临时收储政策的区别。也有相当一部分农户认为每公斤4.8元是国家规定的价格,所以大豆价格低于4.8元就不卖。在这种情况下,2014年11月以后大豆市场持续处于有价无市的状态,销售进度比以往年份明显放缓。根据调研,截至2015年4月底,东北三省和内蒙古尚有30%—35%的豆子在农民手中没有卖掉,远高于常年同期水平。2015年10月新豆收获后,这种僵持的局面再次出现。有的农户误认为目标价格补贴是以交售的大豆数量而非种植面积为标准进行发放,所以集中到粮库去卖粮,加工企业和流通商收豆困难。还有很多外出务工的农户不了解政策,未能申请补贴和统计面积,导致种了豆却没有纳入补贴面积,资金下发过程中又重新调整。后期,虽然各试点省区加大了宣传力度,但仍有农户对政策理解不透。问卷调查显示,2015年年底前仅有50.4%的农户知道实施方案并清楚政策内容。

(四) 东北地区缺乏大豆精细化补贴的基础条件

首先,大豆基础数据缺乏多环节信息交叉验证。从产品特性看,大豆不同于棉花,棉花主要用于棉纺加工,需要从籽棉加工成皮棉,商品化率高,能够在种植、加工、在库公检等多个环节交叉验证,获得相对精准的补贴依据。而大豆主要食用,产业链较短,且加工食用方式多样,无法获得较为精准的生产、收购和加工数据,缺乏多环节基础数据交叉验证。其次,面积统计与核实难度大。东北地区基层生产统计系统尚未建立,面积统计工作异常繁琐,财政不支持、地方政府不重视根本无法完成,而在试点政策中没有安排工作经费。另外，一些历史性遗留问题难以有效解决。试点地区土地确权工作才刚刚展开，一直以来存在的"对折地"和未登记在册的"黑土地"等问题尚没有明确的解决方法，给面积核实工作带来较大障碍。

（五）补贴逼近世贸规则限制，政策支持空间不断缩小

按照加入世界贸易组织承诺，我国特定产品的"黄箱政策"支持不得超过产值的8.5%。根据世贸规则，我国目前实行的大豆良种补贴、目标价格补贴都属于"黄箱"范围。按照2014、2015年我国大豆产值和"黄箱"补贴额度计算，补贴额度受到我国入世承诺8.5%的微量允许上限约束。未来如果不采取措施规避将有可能引发其他成员国质疑。

四、下一步改革的思路及建议

大豆既是重要的粮食作物，又是重要的油料和饲料作物，在保障广大居民食用油消费和主产区农民收入方面具有重要地位。未来我国大豆主要依赖进口的贸易格局难以逆转，但保持国内一定规模的大豆生产是极为必要的。完善大豆目标价格补贴试点政策，需要综合考虑政策效果、市场需求、作物间比较优势等多种因素。

（一）下一步改革方向的思考

大豆目标价格补贴试点政策进入第三年，玉米临储政策调整为市场化收购，大豆和玉米市场形势均面临较大的不确定性。未来政策的走向将直接影响到经营主体的预期和行为，进而影响到我国重要农产品的供给结构。综合考虑东北三省一区资源禀赋、粮食种植结构、大豆和玉米国内外供求形势以及竞争优势，短期内我国玉米和大豆仍需继续实施支持政策。从目前状况看，大豆、玉米支持政策的走向概括起来可能有以下三种方式：

第一种，大豆、玉米实行统一的补贴标准，可称为定额旱地补贴政策。即农户无论种植玉米还是大豆都能得到相同的补贴。这种方式的优点包括：一是减少分品种补贴对种植意向的引导，让农户根据市场行情、生产条件自发调整生产结构；二是将玉米、大豆原有支持政策统一，能够有效降低政策操作成本；三是实行不与当期产量和种植面积挂钩的补贴政策，能够规避世贸规则限制。但缺点在于定额补贴很容易演化为农民的身份补贴和收入补贴，对调整优化种植结构和促进生产的激励效应相对有限。

第二种，继续对大豆和玉米实施分品种的精准差额补贴。每年国家根据当年大豆和玉米市场价格分别确定补贴标准。这种方式有利于国家调控不同作物的种植结构，市场引导性较强。但其弊端也非常明显。首先，政府将面临如何合理确定玉米和大豆补贴标准的难题。这对政府对不同品种市场走势精准性的判断上将是一个巨大的挑战。从以往价格支持政策经验看，政府往往难以预料到不同水平价格支持政策对生产的引导作用，很可能陷入不同品种间"这个多了——那个少了——这个多了——那个少了"的调控怪圈里。其次，实施分品种精准化补贴将继续面临各地核实面积困难、地方政府积极性不高、补贴资金被摊薄的难题。最后，精准化补贴还面临较大的执行成本。目前仅核实大豆面积很多地方都难以做到，如果未来要分别核实玉米和大豆两个品种，难度更大。通过调研，大部分地方表示按照现有基层力量基本不可行。

第三种，由中央财政划拨一定额度的资金给省里，各省自主决定补贴政策。在保护农民利益基本不变的情况下，各省可依据省内作物比较优势及结构调整的需求，自主决定对大豆和玉米实施分品种补贴或统一补贴，中央财政不再对补贴细则进行统一规定。这种方式能够充分考虑不同地区差异，赋予地方政府较大的自主权和自由度，发挥地方政府积极性。但也存在一定的风险，如对地方政府的调控能力考验较大，补贴资金的监督存在一定困难等。

（二）对下一步改革方向的建议

从对东北三省一区的调研看，不同地方政府部门对下一步改革的方向选择并不一致，但大部分地区倾向于中央财政划拨一定额度的资金给省里，由省里自主确定补贴方案。农户关注生产获得的总收益有保障，对具体的补贴方式无意见。结合理论与实际调研，本文建议采取第三种方式，即在保护农民现有利益基本不变的情况下，由中央财政划拨一定额度资金给省里，各省可依据省内作物比较优势、结构调整需求等，自主决定旱地补贴的品种和方式，中央财政不再对补贴细则进行统一规定。

确定这种改革思路的理由如下：一是东北地区不具备实施大豆精细化补贴的条件。与新疆地区实施棉花目标价格政策不同的是，东北大豆并不具备新疆地区棉花市场相对封闭、棉纺织产业链条相对较长等特征。大豆、玉米实行精细化补贴，无法像棉花一样实现信息多方验证。同时，东北地区基础种植信息数据系统的缺乏也很难支持在东北开展单品种的精细化补贴。二是玉米生产支持政策已经明确。2016年6月已经明确玉米实行"市场化收购+定额补贴"，在这种情况下如果继续实施大豆目标价格政策，会造成农民对国家支持政策的理解偏差。同时两个品种补贴标准的制定面临较大困难。此外，两项政策同时进行将进一步加大对土地归属和面积认定的难度等。

但这种补贴方式也存在一定的风险和问题。一是完全依靠市场调节，产业波动性会加大，农民面临的市场风险将显著增大。同时，国家层面对粮食作物种植结构的调控手段将进一步弱化。二是从调研来看，东北地区农户对国家政策依赖度较高，市场意识总体不强。政策改革调整后，农户适应市场化仍需要一段时间。三是生产的阶段性波动可能出现粮食作物阶段性的卖难问题。

参考文献

[1] 徐雪高、沈贵银、瞿雪玲："我国大豆目标价格补贴研究"，《价格理论与实践》，2013年3月25日。

[2] 王文涛、张秋龙、聂挺："大豆目标价格补贴试点政策评价及完善措施"，《价格理论与实践》，2015年7月25日。

[3] 卢凌霄、刘慧、秦富、赵一夫："我国农产品目标价格补贴试点

研究",《农业经济问题》2015年第7期。

［4］张晶、王克:"农产品目标价格改革试点:例证大豆产业",《改革》2016年第7期。

［5］陈菲菲、石李陪、刘乐:"大豆目标价格补贴政策效果评析",《中国物价》2016年第8期。

［6］冷崇总:"关于农产品目标价格制度的思考",《价格月刊》2015年第3期。

［7］王耀鹏:"大豆目标价格初探",《宏观经济管理》2015年第5期。

棉花目标价格补贴试点政策：进展、问题及完善思路*

翟雪玲　原瑞玲　李　冉　王胜民　李　想

　　2015年是我国棉花目标价格改革试点工作的第二年。2015年中央一号文件《关于加大改革创新力度加快农业现代化建设的若干意见》中提出，要"总结新疆棉花、东北和内蒙古大豆目标价格改革试点经验，完善补贴方式，降低操作成本，确保补贴资金及时足额兑现到农户"。本文追踪研究了棉花目标价格补贴试点政策的新进展，探讨补贴政策中存在的问题及未来发展的思路。

一、2015年试点政策新进展

　　2015年是新疆棉花目标价格补贴试点政策开展的第二年，总体进展顺利。针对试点第一年出现的工作量大、程序繁琐、执行成本偏高等，2015年新疆维吾尔自治区优化了工作方案，推广了棉花信息平台，优化了公检库布局。

---

* 翟雪玲、原瑞玲、李冉：农业部农村经济研究中心；王胜民：国家发展和改革委员会价格司；李想：农业部信息中心分析处。

农村改革

(一) 调整了补贴水平和补贴方式

2014年以来由于棉花供求较为宽松,国内外棉花价格持续下滑,2015年棉花目标价格补贴水平由上年的19800元/吨下调至19100元/吨。新疆实施时调整了补贴方式。具体做法是:中央补贴资金总额的90%按交售量补给棉农,其余10%面向喀什、和田、阿克苏地区以及克州4个南疆地州的基本农户兑付棉花种植面积补贴。这种方式较2014年按面积补贴60%、产量补贴40%的做法有很大简化。根据2015年新疆棉花产量、目标价格水平和采集的市场价格计算,2015年新疆地方补贴标准为陆地棉每公斤1.99元,特种棉每公斤2.58元;南疆四地州基本农户面积补贴每亩141.75元。2015年补贴资金实行两次兑付,一次预拨,一次清算。一半以上的补贴资金在2015年12月到达新疆各州市,其余资金在2016年3—4月间兑付完成。

(二) 推广了信息平台

为实现国务院提出的"简化工作流程,降低操作成本"的要求,2015年新疆维吾尔自治区委托相关机构开发并推广了棉花目标价格改革信息化平台,有效整合了发展改革、农业、财政、质监、税务等部门的信息资源。棉花目标价格改革信息化平台由棉花种植信息采集系统、棉花收购信息采集系统、棉花加工及公检信息采集系统、棉花专业仓储信息采集系统组成,采集棉花种植、加工、入库、出库和物流整个流通链数据,实现了数据共享。棉花种植信息采集系统将上年的纸质版种植证明全面电子化,棉花种植信息全部录入信息平台,实现一次录入,直接交售,简化棉农卖棉手续。棉花收购信息采集系统与种植系统、加工及公检信息系统和专业仓储信息系统连接,利用信息化手段统计交售量,追踪棉花物流环节,减少了县、乡两级收集、核对收购票据、统计交售量等工作量,实现了棉花种植、籽棉收购、皮棉加工、仓储物流的全过程监控。

(三) 优化了公检库布局与流程

根据上年企业反映公检库布局不合理,部分地区公检库布点过少等问题,2015年新疆维吾尔自治区引导民间资本广泛参与专业仓储建设和运营。在有条件的棉花加工企业设立监管区域,进行专业仓储和在库公检。仓储面积在100亩以上,仓储能力在1.5万吨以上,满足设备、消防、公检等条件的轧花厂、企业都可以向自治区发展改革委申请设立监管区域并在库公检。同时完善制度加快公检速度。监管棉花到库过磅后48小时内,仪器化公检实验室在库机构完成样品交接。从调研看,2015年企业对公检速度等满意度较高。

二、试点政策满意度分析

为进一步分析棉农、加工企业等市场主体对2015年棉花目标价格补贴政策的看法,本文在全疆范围内选取了401户植棉农户、31家加工企业进行了满意度调研。问卷分析结果显示,农户和加工企业对2015年度棉花目标价格补贴试点政策整体方案、进展状况、政策实施等较为满意。

(一) 棉农满意度分析

调查回收有效棉农问卷共计345份,包括塔城、博州、巴州、喀什、和田和阿克苏。样本户均家庭人口4.4人,拥有劳动人口2.2人,劳动人口占家庭人口的比例平均为51.5%。户主受教育程度小学及以下占27.0%,初中占比58.7%,高中及以上14.3%(表1)。

表1　　　　　　　　　样本棉农家庭基本信息

	总体	北疆	南疆
户均家庭人口数(人)	4.4	3.8	4.7
户均劳动力人数(人)	2.2	2.1	2.3
户均劳动人口/家庭人口(%)	51.5	55.3	49.8

农村改革

根据目标价格执行的不同环节本研究选取了 11 个指标，分别考察棉农对目标价格政策各个方面的满意度，具体见表 2。在对每个指标进行评判时，采用李克特 5 段量表法，即棉农对问题回答的选项依次有非常满意、较满意、基本满意、不满意和很不满意。

表 2　　　　棉农目标价格政策满意度指标相关变量涵义

变量	考察内容	具体问题
X_1	产量为主的补贴方式满意度	您对今年以产量为主确定补贴金额的操作方式满意吗？
X_2	两次发放及时性满意度	您认为今年棉花补贴发放时间（12月和2月）足够及时吗？
X_3	政策操作改善满意度	您对今年补贴信息实现电子化工作满意吗？
X_4	政策公布时间满意度	您认为目标价格水平公布时间（4月）合适吗？
X_5	实施细则公布时间满意度	您认为实施细则公布的时间（10月）合适吗？
X_6	政策培训宣传满意度	您对棉花补贴相关政策的宣传解释工作满意吗？
X_7	面积核查工作满意度	您对种植面积核查结果满意吗？
X_8	产量统计工作满意度	您对您家今年棉花补贴产量统计结果满意吗？
X_9	政策操作便捷性满意度	您对今年交售棉花方便程度满意吗？
X_{10}	第一次资金拨付满意度	您对第一次补贴资金发放（12月）的时间和数额满意吗？
X_{11}	第二次资金拨付满意度	您对第二次补贴资金发放（2月）的时间和数额满意吗？

对反映棉农目标价格补贴试点政策满意度 11 个方面的指标统计分析显示，棉农对目标价格政策总体满意，各变量的满意度集中在满意和基本满意区段（见表 3）。其中政策操作改善满意度、产量统计工作满意度、面积核查工作满意度、政策操作便捷性、政策培训宣传满意度 5 项满意度较高，棉农选择非常满意和满意的比例达到 77.7%、72.7%、68.4%、67.3% 和 66.7%。从问卷调查来看，2015 年棉花目标价格补贴试点政策对政策执行方式的调整比较到位，弥补了原有政策的纰漏，准确度提高，同时也降低了工作成本。另外也说明，政府在政策宣传中发挥了重要作用，有 59.2% 和 42.9% 的棉农选择棉花目标价格补贴试点政策的相关信

息第一来源途径是政府的宣传材料和政府工作人员的讲解。

棉农对 X_2、X_{10}、X_{11} 有关资金拨付的满意度不高,其不满意占比排前三,尤其是 X_{11} "第二次资金拨付满意度"指标的不满意和非常不满意占比之和为29.7%。根据调研,农户不满意的主要原因是第二次资金拨付时间偏晚。2015年配合改革推广了目标价格信息平台,在信息采集时出现部分人员姓名重复、多人植棉一人售棉等情况,因此发放中需要对这些问题逐一核实,延误了资金拨付进度,最终资金在2015年的3—4月份才逐渐到位,晚于此前宣传的2月底,农户对此意见较大(表3)。

表3   棉农对棉花目标价格政策各项内容满意度情况

变量	内容	非常满意	满意	基本满意	不满意	非常不满意
X_1	产量为主的补贴方式满意度	17.39%	28.70%	38.26%	12.75%	2.90%
X_2	两次发放及时性满意度	13.99%	31.20%	32.65%	16.62%	5.54%
X_3	政策操作改善满意度	28.41%	49.28%	20.29%	2.03%	—
X_4	政策公布时间满意度	23.68%	39.18%	23.10%	10.82%	3.22%
X_5	实施细则公布时间满意度	16.28%	45.64%	25.58%	12.21%	0.29%
X_6	政策培训宣传满意度	24.78%	41.98%	27.99%	5.25%	—
X_7	面积核查工作满意度	22.22%	46.20%	30.12%	1.46%	—
X_8	产量统计工作满意度	25.22%	47.54%	22.90%	4.35%	—
X_9	政策操作便捷性满意度	15.74%	51.60%	26.24%	6.41%	—
X_{10}	第一次资金拨付满意度	11.11%	35.44%	31.53%	18.92%	3.00%
X_{11}	第二次资金拨付满意度	6.33%	32.00%	32.00%	26.00%	3.67%

农户对政策的满意度还体现在植棉意愿上。据调查,2016年度,60.8%的棉农表示愿意继续种植棉花,22.7%的棉农表示看情况,仅有16.6%的棉农明确表示不再种植棉花。新年度棉农倾向稳定现有棉花种植面积。在愿意继续种植棉花的棉农中,58.4%的棉农表示新年度将稳定现有的面积,计划增加面积的占比为15.2%,减少面积的占比26.4%(表

4、表5）。

表4　　　　　　　2016年棉农种植意向总体情况

	继续种植	不种植	看情况
北疆	76.9%	11.1%	12.0%
南疆	52.4%	19.4%	28.2%
总计	60.8%	16.6%	22.7%

表5　　　　　　　2016年度棉农种植意向变化情况

	增加面积	不变	减少面积
北疆	8.5%	70.1%	21.4%
南疆	19.4%	51.1%	29.6%
总计	15.2%	58.4%	26.4%

（二）轧花厂满意度分析

本次调查共收集有效轧花厂问卷31份，分布在巴州、和田、喀什、博州和塔城。本研究课题根据目标价格补贴试点政策执行环节选取了5个指标，分别考察加工企业对目标价格补贴试点政策各个方面的满意度，具体见表6。在对每个指标进行评判时，同样采用李克特5段量表法。

表6　　　　　　轧花厂对目标价格政策满意度情况

内容	非常满意	满意	基本满意	不满意	非常不满意
您觉得目标价格补贴政策总体怎么样？	3.23%	29.03%	64.52%	3.23%	—
您认为培训、宣传工作落实的怎么样	9.68%	41.94%	32.26%	16.13%	—
您对加工企业资格认定规定满意吗？	12.90%	54.84%	29.03%	3.23%	—
您对今年的籽棉收购三网合一改进满意吗？	9.68%	38.71%	51.61%	—	—
您对皮棉交专业监管仓库政策满意吗？	—	32.26%	35.48%	25.81%	6.45%

从问卷分析看，轧花厂对目标价格补贴试点政策满意度较高。总体满意度中，选择非常满意、满意和基本满意占比分别为3.2%、29.0%和

64.5%，不满意占比为3.2%。各环节满意度里，轧花厂对政策培训宣传工作、加工资质认定规定和2015年籽棉收购三网合一改进的满意度都较高。其中，这三个指标选择非常满意、满意和基本满意占比之和分别为83.9%、96.8%和100%。但对皮棉交专业监管仓库政策的满意度不高，其中不满意和非常不满意选择之和占比为32.3%。

三、2015年棉花目标价格补贴试点政策的效果分析

在上年棉花目标价格改革取得阶段性成果的基础上，2015年以供需为基础的棉花市场价格机制已经形成，市场主体适应市场能力明显增强，政策行政成本大幅降低，补贴效率明显提高。

（一）市场机制已经建立

实施目标价格补贴政策以来，以供需为基础的棉花市场价格机制迅速形成，棉花产业链的利益分配格局逐步理顺，国内外棉花市场一体化程度明显提高，国内外棉花价差快速缩小，内外价差回归至合理区间，产业竞争力提升，棉花进口大幅下降。2014年5月—2016年3月，1%关税下进口棉价格指数M级（相当于国内3128B级棉花）每吨与国内棉价差距从3236元下降到809元，降75%。2015年我国棉花进口量147.2万吨，较上年降39.7%。市场主体适应市场能力明显增强。棉花目标价格改革前，国家敞开收购，棉花种植、加工片面追求高衣分，对绒长、强度等质量指标关注度不高。实施目标价格补贴试点政策后，棉花价格由市场决定，倒逼轧花厂、棉农改变生产行为，自觉提高棉花品质，形成与纺织企业的有效对接。一是轧花厂主动与棉农合作，采取公司+农户、公司+合作社+农户等方式，实行订单式生产。棉农根据市场需求选择棉种，加强棉花质量管理。二是轧花企业对加工设备进行改造升级，提高加工质量。三是分等分级意识提高。轧花企业一改过去棉花混轧、混等混级的现象，实行分等分类分级，增强产品竞争力（图1）。

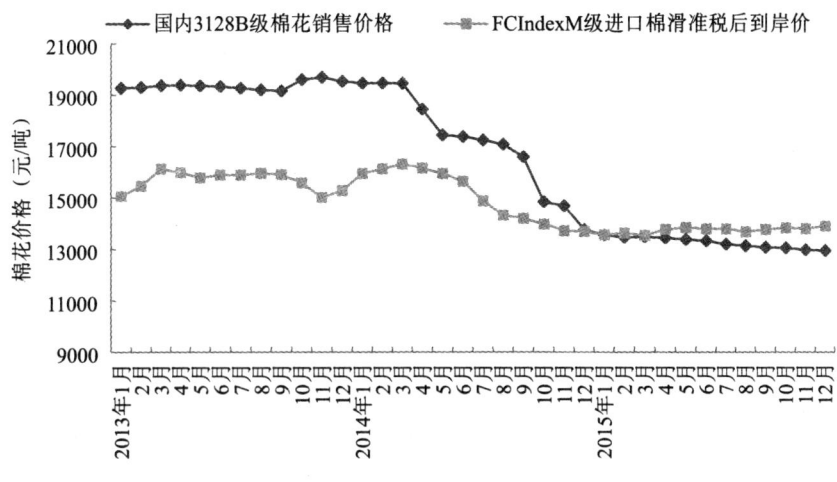

图 1　2013—2015 年国内外棉花价格走势

注：国内价格是中国国内 3128B 级棉花价格，国际价格是 FCIndex M 级进口棉价格指数滑准税后到岸价。

资料来源：中国棉花信息网。

（二）行政成本大幅下降

2015 年新疆优化了棉花目标价格补贴的政策实施方案，调整了补贴方式，减少棉农领取补贴频次。同时推广了棉花信息平台，棉花种植、交售环节实现了信息化采集。这些改革大大减少县、乡两级印发、收集、核对、核实、补发种植证明和统计籽棉交售的工作量，降低了财政支出，减轻了基层干部的工作压力。根据调研，2015 年各项工作实施期限明显缩短，行政成本大幅下降。据阿克苏地区阿瓦提县的调查（见表 7），2015 年棉花面积核实工作历时 35 天，较 2014 年减少了 25 天。全年全县目标价格试点运行的行政成本支出为 380.6 万元，较 2014 年减少 1400 万元。每亩的行政成本（不计算工作人员的差旅费用）为 0.27 元，远低于 2014 年每亩 1.0—1.4 元的成本支出（翟雪玲，棉花目标价格补贴试点政策评估）。

表 7　　　　　阿瓦提县 2015 年棉花目标价格工作成本明细

类别	调查项目	费用（万元）	备注
面积核实	调查人数	7560 人	
	调查天数	35 天（其中村级核实 15 天，县乡复核 15 天，统计汇总 5 天）	
	人员差旅费	340.2	7560 人×15 天×30 元/天
	设备购置费	0	
	车辆油修费	7.9	79 辆次×1000 元/辆
测产	调查人数	300 人	
	调查天数	5 天	
	人员差旅费	4.5	300 人×5 天×30 元/天
	车辆油修费	3	150 辆次×200 元/辆
政策宣传及培训	培训及印刷费	25	
费用总计		380.6	
阿瓦提县棉花面积		134.56 万亩	
不计算差旅费的亩均行政成本		0.27 元/亩	

备注：资料来源于新疆维吾尔自治区阿克苏地区阿瓦提县发展和改革委员会。

（三）棉农利益得到保护

根据调研 2015 年新疆维吾尔自治区棉花亩均产值合计 1850.9 元，亩均种植成本 2258.9 元，售棉后亩均净利润 -408.1 元（见表 8）。按照每公斤籽棉补贴 1.99 元、292.9 公斤/亩的单产计算，新疆基本农户获得的亩均补贴额为 582.9 元，南疆四地州基本农户还可获得面积补贴 141.75 元/亩，共计 724.7 元/亩。棉花目标价格补贴较好地弥补了棉农收益，使棉农植棉"不亏本，有收益"。

（四）补贴效率明显提高

相比临时收储政策，目标价格补贴政策将间接的"暗补"调整为直

农村改革

表8　　　　　2013—2015年新疆地方植棉成本收益

年份	单位	2013年	2014年	2015年
亩均成本	元/亩	1926.58	2143.22	2258.92
1. 生产成本	元/亩	1560.13	1747.83	1863.53
（1）物质与服务费用	元/亩	792.79	768.56	803.29
化肥费	元/亩	198.19	219.08	185.92
农药费	元/亩	57.35	62.87	49.08
种子费	元/亩	53.63	57.33	80.59
（2）人工成本	元/亩	767.34	979.27	1060.24
家庭用工折价	元/亩	389.85	417.04	
雇工费用	元/亩	377.49	562.23	
2. 土地成本	元/亩	366.45	395.39	395.39
流转地租金	元/亩	86.11	43.81	
自营地折租	元/亩	280.34	351.58	
亩均产值	元/亩		1862.63	1850.87
净利润	元/亩		-280.59	-408.05
亩均补贴	元/亩		444.39	582.93
获得补贴后的利润	元/亩		164.39	174.88
基本农户现金收入	元/亩		976.82	

备注：根据新疆农业厅市场处提供资料计算。

接的"明补"，减少了补贴环节，降低了补贴额度，提高了补贴效率。截至2013/14年度收储结束，我国棉花储备库存超过1000万吨，库存的账面成本达2000亿元左右。按照目前棉花现货价格水平，再考虑自然的降等降级，潜在的价差亏损在750亿元左右。另外，还得支出保管费用和贷款利息。按照每吨储备棉每年200元的保管费用[①]、1200元的贷款利息补贴测算，每年库存管理补贴支出160亿元左右。

---

① 中央财政分别按中储棉直属库200元/吨、代储库每年180元/吨的标准进行补助。

（五）从制度上杜绝了"转圈棉"现象

为有效防止"转圈棉",新疆在 2014 年目标价格改革政策设计中采取了多种措施,包括核定交售量、对加工企业进行资格认定、在库公检等,但仍然存在制度设计上的漏洞。2015 年新疆棉花目标价格改革试点工作中推广了棉花信息平台,实现了棉花种植、收购和补贴信息的三网互通,极大地优化了办事流程和信息的公开、公正、透明,棉花收购环节与种植信息平台共享,与税务系统连接,超过正常范围的棉花无法通过开具虚假发票等途径获得补贴,从制度上杜绝了"转圈棉"现象。同时,通过目标价格补贴试点政策的开展,全面掌握了棉花种植信息,为优化、调整农业种植结构、落实相关惠农政策提供了较为全面和详实的基础信息资料。

四、存在问题

尽管棉花目标价格补贴试点政策取得了较好的成效,但执行中也暴露出了很多问题。尤其在第二年的时候,目标价格改革中的一些关键问题开始浮出水面。

（一）补贴金额受限

按照 WTO 规则,我国实行的目标价格补贴属于"黄箱补贴",其补贴额度受到微量允许上限约束。按照加入世界贸易组织承诺,我国特定品种"黄箱"补贴额不得超过该品种当年总产值的 8.5%。从实践看,连续两年棉花目标价格补贴试点政策补贴额度都受到了补贴上限的约束。如果未来不采取措施规避将有可能引发其他成员国质疑并引发贸易争端。

（二）政策预期不稳定

2014 年实行棉花目标价格补贴试点政策以来,新疆维吾尔自治区做了大量的工作,纺织企业、加工企业、农民等市场主体对于目标价格补贴政策已基本理解和接受,对于何时补、补给谁、怎么补、补多少等政策细节已较为了解，政策实施的群众基础较好。但由于目标价格补贴政策仍然属于试点，试点结束后是否继续实行拟或是否会有大的调整市场主体都心存疑惑，迫切希望明确未来的政策走向。

（三）目标价格制定标准不明确且变动太频繁

根据政策设计，目标价格水平是按照"成本＋基本收益"的方法确定，在试点期一年一变。但从近三年实践看，存在以下两个问题：一是目标价格的制定更加困难。这三年棉花目标价格的制定并没有完全按照政策设计的"生产成本＋基本收益"确定，最终都是不同部门、不同利益主体博弈的结果。由于不同主体、不同部门利益诉求不同，政策观点不一致，对产业发展也有不同认识，各方意见分歧越来越大，导致目标价格的制定越来越难。因此，尽管新疆维吾尔自治区多次反映希望尽早制定和公布棉花目标价格，以便地方政府和广大棉农提早做好生产决策和准备工作，但由于决策机制的问题目标价格往往难产，每次都在当年的4月初左右才能最终确定公布。二是市场主体对目标价格水平预期不明。2014—2016年，尽管棉花生产成本在增长，但棉花目标价格持续下调，未来是否还会继续下调拟或如何变动都无法明确，不利于市场主体市场决策。

（四）内地定额补贴效果不明显

试点期间，内地九省均按照棉花种植面积发放定额补贴。从实际执行情况看，补贴效果较差。一是为简化操作，一些省直接按照二轮土地承包面积或良种补贴面积发放补贴，农民不管种不种棉花都能领到补贴，没有实现补贴初衷，农民对此意见较大，尤其大户。二是补贴标准偏低，难以激发农户植棉积极性。相对于新疆，内地棉农补贴标准只有新疆的1/3，农户植棉效益偏低。受此影响，内地植棉面积和产量大幅下滑。据国家统计局统计，2015年内地棉花面积和产量为2842万亩和210.3万吨，分别比2013年降1099.5万亩和67.8万吨，降27.9%和24.4%。

五、政策建议

（一）完善棉花目标价格确定方法

为更多发挥市场价格信号对棉花生产的引导作用，兼顾财政承受能力和补贴的可持续性，建议进一步完善棉花目标价格水平确定方法。主要思路是降低目标价格对净收益的保障程度，逐步使目标价格向保本微利的水平靠近，引导棉花生产向优势产区、优势品种集中。同时参考美国农业保险预期价格根据远期棉花期货价格确定的方法制定我国棉花目标价格水平，减少部门间的利益博弈。

（二）完善补贴挂钩机制

为符合世贸规则要求，参考其他国家做法，建议中央财政对地方政府目标价格补贴的数量依据由当年棉花统计产量调整为固定产量（或基期产量），实现补贴与生产"半脱钩"，争取将补贴政策纳入"蓝箱"补贴范畴。

（三）调整完善内地定额补贴机制

鉴于内地棉花定额补贴效果一般，建议调整目前内地的补贴机制，从"普惠性"向"特惠性"转变。棉花是耐旱、耐盐作物，在作物结构调整和环境保护中具有重要作用。今后可重点支持华北漏斗区、黄河三角洲盐碱地、苏北盐碱地及部分具有植棉优势的区域发展棉花生产。

农村改革

农村网格化管理

——乡村治理方式的创新*

王佳星　龙文军　刘年艳　刘　洋

内容提要：随着农村社会的发展，乡村治理方式需要随之变化以适应农村中产生的新情况和新需求，农村网格化管理即是对乡村治理方式的创新。网格化管理通过在农村地区划分网格并任用网格管理人员，依托网络信息管理系统将信息上传下达，达到及时解决农村出现的问题、提供村民需要的服务的管理效果。这种管理方式提高了乡村治理的效率和公共服务水平，对当下创新乡村治理方式的探索有一定借鉴意义。本文基于在浙江省平湖市的实地调研，呈现了平湖市农村网格化管理的具体实践措施、效果，并从中指出了农村网格化管理中值得借鉴的经验及其中隐含的问题。

---

* 王佳星，农业部农村经济研究中心社会文化研究室；龙文军，农业部农村经济研究中心社会文化研究室研究员；刘年艳，农业部农村经济研究中心社会文化研究室副研究员；刘洋，农业部农村经济研究中心社会文化研究室副研究员。本报告是农业部农村经济研究中心社会文化研究室主持的中心重大课题"农村社会治理问题研究"的阶段性成果，也是刘洋主持的国家社科基金"中间阶层对农村社会治理的作用和参与机制研究"（14CKS037）的成果之一。在调研中，得到浙江平湖市政府、市农办、市委组织部、市民政局、新埭镇和姚浜村等单位和领导的大力支持，一并表示感谢！

近年来，在推进"四化"同步发展的进程中，农村社会也在悄然发生变化，传统的乡村治理方式已经不能适应新形式发展的需求，迫切需要根据新形式的要求不断创新。各地积极探索乡村治理的方式，浙江省平湖市作为经济发达地区，率先在农村地区采用网格化管理的方式，大大提高了乡村治理的效率和公共服务水平，已经形成了较为成熟的运行机制。为此，笔者专门赴浙江省平湖市开展了实地调研，先后在姚浜村、野马村、虹桥社区、鱼圻塘村等地与村民和村干部等进行了座谈交流，对平湖市开展农村网格化管理的做法有了深入了解。

一、开展农村网格化管理的背景

平湖市地处浙江省东北部杭嘉湖平原腹地，全市537平方公里，海域面积1086平方公里，户籍人口49.1万人，常住人口68.4万人。平湖市从1999年起逐渐撤并乡镇，从原有的20个乡镇撤并为10个乡镇；2004年，从10个乡镇合并到5个镇3个街道，全市原有的286个村合并为138个村；2012年又把村庄合并为95个村；目前，全市只有86个村。随着乡镇撤并，村域面积越来越大，平均每村的村民达3392人。村内人员多、居住分散，给平湖市的乡村治理带来了巨大挑战。

网格化管理是社会治理的一种创新方式，它将管理区域划分为若干个网格，以网格为管理单位，利用网络信息技术，把政府的服务更加高效和优质地提供给网格里的居民，这种方式多用于城市社区的管理当中。网格化管理在农村的应用是指把辖区内的乡村及其他特殊单位（大型企业或学校等），划分成块状单元区域，在网格内指定专兼职人员负责网格管理和信息采集，依托网络信息管理系统，及时反映网格动态，解决农村出现的问题，提供村民需要的服务。平湖市为了破解乡镇撤并后带来的乡村治理难题，引入了网格化管理模式。

平湖市从2012年起在辖区内全面推行网格化管理，通过市综合治理办公室统一把农村划分成若干网格单元，并整合个别部门、行业在村社区以下自行划分的各类网格，纳入了全省统一的网格管理系统。2014年，平湖市打破原有的村级党组织设置模式，创新以网格为基础，在网格上建立农村党员先锋站,将党建与网格建设结合,发挥了农村党组织在基层治理中的作用。2016年,平湖市实现基层党建网、民生服务网、平安建设网三张网在农村网格中的有效融合,形成"三网融合"的基层管理网格,基本实现了对农村"网格化管理、组团式服务"。

二、农村网格化管理的实践

平湖市基于尊重传统、着眼发展、便于管理、全面覆盖的要求,坚持关联性、整体性、实用性的原则,把全市基层划分为756个网格。平湖市农村的网格分为两种:一是村网格,即以自然村落、农民新村、片组、党员先锋站等为网格划分单元,每个网格内村民户数控制在100户左右。二是专属网格,即相对独立的各类工业园区、流动人口集中居住地、较大规模的企业、学校等特定区域单独划分网格。

网格内发动并培养了877名网格员作为网格的管理人员,农村网格员一般由村干部担任。一般在网格员之下,有若干名网格信息员,这些人一般是网格中原有的村民小组长,或是工作有热心、群众基础好、沟通能力强、善于组织协调的联村干部、妇女联络员、新居民协管员、消防志愿者和网格中情况熟、责任心强的老党员、老干部、老军人、老教师、农村放水员、保洁员、志愿者等。通过划分网格和落实人员,平湖市建起了基层社会治理的大网。

(一) 明确网格管理人员职责

网格管理人员的基本职责是做好村内网格信息的收集和传递。具体职责包括:第一,熟悉自己负责的网格区域范围、实有人口、帮扶管控人员、社会组织等基础信息;第二,排查掌握并及时上报各类矛盾纠纷信息;第三,排查掌握并及时上报各类公共安全隐患信息;第四,排查掌握并及时上报各类重点人员的动向信息,如治安可疑人员、信访上访人员、易肇事肇祸精神病人及闲散青少年等;第五,排查收集并及时上报违法违章占地搭建、违法违章生产经营、违法违规种植养殖、违法违规排污捕捞和其他违法违章行为等方面信息;第六,力所能及或者配合有关部门就地制止违法违规行为、调处矛盾纠纷、整改公共安全隐患、帮教稳控有危害社会治安和社会稳定各类人员,做好生活困难人员帮助关爱工作和网格内的其他民生服务事项;第七,在网格内开展政策、法律法规、防范常识和平安建设等方面的宣传,就这些方面为网格内的村民释疑解惑;第八,做好准入网格其他部门交办的相关事项,如2015年环境保护纳入网格化管理后,网格员需收集环境保护方面的信息,2016年增添输油气管道安全隐患巡查进网格,网格管理人员需帮助收集上报各类管道周边的信息。

(二) 规范服务程序

网格信息员作为网格员的助手,分担着同样的职责。座谈会中,姚浜村有一位70多岁的网格信息员既是一位老党员,又在村里德高望重,他有时会直接去调解周围的矛盾纠纷。

网格员在各村民家门口亮身份、亮联户。笔者在姚浜村内调研走访时,看到农户家门口的电表上贴着农户所属的网格、本网格的管理员、网格服务组的成员(分别是电工、自来水管理员、有线电视管理员)的名字及联系方式,并附村办公室的电话,这些信息能方便农户及时反映情况和联系服务组成员解决生活服务需求。例如,在村里的红白喜事上,网格员负责上报食品安全信息,哪家要办事,需要把厨师的联系方式、办事期限等信息报给网格员,网格员及时联系厨师,检查相关资质和餐具消毒情况,确保食品安全。在网格管理中,采取"网格双联"、"星级走访"、干部量化考核等手段,管理效果纳入网格员的考核中,如果出现了未上报的问题或者不达标的情况,网格员要承担一定的责任。

(三) 建立信息报送平台

平湖市网格化管理依托"平安建设信息系统"这个信息报送的平台,促进社会治理的信息化。这个系统包含了辖区管理、线索管理、实有人口、实有房屋、组织场所、日常办公、事件处理、研判分析、报表统计、数据管理等模块。平安建设信息系统通过PC电脑端、平安通或平安浙江APP,对全市上报的各类社会治理信息进行受理研判、交办督办,实现社会治理信息在这个平台上达到"一网"受理、交办、反馈。

平安通是网格员上报信息的主要工具,由镇(街道)综治办统一办理配发,给专兼职网格员和镇街道综合指挥平台管理员,专人专用。平安通的配备有两种方式,一是利用个人原有的智能手机及号码,下载"平安通"APP,每月支付25元流量费;二是由电信、移动、联通三家运营商提供合约手机,以套餐的形式支付费用,平均每月60元左右。平安通的费用由平湖市镇两级财政支付。

平湖市围绕平安通使用率、均台上报信息数、有效信息率、流转信息数几个指标,定期排名,年终列入平安综合治理考核。在平湖市的"村村争五星"考核中,根据市综合治理办对每个村的检查通报,未达到每台平安通5条/月上报信息数量要求的,就会扣分。综合分数被评为两星以下的村将会扣减村干部的奖金,并约谈村班子成员。严重的,将会免除村支书党内职务。

(四)建立联动工作机制

平湖市网格信息处理的主管部门分为市、镇、村三级:市综合治理指挥中心负责市级层面事件受理、分析研判、分流处理、调度指挥、督办反馈等工作;镇(街道)依托社会服务管理中心,由镇(街道)分管副书记负责镇级层面信息研判、交办督办等工作;村社区通过综合治理工作站处理信息,分派村里的相关网格服务团队上门办理(图1)。

网格信息处理工作流程具体来说,网格员将信息录入平安信息系统后,村社区能处理的,由村社区办结;不能处理的,通过信息系统上报镇(街道)社会服务管理中心。镇(街道)社会服务管理中心收到村社区上报的信息后,经过研判,如能处置,由镇(街道)分管副书记签发至相关部门处置办结;不能处理的,通过信息系统上报给市级中心,由市级中心牵头办理或交办到相关部门办理。办理网格上报的事项有一定的时限,紧急事项限3天内办结,一般事项限30天内办结。办理责任单位负责跟踪相关问题的整改过程,将整改信息及时录入平安信息系统,并告知相应的网格员。网格员同办理责任单位共同做好持续监管、信息上报等工作,

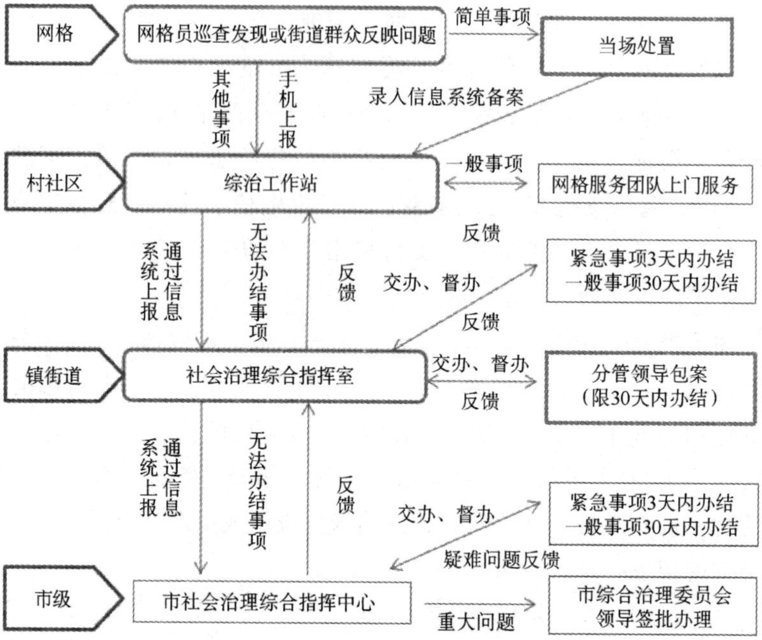

图 1 平湖市社会治理网格信息处理工作流程

确保整改的效果不反弹。整个网格信息处理流程形成了市镇村三级事件处置、网上网下一体联动的工作机制。

(五) 以奖代补的激励机制

平湖市为激发广大群众参与社会治理的积极性，鼓励基层上报高质量的社会治理信息，专门发了《关于印发平湖市社会治理信息采集上报以奖代补实施办法（试行）的通知》（平综委〔2015〕4号），采取以奖代补的方式对在"网格化管理、组团式服务"中提供有效信息的专兼职网格员、网格信息员和其他社会群众提供奖励。网格员将各类口头、电话或者短信、微信、书面等信息转化为文字，录入平安建设信息系统，同一信息不重复奖励，主要奖励最先上报人。奖励分为四类：第一类是一般信息，指具有低风险，能够在村社区或是镇街道层面及时联动处置的隐患信息，每条奖励20元；第二类是较大信息，指具有中等风险，需经信息系统报送市级相关主管部门处置的隐患信息,每条奖励50元;第三类是重大信息,指具有较高风险,需报送市级网络中心进行协调处置化解的隐患信息,每条奖励100元;第四类是高风险信息,如果不及时掌握、处置,有可能造成重大事件事故的各种隐患信息,每条奖励500—2000元。

2016年以来,平湖市财政共落实以奖代补经费45000余元,大大激发了基层人员上报安全隐患信息的积极性,有效保障了农村的安全稳定。

(六) 服务人员组团驻村

平湖市在推进农村网格化管理的同时,还组织了多个服务团队驻村,尽可能满足农村群众的生活需求。平湖市每个村社区都设有便民服务中心,推行"一站式服务"。鱼圻塘村投资2万多元,在村委会大楼一层修建了"一站式"服务大厅,组织4名村干部坐班,解决民政、计划生育、社会保障等村民日常会遇到的问题,为村民提供信息咨询、权益援助、实事办理等便民服务。

我们看到姚浜村村委会办公楼里设置了矛盾调解室、婚姻咨询室,村民有什么调解不开的事情会到这里来求助。赵霞是一位年轻的村干部,她承担着这两个服务室的调解咨询工作。她专门为此去考了社会工作者从业证书和心理咨询师证书,提升咨询的专业性。

在姚浜村内入驻着公共卫生服务团队,由镇卫生院常年派出编制内的2名医生和1名护士在村里服务,由镇财政支持,村提供场地。村卫生室是医保定点单位,方便村民就诊,村民一般的医疗问题不出村就可以得到解决。

姚浜村卫生室旁设有居家养老照料服务中心,村民可以到这里喝茶聊天、写字画画、玩棋牌、打乒乓球等。

平湖市的每个村内都建有文化礼堂,设置了图书室、村史展厅、道德讲堂。姚浜村还设有"春泥计划辅导站",由民间艺术家于照法老师给村内的儿童提供公益教学,在2015年开了为期两周的暑期培训班,村里的儿童在这里学习画画、剪纸、书法,丰富了暑期生活。

三、农村网格化管理的效果

（一）村庄管理有序，减少了治安盲区

平湖市农村实行网格化管理后，有效地解决了村庄合并后人口多、居住分散带来的管理问题。在网格化管理的运行中，村委担任网格员，发动村民参与担任网格信息员，把村庄原有的区域分成网格，相当于一块"责任田"，让负责人统计基本信息，排查矛盾纠纷和安全隐患。信息通过统一的平台上报后，上级部门能够通过网格掌握地域、人口、重点人员动向等问题，这样能更好服务村民，也能有效地防范不稳定、不安全的因素，村庄的管理更加有序，减少了治安盲区。

（二）网格中嵌入组团服务，丰富了村民生活体验

在调研中，笔者看到平湖市在农村中提供的集中组团式服务模式，农村社会服务集中在一处，不仅方便村民办理日常事务，而且涉及了养老、医疗、心理疏导、文化教育等方面，村民老有所养、病有所医、学有所教。在这样的环境下，村民能够在自己的村庄里满足多种生活服务需求，丰富了生活体验。

（三）财政大力投入，引导了村民参与网格服务

平湖市财政在农村环境整治、村路硬化、村庄绿化等方面均有大力投入，如平湖市设立5000万元专项资金整治河道，严抓五水共治，即治污水、防洪水、排涝水、保供水、抓节水。为引导村民参与农村环境整治，平湖市在网格中组建"美丽乡村服务队"，专门负责全村河道保洁、垃圾收集、绿化美化等工作，参与服务队的村民每人每月可以领取2000元劳务费。这一举措激发了部分村民加入美丽乡村服务队的积极性，提升了村民的环境保护意识，也为整治农村环境的后续工作提供了保障，不仅改善了村民的生活环境，还培养了一批农村网格中的环保服务人员。

四、农村网格化管理的启示

平湖市农村网格化管理模式运行当中,既有值得借鉴的闪光点,也呈现出了一些值得反思的问题。

(一) 网格要将传统内涵与创新模式相融合

平湖市在农村地区引入网格化管理模式,是乡村治理模式的创新,但是并没有因为管理的创新而引起村民的不满。这是由于平湖市在网格的划分和管理上尊重了既有的村庄传统、人员秩序和村民感情,在村委会委员和村民小组长以及村内有威望的人中任用管理人员,保证了管理人员的连续性,村民依然可以找到熟悉的办事人。在网格机制的作用下,管理人员办事效率比从前大大提高,帮助村民的积极性也大大增强,得到了村民的认可。

平湖市逐渐将平安建设、民生服务、基层党建融合到一张网中,网格内融入的新需求落实到每个网格的管理人员身上,既能确保需求落地,又节省了人力,集约了资源,有效地保障了农村的安定、村民的生活服务以及党组织在基层的建设。

(二) 刚性管理需寻找合理方式"柔化"

网格化管理的运行采用政府主导、由上至下推动的乡村治理逻辑,存在明显的行政刚性约束。这种刚性的弊端在平湖市农村地区拆违建、减生猪量时体现得尤为明显,行政硬性拆除并且由网格员排查监督避免反弹,在推行过程中,网格管理者和村民遇到尴尬的困境。平湖市意识到了这一点,将社会组织作为第三方引入农村治理,作为柔化管理方式的一种探索。市财政购买服务,由社工入驻村里做活动和工作,增进了村民对政策的理解和支持,弥补了行政管理的空缺。

(三) 激励措施需激活村民参与的积极性

平湖市采取"以奖代补"的方式激发基层上报有效维稳信息的热情,

能够使政府及时掌握并处理基层的隐患，在当下有一定的积极作用。但是长远看来，现金激励会带来财政负担，且使村民在思想上认为保持村庄的和谐稳定是在为政府办事，这意味着村民的主体性未被真正激活。在网格化管理中，需要找到能真正调动起村民凝聚力和集体感的方式，激发村民的主人翁意识，激活村民参与社会治理的积极性，自觉付出心力维护共同的家园，培养起农村内生的活力，这是使乡村治理行之有效并能适应变化的长久之道。

农村改革

乡村治理模式创新研究

——以广东省云浮市自然村乡贤理事会为例

调研组*

内容提要：2004年以来，随着农业税的取消和工业化、信息化、城镇化的持续推进，我国乡村社会的外部环境与内部机制都发生了巨大变化，乡村治理机制亟待完善和创新。基于此，本文以广东省云浮市自然村乡贤理事会为例，对社会组织参与乡村治理的创新做法从产生背景、发展现状、运行机制、内在机理、存在问题等方面进行了分析总结，并给出建议。总的来看，该模式较为充分的利用了"熟人社会"中非正式领袖的个人影响，还能在乡镇政府、村两委、村民之间形成矛盾缓冲机制，对促进乡村产业发展、保障公共物品供给、维持农村社会稳定等方面起到一定效果。但在其运行过程中也存在一些问题，如可持续发展的激励机制不足、行政推动"一刀切"、贫富差距进一步扩大等等。

改革开放以来，随着人民公社解体和村民自治的实施，农村社会自治空间重新开放，我国乡村治理模式也发生了重大调整，逐渐由国家权力控

---

* 调研组成员：李杰人、习银生、姜楠、杭静、吴天龙；执笔人：吴天龙、习银生。

制过渡到村民自治，即"乡政村治"。村民自治在一定程度上调动了农民群众的政治参与热情，密切了干群关系，为维护社会稳定、促进农村经济发展和推动农村基层民主政治建设发挥了积极作用。但是随着现代化的加速推进、信息化的纵深发展，我国乡村社会的外部环境与内部机制都发生了巨大变化，基层治理面临诸多新的问题和挑战。一是城镇化背景下的农村"空心化"和乡土文化遗失。随着工业化、城镇化的发展，农村人才、资金外流，"空心化"问题严重，2015年外出农民工已经达到16884万人。城市中心主义思想和城乡文化的对冲造成原有乡村认同的消解与秩序的离散，农村原有的乡土文化和村规民约受到质疑，社会复杂程度不断提高。二是后农业税时代村庄自治功能弱化。取消农业税后，村一级不再协助乡镇征收农业税费，乡镇利益与农村、农民关系脱离，村委会从农村内部获取资源的难度加大，乡镇和村委的治理积极性下降，在乡村治理中"乡退出村、村退出组"的现象日趋严重，导致村庄向心力不足，村委会的权威下降、自治功能弱化。三是资源下乡的项目制导致乡村治理行政化。后农业税时代，工业反哺农业、城市支持农村成为主基调，但是在项目制成为国家治理重要形式的背景下，村级组织日益成为乡镇的派出机构，乡村治理逐渐陷入"附属行政化"困境。

云浮市作为国家农村改革试验区也开始积极推进农村改革创新，并在这一过程中也发现了类似问题。此外，云浮市也有其自身特点，例如，当地外出务工或经商人员多数离土不离乡，部分精英有为家乡建设出资出力的愿望，但是找不到相应的服务平台。针对这些问题，云浮市政府于2012年9月开始将农村自发的乡贤松散组织加以规范，动员本地农村成立乡贤理事会，并采取"以奖代补"等多种方式发挥乡贤在农村建设中的作用，试图用这种办法缓解当地的农村治理危机。

一、云浮市自然村乡贤理事会发展现状

云浮市位于广东省中西部，距离广州140公里，于1994年从肇庆市分设出来，是广东省最年轻的地级市。现辖云城区、云安区、新兴县、郁南县，代管罗定市。全市面积7885平方公里，2015年末户籍人口299万

人。2010年3月广东省政府批复同意在云浮市设立省农村改革发展试验区（粤发改农经〔2010〕84号）。2011年云浮又被农业部批准为全国农村改革试验区（农政发〔2011〕4号）。

云浮市乡贤理事会试点培育最早开始于2011年6月的云安县，试点培育之初建立了"组、村、乡"三级理事会，经过一年多的试点运行，于2012年9月遴选出综合效果最好的自然村乡贤理事会，并开始重点培育。为了配合工作的推进，2012年10月云浮市印发《关于培育和发展自然村乡贤理事会的指导意见》，重申了自然村乡贤理事会的意义，明确了自然村乡贤理事会的性质、宗旨、主要职责等方面内容，并提出了相应培育措施。同年，云浮市成立了云浮市培育和发展三级理事会工作领导小组，负责组织、协调、指导培育和发展该市三级理事会工作，市委书记和市长均为其组成人员。工作小组成立以后，云浮市乡贤理事会在政府主导下发展迅速，到2014年就基本实现了自然村全覆盖，目前，云浮市已经培育自然村乡贤理事会8243个，理事会成员73819人，其中51%的成员为常住人口，49%的成员为外出乡贤和经济能人。

二、云浮市自然村乡贤理事会的运行机制

云浮市自然村乡贤理事会是由当地政府扶持和培育，以乡村精英为核心力量的社会组织。该组织以自然村为基本单位建立章程，利用宗族力量、乡村精英在"熟人社会"中的权威和号召力，对上承接任务、协同共治，对下示范带头、协调沟通，与政府是依附与合作的关系，与基层村民有着天然紧密的联系，它在各利益主体间形成缓冲，起到缓解冲突、促进沟通的目的。

（一）职责任务和管理制度

1. 乡贤理事会的成立条件和产生方式

云浮市自然村乡贤理事会以自然村为基本单位建立章程，理事会成员需保证5个或5个以上，主要负责人需具备独立承担民事责任的能力，并要求注册资金2000元人民币以上。理事会不吸纳会员，只设立理事成员，理事成员由自然村中具有独立民事责任能力、保证遵纪守法的农村经济文化能人、老干部、劳动模范、退复军人、外出乡贤等热衷于本村经济发展的具有一定威望的村民推荐提名，经党支部审核公示后正式确认为理事会成员。理事长、副理事长、秘书长均由理事成员会议选举产生，任期三年，理事会成员改选一般与村民委员会换届同步进行。

2. 乡贤理事会的职责任务

自然村乡贤理事会实际是存在于乡镇政府、村委、村组和村民之间的缓冲调和组织，它利用宗族力量、乡村精英在"熟人社会"中的权威和号召力，对上承接任务、协同共治，对下示范带头、协调沟通，进而起到促进双向沟通的目的。具体来说包括协助调解邻里纠纷、协助兴办公益事业、协助村民自治等，包括协助参与自然村（社区居民小组）分类评级；协助发动群众申报和建设竞争性"以奖代补"项目、村级公益事业建设一事一议财政奖补项目；协助农业龙头企业推动现代农业经营体制机制创新，促进农民增收；协助开展信用户评定工作；协助开展弘扬优秀传统文化促进奖教助学和乡风文明；协助落实村规民约促进乡村治理；协助组织村民代表或户代表集中议事等。

3. 乡贤理事会的资金管理

云浮市自然村乡贤理事会的资金来源主要为自筹经费、社会捐赠、政府资助、政府"以奖代补"经费及产生的相关利息等。一般情况下，资金在理事中不分配，乡贤理事会成员不领取工资，有关资金，需经理事长、副理事长同意后方可开支，每年审计后会对财务收支情况进行公示。

4. 乡贤理事会的监管和激励机制

（1）监督机制。云浮市规定，自然村乡贤理事会要自觉接受村（居）委和群众监督。每年召开理事会总结大会，对理事成员履职情况开展评议，对不履职的理事，由自然村提出撤换建议，经村党支部审核报镇党委（街道党工委）同意，由自然村公布。理事会违反法律、法规的，由有关国家机关依法处理，有关国家机关认为应当撤销登记的，由登记管理机关依法撤销登记。

（2）激励机制。云浮市采用的是履职激励机制和荣誉激励机制相结合的方式进行激励。一方面对作出积极贡献的理事会成员给与适当奖励；

另一方面鼓励在有条件的地方通过编写村歌、撰写村史、设功德坊等形式将乡贤理事的功德载入史册，还为优秀乡贤颁发荣誉证书、奖牌等。例如在重大节日期间，罗定市会通过电视台、电台、报刊等媒体对乡贤事迹进行滚动宣传报道。

（二）运行方式

自然村乡贤理事会的运作模式是"组为基础，三级联动"（如图1）。"组为基础"是指将村民自治单元下沉到村民组，云浮市在村民小组一级建立村民理事会，将村民小组作为村民自治的基本组织单元。这一做法可以解决行政村自治单元半径过大、产权与自治权脱离、行政与自治功能冲突等问题，实现了村级治理的"落地"。"三级联动"是指组、村、乡（镇）三级联动机制，即将原来行政村一级的事务向下延伸、向上扩展，在组一级建立自然村乡贤理事会，利用宗族力量、乡村精英在"熟人社会"中的号召力和带头作用，使大量公共事务和公益事业在自然村内商议解决。自然村内解决不了的问题提到村。同时，为完善治理体系，加强监管，云浮市从2011年在村委成立了三个小组，每个小组3个人，分别为监督组、经济拓展组、会议召集组，负责乡村事务的谋划、监督。乡（镇）级则负责需要在全乡镇范围解决的公共事务和公益事业。这种做法在一定程度上解决了乡镇行政管理与基层群众自治"脱节"的问题，实现了政府行政管理与基层群众自治的有效衔接和良性互动。

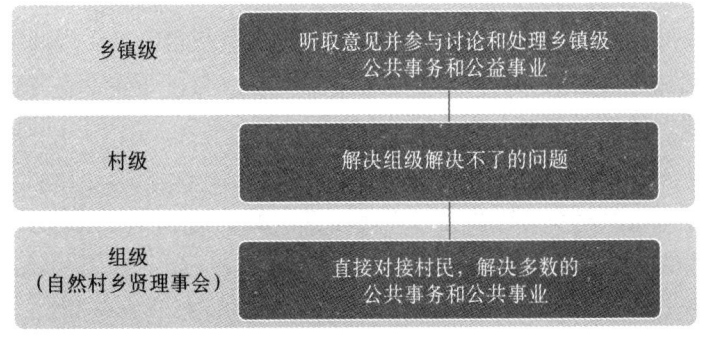

图1 组为基础，三级联动

（三）运行的内在机理

1. 充分利用了"熟人社会"中非正式领袖的个人影响

自然村乡贤理事会的权威性有很大一部分源自其成员的威望。理事会成员主要由三种人构成。一是长者，如一些老党员、老干部等。年龄是传统中国村庄非正式领袖的重要依据，长者在"熟人社会"的农村，尤其是宗族文化氛围较浓的南方乡村，具有很高的"日常权威"。二是能人，如知识分子、经济能人等。在乡村，村庄精英一直拥有较高的社会地位和个人威望，由于他们个人能力较强、财富积累较多、互动交流更频繁，因此很容易得到村民的信服。三是口碑较好的人，如劳动模范、公益模范等。传统道德体系决定了道德信息更容易在"熟人"中传播，农村中品行突出的人格外受到村民的尊重和信任，在开展工作中也容易得到理解和配合。自然村乡贤理事会充分利用这些非正式领袖的个人影响，填补解决一些政府看不到、办不好的问题，实现德治、法制、自治相结合的村庄治理新模式。例如，云城区河口街双上村自然村乡贤理事会本届成员19人，其中有6个党员、1名教师、2个老党员、3个村民代表，外出做生意8人，基本是由上述三类村民构成。

2. 形成了缓冲机制，将矛盾对立主体分割开来

自然村乡贤理事会在处理各种乡村事务时充当各利益主体博弈的"中间人"，在不同的事务中担当不同角色，表达不同群体的意见。乡贤理事会与村两委、乡镇政府之间进行协商时，表达的是村民的意志；在与村民协商时，表达的是政府的意志；在处理内部纠纷时，充当调解人的角色。这就在与村民之间，村民与企业之间，村民与村两委、乡镇政府之间形成缓冲，缓解了各对立主体的分歧。

3. 兼顾了各方利益，实现多方平衡

云浮市自然村乡贤理事会可以迅速推广的重要原因之一是这种模式兼顾到了各方利益，能够实现多方共赢。

（1）社会组织参与乡村治理在"单轨政治"和"双轨政治"中找到了一个平衡点。它不同于国家权力来全面控制社会的"单轨政治"，也不同于"皇权不下县,县下行自治"情况下国家权力和社会自治相对分离的"双轨政治"。它是在不动摇国家治理体系的前提下,对乡村共同体的重建,是对国家构建有效治理体系的补充。

(2) 乡贤理事会的运作兼顾了多方利益。一是乡镇政府。乡贤理事会在政府与社会之间建立起了沟通的桥梁,利用理事成员的威望组织、协调、督办政府"出让"、"遗漏"或"难办"的事务,在一定程度上弥补了乡镇政府在乡村资金、技术、农业服务以及基础建设等方面建设的不足。二是村民。在小农户、大政府的不对称对接下,村民的个人利益表达存在一定障碍,而乡贤理事会则可以在政府和村民之间建立一个民间可信任的利益表达机制,将农民的诉求集中、汇总反映给政府。同时,还可以通过理事成员示范带头,激发村民的自治意识,有利于发挥群众的主体作用,实现"共谋、共建、共管、共享"。三是村"两委"。乡贤理事会是在村"两委"有意的扶持和培育下产生的,在乡村治理中的作用是辅助村"两委",弥补其治理功能的不足,理事会为村"两委"处理乡村事务提供有效平台,破解了乡村治理危机,促进了乡村社会稳定。

三、云浮市乡村治理制度创新的主要举措

(一) 分类指导,示范带动

云浮市按照实践、总结、推广"三步曲",组织各有关部门深入农村开展调研,先摸情况,再出政策。对基础好的、一般的、较差的村,因地制宜,采取不同方式和途径,按照低投入大效益的原则分类推进。同时,云浮市还积极培育各地不同类型、各有特色的理事会示范点。例如云城区安塘街下白村理事会、河口街双上村乡贤理事会、罗定市双东街新开坝村乡贤理事会,水台镇石龙岗旧村乡贤理事会、富林镇大坪村乡贤理事会等。

(二) 规范完善,引导发展

1. 云浮市出台了一系列相关政策,规范引导乡贤理事会的发展方向

例如2012年10月云浮市印发了《关于培育和发展自然村乡贤理事会

的指导意见》,明确规定了自然村乡贤理事会的性质、宗旨、主要职责、资金管理、组织机构和理事成员的产生方式等方面内容,还提出了相应培育措施。

2. 积极开展培训,着力提升理事履职素质和能力

云浮市以县(市、区)、镇(街)为单位,以各级党校作为培训主阵地,以党校教师授课、优秀理事会代表经验介绍授课组合,采取集中培训、交流培训、远程培训等形式,对自然村乡贤理事会的理事成员进行了轮训,市社工委还就"云浮市'以奖代补'项目介绍"等进行专题辅导。例如,2012年5月28日至6月8日,由云浮市委党校牵头、各县(市、区)委党校配合,以送课下乡形式在各县(市、区)举办了5期专题培训班,期间还邀请发展较好的自然村乡贤理事会代表介绍经验。

3. 多渠道宣传推广

采取各种形式在各级新闻媒体、政府网站及时推广自然村乡贤理事会建设的好经验、好做法、好典型。

(三)"以奖代补","一事一议"

为了配合自然村乡贤理事会调动村民积极性,云浮市政府对村庄的项目资金不是直接拨款,而是采用向乡贤理事会提供竞争性"以奖代补"项目和村级公益事业建设"一事一议"财政奖励补偿项目的方式进行。每年梳理一批公益性项目向社会公示,首先由理事会提出项目申报,申报成功后先自筹资金开展建设活动,建设完成后由政府有关部门检查验收,验收通过的项目下拨相应款项(如图2),拨款金额占建设项目的一定比例,比例并不固定。例如,云浮市农村垃圾处理采用"村收集、镇运输、县处理"的办法,广东省、云浮市和具体的县分别出资60%、20%、20%的垃圾处理费用,折合30元/人,资金由县里统筹安排,在组一级会对垃圾收储设备和储运点进行奖补,不足部分则由村民自筹解决。2015年,云浮市设立了农村基础设施、农村环境建设、农村公共服务、农村社会管理四大类共10小类竞争性"以奖代补"项目,村级公益事业建设"一事一议"财政奖补项目904个。2015年以来,云浮市自然村乡贤理事

会协助自然村以座谈会形式研究申报"以奖代补"、"一事一议"奖补项目5794场次；协助入户发动村民申报"以奖代补"、"一事一议"奖补项目4.9万户次；协助村民小组申报"以奖代补"、"一事一议"奖补项目1513个；理事带头捐资"以奖代补"、"一事一议"财政奖补项目建设2016.6万元。

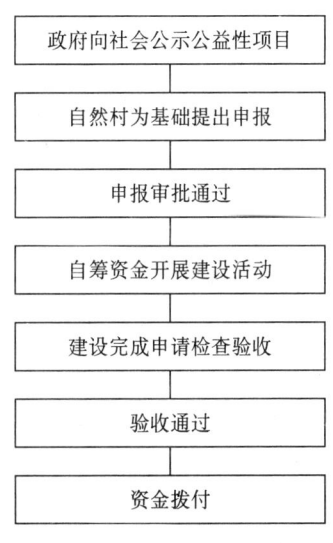

图2 "以奖代补"项目申报流程

（四）正面激励，激发活力

一是探索建立履职激励机制。云浮市以县、镇为单位，对作出积极贡献的理事会给予适当奖励。例如云安县试点建立自然村乡贤理事会理事长"年度评议、以奖代补"履职激励机制。由镇组织评议，县财政每年安排200万元作为"以奖代补"经费，并按照百分制计分，以得分计算奖金，奖金标准10元/分，激发理事长的履职热情。二是探索建立荣誉激励机制。云浮市提倡在有条件的地方以编写村歌、撰写村史、设公德榜、公益事业捐建"命名制"、媒体报道等形式对有贡献的乡贤给与精神激励，命名了"柏林街"、"国生大桥"等，吸引了更多乡贤关注并参与到理事会工作中。三是探索建立评议监督机制。云浮市在各县（市、区）选取一批自然村乡贤理事会试点建立了"优秀理事长"、"优秀理事"等群众评议监督机制，每年12月组织群众开展评议。对评议分数不理想的理事，由理事会给予提醒。2015年，理事会接受群众综合评议达到了3127次。

四、自然村乡贤理事会对村庄治理的作用效果

云浮市培育发展的乡贤理事会，探索出了一条利用农村社会组织参与乡村治理、协同共治的新路子。在解决村民自治延伸不足、改善农村生活环境、激发村民主人翁意识等方面起到了实质性的进展。

一是加快了经济发展。云浮市在"公司+合作社+农户"的基础上，借助自然村乡贤理事会的沟通、协调优势，创建了"公司+理事会+农户"经营机制，克服了企业于农民对接过程中融入难、效率低、成效差等诸多难题。乡贤理事会在实际工作中协助农业龙头企业解决了土地集约、标准化生产、生产环境整治等现实问题，截至目前，云浮市各地理事会已累计协助农业龙头企业解决生产环境整治问题2100余个。

二是推进了公益建设。自然村乡贤理事会协助村里发动和组织村民积极申报竞争性"以奖代补"项目和村级公益事业建设"一事一议"财政奖补项目。理事会成员也会带头捐款，为乡村公益建设筹集资金，成效明显，例如，云城区河口街双上村就是依靠乡贤理事会的不断协调、沟通才解决了拖了三年的村游泳池建设用地问题。2011年以来，理事成员协同完成"以奖代补"、"一事一议"财政奖补项目5000余个，自然村覆盖率达到60%。

三是促进了社会和谐。自然村乡贤理事会在促进农村社会和谐过程中的作用主要体现在两个方面。一方面，乡贤理事会通过协助制定村规、编写村史、宣扬道德精神等方式弘扬农村传统文化道德观，强化了村民的荣誉感和自立自强精神。另一方面，理事会成员通过人情面子和自身的威望调节邻里矛盾、平衡村民利益，化解了大量纠纷。据统计，在乡贤理事会的协助下，2014年至2016年7月，云浮市共化解矛盾纠纷4000余宗。

四是解决了法制失灵的问题。法律虽然是行使国家权力的主要方式，但是在农村这样相对封闭熟人社会,除了处罚一些重大犯罪之外,社会调整的主要方式是各种非正式制度,如果缺乏有效监管,常会导致小错不纠,造成了一定程度上的法制失灵。乡贤理事会则协同自然村建立健自然村村规民约,并监督执行,在到一定程度上弥补了法制监管的空白。

五、存在的问题与建议

云浮乡贤理事会取得了一定成功,在发展农村经济、建设农村公益事业、协调邻里矛盾纠纷以及促进农村基层文明建设等层面均发挥了不可替代的作用,有很多建设经验值得借鉴和推广,同时也存在着一些困难和问题。认真总结经验,并根据不足提出一些建议,对于继续完善乡贤理事会机制,提升农村社会治理能力和水平具有重要意义。

(一)存在问题与不足

1. 可持续发展的激励机制不足

在云浮,除个别富裕村庄自然村乡贤理事会理事有一定象征性工资外,绝大部分理事会成员均是无偿为村集体服务。政府对理事会的资金支持除了"以奖代补"、"一事一议"等固定模式以外,缺乏其他物质激励,一些经济能人和外出乡贤甚至是捐资捐物的主力军。例如在云城区河口街双上村,本届理事会成员19人,除其中的5位自然村村组成员每月领取少额补助外(2013年以前为每人200元/年,2013年以后为每人1000元/年),其他成员均无工资发放。理事们的工作动力多是源于家乡归属感和个人荣誉感,属于一种内部激励。但是仅靠感恩、兴趣、成就感这种内部激励难以实现可持续发展,外部激励也必不可少。因此有必要充分研究如何利用立体的激励体系来保障这种奉献家乡的热情。

2. 缺乏严格标准的绩效考核体系

为了考核改革实效,云浮市建立了"新型考核机制"和"十步工作法",但前者主要是针对乡镇干部进行考核,而后者是针对乡村的执行效果进行评价,还缺乏专门针对乡贤理事会进行绩效考核的机制,对于如何更加严密地监督它的资金运转、公正地评价它的执行效果、群众对它是否满意，还缺乏量化考核办法。

3. 行政推动过程中存在"一刀切"现象

云浮市最早于2011年在云安县开展乡贤理事会试点，2012年开始在全市推广，到了2014年全市已培育自然村乡贤理事会8203个，一年试点，两年推广，前后三年时间左右，就基本实现了全覆盖。培育成效明显，但也能反映出在此过程中地方政府对乡贤理事会行政性干预过大，容易出现"一刀切"的问题。以至于部分地区只是简单复制组织架构，无法根据自身实际情况加以灵活运用。目前，最少还有40%的自然村乡贤理事会没有运作起来。

4. 容易拉大村域间贫富差距

云浮市村民理事会+"以奖代补"项目的实施在一定程度上提高了村民参与公共建设的热情和主动性，但乡贤理事会做的较好的自然村多是外出成功乡贤比较多或村庄自身资源较丰富。例如，在调研过程中走访了当地乡贤理事会发展较好的两个自然村，它们的自身条件都比较好。其中河口街双上村的外出乡贤比较多，而且还有每年十几万元的村集体收入；郁南县兰寨村历史悠久，自然生态良好，是多所美术院校的创作基地。如果完全按照项目制进行奖补，奖补资金会更多地流入相对强势的村庄，造成本来就富裕的村庄更富裕，本来就贫困的村庄更贫困。目前云浮市奖补资金覆盖面为60%，也就是说还有40%的村没有得到资金扶持，没有运作起来的自然村往往是区位条件、经济能力较差的村庄，这些自然村的人均收入本来就低，又很难通过"以奖代补"项目获得支持，这就有可能造成贫富差距的进一步扩大。

5. 容易进一步降低村内弱势群体的权利和地位

就目前来看，云浮市自然村乡贤理事会的行为决策基本能够代表多数村民的意愿和利益，但是在存在意见分歧的时候，弱势群体的意志容易因被集体利益绑架而被迫妥协。在成立自然村乡贤理事会之前，个体村民在面对村组的时候，可能会因为没有太多的直接利益联结而自由表达个人意志，但是在成立自然村乡贤理事会后，会因迫于舆论压力或对协调者的敬畏而选择妥协，有时还可能会牺牲个人利益。虽然应该强调个人利益服从集体利益，但是在以人为本的社会，个人的自主性也应该得到满足，如果控制不好会容易引发或激化新的农村人民内部矛盾。

6. 存在农村恶势力合法化的潜在风险

云浮市自然村乡贤理事会的成员多为村内的强势群体，而农村恶势力也是强势群体的一类，如果自然村内存在恶势力，他们成为理事会成员的概率很大，这就导致恶势力合法化，进而引起监督失灵，腐败滋生。

（二）政策建议

1. 建立可持续的激励制度

建议适当考虑建立对履职支出的补偿机制，比如设置差旅费、误工费、税收优惠（如果是企业主）等，利用外部刺激提升理事们为农村经济社会发展和建设服务的积极性。另外，有条件的地方也可以根据自己的实际情况实行除基础奖励之外的激励措施。激励措施应以精神嘉奖为主，主要是加大力度落实政府要求的各项精神奖励，还可以利用授予杰出乡贤名誉称号、取路名等接地气的方式，形成相对制度化、符合理事心理需求的激励机制。

2. 建立多维度的绩效考核体系

建议建立完整细致的专门针对乡贤理事会的绩效考核体系。考核原则方面，要秉承"公平、公正、公开"的原则。考评方法方面，可以运用目标考评法，也可以实行平衡积分卡的方法。考核指标方面，应该明确、可量化、易实现。例如可以将乡风村风、文明规范、公共服务、环境整洁、财务透明、村民满意结果等指标纳入考核体系，用定性和定量考核相结合的方法进行考评，以增强考评的科学性。另外，对乡贤理事会的考评还应该阶段性和长期性相结合，杜绝短期施政行为。

3. 因势利导，构建多样化的乡村治理支持体系

因地制宜，以社会的不同需求为导向进行制度安排，让内生性精英导向型改革和诱致性制度安排并存，以群众需求为导向发展新政。对于理事会发展不好的自然村，应归类分析，寻找原因。为防止项目制有可能导致的贫富差距扩大，适度增加普惠制政策，对特殊贫困地区加大帮扶力度。

4. 完善制度设计，规避潜在风险

当地政府需要通过各种制度设计减少由于强势群体参与乡村治理而可能产生的监管失灵、恶势力滋生等现象的潜在风险。一是加大力度进行民主法治理念宣传，培养村民的法治意识和民主意识，使村民更加理性地选择理事会成员；二是完善上下直接沟通渠道，多渠道畅通村民匿名举报通道，并且保证对各种举报的查处率；三是加强自然村乡贤理事会候选人资格审查、理事会成员财务审查、当选理事会成员的事后审查。

农村改革

保险促进畜牧业转型升级的实践和启示

龙文军

内容提要：畜牧业保险作为农业保险的重要组成部分，是促进畜牧业健康发展的重要保障。浙江湖州市吴兴区作为发达地区，其运用保险手段服务畜牧业转型升级方面开展了积极探索，通过畜牧业保险引导湖羊作为主导产业，适当控制生猪养殖规模，制订合理的保费补贴方案，与无害化处理工作有机相结合等等，对当地畜牧业发展转型升级起到了十分重要的作用。调研发现，这种产业调控功能可以应用到渔业、种植业等行业中，促进农业的整体转型升级。

近年来，政策性农业保险的经营范围不断扩大，成效越来越显著，得到地方政府与广大农业生产经营者的普遍认可，其正在从补偿损失向调节生产拓展。在一些发达地区已经开始运用农业保险促进产业转型升级。笔者近期赴浙江省湖州市吴兴区开展了专题调研，对发达地区的畜牧业保险服务畜牧业转型升级的实践有了进一步的认识。调研发现，在畜牧业发展转型升级的关键时期，通过支持重点地区主导产业的农业保险发展，引导产业转型和升级，畜牧业保险起到了重要的杠杆作用。保险的这种产业调控功能可以应用到渔业、种植业等行业中，促进农业的整体转型升级。

一、发达地区畜牧业发展转型升级的必要性

(一) 保护生态环境的客观需要

湖州市是我国的生态文明先行示范区,吴兴区是湖州市府所在地,在这个区域里更加需要探索建立绿色发展、生态宜居的发展模式。因此,吴兴区确立了"以人为本、城乡统筹、科学发展、生态文明、合作共赢"的基本理念,形成了"以科学促进发展、以市场激活发展、以合作带动发展、以统筹保障发展、以制度持续发展"的"五位一体"的发展模式,分年度制定了"美丽乡村深化行动"和"美丽吴兴推进行动"等。在这种情况下,选择合适的畜牧业发展路径是保护生态环境的前提,即明确养什么、养多少、在哪里养、怎么养、谁来养等问题都需要综合考虑。

(二) 畜牧业自身发展的必然要求

畜牧业一直是吴兴的主导农业产业,在保障长江三角洲地区畜产品供给、增加地方财政收入以及提高农民收入水平等方面起到了十分重要的作用。但随着市场竞争加剧和生态环境保护压力的增大,吴兴区畜牧业自身的转型升级迫在眉睫。畜牧业发展必须从饲养数量和质量上进行全面规划,鼓励发展优势养殖品种与特色草食产业,强化湖羊等国家级畜禽品种资源的保护,进一步培育"种植+养殖+加工"等带动型的龙头企业,打造畜牧业品牌文化,依靠政策支持和先进技术支撑,建立合理的养殖标准体系,创建美丽示范牧场,实施信息化管理与追溯系统,支持清洁化生产、畜禽粪便资源化利用设施以及绿化、洁化、美化等园林化建设。

(三) 养殖户市场竞争的现实选择

吴兴区地处长江三角洲15个城市的中心位置,东距上海150公里,南接杭州86公里,西连南京230公里,北隔太湖与苏州、无锡相望,是湖州这一国务院确定的长江三角洲"先行规划、先行发展"的15个重点城市之一的中心城市所在地。自古以来,民康物阜,人杰地灵,养殖户捕捉市场信息的能力非常强。以吴兴为中心的区域,城乡居民收入水平在全

国名列前茅。在商品短缺时期,畜牧业在保障大城市的供给方面作出了巨大贡献,养殖户主要通过提高畜产品饲养数量来增加收入。在市场竞争日益激烈、资源环境制约明显加剧的今天,养殖户不能再通过增加养殖量来增加收入,迫切需要通过提高品质以及发展名特优产品占领中高端市场。

二、畜牧业保险服务产业转型升级的实践

浙江省早在2006年就开始开展农业保险的试点工作,十多年来,农业保险已经在浙江省发展高效生态农业,推进农业结构调整,提高农业产业化水平,促进农业增效、农民增收等方面起到了十分重要的作用。吴兴区在国家农业改革与建设试点绩效评价中获得全国第一,在浙江省美丽乡村先进县(区)创建中排名第二,2015年农村居民人均可支配收入为25 142元,是发达地区的典型代表。该区把国家、省、市对三农工作的要求与农业保险的探索实践相结合,着力扩大保险规模、稳步提高保险程度、优化保险服务,形成了三农保险覆盖面更广、对症下药保障更高、发展生产底气更足的新局面。畜牧业保险近几年在吴兴区的实践表明,其功能已经从早期的保障疫病和灾害损失的功能拓展到产业调控功能。

(一)选择湖羊作为主导产业

湖羊是吴兴区的特色优势主导农业产业之一,吴兴区还被农业部列为国家级湖羊保护区,成为国家湖羊种质资源保护基地、全国湖羊良种基地以及省级肉羊标准化生产示范基地。鉴于此,2015年4月,吴兴区正式启动湖羊特色农业保险。八里店镇塘红村的湖羊养殖大户张洪江与中国人保财险公司签下政策性湖羊保险协议,这成为全省湖羊特色农业保险在吴兴试点后成功签下的第一单。他说:"由于财政补贴达到70%,我为自己的5 480只湖羊投保,仅需缴保费2.6万余元。这一政策性农业保险,为我追加投入扩大湖羊养殖规模解决了后顾之忧!"2015年湖羊参保只数达20 080只,参保率达到50%以上,存栏200羊以上的规模羊场参保率达到100%。湖羊保险赢得了养殖户的广泛好评,实现了低投入、高保障,为湖羊产业规范化、规模化发展提供了有力保障。

（二）适当控制支持生猪产业规模

吴兴区的生猪存栏曾经达到12万头，在保障区域猪肉供应方面起到了重要作用。但是，随着饲养规模的提高，生猪粪污处理难度越来越大，生态的承载能力越来越有限。与此同时，生态环境治理的要求也越来越高。吴兴区根据国家有关规定，划定了生猪的禁养区。在这一政策要求下，禁养区的养猪场要逐渐拆除，散户和小户的饲养也慢慢取缔。为配合开展生态环境治理工作，吴兴区对禁养区的生猪养殖户一律不给予保险费的补贴，对禁养区以外的生猪保险实行全覆盖，引导禁养区内的生猪养殖场逐渐拆除，禁养区以外的生猪逐渐向规模化养殖场集中。2015年1—6月，吴兴区承保能繁母猪2761头，参保养殖户22户，埭溪、东林以规模养殖场参保为主。2015年1—6月吴兴区生猪承保38826头，参保户数19户，以规模场（大户）为主。

（三）制定参保方案确保科学性

吴兴区确定每只湖羊保险金额为：种公羊1200元/只，能繁母羊1000元/只，肉羊为600元/只。保险费率3%，种公羊保费36元/只，能繁母羊保费30元/只，肉羊保费18元/只。保费由省、市、区财政和农户共同承担，具体标准为：省财政承担20%，市区财政共承担50%，农户承担30%。湖羊养殖场户自缴保费种公羊7.2元，能繁母羊6元，肉羊5.4元。

吴兴区2016年的生猪保险方案是按能繁母猪与育肥猪1:20的比例计算投保数量，能繁母猪保险费60元/头，其中养殖户承担（自交保费）6元/头，育肥猪保险费27元/头，其中养殖户承担（自交保费）4.05元/头，其余部分分别由中央省市区财政承担。为便于快速确定病死猪的赔偿金额，简化查勘工作，防止道德危险，吴兴区创新的赔付办法，采取按尸长（指耳后根至尾根的长度）分段计算赔款，即55厘米以下，赔付30元；55—80厘米，赔付70元；80—100厘米，赔付160元；100—130厘米，赔付350元；130厘米以上赔付600元。

(四) 与无害化处理工作有机相结合

吴兴区将湖羊、生猪保险与无害化处理有机结合，建立了"政府监管、财政扶持、企业运作、保险联动"相结合的病死动物无害化处理收集运行机制。吴兴区作为浙江省生猪保险与无害化处理联运试点地区，专门制订了《吴兴区湖羊和生猪保险与无害化处理联动工作方案》，明确了责任和要求，并且宣传到户。根据养殖密度等客观条件，因地制宜创新乡镇自建、政企合作以及政府购买社会化服务等运作模式，建成"户集—村收—镇运—市处理"的完整体系。各乡镇的畜牧兽医站及时做好病死动物收集和尺寸丈量工作，及时将病死动物送达指定地点，确保保险联动工作有序开展。保险公司负责按照承保步骤和理赔操作程序开展经营。养殖户有了保费支出大大提高了保险意识，投保动物死亡以后都是通过保险途径领取赔款。全区5个病死动物无害化收集点已全部建设完成并投入运行，冷库、专用收集车辆、收集专员、办公室、消毒防护用具、运行资金等落实到位。2015年1—11月，吴兴区累计收集病死动物399.24吨，同比上年增加66.49%，其中病死猪8774头（258.6吨），同比增加70.2%。将出险生猪的集中无害化处理作为理赔的前提条件，凭处理中心开具的移交证明办理农业政策性保险理赔手续。这样既能保证养殖户的基本收益水平，又有效防止了病死动物乱丢乱弃和流入市场。

三、拓展畜牧业保险功能的几点启示

畜牧业保险在湖羊特色保险作出了有益的探索，促进了湖羊种质资源保护，降低了湖羊保护区内核心保种场和养殖户动物疫病和自然灾害所造成的可能损失，也是创新保种机制的一种探索，调动了保护区内的保种积极性。生猪保险配合吴兴区生态环境卫生的整治工作，总量控制补贴量，引导养殖户逐步减少饲养数量，加快推进生猪养殖方式转变，大大提升了生猪产业升级的进程。从吴兴区的畜牧业保险功能拓展的实际，可以得到一些启示，不仅对吴兴区的畜牧业有重要的意义，而且对其他畜牧业以外的其他产业、其他地区的农业保险发展都有重要的借鉴意义。

(一) 选择主导产业，避免走弯路

要通过制订产业规划，对本地区的农业主导产业进行明确定位。吴兴区以列入国家现代农业示范区农业改革与建设试点为契机，按照试点三年行动计划要求，区农险办会同农业、财政等部门，确定了开展湖羊特色保险，按程序报批后启动实施。吴兴区在畜牧产业上可以这样推进农业保险的发展，还有发展势头较好的白茶、特种水产生态养殖、蚕桑、蔬菜、林果业等都可以根据产业规划的部署，逐步纳入政策性农业保险范畴，给予保费补贴政策支持，促进相关产业进一步做强做大。

(二) 加大财政支持，提高积极性

财政支持是推进农业保险发展的关键。畜牧业的转型升级过程中，既需要市场主体的积极参与，也需要政府的大力支持。市场主体有的需要退出禁养区，有的需要减少饲养量，有的还需要技术支持等，需要依靠财政支持的手段激起市场主体参与转型的积极性。地方政府和有关部门必须以高度的政治责任感和认真负责的态度，明确职责，通力协作，密切配合，形成合力。要根据以工促农、以城带乡的要求，把农业保险与农业项目扶持、农村信贷资金有机地结合起来，实行政府政策性支持，加大对政策性农业保险投入力度，拓展试点范围，扩大参保险种。构建农业部门调查预警、政府强力推动、保险预先筹措、农民群众实施，三方共同受益的良性保险联动模式，形成促进政策性农业保险可持续发展的良好机制。

(三) 健全保险服务，务求实效性

保险经营机构只有优化理赔服务，才能与各级参与部门和机构一起把政策性农业保险工作做好做实。在开展保险服务过程中，既要做好农险政策的宣传和解读工作，充分发挥新媒体的传播优势，加强新闻宣传和舆论引导，使农险涉及的广大基层群体准确理解农险政策，积极支持农险工作，为农险工作的顺利开展营造良好的社会氛围，又要基层农技部门的大力支持和参与，确保农业保险这项政策有实效。吴兴区加强对政策性农业

保险规范运作情况的考核，并以此作为县区、乡镇年度考核的重要内容，还充分发挥审计监督、农户监督和舆论监督的功能和作用，形成了多层次、全方位的农业保险监督体系。根据农业保险条例的要求，巩固完善现有县区、乡镇、村三级联动机制，加强基层协保员管理和培训，提高协保员综合素质和服务技能，着力提高政策性农业保险的服务质量和水平。这些举措确保了辖区内政策性农业保险工作的顺利开展。

（四）加强探索创新，确保有活力

畜牧业的风险除了表现在生产过程中气象灾害、动物疫病等的影响外，还表现在市场风险上，畜产品的供给与需求的特点导致畜产品价格易产生暴涨暴跌的行情，陷入"养多了伤农、养少了伤民"的怪圈，畜产品价格风险、滞销风险、预测偏差性风险和政策变动风险正呈现出逐步增大之势。要加大产品创新力度，可以适时引入价格指数保险，还可以会同金融、农业等部门，积极探索农业保险保单质押贷款、收入保险等的试点，鼓励和支持保险资金开展支农融资业务创新试点，确保农业保险发展有活力。

（五）支持新型主体，稳定保险面

在畜牧业产业升级过程中，新型农业经营主体是最重要的参与者，他们比传统农户更需要畜牧业保险，他们几乎把全部身家都投入其中，一旦出现自然风险和市场风险，其遭受的打击可能是毁灭性的。要加大对新型农业经营主体畜牧业保险支持的力度，增加新型主体所经营的保险品种，开发适应新型农业经营主体需要而且承保公司有一定盈利空间的保险产品，推动畜牧业保险由保成本向保收益转变。要对新型农业经营主体实行独立承保和查勘理赔，简化理赔程序。建立保险服务绿色通道，不断提升畜牧业规模经营保险服务水平。

比较与借鉴

比较与借鉴

发达国家促进农民增收政策综述

吴天龙　习银生

提高农民收入不仅是农民生活水平不断提升的基本前提，也是促进社会稳定、保持综合国力持续提升的基础保障，关系国计民生。多年来，世界各国都有意识地出台了一系列有关提高农民收入的政策，并取得一定成效。我国也有不少学者对发达国家农业政策进行了比较系统的研究，有人侧重研究发达国家农业政策支持水平[1]；有人重点研究农业政策演变过程[2]；也有人将不同国家的农业政策进行了对比分析[3]。研究结果发现，发达国家的政策目标相对稳定（政策目标主要包括最大化农业生产者和农产品消费者利益；改善和保护农村社区环境；实现区域协调发展以及提高本国农业的国际竞争力等），但在不同时期侧重点有所不同，他们会随

---

[1] 姚桂桂："美国重农神话与美国农业政策"，《西北农林科技大学学报》2010 年第 5 期。吕晓英、李先德："美国农业政策支持水平及改革走向"，《农业经济问题》2014 年第 2 期。

[2] 李应春、翁鸣："日本农业政策调整及其原因分析"，《农业经济问题》2006 年第 8 期。王世群："美国农业政策内涵、发展阶段与演化逻辑的探讨"，《农业经济》2013 年第 3 期。朱满德、江东坡、徐雪高："WTO 国内支持规则下的日本农业政策调适"，《农业经济问题》2016 年第 6 期。

[3] 庄丽娟、王林："我国与发达国家农业贸易政策的比较"，《农村经济》1995 年第 8 期。潘盛洲："农业保护政策的比较研究"，《农业技术经济》1998 年第 5 期。

着国际形势的变化，阶段性的调整政策内容，其中，美国、日本、欧盟三大经济实体是农业国内支持政策的主要使用者，而它们又是比较具有代表性的国家或地区，因此其做法最值得研究和借鉴。

一、美国促进农民增收的政策与措施

（一）美国农业政策的分阶段特征

美国的农业政策可以分为四个阶段。

第一阶段是1929—1933年经济危机之前，特征是单一的贸易保护。该时期农业支持保护措施相对单一，主要是采用贸易保护措施促进农民增收，做法上为禁止谷物进口以提高国内农产品价格，以此来增加农民收入[①]。

第二阶段是1933—1994年，特征是生产补贴和价格支持。1929—1933年的经济危机让美国农业环境急速恶化，具体表现为农产品过剩、价格下降；农场主收入下降；以及工农产品价格"剪刀差"扩大等。同时，当时的美国已经具备了实行农业保护、工业反哺农业的能力（农业就业人口降至25%以下，工农业产值比例变为4:1，城镇人口超过50%，按1967年的美元价格计算人均GNP超过了1800美元）。在这种背景下，美国于1933年出台了《农业调整法》，开始对农业正式实施支持和保护[②]。针对当时出现的问题，美国制定的农业政策措施主要有两种：第一种是通过休耕补贴等措施来控制农产品生产，以此来控制生产过剩问题，第二种是对产品价格支持，以此来防止农产品价格下滑，进而提高农场主收入。同时，在农业调整法中还提到了金融信贷支持、农业科技推广补贴以及农业服务支持等综合的农业支持政策。这一阶段一直持续到了1995年，这期间，美国政府补贴力度不断增强，补贴以价格补贴为主，直接与市场价格挂钩。

第三阶段是1996—2001年，特征是由价格支持转变为收入补贴。到

---

① 褚浩："19世纪后期美国贸易保护政策研究"，复旦大学博士毕业论文，2009年。
② 冯继康："美国农业补贴政策：历史演变与发展走势"，《中国农村经济》2007年第3期。

了1996年，世界形势有了新变化。国际上，由于乌拉圭回合的召开以及世贸组织制度的制定，出现了贸易自由化的多边国家贸易规则。在美国国内，一方面，随着产业结构的优化和农业部门生产水平的不断提高，美国的农业经营在国内外都具有了强大的竞争优势；另一方面，美国农业生产者收入水平已经得到一定程度的提高，通过价格对农业进行补贴的政策在一定程度上已失去了存在的必要性或合理性。因此，1996年美国修改了《农业法》，提出当年以后7年内逐步取消对农民有关价格和收入支持的一切补贴，取消了作物耕种面积的限制，取消了农民拥有的储备计划等一系列措施①。这一做法改变了过去对农产品价格支持的政策，将政府对农业的部分国内价格支持改为对农民收入的支持，并使政府的农业预算变得固定而可控，更多地发挥市场机制对农业生产的作用。

第四阶段是2002年至今，特征是收入补贴多样化，价格补贴和收入补贴并存。随着1996年联邦农业法案和改革法案的到期，在2002年出台了《2002年农业安全与农村投资法案》，其核心内容是增加对农业的补贴，尤其是增加对产品和价格补贴。这时的美国价格补贴和收入补贴并行②。美国的这种做法实际上有违世贸组织的精神和贸易自由化的潮流，这是贸易自由化道路上的倒退。此后，美国农业补贴的形式更加多样化。其对农村发展的支持力度开始加大。

（二）美国促进农民增收政策的特点

美国地多人少，农业资源富足，农业生产以大农场主为主，美国的农业政策特点就是：立法完善、高补贴、低关税、补贴形式多样、农业支持总量高，而且美国的农业补贴主要依靠法律手段而不是行政手段，同时由于美国的农业生产者以规模农场主为主，因此美国补贴政策的制定过程往往更多地考虑大农场主的利益。

---

① 王维芳："多哈回合背景下美国农业保护政策分析"，《国际贸易问题》2008年第10期。
② 彭超、潘苏文、段志煌："美国农业补贴政策改革的趋势：2012年美国农业法案动向、诱因及其影响"，《农业经济问题》2012年第11期。

1. 实施完善的农业立法

世界各国的农业支持政策一般都会采取立法形式,并实施项目计划管理,而这其中尤以美国农业政策体系最为完善。一是覆盖全广,1933 年以后的半个多世纪以来,美国政府逐步形成了以《农业法》为核心的农业法规体系,先后制定了 100 多个互补配套的涉农法律法规,例如涉及市场运营的《农产品销售法》,涉及农业信贷的《农业贷款法》、《农业信贷法》、《农户参贷款法》等,涉及农业生态的《水质法案》、《美国有机农业法》等①,涉及资源开发利用的《荒地法》、《新地开垦法》等;二是界定明确,美国的农业法详细说明了各个政策的过渡期,对具体政策项目、预算规模、政府职能范围做出了具体的明确规定,行政机构只能在被授权的职责范围内根据具体情况调整;三是更新及时,美国每隔几年就修改旧法案出台新法案,自 1933 年《农业调整法》后,先后进行过 37 次调整,逐步形成了目前的综合性农业法案②。美国完善的农业法律体系为农业发展提供了稳定的法律环境,确保了农业发展的有序、稳定,是美国农业政策有效实施的重要保障之一。

2. 维持较高的农业补贴和农业支持总量

美国对农业的补贴和支持总量较高。为了稳定农业收入及农产品价格,美国政府几乎每年都会通过农业法案补贴条款及相关项目向农民支付 200 亿美元以上的直接补贴③。同时,美国的农业支持总量水平也比较高(始终高于欧盟和中国),而且由于近年来美国政府逐渐加强对一般服务(农业研发、农产品促销、基础设施和质量控制等)的支持力度,农业支持总量不断提升,2000 年美国农业支持总量达到 923.99 美元,2008 年破 1000 亿美元,2012 年达到 1564 亿美元④。

---

① 李霞:"美国、德国生态农业法律制度建设及对中国的启示",《世界农业》2015 年第 8 期。
② 徐雪、夏海龙:"发达国家农业补贴政策调整及其经验借鉴——基于欧盟、美国、日本的考察",《湖南农业大学学报》2015 年第 3 期。
③ 李万君、李艳军:"美国农业补贴政策演变及对我国的启示",《农业现代化研究》2014 年第 3 期。
④ 吕晓英、李先德:"美国农业政策支持水平及改革走向",《农业经济问题》2014 年第 2 期。

3. 大力发展农业科学技术

美国建立了科研、教育、推广三结合的科研体制，建有国立、公立、私营企业和大学农业科研机构，其研究的科研成果和技术，由遍布在州县等地的农业技术推广站直接为农民服务，农业科技贡献率70%以上，国内农产品加工转化率90%以上。美国农业机械化水平上也很高，农业工人拥有的机械设备超过1.5万美元，比制造业工人高22%[①]。

二、欧盟促进农民增收的政策与措施

（一）欧盟农业政策的分阶段特征

欧盟的农业保护政策调整大体上分为三个阶段。

第一阶段是1962年至20世纪90年代初。当时欧盟还没有成立，欧共体在这一时期建立了农产品统一市场折衷协议，农业支持主要为黄箱政策。1962年经过相互利益的综合平衡，欧共体通过了《建立农产品统一市场折衷协议》由此产生了欧共体的共同农业政策。该农业政策的出发点是促进农业生产，增加农民收入，提高农业生产率。协议实施以后，欧共体实现了自给自足，但是从20世纪80年代末期开始逐渐出现生产过剩的现象。

第二阶段是20世纪90年代初到2002年。20世纪90年代初，大量的农业生产活动导致欧盟农产品生产持续性过剩积压、农业污染严重。同时为了适应国际贸易自由化、市场化的呼声，欧盟在1992年对农业政策进行了改革，着力点转向解决农产品过剩、提高农产品竞争力、促进农村发展等新问题。这一时期欧盟的农业支持体现了三个转变：一是由促进农业生产到解决农产品生产过剩；二是由价格支持转为直接补贴；三是"黄箱"政策开始向"绿箱"政策转换。

第三阶段是2003年以后。2002年7月欧盟委员会提出了进一步改革共同农业政策的建议，并与2003年6月通过了一揽子改革方案。欧盟向农场支付补贴与产量脱钩，一般由农民自主决定种植结构，农业政策目标

---

① 陈辉、黄亚勤："中国农业与美国农业的对比研究"，《经济研究导刊》2013年第19期。

更加强调农产品质量的提高、农村环境的改善以及农业经济的多样化和多功能等几方面①。

(二) 欧盟促进农民增收政策的特点

欧盟是多国结成的共同体,最初的 6 个成员国(比利时、德国、法国、意大利、卢森堡及荷兰)都是农产品的净进口国。欧盟实行共同农业政策,侧重环境保护、食品安全,它的市场化程度很高,国际规则遵守较好,是世界上唯一的三种政策箱都得到充分利用的地区。具体来说,其农业政策特点可以归结为以下两点。

1. 政策箱的充分运用

欧盟的政策箱运用比较充分,从使用情况来看,所有政策箱欧盟都在使用。欧盟"黄箱"政策支持产品的集中程度很高,主要集中在大麦、牛肉、黄油、小麦、白糖和番茄等农产品;而"绿箱"政策使用结构则比较复杂,支持面比较宽,支持重点是农村发展和环境保护;同时欧盟是报告使用"蓝箱"最多的成员,1995—2001 年欧盟"蓝箱"支出平均为212.933 亿欧元,占农业总产值的比重为 9.4%,其做法主要是限产计划下给予农民补贴,主要是按固定面积或者产量提供补贴以及按牲畜的固定头数提供补贴②。2003 年欧盟对农业的支持保护手段从过去的以价格支持为主,转向价格支持、直接补贴、"交叉达标"规定、农村发展等多手段相互协同的"一揽子"支持体系。

2. 对农业保险的高度重视

欧盟国家开办农业保险的历史都较为悠久,其特点是承保面大,开办险种多,执行时采用自愿和强制相结合的原则。德国早在 18 世纪就开办了农作物雹灾保险;德国、法国、瑞典、瑞士等国在 19 世纪就开办了牲畜保险③。欧洲政府通过把资金补给保险机构或者补给投保农民的形式对

---

① 农业部欧盟农业政策考察团:"从英法农业现状看欧盟共同农业政策的变迁",《世界农业》2012 年第 9 期。
② 温皓杰、张领先、傅泽田:"欧盟农业国内支持水平及政策",《世界农业》2008 年第 5 期。
③ 孙蓉、朱梁:"世界各国农业保险发展模式的比较及启示",《财经科学》2004 年第 5 期。

农产品在备耕、种植、管理和销售四个阶段进行保险,与农民分担风险。

三、日本促进农民增收的政策与措施

(一) 日本农业政策的分阶段特征

日本的农业政策分为三个阶段。

第一阶段为20世纪60年代以前,主要是解决阶级矛盾。这一期间最为突出的矛盾表现在地主和佃农之间的阶级对立上,因此政府着力于缓解地主与佃农的紧张关系。在第二次世界大战之前日本政府就开始试图通过建立中央集权性质的农业政策体系来实现这一目的,做法是通过行政主导建立农民团体组织。政府希望通过农民组织化程度的提高,让未加入组织的贫困阶层的佃农成为组合的一员,这样政府就可以通过农民组织更直接地控制农民,有助于自上而下消灭农村内部的阶级斗争,这也直接导致了日本农协的产生。第二次世界大战结束之后,1949年日本政府又通过了《土地改革法》,将土地从地主手中转移到佃农手中。

第二阶段是20世纪60年代—20世纪90年代,实施全面的农业保护政策。第二次世界大战结束后,日本与美国建立战略联盟,开始全面发展工业,工业化和城市化的快速发展导致20世纪60年代日本城乡收入差距不断扩大。于是日本政府在1961年日本制订了《农业基本法》,并开始实行全面的农业保护政策。这一期间主要通过关税、价格支持和农业补贴追求农产品的自给,这一期间,日本也成为世界上农业保护水平最高的几个国家之一[①]。

第三阶段是20世纪90年代之后,逐渐适应国际规则。乌拉圭回合谈判结束后,日本深感国内农业支持政策和管理体制不适应WTO体制下国际贸易自由化的趋势,开始着手调整农业国内支持政策。主要做法是:改革基本法案、减少直接补贴、强化农业基础建设、加强政府的宏观调控,并且开始重视农村的可持续性发展。1999年日本政府颁布的《粮食、农业、农村基本法》就将保障供给、发挥农业多功能性、促进农业可持续

---

① 韩喜平、李二柱:"日本农业保护政策的演变及启示",《现代日本经济》2005年第4期。

发展作为农业发展的重要功能定位。

（二）日本促进农民增收政策的特点

日本人多地少，耕地资源紧缺，农产品严重依赖进口（1984年开始成为世界最大的食品进口国，食品自给率仅为40%），因此日本的农业保护程度较高，其促进农民增收政策特点可以归结为以下几点：

1. 实施全面的农业补贴政策

日本对农业的补贴细致而全面，在日本农林水产省的主页上，可以查找到的补贴项目有470种，这些补贴几乎涵盖了日本农业的各个方面，既有硬件补贴（对机械、设施等的补贴），也有软件补贴（对相关会议、项目的补贴），农民收入的60%以上来自政府补贴。地方政府也会在国家补贴的基础上根据情况提供各种补贴。例如日本政府会对新务农者提供补贴，但是需要年龄45岁以下，岛根县为了提高务农积极性、改善务农环境，从2012年开始对45岁至64岁的新务农者提供每年75万日元的补贴，对国家补贴政策的进行补充。

2. 扶持高效的农业协会组织

日本政府高度重视农协的发展，早在1947年就颁布了《农业协同组合法》，从国家层面对农协的作用目标、法律地位、工作内容、经营管理、组织结构等做了原则性规定。日本农协在发展农村经济，提高农业、农村及农民地位，推进农业现代化等方面起了举足轻重的作用，其服务范围十分广泛，从经营指导、生产资料供应、保险服务到医疗卫生保健和文体活动等，凡是与农村经济和农民生活有关的一切方面，均离不开农协组织的参与。日本农协不用缴纳所得税、营业收益税和营业税，而且还可以得到政府的多项补贴，例如日本农协在建仓库、固定资产投资等方面可以得到政府80%的补贴。

3. 执行严格的贸易保护

日本作为一个资源稀缺国，农业生产的国际竞争力较弱，因此长期以来一直坚持采用严格的贸易保护措施。一是设置技术性贸易壁垒。在农产品进口方面制定了严格的技术标准和复杂的评定程序，以《家畜传染病预防法》、《植物防疫法》、《食品卫生法》、《包装物回收条例》、《废弃物清除条例》等一系列法规和条例为标准对农产品进口的检验检疫、规格包装、污染物残留等方面设置技术壁垒，同时增加进口检测项目，提高技术标准的同时还增加了审查时间①。例如2006年5月开始执行的"食品中残留农业化学品肯定列表制度"一次性新增加了51392个限量，涉及264类食品中的743种化学品残留（在此之前日本农业化学品管理制度仅对186种食品中的255种农业化学品做了规定，涉及限量标准9321个），导致农产品涉及的残留限量标准达到200项左右②。二是实行高关税。2004年，日本农业保护总额的91%是通过高关税实现的，远高于当时世界平均水平的60%、欧盟的53%和美国的35%③。2011年日本农产品简单平均税率为22.8%，农产品税率超过15%的品种为24.1%，其中乳制品平均税率150.6%，谷物及制品平均税率73.4%，均高于世界平均水平④。三是维持扭曲贸易的国内支持。1997年以前日本扭曲贸易的国内支持水平非常高，1995—1995年日本"黄箱"政策支持始终位置在年3万亿日元以上。1998年以后，扭曲贸易的国内支持曾一度下降为5642亿日元，但是近年来又所有恢复，2012年日本所有扭曲贸易的国内支持已经达到9840亿元，超过了1998年的8920亿日元的支持水平[5]。

从美国、日本、欧盟农业国内支持政策特点来看，虽然各国具体做法不同，但有几点比较相似。一是与中国相比立法相对完善；二是农业国内支持仍保持较高的水平；三是农业支持的手段逐步从市场价格支持向生产者直接支付转变，"黄箱"政策逐渐向"绿箱"政策转变；四是越来越注重对环境保护和农村发展等方面的支持。

---

① 齐洪华："日本农产品贸易保护政策的调整及影响和启示"，《北方经贸》2013年第12期。
② 尹小平、王洪会："日本'肯定列表制度'对我国食品贸易的影响及对策"，《经济纵横》2006年第7期。翟印礼、庞辉："肯定列表制度对中日蔬菜贸易的影响"，《农业技术经济》2011年第8期。
③ 陈颂东："日本农业保护的经验值得借鉴"，《财经科学》2008年第2期。
④ 王琦、田志宏："产品关税政策与实施——基于美国、欧盟、印度和日本的案例分析"，《经济研究参考》2013年第19期。

参考文献

[1] 姚桂桂:"美国重农神话与美国农业政策,《西北农林科技大学学报》2010 年第 5 期。

[2] 吕晓英、李先德:"美国农业政策支持水平及改革走向",《农业经济问题》2014 年第 2 期。

[3] 李应春、翁鸣:"日本农业政策调整及其原因分析",《农业经济问题》2006 年第 8 期。

[4] 王世群:"美国农业政策内涵、发展阶段与演化逻辑的探讨",《农业经济》2013 年第 3 期。

[5] 朱满德、江东坡、徐雪高:"WTO 国内支持规则下的日本农业政策调适",《农业经济问题》2016 年第 6 期。

[6] 庄丽娟、王林:"我国与发达国家农业贸易政策的比较",《农村经济》1995 年第 8 期。

[7] 潘盛洲:"农业保护政策的比较研究",《农业技术经济》1998 年第 5 期。

[8] 褚浩:"19 世纪后期美国贸易保护政策研究",复旦大学博士毕业论文,2009 年。

[9] 冯继康:"美国农业补贴政策:历史演变与发展走势",《中国农村经济》2007 年第 3 期。

[10] 王维芳:"多哈回合背景下美国农业保护政策分析",《国际贸易问题》2008 年第 10 期。

[11] 彭超、潘苏文、段志煌:"美国农业补贴政策改革的趋势:2012 年美国农业法案动向、诱因及其影响",《农业经济问题》2012 年第 11 期。

[12] 李霞:"美国、德国生态农业法律制度建设及对中国的启示",《世界农业》2015 年第 8 期。

[13] 徐雪、夏海龙:"发达国家农业补贴政策调整及其经验借

鉴——基于欧盟、美国、日本的考察"，《湖南农业大学学报》2015年第3期。

[14] 李万君、李艳军："美国农业补贴政策演变及对我国的启示"，《农业现代化研究》2014年第3期。

[15] 陈辉、黄亚勤："中国农业与美国农业的对比研究"，《经济研究导刊》2013年第19期。

[16] 农业部欧盟农业政策考察团："从英法农业现状看欧盟共同农业政策的变迁"，《世界农业》2012年第9期。

[17] 温皓杰、张领先、傅泽田："欧盟农业国内支持水平及政策"，《世界农业》2008年第5期。

[18] 孙蓉、朱梁："世界各国农业保险发展模式的比较及启示"，《财经科学》2004年第5期。

[19] 韩喜平、李二柱："日本农业保护政策的演变及启示"，《现代日本经济》2005年第4期。

[20] 齐洪华："日本农产品贸易保护政策的调整及影响和启示"，《北方经贸》2013年第12期。

[21] 尹小平、王洪会："日本'肯定列表制度'对我国食品贸易的影响及对策"，《经济纵横》2006年第7期。

[22] 翟印礼、庞辉："肯定列表制度对中日蔬菜贸易的影响"，《农业技术经济》2011年第8期。

[23] 陈颂东："日本农业保护的经验值得借鉴"，《财经科学》2008年第2期。

[24] 王琦、田志宏："产品关税政策与实施——基于美国、欧盟、印度和日本的案例分析"，《经济研究参考》2013年第19期。

我国农业对外直接投资是否存在生产率悖论[*]

——基于2005—2014年省级面板数据的实证分析

张 振 马永良

内容提要：基于2005—2014年我国省级层面农业对外直接投资的面板数据，分别运用普通最小二乘法、弱工具变量更不敏感的有限信息最大释然法（LIML）及差分矩估计方法（GMM）对影响农业对外直接投资的因素进行了实证研究。通过研究得出：生产率是农业对外直接投资的关键影响要素。这一结论与当前的异质性贸易理论关于生产率是企业开展对外直接投资的决定因素的结论是一致的，我国农业领域的对外合作不存在生产率悖论；农业对外直接投资尚未产生滞后影响，前期的对外直接投资对当期的对外直接投资没有产生带动作用；产业规模优势、政府的参与程度和政策支持是影响农业企业开展对外直接投资的重要因素，企业产业集聚对农业企业对外直接投资没有产生积极作用。据此，从企业层面和政府视

---

[*] 基金项目：马克思主义理论研究和建设工程2015年度重大项目"加快农业现代化建设与'三农'问题研究"；国家自然科学基金71573257；农业部2016年法制建设与政策调研项目"农业对外直接投资对我国产业结构影响研究"；农业部2016年国际交流与合作项目"农业走出去智库建设"。

角提出了具体应对政策与建议。

一、引言

解决13亿人口的吃饭问题,始终是治国理政的头等大事。我国是一个人均资源稀缺国,近年来,农产品刚性需求增长和水土资源短缺的矛盾日益凸显,国内农业生产成本迅速攀升,大宗农产品价格普遍高于国际市场,而支持与补贴政策已经触及WTO框架下的"微量允许"政策的天花板,我国农业产业的竞争力面临严峻挑战。在这种困境下,加快农业对外直接投资(Outward Direct Investment,下简称ODI),既有利于国内农业供给侧结构性改革,又有利于提高不发达国家粮食产量提升全球粮食安全水平。2002年,国家提出走出去战略以来,我国非金融类对外直接投资迅猛发展,2014年非金融类对外直接投资总额超过1160亿美元,加上海外收益再投资,总和超过1400亿美元,已经超过了2014年我国利用国际直接投资(FDI)1197亿美元,我国进入了对外直接投资净流出时代,呈现出一种"逆向型"投资特征(黄益平等,2013;何帆等,2013)。那么农业对外直接投资是否也呈现出同样的"逆向型"特征?2006年国家实施农业走出去战略以来,农业对外直接投资逐年增长,截至2014年年底,我国农业ODI企业数量超过1356家,投资区域超过156个国家和地区,2005—2014年我国农业实际利用国际直接投资总额(Agricultural Foreign Direct Investment,AFDI)141.6亿美元,同期我国农业对外直接投资总额为77.18亿美元。农业实际利用外资直接投资总额超出对外直接投资总额一倍多,农业对外直接投资未出现"逆向性"投资特征。同发达国家的ODI相比较,现阶段我国国内产业不具备结构高级化的先决条件和优势,因此,基于发达国家跨国公司的传统理论与我国对外投资的实践存在很大差距。正如Cheung等(2009年)在研究中国企业对外投资动机时指出,中国这样的发展中国家和发达国家企业相比,并不具备传统意义上的所有权优势①。除了传统对外投资理论外,基于企业生产率差异的异质性贸易理论,已成为国际经济理论的学术前沿。Melitz 等在企业异质性假设下通过建立垄断竞争理论模型得出,生产率是企业选择对外直接投资的关键因素②,沿着异质性贸易理论的思路,本文旨在回答生产率是否是影响我国农业企业对外直接投资关键的因素?还有哪些因素对外直接投资产生影响?对于此问题的研究,不仅有助于我们深化认识影响农业企业走出去的因素,也是据此寻找能够加快我国农业企业走出去有效对策的关键。遗憾的是,针对此问题的研究很少,采用面板数据研究该问题的研究更少。

二、农业对外直接投资理论及文献回顾

西方学术界在对外直接投资理论研究划分为两大体系,即对外直接投资微观理论和对外直接投资宏观理论。对外直接投资微观理论是以对外直接投资的行为主体——跨国公司为基本考察对象,从微观层面上研究跨国公司对外直接投资动因、投资流向和投资决策。自从 20 世纪 60 年代西方独立的对外直接投资理论问世以来,长期占据主导地位的是以发达国家尤其是美国跨国公司对外直接投资为研究对象的对外直接投资微观理论,这些理论主要强调跨国公司应具有各种垄断性的优势地位③。按照这种论断,发展中国家的大多数企业都不可能对外直接投资,因为无论从规模、资本、技术水平还是经营管理技能等方面,发展中国家的企业同发达国家企业相比都存在着明显的差距。但事实上,从 20 世纪 80 年代起,发展中国家的大、中、小企业都分别走上了跨国经营之路,有些企业还直接投资发达国家。这种现象引起了西方学者的极大关注。在西方学术界,对于是否需要新的理论来解释发展中国家对外直接投资这一问题存在着不同看

---

① Cheung Y., X. W. Qian. The Empirics of China's Outward Direct Investment [J]. *Pacific Economic Review*, 2009, 3: 312 - 41.

② Melitz, S. R. Yeaple. Export versus FDI with Heterogeneous Firms. *American Economic Review*, 2004, 94(1): 300 - 16.

③ Bldwin, E. M. Labor Immigration and Labor Markets in the GCC Countries: National Patterns and Trends [R]. Kuwait Programmed on Development, Governance and Globalization in the Gulf States, Nuber 15, March, 2011.

法。一些经济学家如邓宁、巴克莱、卡森等人认为,主流对外直接投资理论对发展中国家对外直接投资仍然具有很强的解释力。另一些学者如威尔斯(L. T. Wells)、拉奥(S. Lall)、坎特威尔(J. Cantwell)和托兰惕诺(P. E. E. Tolentino)等人则不满足于以往的分析模式,认为应该从发展中国家技术积累的演变过程对发展中国家对外直接投资进行研究,提出了小规模技术理论、技术地方化理论和技术创新产业升级理论等。还有一些学者从新的角度阐述对外直接投资的决定因素,提出了投资诱发要素组合理论。近年来我国学者对农业对外直接投资的研究主要分为以下三个方面:

(一) 农业走出去整体战略方面的研究

未来为确保我国农业安全,需要推进农业走出去和市场多元化战略(万宝瑞,2015)。农业对外直接投资对我国产业转型升级、出口业绩改善、国民收入提高、就业机会增加等方面带来积极影响,要加快实施走出去战略(宋洪远,2012)。我国农业走出去战略,涉及国家利益、双边关系、区域发展等政治、经济、贸易和社会领域的重要方面(王为农,2012),不仅能够有效突破我国农业发展的资源约束瓶颈,摆脱国际农业跨国公司的垄断,而且还能够充分发挥我国外汇储备优势,确保我国农产品的有效供给(谭砚文,2011)。从国家粮食安全角度来说,必须把保障国家粮食安全、主要农产品有效供给和平抑国内农产品价格作为农业走出去的目标任务,并且在开放经济条件下,合理利用国际农业资源,有利于实现粮食供求紧平衡,规避粮食安全风险,促进粮食品种多元化和提高粮食产品质量,提高粮食安全的综合保障能力(张志彬,2014),同时,当前也有必要走向国际农业产业链的高端,实现全球视角下的"国家食物链安全"(倪国华,2014)。从我国农业走出去阶段来看,陈伟(2014)研究认为当前中国农业对外直接投资还处于对外投资净额为负、绝对数额逐渐扩大的投资发展周期理论五个阶段中的第二个阶段;中国农业走出去正面临着从尝试摸索期向拓展扩张期过渡,表现出主体逐渐多元、投资趋向集群化、动机更加明确、决策更加稳重的特点(徐明等,2015)。正是由于我国农业走出去还在初级阶段,程国强(2014)提出从进口多元化、境外农业投资、新型农业合作以及战略贸易、全球交易中心的"五位一体"战略构建全球农业战略的基本框架。

（二）农业走出去问题对策研究

当前，我国农业走出去存在很多问题，比如缺乏对全球农业资源利用战略的顶层设计和总体规划、不能基于全球视野审视粮食生产资源、建立国家粮食安全保障机制①，再加之国际投资环境不宽松、国内支持政策体系不完善和政府管理与服务不到位（翟雪玲，2006），制约了走出去的健康发展。面对这些问题，我们需要借鉴美国、日本以及法国等发达国家第二次世界大战以后在对外农业经济合作方面的机制建设和做法（蔡亚庆，2011），比如日本在发展过程中，采取了"确保稻米主粮自给+小麦和饲料粮进口依赖+海外农业拓展"的粮食战略，施以巨额补贴生产和高关税限制进口以确保稻米主粮自给、粮食储备制度化，通过官民协力的投资模式积极发展海外农业投资，支持农业企业渗入主要产粮国和全球粮食供应网络等政策（何安华，2014）。农业走出去要根据"立足周边、深耕南美、巩固非洲、放眼全球"的战略布局，建立全球产业链，健全供应链，完善服务链（金三林，2015）。依据国内外形势变化，大豆、棕榈油、食糖、木薯、天然橡胶、水产业、农产品加工业等行业应该是当前中国农业优先走出去的行业。王琦等（2016）总结归纳了境外农业园区建设与发展概况，认为境外农业园区建设是农业走出去的重要方式之一，应积极引导园区建立开放型招商机制，提升园区内企业的产业化水平，形成产业链配套，带动区内企业集群式发展。在政策支持方面，王镭（2014）提出需要借鉴发达国家的经验，在金融方面支持农业走出去，加强融资、保险和金融服务对企业的支持②，张晨（2015）认为金融服务支持农业走出去在信贷支持力度、中间业务、股权融资、信用保险、汇兑结算等方面仍存

---

① 程国强、朱满德："中国农业实施全球战略的路径选择与政策框架"，《改革》2014 年第 1 期。

② 王镭、张洁："国外金融支持农业'走出去'的经验分析与借鉴"，《中国农业信息》2014 年第 9 期。

在诸多不足，需要构建一个多层次、宽领域、逐步推进的金融服务支持体系，提供针对性强的差异化金融服务支持。杨光（2014）分析了涉及我国农业企业的税收相关法律法规后认为，当前税收政策的支持范围和力度都还不够，建议建立完善适用中国农业走出去税收优惠政策，以深化中国农业国际合作。在对外资金投入方面，陈伟（2014）利用 2003—2011 年的统计数据，选择中国农业的经济发展水平、农产品出口、农业引进外资等 10 个解释变量与中国农业对外直接投资规模之间建立模型进行定量分析。陈秧（2015）分析《农业和粮食系统负责任投资原则》认为，该原则实施将会改善长期投资环境，影响海外农业投资方式，但同时也可能会提高投资准入门槛、增加海外投资成本、加大海外投资不确定性。朱月季（2015）以万宝非洲农业发展有限公司为例，认为中国农业企业走出去必须实施本地化战略，重视技术改进和研发，逐步发展品牌及供应链各环节优化管理等软优势。马述忠（2015）强调组织学习是参与全球农业价值链分工和治理的源头活水，提出基于默会知识学习的全球农业价值链战略嵌入是我国农业现代化的根基。

（三）农业走出去的企业案例研究

农业企业走出去的现状研究发现，中国农业企业走出去主要以租地、购地和直接农业种植为主，走出去企业不仅受限于自身能力缺失，还受到国内体制和政策限制以及东道国政策环境制约[①]。宋洪远（2014）对山东、浙江、广西和黑龙江 4 省 36 家企业对外农业投资的案例研究，从企业自身、国内政策、支持服务体系、国外投资环境等四个方面分析了我国企业对外农业投资面临的问题和障碍[②]。何君等（2014）以淡马锡公司和泰国正大集团在吉林省进行农业投资为例，分析了如何深入推动中国农业"走出去"并有效实现"走进去、走上去"的过程。张秀青（2014）研究

---

① 仇焕广："我国农业企业'走出去'的现状、问题与对策"，《农业经济问题》2013 第 11 期。

② 宋洪远、张红奎："我国企业对外农业投资的特征、障碍和对策"，《农业经济问题》2014 年第 9 期。

国际四大粮商的核心运作模式概括为"三化":纵向一体化、横向一体化和运营金融化,中国企业需要从中借鉴学习。吕东辉等(2015)对中粮与 ADM、邦吉的经营模式进行比较研究,提出了中粮利润改进的方向。需要注意,一些农业跨国公司会对农业国际化所产生负面影响,主要体现在以不正当竞争方式损害农业国际贸易公平性、损害驻在国农业产业自主发展、跨国转嫁经营风险(尹成杰,2010)。李保花(2014)以袁隆平农业高科技股份有限公司为例,分析了企业采取参与政府援助、开展对外科研项目、进行技术培训和成立合资公司的方式"走出去",张政伟等(2015)以万宝粮油有限公司投资莫桑比克农业为例,总结出紧密利益共同体、全球配置资源、产业化经营和混合所有制这四条宝贵经验。刘靖(2015)以坦桑尼亚某中资国有企业的调查为基础,提出了海外国有企业在运营中面临的两大困境:经济效益与国家利益冲突的困境、"找法院"与"找政府"的选择困境。

综上所述,关于农业走出去的理论、问题对策及案例研究,学术界已经进行了较为有益的探讨,但是从构建理论分析模型,运用实证数据研究农业对外直接投资和生产率关系的实证研究及影响因素还很薄弱。鉴于此,本文着重考虑生产率是否是我国农业企业走出去的关键因素,同时纳入更多影响农业企业走出去的可能因素作为控制变量,实证分析各影响因素之间的关系,所得的结论可能更具有普遍意义。

三、模型和数据说明

(一) 理论模型

基于地区层面的面板数据,构建计量模型,回答生产率是否是影响中国农业企业对外直接投资最关键的因素?模型的被解释变量为农业对外投资流量,农业生产率为关键解释变量,尽管影响对外直接投资的因素而言,以往的实证研究中对解释变量选择存在不同[①],在影响对外直接投资

---

① 戴翔:"中国企业'走出去'的生产率悖论及其解释——基于行业面板数据的实证分析",《南开经济研究》2013 年第 2 期。

因素上，发达国家和发展中国家的投资理论存在差异①，考虑到分析的稳健性，研究中还纳入如下控制变量。

1. 行业出口规模变量

投资发展周期理论认为，发达国家企业通常按照先出口再投资的发展路径开展对外合作（谢杰等，2011；李磊等，2012）。但有些学者研究发展中国家时发现，一国对外直接投资和产品出口之间存在替代关系（Dunning, J., 2011）。学者们的研究表明农产品出口规模和农业对外直接投资之间存在关系，但农产品出口对我国农业对外直接投资是否具有"投石问路"的作用，值得进一步研究。为此，拟将此变量纳入计量模型中作为控制变量。

2. 产业规模优势变量

通常来讲企业进行对外直接投资一般会考虑市场内部化优势（Internalization）（Buckley等，1976）和行业的外部规模经济优势，裴长洪（2011）认为行业的外部规模经济可以为该行业内的企业提供"可共享"的优越环境。模型中纳入产业规模优势作为控制变量。

3. 产业集聚变量

波特研究国家竞争优势时指出，企业成功国际化的重要基础源于产业集聚的竞争优势。有竞争力的产业整体参与国际竞争，能够弥补单个企业在经营、规模、技术等上的不足（戴翔，2013），从行业集中度的角度看，我国不同区域农业走出去的侧重点不同，形成了诸多走出去模式，有的区域形成了抱团出海的模式，这种利用集群效应形成自我加强的所有权优势，对企业走出去形成了一种可依托的优势。鉴于模型的稳健性，拟纳入反映企业所在行业的地区专业化程度指数以及企业所在行业的集中度指数。

4. 政府参与程度及政策支持变量

前述文献中指出，发展中国家在对外投资过程中，尤其是农业对外投资过程中，因农业产业投资周期长、见效慢、风险因素多，往往在发展的

---

① 仇怡："对外直接投资的国际比较"，《统计与信息论坛》2004年第5期。

过程中，需要国家的顶层设计和政策支持，日本、韩国等国家在农业对外投资的初期，往往制定针对性较强的金融、财政、税收、保险等政策，扶持本国企业开展农业对外投资活动。国际生产择中理论认为所有权优势是企业开展对外直接投资的必要条件，无论是发达国家还是发展中国家，在开展对外投资活动时，嵌入国家意志和意愿的企业便是政府实施走出去的载体，国有企业在开展对外合作过程中，更易获得国家资源，相比其他企业更具有消除信息不对称带来的投资失误，这些企业先天具备了走出去的所有权优势。模型中拟纳入政府意志及政策支持变量作为控制变量。

考虑到前期农业对外直接投资可能会对当期农业对外直接投资产生影响，模型将纳入农业对外直接投资滞后一期变量。本文假设各地区在开展农业对外直接投资过程中国外所遇到的政治风险、汇率风险等是同质的，在此前提下构造以生产率为基础变量的理论模型。

$$AODI_{j,t} = \beta_0 + \beta_1 AODI_{j,t-1} + \beta_2 Effic_{j,t} + \lambda C_{i,t} + \mu_{j,t} \tag{1}$$

下标 j 表示地区，t 代表年份，AODI 表示农业对外直接投资变量，Effic 表示地区层面的农业生产效率，C 是其他控制变量，主要包括行业出口规模变量 EXPO，产业规模变量 SCAL，产业集聚变量 AGGL，政府参与度及政策支持变量 GOVP，μ 为误差项。

（二）指标测度与数据说明

本文基于 31 个省级层面的面板数据，实证分析生产率是否是影响我国农业对外直接投资的决定因素，作为因变量的农业对外直接投资水平可用农业对外直接投资存量（ODI）进行表示。本文的关键自变量用人均农林牧渔业增加值（AAGDP）来替代，它是农林牧渔业增加值同农林牧渔业就业人数之比。作为控制变量的行业出口规模变量，采用各地区农产品出口总值。为了使模型模拟结果更科学和稳健，产业规模优势指标选取各地区农林牧渔业增加值。产业集聚变量具体指企业所在地区专业化程度指数，采用区位熵指数进行表示，该指数是反映不同区域各产业相对规模优势的重要指标，计算公式为：

$$AGGL_{ij} = \left(\frac{q_{ij}}{q_j}\right) \bigg/ \left(\frac{Q_{ij}}{Q_j}\right) \tag{2}$$

其中 q_{ij} 是 j 地区 i 产业的增加值或就业人数；q_j 是地区所有产业总增加值或就业人数；Q_{ij} 为全国 i 产业增加值或就业人数；Q_j 是全国总增加值或就业人数。

财政农林水事务支出占 GDP 的比重作为政府参与程度及政策变量，政府的参与程度和政策支持主要表现在财政补贴、低息贷款、项目投资等方面，均会增加政府支出。

囿于数据的可获得性，农业对外直接投资流量和存量数据来源商务部对外投资和经济合作司数据库及农业部对外经济合作中心的监测数据库，农林牧渔业增加值、农林牧渔业就业人员、地区 GDP、地区农产品出口总值、农林牧渔业全社会固定资产投资额、地方财政农林水事务支出、农林牧渔业就业人员年平均工资等指标来源于 2005—2015 年《地区统计年鉴》、《中国统计年鉴》、《中国农业统计年鉴》及国研网数据库整理计算得出，农业企业产业集聚数据根据公式（2）计算得出。各关键变量的描述性统计见表 1，由于我国 2003 年才开始建立农业对外投资统计制度，2006 年才正式提出农业走出去战略，考虑数据的可得性和关键时点，本文研究时间段为 2005 年至 2014 年。

表 1　　主要指标及数据来源

变量名称	单位	指标	数据来源
农业对外直接投资存量	亿美元	AODI	商务部对外投资和经济合作司数据库及农业部对外经济合作中心监测数据库
农林牧渔增加值	亿元	SCAL	《中国农村统计年鉴》（2005—2015 年）
农林牧渔业就业人员	万人	AJOB	各省、自治区、直辖市统计年鉴（2005—2015）
地区国内生产总值	亿元	ZGDP	各省、自治区、直辖市统计年鉴（2005—2015 年）
国内生产总值	亿元	GDP	中国统计年鉴（2005—2015 年）
农产品出口额	千美元	EXPO	中国农业年鉴（2005—2015 年）

续表

变量名称	单位	指标	数据来源
农林牧渔业城镇就业人员平均工资	元	WAGE	国家统计局数据库
农林牧渔业固定资产投资	亿元	ZFTZ	中国农业年鉴（2005—2015 年）
地方财政农林水事务支出	亿元	AGCZ	《中国农村统计年鉴》（2005—2015 年）及全国地县市财政统计年鉴（2005—2015）

四、实证结果与分析

为考察实证结果的稳健性，首先运用静态面板估计方法，主要运用普通最小二乘法、两阶段最小二乘法和弱工具变量更不敏感的有限信息最大释然法（LIML）；然后再使用差分矩估计方法（GMM），对动态面板数据模型进行估计，为降低异方差，计量数据均作了取对数处理。

（一）静态面板数据实证结果

由于同一地区不同时期之间的扰动项一般存在自相关，若采用普通标准差计算方法，其假设扰动项为独立同分布，会导致估计不准确，在估计时我们使用地区为聚类变量的聚类稳健标准差，从而提高估计的准确性。根据豪斯曼检验结果，拒绝原假设，采用随机效应模型。表2中第1—6列报告的是运用普通最小二乘法实证结果。为检验模型的稳健性，考虑到生产率是研究的关键变量，我们首先将其作为基础变量，然后再逐个纳入其他控制变量进行回归。表2第1列是将生产率作为解释变量的回归结果。结果表明，生产率的系数估计值为正，并且在1%的显著性水平下对农业对外直接投资产生显著影响，这说明在农业企业的对外投资方面不存在生产效率悖论，生产效率高的企业越具有开展对外投资的可能性。这一结果不同于戴翔等（2013）实证分析工业企业对外投资的研究，可能的原因：戴翔使用的全国层面的宏观面板数据，行业间存在较大异质性，与本文仅研究农业对外直接投资存在很大不同。

比较与借鉴

产业规模优势（Scal）、政府参与程度与国家政策支持变量（Govp）的估计系数为正，并且在1%的显著性水平下对我国农业对外直接投资具有显著影响，这一结论符合我们的假设和现有经济理论，结果表明产业规模优势对农业走出去企业具有促进作用，农业的外部规模经济可以为企业提供"可共享"的优越环境；国家的参与程度和政策支持对农业走出去企业具有推动作用。农产品出口规模（Expo）、农业企业产业集聚（AG-GL）的系数估计为负，农产品出口规模在5%的显著性水平与我国农业对外直接投资之间存在负相关关系，农业企业产业集聚在1%的显著性水平下，对农业对外直接投资产生显著影响。结果表明：我国农产品出口和农业对外直接投资之间存在替代效应，这与当前贸易壁垒盛行，保护主义抬头，导致企业出口困难的现状吻合，我国农业对外直接投资是以市场寻求型①为主，是服务于农产品贸易扩张的对外直接投资②；本文运用反映外部经济的地区专业化程度来代表产业集聚，结果表明农业产业还没能形成集聚效应，我国农业企业在国际分工中还处于"微笑曲线"的底部，国际农业产业链条尚未形成。

表2　　　　　　　　　　　静态面板数据随机效应回归结果

因变量	农业对外直接投资（AODI）									
自变量	①OLS	②OLS	③OLS	④OLS	⑤OLS	⑥LIMI	⑦LIMI	⑧LIMI	⑨LIMI	⑩LIMI
生产效率	0.9677 ***	0.9171 ***	0.9229 ***	0.9431 ***	.9395 ***	.8850 ***	.7445 ***	.5509 ***	.4984 ***	.6064 ***
（Effic）	(0.0023)	(0.0073)	(0.0078)	(0.0082)	(.0092)	(0.0416)	(0.0146)	(.0813)	(.2522)	(.0583)
规模优势	—	0.2262 ***	0.2348 ***	0.3632 ***	.3885 ***	—	.8918 ***	.6325 ***	.1828 ***	.9203 ***
（Scal）		(.0305)	(.0317)	(0.0386)	(0.0495)		(.0176)	(.0881)	(.3692)	(.0496)
出口规模	—	—	-.0099 **	-0.0014 *	-.0016 *			-0.0287 *	-.0531 **	-.0668 **
（Expo）			(0.0063)	(0.0062)	(0.0063)			(.0072)	(.0068)	(.0420)

---

① 经典对外直接投资理论认为企业进行国际投资时往往出于四个基本动机（Vernon，1966；Buckley，2007；Cross Voss，2008；Dunning，1992，2009，2012）：市场寻求型、自然资源获取型、效率获取型（降低成本型）、战略性资产获取型（技术获取型）（Dunning，1994）。

② 陈伟："中国农业对外直接投资发展阶段及关键因素实证研究"，《农业技术经济》2014年第11期。

续表

因变量	农业对外直接投资（AODI）									
自变量	①OLS	②OLS	③OLS	④OLS	⑤OLS	⑥LIMI	⑦LIMI	⑧LIMI	⑨LIMI	⑩LIMI
政府参与度及政策（Govp）	—	—	—	0.0620 ** (0.0109)	.0647 * (.0121)	—	—	—	.1730 * (.1038)	.0583 ** (.0287)
产业集聚（Aggl）	—	—	—	—	-.0185 ** (.0590)	—	—	—	—	-.4926 ** (.0890)
常数项	6.4990 *** (.1908)	5.2125 *** (.1900)	5.2554 *** (.1898)	4.8221 *** (0.2000)	4.6974 *** (.2441)	6.8539 *** (.1878)	1.5301 (.1246)	.4551 * (.3624)	.2571 * (.0750)	.4593 ** (.2738)
判决系数 R^2	0.7877	0.8679	0.8678	0.8818	0.8862	0.7859	0.9745	0.9504	0.8789	0.9762
样本观测数	341	341	341	341	341	341	341	341	341	341

注：估计系数下括号内为系数的标准误，其中 ***、** 和 * 表示 1%、5% 和 10% 的显著性水平。

考虑到使用最小二乘估计方法对静态短面板数据进行回归会存在内生性问题，生产效率与农业对外投资可能互为影响，估计结果可能出现不一致和有偏。为此，我们进行了豪斯曼检验①：

$$chi2(1) = (b - B)'[(V\_b - V\_B)^{(-1)}](b - B) = 7.71$$

$$Prob > chi2 = 0.0055$$

检验结果表明，可以在 1% 的显著性水平上拒绝"所有解释变量均为外生"，需要进一步运用两阶段最小二乘法及弱工具变量更不敏感的有限信息最大释然法②（LIML）对模型进行重新估计。本文借鉴戴翔（2013）采用行业层面的员工平均工资的方法，一般工资水平对生产率具有较好的

---

① Jeffrey M. *Wooldridge*. Introductory Econometrics：A Modern Approach 4th. South Western Educational Publishing；International edition，2008：548 – 552.

② 限于文章篇幅，运用两阶段最小二乘法得到的估计系数同弱工具变量更不敏感的有限信息最大释然法（LIML）的回归结果非常接近，为了稳健期间，本文仅给出了弱工具变量更不敏感的有限信息最大释然法（LIML）的回归结果。

解释力，与企业开展对外直接投资不一定具有必然关系。与采用最小二乘法估计相同，首先以生产效率为基础变量，然后在加入其他控制变量进行估计。

表2第6—10列的回归结果表明，在1%的显著性水平下，生产率对农业对外直接投资产生了显著的正向影响。将运用普通最小二乘法和运用两阶段最小二乘法及弱工具变量更不敏感的有限信息最大释然法（LIML）的回归结果对比，发现回归结果具有一致性，也就是说运用工具变量有效克服了内生性问题，基础变量生产效率的估计系数和统计特征未发生显著变化，这也进一步说明了估计结果是稳健的，在农业走出去领域，不存在生产效率悖论。其他控制变量，在回归系数和统计显著性也未发生实质变化，产业规模优势、政府参与程度及支持政策统计上显著正向影响农业对外直接投资，这也再一次证实了行业规模优势产生了正的外部性，有效促进农业走出，政府的参与程度和支持政策对农业走出去起到了推动作用；农产品出口规模和产业集聚在统计上显著负向影响农业对外直接投资，这说明农业对外直接投资之间存在替代效应，产业集聚尚未起到促进农业走出去的作用，农业的产业集聚效应仍不明显。

（二）动态面板数据实证结果

为了解农业对外直接投资的动态过程，需要对个体的动态行为进行建模，由于路径依赖的存在，农业对外直接投资当期的行为模型中纳入了滞后一期的农业对外直接投资变量，但纳入前期变量后模型回归会出现内生性问题。为有效克服内生性问题，解决可能存在的异方差，提升估计的效率，采用差分GMM估计方法对模型进行估计。表3给出了以生产效率和农业对外直接投资滞后一期为基础变量，依次纳入生产效率、产业规模优势、产品出口规模、政府参与程度及支持政策、产业集聚等变量的回归结果。

动态面板回归结果表明：基础变量生产率，在1%的显著性水平下，对农业对外直接投资产生了正向影响，纳入其他控制变量后，其显著性依然未变，这与静态面板数据的回归结果具有一致性，说明我国农业对外直

表3　　　　　　　　　　动态面板回归结果（GMM）

因变量	农业对外直接投资（AODI）				
自变量及控制变量	（1）GMM	（2）GMM	（3）GMM	（4）GMM	（5）GMM
AODI（-1）	-0.0272** (0.0098)	-0.0362** (0.0182)	-0.0369** (0.0170)	-0.0146* (0.0118)	-0.0169* (0.0153)
生产效率（Effic）	0.9908*** (0.0071)	0.9908*** (0.0079)	0.9898*** (0.0078)	0.9876*** (0.0073)	0.9880*** (0.0077)
规模优势（Scal）	—	0.0358* (0.0527)	0.0372* (0.0572)	0.0379* (0.0673)	0.0427* (0.0625)
出口规模（Expo）	—	—	—	-0.0423* (0.0305)	0.0419* (0.0269)
政府参与度及政策（Govp）	—	—	0.0008* (0.0044)	0.0095* (0.0032)	0.0039* (0.0028)
产业集聚（Aggl）	—	—	—	—	-0.0353 (0.0457)
常数项	6.6955*** (0.2503)	6.5357*** (0.3109)	6.4749*** (0.2899)	6.4815*** (0.3749)	6.4696*** (0.3438)
样本观测数	279	279	279	279	279
Sargan检验	27.0512 (0.2538)	27.2088 (0.2472)	27.9449 (0.2179)	28.0402 (0.2143)	27.6067 (0.2310)

注：估计系数下括号内为系数的标准误，其中***、**和*表示1%、5%和10%的显著性水平。

接投资不存在生产效率悖论，生产效率对农业对外直接投资产生重要作用。作为基础变量的农业对外直接投资滞后一期变量，在5%显著性水平下，对当期农业对外直接投资产生了负向作用，这与我们的预期不吻合，这也许是因农业投资大、周期长、回报慢的特征造成的，这说明了企业进行前期投资仍存在诸多困难。控制变量产业规模优势、政府参与度及支持政策对农业对外直接投资具有显著的正向影响，农产品出口与农业对外直接投资具有替代关系，这也进一步说明我国农业对外投资企业主要是市场寻求型，具有服务农产品贸易扩张的作用。

五、主要结论及建议

加强我国农业企业在国际农业价值链中的成本和价格优势,提升我国农业企业配置全球农业资源的能力是加快推进供给侧结构性改革,提高我国粮食和重要农产品保障能力、提升我国农业国际竞争力和话语权的重要手段。对于我国农业企业对外直接投资影响因素的研究正成为学术界研究的热点。本文基于2005年至2014年我国省级层面农业对外直接投资的面板数据,结合运用普通最小二乘法、弱工具变量更不敏感的有限信息最大释然法(LIML)对静态面板数据进行了计量分析,然后运用系统差分矩估计方法(GMM),对动态面板数据模型进行实证分析。研究得出,生产效率是农业对外直接投资的关键影响要素,这一结论与当前的异质性贸易理论关于生产率是企业开展对外直接投资的决定因素的结论是一致的,我国农业领域的对外合作不存在生产率悖论;产业规模优势是影响农业企业开展对外直接投资的重要影响因素,行业的规模优势可为走出去企业带来正的外部性;农产品出口规模的变化同农业对外直接投资之间具有显著的替代性,这说明我国农业企业开展对外直接投资主要仍是市场寻求型;政府的参与程度和政策支持对农业企业开展农业对外直接投资具有显著的正向影响;企业产业集聚对农业企业对外直接投资没有产生积极作用,说明我国农业企业的集聚效应还很低,全产业链的企业集群还未形成;农业对外直接投资尚未产生滞后影响,前期的对外直接投资对当期的对外直接投资没有产生带动作用,这也许是因农业投资大、周期长、回报慢的特征造成的,这说明了企业进行境外前期投资仍存在诸多困难。

鉴于此,企业苦练内功是关键,在农业对外直接投资方面切记盲目走出去,开展农业对外直接投资的企业要不断提升自身生产效率。同时,政府要加快构建动态顶层设计,抓紧制定全国和区域层面的农业对外直接投资规划,建立走出去公共信息平台降低企业信息不对称,鼓励企业抱团出海,发挥行业的规模优势,加强境外农业示范园区建设,扶持企业打造全产业链运营的商业运作模式①。针对农业境外投资大、周期长、回报慢的特征，要构建财政、税收、金融、保险、出入境等一揽子支持政策体系②，此外，要加快推进农业对外直接投资立法工作，扩大在国际规则新体系构建过程中的话语权，尤其是在关于"负面清单"的国际惯例形成，以及"竞争中立"的执行细则中，为我国农业企业开展对外直接投资争取更便利的环境。

参考文献

[1] Cheung Y., X. W. Qian. The Empirics of China's Outward Direct Investment [J]. *Pacific EconomicReview*, 2009, 3: 312-41.

[2] Melitz, S. R. Yeaple. Export versus FDI with Heterogeneous Firms. *American Economic Review*, 2004, 94 (1): 300-16.

[3] Bldwin, E. M. Labor Immigration and Labor Markets in the GCC Countries: National Patterns And Trends [R]. Kuwait Programmed on Development, Governance and Globalization in the Gulf States, Nuber 15, March, 2011.

[4] 程国强、朱满德："中国农业实施全球战略的路径选择与政策框架"，《改革》2014年第1期。

[5] 王镭、张洁："国外金融支持农业'走出去'的经验分析与借鉴"，《中国农业信息》2014年第9期。

[6] 仇焕广："我国农业企业'走出去'的现状、问题与对策"，《农业经济问题》2013第11期。

[7] 宋洪远、张红奎："我国企业对外农业投资的特征、障碍和对策"，《农业经济问题》2014年第9期。

---

① 余官胜："民间借贷与企业对外直接投资——理论机理与实证检验"，《统计与信息论坛》2015年第10期。
② 殷书炉、张瑜、邱立成："国际资本流动、对外贸易和金融发展对新兴经济体全要素生产率的影响"，《统计与信息论坛》2011年第5期。

[8] 戴翔:"中国企业'走出去'的生产率悖论及其解释——基于行业面板数据的实证分析",《南开经济研究》2013年第2期。

[9] 仇怡:"对外直接投资的国际比较",《统计与信息论坛》2004年第5期。

[10] 陈伟:"中国农业对外直接投资发展阶段及关键因素实证研究",《农业技术经济》2014年第11期。

[11] Jeffrey M. Wooldridge. *Introductory Econometrics*: *A Modern Approach 4th.* South Western Educational Publishing; International edition, 2008: 548 – 552.

[12] 余官胜:"民间借贷与企业对外直接投资——理论机理与实证检验",《统计与信息论坛》2015年第10期。

[13] 殷书炉、张瑜、邱立成:"国际资本流动、对外贸易和金融发展对新兴经济体全要素生产率的影响",《统计与信息论坛》2011年第5期。

国际合作社联盟原则演变及对我国发展联合社的启示

谭智心

内容提要：国际合作社联盟原则的演变顺应了世界政治经济格局的变化和时代背景的变迁，对我国现阶段发展农民合作社联合社具有重要的借鉴意义。作为当今世界人口最多的发展中国家，在推进合作社联合社的发展实践时，要充分认识到"合作社之间的合作"是合作社发展的必然，"民主控制"应该成为我国发展联合社的核心组织原则，要妥善处理好资本和"人和"之间的关系、体现联合社的自治和自立，并以联合社为组织载体实现更多的服务功能。

国际合作社联盟（International Cooperative Alliance，ICA），1895年在英国伦敦成立，是世界上成立最早的合作社国际组织，也是全球最大的独立非政府性国际组织。目前拥有来自96个国家的258个会员组织，代表了全球10亿多合作社社员。该联盟是1946年首批获得联合国经济与社会理事会咨询地位的41个非政府组织之一，成员组织涉及农业、消费、银行、信贷、保险、工业、能源、渔业、住房、旅游等行业。从某种程度上说，国际合作社联盟是世界合作社运动的代言人，联盟的发展演变代表了世界合作社运动的发展方向。

一、国际合作社联盟的成立与发展

(一) 国际合作社联盟的成立

现代合作经济思想起源于早期的空想社会主义思潮[①]。19 世纪初期，欧文、圣西文、傅立叶等空想社会主义者进行了试图改造资本主义社会的"合作公社"实验，虽然实验没能获得成功，但合作经济思想却在社会上产生了很大影响，并在当时的西欧流行起来。1843 年，英国北部小镇罗虚代尔的一个法兰绒纺织厂，由于工作条件十分恶劣、工资很低，工人们无法忍受食品和家庭用品的高昂价格，于是开展了要求增加工资的罢工斗争。当罢工被镇压后，次年（1844 年）的 12 月 21 日，该厂的 28 位纺织工人发起成立了第一家具有现代合作社特征的日用品消费合作社，取名"罗虚代尔公平先锋社"（Rochdale Society of Equitable Pioneers），揭开了现代合作社运动的序幕。由于罗虚代尔公平先锋社从一开始就将目标定位于供应社员生活用品、减轻商业的中间盘剥、改善社员的家庭生活状况和社会地位，而不是像欧文等空想社会主义者那样强调公有制、试图改造当时的社会形态，所以罗虚代尔公平先锋社获得了成功。建社 1 年后（1845 年），社员人数扩大到 80 人。1851 年，合作社开办了面粉厂，1855 年又开办了纺织厂。到该社建社 100 周年（1944 年）时，社员人数已经发展到 3.2 万人，年销售额达到 200 万英镑，拥有 100 多个分支机构和多处规模宏大的工厂。该社制定的一套切实可行、公平合理的办社原则，即"罗虚代尔原则"，成为国际合作制度的经典原则，为后来的国际合作运动奠定了坚实的基础。

罗虚代尔公平先锋社的成功，成为各国纷纷效仿和宣传的对象，世界合作社运动蓬勃发展起来。随着合作社思想的广泛传播，合作社运动的国际交流需求越来越强烈，建立合作社国际组织的条件也日趋成熟。19 世纪 80 年代，正是欧洲合作社运动大发展的时期，在 1886 年召开的英国合

[①] 这种学说最早见于 16 世纪托马斯·莫尔的《乌托邦》一书，盛行于 19 世纪初期的西欧。

作社大会上，法国代表布瓦弗提出建立国际合作社联盟的建议。同时，法国、德国、意大利等国召开的合作社大会也提出了同样的建议。于是，1889年建立了国际合作社友好联盟筹备委员会。经过6年的筹备酝酿，1895年8月19日，国际合作社联盟在伦敦召开了第一次代表大会，来自英国、法国、意大利、比利时、瑞士、荷兰、丹麦、奥地利、匈牙利、塞尔维亚、美国、澳大利亚等14个国家的35名正式代表出席了会议，国际合作社联盟正式成立。

（二）国际合作社联盟的发展

国际合作社联盟自成立以来，发展规模逐渐壮大。国际合作社联盟早期的发展较为缓慢，第一次世界大战后迅速发展，到1927年联盟成员增加到35个国家的109个组织，合作社数量达到20.86万个，社员人数达到1亿人，占世界人口比重提高到5.3%。第二次世界大战期间，受战争影响，发展速度明显放缓。第二次世界大战后随着世界经济的恢复，联盟呈加快发展势头。1961年开始接纳国际性组织的加入。到1992年，参加第30次国际合作社联盟大会的国家有82个，国际性组织9个，代表合作社社员6.6亿人，占世界总人口的14.5%。随着世界合作社运动的广泛开展，国际合作社联盟的规模还在不断扩大。目前，国际合作社联盟已经发展成为一个规模庞大、组织健全、活动广泛的国际组织。

从地区分布看，随着国际合作社运动的深入推进和国际合作社联盟的不断壮大，合作社的地区分布也发生了较大变化，总的趋势是从以欧洲为中心逐渐发展到以亚洲为中心。按照合作社社员数量占比计算，1935年，欧洲占89%，亚洲10%；1960年，欧洲占比降为54%，亚洲占比上升为32%；到1986年，亚洲占比上升到首位，占56%，欧洲下降到28%。

从加入国际合作社联盟的合作社类型看，也发生了重要变化，主要趋势是消费合作社的比重不断下降，信用合作社和农业合作社比重不断上升。20世纪20年代之前，世界合作社发展的主要类型以消费合作社为主，1913年国际合作社联盟所属的3871个合作社中有95.5%的合作社是消费合作社。随后，信用合作社、农业合作社比重不断上升，根据国际劳动局的统计,按社员数量计算,1932年到1980年,消费合作社占比从61.9%下降到36.9%,信用合作社占比从18.6%上升到34.2%,农业合作社占比从15%上升到18%。

二、国际合作社联盟原则的演变

合作社原则是合作社本质特征的体现。在现代合作社运动170多年的发展进程中,尽管不同国家和地区合作运动产生的背景、发展的环境、合作的类型各不相同,但作为一种世界范围内的经济运动,既有其内在规律,也有着国际通行的基本原则。而且,顺应世界政治经济格局的变化和时代背景的变迁,合作社的基本原则也在不断地进行着修改和调整(表1)。

表1　　　　　　　　　　国际合作社原则及演变

1895年"罗虚代尔原则"	1921年第一个统一的合作社原则	1937年组建合作社组织的国际标准	1966年"合作原则"	1995年目前执行的合作原则
入社自愿	—	门户开放	入社自由	自愿和开放的社员
一人一票	社内事务采用平等投票原则	民主控制	民主控制	社员民主控制
现金交易	—	实现现金交易	—	—
按市价出售	商品按市场平均价格销售	—	—	—
如实介绍商品,不缺斤少两	销售商品保质保量	—	—	—
按业务交易量分配盈余	盈余按社员交易额的比例分配	按交易额分配盈余	合作社经营盈余或剩余为该合作社社员所有	社员的经济参与
重视对社员的教育	将盈余的一部分用于发展教育	促进社员教育	合作社教育	教育、培训和信息服务原则
政治和宗教独立	—	政治和宗教信仰中立	—	—

续表

1895 年 "罗虚代尔原则"	1921 年 第一个统一的 合作社原则	1937 年 组建合作社组织 的国际标准	1966 年 "合作原则"	1995 年 目前执行的 合作原则
—	合作社的事业应以自有资金经营，社员投资按普通利率支付股息	股本利息应受限制	资本报酬适度	自治、自立
—	—	—	合作社之间的合作	合作社间的合作
—	—	—	—	关心社区

注：根据网络资料整理。

（一）合作社原则演变的主要内容

传统经典的国际合作社原则是 1844 年英国罗虚代尔先锋社确立的"罗虚代尔原则"，1895 年国际合作社联盟成立时确认该原则为国际合作社联盟的办社原则。此后，顺应时代潮流和国际合作社运动的发展，国际合作社原则于 1921 年、1937 年、1966 年、1995 年进行了 4 次修改。

1. 传统经典合作社原则（1895 年）："罗虚代尔原则"

"罗虚代尔原则"是世界公认的合作社运动发展早期比较规范的合作社原则，该原则沿用了 1844 年成立的世界第一个现代合作社——罗虚代尔公平先锋社的办社原则，并予以确认。该原则共 8 条，主要内容包括：①入社自愿；②一人一票；③现金交易；④按市价出售；⑤如实介绍商品，不短斤少两；⑥按业务交易量分配盈余；⑦重视对社员的教育；⑧政治和宗教独立。

上述合作社经典原则中，能够体现合作社本质特征的思想有 3 条：①自愿原则。即加入合作社不能采取强制措施，完全遵循社员自己的意愿。这表明合作社是尊重人的权利、为社员服务的人的联合。②民主原则。合作社原则中的"一人一票"，决定了合作社是成员共同参与、共同决策、民主管理的组织，而且对民主程度的要求很高，一人一票制可以说是目前民主的最高层级。③共享和公平原则。合作社原则中规定"按业务交易量分配盈余",这一原则实质上体现了按照对合作社贡献大小回馈报酬的思想。因为早期成立的合作社大多是消费合作社,社员与合作社发生交易即从合作社购买商品,由于另一合作社原则规定要"按市价出售",所以社员购买合作社商品的价格中包含了商品的合理利润,而且社员与合作社交易量越大,合作社从社员手中赚取的利润就越多。又因为合作社是社员自己的组织,盈余分红时要将合作社赚取的利润返还给自己的社员,那么当然给合作社贡献较多利润的社员应该得到更多的利润返还,所以"按业务交易量分配盈余"实质上体现了公平的原则,同时又表明合作社社员可以以交易量为衡量标准共享合作社利润。

2. 第一个统一的合作社原则(1921年)

1895年确立的"罗虚代尔原则"实质是针对消费合作社确立的基本原则,随着国际合作社运动的深入开展,不同类型的合作社不断出现,"罗虚代尔原则"中的有些原则,如按业务交易量分配盈余,只适用于消费合作社和供销合作社,而不适应信用合作社和生产合作社。所以,确立统一的适用不同类型的合作社原则显得尤为必要。1921年,在瑞士召开的国际合作社联盟第10次代表大会上确定了第一个统一的合作社原则,也称为"罗虚代尔原则"。原则的内容有6条:①合作社的事业应以自有资金经营,社员投资按普通利率支付股息;②销售商品保质保量;③商品按市场平均价格销售;④盈余按社员交易额的比例分配;⑤社内事务采用平等投票原则;⑥将盈余的一部分用于发展教育。

统一的合作社原则的确立,既是世界各国合作社组织的共同意志,也成为国际合作社联盟走向成熟的重要标志。这一合作社原则与1985年的合作社原则相比,有5个方面的变化:①从强调"一人一票"转为"平等投票",平等投票的民主程度显然不如一人一票的层级高,而且实践中要完全做到一人一票是非常困难的事情,新修订的合作社原则更加尊重实践,修改后既能体现民主原则,又不至于太过死板;②分配从"交易量"转为"交易额",合作社发展壮大后经营的产品多种多样,不同产品的交易量无法统一量化标准,交易额核算更能体现公平原则;③新增加了

"合作社的事业应以自有资金经营，社员投资按普通利率支付股息"的原则，这条原则从根本上明确了合作社的独立性和民主性，自有资金经营表明合作社不会受到外部控制，对合作社的投资按照普通利率支付股息表明合作社不以追求资本报酬为目的，从而保证了合作社是人的联合；④明确了"将盈余的一部分用于发展教育"，充分说明了合作社的公益性质，合作社并非只追求经济利益，而是将提升合作社社员的个人素质与能力作为重要原则；⑤放弃了"入社自愿"的原则，说明合作社可以按照自身需求设立入社门槛，这将不利于合作社的民主性和共享性。事实证明，之后的合作社原则对此进行了修正。

3. 明确组建合作社组织的国际标准（1937年）

1937年国际合作社联盟在巴黎召开了第15次代表大会，这次会议明确要组建合作组织的国际标准。此次会议确定的合作社原则既体现了罗虚代尔原则的基本精神，也根据当时的时代背景和政治经济形势做出了新的规定。新的国际合作社原则包括7项内容：①门户开放；②民主控制；③按交易额分配盈余；④股本利息应受限制；⑤政治和宗教信仰中立；⑥实现现金交易；⑦促进社员教育。

这一合作组织的国际标准，可以说统一了合作社原则的基本框架，成为世界合作社运行发展过程中的一个新里程碑。而且，巴黎协定还指出，一个经济组织符合前4条原则就可以称为合作组织。这一合作社原则与前一版本的变化之处在于：①恢复了"门户开放"的原则。这一原则表明，任何人只要承认合作社的章程并且能够承担社员的义务，就有权利加入合作社，不受政治、宗教、种族和性别的限制，这一原则也是将合作社从入社门槛角度区别于其他组织，如企业、政府等的核心条件；②将"民主投票"改为了"民主控制"。控制（control）一词更加贴近合作社民主管理的层次，比起"投票"一词内涵也更加丰富，说明合作社的管理不仅是通过投票方式或投票环节进行，而是社员能够主动参与合作社的制度制定和事务决策，合作社的运行和发展能够体现全体社员的意志，全体社员是合作社的主人，合作社能够牢牢地掌握在全体社员手中；③省去了"按市场价格出售商品"和"保质保量"的原则。这一改变使得合作社原则能够适应生产合作社、信用合作社等多种类型,丰富了合作社的内涵,也体现和推动了国际合作社发展的实践;④新的合作社原则还明确了合作社要提取公积金（inalienable assets）,这是首次在合作社原则中提出公积金的概念,为合作社实现自身的发展创造了条件。

此外,这一合作社原则还添加了3项附加条款:①只对社员交易;②社员入社自愿;②时价或市价交易。这些条款增加了合作社原则的完整性和普适性。

4. "合作原则"（1966年）

第二次世界大战以后,世界政治经济形势发生了重大变化,世界合作社运动也呈现出新的发展趋势。例如,合作社运动的中心由欧洲转到了亚洲,合作社的主要类型也由消费合作社转变为生产合作、信用合作、农业合作等领域。在这样的形势下,国际合作社联盟于1966年召开了联盟第23次代表大会,将国际合作社原则归纳为6项,称为"合作原则",这六项内容是:①入社自由;②民主控制;③资本报酬适度;④合作社经营盈余或剩余为该合作社社员所有;⑤合作社教育;⑥合作社之间的合作。

与1937年的合作社原则相比,1966年的合作社原则作出了如下修改:①放弃了政治和宗教保持中立的原则。原因在于1929—1933年资本主义经济危机发生以后,在凯恩斯主义经济干预思想的指导下,世界各国政府都加强了对合作社的干预,而且合作社发展壮大以后,迫切需要政府在合作社立法、税费减免以及合作资金方面提供更多的扶持。同时,政治中立的原则在之前的各国合作社实践中也难以得到真正执行,所以取消"政治中立"的原则,释放了合作社发展的桎梏。②资本报酬适度原则的提出。这一条是顺应时代特征和合作社发展实践提出的,可以说是对合作社分配制度的重新定位。之前的合作社原则在分配制度上都是要求限制或是控制资本报酬,而这一原则将其更改为资本报酬适度,其含义在于:第一,允许资本在合作社中取酬;第二,资本报酬要适度,其言外之意是资本报酬应合理,适可而止,不要改变合作按照交易额分配的最初原则。这一具有革新性的话语为鼓励合作社进行资本积累和发展壮大提供了空间。③加入了可以开展"合作社之间的合作",说明世界合作社运动实践中,合作社之间的联合已经普遍存在,这也为合作社联合社的产生和发展提供了制度基础。而且,新原则将基层合作社和非基层合作社(联合社)作出了区分:基层社仍然坚持一人一票制,而联合社等非基层组织则可以变通。由于联合社在成立时,其基层组织的成员规模和资产规模均存在较大差别,如果实行一社一票制,实际上并不民主,不利于联合社和加入联合社的基层社发展,所以联合社可以享有更多的表决权,这一规定实现了合作社民主制度上的重要突破。

5. 目前使用的合作社原则(1995年)

20世纪末,世界范围内垄断资本主义已经形成,世界经济一体化程度提高,市场竞争日益激烈,合作社要在竞争中生存和发展,必须注重效益,提高盈利水平。所以,当代合作社运行的前提变成了更多地强调经济价值。此外,随着合作社事业发展壮大,合作社内部自我管理的模式逐渐弱化,专业管理人员(如职业经理人)和雇员开始出现,管理人员和合作社所有者(合作社社员)之间的委托代理问题浮上水面,管理人员对合作社的控制力加强,民主管理逐渐流于形式。而且,随着公共积累的扩大和公共产权定位的模糊,合作社内部"搭便车"现象日益严重,损害了合作社提高效率的动力。上述变化迫切要求国际合作社联盟对现有的合作社原则进行修订。

1995年,国际合作社联盟在英国召开第31次国际代表会议,会议对合作社进行了明确的定义:"合作社是由自愿联合的人们,共同拥有和民主控制的企业,满足他们共同经济、社会和文化需要及理想的自治联合体。"同时,对合作社原则进行了修改和调整。修改后的合作社原则有7项,内容包括:①自愿和开放的社员;②社员民主控制;③社员的经济参与;④自治、自立;⑤教育、培训和信息服务原则;⑥合作社间的合作;⑦关心社区。

与1966年国际合作社联盟确定的合作社原则相比,这一原则作出了如下修改:①增加了关心社区的原则。合作社是一个经济组织,国际合作社联盟对其定位是共同拥有和民主管理的企业,随着市场竞争的日趋激烈,合作社的经济功能必然放在首位,但是也不能因此弱化合作社成立的初衷,那就是自助、合作、友好、共同发展。所以 1995 年修改合作社原则时将"关心社区"作为 7 大核心原则之一提出,给世界合作社运动发出了明确的信号,经济上获得成功只是手段,目的是人的共同发展。合作社支持社区也符合可持续发展的基本原则,是现今世界发展的主流。②增加了自治和自立原则。针对合作社发展过程中,政府和其他组织的干预行为,国际合作社联盟提出了该原则,强调合作社不能过多依附外界,不能受到外界的干扰,要保持自身的独立性。这也是顺应当时世界合作社运动中出现的问题而给出的对策。③经济参与原则上的变化。新的合作社原则将合作社经济参与的内涵从分配制度扩展到了产权、资产管理和分配制度三个方面。一是要求合作社社员公平入股并民主管理合作社资金,这一规定强调了公平入股的原则,成为合作社民主管理的基础;二是强调了社员管理资产的权利。即合作社资金的筹集、资产的运作、盈余的分配等都由社员民主决定;三是明确了分配的内容及方式。包括入社时缴纳的股份、不可分割的公积金、盈余的分配、社员追加的投资。分配方式以社员代表大会通过的决议为依据。

(二) 合作社经典原则及其演变

从 1895 年国际合作社联盟代表大会确立的"罗虚代尔原则"到 1995 年确定的现今通行的国际合作社原则,中间经历了 4 次调整,时间上跨越了整整 100 年的时间。这一个世纪中合作社原则的演变,揭示了国际合作社运动的发展方向。从表 1 国际合作社原则的演变内容可以看出,一些代表合作社本质特征的原则最终保留下来,经历了时间的考验,沉淀为合作社的经典原则。这些经典原则是:自愿与开放的原则;民主控制的原则;资本报酬有限的原则;盈余分配的原则;重视合作社及社员教育的原则。

1. 自愿与开放的原则

这条原则的实质是"社员原则"。除了 1921 年修改的国际合作社原则将此项删除之外,其他时期的合作社原则均将此项原则作为所有原则的第一条列入。自愿和开放是合作社的基本特征,它意味着合作社是一个包容性的组织,不论性别、年龄、种族、国籍、经济条件、社会制度、政治和宗教信仰等,只要承认合作社的章程,愿意承担加入合作社的责任和履行作为合作社社员的义务,都可以成为合作社的一员。"社员原则"的包容性也是国际合作社运动能够不断发展壮大、成为世界性组织的重要原因。

2. 民主控制的原则

这条原则作为国际合作社原则中的核心原则,贯穿于合作社运动的始终,并经历了"一人一票"(1895年)、"平等投票"(1921年)到"民主控制"(1937年、1966年、1995年)的演变过程。从上述三种表述方式看,该原则不仅体现了合作社管理中的民主成分,而且体现了不同时代特征下的民主管理特点。"一人一票"是1895年"罗虚代尔原则"中提出的,当时的合作社以消费合作社为主要类型,合作社为社员提供服务,社员之间较为平等,"一人一票"最能够体现这种平等关系;随着合作社类型的多样化发展,社员之间入股比例、对合作社的贡献不一等因素的引入,使得民主的含义发生了变化,"一人一票"过于呆板,不能体现出社员对合作社的贡献以及合作社社员之间的关系,于是该原则发展成为"平等投票",最终"民主控制"作为最为贴切的用语延续下来。这说明合作社并不是理想中的人人绝对平等,而是由民主控制的相对平等,民主表明了合作社的管理及其决策是所有人参与其中并且能够接受的,而且民主的方式并没有统一划定,只要是体现出能够以此方式实现对合作社的管理和控制即可。

3. 资本报酬有限的原则

这一原则最能体现合作社的"人的联合"特征。从表述上看,该项原则经历了"合作社的事业应以自有资金经营,社员投资按普通利率支付股息"(1921年)、"股本利息应受限制"(1937年)、"资本报酬适度"(1966年)、"自治、自立"(1995年)的演变。总的演变趋势是从细节规定向综合管控的方向发展。例如,该条款从最初的控制社员投资、不让资本控制合作社方面的具体规定,演变为允许资本进入、但报酬适度的原则性条款,到最后没有明确限制资本、但强调合作社要以自治和自立作为底线,整个思路是开放和适应时代的,同时也是坚守合作社基本底线的。这一原则为合作社发展壮大提供了动力来源，也为合作社内部人的联合、资本的联合、其他要素的联合以及混合联合等多种形式指明了合作社应该坚持的方向。

4. 盈余分配的原则

盈余分配是合作社与其他类型组织的核心区别所在。从该项原则的演变内容看，经历了"按交易量分配盈余"（1985年）、"按交易额分配盈余"（1921年、1937年）、"盈余该合作社社员所有"（1966年）、"社员的经济参与"（1995年）等变化。总的演变趋势是从明确规定分配方式向强调合作社社员所有与参与的原则性方向转变。随着世界经济和国际合作社运动的发展，合作社内部产权结构也越来越复杂，加上资本等其他要素的进入，必然要求合作社的分配方式体现要素价值，呈现多元化的趋势。在这种背景下，国际合作社原则必然要做出调整，既能适应合作社实践需要也要为合作社经济分配明确方向。

5. 重视合作社及社员教育的原则

这一原则贯穿合作社运动始终，每次修改国际合作社原则，这一条都稳稳地进入基本核心原则之中，从未被删除。说明教育是合作社成立和运行发展的最为稳定的目标，提升合作社社员的个人素质和能力水平，是开展合作社运动一成不变的终极目标。

综上所述，虽然随着世界经济政治形势的变化，合作社制度经历了种种变迁，但合作社依然坚持了上述经典原则。可以预见，这些经典原则将贯穿于整个国际合作社运动的过去、现在和将来，1966年开始提出的"合作社之间的联合与合作"也将以上述经典原则为指导，成为未来合作社发展的重要方向。

三、启示与借鉴

世界合作社运动发展史充分说明，合作社的存在和发展具有历史必然性，合作社之间的联合与合作是历史发展的必然趋势。国际合作社联盟是全球合作社运动发展的最高组织形态，随着时代的变迁，合作社联盟的基本原则在不同历史时期不断被赋予新的内涵。作为当今世界人口最多的发展中国家，中国的农民合作社事业必将成为世界合作社运动最为重要的组成部分。国际合作社联盟的原则、宗旨和组织结构对我国农民合作社联合社的发展也具有重要的启示和借鉴意义。

（一）"合作社之间的合作"是合作社发展的必然

从世界上成立第一个具有现代合作社特征的合作社发展至今，170多年的世界合作社运动史证明，合作社之间的合作是合作社发展过程中的必然。1966年召开的第23次国际合作社联盟大会上，联盟将"合作社之间的合作"纳入国际合作社原则，并一直沿用至今，说明合作社之间的合作在世界范围广泛存在，且发展势头良好，并得到了国际社会的认可。从组织发展的角度看，合作社之间进行合作，能够满足组织发展过程中的潜在需求，如组织规模扩大节约成本导致的规模经济、组织分工深化提升效率产生的集约经济、组织业务扩展降低交易成本形成的范围经济，这些潜在的组织化利润将通过合作社之间的联合与合作得到实现，成为联合社产生和发展过程中的内生动力机制。所以，中国国内出现的农民合作社联合社，不论是从国际发展环境，还是内生发展机制上来说，都具有客观必然性。这就要求社会各界正确认识和理解目前我国农民合作社联合社的产生和发展，为其提供继续发展的良好环境。

（二）民主控制是联合社的核心组织原则

从国际合作社联盟成立并发展至今，民主原则虽然在表述方式上经历了不同的变迁，但一直作为国际合作社运动的核心组织原则，保留下来并经历着时代的考验。目前国际合作社联盟对民主原则的准确表述是"民主控制"（Democratic Member Control）："合作社是由其社员民主控制的组织，社员制定组织规章和参与组织决策。选举出的社员代表对社员负责。初级合作社中成员享有平等投票权利（一人一票），其他层次的合作社以民主形式组织。"① 联合社是合作社之间的联合，属于高级层次上的合作社，所以联合社的组织原则也应体现上述民主控制原则。我国农民专业合作社法对农民专业合作社内部民主决策的表述为："农民专业合作社成员大会选举和表决，实行一人一票制，成员各享有一票的基本表决权。"②"理事会会议、监事会会议的表决，实行一人一票。"③ "一人一票"的规定体现了我国农民合作社"人的联合"的本质特征。然而，在我国农民合作社发展实践中，基层真正实现"一人一票"的合作社可谓凤毛麟角。所以，在下一步修改农民专业合作社法，或制定农民合作社联合社发展规章时，建议借鉴国际合作社联盟关于"民主控制"的核心原则作为合作社（联合社）的民主组织形式，不必再强调"一人一票"，而且民主控制的表述也较符合当前中国农民合作社发展的基层实践。

（三）妥善处理资本与"人和"之间的关系

当今世界资本主义和社会主义两大阵营并存的国际政治经济格局，决定了合作社运动必然受到意识形态和经济发展方式的影响。从世界第一个合作社——"罗虚代尔公平先锋社"成立的初衷来看，是为了实现社会弱势阶层（纺织工人）享有社会物资产品的公平的权利，先锋社设立的一切合作社原则都体现出"人和"的本质特征，即"人"是合作社的基本组成要素，如一人一票、盈余按交易量分配、政治宗教独立等。然而，随着世界合作社运动的发展以及合作社自身的发展壮大，资本进入合作社并成为合作社发展不可或缺的要素资源，成为客观必然。要素需要实现自身的价值，所以正确处理资本和合作社内部"人和"之间的关系也成为合作社必须面临的重要问题。国际合作社联盟在处理资本介入的问题上也

---

① 1995年国际合作社联盟原则中"民主控制"原则的原文表述是："2. Democratic Member Control: Co-operatives are democratic organizations controlled by their members, who actively participate in setting their policies and making decisions. Men and women serving as elected representatives are accountable to the membership. In primary co-operatives members have equal voting rights (one member, one vote) and co-operatives at other levels are also organized in a democratic manner."
② 《中华人民共和国农民专业合作社法》第十七条。
③ 《中华人民共和国农民专业合作社法》第二十六条。

经历了一个不断发展的过程,从最初的限制资本进入,到最近的"自治、自立"原则(1995年),国际合作社联盟对资本的态度发生了明显的变化,这是顺应时势尊重客观规律的结果,也体现出国际合作社联盟的包容与智慧。

从中国农民合作社的运作实践来看,资本已经成为合作社发展必不可少的重要要素资源。目前很多合作社都是由企业牵头领办,合作社的发展壮大也离不开企业资金的支持。在此情况下,合作社内部的决策方式、分配方式、组织结构等必然受到资本的干预和影响。农民合作社联合社作为更高层次上的合作社的联合组织,其发展壮大也离不开资金的支持,所以设定农民合作社联合社的基本规则时必须对此问题有明确的回答。借鉴国际合作社联盟的经验,本研究课题认为不应回避联合社运作过程中的资本介入行为,资本只是联合社发展必不可少的要素资源,只要把住联合社"自治、自立"的基本底线,资本介入问题就能够得到正确的认识,并得到因社而异的妥善解决。

(四)以联合社为组织载体实现更多服务功能

从国际合作社联盟的组织宗旨看,除了实现合作社自身的价值与原则外,合作社还承担着很多其他功能,如促进人力资源开发、促进男女平等等。国际合作社联盟的组织体系中,成立了诸如国际合作社农业组织(ICAO)这样的行业组织,承担着举办研讨会、讲习班等活动,促进农业合作社在发展中国家的建设,积极改善和促进农产品的销售,提高食品安全保证,采取各种行动保护环境,促进行业健康发展等重要职能。此外,国际合作社联盟还成立了合作社研究委员会、资讯委员会、人力资源开发委员会、性别平等委员会等4个主题委员会,为国际合作社运动发展提供研究和咨询服务。

上述这些重要功能的发挥都是以国际合作社联盟作为组织载体实现的,体现了合作社联盟在全球合作社运动发展中作为"协调员"和"分析家"的积极作用,也为中国农民合作社联合社的未来发展提供了重要借鉴。随着中国城镇化进程的加快推进,中国村庄的"空心化"和"老龄化"趋势日益明显,农村社会、经济、人文发展比例严重失调,农民专业合作社的加快发展促进了农村经济组织的快速复苏和发展,但农村社会、文化等重要社会功能均处于凋敝状态,长期以往,农民赖以生存和依附的乡土文化将逐渐弱化,中国农村将会成为现代农业的制造工厂。农民合作社联合社的发展壮大为实现中国农村的振兴提供了契机和重要组织载体,如果能以合作社联合社为依托,除了发展联合社的经济功能外,将联合社的社会、文化、生态、人力资源开发等功能共同开发,中国的农村、农民、农业实现和谐发展将可期待。

参考文献

[1] 孔祥智等著:《国外农业合作社研究——产生条件、运行规则及经验借鉴》,中国农业出版社2012年版。

[2] 王观芳:"国际合作社联盟'关于合作社特征的宣言'简介",中国人大新闻网。

[3] 田晓超:"试论合作经济组织原则的发展",《内蒙古科技与经济》2007年第10期。

美国农产品目标价格差额补贴政策：
演变逻辑、实施经验和启示

徐雪高　齐皓天

内容提要：美国农产品目标价格差额补贴政策有近70年发展史，至今仍是美国农产品支持政策体系的重要组成部分。随着国内外市场条件、财政状况、国际农业规则等变化，美国适时调整目标价格水平和差额补贴依据，使其目标价格差额补贴政策在不同历史阶段表现出不同具体形式，从而更好地实现政策目标和规避WTO"黄箱"约束。本文通过对美国农产品目标价格补贴政策的调整逻辑、配套措施、实施经验等进行深入研究，提出其对完善我国农产品目标价格补贴改革试点的政策建议。

一、引言

自2005年以来，我国先后对小麦、水稻启动托市收购，对玉米、油菜籽、大豆、棉花实施临时收储政策，主要目标是保护农民收益和保障重要农产品供给。在政策实施初期，由于我国重要农产品供不应求，且国内价格低于国际价格，政策发挥了较好的效果。但随着国内外市场条件的变化，价格支持政策的市场扭曲效应日益凸显，突出表现为，农产品国内外价格倒挂，进口量、生产量、库存量"三量齐增"，形成"国产农产品入库，进口农产品入市"的怪圈。在此背景下，为进一步完善农产品价格形成机制，注重发挥市场形成价格的作用，我国于2014年启动东北大豆和新疆棉花的目标价格改革试点工作。现在，改革试点已经实施两年，在实际操作中也遇到一些问题。从国际上看，发达国家也曾有类似经历。在具有最发达农业支持政策体系的美国，"基于目标价格的差额补贴政策"是其农业支持政策体系中的重要组成部分。为此，本文通过对美国农产品目标价格补贴政策的调整逻辑、配套措施等进行深入研究，提出对我国进一步完善农产品目标价格补贴政策的建议。

二、美国农产品目标价格差额补贴政策调整的历史脉络

"农产品目标价格补贴政策"或者"农产品目标价格差额补贴政策"，是对政府基于农产品实际价格和目标价格之间差额给予补贴的政策，在美国农产品支持政策的不同历史阶段，因为某些细微调整而被称作不同的名称。因此本文在梳理美国农产品目标价格补贴政策之前，必须界定清楚农产品目标价格差额补贴政策的内涵与形式。

（一）农产品目标价格差额补贴政策的内涵与形式

所谓"目标价格补贴"，也称作差价补贴①，其基本内涵是，政府事先按照一定标准确定农产品的目标价格，但不干预农产品购销，农产品生产者在市场上随行就市销售农产品，当该农产品实际市场价格低于目标价格时，政府按照两者之间的差价补贴农产品生产者，保证其基本收益；当该农产品实际市场价格高于目标价格时，则不需启动目标价格补贴。目标价格补贴政策，因其既不扭曲市场又能保护生产者利益的良好机制，很早就被美国纳入其农产品支持政策体系之中，至今仍是重要的政策工具之一。

目标价格补贴政策实施的关键在于：一是，目标价格如何确定；二是，差额补贴如何计算。不同的目标价格标准和不同的差额补贴依据决定

---

① 参见程国强：《中国农业补贴：制度设计与政策选择》，中国发展出版社2011年版。

了目标价格补贴政策的不同具体表现形式。根据美国 70 多年的历史经验，确定目标价格的标准包括：参照基期平价水平确定、参照预测价格确定、参照生产成本确定等；差额补贴发放的依据包括：按照实际种植面积或产量发放，按照销售量发放、按照历史面积或产量发放。在不同历史阶段，由于确定目标价格的标准不同、差价补贴额计算的依据不同，所以对目标价格差额补贴的叫法有所不同，但是这种基于目标价格的差额补贴机制是相同的。因此，便于读者理解，把表 1 所列的美国不同时期的差额补贴政策统称为"基于目标价格的差额补贴政策"。

表 1　　美国农产品目标价格差额补贴政策的具体形式

具体名称	历史阶段	目标价格的确定标准	实际价格如何确定	差价怎么核定	差额补贴依据
平价差额补贴	1938—1972 年	1909—1914 年平价水平	法定销售期官方采集的市场均价	贷款率和市场价中较高者和目标价格的差	销售配额内的产量
目标价格差额补贴	1973—1984 年	根据预测的国际价格和综合考虑生产者成本因素动态调整	法定销售期芝加哥期货交易所的市场均价	贷款率和市场价中较高者和目标价格的差额	实际销售量
目标价格差额补贴	1985—1989 年	根据预测的国际价格确定，不再根据成本因素上调目标价格	法定销售期芝加哥期货交易所的市场均价	贷款率和市场价中较高者和目标价格的差额	销售配额内的产量
目标价格差额补贴	1990—1994 年	根据预测的国际价格确定，不再根据成本因素上调目标价格	法定销售期芝加哥期货交易所的市场均价	贷款率和市场价中较高者和目标价格的差额	法定基础面积的 85% 的实际产量
贷款差额补贴	1996 年至今	贷款率（单位产品贷款额）	法定销售期芝加哥期货交易所的市场均价	市场价格和贷款率的差额	实际可贷款的产量

续表

具体名称	历史阶段	目标价格的确定标准	实际价格如何确定	差价怎么核定	差额补贴依据
反周期补贴	2002—2012年	生产者物化成本	法定销售期芝加哥期货交易所的市场均价	贷款率和市场价中较高者加上固定直接补贴率后的有效价格和目标价格的差额	法定基础面积的85%和及其平均产量
价格损失保障补贴	2014年至今	生产者物化成本加平均利润	法定销售期芝加哥期货交易所的市场均价	贷款率和市场价中较高者和目标价格的差额	法定基础面积的85%和及其平均产量

(二) 美国农产品目标价格差额补贴政策调整的历史脉络

美国根据国内外市场条件变化,对农产品目标价格差额补贴政策的具体形式进行了多次调整,每次对目标价格标准和差额补贴计算依据的调整以及名称变更,都有着深刻的历史背景。

1. 1938年农业法案建立的平价差额补贴

美国农产品目标价格补贴政策可以追溯到1938年农业法案的平价差额补贴 (Parity Payment)。在1938年之前,美国支持农产品的主要政策工具是无追索权贷款 (Nonrecourse Loans),是指政府规定一个底价作为贷款率 (Loan Rate,即单位产品可获得的贷款金额),生产者在播种期和商品信贷公司 (Commodity Credit Corporation,简称CCC) 签订贷款协议,以未来收获的农产品作抵押,按照规定的贷款率从CCC取得一笔正常再生产的贷款,当收获销售期采集的市场均价低于贷款率时,生产者可以把收获的抵押农产品交给CCC,这样就相当于CCC以贷款率为最低收购价收购了贷款抵押的农产品,形成国家储备库存。当收获期贷款农产品的实际市场价格高于贷款率时,生产者可以在市场上卖掉贷款农产品,然后还本付息,获得销售溢价收益。最初贷款率是根据基期平价[①]计算。其目的

---

① 所谓平价指1909—1914年期间的价格水平。

是，把农产品价格维持在一定水平，保证农场主获得大体上相当于城市工人的收入。由于按照平价确定的固定贷款率水平较高，刺激了过剩生产、累积了库存，所以后来把根据平价计算的固定贷款率改为根据供求预测弹性设定贷款率，并配套使用面积配额和销售配额措施。当政府库存压力过大而调低贷款率水平时，农民的收入就不能有效保障。因此，1938年农业法案规定以1909—1914年的平价水平作为目标价格，当生产者获得贷款率水平的价格支持以后得到的实际价格低于规定的平价水平时，政府根据实际价格和平价的差额，按照规定的销售量发放差额补贴（如图1所示）。平价差额补贴并不是强制实施，而是根据财政状况灵活启动，由于财政负担问题，平价差额补贴实际上很少被启动。

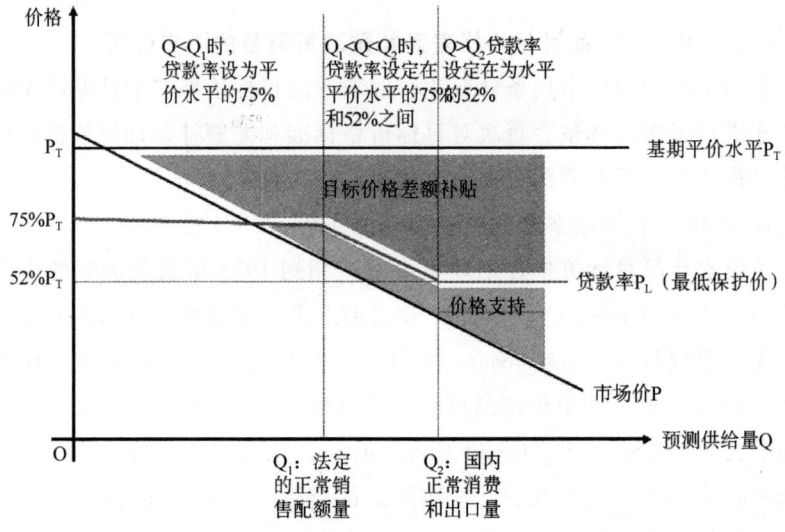

图1 无追索权贷款和平价（Parity）差额补贴示意图

2. 1973年农业法案建立的目标价格差额补贴

20世纪70年代初，全球大规模自然灾害以及美元和黄金脱钩两大因素给美国农产品出口带来巨大机遇。为了扩大出口，美国决定全面降低国内农产品价格支持水平，即降低贷款率，以充分发挥市场决定价格的作用，便于农产品出口，同时放开面积配额。为了补偿棉农因价格支持水平降低导致的收益损失，1973年农业法案在降低无追索权贷款率的同时，正式确立了目标价格差额补贴政策（Deficiency Payment based on Target Prices）（和我国当前试点的棉花、大豆目标价格补贴相同）。目标价格根据预测的国际价格和综合考虑生产者成本因素动态调整的目标价格。如果农产品市场价格低于贷款率，生产者把农产品交给CCC，然后得到目标价格和贷款率之间差额的补贴。如果农产品市场价格高于贷款率，但低于目标价格，则生产者按市场价格销售农产品偿还贷款，然后可以获得目标价格和市场价格之间差额的补贴。如果市场价格等于或高于目标价格，则目标价格差额补贴不被触发。在1973—1977年期间，由于国际市场对美国农产品的需求旺盛，国际价格也较高，为了鼓励增加生产以满足旺盛的国际需求，差额补贴计算的依据是按照实际面积和平均单产发放。

3. 1985年农业法和1990年农业法案降低目标价格水平，缩小差额补贴面积

20世纪70年代末开始，随着美国国际农产品市场的萎缩，国内农产品过剩问题突出，价格全面下跌。为了避免国家储备的高库存，1977年农业法案创立了农场仓储补贴计划，补贴农场建立仓库自行存储过剩农产品，希望等到国际市场需求恢复后可以卖个好价钱后收回贷款。但是到了80年代初，由于受全球供给出现过剩、欧盟等竞争对手加大农产品出口补贴力度，抢占了国际农产品市场，美元升值减弱了美国农产品国际竞争力等多种因素影响，美国农产品更加难以进入国际市场。过剩的国内供给最终使国家库存爆满，农场库存也爆满，国内市场价格一路走低。与此同时，由于农产品生产成本的不断增加，1977年农业法案和1981年农业法案两次提高了法定目标价格，最终导致政府的目标价格差额补贴支出大幅增加。另外，由于目标价格水平较高，补贴的增产导向效应使得农业结构严重失衡、土地过度开发、农业生态进一步恶化。所以，1985年农业法案降低了目标价格水平，缩小固定了差额补贴的基础面积。1990年农业法进一步缩小差额补贴的面积范围，按照法定基础面积的85%发放差额补贴，允许生产者在另外15%的基础面积上自由调节种植结构（这正是后来农业协定界定"蓝箱"措施用了85%这个标准的原因）。

4. 1996 年农业法案把目标价格差额补贴改为脱钩的直接补贴，把无追索权贷款变为营销援助贷款或贷款差额补贴

乌拉圭回合《农业协定》签订以后，为了适应 WTO 农业规则，要将农业补贴与农民的生产决策分离，进一步发挥市场机制的调节作用。同时，20 世纪 90 年代初美国财政赤字压力依然严峻，减少农业补贴支出也是当时的改革目标之一。所以美国 1996 年农业法案把补贴总额固定在 1994 年目标价格补贴总额水平上，并逐年削减补贴总额，然后按照每种农产品法定基期面积和历史产量分摊，最终单位面积得到一个固定补贴额，生产者可以生产任何有资格的农作物①。如此，就把原本和农产品生产挂钩的目标价格差额补贴改为脱钩的直接补贴，命名为生产灵活性补贴（Production Flexibility Contract Payments，简称 PFCP）。与此同时，价格支持全面退出，改为差额补贴。即把无追索权贷款改为营销援助贷款（Marketing Assistance Loans 简称 MAL）或贷款差额补贴（Loan Deficiency Payments，简称 LDP）。MAL 为有追索权贷款，即当价格低于贷款率时，商品信贷公司可以拒绝收购抵押农产品，而是要求生产者自行储存和销售贷款农产品，然后按照市场价格偿还贷款；当政府需要增加储备时也可以选择没收抵押农产品放弃贷款追索权。对于有资格贷款但没有参与 MAL 政策的农场主，可以获得实际价格和贷款率差额部分的贷款差额补贴（Loan Deficiency Payments，简称 LDP）。其实质是以贷款率为目标价格，按照实际产量发放的差额补贴。生产灵活性补贴和贷款差额补贴配合使用的效果如图 2 所示。

5. 2002 年农业法案重新实施目标价格差额补贴，命名为反周期补贴

反周期补贴（Counter – Cyclical Payments，简称 CCP），其实质是以预测价格为目标价格，按照历史基期面积的 85% 和实际单产发放的差额补贴，和 1990 年农业法案调整的目标价格差额补贴政策相同。2002 年农业法案之所以重新实施目标价格差额补贴政策，主要有以下原因：一是，固定的生产灵活性补贴虽然很好地适应了 WTO 规则，但是不能有效管理农

---

① 包括小麦、玉米、高粱、大麦、燕麦、陆地棉和稻米。

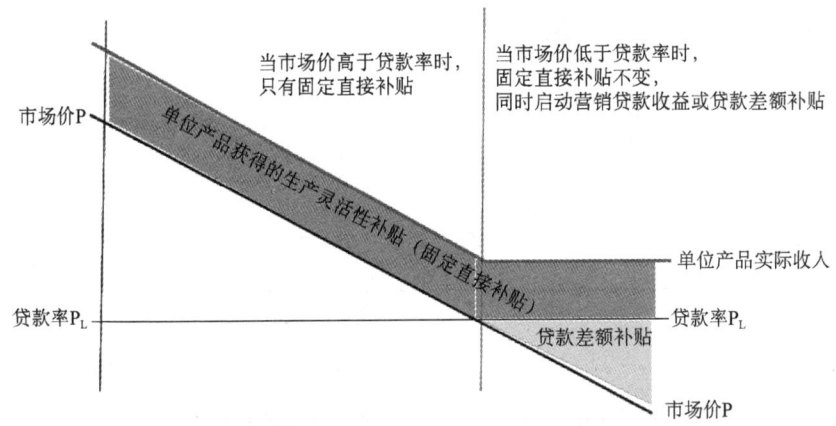

图 2　生产灵活性补贴和贷款差额补贴配合使用的效果示意图

产品价格风险,当价格过低时,对生产者收益的保障水平不够(如图 2 所示);二是,进入 21 世纪后美国国内国际形势发生了巨大变化(美国经济衰退,布什总统采取扩张财政政策,国际农产品价格走低,财政盈余增加,多哈回合启动,气候变化农业风险加剧等),美国增加了对农业的补贴。又由于挂钩补贴受 WTO "黄箱"规则约束,为了使得补贴能够规避 WTO 规则约束,所以 2002 年农业法案把重新实施的目标价格差额补贴依据固定基期面积的 85% 和基期平均产量发放,使得补贴和实际产量脱钩,成为收入补贴,只是根据价格下跌程度调整对生产者的收入补贴的强度,所以被形象地命名为"反周期补贴"。同时,把生产灵活性补贴名称改为直接补贴(Direct Payments,简称 DP)。在营销援助贷款补贴(MAL)或者贷款差额补贴(LDP)和直接补贴(DP)基础上增加反周期补贴以后,提高了农产品生产者的收益水平(如图 3)。

6. 2014 年农业法案把反周期补贴改名为价格损失保障补贴

由于自 1996 年法案开始实施的固定直接补贴(1996 年法案叫生产灵活性补贴,2002 年法案和 2008 年法案叫直接补贴)属于完全脱钩的补贴,即使在市场价格很高的条件下,固定直接补贴不会减少(如图 3 所示)。所以一些学者认为固定直接补贴的精准性很差,缺乏效率,要求废除固定直接补贴,并完全由差额补贴替代。但 2002 年农业法案制定的背

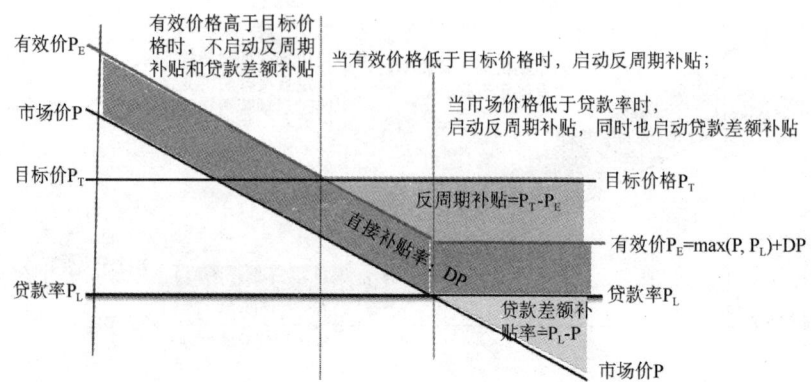

图3 反周期补贴、直接补贴和贷款差额补贴配额使用的效果图

景是美国财政充裕，全面增加农业补贴，所以在增加反周期补贴的同时没有取消直接补贴。而到2008年金融危机以后，美国财政再次出现紧张局面，所以2012年以来的农业法案调整要减少农业补贴支出，废除直接补贴的呼声愈加强烈。2014年农业法案取消了直接补贴政策（Direct Payments），同时把原来的"反周期补贴"被改名为"价格损失保障补贴"（Price Loss Coverage，简称PLC），但大幅提高了目标价格水平，并把目标价格改名为参考价格（Reference Price）。价格损失保障补贴（PLC）和没有固定直接补贴情况下的反周期补贴（CCP）的效果完全相同（对比图3和图4）。当市场价格低于法定参考价格时，政府按照原反周期补贴措施的补贴额计算方法对每种受保障作物分别给予价格损失保障补贴（见表2）。

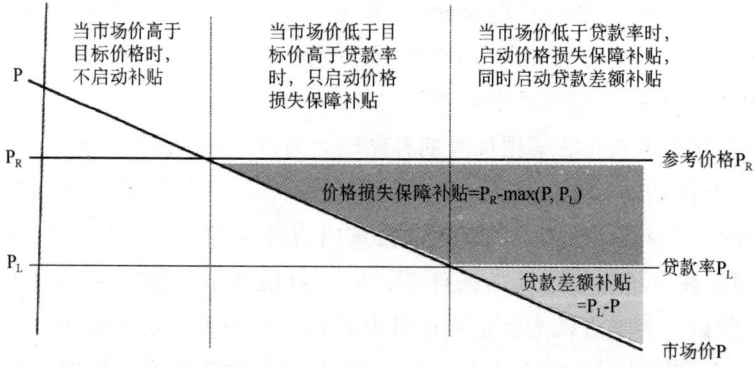

图4 价格损失保障补贴和贷款差额补贴配合使用的效果示意图

表 2　　价格损失保障补贴的计算

计算支付额的变量	变量计算说明
①补贴率（Payment Rate）	参考价格超过有效价格的部分（见图 3-1）
②基础面积（Base acres）	在 1998—2001 年间，每年实际种植面积加上因自然灾害等不可抗拒因素导致的当年没有种植的面积之和的 4 年平均值，在此基础上，以后每年根据当期休耕面积增减变化进行调整
③补贴面积（Payment acres）	②×85%
④补贴单产（Payment yield）	用 1995 年补贴措施中建立的补贴单产数据，如果某农场还没有建立补贴单产数据，则农业部长根据与之相似的农场的单产水平给确定一个恰当的补贴单产数据，确定之后固定不变
⑤每种作物补贴额（Payment amount）	①×②×85%×④

总的来看，基于目标价格触发机制的差额补贴政策从最开始作为价格支持政策的补充，到 1973 年发展为目标价格补贴开始正式部分替代价格支持政策，形成"价补统筹"的政策体系，再到 1985 年以后降低目标价格水平，固定差额补贴的面积。1996 年以前的目标价格补贴都是和价格与产量完全挂钩的差额补贴，受 WTO "黄箱"规则的约束，1996 年农业法案开始探索脱钩的补贴政策，将挂钩的目标价格补贴完全脱钩变为生产灵活性补贴。由于完全脱钩不能有效应对市场价格风险。所以 2002 年农业法案再次引入目标价格差额补贴政策，开始探索和价格挂钩与生产脱钩的"半脱钩化"目标价格补贴政策，形成了反周期补贴政策，2014 年农业法案将其改名为价格损失保障补贴。同时基于目标价格的差额补贴思想也广泛应用于农业保险，通过巧妙的补贴触发机制设计，最终使得美国农业支持政策体系日臻完善。尤其是 2002 年以来实施的"半脱钩化"的差额补贴机制（CCP 和 PLC），不仅提高了补贴的精准性，而且可以利用"基于非特定产品补贴"的"黄箱"空间，规避 WTO 规则约束。

（三）美国农产品目标价格补贴政策调整的逻辑

总体而言，美国不断调整农产品目标价格差额补贴政策具体表现形式的逻辑在于，国内外市场条件变化、财政状况和利益集团博弈以及 WTO 农业规则的影响，政策调整的具体逻辑结构如图 5 所示。

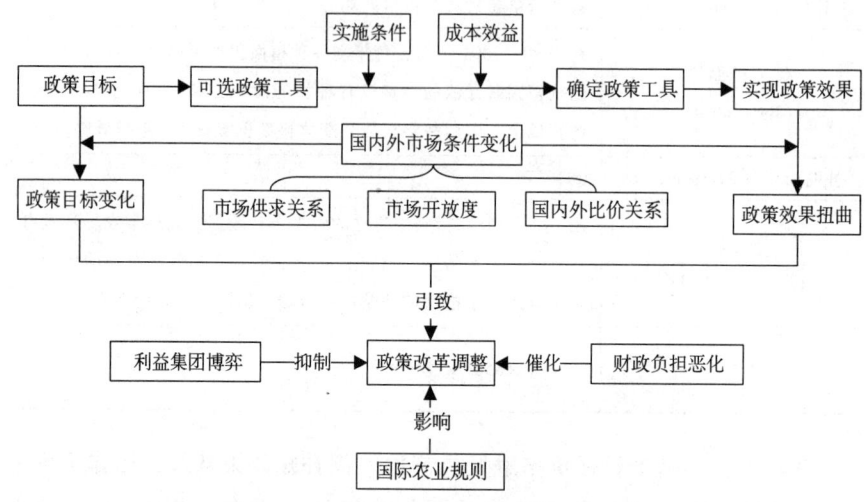

图 5　美国农产品目标价格补贴政策调整的逻辑示意图

1. 国内外市场条件变化是政策调整的根本原因

国内外市场条件变化从政策目标变化和政策效果扭曲两个方向引致政策改革调整。一方面，农产品支持政策制定取决于政策目标，而国内外市场条件变化引致政策目标取向变化。比如，在战争期间和 20 世纪 70 年代出口旺盛、供不应求条件下，政策目标是既要保收益还要保供给，所以制定了较高的目标价格水平；在 80 年代，国际市场萎缩、国内供给过剩的条件下，政策目标主要是保收益，降库存，稳价格，所以相应要调低目标价格水平，减少差额补贴的面积。另一方面，农产品目标价格补贴政策的有效性是有条件的，当国内外市场条件逐步发生变化时，政策效果可能出现扭曲。比如 20 世纪 70 年代美国农产品出口旺盛条件下，低水平价格支持和高水平目标价格相结合，有效促进了出口、保障了供给和保护农民收益；但是到 80 年代，国际竞争加剧、出口市场萎缩的条件下，过高的目标价格水平刺激了生产过剩，导致高库存、财政负担加大、结构失衡等市场扭曲效应。政策效果出现扭曲倒逼政策调整。

2. 财政负担恶化是政策调整的催化因素

农业（农产品）支持政策的实施是社会福利的再分配过程。对农业采取什么样的支持水平，和政府财政负担能力以及整个产业链从生产者、加工者到消费者的利益博弈直接相关。其中，财政负担状况的恶化是政策调整的催化剂。比如20世纪八九十年代美国财政危机时，政府不断降低目标价格水平，减少补贴面积，最终固定了目标价格补贴总额，变差额补贴为固定直接补贴；到21世纪初，随着财政状况的好转，又重新实施了目标价格差额补贴政策（反周期补贴）。

3. 国际农业规则对政策调整产生外部影响

1993年世界贸易组织（WTO）在乌拉圭回合达成的农业协定，美国作为WTO农业规则主导国，农业协定达成以后，WTO农业规则主导了美国农业补贴政策调整。一方面美国利用规则主动调整农产品支持政策。比如1996年农业法开始，取消价格支持，把挂钩的目标价格补贴转为脱钩固定直接补贴，后来又设计出"半脱钩化"的反周期补贴（2002年农业法案和价格损失保障补贴（2014年农业法案），利用"基于非特定产品补贴"的"黄箱"空间，规避WTO规则约束。

三、美国农产品目标价格补贴政策实施的配套措施

之所以美国农产品目标价格差额补贴政策能够成功实施，除了目标价差额补贴政策本身具备很多机制上的优越性之外，还和美国在实施目标价格补贴政策具体操作过程中建立了完善的配套措施和基础支撑条件密不可分。

（一）完善的市场信息发布制度提供完备的价格数据

美国农产品价格采集和市场信息发布制度在其农业补贴政策历史之前就已经形成。美国政府于20世纪初开始建立市场新闻报告制度（Market News Report）。美国农业部（USDA）农业营销服务局（Agricultural Marketing Service，简称AMS）于1915年发布第一份农产品市场新闻报告，100年来，农业营销服务局（AMS）每年免费发布几千份覆盖各种农产品

的价格、数量、质量等市场新闻报告，提供了各大批发市场、零售和货运的详细数据，这些报告帮助农民、生产者和其他农产品经营者开展评估市场条件、识别市场趋势、制定采购决策、管理价格波动、评估运输设备需求等精确的评估活动。这些信息是直接通过销售商、供应商、经纪人、采购经理人提供，市场信息新闻报告人（Market News Reporters）负责对这些无偏的价格、数量、质量和市场条件等数据进行汇总整理、验证、分析和系统化处理，让人们能够在几个小时之内免费获取自己想要的详细信息①。随着农产品期货市场的完善，在大宗农产品保险中使用的价格数据直接参考芝加哥期货交易所的报价。这些公开、详细的价格数据和市场信息报告为目标价格的制定、实际价格的采集提供了客观依据。

（二）悠久的面积配额和销售配额制度积累了翔实的信息

1936年，美国颁布《土壤保护和国内配额法案》（Soil Conservation and Domestic Allotment Act of 1936），开始对基本农产品制定全国面积配额和销售配额计划。到1938年，美国完成了对棉花、玉米、小麦的面积配额计划和对玉米、棉花、大米、烟草等产品的销量配额计划，颁布了《1938年农业法案》予以确定。《1956年农业法案》建立了土地银行，通过耕地储备来调控农产品供求，对面积配额进行动态管理。20世纪80年代以前，美国的计划农产品面积配额和销售配额一直处于变动调整的状态。80年代以后，农场数量和规模都基本稳定，每个农场法定基础面积也基本稳定下来。

（三）先进的农业统计手段积累了完备准确的历史单产数据

美国建立了完善的农业统计制度，具有强大高效的农业统计系统，综合运用互联网信息技术、卫星监测等多种技术手段，能够客观、及时地获取农业生产的真实信息。美国农业部下属的国家农业统计局（NASS）设有12个区域农业统计办公室，有员工1100多人和临时调查员3500多人

---

① 资料来源：美国农业部：http://www.ams.usda.gov/market-news/fruits-vegetables。

调查各州的农业统计数据。国家农业统计局通过普查和常规调查相结合获取数据,农业普查每5年开展一次,常规调查在作物生产的关键时节开展,主要包括3月份的种植意向、6月份的播种面积、9月份的产量预估、12月的最终产量报告等(徐雪高、沈贵银,2014)。美国农产品的产量数据包括全国平均数、州平均数、县平均数,还有农场自己的历史单产数据。至今绝大多数农场都积累了十几年的农场生产历史数据,不仅为反周期补贴、价格损失保障补贴等差额补贴政策的实施奠定了基础,也为单个农场和农业保险公司签订基于农场历史数据的保单创造了条件。

(四)互联互通的生产者信用信息和财务结算系统,降低了政策操作成本和道德风险

1980年以来,美国农场数量基本维持在200万个,农业从业人员600多万人,农场平均规模达到173.6公顷。随着农场规模的扩大,大型农场在农业生产中开始崭露头角,并逐渐居于主导地位(娄红伟、陈秀华,2010)。这些农场的生产专业化程度高,农场资产的专用性很强。比如专门的棉花农场、大豆农场、玉米农场,近二三十年来这些农场的经营品种和规模基本稳定。这些农场已经不是传统意义上的小农民,而是一个个企业,每一个规模在10英亩以上的农场都有在工商管理部门齐全登记注册信息、税号、财务信息等。正因为农场数量的减少和生产规模大,使得农业部、商品信贷公司和农业保险公司对每个农场和生产者建立完备的身份信息成为可能。并将每个生产者的经营信息和其税收、财务信息互联互通与公民信用系统相连。通过互联网技术手段使得所有的补贴、价格支持、保险赔偿的资金拨付都是按照既定的程序和规定的数据自动完成计算和结算。这样不仅大大降低了政策的操作成本,而且有效控制了生产者的道德风险。

四、美国农产品目标价格差额补贴政策调整经验启示

基于目标价格触发差额补贴政策在美国近70年的政策实践中不断调整完善,至今仍是美国农产品支持政策体系的重要组成部分。美国随着国内外市场条件变化、财政状况变化和国际农业规则制约，美国适时调整目标价格水平、差额补贴依据，从挂钩补贴调整为"半脱钩化"补贴，不仅增强了政策的精准性，而且一定程度规避了 WTO "黄箱"规则约束。美国在农产品目标价格差额补贴政策改革调整过程中积累的经验对完善我国农产品目标价格改革试点具有如下启示意义：

（一）农产品目标价格补贴政策具有很多制度上的优越性，目标价格补贴制度的改革方向必须坚定

一是，目标价格补贴政策在有效保护农民收益的同时，不扭曲市场，使农产品价格由市场机制形成，利于理顺各种比价关系，促进农产品市场健康运行和产业链持续运转。二是，目标价格差额补贴能够和市场风险紧密联系，有效管理生产者的市场风险，价格跌多少补多少，从而提高有限财政补贴资金的效能。三是，目标价格差额补贴可以和生产挂钩（按照实际产量补）也可以和生产脱钩（按照历史固定产量补），其中和生产脱钩的目标价格差额补贴可以有效规避 WTO "黄箱"约束。鉴于当前我国棉花、大豆目标价格差额补贴已经接近或超过 WTO "微量允许"，可以借鉴美国贷款差额补贴和反周期补贴配合使用的经验，设置两个目标价格，较低的目标价格可按照物前三年国际平均市场价的 90% 或者更低来确定，以此价格为贷款率，对规模经营户给予营销贷款支持，对小农户给予贷款差额补贴。营销贷款和贷款差额补贴按产量（销售量）或面积测算农业生产者应得补贴，是以"特定产品补贴"①发放，补贴额度控制在规则微量允许的范围之内（如目前大约 71 亿元）。较高的目标价格按照预测的价格和成本因素确定，销售期结束后按照市场价格和贷款率中的较高者和较高的目标价格之间的差额对固定的法定承包地面积给生产者发放"非特定产品黄箱补贴"。

---

① WTO 将农产品"黄箱"补贴分为特定产品（即针对具体农产品）补贴和非特定产品（即针对整个农业部门）补贴，分别进行约束。一般而言，特定产品补贴的微量允许由于是该产品产值的 8.5%，因此补贴空间相对较小，容易被突破；而非特定产品补贴的微量允许是整个农业总产值的 8.5%，因此补贴空间较大。

比较与借鉴

（二）任何具体农业政策的有效性都是有前提条件的，农产品目标价格补贴政策的具体形式要根据市场条件变化、财政承受能力进行调整

美国在不同的农业发展阶段、国内外市场环境条件下，其基于目标价格的差额补贴政策的具体形式也在不断调整。一是，目标价格水平可高可低，当政策目标是刺激生产，可以调高目标价格水平，当生产过剩时，财政负担加重时，要调低目标价格水平。当前我国棉花应按照"减库存、调结构"要求，确定合理目标价格水平，既确保棉花生产稳定发展，也避免形成新的产能过剩，对供不应求的大豆应适度调高目标价格水平。二是目标价格差额补贴的范围可大可小，当财政负担能力较强时，可以合理扩大差额补贴的面积范围，当财政状况紧张是，可以缩小补贴的面积范围。综合考虑我国当前的财政状况，建议目标价格补贴实施中，对司法劳改农场、非法定承包地以及具有投资性质的种植面积，应退出补贴范围，取消补贴资格。

（三）任何单一的农业政策都很难兼顾多个目标，农产品目标价格补贴不是一个孤立的政策安排，而是需要和其他支持政策有机结合

农业支持政策的目标是多元的，并且随着农业发展阶段的演进和国内外市场条件变化而变化。然而任何单一的农业政策都很难兼顾多个目标，从美国的实践来看，农产品目标价格补贴不是一个孤立的政策安排，而是需要和其他支持措施有机结合。比如美国的目标价格差额补贴政策开始和无追索权贷款配合使用，后来和固定直接补贴、营销贷款或贷款差额补贴政策配合使用，现阶段主要和农作物保险配合使用。当前，我国农业政策有多个目标要实现，如保障国家粮食安全、保护农民利益、调节粮食供求平衡和农业生态平衡等等。所以我们必须在试点农产品目标价格补贴政策的基础上，探索建立新的配套支持政策，如休耕补贴、资源环境保育补贴、农业保险补贴等，才能较好地实现国家支持农业的目标。

（四）农产品目标价格补贴政策的困难主要在于操作层面，其有效实施需要一系列的保障措施

农产品目标价补贴政策的有效实施，需要建立在完备准确的价格、面积、产量和生产者经营信息的基础支撑；需要高效协调的执行主体和有效的补贴政策管理模式；需要政府和生产者建立互联互通、便捷高效的财务支付和结算系统等等，这一切都需要严格、公正、透明的法律规范进行确立和财政保障。这些基础支撑条件不仅是农产品目标价格补贴政策有效实施的需要，也是任何其他农业支持政策措施有效实施的基础，尤其是对作为未来农业支持制度方向的农业保险更显重要。

参考文献

[1] Bohn J. G., Hall B. *The Financing of Catastrophe Risk* [M]. Chicago：University of Chicago Press, 1999.

[2] Compiled by Economic Research Service, USDA. The complete texts of U. S. farm bills from 1933 to 2002 are available on the website of the National Agricultural Law Center（http：//www. nationalaglawcenter. org/farmbills/）.

[3] *Food, Farm and Job Act of* 2014.

[4] *Food, Conservation and Energy Act of* 2008.

[5] *The Farm Security and Rural Investment Act of* 2002

[6] Ralph M. Chite. The 2014 Farm Bill（P. L. 113 - 79）：Summary and Side - by - Side. *Coordinator.* Congressional Research Service Report for Congress, February 12, 2014：R43076.

[7] USAD ERS. *Agricultural Act of* 2014：*Highlights and Implications/ Research.* [EB/OL].（2014 - 04 - 11）. http：//www. ers. usda. gov/agricultural - act - of - 2014 - highlights - and - implications/research. aspx#. U9eeVY3s7uk.

[8] Carolyn Dimitri, Anne Effland, and Neilson Conklin. The 20th Century Transformation of U. S. *Agriculture and Farm Policy.* Electronic Report

from the Economic Research Service, 2005. 5.

[9] *Revised Draft Modalities for Agriculture*, TN/AG/W/4/Rev. 4, 6 December, 2008.

[10]《美国农业国内支持 WTO 通报：1995—2012 年》。

[11] 程国强：《WTO 农业规则和中国农业发展》，中国经济出版社 2001 年版。

[12] 冯继康："美国农业补贴政策：历史演变与发展走势"，《中国农村经济》2007 年第 3 期。

[13] 彭超、潘苏文、段志煌："美国农业补贴政策改革的趋势：2012 年美国农业法案动向、诱因及其影响"，《农业经济问题》2012 年第 11 期。

[14] 齐皓天、彭超："美国农业收入保险的成功经验及其对中国的适用性"，《农村工作通讯》2015 年第 5 期。

[15] 齐皓天、彭超："我国农业政策如何取向：例证美农业法案调整"，《重庆社会科学》2015 年第 1 期。

[16] 袁祥州、程国强、朱满德："美国新农场安全网的主要内容和影响分析"，《农业现代化研究》2015 年第 2 期。

[17] 徐雪高、沈贵银："美国农产品市场信息服务的做法与启示"，《宏观经济管理》2014 年第 12 期。

附录一

农业部农村经济研究中心简介

农业部农村经济研究中心（以下简称"农研中心"）于1990年7月成立，是农业部直属的政策研究咨询机构，其前身是国务院农村发展研究中心。在建制上，农村固定观察点办公室与农研中心实行统一管理，共同接受农业部和中央有关部门的直接领导。农研中心的主要任务是为国家制定农村经济政策、农村经济发展战略和深化农村经济体制改革提供决策咨询和对策建议。

农研中心现有职工86人，具有高级职称的研究人员36人，具有硕士以上学位的研究人员58人。农研中心还聘请了有关部门和省市领导为顾问、一批知名专家学者为特邀研究员，参与农研中心和农村固定观察点的有关调研与咨询工作。农研中心还与诸多国内外研究机构和国际组织建立了长期的交流与合作关系。

农研中心内设宏观经济研究室、经济体制研究室、市场与贸易研究室、产业与技术研究室、可持续发展研究室、区域发展研究室、社会文化研究室、改革试验研究室、当代农史研究室等处室。主要研究领域包括：农村经济与国民经济发展的关系，农业经营体制和农村经济制度，农产品市场流通与贸易，农业产业与要素投入，资源环境与农业可持续发展，区域农村经济社会发展战略和政策，农村社会建设与农村文化发展，农村改革理论和政策，当代农业和农村经济社会发展史等。

农村固定观察点办公室，负责全国农村固定观察点调查系统的管理和调查数据的开发利用工作。目前调查系统覆盖了全国31个省的300多个村、2万多个农户，积累了自1985年以来的村级、企业和农户的调查数据，为开展学术研究和政策制定提供了大量翔实的第一手资料。

农研中心拥有自20世纪50年代以来的农村工作文献档案近30万件，是目前收集较为系统完整的档案资料，具有较高的研究参考价值。农研中心拥有较好的资料交换、信息通讯等研究支持系统。与中央农村工作有关机构和地方有关政府部门保持较为密切的关系。研究成果的输出渠道既包括面向上级部门的内部调研报告，也包括面向全社会的公开出版物。

附录二

2016年农业部农村经济研究中心课题项目一览

主持人	课题名称	委托单位
吴 比	农业供应链金融实证研究——机理、影响与政策选择	国家自然科学基金委
曹 慧	完善我国粮食价格形成机制及调控政策研究	农业部软科学
原瑞玲	TPP对我国农产品贸易的影响研究	农业部软科学
张灿强	促进农业生态转型的绿色补贴制度研究	农业部软科学
何安华	我国农民涉农创业理论与精准扶持政策研究	农业部软科学
吴 比	农地适度规模经营测算和驱动因素研究	农业部软科学
龙文军	农业PPP投资问题研究	农业部软科学
刘年艳	创意农业推进农业供给侧改革的浙江实践研究	农业部软科学
陈 洁	国家大宗淡水鱼产业技术体系产业经济研究	现代农业产业技术体系财政专项
彭 超	政府粮食储备管理模式比较研究	国家粮食局
金书秦	培育面源污染治理市场主体	环境保护部
翟雪玲	大豆目标价格改革试点政策总结评估报告	国家发展改革委价格司
宋洪远	农发行支持土地适度规模经营研究	中国农业发展银行
金书秦	化肥农药减施增效管理政策创设研究	科技部国家重点研发计划
王慧敏	大豆目标价格补贴试点改革追踪分析	中国农业科学院农业信息研究所
翟雪玲	农业走出去公共信息服务平台	中国农业科学院农业信息研究所
宋洪远	稳定和完善农村基本经营制度	中央农村工作领导小组
武志刚	基于农户数据的中国农业生产演化分析	浙江大学
彭 超	重点地区农产品加工业对农民增收的绩效研究	中国人民大学

附录二

续表

主持人	课题名称	委托单位
武志刚	粮食产后减损调查与研究	中国农业大学、南京财经大学、中储粮成都研究所、中国农科院加工所
武志刚	新型职业农民数据采集与分析	中央农业广播电视学校
宋洪远	村镇城市化战略与制度创新案例研究	美国福特基金会
翟雪玲	农垦企业走出去	香港乐施会
王 莉	南方草山草坡草食畜牧业发展政策执行研究	农业部畜牧业司
金书秦	农业环境政策决策支持系统建设	农业部科技教育司
金书秦	农业可持续发展扶持政策评估和完善	农业部发展计划司
金书秦	农业生态利用体制机制研究	农业部发展计划司
彭 超	稻米市场预警监测分析	农业部市场与经济信息司
彭 超	现代农业转型升级的路径选择与模式创新	农业部发展计划司
彭 超	粮食价格形成机制的历史轨迹与改革方向	农业部发展计划司
陈 洁、刘 锐	我国区域农业经济数据库建设与模型构建研究	农业部发展计划司
陈 洁	我国区域农业发展战略重点研究	农业部发展计划司
陈 洁、何安华	价格变化对玉米种植户行为的影响研究	农业部种植业管理司
陈 洁、周洪霞	"镰刀弯"地区粮食种植模式调整研究	农业部种植业管理司
陈 洁、刘 锐	我国特色农产品加工业发展政策研究	农业部农产品加工局
陈 洁、何安华	我国农民创业创新方向和模式研究	农业部农产品加工局
刘 锐	乳品质量安全监管制度研究	农业部畜牧业司
何安华	主要畜牧国家饲草料生产贸易及政策跟踪	农业部农业贸易促进中心
闫 辉	农村改革试验区试验项目监测与评估	农业部产业政策与法规司
吴 比	粮食安全战略研究	农业发展计划司

续表

主持人	课题名称	委托单位
习银生	我国玉米生产结构调整问题研究	农业部种植业司
习银生	玉米权产业链监测预警分析	农业部市场与经济信息司
王莉	全民所有草原资源资产有偿出让制度研究	农业部草原监理中心
翟雪玲	中德现代农业与可持续发展的生态农业研究	农业部对外经济合作中心
王欧	农作物秸秆利用全量化调查	农业部农业生态与资源保护总站
张照新	金融支持示范区运行机制研究	农业部管理干部学院
张照新	农民合作社开展信用合作典型模式研究	农业部管理干部学院
刘景景	鄱阳湖捕捞渔民生产生活情况调查研究	农业部长江流域渔政监督管理办公室
曹慧	小麦夏收监测	农业部信息中心
姜楠	全球畜产品市场贸易与政策研究	农业部国际合作司
张恒春	政府购买农业公益性服务机制创新试点监测分析	农业部农村合作经济经营管理总站
张照新	服务规模经营的实现路径及运行机制研究	农业部农村合作经济经营管理总站
刘景景	行政管理体制对三农政策执行影响	农业部信息中心
张照新	多种形式适度规模经营的引领作用研究	农业部农村合作经济经营管理总站
龙文军	农村实用人才扶持政策调研	农业部农业生态与资源保护总站
原瑞玲	新世纪以来我国不同生产规模粮食生产成本变动特点研究	农业部信息中心
翟雪玲	棉花全产业链监测预警分析	农业部市场与经济信息司
翟雪玲	农垦"十三五"农业国际合作研究	农业部农垦局
张雯丽	油料市场监测预警	农业部市场与经济信息司
张雯丽	农产品质检体系建设管理研究	农业部质量安全监管局
谭智心	农民合作社内部资金互助试点方案及暂行管理办法研究	农业部农村合作经济经营管理总站
徐雪	糖料全产业链监测预警分析	农业部市场与经济信息司
曹慧	小麦全产业链预警监测分析	农业部市场与经济信息司
龙文军	2016年农资市场预警	农业部市场与经济信息司
曹慧	现代农业产业体系建设路径研究	农业部发展计划司

附录二

续表

主持人	课题名称	委托单位
曹 慧	农产品加工业监测	农业部农产品加工局
刘景景	水产品市场预警监测分析	农业部市场与经济信息司
张 振	农业"走出去"智库建设	农业部国际合作司
张 振	农业对外直接投资对我国产业结构影响研究	农业部国际合作司
宋洪远	玉林市统筹城乡综合配套改革研究	玉林市改革试验区
王忠海	资本市场扶贫	上海证券交易所
张照新	百色市创建全国金融扶贫示范区规划2016－2020	北京惠农兴业农业研究有限公司
马永良	主要农业政策执行情况评估	农业部农村经济研究中心重大课题
马永良	农业产业政策第三方评估	农业部农村经济研究中心重大课题
闫 辉	我国农村基本经济制度研究	农业部农村经济研究中心重大课题
王 欧	乡村治理模式与农村发展研究	农业部农村经济研究中心重大课题
翟雪玲	农业供给侧改革	农业部农村经济研究中心重大课题
高 强	农村土地承包经营权退出机制研究	农业部农村经济研究中心青年人员研究课题
周洪霞	农民工市民化进程中宅基地退出问题研究——以山东省为例	农业部农村经济研究中心青年人员研究课题
张 莹	社会力量参与农村公共文化服务体系建设研究	农业部农村经济研究中心青年人员研究课题
吴天龙	产业融合促进农民增收模式探索——以农村旅游产业为例	农业部农村经济研究中心青年人员研究课题
宁 夏	现行家庭农场支持政策的有效性及其改进研究	农业部农村经济研究中心青年人员研究课题
朱亚伟	农业和农业关联产业的组织关系和机理综述	农业部农村经济研究中心青年人员研究课题

附录三

2016年农业部农村经济研究中心书目一览

编著者	书目	出版者
宋洪远等	《"十二五"时期农业和农村政策回顾与评价》	中国农业出版社
宋洪远	《中国"三农"重要政策执行情况及实施机制研究》	科学出版社
宋洪远	《中国农村经济分析和政策研究（2013—2016）》	中国农业出版社
宋洪远	《"十二五"时期农业和农村政策回顾与评价》	中国农业出版社
罗丹、陈洁等著	《新常态时期的粮食安全战略研究》	上海远东出版社
陈洁、刘景景、张静宜等著	《大宗淡水鱼产业发展报告（2011—2015）》	上海远东出版社
张玉明、陈洁等编著	《高原特色农业现代化探索实践与模式创新》	云南人民出版社
孙同全、苑鹏、陈洁等著	《中国农民合作社的发展与作用研究——基于对3省121家农民合作社的调研》	中国社会科学出版社
龙文军等著	《健全农业保险制度研究》	中国农业出版社
张莹、龙文军著	《中国羊绒产业链主要环节纵向协作研究》	中国农业出版社
魏珣、金书秦著	《农药包装废弃物回收管理：理论、模式、实践》	化学工业出版社
何安华著	《土地流转与农户农业生产经营行为》	中国农业出版社
杭静著	《幸福之源——农民增收致富》	中国民主法制出版社
杭静、周建文著	《困有所助——农村减贫》	中国民主法制出版社
原瑞玲著	《自由贸易区农产品贸易效应及其测度研究》	中国农业出版社
周洪霞	《我国区际产业转移的就业效应研究》	经济管理出版社
武文编著	《粮食生产与粮食安全》	民主法制出版社